रामधारी सिंह 'दिनकर' रचनावली-9

[चिन्तन : दो]

रामधारी सिंह 'दिनकर' रचनावली
9

संपादक
नंदकिशोर नवल
तरुण कुमार

लोकभारती प्रकाशन

लोकभारती प्रकाशन
पहली मंजिल, दरबारी बिल्डिंग, महात्मा गांधी मार्ग
प्रयागराज-211 001
वेबसाइट : www.lokbhartiprakashan.com
ईमेल : info@lokbhartiprakashan.com
शाखाएँ : 1-बी, नेताजी सुभाष मार्ग, दरियागंज
नई दिल्ली-110 002
अशोक राजपथ, साइंस कॉलेज के सामने
पटना-800 006
36 ए, शेक्सपियर सरणी, कोलकाता-700 017
पहला संस्करण : 2011
दूसरा संस्करण : 2021

बी.के. ऑफसेट
नवीन शाहदरा, दिल्ली-110 032 द्वारा मुद्रित
RAMDHARI SINGH DINKAR
RACHNAWALI-9
Edited by Nandkishor Nawal, Tarun Kumar
ISBN : 978-81-8031-590-9

मूल्य : ₹5000
(14 खंडों का पूरा सेट)

रामधारी सिंह 'दिनकर'

सम्भवतः पोलैण्ड यात्रा के बाद पहली बार पटना आने पर

पारिवारिक चित्र : (बाएँ से) ज्येष्ठ पुत्र राम सेवक सिंह, बड़ी बेटी विन्ध्यवासिनी शर्मा (विनता), छोटी बेटी विभा, दिनकर जी (मध्य में), पुत्र केदारनाथ सिंह (पीछे) धर्मपत्नी श्यामवती देवी, दामाद कपिल देव नारायण सिंह, नीचे पौत्री रीता एवं बड़ी पौत्री कल्याणी

भूमिका

दिनकर राष्ट्रकवि कहे जाते हैं। भारतीय राष्ट्र की परिकल्पना के साथ उसके स्वरूप को लेकर आजादी के पहले और उसके बाद भी काफी विवाद की स्थिति रही है। विवाद की जड़ में अन्य बातों के सिवा भाषा का प्रश्न भी अत्यन्त संवेदनशील रूप धारण कर चुका था। राष्ट्र की अवधारणा को साकार करने के लिए एक सम्पर्क अथवा राष्ट्रभाषा की आवश्यकता व्यापक रूप से महसूस की जाती थी लेकिन इसे लेकर बहसें भी कम उत्तेजक नहीं होती थीं। भाषा, राष्ट्र और राष्ट्रीयता तब सर्वाधिक विचलित करनेवाले प्रश्नों में से थे। इन प्रश्नों को सर्वथा अलग-थलग करके देखा भी नहीं जा सकता। भाषा-सम्बन्धी चेतना से राष्ट्र की और राष्ट्र से राष्ट्रीयता की अवधारणा का गहरा सम्बन्ध निर्विवाद है।

दिनकर ने एक चिन्तक, विचारक, लेखक के रूप में ही नहीं, एक सांसद के रूप में भी इस समस्या पर अनेक कोणों से विचार किया है। ऐसा करते हुए वे भाषा, राष्ट्र और राष्ट्रीयता सम्बन्धी किसी भी संकीर्णता के तनिक भी शिकार नहीं हुए हैं। उनकी राष्ट्रीयता अन्तर्राष्ट्रीयता से और भारतीयता विश्वबन्धुत्व से संवलित और परिपुष्ट दिखायी पड़ती है। दिनकर के चिन्तन में भारतीय राष्ट्र की अत्यन्त ही व्यापक और उदार छवि के साथ उसकी तेजस्विता कौंधती नजर आती है। इसीलिए उन्हें राष्ट्रकवि का विरुद मिला भी होगा।

प्रस्तुत खंड में कुछ स्फुट और एकाध असंकलित लेख शामिल हैं। इसके साथ ही आधुनिकता बोध और काम-सम्बन्धी उनके महत्त्वपूर्ण फुटकर चिन्तन भी यहाँ सम्मिलित हैं। आधुनिकता और आधुनिक बोध आज भी अपने यहाँ कम विवाद का विषय नहीं है। दिनकर भी इसे लेकर काफी उधेड़बुन करते दिखाई पड़ते हैं। यह आधुनिकता उन्हें आकृष्ट करने के साथ अपने प्रति संशय-सन्देह से भी भरती रही है। समरस जीवन को विच्छिन्न करती-सी प्रतीत होनेवाली आधुनिकता के प्रति वे आश्वस्त भी कैसे रह सकते थे? स्वभावतः आधुनिकता के प्रति निषेधात्मक तो

नहीं लेकिन एक गहरी आलोचनात्मक दृष्टि का उन्मेष वहाँ देखा जा सकता है। इसी प्रकार मनुष्य की काम-भावना भी दुनिया के जटिल और शाश्वत विषयों में से एक है। दिनकर लगातार इस विषय से अनेक स्तरों पर जूझते नजर आते हैं। उनके इस चिन्तन की सर्वाधिक पूर्ण और कलात्मक अभिव्यक्ति 'उर्वशी' नामक उनके काव्य में हुई है। 'काम चिन्तन की कणिकाएँ' में पाठक सहज ही इसे लक्ष्य कर सकते हैं। इन सामग्रियों के साथ प्रस्तुत खंड निश्चय ही दिनकर के व्यक्तित्व के एक अनिवार्य पक्ष से हमारा सशक्त परिचय करानेवाला है।

—तरुण कुमार

न्यू प्रोफेसर्स क्वार्टर, रानीघाट, पटना
30-10-2008

अनुक्रम

भाषा का प्रश्न केवल सांस्कृतिक प्रश्न नहीं है। अवस्था विशेष में वह राजनीति एकता से भी जुड़ जाता है, उसका असर देश की स्वाधीनता पर भी पड़ता है। मुख्यतः भाषाओं के कारण ही भारत-राष्ट्र के राजनीतिक तंत्र को संघ का रूप लेना पड़ा है। सौभाग्य से भारत में केन्द्र की शक्ति काफी बड़ी है और सभी प्रान्त उसकी अधीनता स्वीकार करते हैं। लेकिन इससे इस बात पर पर्दा नहीं पड़ता कि प्रान्तों की संख्या इस देश में जितनी ही बढ़ेगी, केन्द्र की शक्ति पर दुर्दिन में आनेवाले खतरे उतने ही ज़्यादा होते जाएँगे। अतएव हमारे उपभाषा-प्रेम को उस गलत दिशा की ओर नहीं जाना चाहिए, जहाँ वह अपनी अभिव्यक्ति नए प्रान्तों की माँग के रूप में करता है।

भाषा, राष्ट्र और राष्ट्रीयता

देशभाषा ही क्यों?

दिल्ली प्रादेशिक हिन्दी-साहित्य-सम्मेलन का मैं आभारी हूँ कि उसके सदस्यों ने मुझे इस सम्मेलन के सभापतित्व के योग्य समझा और यह अवसर प्रदान किया कि देश की भाषा-विषयक समस्या पर मैं अपने विचार आपको, और आपके इस मंच से, सारे देश को सुना सकूँ।

हिन्दी का विरोध देश के लिए नई बात है, किन्तु, हिन्दी भारत की राष्ट्रभाषा हो, यह बात नई नहीं है। सच पूछिए तो यह प्रस्ताव उतना ही पुराना है जितनी पुरानी भारत की राष्ट्रीयता मानी जा सकती है। अभिनव भारत का जन्म बंगाल में हुआ था क्योंकि यूरोपीय विचारों से इस देश का सघन सम्पर्क पहले बंगाल में ही हुआ और भारतीय राष्ट्रीयता को जन्म देनेवाले हमारे अधिकांश महापुरुष भी उसी प्रान्त में उत्पन्न हुए। इन महापुरुषों का विचार था कि भारत के लिए भारत का प्राचीन ज्ञान और यूरोप की नई विद्याएँ, दोनों ही आवश्यक हैं। अतएव, उनका जोर भारतीय भाषाओं के साथ-साथ अँगरेजी पर भी था। किन्तु, वे अत्यन्त दूरदर्शी पुरुष थे एवं उन्होंने जिस स्वाधीन भारत की कल्पना की थी उसकी भाषा वे अंगरेजी नहीं रखना चाहते थे। इसीलिए, आरम्भ से ही, वे इस बात पर भी जोर देते रहे कि हमें देश की किसी एक भाषा का विकास, इस दृष्टि से भी करना चाहिए कि, समय आने पर, वह भारत की अन्तःप्रान्तीय भाषा का स्थान ले सके।

रवीन्द्र और शरत् तब तक मैदान में नहीं आए थे, किन्तु, बंकिमचन्द्र, द्विजेन्द्र लाल और माइकेल मधुसूदन दत्त, कदाचित्, उस समय भी विद्यमान थे। फिर भी, बंगाल के महापुरुषों ने भारत के भावी राष्ट्रभाषा-पद के लिए बंगला नहीं, हिन्दी की सिफारिश की, क्योंकि हिन्दी-भाषियों की संख्या विशाल थी, क्योंकि भारत के तीर्थ-स्थानों में हिन्दी उस समय भी अन्तःप्रान्तीय भाषा का काम देती थी, क्योंकि सारे देश में पर्यटन करने वाले साधु-सन्त उस समय भी हिन्दी में प्रवचन करते और उपदेश देते थे तथा दिल्ली के उजड़ जाने से वहाँ के व्यापारी जब बिखर कर सारे देश में फैलने लगे, तब उनके साथ हिन्दी भी हिन्दीतर प्रान्तों में अनायास पहुँचती जा रही थी।

सबसे पहले यह विचार, शायद, बंकिम बाबू के मन में आया था। फिर स्वामी दयानन्द जब कलकत्ते गए, तब श्री केशवचन्द्र सेन ने उन्हें यह सलाह दी कि

'सत्यार्थ प्रकाश' की रचना वे संस्कृत में न करके हिन्दी में करें। और बिहार में जब यह आन्दोलन उठा कि कचहरियों की भाषा के रूप में हिन्दी को भी मान्यता मिलनी चाहिए, तब इस आन्दोलन के सबसे प्रबल समर्थक श्री भूदेव मुखर्जी हुए जो उन दिनों स्कूलों के इन्स्पेक्टर के पद पर काम कर रहे थे। इसी प्रकार, सभी भाषाएँ देवनागरी में लिखी जाएँ, इस आन्दोलन का भी सूत्रपात बंगाल में ही हुआ। जस्टिस शारदाचरण मित्र बंगाली थे जिन्होंने देश में देवनागरी का व्यापक प्रचार करने के लिए "देवनागर" पत्र निकाला था।

और हिन्दी-समर्थकों की यह सरणी बंगाल में ही अथवा श्री भूदेव मुखर्जी तक ही नहीं रुकी। वह राममोहन राय से लेकर अद्यतन विचारकों तक अक्षुण्ण चली आई है और उस सरणी में उन नेताओं एवं विद्वानों के नाम भी अत्यन्त प्रमुख हैं जो प्रायः तीस वर्षों तक हिन्दी-प्रचार में निश्छल योग-दान देने के बाद अब, साल दो साल से, हिन्दी का विरोध कर रहे हैं। डाक्टर सुनीतिकुमार चटर्जी का सारा जीवन उस दलील का युक्तियुक्त खंडन है जो आज उनके मुख से निकल रही है। इसी प्रकार, पूज्यवर राजाजी आज जो कुछ कह रहे हैं वह उस बात के ठीक विपरीत है जो पिछले तीस वर्षों से वे कहते आए थे।

राजाजी हिन्दी-आन्दोलन के मुख्य स्तम्भ के रूप में सदा से पूजित रहे हैं। आरम्भ से ही दक्षिण भारत हिन्दी-प्रचार-सभा को उनका कुशल नेतृत्व प्राप्त रहा और सभा ने उनके नेतृत्व में भारी उन्नति भी की। सन् 1928 ई. में सभा की एक पाठ्य-पुस्तक की भूमिका लिखते हुए उन्होंने हमारे दक्षिणवासी देश-बन्धुओं को यह सलाह दी थी कि "जनता की भाषा एक और शासन की भाषा दूसरी होने से जनता संसद तथा विधान-सभाओं के सदस्यों पर समुचित नियन्त्रण नहीं रख सकेगी, इसलिए उचित यही है कि हम अपनी सुविधा के लोभ में आकर अँगरेजी के लिए दुराग्रह न करें। यदि अँगरेजी शासन की भाषा बनी रही तो इससे देश का स्वराज्य अधूरा रहेगा।" फिर, जब सन् 1937 ई. में वे मद्रास के मुख्यमंत्री हुए तब उन्होंने हिन्दी-विरोधियों से काफी कड़ाई का बर्ताव किया। यहाँ तक कि अभी दो साल पूर्व "प्रजातन्त्र' पर उनकी जो छोटी-सी पुस्तक निकली उसमें भी उन्होंने हिन्दी की हिमायत की है और जोरदार शब्दों में यह विश्वास प्रकट किया है कि हिन्दी इस देश की राष्ट्रभाषा हो कर रहेगी।

अतएव, राजाजी जो कुछ कह रहे हैं वह हिन्दी का विरोध नहीं, प्रत्युत, देश के ध्यान को उन शंकाओं पर केन्द्रित करने का प्रयास है जो शंकाएँ हिन्दी के विरुद्ध कुछ अहिन्दी-भाषियों के मन में जाग उठी हैं। यदि मेरा अनुमान सही है तो इन शंकाओं को निर्मूल करने का उपाय आन्दोलन नहीं, शान्ति और सद्भाव है, संख्याबल का प्रदर्शन नहीं, प्रत्युत्, यह मनोवृत्ति है कि देश की अहिन्दी-भाषी जनता, बहुमत से, हिन्दी के बारे में जो निर्णय करेगी वह हिन्दीवालों को भी मान्य होगा। राजभाषा-आयोग के हिन्दी-भाषी सदस्यों ने यही नीति बरती थी। उक्त आयोग के अधिवेशनों में कभी

भी ऐसा अवसर नहीं आया जब हिन्दी-भाषी एवं अहिन्दी-भाषी सदस्यों के बीच मतभेद हुआ हो। आयोग में हमारा यह भाव, आदि से लेकर अन्त तक, कायम रहा कि अहिन्दी-भाषी सदस्यों के मतों के विरुद्ध हमारा अपना कोई मत नहीं है। अहिन्दी-भाषी सदस्य, बहुमत से, जो निर्णय करेंगे, हिन्दी-भाषी सदस्य उसे ही अपना निर्णय मान लेंगे। मेरा ख्याल है, इसी नीति का यह सुपरिणाम निकला कि आयोग के बीस सदस्यों में से वैमत्य केवल दो सदस्यों ने दिया। मैं आशा करता हूँ कि आगे भी हम हिन्दी-भाषी लोग इसी उदारता से काम लेंगे, क्योकि हिन्दी हमारे आन्दोलन से जयपुर, पटना, लखनऊ और भोपाल में भले ही चल जाए, किन्तु, अहिन्दी-भाषी क्षेत्रों में तो वह तभी चलेगी जब वहाँ के लोग स्वेच्छा से उसे स्वीकार करेंगे और स्वेच्छया वे उसे सीखने को तैयार होंगे। अहिन्दी प्रान्तों में हिन्दी आज भी अँगरेजी की अपेक्षा अधिक प्रचलित है, जिसका एक कारण तो यह है कि हिन्दी आसानी से फैल सकती है, किन्तु, एक दूसरा बड़ा कारण यह भी कि अहिन्दी-भाषी भारतीयों ने उसे अपनी इच्छा से अपनाया है।

पहले हिन्दी का विरोध यह कह कर किया जाता था कि हिन्दी यदि बढ़ी तो वह देश की हिन्दीतर भाषाओं को दबा देगी। किन्तु, अब जो नक्शा सामने आया है, उसमें किसी भी भाषा के दबने अथवा अविकसित रहने की कोई आशंका दिखाई नहीं देती। उलटे, जो देश-भाषाएँ अभी अविकसित पड़ी हैं, हिन्दी के प्रसार के साथ उनका भी त्वरित विकास होने वाला है, क्योंकि हिन्दी का आन्दोलन देश की सभी भाषाओं का आन्दोलन है। हिन्दी यदि बढ़ी तो सभी भाषाएँ बढ़ेंगी। हिन्दी यदि रोक दी गई तो देश की बहुत-सी भाषाएँ अवरुद्ध रह जाएँगी। अँगरेजी के हटने पर जो स्थान रिक्त होगा, वह सब-का-सब हिन्दी को नहीं मिलेगा। हिन्दी का प्रयोग तो हम केवल केन्द्र में करेंगे, अपने अन्तः-प्रान्तीय व्यवहार के लिए करेंगे। किन्तु, राज्यों में शिक्षा और शासन के जो अनन्त कार्य हैं, उनका माध्यम उन राज्यों की मातृभाषाएँ होंगी। "प्रत्येक के लिए अपनी मातृभाषा और सबके लिए हिन्दी", इस नक्शे के साफ हो जाने से प्रत्येक भाषा-क्षेत्र में आशा और उत्साह का संचार होने लगा है जो हमारे शुभोदय का संकेत है। हमें इस आन्दोलन का बढ़ कर साथ देना चाहिए, क्योंकि इस आन्दोलन की प्रगति से अँगरेजी के पाँव उखड़ते हैं और हिन्दी के विरुद्ध काम करने वाली शंकाओं का उन्मूलन होता है।

किन्तु, हिन्दी-विरोधियों ने जब यह देखा कि हिन्दीतर भाषाएँ अब हिन्दी के विरुद्ध भड़काई नहीं जा सकतीं, तब उन्होंने अँगरेजी का गुण गाना आरम्भ किया। अब वे यह तर्क देने लगे हैं कि अँगरेजी को यदि हमने छोड़ दिया तो शिक्षा और शासन के क्षेत्रों में हमारी प्रगति का अवरोध हो जाएगा। ऐसे तर्क, कभी-कभी, हिन्दी प्रान्तों में भी सुनाई देते हैं, किन्तु, उनका सबसे अधिक प्रयोग बंगाल और तमिलनाडु के नेताओं ने किया है। लेकिन, इन तर्कों के जो सही जवाब हैं वे इन नेताओं को

अपने ही प्रान्तों में मिल गए, क्योंकि बंगाल और तमिलनाडु की जनता ने इस बात को नहीं माना कि अँगरेजी के निकल जाने पर देश अवनति के मार्ग पर जा गिरेगा। इन दोनों प्रान्तों ने कानून पास करके यह निश्चय कर लिया है कि बंगाल में शिक्षा और शासन की भाषा बँगला और तमिलनाडु में तमिल होगी।

भारत क्रान्ति के मार्ग पर आरूढ़ है और उसकी सबसे बड़ी क्रान्ति शायद, भाषा के ही क्षेत्र में घटित हो रही है। सन् 1947 ई. में हमें जो स्वराज्य मिला वह केवल तन का स्वराज्य था। अँगरेजी को अपदस्थ करके देश अपने मन का स्वराज्य हासिल करना चाहता है। सन् सैंतालीस में जो स्वराज्य आया, वह भारत के राजनगरों में अटक गया है; देशभाषाओं को शिक्षा और शासन की भाषा बना कर हम उस स्वराज्य को गाँवों और खेत-खलिहानों तक ले जाना चाहते हैं। लेकिन, दुर्भाग्य की बात है कि स्वराज्य लिया था गांधी और जवाहरलाल ने, किन्तु, स्वराज्य होते ही, शिक्षा और संस्कृति के नेता वे लोग बन पड़े जो मन से इंग्लैंड के निवासी रहे हैं। अँगरेजी की जगह पर भारतीय भाषाओं को बिठा कर हम संसार को यह दिखाना चाहते हैं कि जो भारतवासी इंग्लैंड के मानसिक उपनिवेश में रहने के आदी हैं, उनका इस देश में कोई प्रभाव नहीं है, देश आज भी गांधी, विनोबा और जवाहरलाल के साथ है। भारतीय भाषाएँ बड़े जोर से ऊपर आ रही हैं। भागीरथी के इस महाप्रवाह को रोकने के लिए जो भी अँगरेजी के तरफदार आगे आएँगे, उनका वही हाल होने वाला है जो ऐरावत का हुआ था।

और भारतीय भाषाओं का यह जागरण कोई आकस्मिक घटना नहीं है। इस जागरण का स्वप्न केशवचन्द्र और विवेकानन्द ने देखा था, यह जागरण दयानन्द और तिलक की कल्पना में साकार हुआ था तथा उसकी सारी रूपरेखाएँ महात्मा गांधी को ज्ञात थीं। जनता में जागृति फैला कर हम, वास्तव में, उसकी भावना और वाणी को ही जगा रहे थे और स्वराज्य का आह्वान करके हम, व्याजान्तर से, भारत की भाषाओं का भी आह्वान कर रहे थे। जिस महाक्रान्ति का आह्वान हम पिछली शताब्दी से करते आ रहे थे, उसका शारीरिक रूप सन् सैंतालीस में हमें प्राप्त हो गया। भाषाओं के जारगण के रूप में अब उसी प्रतिमा में प्राण प्रवेश करना चाहते हैं। क्योंकि जनता को उसकी भाषा नहीं मिली तो स्वराज्य निष्प्राण रहेगा, क्योंकि जनता को उसकी भाषा नहीं मिली तो शासन इस देश पर जनता नहीं, प्रत्युत, उन मुट्ठी भर सुखी लोगों का चलता रहेगा जो आज भी अपने बच्चों को अँगरेजी की अच्छी शिक्षा दिलवा सकते हैं।

किन्तु, कुछ ज्ञान-गम्भीर लोग भाषाओं के इस जागरण को भय की दृष्टि से देखते हैं। उन्हें शंका होती है कि इससे कहीं देश की एकता में विघ्न न उत्पन्न हो जाए। स्पप्ट ही, ये शंकाएँ इस अनुमान पर उठाई जाती हैं कि लोग अपनी-अपनी भाषाएँ तो सीखेंगे, किन्तु, उसी तेज़ी से वे हिन्दी की शिक्षा नहीं लेंगे। किन्तु, ये शंकाएँ गलत हैं और जो लोग भाषाओं के जागरण से भयभीत हो रहे हैं वे उस कुमारी

बालिका कुन्ती के समान हैं जिसने कौतूहलवश सूर्य को बुला तो लिया था, किन्तु, जब सूर्य उतर कर उसके पास आए तब वह भय से काँपने लगी। किन्तु, सूर्य का आना व्यर्थ नहीं हुआ। उसी प्रकार, भारतीय भाषाओं में जो महाजागरण आ रहा है उसे रोका नहीं जा सकता। सरकारों के सामने अब अनेक विकल्प नहीं है। उनका परम कर्त्तव्य है कि क्षेत्रीय भाषाओं की शिक्षा के साथ-साथ वे, हर कदम पर, हिन्दी शिक्षण का भी समुचित प्रबन्ध करती जाएँ। भारत की भाषा-विषयक क्रान्ति अब विराम नहीं ले सकती। बुद्धिमानी की राह केवल एक है कि जनता और सरकारें इस क्रान्ति के कदम से कदम मिला कर तेज़ी से चलना आरम्भ कर दें। पिछले दस वर्षों के स्वशासन से यदि कोई एक शिक्षा निकलती है तो वह यह है कि भारतवर्ष में आज मिनिस्ट्री और अफसरी की गद्दी जीने नहीं, मरने की जगह मानी जानी चाहिए। इन गद्दियों पर बैठ कर जो लोग अपनी कुर्बानी देंगे, वे ही भारत देश को बचा सकेंगे। इसके विपरीत, इन गद्दियों पर जो लोग जीने के उद्देश्य से बैठते हैं, उनके हाथों यह देश संकट की तरफ ढकेला जाएगा। देश की एकता को खतरा भाषाओं के जागरण से नहीं, बल्कि, सरकारों के आलस्य से है। स्वाधीनता के आगमन के साथ देश की क्रान्तिकारी शक्तियाँ, एक के बाद एक, जगती जा रही हैं। उनके जागरण से उत्पन्न स्थितियों का सामना करने के लिए सरकारों को भी क्रान्तिकारी ढंग से काम करना चाहिए। खतरा तब होगा जब सरकारें आलस्य या दुबिधा के कारण इन क्रान्तिकारी स्थितियों को सँभालने में असमर्थ हो जाएँगी।

और जो लोग आज भी अँगरेजी की रट लगाए जा रहे हैं, वे इस सीधी-सी बात को क्यों नहीं समझते कि अँगरेजी के पक्ष में पड़ने वाला वह मनोवैज्ञानिक वातावरण अब इस देश में नहीं रहा जो अँगरेजों के समय वर्तमान था? इस देश के नवयुवक अँगरेजी में वैसी दक्षता इसलिए प्राप्त कर लेते थे कि उनके अन्तर्मन में यह विश्वास समाया हुआ था कि अँगरेजी पर प्रभुत्व नहीं पाने से उनके आगे का भविष्य उज्ज्वल नहीं होगा। किन्तु, ज्यों-ज्यों मुक्ति-आन्दोलन की प्रगति होती गई, युवकों का यह विश्वास भी कमजोर होता गया और आज तो वे, निश्चित रूप से, अपना भविष्य देशभाषाओं के भीतर से खोजना चाह रहे हैं। तो क्या हम उनसे यह कहने वाले हैं कि गुलामी के दिनों की अवस्था अब भी बरकरार रहेगी और आज भी उज्ज्वल भविष्य पर उन्हीं का एकाधिकार होगा जो देश की भाषाएँ भले ही न जानते हों, मगर, अँगरेजी में काफी तेज हैं? पता नहीं, ऐसी अन्यायपूर्ण बात बोलने वाले लोग इस देश में कहीं हैं या नहीं, किन्तु, यदि वे, सचमुच ही, कहीं जीवित हों तो वैसे लोगों को इस देश के किसी भी भाग पर राज करने की अभिलाषा छोड़ देनी चाहिए।

हमारे बहुत-से शासक यह सोच कर भी देश-भाषाओं के प्रति उत्साह नहीं दिखाते कि देश-भाषाएँ यदि शासन की भाषा हो गईं तो फाइलों में वे अच्छे नोट न लिख सकेंगे। लेकिन, शासक-पद की शोभा क्या सुशोभन नोट लिखने में है? शेरशाह और

अकबर बड़े ही सफल शासक हुए हैं, किन्तु, वे नोट लिखना नहीं जानते थे। बहुत-से सेठ-साहूकार बहियों में महाजनी लिख कर ही करोड़ों का व्यापार सफलतापूर्वक सम्पन्न कर डालते हैं। और सबसे सद्यः उदाहरण तो यह है कि कांग्रेस-सरकार के सबसे बड़े कारगर मंत्री, स्वर्गीय रफी अहमद किदवई देश का शासन कलम से कम, टेलीफोन से अधिक चलाते थे। अच्छा अफसर होने के लिए अच्छी भाषा की जरूरत कम, अच्छे दिमाग और अच्छे चरित्र की आवश्यकता बहुत अधिक है। तब भी, भारतीय भाषाओं को यह कहकर टालते जाना कि वे अँगरेजी के समान लचीली नहीं हैं, अपने देश और अपनी भाषा के प्रति घोर अज्ञान का परिचय देना है।

मैं अन्य भाषाओं के विषय में अधिकार के साथ बोलने का साहस नहीं कर सकता। किन्तु, हिन्दी गद्य के हजार-दो-हजार पृष्ठ मैंने भी लिखे हैं और इन पृष्ठों में कहानियाँ नहीं लिख कर मैंने चिन्तन किया है और, यदा-कदा, उन विषयों पर भी चिन्तन किया है जो अन्तर्राष्ट्रीय चिन्तन के विषय हैं। किन्तु, मुझे कभी भी यह एहसास नहीं हुआ कि हिन्दी में अभिव्यंजना-शक्ति का किंचित् भी अभाव है अथवा यह कि जो विचार अँगरेजी में आसानी से लिखे जा सकते हैं वे विचार हिन्दी में सुगमता से नहीं लिखे जा सकते। और मेरी गवाही यदि हिन्दी-भाषी होने के कारण पक्षपातपूर्ण मानी जाए तो मैं कहना चाहता हूँ कि विख्यात भाषाशास्त्री सर ज़ार्ज ग्रियर्सन की भी हिन्दी की अभिव्यंजना-शक्ति के विषय में ऐसी ही राय थी। अपने विपुल ग्रन्थ, ''लिंग्विस्टिक सर्वे'' की जिल्द 9, भाग 1 में उन्होंने स्पष्ट लिखा है कि ''जिन बोलियों से हिन्दी की उत्पत्ति हुई है उनमें ऐसी विलक्षण शक्ति है कि वे किसी भी ऐसे विचार को पूरी सफाई के साथ अभिव्यक्त कर सकती हैं, जो विचार मनुष्य के मस्तिष्क में समा सकते हैं और इन बोलियों में यह शक्ति आज उत्पन्न नहीं हुई, वह उनके भीतर पिछले पाँच सौ वर्षों से विद्यमान रही है तथा अभिव्यंजना की यह शक्ति किसी बाहरी सहायता से नहीं बढ़ी, बल्कि, यह उन बोलियों का अपना गुण है। हिन्दी के पास देशी शब्दों का अपार भंडार है और सूक्ष्म से सूक्ष्म विचारों को सम्यक् रूप से अभिव्यक्त करने के उसके साधन भी अपार हैं। इसके प्राचीन साहित्य में काव्य की ऊँची उड़ानों तथा एशिया में उत्पन्न धर्मों की श्रद्धा एवं भक्तिमयी अद्भुत अभिव्यक्तियों के प्रचुर उदाहरण मिलते हैं। इसमें दर्शन और काव्य-सम्बन्धी ऐसे निबन्ध हैं जिनमें विषयों का प्रतिपादन, ठीक उसी बारीकी से, किया गया है जो बारीकी संस्कृत के लेखकों की विशेषता थी। किन्तु, यद्यपि, हिन्दी का शब्द-भंडार इतना विशाल और उसकी अभिव्यंजना-शक्ति ऐसी है जो अँगरेजी से, शायद ही, हीन कही जा सके, फिर भी, हाल के वर्षों में यह फैशन चल गया है कि लोग पुस्तकें इसलिए नहीं लिखते कि उन्हें उत्तर भारत की जनता पढ़ सके, बल्कि, इसलिए कि संस्कृत के विद्वानों के अपेक्षाकृत सीमित समुदाय के सामने वे अपनी विद्वत्ता का प्रदर्शन करना चाहते हैं।''

वोट माँगना जनता की भाषा में और नोट लिखना अँगरेजी में, यह प्रचंड विरोधाभास है और इसके समाप्त हुए बिना सरकार और जनता के बीच की वह खाई दूर नहीं होगी जो आज प्रत्यक्ष दिखलाई दे रही है। इस कृत्रिम प्रबन्ध के कितने ही दोष हैं जिनसे हमारी प्रगति का अवरोध होता है। उदाहरण के लिए, यदि देशभाषाएँ शासन का माध्यम हो जाएँ तो वे असिस्टेंट भी अपने विचारों को अधिक सफाई से व्यक्त कर सकेंगे जिनका अँगरेजी का ज्ञान अधूरा, किन्तु, अपनी भाषाओं का ज्ञान यथेष्ट है। इस स्थिति का एक और दोष अत्यन्त प्रत्यक्ष है जिसे विनोबाजी ने बड़ी ही सफाई से व्यक्त किया है। "आपके देश का कारोबार किस तरह चलता है, यह अमेरिका और इंग्लैंड के लोग घर में बैठकर जान सकते हैं और अपने ही देश का किसान उसे नहीं जानता है। अपने देश का कारोबार दूसरे के सामने रखना, यह एक गलती है और अपने ही किसान से उसे छिपाना, यह भारी गलती है। हमें आश्चर्य होता है कि ऐसी सादी बात बात कैसे समझ में नहीं आती है।"

जहाँ तक विज्ञान का समबन्ध है, अँगरेजी के तरफदार इस विषय में भी देश को डरा रहे हैं कि यदि अँगरेजी हटी तो विज्ञान में हमारी तरक्की असम्भव हो जाएगी। किन्तु, मैं इस भय को अतिरंजित मानता हूँ। जहाँ तक गवेषणा, शोध-कार्य और उच्च विज्ञान का सम्बन्ध है, उसके लिए विदेशी भाषा हमारे लिए भी उतनी ही आवश्यक है जितनी आवश्यक वह संसार के अन्य देशों में मानी जाती है। और इसके लिए केवल अँगरेजी पर्याप्त भी नहीं है। विज्ञान का आज की भाषा अँगरेजी है, किन्तु, कल वह रूसी होने जा रही है। किन्तु, सामान्य विज्ञान की भी शिक्षा अँगरेजी में देकर हम देश का क्या उपकार करना चाहते हैं, यह बात मेरी समझ में नहीं आती। यदि विज्ञान की शिक्षा केवल अँगरेजी में दी जाएगी तो विज्ञान उन्हीं लोगों तक सीमित रह जाएगा जो उसका अध्ययन करेंगे। इसके विपरीत, यदि विज्ञान मातृभाषा द्वारा पढ़ाया जाएगा तो विज्ञान के संस्कार सारी जनता में फैल जाएँगे। विनोबाजी ने इस प्रसंग में विज्ञान की तुलना आत्मज्ञान से की है। भारत में आत्मज्ञान का सारा चिन्तन संस्कृत में किया गया था और सदियों तक वह संस्कृत में ही कैद रहा एवं स्त्रियाँ और शूद्र उस विद्या से वंचित रखे गए। तब बुद्धादि संतों की परम्परा आरम्भ हुई। उन्होंने संस्कृत में संचित ज्ञान को जनभाषाओं में उतार दिया। परिणाम यह हुआ कि आत्मज्ञान का संस्कार इस देश के अशिक्षितों में भी फैल गया। विनोबाजी ने बहुत ठीक कहा है कि "विज्ञान का सम्बन्ध अगर मातृभाषा से नहीं होगा तो विज्ञान सीखने वाले के दिमाग में ही विज्ञान खतम हो जाएगा।"

और देशभाषा की माँग हम केवल इसीलिए नहीं करते कि उसके आने से हमारा राजकाज सुविधापूर्ण हो जाएगा। सच तो यह है कि देशभाषाओं का प्रचलन हुए बिना भारतवर्ष अपने युग-संचित सन्देशों की पूर्णाभिव्यक्ति नहीं कर सकेगा, न वह चिन्तन की भारतीय परम्परा को कायम रख सकेगा। स्वराज्य की सारी प्रेरणाएँ राजनीतिक

और आर्थिक नहीं थीं। उनका बहुत बड़ा भाग सांस्कृतिक था। जो लोग यह सोचते हैं कि भारत के समग्र ज्ञान का अँगरेजी में अनुवाद करके हम भारतवर्ष की विशेषता को बचा लेंगे, वे घोर भ्रान्ति में हैं। एक देश का ज्ञान दूसरे देश की भाषा में उतारा जा सकता है, किन्तु, एक देश की चिन्तन-पद्धति दूसरे देश की भाषा में ढाली नहीं जा सकती। साहित्य दो प्रकार का होता है। इतिहास, भूगोल और विज्ञान, ये ज्ञान के साहित्य हैं और ज्ञान के साहित्य का अनुवाद मजे में किया जा सकता है। किन्तु, कविता, नाटक, उपन्यास और रहस्यवादी दर्शन, ये शक्ति के साहित्य के अन्दर आते हैं और शक्ति के साहित्य का एक से दूसरी भाषा में अनुवाद अत्यन्त कठिन होता है।

यही नहीं, प्रत्युत्, ज्ञान का साहित्य हम ऐसी किसी भी भाषा में लिख सकते हैं जिस पर हमारा थोड़ा-बहुत अधिकार हो। किन्तु, शक्ति का साहित्य हम मातृभाषा अथवा देशभाषा को छोड़ कर किसी विदेशी भाषा में लिख ही नहीं सकते। यह ठीक है कि बहुत-से भारतीय लेखकों और कवियों में अँगरेजी में कविता लिखने का भरपूर प्रयास किया है, किन्तु, ऐसे सारे प्रयास व्यर्थ हुए हैं, यह भी उतना ही ठीक है। तोरूदत्त, सरोजनी नायडू और हरीन्द्रनाथ चट्टोपाध्याय में कविता लिखने की अच्छी शक्ति थी, किन्तु, उनकी कविताएँ न तो भारतीय मानवता के पल्ले पड़ीं, न इंग्लैंड के आलोचकों और साहित्य-मर्मज्ञों ने उनका सम्मान किया। इंग्लैंड में सम्पादित आज तक ऐसा एक भी काव्य-संग्रह न निकला जिसमें इन कवियों की एक भी कविता, अँगरेजी की प्रतिनिधि कविता के रूप में, संकलित की गई हो। और इस प्रसंग में हम अँगरेजी साहित्य के मर्मज्ञों पर संकीर्णता का दोष भी नहीं मढ़ सकते, क्योंकि अँगरेजी शब्दों के साथ जो विशेष प्रकार का सौरभ, विशेष प्रकार के बिम्ब और सूक्ष्म छायाएँ लिपटी होती हैं, उन्हें वही व्यक्ति समझ सकता है जिसकी मातृभाषा अँगरेजी हो, ठीक उसी प्रकार जैसे भारतीय शब्दों की बारीकियों और सूक्ष्म छायाओं का ज्ञान अभारतीय विद्वानों को नहीं हो सकता। कविता साहित्य-मन्दिर का गर्भ-भाग है, वह हृदय के निगूढ़तम भावों की भाषा है। इसीलिए, सच्ची कविता की रचना उसी भाषा में सम्भव है जो भाषा केवल हमारे मस्तिष्क में ही नहीं, हृदय के अन्तरतम में भी व्याप्त हो।

सबसे बड़े विलाप की बात तो यह है कि इस युग के योगिराज श्री अरविन्द ने अपनी साधनाओं का महाकाव्य अँगरेजी में लिखा। उनके सावित्री महाकाव्य पर अब तक जो प्रतिक्रिया देखने में आई है, उससे तो यही प्रतीत होता है कि इस काव्य का भी वही हाल होने वाला है जो तोरूदत्त और सरोजनी नायडू की कविताओं का हुआ। किन्तु, इस काव्य की रचना यदि बँगला में की गई होती तो आज अरविन्द की आध्यात्मिक प्रेरणाओं के ज्वार हमारी अनेक देश-भाषाओं में पहुँच गए होते।

विदेशी भाषा में शक्ति के साहित्य की रचना वही लेखक करने जाता है जिसका उद्देश्य विदेश से तथाकथित सुयश अर्जित करके अपने देशवासियों को चमत्कृत करना होता है। किन्तु, इस उद्देश्य में सफलता अबतक किसी भी भारतीय लेखक

को नहीं मिली। अब तक के सारे प्रमाणों से जो बात सामने आती है वह यह है कि ऐसा साहित्य न तो घर का होता है, न घाट का। इसके विपरीत, उन लेखकों और कवियों को देखिए जिन्होंने अपनी सारी कारयित्री प्रतिभा को अपनी भाषा पर केन्द्रित कर दिया। इन लेखकों की रचनाएँ अनुदित होकर बाहर भी फैलीं और उनसे सभी भारतीय भाषाओं का भी कल्याण हुआ। लोकमान्य बालगंगाधर तिलक ने कर्मयोगशास्त्र की रचना मराठी में की थी, किन्तु, उनके प्रवृत्ति-मार्गी विचार भारत की सभी भाषाओं में फैल गए। माइकेल मधुसूदन-दत्त और कविगुरु रवीन्द्रनाथ ने काम तो, मूलतः, बँगला में किया, किन्तु, उनकी प्रेरणाओं ने सभी भारतीय भाषाओं में उद्वेलन भर दिया।

इसीलिए, मैं मानता हूँ कि भारतवर्ष की एक भाषा का कवि और कलाकार, उसकी सभी भाषाओं का कवि और कलाकार होता है। जब भी भारत की किसी एक भाषा में कोई प्रबल प्रतिभा प्रकट होती है, उसकी किरणें सभी भाषाओं में फैल जाती हैं। किन्तु, यही बात अँगरेजी के विषय में नहीं कही जा सकती। वह बाहरी भाषा है और बाहरी भाषा में अन्तःपुर के भावों के कथन का, स्वयं प्रकृति की ओर से, निषेध है।

इसके विपरीत, भारत की सभी भाषाएँ भारत-राष्ट्र के अन्तःपुर की भाषाएँ हैं। वे गिनती में, यद्यपि, अनेक हैं, किन्तु, उन सब के भीतर भारत का एक ही हृदय स्पन्दित होता है, भारत का एक ही मस्तिष्क चिन्तन और विचार करता है। हमारी ये अनेक भाषाएँ अनेक छन्दों के समान हैं, किन्तु, इन अनेक छन्दों में लिखी जाने वाली कविता एक है जो भारत की आत्मा की कविता है, जो कावेरी, कृष्णा, गंगा और ब्रह्मपुत्र का जलस्रोत है। अनन्तकाल से वेद, उपनिषद् और पुराण इन सभी भाषाओं के उपजीव्य रहे हैं और अनन्त काल से ये सभी भाषाएँ संस्कृति के एक ही घाट पर पानी पीती आई हैं, जो व्यास और वाल्मीकि का घाट है।

समग्र भारतवर्ष की साहित्य-वाटिका एक है। ये अनेक भाषाएँ उसी वाटिका की अनेक क्यारियाँ हैं। और विशेषता की बात यह है कि इनमें से प्रत्येक क्यारी का जल, बड़ी ही सुगमता से, बह कर अन्य क्यारियों में चला जाता है। अभी-अभी मैंने तिलक और रवीन्द्रनाथ का नामोल्लेख किया है। किन्तु, पहले भी ऐसे कवि और चिन्तक हुए हैं जिनकी वाणी का प्रभाव एक भाषा तक सीमित नहीं रहा। भक्ति का गान पहले तमिल भाषा में आलवार सन्तों ने गाया था। कालक्रम में वह गान सारे भारत में लहरें उत्पन्न करने लगा। शंकर, रामानुज, मध्वाचार्य, निम्बार्क और वल्लभाचार्य जन्म से दक्षिण भारतीय थे, किन्तु, उनके उपदेशों और अनुभूतियों ने देश की सभी भाषाओं में जागरण उत्पन्न कर दिया। भारतीय भाषाओं के भीतर एक प्रकार की मौलिक एकता है जो सहज, स्वाभाविक एवं निसर्ग-सिद्ध है। भारतीय भाषाओं में जो जागरण आया है उससे हमारी भावनात्मक एकता में वृद्धि होगी।

पुनश्च

पंजाब और असम में जो कुछ हो रहा है, उसे देख कर देश चिन्तित होने लगा है। किन्तु, पंजाब और असम में क्या भाषाएँ लड़ रही हैं अथवा ये लड़ाइयाँ राजनीति की हैं और राजनीति ने अपना काला मुँह छिपाने के लिए भाषा का चेहरा पहन लिया है? भाषा-जागरण के भीतर बहुत बड़ी शक्ति होती है। राजनीति उस शक्ति का शोषण कर रही है, लेकिन, यह शोषण ज्यादा दिन नहीं चलेगा।

भाषा-जागरण से तो देश की भावनात्मक एकता में वृद्धि ही हो रही है। आज देश में ऐसे मंचों की संख्या पहले से अधिक है जहाँ जमा होकर विभिन्न भाषाओं के साहित्यकार परस्पर परिचय बढ़ाते हैं और मिल कर देश की भाषागत एकता को मजबूत बनाने की बात सोचते हैं। प्रायः प्रत्येक भाषा के पत्र अब अन्य भाषाओं के बारे में परिचयात्मक निबन्ध छापने लगे हैं और एक से अन्य भारतीय भाषा में अनुवाद का सिलसिला भी जोर पकड़ने लगा है। पहले तिलक, रवीन्द्रनाथ, शरत् और प्रेमचन्द्र, ये ही चार-पाँच नाम थे जो अखिल भारतीय क्षितिज पर दिखाई देते थे। अब ऐसे नामों की संख्या पन्द्रह-बीस से कम नहीं होगी। साथ ही, देवनागरी लिपि को सभी भाषाओं की वैकल्पिक लिपि मानने की दिशा में भी राष्ट्र की चेतना कुछ अधिक प्रबुद्ध हो रही है। ये इस बात के प्रमाण हैं कि भाषाओं के जागरण से देश का बल बढ़नेवाला है।

(वट-पीपल)

हिन्दी और उसकी उपभाषाओं का सम्बन्ध

हम हिन्दी-भाषी भी एकाध बात में काफी विचित्र हैं। पंजाब में हमने पंजाबी को अपनी भाषा मानने से इनकार कर दिया, लेकिन पंजाब में जो प्रेम हम पंजाबी को नहीं दे सके, वह प्रेम कई अन्य क्षेत्रों में हम अपनी जनपदीय भाषाओं को दे रहे हैं। जब राजनीति उत्कट हो उठती है, मनुष्य का प्रेम संकीर्ण हो जाता है, किन्तु जहाँ राजनीति उत्कट नहीं होती, प्रेम का सोता अपनी सहजता से बहता है।

मेरा खयाल है, मैथिली, अंगिका अथवा राजस्थानी के लिए खास-खास जनपदों में जो उत्साह दिखाई पड़ता है, वह हमारे सहज प्रेम से निकला है, किन्तु राजनीति अगर किसी वक्त आवेश में आकर इस प्रेम को लील गई, तो भारत के मानचित्र में और भी रेखाएँ खींची जा सकती हैं।

वैसे भारत अगर बाहर से एक रहता है, तो भीतरी विभाजन की पीड़ा वह बर्दाश्त कर लेगा, किन्तु सोचने की बात यह है कि क्या यह उचित है कि हम भारत को हमेशा सर्जरी की मेज़ पर लिटाए रखें? जब भारत में राजवाड़े असंख्य थे, भारत कमज़ोर हो गया था। जब भारत के हाथों में शक्ति आई, राजवाड़े खत्म हो गए। आज हमारे देश की भौगोलिक एकता जितनी सुदृढ़ है, उतनी सुदृढ़ वह इतिहास में और कभी नहीं थी।

भारतीय इतिहास की सबसे बड़ी शिक्षा यह है कि जब केन्द्र बलवान होता है, शत्रु इस देश पर आक्रमण नहीं करते और करते हैं, तो वे पीछे को ढकेल दिए जाते हैं। लेकिन जब केन्द्र की शक्ति क्षीण होती है, शत्रुओं का आक्रमण इस देश पर ज़ोर से होता है और शत्रु जीतते हैं तथा भारतवासी हार जाते हैं।

भाषा का प्रश्न केवल सांस्कृतिक प्रश्न नहीं है। अवस्था विशेष में वह राजनीति एकता से भी जुड़ जाता है, उसका असर देश की स्वाधीनता पर भी पड़ता है। मुख्यतः भाषाओं के कारण ही भारत-राष्ट्र के राजनीतिक तंत्र को संघ का रूप लेना पड़ा है। सौभाग्य से भारत में केन्द्र की शक्ति काफी बड़ी है और सभी प्रान्त उसकी अधीनता स्वीकार करते हैं। लेकिन इससे इस बात पर पर्दा नहीं पड़ता कि प्रान्तों की संख्या इस देश में जितनी ही बढ़ेगी, केन्द्र की शक्ति पर दुर्दिन में आनेवाले खतरे उतने ही ज़्यादा होते जाएँगे। अतएव हमारे उपभाषा-प्रेम को उस गलत दिशा की ओर नहीं जाना चाहिए, जहाँ वह अपनी अभिव्यक्ति नए प्रान्तों की माँग के रूप में करता है।

उपभाषाएँ उपेक्षणीय नहीं हैं। वे जनता के सांस्कृतिक जीवन से सम्बद्ध होने के कारण एक हद तक काफी महिमामयी हैं। उनमें लोक-कथाएँ हैं, लोकगीत हैं, विलक्षण मुहावरे और अनोखी कहावत हैं, जिनके कारण हिन्दी की शक्ति और समृद्धि में वृद्धि हुई है। जो विद्वान उपभाषाओं के भीतर छिपी सामग्रियों की खोज और विश्लेषण करके जनता के सांस्कृतिक जीवन को रसमय बनाना चाहते हैं, उनका परिश्रम सार्थक है और उन्हें अपना काम काफी आत्मविश्वास के साथ करना चाहिए। इसी प्रकार मैं उनकी रुचि की भी प्रशंसा करता हूँ, जो कवि और लेखक उपभाषाओं में गीत, कहानी या नाटक लिखना चाहते हैं। ये जनजीवन के सांस्कृतिक कार्य हैं और अगर लेखक और कवि समझते हैं कि उनका उपभाषा-क्षेत्र उनकी रचना में रुचि लेता है और उनके भीतर उपभाषा में ही लिखने की प्रेरणा बलवती है, तो उपभाषाओं में वे रस-साहित्य की रचना अवश्य करें।

लेकिन इससे अलग जो ज्ञान-विज्ञान और उपयोग का साहित्य है, उसकी रचना उपभाषाओं में की जाए या नहीं, यह विषय गम्भीरता से विचार करने के योग्य है। केवल गीत, कवित्व और कथाओं को लेकर भाषाएँ आपस में स्पर्धा करें, वह समय अब संसार में कहीं भी नहीं है। अब तो संसार में अग्रणी भाषाएँ केवल वे हैं, जिनमें सामाजिक और प्राकृतिक विज्ञान की पुस्तकें लिखी जाती हैं। आज भी संसार में कई अच्छी भाषाएँ हैं, जो ज्ञान-विज्ञान में पिछड़ी होने के कारण विकास के क्रम में पीछे छूट गई है और विज्ञान जिस तेज़ी से बढ़ रहा है, उसके कारण कुछ और भाषाएँ पीछे छूट जाएँ, तो कोई आश्चर्य नहीं मानना चाहिए।

भारत की जो चौदह भाषाएँ संविधान में स्वीकृत कर ली गई है, उनमें से प्रायः प्रत्येक भाषा के समर्थक को यह विश्वास है कि उसकी भाषा अन्य भाषाओं से श्रेष्ठ है, किन्तु रूसी, अंग्रेजी, जर्मन और फ्रांसीसी भाषाओं की तुलना में हमारी भाषाओं की हस्ती क्या है? केवल तुलसी, सूर, विद्यापति, ज्ञानेश्वर, तुकाराम, कंबन, पोतना, शंकर देव, कबीर, गालिब, रवीन्द्र और इकबाल का नाम लेकर भारत की भाषाएँ कब तक अपने को श्रेष्ठ मानती रहेंगी? इन भाषाओं में विज्ञान कहाँ है? सामाजिक विज्ञान कहाँ है? इतिहास, भूगोल और चिन्तन की सहस्रों नई विधाएँ कहाँ हैं? भारत की भाषाएँ अग्नि-परीक्षा के दौर से गुजर रही हैं। इनमें से जो भाषाएँ ज्ञान-विज्ञान को जल्दी-से-जल्दी आत्मसात करेंगी, वे विश्व की अग्रणी भाषाओं के रूप में ठहर जाएँगी। अन्यथा वे कवियों, नाटककारों, पत्रकारों और उपन्यास-लेखकों के उपयोग की भाषा बनकर रह जाएँगी और उन क्षेत्रों के लोग ज्ञान-विज्ञान के लिए अन्य भाषाओं पर अवलम्बित हो जाएँगे।

ज्ञान-विज्ञान की उपेक्षा करके तथा भारत की एकता और बल-वृद्धि की समस्या से मुँह मोड़कर हम चाहें तो संविधान में चौदह की जगह अट्ठाईस भाषाओं के नाम दर्ज करा सकते हैं, किन्तु इस तुच्छ भावना-तृप्ति से भारत को क्या मिलनेवाला है?

जिन भाषाओं के नाम संविधान में दर्ज होंगे, उन भाषाओं को क्या मिलने वाला है? अभी हालत यह है कि सरकार के बार-बार 'धीरे चलो, धीरे चलो' कहते रहने पर भी देश के 60 विश्वविद्यालयों में से 40 विश्वविद्यालयों में भारतीय भाषाएँ शिक्षा का वैकल्पिक माध्यम बन गई हैं, किन्तु ज्ञान-विज्ञान की उच्च कोटि की पुस्तकों का अभाव प्रायः सभी भाषाओं में भयानक दिखाई देता है और देश को यह सूझता ही नहीं कि पहाड़ के समान इस विशाल समस्या का समाधान कैसे निकाला जाए।

भाषाओं का विकास केवल सरकारी आशीर्वाद से नहीं होता है। सवाल यह उठता है कि ऐसे कितने लेखक हैं, जो उस भाषा में लिखने को तैयार हैं; ऐसे कितने पाठक हैं, जो उस भाषा में किताबें पढ़ना चाहते हैं और ऐसे कितने प्रकाशक हैं, जो उस भाषा में पुस्तकें छापकर अपनी जीविका चला सकते हैं?

हिन्दी की जितनी भी उपभाषाएँ हैं, वे उपभाषाएँ ही रहेंगी, इसके कई लक्षण काफी प्रत्यक्ष हैं। हिन्दी-भाषी क्षेत्र में, एक से लेकर दूसरे सिरे तक, सर्वत्र हिन्दी की ही पत्र-पत्रिकाएँ पढ़ी जाती हैं, हिन्दी के ही उपन्यास, नाटक और काव्य-ग्रंथों का पाठ चलता है तथा सार्वजनिक मंच से भी भाषण हिन्दी में ही दिए जाते हैं और इससे जनता के साथ कोई अन्याय भी नहीं होता है, क्योंकि राजस्थान से लेकर बिहार तक ऐसा कोई भी उपभाषा-क्षेत्र नहीं है, जहाँ हिन्दी वहाँ उपभाषा के साथ खूब घुली-मिली नहीं हो।

आज हम जिसे खड़ी बोली कहते हैं, वह भी किसी समय अन्य बोलियों के समान एक जनपद की ही भाषा थी, लेकिन इस बोली में कोई विलक्षण शक्ति थी, जिसके कारण वह उत्तर भारत की अन्य सभी बोलियों में समा गई और उनके साथ उसने गहरा तादात्म्य स्थापित कर लिया। यह कितनी विलक्षण बात है कि हिन्दी का सारा प्राचीन साहित्य उसकी उपभाषाओं में है, किन्तु सभी उपभाषाएँ हिन्दी को अपना ही रूप मानती हैं। भाषा के क्षेत्र में यह शायद भारत की ही नहीं, सारे संसार की अतुलनीय घटना है।

अपनी इसी विलक्षण शक्ति के कारण हिन्दी भारत की राष्ट्रभाषा चुनी गई है। राजस्थान से लेकर बिहार तक, वैसे, भाषाएँ अनेक हैं और सबका जन्म एक ही माता की कोख से हुआ है, किन्तु इन सभी भाषाओं को जन्म देने के क्रम में संस्कृत ने उत्तर भारत में, हिन्दी के रूप में, एक ऐसी भाषा को भी जन्म दे दिया जो राजस्थान से लेकर बिहार तक की मुख्य भाषा बन गई और जो गुजरात, महाराष्ट्र, बंगाल, असम और उड़ीसा में भी थोड़ी-बहुत समझ ली जाती है। अगर गुजरात का आदमी असम जाए और गुजराती में बोलना चाहे, तो वहाँ उसकी बात कोई न समझेगा। लेकिन हिन्दी बोलकर गुजराती असम में और असमी गुजरात में अपना थोड़ा-बहुत काम चला लेता है।

हम हिन्दी-भाषी लोग अत्यन्त सौभाग्यशाली हैं कि हमारे पास एक नहीं, दो-दो मातृभाषाएँ मौजूद हैं। हम असम में रहते हों या मिथिला में, भोजपुर में रहते हों अथवा

बुन्देलखंड में, अवध में रहते हों या ब्रजमंडल और राजस्थान में, हिन्दी हम सबकी मातृभाषा है और हमारे लिए वह उतनी स्वाभाविक बन गई है, जितनी स्वाभाविक हमारी अपनी जनपदीय भाषाएँ हैं और सौभाग्य उत्तर भारतवर्ष का भी है, क्योंकि अनेक भाषाओं को जन्म देते समय संस्कृत ने वहाँ एक ऐसी भाषा भी उत्पन्न कर दी, जो बिना सीखे हुए भी गुजरात से लेकर असम तक समझ ली जाती है। कहीं एक ऐसी ही भाषा दक्षिण में भी पैदा हुई होती, तो भारत की भाषागत कठिनाइयाँ उतनी विकराल नहीं होतीं, जितनी वे आज दिखाई देती हैं, लेकिन दुर्भाग्यवश आदि द्रविड़ भाषा ने दक्षिण में चार भाषाएँ तो उत्पन्न कर दीं, किन्तु किसी भी ऐसी भाषा को वह जन्म नहीं दे सकी, जो चारों भाषा-क्षेत्रों में एक समान समझी जा सके।

हिन्दी क्षेत्र में उपभाषाओं को शासन और उच्च शिक्षा का माध्यम बनाने की बात वहाँ उठनी चाहिए, जहाँ की जनता हिन्दी समझने में असमर्थ हो, किन्तु हिन्दी-भाषी प्रदेशों में ऐसा कोई क्षेत्र नहीं है, जहाँ हिन्दी समझने में लोगों को कठिनाई होती हो अथवा जहाँ शिक्षा के काम में कोई उपभाषा हिन्दी की अपेक्षा अधिक समर्थ समझी जाए। हाँ, आदिवासी जनता की समस्या एक अलग समस्या है और उसका सम्यक् समाधान क्या है, इसका पता भी कुछ आगे चलकर चलेगा।

उपभाषाओं का सही उपयोग यह भी है कि हम उनके मुहावरों को हिन्दी में पचाने की कोशिश करें। इससे हिन्दी जनजीवन के और भी निकट जा जाएगी। लेकिन दुर्भाग्य की बात है कि जो लोग जनपदीय भाषाओं के प्रति अपना प्रेम दिखाते हैं, वे भी संस्कृत से लदी 'निम्बांब-कदंब-जंबीर-वकुल-कुल-संकुल' वाली लच्छेदार हिन्दी लिखने में ही अपना गौरव समझते हैं।

अनेक उपभाषाओं के बीच एकता का तार पिरोकर हिन्दी ने सारे उत्तर भारत को एक कर दिया है। यह बहुत बड़ी उपलब्धि है जिस पर हमें गर्व करना चाहिए। भाषाओं के सम्मान का सबक हमें रूस देश से सीखना चाहिए, जहाँ पर किसी भी अल्पसंख्यक भाषा का आज तक दलन नहीं हुआ है।

रूस में ऐसे भी अल्पसंख्यक समुदाय हैं, जिनकी भाषाओं के लिए पहले कोई लिपि नहीं थी। क्रान्ति के बाद रूसी सरकार ने उनके लिए लिपियाँ तैयार कीं और अब उन भाषाओं में विश्वविद्यालय काम कर रहे हैं, किन्तु यह याद रखने की बात है कि रूस ने यह कार्य अल्पसंख्यकों की संस्कृतियों को अक्षुण्ण रखने के लिए ही किया है। यदि इस दृष्टि से विचार किया जाए, तो हिन्दी-क्षेत्र में आदिवासी जनता ही अल्पसंख्यक जनता है अथवा उर्दू-भाषी सम्प्रदाय, जो उर्दू का विकास अपनी संस्कृति को अक्षुण्ण रखने के लिए करना चाहता है। बाकी हमारी जितनी भी उपभाषाएँ हैं, वे अल्पसंख्यकों की भाषाएँ नहीं हैं। अल्पसंख्यकों की उत्पत्ति ऐतिहासिक कारणों से होती है। कोई भी समुदाय केवल इस कारण अल्पसंख्यक गिना नहीं जा सकता कि वह छोटी चीज हासिल करने के जोश में किसी बड़े सत्य से इनकार करता है।

बड़े उद्देश्य के लिए काम करते-करते व्यक्ति बड़ा हो जाता है, देश बड़ा हो जाता है, लेकिन जब प्रधानता छोटे उद्देश्यों को दी जाती है, व्यक्ति और देश, दोनों छोटे हो जाते हैं। हमारा बड़ा उद्देश्य भारतीय भाषाओं को ऊपर उठाकर अंग्रेजी को उसकी अपनी जगह पर पहुँचाना है। विशेषतः हिन्दी से देश ने बहुत बड़ी आशा लगा रखी है। हिन्दी तोड़नेवाली नहीं, जोड़नेवाली भाषा है। उसने अपने क्षेत्र में सभी उपभाषाओं को परस्पर जोड़ रखा है। वह गुजरात से असम तक सभी भाषाओं के बीच सेतु का काम कर रही है। सच पूछिए तो गुजराती से लेकर असमिया तक भारत की सभी भाषाएँ एक ही भाषा है, लेकिन किसी समान नाम के अभाव में उन्हें हम गुजराती, पंजाबी, हिन्दी, बंगला, असमिया आदि विभिन्न नामों से पुकारते हैं। हिन्दी की पश्चिमी सीमा राजस्थान है, जहाँ मीराबाई का जन्म हुआ था, लेकिन मीराबाई केवल हिन्दी ही नहीं, गुजराती की भी कवयित्री मानी जाती हैं। हिन्दी की पूर्वी सीमा बिहार है, जहाँ कवि शेखर विद्यापति जनमे थे, लेकिन विद्यापति केवल हिन्दी ही नहीं, बँगला के भी कवि माने जाते हैं।

हम संसार में बहुविध प्रचलित इस कलंक को मिटाना चाहते हैं कि चूँकि भारत में असंख्य भाषाएँ हैं, इसलिए यह देश कभी भी एक राष्ट्र नहीं बनेगा। भाषा की जड़ें उपभाषाओं के बीच गड़ी होती हैं, अतएव हमें ऐसा कोई भी काम नहीं करना चाहिए, जिससे भाषा का मूल-स्रोत सूख जाए। साथ ही हमें इसका भी ध्यान रखना है कि मूल और शाखा में कहीं भी कोई विरोध नहीं पड़े। प्रकृति ने भारत को उस रूप में एक राष्ट्र नहीं बनाया है, जिस रूप में यूरोप के छोटे-छोटे देश राष्ट्र हैं, किन्तु राष्ट्रीयता के बहुत सारे उपकरण प्रकृति ने भारत में ही एकत्र कर रखे हैं। अगर हम एक राष्ट्र बनकर जीना चाहते हों, तो उसके साधन हमारे सामने मौजूद हैं। अगर हम टूटकर अलग-अलग बिखरना चाहें, तो दुर्भाग्यवश सामग्रियाँ उसकी भी यहाँ कम नहीं हैं। भारत की राष्ट्रीयता प्रकृति और इतिहास पर कम अवलम्बित है, उसका दारोमदार हमारी अपनी इच्छा और संकल्प-शक्ति पर है।

(साहित्यमुखी)

हिन्दी का सार्वदेशिक स्वभाव

जहाँ आज दिल्ली और मेरठ है, कन्नौज, पूर्वी राजस्थान और ब्रजभूमि है, वहाँ पहले, क्रमानुसार, कुरु, पांचाल, मत्स्य और शूरसेन नामक जनपद थे। जो भाषा इन चार जनपदों में फैलती है, बाक़ी भारत में भी उसी भाषा का प्रसार हो जाता है। यहीं की आदि प्राकृत पहले वैदिक और तब लौकिक संस्कृत बनी। फिर यहीं पालि भाषा का जन्म हुआ। फिर उसी भाषा से शौरसेनी और फिर अवहट्ठ भाषाएँ जनमीं। बिहार में पैदा होने वाले कवि विद्यापति जनता की भाषा को अवहट्ठ मानते थे।

प्राकृत बयना सब जन मिट्ठा,
तैं तैसन जलपौं अहवट्ठा।

महाराष्ट्री प्राकृत का प्रयोग पद्य में और शौरसेनी का गद्य में साथ-साथ मिलता है। गरज यह कि इसी जनपद की कोई-न-कोई भाषा बराबर राष्ट्र की एकता की भाषा रही है।

चूँकि उत्तर और दक्षिण की राजनीति पीछे चलकर एक नहीं रही, इसलिए संस्कृत के बाद समग्र भारत की राजनीति की कोई एक भाषा नहीं बन पाई। किन्तु, यत्किंचित् सांस्कृतिक एकता की भाषा तब भी वही भाषा रही, जिसका प्रचलन कुरु, पांचाल, मत्स्य और शूरसेन में था।

चौदहवीं सदी में विद्यापति ने अपनी पदावली में जिस भाषा का प्रयोग किया, वह उत्तर में सर्वत्र समझी जाती थी और उसी भाषा के अनुकरण से ब्रजबुलि (ब्रजबोली) का जन्म हुआ, जिसके कवि बंगाल, असम और ओड़ीस्सा में उत्पन्न हुए। बल्कि, कहना चाहिए कि ब्रजबुलि का जन्म ब्रजभाषा और मैथिली के मिश्रण से हुआ था। अतएव, ब्रजबुलि को लेकर एक समय शूरसेन से लेकर असम तक की भक्ति-कविता की भाषा प्रायः एक थी।

आम धारणा यह है कि दक्षिण में हिन्दी का प्रवेश मुसलमानों के जरिए हुआ। किन्तु, यह बात भूलने की नहीं है कि अशोक और गुप्त राजाओं की राज्य-सीमा दक्षिण में बहुत दूर तक फैली हुई थी। ईसा की सातवीं सदी में दक्षिण में कुछ दूर तक हर्षवर्धन का भी राज्य था। बहमनी राजाओं के राज्य में हिसाब-किताब हिन्दी में रखा जाता था। मुसलमान तथा हिन्दू राजे स्थानीय भाषाओं के साथ-साथ हिन्दी को भी

प्रोत्साहित करते थे। शहाजी और शिवाजी के समय महाराष्ट्र में हिन्दी कवियों का बड़ा मान था, जिससे यह निष्कर्ष मजे में निकाला जा सकता है कि महाराष्ट्र की जनता हिन्दी की कविताएँ समझ लेती थी। कहते हैं, स्वयं शिवाजी महाराज भी कभी-कभी हिन्दी में पद रच लेते थे।

महाराष्ट्र में मराठी के साथ-साथ हिन्दी की भी कविता चलती थी। महानुभाव-पन्थ के प्रवर्तक चक्रधर महाराज तेरहवीं सदी में हुए हैं। वे जन्म से गुजराती थे, किन्तु कविताएँ गुजराती, मराठी और हिन्दी, तीनों भाषाओं में लिखते थे अथवा किसी ऐसी भाषा में, जिसमें तीनों भाषाओं का रंग था।

जब रामानुजाचार्य, वल्लभाचार्य, निम्बार्क और मध्व के सन्देश विन्ध्य से उत्तर पहुँचे, तब तो भक्ति-आन्दोलन ही दक्षिण से उठकर उत्तर को पहुँच गया। उस समय देश के विभिन्न भागों से जो सन्त और कवि पहुँचते थे, वे उत्तर की ही भाषा में पद्य-रचना करने लगते थे। राम और कृष्ण भक्तिमार्ग के उपास्य देव थे, और चूँकि उनकी जन्मभूमि हिन्दी प्रान्त में पड़ती थी, इसलिए ब्रज की भाषा ही तत्कालीन सार्वदेशिक साधु-समाज की भाषा बन गई। महाराष्ट्र के सन्तों में ऐसे सन्त अनेक हुए हैं, जिन्होंने मराठी के साथ-साथ हिन्दी में भी पद लिखे हैं। ऐसे सन्तों में हम चक्रधर, ज्ञानेश्वर, नामदेव, एकनाथ, समर्थ रामदास, सिद्धेश्वर महाराज, देवनाथ महाराज, विष्णुदास आदि असंख्य कवियों का उल्लेख कर सकते हैं।

महाराष्ट्र की हिन्दी-सेवा अद्भुत है। राष्ट्रीय एकता के हित में महाराष्ट्रियों ने हिन्दी की जो सेवा की है, वह अन्य सभी प्रान्तों के लिए अनुकरणीय है। स्वर्गीय पं. माधवराव सप्रे, बाबू राव विष्णु पराड़कर, लक्ष्मण नारायण गर्दे, गजानन माधव मुक्तिबोध और रामचरितमानस के टीकाकार विनायक राव जी के नाम हमारे लिए अत्यन्त श्रद्धेय लोगों के नाम हैं। यदि जीवित लेखकों की बात करें, तो काका साहब कालेलकर, आचार्य विनोबा भावे, श्री श्रीपाद दामोदर सातवलेकर, अनन्त गोपाल शेवड़े और प्रभाकर माचवे की हिन्दी-सेवा किसी भी हिन्दी-भाषी की हिन्दी-सेवा से कम न पड़ेगी।

विनोबा जी ने सत्य ही कहा है कि 'जय जगत्' 'जय हिन्द' से अधिक व्यापक नारा है। 'जय हिन्द' पुकारने से हिन्दुस्तानी के हाथ में केवल उसका प्रदेश आता है। लेकिन 'जय जगत्' पुकारने वाले के हाथ में जो कम-से-कम चीज़ आती है, वह सारा हिन्दुस्तान है। हिन्दुस्तान के भीतर रहने पर हम अपने-आप को बिहारी, बंगाली, मद्रासी या मराठी समझ सकते हैं, किन्तु, देश से बाहर जाने पर हम सब-के-सब हिन्दुस्तानी हो जाते हैं। इसका एक प्रमाण यह भी है कि मॉरिशस द्वीप में सन् 1930 और 1940 ई. के बीच हिन्दी के जो भी पत्र निकले, उनके सम्पादकों में से पं. नरसिंह दास तेलुगू-भाषी, पं. आत्माराम मराठी-भाषी और पं. काशीनाथ जन्म से बंगलाभाषी थे।

स्वामी दयानन्द, लल्लूलाल जी, महात्मा गांधी, सरदार बल्लभभाई पटेल और

श्री मोरारजी देसाई ने जिस ज़ोर से हिन्दी का पक्ष-समर्थन किया, उसके कारण सारा गुजरात राष्ट्रीयता के क्षेत्र में अग्रणी प्रदेश बन गया है। किन्तु, यह कोई नई प्रवृत्ति नहीं है। अभी पिछली शताब्दी तक गुजरात की पाठशालाओं में जो पाठ्य-पुस्तकें पढ़ाई जाती थीं, उनमें गुजराती पद्यों के पाठ नागरी लिपि में छापे जाते थे। महात्मा गांधी का जन्म जिस घर में हुआ था, उस घर से सम्बन्धित काग़ज़ पर गांधीजी के पितामह और कुछ गवाहों के हस्ताक्षर मैंने खुद अपनी आँख से नागरी लिपि में देखे हैं।

किन्तु, हिन्दी उससे भी बहुत पूर्व से गुजरात में प्रचलित रही है। मीराबाई हिन्दी की पश्चिमी सीमा, राजस्थान में जनमी थीं, किन्तु, उनके बहुत-से पद गुजराती में भी चलते हैं। प्रसिद्ध सन्त कवि श्री नरसी मेहता के पदों में हम यत्र-तत्र ब्रजभाषा का प्रयोग देखते हैं। सोलहवीं सदी के आरम्भ में गुजरात में एक जैन कवि लावण्यसमय नाम के हुए हैं। उनके प्रबन्ध-काव्य 'विमल-प्रबन्ध' में 'मुस्लिम पुरुष-स्त्रियों के द्वारा कहे गए वाक्यों में खड़ी बोली हिन्दी का स्वरूप पाया जाता है।' अष्टछाप के एक कवि कृष्णदास जन्म से गुजराती थे। ई. सन् 1536 के प्रभासपाटण के कवि केशव हृदयराम की 'कृष्ण-क्रीड़ा काव्य' नामक 40 सर्गों की गुजराती काव्यकृति में राधा के प्रसंग में (14वें सर्ग में) ब्रजभाषा की बहुत-सी पंक्तियाँ मिलती हैं।''

लक्ष्मीदास, नयसुन्दर, ऋषभदास, कनकसोम, साधुकीर्त्ति, गुणविनय, समयसुन्दर, रत्ननिधान आदि गुजराती के जैन कवियों में अक्सर हमें हिन्दी के पद मिल जाते हैं। दलपति राम और वंशीधर अहमदाबाद के थे, जिन्होंने हिन्दी में 'अलंकार-रत्नाकर' की रचना की। अखा भगत (सन् 1600 ई. से सन् 1650 के बीच) की 'सन्तप्रिया' और 'ब्रह्म लीला' नामक दोनों रचनाएँ ब्रजभाषा-मिश्रित खड़ी बोली में हैं। लक्ष्मीवल्लभ जैन के पद और सामल के छप्पय हिन्दी में भी मिलते हैं। केवलराम और उनके पुत्र आदितराम गायकवाड़ के आश्रित थे। दोनों ही कवियों की हिन्दी कविताएँ ओजस्विनी और बेजोड़ हैं। अखा की तरह प्रीतम दास ने भी (समय 18वीं सदी) गुजराती के साथ-साथ हिन्दी में कविताएँ लिखी हैं। मध्यकाल में गुजराती में लिखनेवाले हिन्दी के कवि इतने अधिक हुए हैं कि छोटे-से निबन्ध में उन सब के नाम भी गिनाए नहीं जा सकते। फिर भी कवि दयाराम का उल्लेख यहाँ विशेष रूप से करना है, क्योंकि गुजराती और ब्रजभाषा पर उनका समान अधिकार था। उनका देहान्त सन् 1853 ई. में हुआ। यही नहीं, वर्तमान युग में मैंने चारण-सम्राट् दुला भाई काग के मुख से हिन्दी की कविताएँ सुनी हैं तथा इन्द्र वसावड़ा के सुललित हिन्दी गद्य-लेख देखे हैं। फोर्ट विलियम में जब कम्पनी सरकार हिन्दी गद्य का रूप सँवारने लगी, तब उसके एक लेखक सदल मिश्र थे, जो बिहारी थे, किन्तु, दूसरे लेखक पं. लल्लूलाल जी गुजरात के थे।

तेलुगू भाषा आर्य-परिवार की नहीं, द्रविड़-ख़ानदान की समझी जाती है। यह

भाषा इतनी मधुर है कि एक विदेशी विद्वान ने इसे पूरब की 'इतालवी' कहा था। तेलुगू भाषा का जो क्षेत्र है, उसी क्षेत्र में दक्खिनी हिन्दी का जन्म हुआ था। डॉक्टर सुनीति कुमार चटर्जी ने लिखा है कि "दक्खिनी हिन्दी को उसके कवि लोग 'भाखा' या 'भाका' बोलते थे। हम दक्खिनी साहित्य को उर्दू तथा हिन्दी की खड़ी बोली से सम्बन्धित साहित्य का आदि रूप कह सकते हैं। यह साहित्य-धारा वर्तमान हिन्दी और उर्दू साहित्य का उत्पत्ति-स्थान है। उत्तर भारत से दक्खिन में जाकर यह प्रौढ़ बना। फिर समग्र उत्तर भारत पर, दिल्ली की भाषा के सहारे, इसका प्रभाव फैला।"

जब दक्खिन में उत्तर से गए हुए मुसलमान इस प्रकार की हिन्दी लिख रहे थे, उस समय अरबी और फारसी के शब्द दक्षिण की भाषाओं में भी प्रवेश पा रहे थे। यह संगति का अनिवार्य परिणाम था। भोसला-वंश के महाराज शाह जी (1684-1712) मराठी और तेलुगू के तो कवि थे ही, उन्होंने 'राधा-बनसीधर-विलास' नाम से कुछ यक्षगान हिन्दी में भी लिखे थे, जो कर्णाटक धुन पर गाए जाते थे।

हैदराबाद के गोलकुण्डा नामक क़िले में बहुत-से ऐसे चित्र हैं, जिनके परिचय ब्रजभाषा और देवनागरी लिपि में लिखे हैं।

मछिलीपट्टणम् में एक नटकिया श्री नादेल्ल पुरुषोत्तम कवि हो गए हैं। सन् 1886 ई. के आसपास उन्होने तेलुगू लिपि में हिन्दी के कई नाटक लिखे थे, जिनमें से केवल छह नाटक अब उपलब्ध हैं। हाँ, आठ नाटकों के गीत मात्र बचे हुए हैं। आन्ध्रकेसरी श्री टी. प्रकाशम पन्तुलु ने अपनी आत्मकथा में लिखा है कि उनके बचपन के दिनों में महाराष्ट्र की नाटक-कम्पनियाँ आन्ध्र प्रदेश में घूमती थीं और हिन्दी नाटकों का अभिनय करती थीं। "उस गाँव में नाटकों पर जान देनेवाले एक उंडदल्ली साहब थे। उंडदल्ली साहब उर्दू के पंडित थे। वे उर्दू में नाटक लिखते और हम तेलुगू लिपि में उसे लिखकर पूरे नाटक कंठस्थ कर लेते।" श्री पांडुरंग राव लिखते हैं कि "इस प्रकार यह स्पष्ट है कि 15वीं शती से लेकर 19वीं शती तक आन्ध्र प्रदेश में हिन्दी-हिन्दुस्तानी का थोड़ा बहुत व्यवहार होता ही रहा।"

यह भी ध्यान देने की बात है कि श्री वल्लभाचार्य तेलुगूभाषी थे, जिन्होंने हिन्दी-भाषी प्रान्तों में कृष्ण-भक्ति की लहर दौड़ा दी। और कवि पद्माकर तैलंग ब्राह्मण थे, जो ब्रजभाषा के उतने धुरन्धर कवि हुए हैं।

सन् 1880 ई. के आसपास श्री कृष्णमूर्ति शिष्टु तथा मंड नरहरि ने रामचरितमानस का अनुवाद तेलुगू में किया।

स्वर्गीय शिवन्न शास्त्री हिन्दी के बहुत अच्छे लेखक थे और सरस्वती में लिखा करते थे। उन्होंने हिन्दी-तेलुगू-कोष और ब्रज भाषा का व्याकरण भी लिखा था। आज के तेलुगू-भाषी हिन्दी-विद्वानों में श्री वेंकटेश्वर शर्मा, पं. हृषीकेश शर्मा, श्री मो. सत्यनारायण आदि के नाम बड़े ही आदर के साथ लिए जाते हैं। इसी प्रकार, हिन्दी के कई जीवित लेखक जन्म से तेलुगू-भाषी हैं और अपनी मातृभाषा पर भी उनका

पूरा अधिकार है। ऐसे लेखकों में सर्वश्री आरिगपूडि रमेश चौधरी, राममूर्ति 'रेणु', पांडुरंग राव, हनुमत् शास्त्री अयाचित, आलूरि वैरागि चौधरी, जी. सुन्दर रेड्डी, बाल शौरि रेड्डी, कामाक्षी राव, राधाकृष्ण मूर्ति वेमूरि आदि के प्रमुख नाम हैं। श्री राममूर्ति रेणु ने ही मुझसे कहा था कि आन्ध्र में अभी कुछ ऐसे प्राचीन ग्रन्थ भी मिले हैं, जिनकी लिपि तेलुगू, किन्तु, भाषा हिन्दी है।

प्रोफ़ेसर नागप्पा ने अपने एक निबन्ध में लिखा है कि मैसूर राज्य में हैदर और टीपू के जमाने से तथा उससे भी कुछ पूर्व से उर्दू लिपि में लिखित हिन्दी के गद्य और पद्य बराबर उपलब्ध होते आए। यहीं 'सबरस' और बिहारी की 'लालचन्दी टीका' की फटी-चिटी प्रतियाँ मैसूर में कहीं प्राप्त हुई हैं। "17वीं सदी के एक मुसलमान बादशाह को एक वीर शैव जंगम कवि ने ब्रजभाषा के दोहों में एकेश्वरवाद का उपदेश दिया था। ये दोहे 'शिवानुभव' नामक कन्नड़ पत्रिका में छपे हैं। हमारे यहाँ के भागवत (हरिकथाकार) तुलसी, कबीर, नानक और मीरा के पद बराबर गाते रहे हैं। कन्नड़ की 'भक्ति-विजय' में कबीर का भी उल्लेख हुआ है।"

अब तो अनुवादों के द्वारा हिन्दी और कन्नड़ के बीच भी काफ़ी आदान-प्रदान हो रहा है। डॉ. नगेन्द्र के निबन्धों का अनुवाद कन्नड़ में हुआ है। मेरे 'लोकदेव नेहरू' का भी कन्नड़ संस्करण सन् 1967 ई. में प्रकाशित हुआ है। इसी प्रकार कन्नड़ के ग्रन्थ 'नागरिक' और 'शान्तला' के अनुवाद हिन्दी में निकल चुके हैं। मद्रास के 'दक्षिण भारत' पत्र में कन्नड़ साहित्य के बहुत-से अनुवाद निकले हैं। और बसवेश्वर के वचनों के तो हिन्दी में छोटे-मोटे कई अनुवाद हैं।

देश के बिखराव के कारण राजनीति की भाषाएँ कई थीं, किन्तु, सारे देश में घुमनेवाले साधुओं, संन्यासियों और तीर्थयात्रियों के बीच एक प्रकार की सरल हिन्दी का प्रचार भारत में हमेशा से रहा है। केरल में हिन्दुओं के अनेक तीर्थ हैं। इन तीर्थों में साधुओं और यात्रियों के ठहरने के लिए 'गोसाईं मठ' नामक धर्मशालाएँ हुआ करती थीं और इन मठों में बराबर ऐसे दुभाषिए रखे जाते थे, जिन्हें अपनी भाषा के सिवा हिन्दी का भी कामचलाऊ ज्ञान होता था। इन दुभाषियों की हिन्दी को लोग 'गोसाईं भाषा' या 'हिन्दुस्तानी' कहा करते थे। श्री एन. वेंकटेश्वरन ने लिखा है कि "उन सज्जनों में से कुछ के पास हिन्दुस्तानी भाषा सीखने के लिए उन दिनों मलयालम में लिखी हुई कुछ पुस्तकें भी मिलती हैं। उन हस्तलिखित पुस्तकों से यह प्रमाणित होता है कि केरल में बहुत प्राचीनकाल से हिन्दी की अध्ययन हो रहा था।"

त्रावणकोर के राजवंश में भी सन् 1813 ई. में हिन्दी के एक कवि जनमे थे, जिनका शुभ नाम स्वाति नक्षत्रज राज वर्मा था। वे 'गर्भ श्रीमान्' के उपनाम से हिन्दी के पद लिखते थे। उनके कोई चालीस पद उपलब्ध हैं, जो मन्दिरों में गाए जाते थे। उन्होंने हिन्दी के भी गीत और पद मलयालम लिपि में ही लिखे थे और अब तक भी उनका प्रकाशन नागर अक्षरों में नहीं हुआ है। इसी प्रकार मलयालम के एक दूसरे

कवि कुंचन नाम्बियार की कविता में भी प्रसंगानुकूल सधुक्कड़ी हिन्दी (गोसाईं भाषा) का प्रयोग मिलता है।

केरल में हिन्दी का चलन कई कारणों से रहा है। एक तो तीर्थों के कारण, दूसरे इस कारण भी कि केरल में उत्तर भारत के राजपूत, मराठे और पंजाबी सिपाही भी काम करते थे। अतएव, हिन्दी का थोड़ा-बहुत प्रचार उनके कारण भी हो जाता था। वर्मा राजवंश की प्राचीन राजधानी पद्मनाभपुर में थी। उस राजधानी में जो भी चित्र हैं, उनके परिचय ब्रजभाषा और देवनागरी लिपि में अंकित हैं।

केरल के सभी बन्दरगाहों पर मारवाड़ी, गुजराती, पारसी और उत्तर के मुसलमान बहुत पूर्व से रहते आए थे। अतएव, वहाँ के व्यापार-केन्द्रों में हिन्दी, आप से आप, फैल जाती थी। शायद यही कारण है कि तुलसीदास के रामचरितमानस और नाभादास के भक्तमाल के अनुवाद मलयालम में बहुत पहले ही तैयार हो गए।

केरल में आजकल हस्तलिखित पत्रिकाएँ हिन्दी की भी निकलती हैं। वैसे छपकर प्रकाशित होनेवाला 'युग-प्रभात' भी अपने ढंग का अकेला पत्र है।

हिन्दुओं के कई पवित्र तीर्थस्थान तमिलनाडु में पड़ते हैं, जैसे रामेश्वरम, श्रीरंग, कांची, मदुरा कन्याकुमारी। इसी प्रकार तमिल प्रदेश के लोग तीर्थ-यात्रा पर उत्तर भारत भी आते ही रहे हैं। दोनों ओर के इस समागम में किसी प्रकार की टूटी-फूटी हिन्दी ही काम देती रही है। उत्तर से दूर होने के कारण तमिल लोग हिन्दी और उर्दू का भेद लख नहीं पाते थे और सच पूछिए तो बोली जाने पर हिन्दी और उर्दू एक ही भाषा-सी लगती भी है। किन्तु, उर्दू के भ्रम में वे हिन्दी को भी राजभाषा मानते थे। तमिलनाडु के धनी परिवारों में हिन्दुस्तानी पढ़ना सभ्यता का लक्षण माना जाता था।

अत्यन्त प्राचीनकाल में तमिल के बहुत-से शब्द संस्कृत में घुसकर उस भाषा के अपने शब्द हो गए थे। रेवरेन्ड किटल ने अपने कन्नड़-इंगलिश कोष में ऐसे चार सौ शब्दों की सूची दी है। इधर आकर हिन्दी के अनेक शब्द तमिल में समा गए। श्री क. प. शिवराम शर्मा ने लिखा है कि उर्दू और हिन्दी के बहुत-से शब्द तमिल में पच खप गए हैं। मेज़ और कुर्सी तमिल में मेजै और कुर्ची बन गई है। 'ख़ाली' शब्द तमिल में 'काली' बन गया और उसका प्रयोग इस क़दर ज़्यादा हो गया कि उसका समानार्थी तमिल शब्द अब बहुत कम प्रयुक्त होता है।

श्री शिव शर्मा ने यह भी लिखा है कि तमिल प्रदेश में हरिकथा को 'कालक्षेपम' कहते हैं। "ऐसे कालक्षेपमों में कबीरदास, तुलसीदास, मीराबाई आदि की कथाओं का भी प्रवचन होता आया है। यह क्रम कोई दो सौ वर्षों से चला आ रहा है।"

जैसे आज हिन्दी की फ़िल्में तमिलनाडु में हिन्दी का प्रचार करती हैं, उसी प्रकार पहले पारसी नाटक कम्पनियों के द्वारा वहाँ की जनता हिन्दी से अभ्यस्त होती थी।

तमिलनाडु में हिन्दी-प्रचार का अब बहुत बड़ा केन्द्र है। किन्तु, दक्षिण भारत हिन्दी प्रचार सभा की स्थापना के पूर्व भी हिन्दी के समर्थक तमिलनाडु में थे। मद्रास

के श्री बी. कृष्णस्वामी ऐय्यर हिन्दी के भक्त थे और सन् 1910 ई. में काशी आकर उन्होंने यह घोषणा की थी कि हिन्दी ही भारत की राष्ट्रभाषा हो सकती है। "मदुरा नगर में ठाकुर खाँ चन्द्र वर्मा नामक सज्जन 1915-16 में ही हिन्दी के वर्ग चलाते थे।"

इधर तो तमिल और हिन्दी में आदान-प्रदान काफ़ी हुआ है। प्रसाद जी की कामायनी और आँसू, दोनों काव्यों के पद्यानुवाद तमिल में निकले हैं। मेरे कुरुक्षेत्र काव्य का तमिल पद्यानुवाद एक पत्रिका में वर्षों से निकल रहा है। प्रेमचन्द के सेवासदन का अनुवाद तमिल में है और उस पर एक फ़िल्म भी तमिल में बनी है। इसी प्रकार सुब्रह्मण्य भारती की कविताओं के कई अनुवाद हिन्दी में निकले हैं। महाकवि कम्ब की रामायण का पूरा गद्यानुवाद बिहार की राष्ट्रभाषा परिषद् ने प्रकाशित किया है। तमिल के वैष्णव कवि आलवारों की कृतियों के भी अनुवाद हिन्दी में आ रहे हैं। डॉ. मलिक मोहम्मद नाम के एक मुस्लिम युवक ने 'आलवार भक्तों का तमिल प्रबन्ध और हिन्दी का कृष्ण-काव्य' विषय पर एक काफ़ी मोटी और विद्वतापूर्ण थीसिस हिन्दी में प्रकाशित की है। तमिल प्रान्त में हिन्दी के कवि भी उत्पन्न होने लगे हैं। श्री सुमतीन्द्रन बड़े ही होनहार कवि हैं।

जैसा कि लेख के आरम्भ में ही कहा जा चुका है, ब्रजबुलि के कवि पूर्वी भारत में सर्वत्र उत्पन्न हुए थे। ओड़ीस्सा के भक्त कवि राय रामानन्द संस्कृत, ओड़िया और ब्रजभाषा में भी पद रचते थे। ब्रजभाषा में जगन्नाथदास और वंशीवल्लभ कवि की भी कविताएँ मिलती हैं। डॉक्टर हरेकृष्ण मेहताब के मतानुसार ओड़िया के कुछ और भी श्रेष्ठ कवि हुए हैं, जिन्होंने ब्रजभाषा में कविताएँ लिखीं। इन कवियों में से रुद्रराय, अनंग भीम, मधुपुर नरेन्द्र, वानपुर हरिचन्दन आदि के नाम परम रूप से उल्लेखनीय हैं।

विद्यापति के समय से ब्रजभाषा का प्रभाव बंगला पर पड़ने लगा। भारत चन्द्र रायगुणाकर ने, जो बंगला के महाकवि हैं, कुछ कविताएँ हिन्दी में भी लिखी थीं, ऐसा डॉक्टर सुनीति कुमार चाटुर्ज्या ने बताया है। उन्नीसवीं सदी में बंगाल में जो नव जागरण प्रारम्भ हुआ, उसका प्रभाव महापुरुषों की भाषा-नीति पर भी पड़ा। सुनीति बाबू ने लिखा है कि "इस युग में जितने भी बंगाली विद्वान, पंडित व्यक्ति राष्ट्रीयता-बोध के कारण हिन्दी या हिन्दुस्तानी भाषा के प्रति आकृष्ट हुए, प्रायः वे सभी संस्कृतनिष्ठ नागरी लिपि में लिखित खड़ी बोली हिन्दी के पक्षपाती थे। इनमें से बिहार के भूदेव मुखोपाध्याय, उत्तर प्रदेश के वेणीमाधव भट्टाचार्य, शारदा प्रसाद सान्याल, प्यारी मोहन वन्द्योपाध्याय, रामकाली चौधरी और नील कमल मित्र तथा पंजाब के नवीन चन्द्र राय का नामोल्लेख किया जा सकता है।...उक्त बाबू भूदेव मुखोपाध्याय के कारण ही बिहार में हिन्दी का प्रचार हुआ।" सन् 1878 ई. में श्री कृष्णानन्द सेन ने मुंगेर से 'धर्म-प्रचारक' नामक हिन्दी साप्ताहिक पत्र प्रकाशित किया था। स्वदेशी आन्दोलन के समय बंगाल के नेता और पत्रकार काली प्रसन्न काव्य-विशारद ने एक हिन्दी गीत की रचना की थी, जिसे बंगाल के युवक सड़कों पर गाते फिरते थे।

बंगाल ने हमें हिन्दी के कई लेखक भी दिए हैं, जिनमें नलिनी मोहन सान्याल, उषारानी मित्रा, मन्मथनाथ गुप्त आदि प्रधान हैं। जब कलकत्ता विश्वविद्यालय ने पहले-पहल हिन्दी में एम. एस की परीक्षा चलाई, किसी भी छात्र को उस साल हिन्दी की ओर बढ़ते न देखकर नलिनी मोहन सान्याल से न रहा गया और उस साल वे खुद एम. ए. की परीक्षा में बैठ गए।

ब्रजबुलि में रचे हुए पदों का प्रसार मणिपुर और त्रिपुरा तक हुआ था। इस बात के प्रमाण मिलते हैं कि मणिपुर के राजकाज में हिन्दी का व्यवहार किया जाता था और सिक्कों पर नाम नागरी में ढाले जाते थे। जब सन् 1890 ई. में मणिपुर के सेनापति जेनरल टेकेन्द्रजीतसिंह पर अंगरेजों ने मुकद्दमा चलाया, तब टेकेन्द्रजीतसिंह ने अपना बयान हिन्दी में दिया था और अपने हस्ताक्षर भी उन्होंने हिन्दी में ही किए थे।

हिन्दी के साथ एक अन्याय बराबर होता आया है और वह यह कि लोग आँख मूँदकर कहते आए हैं कि हिन्दी केवल हिन्दी-भाषी प्रान्तों की भाषा है। उसमें से भी उन लोगों की संख्या निकाल दी जाती है, जो हिन्दी-भाषी प्रान्तों में रहते हुए भी अपनी मादरी जबान उर्दू या पंजाबी बताते हैं। क्या एक भी उर्दूभाषी या पंजाबीभाषी ऐसा है, जो साधारण हिन्दी नहीं समझता हो? बहुत-से उर्दू या पंजाबीभाषी लोग अहिन्दी प्रान्तों में भी रहते हैं और वे भी हिन्दी बखूबी समझते और बोल लेते हैं। सारा पारसी समाज हिन्दी समझता है और उत्तर भारत में जितने भी ईसाई हैं, वे हिन्दी समझते भी हैं और बोलते भी हैं। गुजरात और महाराष्ट्र की अधिकांश जनता हिन्दी समझती है। ओड़ीस्सा में जब मैं अंगरेजी में बोलने लगा, तब श्रोताओं ने हिन्दी में बोलने की माँग की और मैं हिन्दी में बोला भी। कलकत्ते का बंगाली समाज हिन्दी समझ लेता है। असम में भी चाय-बगानों में हिन्दी समझी जाती है। इस विशाल जन-समुदाय के साथ अहिन्दी-भाषी प्रदेशों के उन लोगों को जोड़ दीजिए, जिन्होंने हिन्दी-प्रचारिणी संस्थाओं से हिन्दी या हिन्दुस्तानी की कोई परीक्षा पास की है। फिर यह कल्पना आसान हो जाएगी कि सारे भारतवर्ष में हिन्दी समझने वालों की संख्या पचास करोड़ का सत्तर प्रतिशत यानी पैंतीस करोड़ से कम नहीं है। यह आँकड़ा लोगों को स्फीत मालूम हो सकता है, मगर वह स्फीत नहीं है, इसका प्रमाण मेरे पास है। भारत सरकार, जो डाकुमेंटरी फ़िल्में बनाती है, वे फ़िल्में बारह भाषाओं में बनाई जाती हैं। मगर सरकारी दफ़्तर ने हिसाब लगाकर देखा है कि जनता को दिखाई जानेवाली डाकुमेंटरी फ़िल्मों में से पैंसठ प्रतिशत फ़िल्में हिन्दी की होती हैं। कारण यह है कि देश में उद्योगों के केन्द्र बढ़ते जा रहे हैं और जहाँ-जहाँ ऐसे केन्द्र बनते हैं, वहाँ-वहाँ अनेक भाषाएँ बोलनेवाले लोग एकत्र हो जाते हैं और उनके बीच की अन्तःप्रान्तीय भाषा आप से आप हिन्दी हो जाती है और नाटकों, फ़िल्मों, सभा-सम्मेलनों और उत्सव-समारोहों में हिन्दी के प्रयोग से ही उन्हें सबसे अधिक सुविधा होती है।

(राष्ट्रभाषा आन्दोलन और गांधीजी)

हिन्दी और मुसलमान

जब से कानून के द्वारा हिन्दी भारत की राजभाषा घोषित की गई है, लोग अल्पसंख्यकों को भड़काने के लिए यह भी कहने लगे हैं कि हिन्दी हिन्दू-सम्प्रदायवाद की भाषा है। यह अत्यन्त भ्रामक बात है। हिन्दी के विकास में हिन्दुओं और मुसलमानों ने मिलकर काम किया था। अतएव, हिन्दी किसी एक सम्प्रदाय की भाषा कैसे हो सकती थी? वह हिन्दू और मुसलमान, दोनों सम्प्रदायों की भाषा थी। उर्दू का वास्तविक आरम्भ वली के समय से होता है, जो औरंगजेब के समकालीन थे। क्या उसके पूर्व भारत के मुसलमान कविता ही नहीं लिखते थे? वे कविताएँ लिखते थे और जिन्हें फारसी के श्रोता उपलब्ध थे, वे फारसी में लिखते थे। मगर जो इस देश की जनता के लिए लिखते थे, उनकी भाषा अवधी या ब्रजभाषा होती थी। हाँ, यह सत्य है कि अनेक प्राचीन मुस्लिम कवियों की कई हिन्दी कविताएँ फारसी लिपि में लिखी मिली हैं। मुसलमान कवि हिन्दी में लिखेंगे या फारसी में, यह इस बात पर निर्भर करता था कि उन्हें फारसी के श्रोता उपलब्ध हैं या नहीं। इसीलिए जो मुसलमान दक्खिन में रहने लगे, उन्हें बरबस अपनी कविताएँ हिन्दी में लिखनी पड़ीं, क्योंकि दक्षिण में फारसी के जानकार बहुत कम पहुँचते थे। और उस समय जब दक्षिण में फारसी के छन्द अपनाए जाने लगे, तब भी शब्द उन छन्दों में अधिकतर हिन्दी के ही रहते थे। शब्दों के बहिष्कार की दुर्घटना तो तब आरम्भ हुई, जब वली औरंगाबाद से दिल्ली आए और दिल्ली के फारसी के उस्तादों ने उन्हें सलाह दी कि अपनी कविता में से संस्कृत के तत्सम और तद्भव शब्दों को निकाल दो; तब कविता फारसी की तरह चमक उठेगी।

आज कहा जाता है कि उर्दू भाषा में से अरबी-फारसी के शब्दों को निकालकर हिन्दी तैयार की गई है। यह इलजाम सरासर गलत है। हिन्दी की संस्कृतनिष्ठ धारा बहुत पुरानी है। असल में गलती उर्दूवालों से ही हुई और वे इस भूल को स्वीकार भी करते हैं। डॉक्टर अब्दुल हक़ साहब ने लिखा है कि "अगर उर्दू को अरबी नशोनुमा (साहित्यिक रूप) दकन में हासिल न हुई होती, तो बहुत मुमकिन था कि बजाय फारसी अरूज के हिन्दी अरूज होता। क्योंकि दोआबा-गंगे-जमुन में आसपास हिन्दी थी और वह मुल्क की आम जबान थी।" लेकिन दक्षिण के उर्दू कवि वली को दोआबा-गंगे-जमुन के ही फारसी के शायरों ने समझा दिया कि अपनी गजलों में अरबी

और फारसी के शब्द अधिक रखो, तभी वे कला की वस्तु बन सकेंगी। डॉक्टर अब्दुल हक़ साहब ने यही बात एक अन्य प्रसंग में भी कही है। ''बाद के उर्दू शोअरा (शायरों) पर फारसी का रंग ऐसा गालिब आया कि यह खुसूसियत (विशेषता) उर्दू शायरी से बिलकुल उठ गई और रफ्ता-रफ्ता बहुत-से हिन्दी अल्फाज़ (शब्द) जबान से ख़ारिज हो गए और उस्तादी अल्फाज़ के मतरूक (बहिष्कार) करने में रह गई।''

जो कवि या लेखक जिस भाषा को ज़्यादा जानता है, उस भाषा के शब्द भी उसे ज़्यादा सूझते हैं और हिन्दी में यह ताक़त है कि वह अरबी-फारसी और संस्कृत के शब्दों का बोझ, शैली-भेद का सहारा लेकर, मजे में उठा सके। लेकिन, पहले हिन्दी थी या पहले उर्दू आई, यह प्रश्न विवाद का विषय नहीं है। पं. अम्बिका प्रसाद बाजपेयी ने लिखा है कि ''हिन्दी से उर्दू बनी है, उर्दू से हिन्दी नहीं। हिन्दी में अरबी, फारसी, तुर्की शब्द बढ़ा देने और फारसी मुहाविरे चला देने से उर्दू का जन्म हुआ है। वस्तुस्थिति यह है कि हिन्दी के बिना उर्दू एक पग नहीं धर सकती और उर्दू के बिना हिन्दी के महाग्रन्थ लिखे जा सकते हैं।'

और यह बात केवल हिन्दी के ही विद्वान् नहीं कहते, खुद उर्दूवालों की भी यही राय है। 'वजै-इस्तलाहात' (परिभाषा-निर्माण) नाम की अपनी पुस्तक में उस्मानिया कॉलेज के भूतपूर्व प्रोफ़ेसर मौलवी वहीउद्दीन साहब' 'समील पानीपती' मरहूम ने लिखा है कि ''उर्दू जिस ज़मीन पर खड़ी है, वह ज़मीन हिन्दी की है। हिन्दी को हम अपनी जबान के लिए उम्मुलिसान (भाषा की जननी) और हमूलाए-अव्वल (मूल तत्त्व) कह सकते हैं। इसके बग़ैर हमारी जबान की कोई हस्ती नहीं है। इसकी मदद के बग़ैर हम एक जुमला भी नहीं बोल सकते। जो लोग हिन्दी से मुहब्बत नहीं रखते, वे उर्दू जबान के हामी नहीं हैं। फारसी, अरबी या किसी दूसरी जबान के हामी हों तो हों।''

हिन्दी में मुसलमान कवि कितने हुए हैं, यह गणना कभी भी पूरी नहीं हो सकती। हिन्दी के गौरव-किरीट महात्मा कबीरदास (15वीं सदी), मृगावती के रचयिता कुतुबन (15वीं सदी), पद्मावत के यशस्वी महाकवि मलिक मुहम्मद जायसी (शेरशाह के समकालीन), चित्रावली के रचयिता उसमान (जहाँगीर के समकालीन), ज्ञानदीप के रचयिता शेख नबी (जहाँगीर के समकालीन), इन्द्रावती के रचयिता नूर मोहम्मद (18वीं सदी), हिन्दी में तुलसीदास के समान प्रसिद्ध कवि अब्दुर्रहीम ख़ानख़ाना (अकबर के समकालीन) और ब्रजभाषा के परम सिद्धहस्त कवि रसखान (17वीं सदी) ऐसे कवि हैं, जिन्हें हिन्दी से अगर हटा लें, तो हिन्दी साहित्य का इतिहास श्रीहीन हो जायगा। यही नहीं, इनके सिवा हिन्दी के सिद्ध कवियों में से कुछ और नाम हैं, जिन्हें छोड़ा नहीं जा सकता। अनीस, अहमद और कमाल, ताज और तानसेन, नवाज और फकरुद्दीन, आलम और शेख तथा मुबारक और रसलीन, ये हिन्दी के बहुत ही अच्छे कवि हुए हैं और वे सबके सब मुसलमान थे।

किन्तु, ये नाम उन मुसलमान कवियों के हैं, जिनका आविर्भाव उर्दू के जन्म और

प्रचार से पहले हुआ था। जब उर्दू का चलन हो गया, प्रतिभाशाली मुसलमान कवि उसी भाषा की ओर जाने लगे। उर्दू के विकास का समय औरंगजेब की धर्मान्धता और मोगल साम्राज्य के पतन का समय था। इन दोनों बीमारियों का असर उर्दू पर भी पड़ा। मगर शाही दरबार की कालीनों पर उसका लालन-पालन ऐसी नज़ाकत से हुआ कि वह अद्‌भुत मिठास और लालित्य से भर गई। यह कहना कोई अत्युक्ति नहीं है कि उर्दू में सीधी चोट करने की जैसी ताक़त है, वैसी ताक़त भारत की किसी और भाषा में नहीं है, गरचे, इसी कारण उर्दू में वह गाम्भीर्य नहीं आ पाया, जो भारत की अन्य अनेक भाषाओं की विशेषता है।

खुद मुस्लिम बादशाह हिन्दी के बड़े प्रेमी हुए हैं। सम्राट् अकबर फारसी में कुछ भी नहीं लिखते थे। मगर हिन्दी में एक दोहा उनका भी प्रसिद्ध है। राजा बीरबल की मृत्यु पर शोक-विह्वल होकर अकबर ने कहा था :

दीन जानि सब दीन, एक न दीन्हों दुसह दुख।
सो मो कहँ अब दीन, कछुक न राख्यौ बीरबल।

शाहजहाँ को जब औरंगजेब ने क़ैद कर लिया, तब उसने भी अपना दर्द एक हिन्दी सवैये में बयान किया था।

जन्मत ही लख दान दियौ
अरु नाम रख्यौ नवरंग बिहारी।
बालहिं सों प्रतिपाल कियौ
अरु देस मुलुक्क दियौ दल भारी।
सो सुत बैर बुझे मन में
धरि हाथ दियौ बँधसार में डारी।
शाहजहाँ बिनवै हरिसों
बलि राजिवनैन रजाय तुम्हारी।

खुद औरंगजेब धर्म के मामले में चाहे जितना भी कट्टर रहा हो, मगर भाषा के मामले में वह भारतीयता का हामी था। उसके बेटे ने दो नए आम तैयार किए थे। जब बेटे ने बाप से प्रार्थना की कि इन आमों के नाम आप ही रख दें, तब औरंगजेब ने उनमें से एक का नाम 'सुधाफल' और दूसरे का 'रसना विलास' रखा था।

औरंगजेब की पुत्री शाहजादी जेबुन्निसा बेगम भी हिन्दी की कवयित्री थीं। उनके काव्य-संग्रह का नाम 'नैन-विलास' है, जिसमें से यह दोहा पं. अम्बिका प्रसाद बाजपेयी ने उद्धृत किया है :

जेबुन्निसा जहान में, दुख़्तर आलमगीर,
नैन-विलास विलास में ख़ास करी तहरीर।

जायसी, कुतबन और उस्मान पर कट्टर हिन्दू यह इलजाम लगाते हैं कि हिन्दी के माध्यम से उन्होंने ईरानी सूफीवाद का प्रचार किया है। मगर हम यह क्यों नहीं कहें

कि उन्होंने, हर कवि की तरह, अपनी अनुभूतियाँ ही लिखी हैं और चूँकि फारसी के जानकारों की उन्हें परवाह नहीं थी, इसलिए अपनी कविताएँ उन्होंने इसी देश की भाषा में लिखीं? ये कवि सम्प्रदायवादी नहीं थे, न कबीर, रहीम, रसखान, आलम, मुबारक, शेख या रसलीन को हम सम्प्रदायवादी कह सकते हैं। अगर केवल कविता ही प्रमाण मानी जाय, तो रहीम को हम हिन्दू ही कह सकते हैं, किन्तु, यह बात सर्वविदित है कि वे मुसलमान थे और बहुत अच्छे मुसलमान थे।

हिन्दू कवियों का दृष्टिकोण भी साम्प्रदायिक नहीं था। भाषा के मामले में भी वे उदार थे तथा अरबी और फारसी के प्रचलित सुगम शब्दों का प्रयोग धड़ल्ले से करते थे। तत्कालीन हिन्दी कवियों की भाषा-नीति क्या थी, इसका अनुमान निम्नलिखित दोहों से लगाया जा सकता है।

ब्रजभाषा भाषा रुचिर, कहैं सुमाते सब कोय,
मिले संस्कृत-पारस्यो, पै अति सुगम जो होय।
तुलसी गंग दोऊ भये, सुकविन को सरदार,
जिनके काव्यन में मिली, भाषा विविध प्रकार।
अन्तरवेदी, नागरी, गौड़ी, पारस देस,
अरु अरबी जामे मिले, मिश्रित भाषा-भेस।

जहाँ तक मुसलमानों के प्रति हिन्दुओं की नाराजगी का सवाल है, केवल विद्यापति (15वीं सदी) ने जौनपुर के मुसलमानों पर थोड़ी नाराजगी दिखाई है।

धरि आनय बाभनक बरुआ,
मथा चढ़ावै गायक चुरुआ।

बाक़ी किसी भी हिन्दी कवि में हम क्रोध या आक्रोश के भाव नहीं देखते। शिवाजी की प्रशंसा में ज़ोर से लिखनेवाले कवि भूषण हिन्दू-राष्ट्रीयता के कवि अवश्य हैं, किन्तु, इस्लाम के प्रति आक्रोश का भाव उनके भीतर भी नहीं है। हाली का 'मुसद्दस' या इकबाल की 'शिकवए-खुदा' नामक कविताओं में मुस्लिम-राष्ट्रीयता की जो गन्ध है, हिन्दू-राष्ट्रीयता की उससे ज़्यादा गन्ध भूषण की कविताओं में नहीं है। फिर भी गांधीजी ने सम्मेलन की परीक्षाओं में से भूषण की कविताएँ हटवा दी थीं।

चन्दबरदाई महाराज पृथ्वीराज के कवि थे, जिनका मोहम्मद गोरी ने वध किया था। किन्तु, चन्दबरदाई को मोहम्मद गोरी के लिए चाहे जितनी भी घृणा रही हो, इस्लाम को वे इज्जत की निगाह से देखते थे। अपने रासो काव्य के आरम्भ में ही उन्होंने लिखा है :

उक्ति धर्म विशालस्य, राजनीति नवं रसं,
षट भाषा पुराणं च, कुराणं कथितं मया।

अर्थात् अपने काव्य में मैं केवल पुराणों के ही नहीं, कुरान के सत्यों का भी निरूपण कर रहा हूँ।

यह भी विचित्र बात नहीं है कि हिन्दू-मुस्लिम एकता के जितने अधिक कवि हिन्दी में उत्पन्न हुए, उतने किसी अन्य भाषा में नहीं। चौदहवीं सदी में कबीरदास जी ने हिन्दू-मुस्लिम एकता का जो नारा दिया, उसे हिन्दी के सन्त कवि, चाहे वे छोटे रहे हों या बड़े, कोई चार सौ वर्षों तक दुहराते रहे। कबीर के शिष्य दादू दयाल ने तो इस नारे को ठीक वही भाषा प्रदान कर दी, जो भाषा उसे गांधीजी से मिलने वाली थी।

दोनों भाई हाथ-पग, दोनों भाई कान,
दोनों भाई आँख हैं, हिन्दू मुसलमान।

और यह भी संयोग की ही बात है कि गांधीजी की तरह स्वामी दादू दयाल भी गुजराती थे। उनका जन्म सन् 1544 ई. में अहमदाबाद में हुआ था।

कहते हैं, गोस्वामी तुलसीदास जी से ख़ानख़ाना रहीम की गाढ़ी मित्रता थी। जब तुलसीदास जी ने 'रामचरितमानस' लिखा, तब ख़ानख़ाना रहीम ने उस काव्य की प्रशंसा में कहा था :

हिन्दुआन को वेद सम, तुरकहिं प्रगट कुरान।

उर्दू के जन्म के पूर्व यानी औरंगजेब के समय तक भारत में भाषा-समस्या नामक कोई चीज़ नहीं थी। उर्दू अगर सुगम अरबी-फारसी शब्दों को लेकर भारतीयता के मार्ग पर चली होती, तब भी हिन्दू-उर्दू के बीच भेद नहीं पड़ता, क्योंकि अभी पिछली शताब्दी तक उर्दू को भी उर्दूवाले हिन्दी ही कहते थे।

शर्मो हया दर हिन्दी लाज,
हासिल कहिये बाज खिराज।

—खुसरो

अरबी, तुरकी, हिन्दुई, भाषा जेती आहि,
जेहि महँ मारग प्रेम का, सबै सराहै ताहि।

—जायसी

क्या जानूँ मीर कहते हैं किसको सुरूरे-कल्ब,
आया नहीं है लफ़्ज़ ये हिन्दी जबाँ के बीच।

—मीर तकी

यह भी ध्यान देने की बात है कि अंगरेज जब फोर्ट विलियम में भाषा तैयार करने लगे, तब उन्होंने हिन्दी और उर्दू को एक भाषा नहीं, दो भाषाएँ माना और दोनों भाषाओं में काम करने के लिए अलग-अलग हिन्दू और मुसलमान मुंशी रखे। बनारस के राजा शिवप्रसाद अंगरेजों की नौकरी में ही नहीं, उनकी मुट्टी में थे। जो भाषा फारसी लिपि में चल रही थी, उसी को उन्होंने नागरी में चलाने का साहस दिखाया। शायद इसी प्रयत्न के उपलक्ष में सरकार ने उन्हें सितारे-हिन्द का खिताब भी दिया था। लेकिन शिवप्रसाद की हिन्दी चली नहीं, चली वह हिन्दी जो फोर्ट विलियम में पं. सदल मिश्र ने लिखी थी अथवा जिस शैली का प्रवर्तन मुंशी सदासुख लाल ने सन्

1800 ई. के आसपास किया था अथवा जो हिन्दी काशी में ही हरिश्चन्द्र लिख रहे थे। राजा शिवप्रसाद की भी पहली पुस्तक 'भोज का सपना' की हिन्दी अच्छी थी। अरबी-फारसी शब्दों का बाहुल्य उनकी बाद की किताबों में हुआ और जनता ने उस शैली को स्वीकार नहीं किया। सरकार ने शिवप्रसाद को तो सितारे-हिन्द का खिताब दे दिया, किन्तु, हरिश्चन्द्र की ओर उसने इज्जत से आंख भी नहीं उठाई। निदान, हिन्दी-भाषी जनता ने हरिश्चन्द्र को भारतेन्दु कहना आरम्भ कर दिया और भारतेन्दु नाम इतना प्रसिद्ध हो गया कि हरिश्चन्द्र इसी नाम से भारत में विख्यात हो गए।

बहुत दिनों से लोगों की यह ख्वाहिश रही है कि हिन्दू और मुसलमान जिस भाषा में बातचीत करते हैं, उसी भाषा में वे लिखें भी तो भारत की बिगड़ी सुधर जाय।

न ख़ास हिन्दी, न ख़ास उर्दू,
जबान गोया मिली-जुली हो।

लेकिन इस काम में सफलता किसी को भी नहीं मिली। अपवाद में केवल दो पुस्तकों के नाम लिए जा सकते हैं। एक तो इंशाअल्लाह खाँ की 'रानी केतकी की कहानी' का और दूसरा पंडित अयोध्यासिंह उपाध्याय हरिऔघ-कृत 'ठेठ हिन्दी का ठाट' का।

(राष्ट्रभाषा आन्दोलन और गांधीजी)

गांधी-युग से पूर्व हिन्दी की स्थिति

बंगाल बड़ा ही अद्भुत प्रदेश है। बड़े दुःख की बात है कि देश के विभाजन के साथ बंगाल का भी विभाजन हो गया और उस शक्ति के दो खंड हो गए, जिसके सम्मिलित रूप से देश को समय-समय पर प्रकाश मिला करता था।

चूँकि अंगरेजों की राजधानी बंगाल में थी, इसलिए यूरोप से आनेवाला ज्ञान पहले बंगाल में उतरता था। भारत में सभ्यता की नई रौशनी पहले बंगाल में फैली। नए भारत का जन्म बंगाल में हुआ। एए राष्ट्र का स्वप्न पहले बंगाल के महापुरुषों ने देखा था और यह राष्ट्र, कभी न कभी, स्वाधीन होगा, यह विश्वास भी पहले-पहल बंगाल में ही उत्पन्न हुआ, क्रान्तिकारी आन्दोलन का सूत्रपात बंगाल में हुआ। वन्देमातरम् का नारा बंगाल से आया और जिस सविनय अवज्ञा का आन्दोलन चलाकर गांधीजी ने भारत को स्वाधीन किया, उस आन्दोलन की भी आदि कल्पना गांधीजी की नहीं, श्री अरविन्द की थी।[1] देश में कहावत चलती थी कि जो बात बंगाल आज सोचता है, वही बात बाक़ी देश को कल सूझेगी।

आधुनिक युग में भारतीयता के आराधक जो भी महापुरुष हुए हैं, उनकी सरणी राजा राममोहन राय (1772 से 1833 ई.) से आरम्भ होती है। भारतीयों को ज्ञान-विज्ञान के क्षेत्र में आगे बढ़ाने के लिए वे चाहते थे कि भारतीय नौजवान अंगरेजी

---

1. एक बार श्री गोपालकृष्ण गोखले ने अरविन्द के अनुयायी राष्ट्रवादियों पर यह आक्षेप लगाया कि उनके आशय शान्तियुक्त हैं या नहीं, इसमें सन्देह है। इसके उत्तर में अरविन्द ने अपने एक भाषण में कहा था कि "हम तो जनता से कह चुके हैं कि शान्तिमय उपायों से स्वाधीनता प्राप्त की जा सकती है। हमने कहा है कि अपना सहायक आप होकर हम सविनय-अवज्ञा के साधन से स्वराज्य प्राप्त कर सकते हैं। सविनय-अवज्ञा के दो अर्थ हैं। एक अर्थ तो यह है कि कुछ बातों में हम देश की सरकार से तब तक सहयोग नहीं करेंगे, जब तक हमारा जन्मसिद्ध अधिकार हमें प्राप्त नहीं हो जाता। दूसरा यह कि असहयोग के क्रम में यदि हम पर दमन होने लगे, तो उसका प्रतिकार हम हिंसा से नहीं करके कष्ट-सहिष्णुता, सविनय अवरोध और कानूनी तरीकों से करेंगे। अपने नौजवानों से हमने यह तो नहीं कहा है कि जब अत्याचार हों, तब तुम प्रतिशोध लो। हमने तो यही कहा है कि दमन की वेदनाओं का सहन करो।"

(श्री रामचन्द्र दिवाकर–कृत महायोगी अरविन्द से)

पढ़ें। किन्तु, स्वतन्त्र भारत के बारे में उनकी भी कल्पना यही थी कि उसकी अन्तःप्रान्तीय भाषा कोई भारतीय भाषा होगी। सबसे बड़ी बात यह थी कि राजा राममोहन राय को अंगरेजी से सन्तोष नहीं था, क्योंकि अंगरेजी के जरिए वे तो जनता से बात कर सकते थे, न जनता के भावों और विचारों को बदल सकते थे। उन्होंने कलकत्ते से सन् 1826 ई. में 'बंगदूत' नामक एक साप्ताहिक पत्र निकाला था, जिसमें हिन्दी, अंगरेजी, बंगला और फारसी, चारों भाषाओं के पृष्ठ रहते थे। राममोहन राय खुद भी हिन्दी में लेख लिखते थे और दूसरों को भी हिन्दी लिखने को प्रोत्साहित करते थे। ब्राह्म समाज की स्थापना के पूर्व राममोहन राय ने आत्मीय सभा की स्थापना की थी। इस सभा के तत्त्वावधान में उनका शास्त्रार्थ मद्रास के पं. सुब्रह्मण्यम् शास्त्री के साथ हुआ था। इस शास्त्रार्थ का जिक्र करते हुए राममोहन राय ने हिन्दी में एक लेख लिखा था, जिसका छोटा-सा नमूना नीचे दिया जाता है।

> "जो सब ब्राह्मण सांगवेद अध्ययन नहीं करते, सो सब ब्रात्य हैं अर्थात अब्राह्मण हैं। यह प्रमाण धर्मपरायण श्री सुब्रह्मण्यम् शास्त्री ने जो सांगवेदाध्ययनहीन अनेक इस देश के ब्राह्मणों के समीप पठाया है, उसमें देखा जो उन्होंने लिखा है, "वेदाध्ययनहीन मनुष्यों को स्वर्ग और मोक्ष होने सकता नहीं और जिसने वेद का अध्ययन किया है, उस ही का केवल ब्रह्म-विद्या में अधिकार है।"

वस्तुतः उस समय वाद-विवाद और शास्त्रार्थ की जो परम्परा चली, उससे भी विद्वानों को यह अनुभव हुआ कि जनता में जाने के लिए अथवा उसे आन्दोलित करने के लिए अंगरेजी का कोई उपयोग नहीं है। यह कार्य हमें अपनी भाषाओं के द्वारा करना होगा। परमहंस रामकृष्ण बंगला में बोलते थे, लेकिन मारवाड़ी भक्तों के आते ही वे अपना उपदेश हिन्दी में देने लगते थे। स्वामी विवेकानन्द ने तो हिन्दी प्रदेशों का पूरा चक्कर लगाया था। वे हिन्दी में अपना व्याख्यान बड़ी ही खूबी के साथ दे सकते थे।

राजा राममोहन राय के बाद ब्राह्म समाज के प्रबलतम नेता बाबू केशवचन्द्र सेन हुए। सांस्कृतिक जागरण के नेता के रूप में बंगाल, मद्रास और महाराष्ट्र में उनकी बड़ी प्रतिष्ठा थी और सन् 1870 ई. में जब वे इंग्लैंड गए, तब वहाँ के ईसाइयों ने भी उनका अपूर्व स्वागत किया था। कहते हैं, जब स्वामी दयानन्द कलकत्ते गए थे, तब वे केशव बाबू के साथ ही ठहरे थे। उन दिनों स्वामी जी 'सत्यार्थ-प्रकाश' की रचना संस्कृत में कर रहे थे। केशवचन्द्र सेन के कहने पर ही उन्हें इस बात का ध्यान हुआ कि जनता के दिल और दिमाग़ में हलचल मचाने का काम संस्कृत नहीं कर सकती। यह काम केवल हिन्दी के द्वारा किया जा सकता है। परिणामतः स्वामी जी ने 'सत्यार्थ प्रकाश, की रचना हिन्दी में की और जनता के बीच वे हिन्दी में ही व्याख्यान भी देने लगे। बाबू केशवचन्द्र सेन का निश्चित मत था कि भारत की एकता को पुष्ट करने तथा भारत को स्वाधीन बनाने के लिए हमें किसी भारतीय भाषा को ही अन्तःप्रान्तीय प्रयोग की भाषा बनाना चाहिए और वह भाषा केवल हिन्दी हो सकती है। केशव बाबू

अपना एक पत्र भी निकालते थे जिसका नाम 'सुलभ समाचार' था। सन् 1875 ई. के 'सुलभ समाचार' के किसी अंक में केशव बाबू ने इस विषय पर बंगला भाषा में एक लेख लिखा था, जिसके महत्त्वपूर्ण अंश का हिन्दी अनुवाद नीचे दिया जाता है।

> "यदि एक भाषा के न होने के कारण भारत में एकता नहीं होती है, तो और चारा ही क्या है? तब सारे भारतवर्ष में एक ही भाषा का व्यवहार करना ही एकमात्र उपाय है। अभी कितनी ही भाषाएँ भारत में प्रचलित हैं, उनमें से हिन्दी भाषा ही सर्वत्र प्रचलित है। इसी हिन्दी को अगर भारतवर्ष की एकमात्र भाषा स्वीकार कर लिया जाय, तो सहज ही में यह (एकता) सम्पन्न हो सकती है। किन्तु, राज्य की सहायता के बिना यह कभी भी सम्भव नहीं है। अभी अंगरेज हमारे राजा हैं। वे इस प्रस्ताव से सहमत होंगे, ऐसा विश्वास नहीं होता। भारतवासियों के बीच फिर फूट नहीं रहेगी, वे परस्पर एकहृदय हो जाएँगे, आदि सोचकर शायद अंगरेजों के मन में भय होगा। उनका ख़्याल है कि भारतीयों में फूट नहीं होने पर ब्रिटिश साम्राज्य भी स्थिर नहीं रहेगा। भाषा एक नहीं होने पर एकता सम्भव नहीं है।"
>
> (सुलभ समाचार, सन् 1875 ई.)

आनन्द-मठ नामक उपन्यास के रचयिता बंकिमचन्द्र चटर्जी केवल आधुनिक बंगला साहितय के उन्नायक ही नहीं, भारतीय राष्ट्रीयता के भी ऋषि थे। वन्देमातरम् गान उन्हीं का रचा हुआ है। वे केशवचन्द्र सेन और परमहंस रामकृष्ण के समकालीन थे। उन्होंने यह भविष्यवाणी की थी कि "हिन्दी एक दिन भारत की राष्ट्रभाषा होकर रहेगी, क्योंकि हिन्दी भाषा की सहायता से भारत के विभिन्न प्रदेशों में जो ऐक्य-बन्धन स्थापित कर सकेगा, वही भारत-बन्धु कहलाने के योग्य है।"[1]

बंकिम बाबू ने जिस अर्थ में भारत-बन्धु शब्द का प्रयोग किया था, उस प्रकार

---

1. डॉक्टर सुनीति कुमार चटर्जी ने बताया है कि सन् 1877 ई. में 'बंग-दर्शन' में एक लेख, लेखक के नाम के बिना, छपा था। लोगों का अनुमान है कि यह लेख बंकिमचन्द्र चटर्जी का लिखा होगा। इस लेख में कहा गया है कि :
"उपसंहार में, सुशिक्षित बंगभाषियों को एक बात बताना चाहता हूँ। भारत भर में वे ही सबसे अधिक पाश्चात्य ज्ञानोपार्जन में सफल हुए हैं। अंगरेजी भाषा द्वारा जो भी हो, किन्तु, हिन्दी की शिक्षा प्राप्त न करने से किसी भी प्रकार काम चलने का नहीं। वे हिन्दी भाषा में पुस्तक-रचना तथा भाषण द्वारा भारत के अधिकांश स्थानों का मंगल साधन करेंगे, केवल बंगला और अंगरेजी की चर्चा से यह होने का नहीं। भारत के निवासियों की संख्या की तुलना में बंगला और अंगरेजी के बोलने और समझनेवालों की संख्या कितनी है? बंगला की तरह हिन्दी की उन्नति नहीं हो रही है, यह दुर्भाग्य की बात है। हिन्दी भाषा की सहायता से भारतवर्ष के विभिन्न प्रदेशों के बीच जो लोग ऐक्य-बन्ध स्थापित कर सकेंगे, वे ही सच्चे भारत-बन्धु की संज्ञा पाने योग्य होंगे। सभी चेष्टा करें, प्रयत्न करें, कितने भी समय की आवश्यकता क्यों न हो, मनोरथ पूर्ण होगा।"

के सर्वोत्तम भारत-बन्धु गांधीजी हुए। यदि लोग इतनी-सी बात भी याद रखें, तो भारत की भाषा समस्या का समाधान आसान हो जाय।

बंगला पत्रिका 'वसुमति' के सम्पादक सुरेशचन्द्र समाजपति और 'सन्ध्या' पत्रिका के सम्पादक बन्धुबान्धव उपाध्याय भी इसी मत के थे और हिन्दी को प्रोत्साहन देना तथा उसका प्रचार करना देश-सेवा का कार्य समझते थे।

महर्षि अरविन्द घोष जब राजनीति में थे, तब वे भी भारत की भाषा-समस्या पर चिन्तन करते थे और सोच-समझकर वे भी इसी निष्कर्ष पर आए थे कि हिन्दी को अपनाए बिना भारत को अपनी राष्ट्रभाषा नहीं मिलेगी। अपने 'धर्म' नामक साप्ताहिक पत्र में उन्होंने लिखा था कि "भाषा-भेद से देश की एकता में बाधा नहीं पड़ेगी। सब लोग अपनी मातृभाषा की रक्षा करते हुए, हिन्दी को साधारण भाषा के रूप में अपनाकर, इस भेद को नष्ट कर देंगे।" ऐसा विचार श्री अरविन्द ने अपने अन्य पत्र 'कर्मयोगिन्' में भी व्यक्त किया था।

अखिल भारतीय कांग्रेस कमेटी की स्थापना 1885 ई. में की गई। उस समय तक यह भावना देश में ज़ोर पकड़ने लगी थी कि हमें हिन्दी का विकास भारत की राष्ट्रभाषा के रूप में करना चाहिए। इस भावना को सक्रिय रूप उस दिन मिला, जिस दिन अंगरेजी भाषा में दक्ष लाला लाजपत राय ने कांग्रेस के मंच से अपना भाषण हिन्दी में दिया। यह भाषण लाला जी के 'उर्दू भाषण' नामक संग्रह में आज भी विद्यमान है।

गुजरात और महाराष्ट्र के नामी कवि हिन्दी में भी पदरचना करते थे, यह बात पिछले अध्याय में बताई जा चुकी है। महाराष्ट्र की एक खूबी की ओर लोगों का ध्यान नहीं गया है। "जिस समय मराठों के हाथ में शासन-सूत्र था, उस समय भी उन्होंने अपनी मराठी भाषा को दूसरों पर लादने का प्रयत्न नहीं किया, वरन् मध्य देश की भाषा हिन्दी को ही राष्ट्रभाषा के रूप में स्वीकार किया।" (रा. भा. प्रचार-सर्वसंग्रह)। महाराष्ट्र और बंगाल, राष्ट्रीयता की दृष्टि से, बड़े ही अग्रणी प्रदेश हैं। एक ने यह किया कि शासक होने पर भी अपनी भाषा को राष्ट्रभाषा नहीं बनाकर वह पद हिन्दी को दिया। दूसरे ने यह जानते हुए भी कि बंगला भाषा और भाषाओं से श्रेष्ठ है, आन्दोलन इसी बात के लिए किया कि भारत की राष्ट्रभाषा हिन्दी होनी चाहिए। यह अच्छी बात इसलिए सम्भव हुई कि हिन्दी राष्ट्रभाषा हो या नहीं, इस बारे में हिन्दीवाले तब तक तटस्थ और मौन थे। जब से हिन्दी वाले गरज-गरजकर बोलने लगे, सद्भाव का वह वातावरण नष्ट हो गया जो 19वीं सदी में, आपसे आप, पैदा हुआ था अथवा बीसवीं सदी में और ज़्यादा ताक़त जिसे गांधीजी ने पहुँचाई थी।

यही वह स्थल है, जहाँ हमारे देशवासियों को हिन्दी प्रान्तों की एक ख़ास समस्या का रूप समझ लेना चाहिए। अकबर के मन्त्री राजा टोडरमल के समय से दिल्ली की राज-भाषा फारसी चली आ रही थी। जब अंगरेजों का राज कायम हुआ, अंगरेजों ने

भी फारसी को ही राज-भाषा मान लिया। पीछे सन् 1837 ई. कम्पनी सरकार ने 'फारसी को सर्वसाधारण के लिए दुरूह मानकर देशी भाषाएँ जारी करने की आज्ञा दी, जिसके फलस्वरूप बंगाल में बंगला, ओड़ीसा में ओड़िया, गुजरात में गुजराती और महाराष्ट्र में मराठी में काम होने लगा। संयुक्त प्रान्त, बिहार और मध्य प्रदेश में हिन्दुस्तानी जारी की गई।' (ना. प्र. स. का हीरक-जयन्ती ग्रन्थ)। यह इसलिए कि अमलों और कारिन्दों ने अपनी स्वार्थ-सिद्धि के लिए अंगरेज हाकिमों को समझा दिया था कि उर्दू भाषा ही हिन्दुस्तानी है। इस प्रकार इन तीन हिन्दी-प्रान्तों की अदालती भाषा उर्दू हो गई।

मोगलों की सल्तनत में सरकारी यन्त्रों से जनता को साबका कभी-कभार ही पड़ता था, अतएव, जनता को यह फिक्र नहीं थी कि देश का राजा कौन है अथवा राजभाषा कितनी कठिन या सरल है। किन्तु, अंगरेजी राज जनता की रोजाना ज़िन्दगी से ताल्लुक रखने लगा और सरकारी काग़ज़-पत्रों से साबका जनता को प्रायः रोज़ ही पड़ने लगा। अब जनता को पता चला कि सरकारी दस्तावेजों की भाषा घोर रूप से फारसीमयी है तथा उसकी लिपि भी अलग है, जिसे गाँव के लोगों ने कभी नहीं सीखा था। बंगाल से नव जागरण की जो लहर उठी, वह हिन्दी-भाषी प्रान्तों में भी जा पहुँची और हिन्दुओं ने पहले-पहल यह चाहा कि सरकार को कचहरियों में उस भाषा और लिपि को भी स्थान देना चाहिए जो, वास्तव में, जनता की भाषा और लिपि है।

हिन्दी-भाषी प्रान्तों के इतिहास में इस आन्दोलन का नाम "कचहरी में नागरी लिपि को स्थान दिलानेवाला आन्दोलन" समझा जाता है। इस आन्दोलन के प्रबलतम नेता महामना पंडित मदनमोहन जी मालवीय हुए और उसका विरोध, आमतौर से, मुसलमानों की ओर से किया जाने लगा, जिसके कारण भाषा के प्रश्न पर सम्प्रदायवाद का रंग चढ़ने लगा। हमारा ख़्याल है कि हिन्दी-भाषी प्रान्तों में नागरी का आन्दोलन अगर 1857 के गदर की ठीक पीठ पर आया होता, तो अंगरेज इस माँग को तुरन्त स्वीकार कर लेते। मगर अंगरेज अब तक यह समझ चुके थे कि भारत में राष्ट्रीयता की रीढ़ हिन्दू जाति है, अतएव, मुसलमानों का पक्ष लिए बिना हिन्दुओं का उत्थान रोका नहीं जा सकता। अतएव, अंगरेज इस बात पर अड़ गए कि नागरी लिपि को सरकार स्वीकार नहीं करेगी।

बिहार में श्री भूदेव मुखोपाध्याय के प्रयत्न से तथा मध्य प्रदेश में भी वहाँ के लोगों की कोशिश से उन प्रान्तों की सरकारों ने यह समझ लिया कि जनता कि लिपि फारसी नहीं, नागरी है और तदनुसार सन् 1881 ई. में इन दो प्रान्तों में यह आज्ञा जारी कर दी गई कि वहाँ के दफ़्तरों में नागरी और फारसी, दोनों ही लिपियों का प्रयोग मान्य होगा। किन्तु उत्तर प्रदेश की सरकार इस सत्य को स्वीकार करने को तैयार नहीं हुई।

तब तक काशी में 16 जुलाई, 1893 ई. को नागरी प्रचारिणी सभा की स्थापना

हो गई। इसके कार्यकर्ताओं में उन युवकों की प्रमुखता थी, जिनमें से कई बाद को चलकर राधाकृष्ण दास, महामहोपाध्याय सुधाकर द्विवेदी, रायबहादुर, लक्ष्मीशंकर मिश्र, डॉक्टर छन्नूलाल और रायबहादुर प्रमदा दास मित्र के नाम से प्रसिद्ध हुए। धीरे-धीरे सभा ने मदनमोहन मालवीय, राजा रामपालसिंह, राजा शशिशेखर राय और डॉक्टर ग्रियर्सन के समान बड़े लोगों का ध्यान अपनी ओर खींचा और, देखते-देखते, वह देश की अत्यन्त प्रतिष्ठित संस्था हो गई।

खुद मालवीय जी महाराज उन दिनों चढ़ती जवानी पर थे उन्होंने तथा उनसे प्रेरित अन्य कार्यकर्ताओं ने अनेक नगरों और गाँवों का चक्कर लगाकर साठ हज़ार लोगों के हस्ताक्षर जमा किए और वह सारा बंडल सरकार की सेवा में पेश कर दिया। इस आन्दोलन को बौद्धिक शक्ति प्रदान करने के लिए मालवीय जी महाराज ने "कोर्ट कैरेक्टर एंड प्राइमरी एजुकेशन" नामक एक विद्वतापूर्ण निबन्ध भी लिखा था।

मालवीय जी का तर्क अकाट्य था। गाँवों में उर्दू पढ़नेवाले लोग नहीं मिलते थे और तब भी सारे दस्तावेज़ उर्दू में लिखे जाते थे, सारे समन उर्दू में पहुँचते थे। और यह उर्दू आसान जबान नहीं थी। असल में उर्दू के नाम से चलन फारसी का ही जारी था। अतएव, उर्दू भाषा के पक्षपाती यह शोर मचाने लगे कि हिन्दू सम्प्रदायवाद के फेरे में पड़ गए हैं। उर्दू जनता की जबान है। हिन्दू नेता हिन्दुत्व के जोश में आकर जनता से उसकी जबान छीनना चाहते हैं।

किन्तु, वास्तविक स्थिति कुछ और थी। गाँव-गँवई के लोगों ने कभी भी उर्दू नहीं सीखी थी और जिस पीढ़ी को थोड़ी-बहुत उर्दू आती थी, वह प्रायः समाप्तप्राय थी। ऐसी अवस्था में लोग नागरी में अर्जियाँ नहीं देते तो और क्या करते? लेकिन सरकारी दफ़्तरों में नागरी में लिखी हुई अर्जियाँ फाड़ दी जाती थीं। मालवीय जी ने यदि जनता के इस दर्द को समझकर उसे वाणी प्रदान की, तो उन्होंने कौन-सा अन्याय किया? संविधान-परिषद् के प्रथम अध्यक्ष श्री सच्चिदानन्द सिन्हा ने लिखा है कि "वकालतख़ाने में बैठे हुए और वकील जब कानूनी बारीकियाँ निकाला करते थे, तब मालवीय जी एक कोने में बैठे हिन्दी-उर्दू पर निकली सरकारी रिपोर्टों को देख-देख कर उनसे कुछ नोट लेने में लीन रहते थे। जन-गणना की रिपोर्टें उलटते-पलटते मालवीय जी का समय बीतता था।" (राष्ट्रभाषा का इतिहास, लेखक आचार्य किशोरीदास बाजपेयी)

उन दिनों सारा हिन्दी-संसार हिन्दी और नागरी के नारों से गूँज उठा था। संयुक्त प्रान्त में भी बंगाली, मराठी अथवा दक्षिण भारत के लोग थे। वे एक स्वर से फारसी लिपि का विरोध कर रहे थे। इस आन्दोलन को सम्प्रदायवादी रूप देने की कोशिश कई जगहों से की गई, लेकिन वह सम्प्रदायवादी रूप नहीं ले सका। कितने ही सुयोग्य मुसलमान सज्जनों ने इस कार्य में नागरी प्रचारिणी सभा का पूर्ण समर्थन किया। "इनमें हैदराबाद के तत्कालीन मन्त्री, प्रसिद्ध विद्वान, शमशुलउल्मा मौलवी सैयद अली बिलग्रामी का नाम विशेष रूप से उल्लेखनीय है। उन्होंने स्पष्ट शब्दों में स्वीकार किया

था कि मुसलमानों में शिक्षा का कम प्रचार होने का मुख्य कारण फारसी लिपि ही है। इसे ठीक तरह से सीखने के लिए जहाँ, कम-से-कम, दो वर्ष चाहिए, वहाँ नागरी के लिए महीने-दो-महीने ही पर्याप्त होते हैं।"

(हीरक-जयन्ती ग्रन्थ, ना. प्र. स.)

2 मार्च, सन् 1898 ई. में इलाहाबाद के गवर्नमेंट हाउस में नागरी प्रचारिणी सभा का प्रतिनिधि-मंडल गवर्नर मैकडोनाल्ड से मिला और उनके सम्मुख साठ हज़ार हस्ताक्षरों की 16 जिल्दें तथा मालवीय जी द्वारा लिखित "कोर्ट कैरेक्टर एंड प्राइमरी एजुकेशन" की एक प्रति उसने पेश की। आख़िर, सरकार को जनता की ओर से उठाई गई सत्य की आवाज के आगे झुकना पड़ा और सन् 1901 ई. में संयुक्त प्रान्त में भी यह आदेश जारी हो गया कि सरकारी काग़ज़ नागरी और फारसी, दोनों ही लिपियों में छापे जाएँगे, गरचे भाषा दोनों की एक रहेगी।

इस जीत पर उस समय हिन्दी-भाषी प्रान्तों में भारी खुशी मनाई गई थी। नागरी लिपि को कचहरियों में स्थान दिलाने में मालवीय जी को जो सफलता मिली, उसके कारण वे हिन्दी-भाषी प्रान्तों में बेताज के बादशाह हो गए। मगर, कितने ही मुसलमानों ने इसे तआस्सुब का काम समझा और मालवीय जी को वे शंका की दृष्टि से देखने लगे और अब तक भी उनकी दृष्टि पूरी तरह साफ़ नहीं हुई है। अभी-अभी एक मुसलमान सज्जन ने 'नेशनल कल्चर' पर एक किताब लिखकर उस पर साहित्य अकादेमी का पुरस्कार प्राप्त किया है। उस किताब में उन्होंने स्वर्गीय सर सैयद अहमद खाँ की कुछ खूबियों का बयान करते हुए लिखा है कि सर सैयद तो अलीगढ़ का कॉलेज सब के लिए खोलना चाहते थे, मगर, जब उन्होंने देखा कि कचहरियों में मालवीय जी ने 'साहित्यिक हिन्दी' चला दी, तब सर सैयद का कलेजा फट गया और अपने कॉलेज को उन्होंने मुसलमानों तक ही महदूद कर दिया।

एक दिन उक्त ग्रन्थ के लेखक से मेरी भेंट हुई, तो मैंने उनसे कहा कि "साहित्यिक हिन्दी तो कचहरियों में कभी चली नहीं। हाँ, कठिन हिन्दी चलाने की बात स्वराज्य के बाद वाली सरकार सोच रही है। मालवीय जी की कोशिश से कचहरियों में साहित्यिक तो क्या, मामूली हिन्दी भी नहीं चली थी। अंगरेजों ने केवल यह रियायत दी थी कि जो चीज़ फारसी लिपि में छपे, ठीक-ठीक वही चीज़ नागरी में भी छापी जाय। नागरी में छपने से जो लाभ हुआ, वह यह था कि जनता सरकार के काग़ज़ों को पढ़ लेती थी, मगर उसकी समझ में तो वह भाषा तब भी नहीं आती थी। मैं खुद नौ वर्षों तक सब-रजिस्ट्रार था। जो वसीके मैं रजिस्ट्री करता था, वे या तो कैथी हिन्दी में होते थे या फारसी लिपि में। मगर भाषा दोनों की एक ही होती थी और दोनों प्रकार के वसीकों का आरम्भ इस वाक्य से होता था, "चूँ मिनमोकिर बखुशर जाय व रगबत बहालत सेहत जात व सबात अक्ल खुद दुरुस्तगी। क्या इस भाषा को आप गाँव की जनता की भाषा समझते हैं?" मुसन्निफ़ साहब ने अपनी गलती समझ

ली और वादा किया कि पुस्तक के अगले संस्करण में उचित संशोधन कर दिया जाएगा। लेकिन, संशोधन उन्होंने किया या नहीं, इसका मुझे पता नहीं है।

पंजाब से लेकर बिहार तक उस समय हिन्दी और नागरी का जो आन्दोलन चला, उसके नेता तो पूज्यवर मालवीय जी थे, किन्तु, उनके सहायक और समर्थक ऐसे अनेक लोग थे, जो जन्म से मराठी अथवा बंगाली थे। उत्तर प्रदेश में जितना काम वेणीमाधव भट्टाचार्य, शारदाप्रसाद सान्याल, रायबहादुर प्रमदादास मित्र, प्यारी मोहन वन्द्योपाध्याय, रामकाली चौधरी और नीलकमल मित्र ने किया, उससे अधिक काम बिहार में भूदेव मुखर्जी के हाथों सम्पन्न हुआ। बिहार की कचहरियों में नागरी को स्थान दिलाने तथा बिहार के स्कूलों में हिन्दी चलाने का सारा श्रेय हम बिहारी भूदेव बाबू को देते हैं। इस बड़े उपकार का एक छोटा-सा स्मारक भूदेव-हिन्दी-पदक है, जो प्रति वर्ष बिहार भर में मैट्रिकुलेशन की परीक्षा में हिन्दी में सर्वप्रथम आनेवाले विद्यार्थी को दिया जाता है। चूँकि एक साल यह पदक इन पंक्तियों के लेखक को भी मिला था, इसलिए भूदेव बाबू की सेवाएँ उसे याद हैं। यह भी ध्यान देने की बात है कि उस समय भी बिहार और मध्य प्रदेश में उर्दू की अहमियत नहीं के बराबर थी। इसलिए भी उन दो प्रान्तों के दफ़्तरों में नागरी का प्रवेश अपेक्षाकृत सरलता से हो गया। किन्तु, संयुक्त प्रान्त में जनता को अपनी लिपि पाने के लिए बहुत बड़ा संघर्ष करना पड़ा।

हिन्दी साहित्य सम्मेलन, प्रयाग की स्थापना 10 अक्तूबर, 1910 ई. को की गई। इसके प्रथम अधिवेशन के अध्यक्ष पं. मदनमोहन जी मालवीय हुए थे और इसी अधिवेशन में राजर्षि पुरुषोत्तमदास टंडन हिन्दी साहित्य सम्मेलन के महामन्त्री चुने गए थे। इस अधिवेशन का सबसे प्रमुख प्रस्ताव यह था कि आदालतों में नागरी लिपि के प्रचार तथा हिन्दी साहित्य की सर्वांगीण उन्नति के लिए एक कोष बनाया जाय। इस कोष के निर्माण के लिए 'हिन्दी पैसा फंड समिति' की स्थापना हुई। अभी तक हिन्दी-भाषियों के दिमाग़ में यह बात नहीं आई थी कि हिन्दी को भारत की राष्ट्रभाषा बना दिया जाय। अभी हिन्दी-भाषी-प्रान्तों में ही बहुत-से काम करने को बाक़ी थे। किन्तु, सम्मेलन की स्थापना के साथ हिन्दी के प्रचार-कार्य की पक्की नींव अवश्य पड़ गई।

आज हिन्दी साहित्य सम्मेलन सरकार द्वारा स्थापित शासन-निकाय की निगरानी में है। किन्तु, सन् 1910 से लेकर 1946 ई. तक देश में सम्मेलन की वही इज्जत थी, जो अखिल भारतीय कांग्रेस की थी और जो व्यक्ति सम्मेलन का सभापति चुना जाता था, वह समझता था कि राष्ट्र ने उसकी सेवाओं का उचित पुरस्कार उसे दे दिया।

जैसे आज शासन के भीतर प्रमुखता उन लोगों की है, जो अंगरेजी में दक्ष होने के कारण अच्छी रोजी कमा रहे हैं, वैसे ही पिछली शताब्दी में भी हुकूमत के भीतर उन लोगों का हुजूम था, जो उर्दू और फारसी जानते थे और अपने मालिकों को समझाते रहते थे कि यही इस देश की जनता की भाषा है। इस फेरे में शुरू में ईसाई

मिशनरी भी पड़े थे और उर्दू के जरिए उन्होंने अपना धर्म-प्रचार करना चाहा था। मगर जनता के सम्पर्क में आते ही, उन्होंने देख लिया कि जनता उर्दू नहीं, हिन्दी समझती है। नतीजा यह हुआ कि मिशनरियों का सारा प्रचार-साहित्य नागरी लिपि में छपने लगा और उसकी भाषा भी फारसी से दूर जाने लगी।

उस समय इंग्लैंड में एक सज्जन फ्रेडरिक पिनकाट नाम के थे। उन्होंने, भारत आए बिना, संस्कृत, उर्दू और हिन्दी, तीनों भाषाएँ सीख लीं और हिन्दी में वे पुस्तकें भी लिखने लगे। वे उर्दू के विरोधी और हिन्दी के पक्षपाती थे। शिव प्रसाद और हरिश्चन्द्र के बीच उनका वोट हरिश्चन्द्र के साथ था। भारतेन्दु हरिश्चन्द्र की प्रशंसा में पिनकाट साहब ने कविताएँ भी लिखी थीं।

विदेशियों में से हिन्दी के एक समर्थक जान बीम्स थे। आधुनिक आर्य भाषाओं का तुलनात्मक व्याकरण लिखते हुए उन्होंने हिन्दी को ही सभी उत्तरी भाषाओं की जननी माना था और लिखा था कि :

> "भारत में आर्यभाषाओं के बीच, विशेषतः, तीन प्रधान भाषाओं अर्थात् हिन्दी, मराठी और बंगला के बीच एक प्रकार की आपसी स्पर्धा है। प्रत्येक भाषा अपने को दूसरी भाषाओं से श्रेष्ठतर मानती है। मेरे बंगाली और मराठी मित्र हिन्दी को प्रथम स्थान देने के मेरे निश्चय से सहमत न होंगे, जब तक कि वे मेरी युक्तियों को न सुन लें, सम्भव है, कारण जान लेने के बाद भी वे सहमत न हों।"

लेकिन विदेश में पिनकाट यदि केवल एक या दो थे, तो भारत में उनके समान हिन्दी-समर्थकों की संख्या अपार थी। सन् 1940 ई. में हिन्दी साहित्य-सम्मेलन का जो अधिवेशन पूना में हुआ, उसके स्वागताध्यक्ष की हैसियत से स्वर्गीय वैशम्पायन जी ने कहा था, "यह ऐतिहासिक सत्य है कि मराठी भाषा, अपनी इच्छा से, भारत की एकता के लिए राष्ट्रभाषा की वेदी पर बलि चढ़ने को तैयार हो गई और अपनी इसी इच्छा से महान उद्देश्य के लिए आत्मसमर्पण करने के गर्व से उज्ज्वलित हो रही है।"

वैशम्पायन जी की यह उक्ति एक बड़े सत्य पर प्रकाश डालती है, क्योंकि उन्नीसवीं सदी में महाराष्ट्र में जो भी बड़े लोग पैदा हुए, उन्होंने एक स्वर से हिन्दी को सार्वदेशिक बनाने के प्रस्ताव का समर्थन किया। सन् 1901-2 ई. में बैरिस्टर विनायक दामोदर सावरकर ने हिन्दी को राष्ट्रभाषा बनाने का ज़ोरदार आन्दोलन किया। अपने एक लेख में उन्होंने लिखा था कि :

> "हिन्दी को राष्ट्रभाषा स्वीकार करने में अन्य प्रान्तों की भाषा के सम्बन्ध में कोई अपमान की भावना या ईर्ष्यालु भावना नहीं है। हमें अपनी प्रान्तीय भाषाओं से भी उतना ही प्रेम है, जितना हिन्दी से। ये सब भाषाएँ अपने-अपने क्षेत्र में उन्नत होती रहेंगी। वास्तव में कुछ प्रान्तीय भाषाएँ हिन्दी से अधिक सम्पन्न हैं, परन्तु, फिर भी हिन्दी अखिल हिन्दुत्व की राष्ट्रभाषा होने के लिए सब प्रकार से श्रेष्ठ है।"

वीर सावरकर जब इंग्लैंड में विद्यार्थी थे, तब उन्होंने वहाँ सशस्त्र क्रान्तिकारी दल की स्थापना की थी। आचार्य श्री किशोरीदास जी बाजपेयी ने लिखा है कि "इस दल में अधिकांशतः वे ही छात्र थे, जो भारत से वहाँ बैरिष्टरी आदि पास करने गए थे। इनमें मराठी, गुजराती, पंजाबी, बंगाली आदि ऐसे लोग थे, जो एक दूसरे की भाषा न जानते थे। इसलिए अंगरेजी में ही सब आपसी व्यवहार-बातचीत करते थे। परन्तु, राष्ट्रीयता का उद्रेक उन्हें इस बात पर लज्जित करने लगा। क्यों हम विदेशी भाषा में आपसी बातचीत करें? क्या हमारी कोई अपनी राष्ट्रभाषा नहीं है? सब ने निश्चय किया कि हमारी राष्ट्रभाषा हिन्दी है और हम लोग आपस में उसी का व्यवहार करेंगे।" चिपलूणकर और आगरकर ने, मराठी के प्रति स्वाभिमान रखते हुए, राष्ट्रभाषा के पद पर हिन्दी की ही प्रतिष्ठा का समर्थन किया। सन् 1888 ई. के 'केसरी' में भी इस बात का समर्थन किया गया था। सन् 1893-94 ई. में श्री केशव राव पेठे नामक महाराष्ट्रीय सज्जन ने इसी सम्बन्ध में 'राष्ट्रभाषा' नाम की पुस्तक लिखकर अपनी जागरूकता का परिचय दिया।"

लोकमान्य बाल गंगाधर तिलक तो भारत की राष्ट्रीय भावना के अवतार थे। वे सर्वतोभावेन हिन्दी को भारत की राष्ट्रभाषा बनाना चाहते थे। उनकी मृत्यु पर शोक प्रकाश करते हुए महात्मा गांधी ने 4-8-1920 की यंग इंडिया में जो लेख लिखा था, उसमें गांधीजी ने यह भी लिखा था कि "मुझे पिछली कलकत्ता कांग्रेस के अवसर पर उनसे हिन्दी के राष्ट्रभाषा होने के सम्बन्ध में एक बहुत ही विद्वतापूर्ण वार्ता सुनने का सौभाग्य प्राप्त हुआ था और यह वार्ता उन्होंने, पहले से कोई तैयारी किए बिना ही, प्रस्तुत की थी। हिन्दी पर उनकी गम्भीर वार्ता सुनना सचमुच ही एक बहुत आनन्ददायी अनुभव था।" यह लोकमान्य ही थे, जिनकी प्रेरणा से माधवराव सप्रे ने नागपुर से हिन्दी केसरी का प्रकाशन आरम्भ किया था।

सन् 1882 ई. में अंगरेजी सरकार ने पाठशालाओं में शिक्षा के माध्यम के प्रश्न की जाँच करने के लिए एक आयोग नियुक्त किया था। स्वामी दयानन्द सरस्वती ने उस आयोग को यह मेमोरैंडम भिजवाया था कि शिक्षा का माध्यम हिन्दी बनाई जाय।

स्वामी दयानन्द सरस्वती ने आर्य समाज की स्थापना सन् 1875 ई. में की। वे हिन्दी को आर्यभाषा कहते थे एवं अपने अनुयायियों के लिए आर्य भाषा का ज्ञान अनिवार्य समझते थे। पंजाब में और युक्त प्रान्त के पश्चिमी जिलों में आर्य समाज के प्रभाव से हिन्दी गद्य का प्रचार बड़ी तेजी से हुआ। उस समय पंजाब में हिन्दी के प्रचार के दो कारण और थे। एक तो पंडित श्रद्धाराम फुल्लौरी के व्याख्यान और कथावाचन और दूसरा श्री नवीनचन्द्र राय का उद्योग। श्री नवीनचन्द्र राय भी बंगाली थे और जैसे बिहार में श्री भूदेव मुखर्जी ने हिन्दी की बहुत सेवा की, उसी प्रकार पंजाब में हिन्दी की बहुत बड़ी सेवा नवीन बाबू ने की। उन्होंने स्कूलों के लिए हिन्दी की पुस्तकें खुद भी लिखीं तथा दूसरों से भी लिखवाईं। मार्च सन् 1867 ई. में उन्होंने 'ज्ञानदायिनी

पत्रिका' का प्रकाशन आरम्भ किया। पं. रामचन्द्र शुक्ल ने लिखा है कि 'वे (नवीनचन्द्र राय) हिन्दी को उर्दू के झमेले में पड़ने से सदा बचाते रहे।' सन् 1866 ई. में जब अंजुमन लाहौर के अधिवेशन में सैयद हाजी हुसैन ने उर्दू का समर्थन किया, तो नवीनचन्द्र राय ने उसका ज़ोरदार खंडन करते हुए कहा, "उर्दू कभी भी जनसाधारण की भाषा नहीं बन सकती। हिन्दी ही उसके सर्वथा योग्य है।" महिलाओं के लिए, लाहौर से ही, नवीनचन्द्र राय ने 'सुगृहिणी' पत्रिका निकाली, जिसका सम्पादन उनकी सुपुत्री हेमन्तकुमारी देवी करती थीं।

जैसे पंडित श्रद्धाराम फुल्लौरी के भाषणों और कथाओं से पंजाब में हिन्दी के प्रति लोगों की भक्ति बढ़ी, वैसे ही, व्याख्यान वाचस्पति पं. दीनदयालु शर्मा के व्याख्यानों से सारे देश की जनता ने हिन्दी की शक्ति का परिचय पाया। भाषा का प्रचार कदाचित् लेखकों और कवियों से अधिक ओजस्वी वक्ताओं द्वारा होता है।

आगे चलकर हिन्दी के लिए जो आग्रह गांधीजी करनेवाले थे, उसका पूरा पूर्वाभास हमें स्वामी दयानन्द में दिखाई देता है। थियोसॉफी समाज की संस्थापिका, विदेशी महिला मादाम ब्लावात्स्की तक के पत्रों के उत्तर स्वामी जी हिन्दी में दिया करते थे। ब्लावात्स्की को स्वामी जी ने एक बार यहाँ तक लिख दिया था कि "जिस पत्र का हम से उत्तर चाहें, उसको नागरी कराकर हमारे पास भेजा करें।" मिस्टर आल्काट थियोसॉफी समाज के दूसरे बड़े नेता थे। स्वामी जी ने उन्हें भी हिन्दी सीखने का परामर्श दिया था। एक पत्र में मिस्टर आल्काट को स्वामी जी ने लिखा था, 'मुझे सुनकर खुशी हुई कि आपने नागरी पढ़ना आरम्भ कर दिया है।"

ग्रामीणों की सुविधा के हेतु स्वामी जी को हिन्दी और देवनागरी के प्रयोग का कितना ध्यान रहता था, यह उनके श्री श्यामजी कृष्ण वर्मा को 7 अक्तूबर, 1878 ई. को लिखे पत्र से ज्ञात होता है।

"अब की बार भी 'वेदभाष्य' के लिफ़ाफ़े के ऊपर देवनागरी नहीं लिखी गई। जो कहीं ग्राम में अंगरेजी भाषा पढ़ा न होगा, तो अंक वहाँ कैसे पहुँचते होंगे और ग्रामों में देवनागरी पढ़े बहुत होते हैं।"

थियोसॉफी समाज की सबसे बड़ी नेत्री श्रीमती ऐनी बेसेंट सार्वजनिक जीवन में तो बहुत दिनों से थीं, किन्तु, हिन्दी की ओर उनका ध्यान ज़रा देर से गया। फिर भी अपनी 'नेशन बिल्डिंग' नामक पुस्तक में उन्होंने हिन्दी की महिमा को मुक्त कंठ से स्वीकार किया है :

> "भारतवर्ष के भिन्न-भिन्न भागों में जो अनेक देशी भाषाएँ बोली जाती हैं, उनमें एक भाषा ऐसी है, जिसमें शेष सब भाषाओं की अपेक्षा एक भारी विशेषता है और वह यह कि उसका प्रचार सबसे ज़्यादा है। वह भाषा हिन्दी है। हिन्दी जाननेवाला आदमी सम्पूर्ण भारतवर्ष में यात्रा कर सकता है और उसे हर जगह हिन्दी बोलनेवाले मनुष्य मिल सकते हैं। हिन्दी सीखने का कार्य एक ऐसा

त्याग है, जिसे दक्षिण भारत के निवासियों को, राष्ट्र की एकता के हित में, करना चाहिए।''

राष्ट्रभाषा के साथ-साथ राष्ट्रलिपि के रूप में देवनागरी के प्रचार का आन्दोलन भी गांधीजी के आविर्भाव के पहले ही आरम्भ हो चुका था। इस आन्दोलन के नेता कलकत्ते के जस्टिस शारदाचरण मित्र थे। उन्होंने सन् 1905 ई. में कलकत्ते में एक लिपि-विस्तार-परिषद् की स्थापना की थी। वे 'देवनागर' नामक एक पत्र निकालते थे, जिसमें अनेक भाषाओं के लेख नागर अक्षरों में छापे जाते थे। इस आन्दोलन को आशीर्वाद मद्रास के जस्टिस कृष्णस्वामी का भी प्राप्त था। उनका भी विचार यही था कि हिन्दी को राष्ट्रभाषा तथा देवनागरी लिपि को राष्ट्र-लिपि बना देना चाहिए।

हिन्दी साहित्य सम्मेलन का जो प्रथम अधिवेशन सन् 1910 ई. में हुआ, उसके लिए जस्टिस शारदाचरण मित्र ने एक निबन्ध लिखकर भेजा था, जिसमें उन्होंने लिखा था कि :

> ''हिन्दी समस्त आर्यावर्त्त (भारत) की भाषा है। कलकत्ते की लिपि-विस्तार-परिषद् समस्त भारतवर्ष में एक नागरी लिपि के प्रचार करने में तन-मन से लगी हुई है। यद्यपि मैं बंगाली हूँ, तथापि मेरे दफ़्तर की भाषा हिन्दी है। इस वृद्धावस्था में मेरे लिए वह गौरव का दिन होगा, जिस दिन मैं हिन्दी स्वच्छन्दता से बोलने लगूँगा और प्लेटफार्म के ऊपर खड़ा होकर हिन्दी में वक्तृता दूँगा। उसी दिन मेरा जीवन सफल होगा, जिस दिन मैं सारे भारतवासियों के साथ साधु हिन्दी में वार्तालाप करूँगा।''

अपनी पसन्द की हिन्दी के साथ शारदा बाबू ने जो 'साधु' विशेषण लगाया, वह बड़ा ही महत्त्वपूर्ण है।

(राष्ट्रभाषा आन्दोलन और गांधीजी)

गांधीजी और भारतीय भाषाएँ

गांधीजी दक्षिण अफ्रीका से भारतवर्ष सन् 1915 ई. में लौटे थे। किन्तु, अंगरेजी के विरुद्ध भारतीय भाषाओं की महिमा उन्होंने भारत आकर नहीं समझी, उसे वे दक्षिण अफ्रीका में ही समझ चुके थे। और दक्षिण अफ्रीका में रहते हुए ही उन्हें इस बात का पूरा विश्वास हो चुका था कि भारत की राष्ट्रभाषा हिन्दी ही हो सकती है। दक्षिण अफ्रीका में रहनेवाले हिन्दुस्तानियों में तमिल, तेलुगू, मलयालम, गुजराती, उर्दू, हिन्दी, सभी भाषाएँ बोलनेवाले लोग थे, किन्तु, उनके आपसी व्यवहार की भाषा हिन्दी थी। सन् 1904 ई. में गांधीजी ने 'इंडियन ओपिनियन' नामक साप्ताहिक पत्र का प्रकाशन आरम्भ किया। शुरू में यह पत्र हिन्दी, गुजराती, उर्दू और अंगरेजी, इन चार भाषाओं में निकलता था। यही नहीं, जब फिनिक्स आश्रम और टाल्स्टाय फार्म का आरम्भ हुआ, आश्रम के लोगों के लिए भारतीय भाषाओं का पठन-पाठन अनिवार्य कर दिया गया। गांधीजी ने अपनी आत्मकथा में लिखा है कि बहुत से तमिल भाषी बच्चों का जन्म दक्षिण अफ्रीका में ही हुआ था, अतएव, तमिलभाषा का उनका ज्ञान बहुत कम था। तमिल भाषा पर गांधीजी का भी बहुत अच्छा अधिकार नहीं था, किन्तु तमिल थोड़ी-बहुत वे जानते थे। अतएव, तमिलभाषी बच्चों को तमिल सिखाने का काम उन्होंने अपने ऊपर ले लिया तथा तमिल के वे ही आश्रम में शिक्षक बने।

गांधीजी की 'हिन्द स्वराज्य' नामक पुस्तक सन् 1908 ई में निकली। एक प्रकार से यह पुस्तक गांधीजी के राजनैतिक तथा सांस्कृतिक सिद्धान्तों का घोषणा-पत्र थी। भारत में आकर गांधीजी जिस भाषा-नीति का प्रचार करनेवाले थे, उसके सारे के सारे बीज इस पुस्तक के एक पैरा में मौजूद हैं :

> 'हर एक पढ़े-लिखे हिन्दुस्तानी को अपनी भाषा का, हिन्दू को संस्कृत का, मुसलमान को अरबी का, पारसी को पर्शियन का और सबको हिन्दी का ज्ञान होना चाहिए। कुछ हिन्दुओं को अरबी और कुछ मुसलमानों और पारसियों को संस्कृत सीखनी चाहिए। उत्तर और पश्चिम में रहनेवाले हिन्दुस्तानी को तमिल सीखनी चाहिए। उसे उर्दू या नागरी में लिखने की छूट रहनी चाहिए। हिन्दू-मुसलमानों के विचारों को ठीक रखने के लिए बहुतेरे हिन्दुस्तानियों को दोनों लिपियाँ जानना

जरूरी है। ऐसा होने पर हम अपने आपस के व्यवहार में से अंगरेजी को निकाल बाहर कर सकेंगे।

(हिन्द-स्वराज्य, पृ. 124)

दक्षिण अफ्रीका में साधनों की कमी के कारण 'इंडियन ओपिनियन' के हिन्दी और उर्दू संस्करण ज़्यादा दिनों तक नहीं निकल सके। किन्तु, सन् 1913 ई. में जब सत्याग्रह के सिलसिले में तमिल और हिन्दी बोलनेवाले सत्याग्रही गोलियों के घाट उतारे जाने लगे, गांधीजी के ध्यान में फिर यह बात आई कि इन शहीदों के बलिदान के समाचार केवल अंगरेजी में छपें, यह योग्य बात नहीं है, उन्हें तमिल और हिन्दी में भी छपना चाहिए।

''सत्याग्रह का संघर्ष जैसा अबकी बार चला और इस समय भी चल रहा है, तवारीख में, शायद ही, उसकी मिसाल मिले। उसका सच्चा श्रेय इस देश में बसनेवाले हिन्दी और तमिल भाषाभाषी भाइयों और बहनों को है। उनका आत्मबलिदान सबसे बढ़-चढ़कर है। उनमें से कितने तो गोरे सिपाहियों की गोली के भी शिकार बन चुके हैं। उनके सम्मान में और उनकी स्मृति के रूप में हमने इस पत्र में तमिल तथा हिन्दी में समाचार देने का निश्चय किया है।''

(इंडियन ओपिनियन, 31-12-1913 ई. गुजराती से)

गांधीजी अफ्रीका रहते समय ही यह बात समझ चुके थे कि जनता केवल अपनी भाषाओं के द्वारा जगाई जा सकती है। जब वे अफ्रीका से भारत के लिए रवाना हुए, तब जहाज पर भी वे भारतीय भाषाओं के ही बारे में सोचते रहे। उन दिनों श्री मगनलाल गांधी फिनिक्स आश्रम के 25 छात्रों के साथ भारत आए हुए थे और शान्तिनिकेतन में ठहरे हुए थे। 11 जनवरी, सन् 1915 ई. को गांधीजी ने मगनलाल जी को जो पत्र लिखा, उसमें भी उन्होंने सबसे अधिक ज़ोर इसी बात पर दिया कि हमें भारत की अनेक लिपियों का ज्ञान होना चाहिए।

'मेरा ख़्याल है, हम सबको हिन्दी, उर्दू, तमिल और बंगला लिपि सीख लेनी चाहिए। यदि सब बच्चों को ये सिखाई जाएँ तो अच्छा हो। मैंने इस सम्बन्ध में जहाज में काफ़ी विचार किया था।...मैंने बंगला का अध्ययन अच्छा कर लिया है।'

(सम्पूर्ण गांधी वाङ्मय, खंड 13, पृ. 5)

फरवरी, सन् 1915 ई. में गांधीजी का स्वागत पूने में हुआ था। उस समय लोगों ने उनसे यह सवाल किया था कि अफ्रीका में रहनेवाले भारतीय तो भारत के भिन्न-भिन्न प्रान्तों के निवासी हैं। फिर वे आपस में बातचीत किस प्रकार कर पाते हैं?' गांधीजी ने बड़े गर्व के साथ कहा, 'हिन्दी के माध्यम से।'

समस्याओं का समाधान कर्महीन ज्ञान से नहीं निकलता। समाधान उसे प्राप्त होता है, जो ज्ञान की समस्या का हल कर्म के भीतर से ढूँढ़ता है। गांधीजी कर्मवीर

थे। अतएव, दुविधा उन्हें नहीं घेर पाती थी। भारत के राजनैतिक जीवन में प्रवेश करने के पूर्व ही उनका मत पक्का हो चुका था कि अंगरेजी के मोह से छूटे बिना भारत स्वाधीन नहीं होगा, न हिन्दी का सार्वदेशिक प्रचार किए बिना इस देश की राष्ट्रीय एकता मजबूत होगी। सन् 1916 ई. के फरवरी महीने में मालवीय जी के निमन्त्रण पर जब वे काशी पधारे, उनका एक व्याख्यान नागरी प्रचारिणी सभा में और दूसरा हिन्दू विश्वविद्यालय में हुआ था। इन दोनों व्याख्यानों में गांधीजी ने हिन्दी के प्रचलन और प्रयोग पर ज़ोर दिया। काशी नागरी प्रचारिणी सभा में उन्होंने कहा :

> "आप शायद नहीं जानते कि मेरे साथ तीस-पैंतीस स्त्री-पुरुष हैं। उन सब की प्रतिज्ञा है कि वे बराबर हिन्दी का अभ्यास करेंगे।...इस सभा के जो अधिकारी वकील हैं, उनसे मैं पूछता हूँ कि आप अदालत में अपना काम अंगरेजी में चलाते हैं या हिन्दी में। यदि अंगरेजी में चलाते हैं, तो मैं कहूँगा कि हिन्दी में चलाएँ। जो युवक पढ़ते हैं, उनसे भी मैं कहूँगा कि वे इतनी प्रतिज्ञा करें कि हम आपस का पत्र-व्यवहार हिन्दी में करेंगे।...साहित्य-विहीन जाति को स्वतन्त्रता नहीं मिल सकती। इसलिए लोगों को चाहिए कि वे अंगरेजी के उच्च विचार और नए ख़्याल लोगों के सामने रखें। कल डॉक्टर जगदीशचन्द्र बसु व्याख्यान देंगे। यदि वे बंगला में व्याख्यान देंगे, तो मेरा कोई झगड़ा नहीं है, पर यदि अंगरेजी में दें तो उनसे मेरा झगड़ा है। नागरी प्रचारिणी सभा का कर्तव्य है कि जो पुस्तकें डॉक्टर जगदीशचन्द्र बसु ने अंगरेजी में लिखी हैं, उनका वह हिन्दी में अनुवाद करे।...जिस भाषा में तुलसीदास-जैसे कवि ने कविता की हो, वह अवश्य पवित्र है और उसके सामने कोई भाषा ठहर नहीं सकती। हमारा मुख्य काम हिन्दी सीखना है, पर तो भी हम अन्य भाषाएँ भी सीखेंगे। अगर हम तमिल सीख लेंगे, तो तमिल बोलने वालों को भी हिन्दी सिखा सकेंगे।"
>
> (सं. गां.वा., खंड-13, पृ. 211-12)

राजा राममोहन राय के समय से जो विचारधारा भारत में फैलती आ रही थी, उसे गांधीजी ने पूर्ण रूप से हृदयंगम कर लिया था। वे देश की परिस्थिति को पहचानते थे और दृढ़ता के साथ यह विश्वास करते थे कि जनता के भीतर अगर अपनी भाषाओं के लिए स्वाभिमान पैदा नहीं हुआ, तो हमारा समस्त राष्ट्रीय जीवन स्वाभिमान से हीन रह जाएगा। आज से 51 वर्ष पूर्व गांधीजी इस निष्कर्ष पर आ गए थे कि शिक्षा का माध्यम देशी भाषाएँ होनी चाहिए और राजनैतिक संगठनों का काम भी भारतीय भाषाओं में चलना चाहिए। 6 फरवरी, सन् 1916 ई. को बनारस हिन्दू विश्वविद्यालय में बोलते हुए उन्होंने कहा था कि :

> "मैं कहना यह चाहता हूँ कि मुझे आज इस पवित्र नगर में, इस महान विद्यापीठ के प्रांगण में अपने ही देशवासियों से एक विदेशी भाषा में बोलना पड़ रहा है, यह बड़ी अप्रतिष्ठा और शर्म की बात है।...मैं गत दिसम्बर में राष्ट्रीय

महासभा के अधिवेशन में मौजूद था। वहाँ बहुत अधिक तादाद में लोग इकट्ठे हुए थे। आपको ताज्जुब होगा कि बम्बई के वे तमाम श्रोता केवल उन भाषणों से प्रभावित हुए, जो हिन्दी में दिए गए थे।...मुझे आशा है कि इस विश्वविद्यालय में विद्यार्थियों को उनकी मातृभाषा के माध्यम से शिक्षा देने का प्रबन्ध किया जाएगा।...यदि आप मुझसे यह कहें कि हमारी भाषाओं में उत्तम विचार अभिव्यक्त किए ही नहीं जा सकते, तब तो हमारा संसार से उठ जाना अच्छा है। क्या कोई व्यक्ति स्वप्न में भी यह सोच सकता है कि अंगरेजी भविष्य में किसी भी दिन भारत की राष्ट्रभाषा हो सकती है?''

(सं. गां. वा. खंड-13, पृ. 213)

इसी भाषण में गांधीजी ने यह भी कहा कि अंगरेजी भाषा भारतीय राष्ट्र के पाँव में बेड़ी बनकर पड़ी हुई है।

''जरा सोचकर देखिए कि अंगरेजी भाषा में अंगरेज बच्चों के साथ होड़ कराने में हमारे पर कितना वजन पड़ता है। पूना के कुछ प्रोफ़ेसरों से मेरी बात हुई। उन्होंने बताया कि चूँकि हर भारतीय विद्यार्थी को अंगरेजी के मारफत ज्ञान सम्पादन करना पड़ता है, इसलिए उसे अपने बेशकीमती बरसों में से, कम-से-कम, छह वर्ष अधिक जाया करने पड़ते हैं। हमारे स्कूलों और कॉलेजों से निकलनेवाले विद्यार्थियों की संख्या में इस छह का गुणा कीजिए और फिर देखिए कि राष्ट्र के कितने हजार वर्ष बर्बाद हो चुके हैं। हम पर आरोप लगाया जाता है कि हम में पहल करने का माद्दा नहीं है। हो भी कैसे सकता है? यदि हमें एक विदेशी भाषा पर अधिकार पाने के लिए जीवन के अमूल्य वर्ष लगा देने पड़ें, तो फिर और हो क्या सकता है?''

इस देश में ऐसे लोग सन् 1916 ई. में भी थे और आज भी हैं, जो भारतीय भाषाओं के उत्थान को रोकने तथा अंगरेजी की महिमा बखानने के लिए यह कह देते हैं कि आख़िरकार भारत के अंगरेजीदाँ ही देश का नेतृत्व कर रहे हैं। गांधीजी ने अपने इस भाषण में उन लोगों को भी उत्तर दिया और कहा कि :

''मान लीजिए कि हमने पिछले पचास वर्षों में अपनी-अपनी भाषाओं के जरिए शिक्षा पाई होती, तो आज हम किस स्थिति में होते? तो आज भारत स्वतन्त्र होता; तब हमारे पढ़े-लिखे लोग अपने ही देश में विदेशियों की तरह अजनबी न होते, बल्कि, देश के हृदय को छूनेवाली वाणी बोलते; वे गरीब-से-गरीब लोगों के बीच काम करते और पचास वर्षों की उनकी उपलब्धि पूरे देश की विरासत होती।''

गांधीजी के भीतर ज्यों-ज्यों राष्ट्रीयता की आग सुलगती जाती थी, त्यों-त्यों वे देश की एकता को मजबूत बनाने के रास्ते खोजते जाते थे। और ज्यों-ज्यों उनके भीतर भारत की राष्ट्रीय एकता की चिन्ता बढ़ती जाती थी, त्यों-त्यों उनका ध्यान

हिन्दी पर केन्द्रित होता जाता था। मई, सन् 1917 ई. में उन्होंने अपना एक छोटा-सा निबन्ध प्रकाशित करवाया था, जिसमें उन्होंने कहा था।

"हिन्दी ही हिन्दुस्तान के शिक्षित समुदाय की सामान्य भाषा हो सकती है, यह बात निर्विवाद सिद्ध है। यह कैसे हो, केवल यही विचार करना है। जिस स्थान को अंगरेजी भाषा आजकल लेने का प्रयत्न कर रही है और जिसे लेना उसके लिए असम्भव है, वही स्थान हिन्दी को मिलना चाहिए, क्योंकि हिन्दी का उस पर पूर्ण अधिकार है। यह स्थान अंगरेजी को नहीं मिल सकता, क्योंकि वह विदेशी भाषा है और हमारे लिए बड़ी कठिन है। अंगरेजी की अपेक्षा हिन्दी सीखना बहुत सरल है। बंगला, बिहारी, उड़िया, मराठी, गुजराती, राजस्थानी, पंजाबी और सिन्धी हिन्दी की बहनें हैं। उक्त भाषाओं के बोलनेवाले थोड़ी-बहुत हिन्दी समझ तथा बोल लेते हैं। इन सब को मिलाने से संख्या प्रायः 22 करोड़ हो जाती है। जिस भाषा का इतना प्रचार है, उसकी बराबरी करने के लिए अंगरेजी, जिसे एक लाख हिन्दुस्तानी भी ठीक-ठीक बोल नहीं सकते, क्यों कर समर्थ हो सकती है?

(सं. गां. वा., खंड-13, पृ. 424)

इसी लेख में गांधीजी ने भारतवासियों के कुछ ऐसे दुर्गुणों की ओर संकेत किया, जो घट-बढ़कर, आज भी बदस्तूर कायम हैं। उन्होंने लिखा, "आज तक हमारा देशी काम और व्यवहार हिन्दी में प्रारम्भ नहीं हो पाया, इसका कारण हमारी भीरुता, अश्रद्धा और हिन्दी भाषा के गौरव का अज्ञान है।"

गांधीजी को आशा थी कि उत्तर भारत के अहिन्दी प्रान्तों में हिन्दी चलाना कठिन नहीं होगा, क्योंकि इन प्रान्तों में हिन्दी थोड़ी-बहुत यों भी समझ ली जाती है। कठिनाई की कल्पना वे दक्षिण भारत के प्रसंग में करते थे। इसीलिए उन्होंने लिखा था :

"हिन्दी के उत्साही, साहसी, स्वाभिमानी, जोशीले पुरुषों को बिना मूल्य हिन्दी की शिक्षा देने के लिए मद्रास आदि प्रान्तों में भेजा जाना चाहिए। वे हिन्दी के पराक्रमी प्रचारक बन जाएँ, तो अन्य काल में ही मद्रास आदि प्रान्तों के शिक्षित लोग हिन्दी सीख लेंगे। जितने अधिक शिक्षक भेजे जाएँगे, उतना ही शीघ्र हिन्दी का प्रचार होगा।"

आगे चलकर हिन्दी-हिन्दुस्तानी के बारे में गांधीजी जो दर्शन तैयार करनेवाले थे, उसकी भी एक झलक गांधीजी के इस लेख में मिलती है :

"इस निवेदन में एक सारगर्भित बात आ जाती है। वह यह है कि हिन्दी और उर्दू के बीच में भेद नहीं रखा गया है। वास्तव में हम अपने इस्लामी भाइयों से क्यों झगड़ें? वे उर्दू लिपि में पढ़ें; हम में से थोड़े लोग उर्दू लिपि भी जानते हैं तथा और अधिक लोग उसे सीख लेंगे। जब तक इस्लामी भाई नागरी लिपि नहीं पढ़ लेंगे, तब तक हमारे राष्ट्रीय कार्य दोनों लिपियों में हुआ करेंगे। कैसे ही क्यों न हो,

इस प्रश्न का निपटारा हम इस्लामी भाइयों के साथ भ्रातृभाव से कर सकते हैं।''

(सं. गां. वा., खंड-13, पृ. 425)

1 जुलाई, सन् 1917 ई. को गांधीजी ने सत्याग्रह आश्रमकोष के लिए जो परिपत्र मोतीहारी (चम्पारण, बिहार) से जारी किया, उस परिपत्र में भी हिन्दी सीखने के काम को उन्होंने बहुत महत्त्व दिया था।

''चौथी प्रवृत्ति हिन्दी भाषा के प्रचार की है। जो स्थान इस समय अनुचित ढंग से अंगरेजी भोग रही है, वह स्थान हिन्दी को मिलना चाहिए। इस विषय में मतभेद होने का कोई कारण न होने पर भी मतभेद होना दुर्भाग्य की बात है। शिक्षित वर्ग को एक भाषा अवश्य चाहिए और वह हिन्दी ही हो सकती है। हिन्दी के द्वारा करोड़ों व्यक्तियों में आसानी से काम किया जा सकता है। इसलिए उसे उचित स्थान मिलने में जितनी देर हो रही है, उतना ही देश का नुकसान हो रहा है।''

(सं. गां. वा., खंड-13, पृ. 425)

सन् 1917 ई. में भड़ौंच में होनेवाले गुजरात शिक्षा परिषद् के दूसरे अधिवेशन के सभापति गांधीजी चुने गए थे। सभा तो यह गुजराती शिक्षा-परिषद् की थी, किन्तु, गांधीजी ने अपने भाषण में इस समस्या पर भी विचार किया कि भारत की राष्ट्रभाषा कौन-सी बन सकती है। उस समय वायसराय ने कहीं यह आशा व्यक्त कर दी थी कि अंगरेजी किसी समय भारत की राष्ट्रभाषा बन सकती है और भारत के अनेक अंगरेजीदाँ विद्वान इस आशा को अनर्गल नहीं समझते थे। गांधीजी ने भड़ौंच में इस प्रसंग में कहा :

''तो अब हम यह सोचें कि राष्ट्रीय भाषा के क्या-क्या लक्षण होने चाहिए।

1. अमलदारों के लिए वह भाषा सरल होनी चाहिए।
2. उस भाषा के द्वारा भारतवर्ष का आपसी धार्मिक, आर्थिक और राजनैतिक व्यवहार हो सकना चाहिए।
3. यह जरूरी है कि भारतवर्ष के बहुत-से लोग उस भाषा को बोलते हों।
4. राष्ट्र के लिए वह भाषा आसान होनी चाहिए।
5. उस भाषा का विचार करते समय किसी क्षणिक या अल्पस्थायी स्थिति पर ज़ोर नहीं देना चाहिए।

अंगरेजी भाषा में इनमें से एक भी लक्षण नहीं है। पहला लक्षण आख़िर में देना चाहिए था। लेकिन मैंने उसे पहला स्थान दिया है, क्योंकि ऐसा आभास होता है, मानो अंगरेजी भाषा में यह लक्षण है। ज़्यादा विचार करने पर हम देखेंगे कि आज भी अमलदारों के लिए यह भाषा सरल नहीं है। यहाँ के शासन-विधान की कल्पना यह है कि अंगरेज लोग कम होते जाएँगे, और सो भी इस हद तक कि आख़िर में एक वायसराय और अँगुलियों पर गिने जानेवाले कुछ अंगरेज अमलदार ही यहाँ रह

जाएँगे। बड़ी तादाद आज भी हिन्दुस्तानियों की ही है और वह बढ़ती ही जाएगी। इन लोगों के लिए हिन्दुस्तान की किसी भी भाषा के मुकाबले अंगरेजी मुश्किल है, इस बात को तो सभी कोई कबूल करेंगे।

दूसरे लक्षण पर विचार करने पर हमें पता चलता है कि जब तक अंगरेजी भाषा को हमारा जनसमाज बोलने न लग जाय, जब तक यह मुमकिन न हो, तब तक हमारा धार्मिक व्यवहार अंगरेजी में चल ही नहीं सकता। समाज में अंगरेजी का इस हद तक फैल जाना नामुमकिन मालूम होता है।

तीसरा लक्षण अंगरेजी में हो ही नहीं सकता, क्योंकि वह भारतवर्ष के बहुजन-समाज की भाषा नहीं है।

चौथा लक्षण भी अंगरेजी में नहीं है, क्योंकि सारे राष्ट्र के लिए वह उतनी आसान नहीं।

पाँचवें लक्षण का विचार करने से हमें पता चलता है कि आज अंगरेजी भाषा को जो सत्ता प्राप्त है, वह क्षणिक है। चिरस्थायी स्थिति तो यह है कि हिन्दुस्तान में जनता के राष्ट्रीय कामों में अंगरेजी भाषा की ज़रूरत कम ही रहेगी। हाँ, अंगरेजी साम्राज्य के व्यवहार में उसकी ज़रूरत होगी। यह दूसरी बात है कि वह साम्राज्य के राज्य-व्यवहार (डिप्लोमैसी) की भाषा होगी। उस व्यवहार के लिए अंगरेजी की ज़रूरत रहेगी। हम कहीं भी अंगरेजी भाषा का द्वेष नहीं करते। हमारा आग्रह तो यही है कि हम उसे उसकी मर्यादा से बाहर बढ़ने देना नहीं चाहते। साम्राज्य की भाषा तो अंगरेजी ही रहेगी, और इस कारण हम अपने मालवीय जी, शास्त्री जी और बैनर्जी वगैरा को उसे सीखने के लिए बाध्य करेंगे। और यह विश्वास रखेंगे कि वे दूसरे देशों में हिन्दुस्तान की कीर्ति फैलाएँगे। किन्तु राष्ट्र की भाषा अंगरेजी नहीं हो सकती। अंगरेजी को राष्ट्रभाषा बनाना देश में 'एस्पेरेंटो' को दाखिल करना है। अंगरेजी को राष्ट्रीय भाषा बनाने की कल्पना हमारी निर्बलता की निशानी है। 'एस्पेरेंटो' का प्रयास निरे अज्ञान का सूचक होगा।

तो फिर किस भाषा में ये पाँच लक्षण मिलते हैं? हमें यह कबूल कर ही लेना होगा कि हिन्दी भाषा में ये सब लक्षण है।

(सं. गां. वा., खंड-14, पृ. 28-29)

गांधीजी ने सिद्धान्त के रूप में कोई ऐसी बात नहीं कही, जो उनसे पूर्व कही नहीं गई हो। गांधीजी की सारी विशेषता कर्मनिष्ठा के कारण है। उनकी सबसे बड़ी विशेषता यह थी कि जो भी सिद्धान्त उन्हें पसन्द आए, उन सिद्धान्तों को उन्होंने व्यवहार का जामा पहनाने का प्रयास किया। राजा राममोहन राय के समय से ही यह विचार हवा में मँडराता चला आ रहा था कि हिन्दी को हमें राष्ट्रभाषा बनाना चाहिए। गांधीजी ने इस सिद्धान्त को पकड़ लिया और वे उसे कार्य का रूप देने लगे। इसी प्रकार छिटपुट ढंग पर यह विचार भी हवा में गूँज रहा था कि भारतीयों की शिक्षा

उनकी अपनी भाषाओं में होनी चाहिए। गांधीजी ने इस विचार को भी स्वीकार कर लिया और बराबर इस बात की वे चिन्ता करते रहे कि हमारी विभिन्न भाषाएँ शिक्षा का माध्यम किस प्रकार बनाई जा सकती हैं। इस चिन्ता के प्रमाण हमें गांधीजी के भड़ौंचवाले भाषण में भी मिलते हैं।

"उत्तर में हिन्दी भाषा का विकास तो हो रहा है, फिर भी, उसे शिक्षा का माध्यम बनाने का निरन्तर प्रयत्न केवल आर्यसमाजियों ने ही किया मालूम होता है। गुरुकुलों में यह प्रयत्न जारी है।

"मद्रास में देशी भाषाओं के जरिए शिक्षा देने का आन्दोलन कुछ ही वर्षों से शुरू हुआ है। तमिलों की अपेक्षा तेलुगू भाषा-भाषी अधिक जाग्रत हैं। शिक्षित तमिलों पर अंगरेजी का इतना ज़्यादा असर हो गया है उनमें तमिल भाषा के माध्यम से अपना काम चलाने का उत्साह नहीं रहा। तेलुगूभाषी भाग में अंगरेजी शिक्षा इतनी ज़्यादा नहीं फैली है। इसलिए तेलुगूभाषी मातृभाषा का उपयोग ज़्यादा कर रहे हैं। तेलुगूभाषी भाग में सिर्फ तेलुगू के जरिए शिक्षा देने का प्रयोग किया जा रहा है। इतना ही नहीं, तेलुगू भाइयों ने भाषा के आधार पर प्रान्त-निर्माण करने का आन्दोलन भी शुरू किया है।

"महाराष्ट्र में भी यह प्रयत्न चल रहा है। साधुचरित प्रोफ़ेसर कर्वे इस प्रयत्न के समर्थक हैं। अनेक निजी पाठशालाएँ इस काम में लगी हुई हैं।

"गुजरात में भी मातृभाषा के जरिए शिक्षा देने का आन्दोलन शुरू हो चुका है।...मुझे तो लगता है कि इसमें जितनी ही देर हो रही है, उतना ही हमारा नुकसान हो रहा है।"

(सं. गां. वा., खंड-14, पृ. 20)

गांधीजी का ध्येय देश का और देश में बसनेवाली जनता का उत्थान था और वे मानते थे कि जनता और उसकी भाषा के बीच गहरा सम्बन्ध है। भाषा के जागरण के बिना जनता नहीं जगाई जा सकती, न जनता के जागरण के बिना भाषा में जागृति लाई जा सकती है। अपने भड़ौंचवाले भाषण में रेवरेंड टेलर का मत उद्धृत करते हुए गांधीजी ने कहा था, "कहावत है कि यथा राजा तथा प्रजा, यथा गुरुः तथा शिष्यः। इसी तरह कहते हैं कि यथा भाषक : तथा भाषा अर्थात जैसा बोलनेवाला वैसी भाषा।" यानी भाषा की स्वाधीनता के बिना कोई भी जाति स्वाधीन नहीं हो सकती और जो जाति आलसी, निरुद्यमी और संकीर्ण है, उसकी भाषा में भी ये दुर्गण अवश्य भर जाएँगे। अतएव, जातियों के उत्थान का कार्य उनकी भाषाओं को छोड़कर नहीं चल सकता। इसीलिए, गांधीजी जनता में से प्रत्येक समुदाय को उसकी अपनी भाषा देना चाहते थे। इसीलिए वे चाहते थे कि भारत के प्रान्तों का पुनःसंगठन भाषाओं के आधार पर कर दिया जाय, जिससे प्रत्येक समुदाय अपनी भाषा के द्वारा शिक्षा प्राप्त करके अपने राजकाज और व्यवसाय के सारे कार्य अपनी भाषा में कर सके।

गांधीजी का भड़ौंचवाला भाषण इसलिए भी उल्लेखनीय है कि उस भाषण में भी उन्होंने हिन्दुस्तानी भाषा तथा नागरी और फारसी, दोनों लिपियों की हिमायत की थी।

> "ऐसी दलील दी जाती है कि हिन्दी और उर्दू दो अलग भाषाएँ हैं। यह दलील सही नहीं है। उत्तर भारत में मुसलमान और हिन्दू, दोनों एक ही भाषा बोलते हैं।...जिस भाषा को उत्तरी भारत में आम लोग बोलते हैं, उसे चाहे उर्दू कहें, चाहे हिन्दी, दोनों एक ही भाषा की सूचक हैं। यदि उसे फारसी लिपि में लिखिए तो वह उर्दू भाषा के नाम से पहचानी जाएगी और नागरी लिपि में लिखें, तो वह हिन्दी कहलाएगी।
>
> "अब रहा लिपि का झगड़ा अभी कुछ समय तक तो मुसलमान लड़के फारसी लिपि में अवश्य लिखेंगे और हिन्दू अधिकतर देवनागरी में लिखेंगे।... अन्त में जब हिन्दुओं और मुसलमानों में एक दूसरे के प्रति तनिक भी सन्देह की भावना नहीं रह जाएगी और अविश्वास के सारे कारण दूर हो जाएँगे, तब जिस लिपि का ज़्यादा ज़ोर रहेगा, वह लिपि ज़्यादा लिखी जाएगी और वही राष्ट्रीय लिपि हो जाएगी।"

(सं. गां. वा., खंड-14, पृ. 29)

गांधीजी का चिन्तन उस सूत्र की ओर नहीं था, जिसे अब हम 'त्रिभाषासूत्र' कहते हैं। वे सबके लिए मातृभाषा को अनिवार्य बनाना चाहते थे। राष्ट्रभाषा हिन्दी की शिक्षा को वे उन सभी भारतवासियों के लिए विहित समझते थे, जिन्हें अपने प्रान्त के घेरों से निकलकर सारे देश में काम करना है। और अंगरेजी की उपादेयता वे उनके लिए समझते थे (1) जिनमें भाषा सीखने की शक्ति है, जिनके पास समय है और जो अंगरेजी का उपयोग अंगरेजी साहित्य में शोध करके उसके परिणाम जनता के सामने रखने के लिए करना चाहते हैं। तथा (2) अंगरेजी की उपादेयता वे उनके लिए भी स्वीकार करते थे, जो लोग अंगरेजी के ज्ञान का उपयोग रुपया कमाने में (शायद अन्तर्राट्रीय वाणिज्य द्वारा) करना चाहते हैं।

> "इन दोनों वर्गों को अंगरेजी भाषा का उत्कृष्ट ज्ञान, एक वैकल्पिक विषय के रूप में, देने में कोई हर्ज नहीं है। उनके लिए इसकी सुविधा तक कर देना जरूरी है। (लेकिन) पढ़ाई के इस क्रम में भी शिक्षा का माध्यम तो मातृभाषा ही रहेगी।"

(सं. गां. वा., खंड-14, पृ. 25)

गांधीजी की दृष्टि में अंगरेजी की उपयोगिता कहाँ तक जायज थी, इसका स्पष्टीकरण आगे चलकर उन्होंने अपने साप्ताहिक पत्र 'यंग इंडिया' में भी किया था।

> "अंगरेजी अन्तर्राष्ट्रीय व्यापार की भाषा है, वह कूटनीति की भाषा है, उसका साहित्यिक भंडार बहुत समृद्ध है और वह पश्चिमी विचारों और संस्कृति से हमारा परिचय कराती है। इसलिए हममें से कुछ लोगों के लिए अंग्रेजी भाषा का ज्ञान आवश्यक है। वे लोग राष्ट्रीय व्यापार और अन्तर्राष्ट्रीय कूटनीति के

विभाग तथा हमारे राष्ट्र को पश्चिमी साहित्य, विचार और विज्ञान की उत्तम वस्तुएँ देनेवाला विभाग चला सकते हैं। वह अंगरेजी का उचित उपयोग होगा, जबकि आज अंगरेजी ने हमारे हृदयों में प्रिय स्थान हड़प लिया है और हमारी मातृ भाषाओं को अपने अधिकार के स्थान से हटा दिया है।''

(यंग इंडिया, 2 फरवरी, 1921 ई.)

गांधीजी सब से अधिक ज़ोर इस बात पर देते थे कि हमें फौरन से पेशतर, अपनी सभाओं की कारवाई और शिक्षा तथा राजकाज और व्यवसाय के काम अपनी ही भाषाओं में शुरू कर देने चाहिए। सन् 1918 ई. में युद्ध-परिषद् की जो बैठक करांची में हुई थी, उसमें खुद वायसराय भी मौजूद थे। किन्तु, उस परिषद् में गांधीजी ने वायसराय से पूछकर अपना भाषण हिन्दी में दिया था। फिर सन् 1931 ई. में जब करांची के व्यापार-उद्योग मंडलों के संघ के वार्षिक अधिवेशन में गांधीजी पधारे, तब वहाँ भी उनका भाषण हिन्दी में ही हुआ था। अंगरेजी की उपयोगिता उनकी दृष्टि में अत्यन्त सीमित थी। जैसे आजकल के प्रतिक्रियागामी लोगों को यह बोलने में हिचक नहीं होती कि सारे देश की भाषा अंगरेजी ही बनी रहे, उसी प्रकार गांधीजी के समय में भी ऐसे प्रतिक्रियागामी विचारक थे। उन लोगों को उत्तर देते हुए गांधीजी ने लिखा था :

''परदेशी जुए की मोहिनी न होती, तो इस बात की कोई कल्पना भी नहीं करता। इस पसन्द का सच्चा आधार मनुष्य की कल्पना पर निर्भर है। अगर स्वराज्य अंगरेजी बोलनेवाले भारतीयों को और उन्हीं के लिए होनेवाला हो, तो निस्सन्देह अंगरेजी ही राष्ट्रभाषा होगी। लेकिन अगर स्वराज्य करोड़ों भूखों मरनेवालों, करोड़ों निरक्षरों, निरक्षर बहनों और दलितों व अन्त्यजों का हो और इन सब के लिए होनेवाला हो, तो हिन्दी ही एकमात्र राष्ट्रभाषा हो सकती है।''

(नवजीवन, 21-6-31)

गांधीजी की भाषा-नीति में त्रिभाषा-सूत्र के बीज मौजूद थे। लेकिन वे इस बात के घोर विरोधी थे कि उत्तर के लोग दक्षिण की भाषाएँ फकत इसलिए सीखें कि दक्षिण के लोग हिन्दी सीख रहे हैं, गांधीजी के त्रिभाषा-सूत्र का आधार द्वेषशमन का भाव नहीं, बल्कि, शुद्ध देशभक्ति और देशाभिमान का भाव था।

''हिन्दी-भाषी लोगों को दक्षिण की भाषा सीखने की जितनी ज़रूरत है, उसकी अपेक्षा दक्षिणवालों को हिन्दी सीखने की आवश्यकता अवश्य ही अधिक है। सारे हिन्दुस्तान में हिन्दी बोलने और समझनेवालों की संख्या दक्षिण की भाषाएँ बोलनेवालों से दुगुनी है। प्रान्तीय भाषा या भाषाओं के बदले में नहीं, बल्कि, उनके अलावा एक प्रान्त से दूसरे प्रान्त का सम्बन्ध जोड़ने के लिए एक सर्वमान्य भाषा की आवश्यकता है। ऐसी भाषा तो एकमात्र हिन्दी या हिन्दुस्तानी ही हो सकती है।

(नवजीवन, 21 जून, 1931 ई.)

20 अप्रैल, 1935 ई. को हिन्दी साहित्य सम्मेलन का चौबीसवाँ अधिवेशन इन्दौर में हुआ। इस अधिवेशन के अध्यक्ष गांधीजी थे। अपने अध्यक्षीय भाषण में उन्होंने इस शंका का ज़ोरदार खंडन किया कि हिन्दी के प्रचार से किसी भी प्रान्तीय भाषा के विकास में बाधा पड़ेगी।

> "मैं हमेशा यह मानता रहा हूँ कि हम किसी भी हालत में प्रान्तीय भाषाओं को मिटाना नहीं चाहते। हमारा मतलब तो सिर्फ़ यह है कि विभिन्न प्रान्तों के पारस्परिक सम्बन्ध के लिए हम हिन्दी सीखें। ऐसा कहने से हिन्दी के प्रति हमारा कोई पक्षपात प्रकट नहीं होता। हिन्दी को हम राष्ट्रभाषा मानते हैं। वह राष्ट्रीय होने के लायक है। वही भाषा राष्ट्रीय बन सकती है, जिसे अधिक-संख्यक लोग जानते-बोलते हों और जो सीखने में सुगम हो। ऐसी भाषा हिन्दी ही है।"

सन् 1935 ई. के इन्दौरवाले भाषण में गांधीजी ने जो कुछ कहा था, उसमें भी एक जगह आज के त्रिभाषा-सूत्र की झलक मिलती है।

> "अंगरेजी आज राजभाषा है। अंगरेजी का इससे आगे बढ़ना मैं असम्भव समझता हूँ, चाहे कितना भी प्रयत्न क्यों न किया जाय। अगर हिन्दुस्तान को सचमुच एक राष्ट्र बनाना है, तो, चाहे कोई माने या न माने, राष्ट्रभाषा तो हिन्दी ही हो सकती है, क्योंकि जो स्थान हिन्दी को प्राप्त है, वह किसी दूसरी भाषा को कभी भी नहीं मिल सकता। हिन्दू-मुसलमान, दोनों को मिलाकर करीब बाईस करोड़ मनुष्यों की भाषा, थोड़े-बहुत फेरफार से, हिन्दी-हिन्दुस्तानी ही है। इसलिए उचित और सम्भव तो यही है कि प्रत्येक प्रान्त में उस प्रान्त की भाषा, सारे देश के पारस्परिक व्यवहार के लिए हिन्दी और अन्तर्राष्ट्रीय उपयोग के लिए अंगरेजी का व्यवहार हो।"

लेकिन गांधीजी मानते थे कि उनकी कल्पना के त्रिभाषासूत्र के अनुसार मातृभाषा का ज्ञान हर एक भारतवासी को होगा, हिन्दी का ज्ञान बहुत-से लोगों को, मगर, अंगरेजी के जानकार संख्या में हमेशा थोड़े रहेंगे।

> "हिन्दी बोलनेवालों की संख्या करोड़ों की रहेगी, किन्तु, अंगरेजी जाननेवालों की संख्या कुछ लाख से आगे कभी नहीं बढ़ेगी। इसके लिए प्रयत्न करना भी जनता के साथ अन्याय करना होगा।"

देश की भाषा-समस्या पर पंडित जवाहरलाल नेहरू ने एक बार अपने विचार लिपिबद्ध किए थे। हरिजन सेवक के 4 सितम्बर, 1937 ई. वाले अंक में गांधीजी ने, अपनी ओर से कुछ भी कहे बिना, जवाहरलाल जी के विचारों को "पाठकों की जानकारी के लिए" प्रकाशित कर दिया था। यह निर्विवाद है कि जवाहरलाल जी का सूत्र लगभग वही सूत्र था, जिसे अब त्रिभाषा-सूत्र कहा जा रहा है।

1. "सरकारी काम और सार्वजनिक शिक्षा के लिए विभिन्न प्रान्तों में उन भाषाओं का प्रयोग होना चाहिए, जो वहाँ की प्रमुख प्रचलित भाषाएँ हैं।

7. दक्षिण भारतीय भाषाओं की लिपियों को देवनागरी लिपि के समान बनाने का प्रयत्न किया जाना चाहिए।

13. प्रत्येक प्रान्त में प्रारम्भिक शिक्षा से उच्च शिक्षा तक शिक्षा का माध्यम प्रान्त की भाषा को ही रखा जाय।

15. उच्च शिक्षा का माध्यम प्रान्त की भाषा को ही रखना चाहिए लेकिन, साथ ही हिन्दुस्तानी का (लिपि कोई भी हो) और एक विदेशी भाषा का अध्ययन अनिवार्य हो। कला-कौशल की उच्च-शिक्षा के पाठ्यक्रम में इन भाषाओं के अनिवार्य अध्ययन की आवश्यकता नहीं है, हालाँकि इनका ज्ञान हो तो अच्छा ही है।''

यह पंडित जवाहरलाल नेहरू का मत था। यदि गांधीजी ने इस पर अपनी टिप्पणी जोड़ी जोती, तो वे यह कहना कभी नहीं भूलते कि विदेशी भाषा की शिक्षा सबके लिए अनिवार्य नहीं होनी चाहिए।

(राष्ट्रभाषा आन्दोलन और गांधीजी)

शिक्षा और शासन का माध्यम

शिक्षा का माध्यम और शासन का माध्यम, ये दोनों सवाल एक ही सिक्के के दो पहलू हैं। ऐसा नहीं हो सकता कि पढ़ाई तो अंगरेजी में चलती रहे और राजकाज के काम जनता की भाषाओं में चलें अथवा राजकाज के काम तो अंगरेजी में चलें तथा पढ़ाई की भाषा जनता की भाषा हो। गुलाम भारत का व्यक्तित्व फटा हुआ था और वह आज भी फटा हुआ ही है। इस देश की जनता अंगरेजी नहीं जानती, न सभी अंगरेजी पढ़े-लिखे लोग अंगरेजी के द्वारा अपने को अभिव्यक्त कर सकते हैं। तब भी पढ़ाई यहाँ अंगरेजी में चलती है। तब भी शासन और न्याय की भाषा यहाँ अंगरेजी भाषा है। राजनीतिज्ञों की कमज़ोरी यह है कि वे वोट तो जनता की भाषा में माँगते हैं, मगर मन्त्री बन जाने पर नोट अंगरेजी में लिखने लगते हैं। और जजों की हालत यह है कि उनकी न्यायप्रिय आत्मा इस विचार से दहलती ही नहीं कि उनके कठघरों में खड़े मुज़रिम अपने कसूर के बारे में होनेवाली बहसों को मुतलक नहीं समझते, न उन तर्कों का उन्हें ज्ञान होता है, जिनके कारण उन्हें फाँसी या आजीवन कारावास की सजा सुनाई जाती है।

गांधीजी अंगरेजी हटाने के काम को इतना जरूरी समझते थे कि एक बार उन्होंने कहा था कि इतना बड़ा काम है कि देश के सभी नेता एक इसी काम में लग जाएँ, तो वह भी उचित ही होगा। आज़ादी की लड़ाई में बारह आना महत्त्व वे इस बात को देते थे कि स्कूलों, कालिजों और दफ़्तरों की भाषा भारतीय भाषा किस तरह बनाई जाय।

> ''हमें तो सतत प्रयत्नपूर्वक अपनी गुलामी से मुक्त होना है, फिर वह चाहे शिक्षणात्मक हो या आर्थिक अथवा सामाजिक या राजनैतिक हो। तीन चौथाई लड़ाई तो वही प्रयत्न होगा, जो इसके लिए किया जायगा।''

(हरिजन सेवक, 9.7.1938)

किन्तु, अंगरेजी का विरोध वे केवल भावनात्मक कारणों से नहीं करते थे, यद्यपि भावनात्मक कारणों को भी वे काफ़ी तर्कसम्मत समझते थे। उन्होंने कहा था, ''अंगरेजी की आज की इज्जत न तो हमारे सम्मान को बढ़ानेवाली है, न तो वह लोकशाही के सच्चे जोश को पैदा करने में सहायक होती है।''

(राष्ट्रभाषा हिन्दुस्तानी, पृ. 19)

यहाँ सोचने की बात यह है कि भाषा का लोकशाही से क्या सम्बन्ध है और वह लोकशाही को बढ़ावा कैसे दे सकती है। गांधीजी मानते थे कि धारा-सभाएँ, अदालतें और कचहरियाँ, सार्वजनिक सभाएँ, अखबार और स्कूल, ये सबके सब शिक्षा के माध्यम हैं और वे अगर जनता की भाषा में काम करते हों, तो जनता पर उनका प्रभाव पड़ता है। किन्तु, ये संस्थाएँ जब विदेशी भाषा के द्वारा काम करती हैं, तब वे जनता के लिए मुहरबन्द किताब बन जाती हैं।

इसी प्रकार गांधीजी का यह भी विचार था कि समाज की प्रगति तब तक रोककर रखी नहीं जा सकती, जब तक उसका प्रत्येक सदस्य शिक्षित न बना दिया जाय। साक्षरता से भी अधिक शिक्षा संगति से फैलती है। मगर भारतीय समाज जिन लोगों को शिक्षित बनाता है, उनकी भाषा विदेशी होती है। नतीजा यह होता है कि जनता इस शिक्षितों की संगति से लाभ नहीं उठा सकती। अंगरेजी के द्वारा हम जो ज्ञान ग्रहण करते हैं, वह हमीं तक महदूद रह जाता है, यहाँ तक कि उसका शतांश भी हमारे अपने घर या पड़ोस में नहीं फैल पाता।

गांधीजी यह भी मानते थे कि स्कूलों और कॉलेजों का मुख्य कार्य छात्रों के भीतर ज्ञान संचारित करना है। किन्तु, शिक्षा का माध्यम जब विदेशी भाषा होती है, तब छात्रों का सारा समय भाषा सीखने में चला जाता है और ज्ञान की असली बातें वे कम सीख पाते हैं। सन् 1938 ई. में हरिजन सेवक में उन्होंने अपने अनुभव पर एक लेख लिखा था, जिसमें उन्होंने बताया था कि :

> "हाँ, यह अब मैं जरूर देखता हूँ कि जितना गणित, रेखागणित, बीजगणित, रसायनशास्त्र और ज्योतिष सीखने में मुझे चार साल लगे, अगर अंगरेजी के बजाय गुजराती में मैंने उन्हें पढ़ा होता, तो उतना मैंने आसानी से एक ही साल में सीख लिया होता।"
>
> "मेरे पिता को कुछ पता न था कि मैं क्या कर रहा हूँ। मैं यदि चाहता तो भी अपने पिता की इस बात में दिलचस्पी पैदा नहीं कर सकता था कि मैं क्या पढ़ रहा हूँ! इस प्रकार अपने ही घर में मैं बड़ी तेजी के साथ अजनबी बनता जा रहा था।"

(हरिजन सेवक, 9.7.1938)

भारत में यह भी देखा गया है कि पिछले सौ वर्षों में विश्वविद्यालयों से जो स्नातक निकले, उनका स्वास्थ्य ग्रामीणों के स्वास्थ्य से कमज़ोर रहा। गांधीजी इस दुरवस्था को भी कृत्रिम शिक्षा-पद्धति का स्वाभाविक परिणाम समझते थे।

> "मेरा यह सुचिन्तित मत है कि जिस रूप में अंगरेजी की शिक्षा यहाँ दी गई है, उससे अंगरेजी पढ़े-लिखे हिन्दुस्तानी कमज़ोर हो गए हैं। इस पद्धति ने भारतीय छात्रों की स्नायविक ऊर्जा पर भयानक दबाव डाला है तथा हम सबको नक्काल बना दिया है। कोई भी जाति नक्कालों की कौम पैदा करके बड़ी नहीं हो सकती।

मेरा दृढ़ विश्वास है कि चैतन्य, कबीर, नामक, गुरु गोविन्दसिंह, शिवाजी और प्रताप, राममोहन राय और तिलकजी की अपेक्षा कहीं बड़े मनुष्य थे।''

(यंग इंडिया, 27.4.1921)

अब तो खैर देश में ऐसे बहुत-से लोग हैं, जो यह मानते हैं कि मातृभाषाओं के द्वारा सारी शिक्षा का प्रबन्ध न करके भारतवर्ष अपनी अगली पीढ़ियों को पूर्णरूप से विकसित होने से रोक रहा है। मगर इस दर्द की जितनी पूर्व और जैसी तीखी अनुभूति महात्मा गांधी को हुई थी, वैसी अनुभूति और किसी को नहीं हुई। सन् 1908 ई. में 'हिन्द स्वराज्य' नामक पुस्तक में गांधीजी ने घोषणा की थी कि :

''लाखों लोगों को अंगरेजी का ज्ञान कराना उन्हें गुलाम बनाना है। मैकाले ने भारत में जिस शिक्षा की नींव रखी, उसने हम सब को गुलाम बना दिया है।''

सन् 1917 ई. में 27 दिसम्बर के दिन कलकत्ते में भाषण देते हुए गांधीजी ने विदेशी शिक्षा-पद्धति से उत्पन्न दोषों को बड़े ही मार्मिक शब्दों में जनता के समक्ष रखा था :

''यदि हम अंगरेजी के आदी नहीं हो गए होते, तो यह समझने में हमें देर नहीं लगती कि अंगरेजी के शिक्षा का माध्यम होने से हमारी बौद्धिक चेतना जीवन से कटकर दूर हो गई है, हम अपनी जनता से अलग हो गए हैं, जाति के सर्वश्रेष्ठ दिमागों का विकास रुक गया है और जो विचार हमें अंगरेजी के माध्यम से मिले, उन्हें हम जनता में फैलाने में नाकामयाब रहे हैं। पिछले साठ वर्षों से हमने विचित्र-विचित्र शब्दों को केवल रटना सीखा है, तथ्यपूर्ण ज्ञान को पचाने के बदले हमने शब्दों का उच्चारण सीखा है। जो विरासत हमें अपने बाप-दादों से हासिल हुई, उसके आधार पर नव निर्माण करने के बदले हमने उस विरासत को भूलना सीखा है। इस दुर्गति की मिसाल सारी दुनिया के इतिहास में नहीं है। यह तो राष्ट्रीय शोक अथवा ट्रेजडी का विषय है। आज की पहली और सबसे बड़ी समाज-सेवा यह है कि हम अपनी देशी भाषाओं की ओर मुड़ें और हिन्दी को राष्ट्रभाषा के पद पर प्रतिष्ठित करें। हमें अपनी सभी प्रादेशिक कार्रवाइयाँ अपनी-अपनी भाषाओं में चलानी चाहिए तथा हमारी राष्ट्रीय कार्रवाइयों की भाषा हिन्दी होनी चाहिए। जब तक हमारे स्कूल और कॉलेज विभिन्न देशी भाषाओं में शिक्षा देना आरम्भ नहीं करते, तब तक हमें आराम लेने का अधिकार नहीं है।''

(इविल राट बाइ द फॉरेन मीडियम)

अंगरेजी के समर्थकों की ओर से बराबर यह दलील दी जाती थी और अब भी दी जाती है कि अंग्रेजी के कारण ही देश में राममोहन राय, लोकमान्य तिलक, जगदीशचन्द्र बसु और रवीन्द्रनाथ का उद्भव सम्भव हुआ। गांधीजी को यह दलील ज़रा भी अपील नहीं करती थी।

"मैं इस बात में यकीन लाने से इनकार करता हूँ कि यदि राममोहन राय और लोकमान्य तिलक ने अंगरेजी न पढ़ी होती, तो वे विचार उनके भीतर नहीं जागते, जिनके कारण वे मशहूर हैं। भारत में जितने भी अन्धविश्वास प्रचलित हैं, उनमें से सबसे भयानक अन्धविश्वास यही है, जिसके अधीन हम यह सोचते हैं कि अंगरेजी पढ़े बिना स्वाधीनता के विचार नहीं उठ सकते, न विचारों की यथातथ्यता विकसित की जा सकती है। हमें यह स्मरण रखना चाहिए कि पिछली आधी सदी से देश में शिक्षा की एक ही पद्धति चलती रही है, सम्पूर्ण देश पर अभिव्यिक्ति का एक ही माध्यम थुपा रहा है। अतएव, यह सोचने का आधार ही नहीं है कि अगर स्कूल और कॉलेज वाली शिक्षा हमें नहीं मिली होती, तो आज हम क्या होते। लेकिन यह बात तो हम जानते हैं कि पचास वर्ष पूर्व की अपेक्षा आज हम कहीं अधिक दुर्गति में हैं। भारतवासी आज पहले की अपेक्षा ज़्यादा कमज़ोर हैं और वे अपनी रक्षा आप नहीं कर सकते। कोई यह न कहे कि इसका जिम्मा वर्तमान शासन-पद्धति पर है, क्योंकि इस शासन-पद्धति का सबसे दूषित अंग उसकी शिक्षा-पद्धति ही है। इस शिक्षा-पद्धति की कल्पना झूठ से उठी थी, इसका जन्म भी झूठ से हुआ है, क्योंकि अंगरेजी शासकों ने शिक्षा की देशी पद्धति को व्यर्थ से भी बुरा मान लिया था। इस शिक्षा-पद्धति का लालन-पालन पाप के मार्ग से हुआ है? क्योंकि इस पद्धति का सारा उद्‌देश्य यह रहा है कि हिन्दुस्तानियों के शरीर, मन और आत्मा को ठिंगना कैसे बनाया जाय।"

(यंग इंडिया, 27-4-1921)

इसी लेख में गांधीजी ने यह भी कहा था कि अंगरेजी में सोचने की बाधा यदि उनके सामने नहीं हुई होती, तौ राममोहन राय और भी बड़े सुधारक तथा तिलक जी और भी बड़े विद्वान हुए होते। इसी प्रकार प्रोफ़ेसर जगदीशचन्द्र बोस के बारे में उन्होंने कहा था कि "जगदीश बोस कोई वर्तमान शिक्षा की उपज नहीं थे। वे तो भयंकर कठिनाइयों और बाधाओं के बावजूद अपने परिश्रम की बदौलत ऊँचा उठे। और उनका ज्ञान लगभग ऐसा बन गया, जो सर्वसाधारण तक नहीं पहुँच सकता।"

शिक्षा का माध्यम बदलने के प्रश्न पर गांधीजी जिस व्याकुलता से सोचते थे, उस व्याकुलता से उन्होंने कभी भारतीय स्वाधीनता पर भी विचार नहीं किया था।

"मातृभाषा मनुष्य के विकास के लिए उतनी ही स्वाभाविक है, जितना छोटे बच्चे के शरीर के विकास के लिए माँ का दूध। और कुछ हो भी कैसे सकता है? बच्चा अपना पहला पाठ अपनी माँ से ही सीखता है। इसलिए मैं बच्चों के मानसिक विकास के लिए उन पर माँ की भाषा को छोड़कर दूसरी कोई भाषा लादना मातृभूमि के प्रति पाप समझता हूँ।

(18 मार्च, 1942 ई. को श्रीमन्नारायणजी की पुस्तक के लिए लिखी गई भूमिका से)

"मेरा यह विश्वास है कि राष्ट्र के जो बालक अपनी मातृभाषा के बजाय दूसरी भाषा में शिक्षा प्राप्त करते हैं, वे आत्महत्या ही करते हैं। यह उन्हें अपने जन्मसिद्ध अधिकार से वंचित करती है। विदेशी माध्यम से बालकों पर अनावश्यक ज़ोर पड़ता है। वह उनकी सारी मौलिकता का नाश कर देता है। विदेशी माध्यम से उनका विकास रुक जाता है और वे अपने घर और परिवार से अलग पड़ जाते हैं। इसलिए, मैं इस चीज़ को पहले दरजे का राष्ट्रीय संकट मानता हूँ।"

(विथ गांधीजी इन सीलोन)

"अगर हमारे हाथ में तानाशाही सत्ता हो, तो मैं आज से ही विदेशी माध्यम के जरिए अपने लड़कों और लड़कियों की शिक्षा बन्द कर दूँ और सारे शिक्षकों और प्रोफ़ेसरों से यह माध्यम तुरन्त बदलवा दूँ या उन्हें बरखास्त करा दूँ। मैं पाठ्य-पुस्तकों की तैयारी का इन्तजार नहीं करूँगा। वे तो माध्यम के परिवर्तन के पीछे-पीछे चली आएँगी। यह एक ऐसी बुराई है, जिसका तुरन्त इलाज होना चाहिए।"

(हिन्दी नवजीवन, 2-9-1921)

"शिक्षा का माध्यम तो एकदम और हर हालत में बदलना चाहिए और प्रान्तीय भाषाओं को उनका वाजिब स्थान मिलना चाहिए। यह जो काबिले-सजा बर्बादी रोज-ब-रोज हो रही है, इसके बजाय तो, अस्थायी रूप से, अव्यवस्था हो जाना भी मैं पसन्द करूँगा।"

(हरिजन सेवक, 9-7-1938 ई.)

गांधीजी की इस व्याकुलता के प्रसंग में आज की स्थिति पर सोचते हुए मन को तकलीफ़ होती है। तकलीफ़ की ख़ास बात यह है कि गांधीजी की प्रेरणाओं से चालित होकर इतिहास तो आगे बढ़ रहा है, मगर नेता पीछे छूट रहे हैं। और अगर इतिहास के साथ कदम-से-कदम मिलाकर चलने को नेता तैयार भी होते हैं, तो देश के शिक्षाशास्त्री कह बैठते हैं, माध्यम-परिवर्तन का काम जोखिम का काम है। एक जगह के प्रोफ़ेसर और छात्र दूसरी जगह कैसे जाएँगे? और किताबें कहाँ हैं?

शिक्षाशास्त्रियों की इस भीरुता का अन्दाज गांधीजी को पहले से ही था और शिक्षा के माध्यम-परिवर्तन के प्रश्न पर वे शिक्षाशास्त्रियों की राय का इन्तजार नहीं करना चाहते थे।

"मेरी सम्मति में यह कोई ऐसा प्रश्न नहीं है, जिसका निर्णय शिक्षाशास्त्रियों के द्वारा हो। वे इस बात का निर्णय नहीं कर सकते कि किस स्थान के लड़कों-लड़कियों की पढ़ाई किस भाषा में हो। क्योंकि इस प्रश्न का निर्णय तो हर एक स्वतन्त्र देश में पहले ही हो चुका है। न वे यही निर्णय कर सकते हैं कि किन विषयों की पढ़ाई हो, क्योंकि यह उस देश की आवश्यकताओं पर निर्भर करता है, जिस देश के बालकों की पढ़ाई होती है। उन्हें तो बस यही सुविधा

प्राप्त है कि राष्ट्र की इच्छा को यथासम्भव सर्वोत्तम रूप में अमल में लाएँ।...जब तक हम शिक्षित वर्ग इस प्रश्न के साथ खिलवाड़ करते रहेंगे, मुझे इस बात का बहुत भय है कि हम जिस स्वतन्त्र और स्वस्थ भारत का स्वप्न देखते हैं, उसका निर्माण नहीं हो सकेगा।"

(हरिजन सेवक, 9-7-1938 ई.)

जो काम शुरू नहीं होता, उसके सामान बाज़ार में नहीं पाए जाते। जो काम शुरू हो जाता है, उसके सामान बाज़ार में मिलने लगते हैं। जब गांधीजी ने अहमदाबाद में गुजराती के माध्यम से पढ़ाई शुरू करने का आदेश दिया, शिक्षकों ने यही कहा था कि "बापू! किताबें कहाँ हैं?" गांधीजी क्षण भर को चुप रहकर बोले, "शिक्षक बिना किताबों के पढ़ाएँ।" इस प्रकार गुजराती के माध्यम से पढ़ाई शुरू हो गई और पीछे पाठ्य साहित्य भी तैयार हो गया। फीनिक्स आश्रम में भी गांधीजी को यही अनुभव हुआ था और वे भारत आने के पहले ही इस मत के हो चुके थे कि माध्यम पहले बदलना चाहिए, किताबें बाद को तैयार होंगी।

"यह कहना बिलकुल गलत है कि मातृभाषा के जरिए टेकनिकल तालीम देने के लिए बड़ी तैयारी और बड़ी खोज की जरूरत होगी।"

(हरिजन सेवक, 25-8-1946 ई.)

"यदि शिक्षा का माध्यम धीरे-धीरे बदलने के बजाय एकदम बदल दिया जाए, तो बहुत शीघ्र हम यह देखेंगे कि आवश्यकता को पूरा करने के लिए पाठ्य-पुस्तकें प्राप्त हो रही हैं और अध्यापक भी।...बेशक, सफलता की शर्त यह है कि सरकारी दफ़्तरों में और अदालतों में भी प्रान्तीय भाषाएँ तुरन्त जारी कर दी जाएँ।"

(हरिजन सेवक, 30-7-1938 ई.)

शिक्षा-माध्यम-परिवर्तन की सफलता की असली कुंजी यही है कि कॉलेजों में हम जो भाषाएँ चलाना चाहते हैं, उन भाषाओं को दफ़्तरों और अदालतों में भी चला दें। भारत में अंगरेजी चलाने का श्रेय मैकाले को दिया जाता है। किन्तु वास्तव में यह श्रेय विलियम बेंटिंक को दिया जाना चाहिए, क्योंकि अंगरेजी को नौकरी की भाषा बेंटिंक ने बना दिया और जरूरतमन्द लोग रोजी कमाने की आशा में अंगरेजी सीखने लगे। जब तक दफ़्तरों की भाषा नहीं बदलती, कॉलेजों में शिक्षा-माध्यम के परिवर्तन का काम ज़ोर नहीं पकड़ेगा।

असहयोग के आरम्भ होने पर गांधीजी और रवीन्द्रनाथ ठाकुर के बीच अखबारों के जरिए थोड़ी बहस चली थी। उस समय रवीन्द्रनाथ की दलीलों का खंडन करते हुए गांधीजी ने लिखा था :

"अंगरेजी आज इसलिए पढ़ी जा रही है कि उसका व्यावसायिक एवं तथाकथित राजनैतिक महत्त्व है। हमारे बच्चे अंगरेजी यह सोचकर पढ़ते हैं कि

अंगरेजी पढ़े बिना उन्हें नौकरियाँ नहीं मिलेंगी। लड़कियों को अंगरेजी इसलिए पढ़ाई जाती है कि इससे उनकी शादी में सहूलियत होगी। मैं ऐसी कितनी ही औरतों के बारे में जानता हूँ जो अंगरेजी फकत इसलिए सीखना चाहती थीं कि अंगरेजों के साथ वे अंगरेजी में बातचीत कर सकें। मैं कितने ही ऐसे पतियों को भी जानता हूँ, जिन्हें इस बात का मलाल है कि उनकी बीबियाँ उनके साथ और उनके दोस्तों के साथ अंगरेजी में बात नहीं कर सकतीं। मुझे ऐसे परिवारों की जानकारी है, जहाँ अंगरेजी मातृभाषा बनाई जा रही है।...ये सारी बातें मेरी नजर में गुलामी और घोर पतन के चिह्न हैं। मैं इस बात को बर्दाश्त नहीं कर सकता कि देशी भाषाएँ इस तरह कुचल दी जाएँ, भूखों मार डाली जाएँ।

"मेरा ख़्याल है, खुली हवा में मेरा विश्वास उतना ही पक्का है, जितना महाकवि का। मैं नहीं चाहता कि मेरे घर को दीवारें चारों ओर से घेरे हुए हों और उसकी खिड़कियाँ बन्द हों। मैं चाहता हूँ कि सभी देशों की संस्कृतियाँ मेरे घर के इर्द-गिर्द पूरी आज़ादी से मँडराएँ। लेकिन, उनमें से किसी भी संस्कृति को मैं अपने पाँव को डिगाने नहीं दूँगा। मैं दूसरे लोगों के घरों में उचक्के, भिखमंगे या गुलाम की तरह जीने को तैयार नहीं हूँ। झूठी इज्जत और झूठी शान के लिए हमारी बहनें अंगरेजी पढ़ने की जहमत उठाएँ, इसे मैं गवारा नहीं कर सकता। साहित्यिक रुचि रखने वाले युवक और युवतियाँ अंगरेजी और दुनिया की दूसरी भाषाएँ खूब पढ़ें और जरूर पढ़ें। लेकिन, उनसे मैं आशा करूँगा कि वे अपने ज्ञान का प्रसाद भारत को और सारे संसार को उसी तरह प्रदान करेंगे, जैसे बोस, राय और स्वयं कवि रवीन्द्रनाथ ने प्रदान किया है। मगर मैं हरगिज यह नहीं चाहूँगा कि कोई भी हिन्दुस्तानी अपनी मातृभाषा को भूल जाए या उसकी उपेक्षा करे या उसे देखकर शरमाए अथवा यह महसूस करे कि अपनी मातृभाषा के जरिए वह ऊँचे से ऊँचा चिन्तन नहीं कर सकता है। क़ैदख़ाने का धर्म मेरा धर्म नहीं है। परमात्मा की सृष्टि में से छोटे से छोटे जीवों के लिए भी स्थान है। मगर अहंकार तथा रंग, धर्म या जाति के अभिमान के लिए उसमें कोई जगह नहीं है।"

(यंग इंडिया, 1 जून, 1921 ई.)

नीचे से लेकर ऊपर तक सारी शिक्षा का माध्यम बदलने के काम को गांधीजी उतना ही महत्त्व देते थे, जितना स्वाधीनता के कार्य को। बल्कि, इस काम को वे स्वराज्य का तीन-चौथाई काम समझते थे। स्वराज्य साध्य नहीं, साधन मात्र है। स्वराज्य की सार्थकता तभी है, जब वह जनता को उत्साहित करे, उसके भीतर छिपी शक्तियों को प्रकट करे और जनता के व्यक्तित्व का जो असली तेज है, उसे प्रस्फुटित कर दे। किन्तु, जो जनता अपनी भाषा में नहीं सोचती, न अपनी भाषा में शिक्षा और शासन के कार्य चलाती है, उस जनता का व्यक्तित्व कभी भी नहीं उभरेगा। यही

कारण था कि गांधीजी आरम्भ से ही चाहते थे कि भारत के प्रान्तों का नव-संगठन भाषाओं के आधार पर कर दिया जाय, जिससे प्रत्येक प्रदेश में वहाँ की अपनी भाषा को फूलने-फलने का मौक़ा मिले और जनता के व्यक्तित्व का सम्यक् विकास हो सके। भारत के स्वतन्त्र होते ही गांधीजी ने यह इच्छा प्रकट की थी कि भाषावार प्रान्तों की रचना अब शीघ्र हो जाय और प्रादेशिक भाषाएँ शीघ्र-से-शीघ्र शिक्षा और राजकाज की भाषाएँ बना दी जाएँ।

"निश्चय ही, प्रान्तीय सरकारों के लिए यह बिलकुल आसान बात होनी चाहिए कि वे अपने यहाँ ऐसे कर्मचारी रखें, जो सारा काम प्रान्तीय भाषाओं और अन्तःप्रान्तीय भाषा में कर सकें। इस जरूरी फेरफार करने में एक दिन खोना भी राष्ट्र को भारी नुकसान पहुँचना है। सबसे पहली और जरूरी बात यह है कि हम अपनी उन समृद्ध प्रान्तीय भाषाओं को पुनर्जीवन प्रदान करें, जो हिन्दुस्तान को वरदान की तरह मिली हुई हैं। यह कहना दिमागी आलस के सिवा और कुछ नहीं है कि हमारी अदालतों, हमारे स्कूलों और यहाँ तक कि हमारे सरकारी दफ़्तरों में भी यह भाषा-सम्बन्धी फेरफार करने में कुछ समय, शायद कुछ बरस चाहिए.. .प्रान्तीय सरकारें ऐसा कोई तरीका खोज सकती हैं, जिससे उन प्रान्तों के लोगों को ऐसा अनुभव हो कि उन्हें अपने अधिकार की चीज़ मिल गई है।"

(हरिजन सेवक, 21-9-1947 ई.)

स्वराज्य होते ही गांधीजी स्वराज्य को लेकर अंसख्य जनता की ओर दौड़ना चाहते थे, जिससे भारत का स्वराज्य, मुट्ठी भर अंगरेजीदाँ लोगों के कब्जे से निकलकर, सचमुच जनता का स्वराज्य बन जाय। किन्तु, उनके शिष्यों में यह साहस नहीं रहा कि वे गांधीजी की इस अभिलाषा को पूर्ण करें। नतीजा यह है कि मातृभाषाओं के जरिए तैयार होनेवाले युवकों को नौकरी मिलना कठिन हो गया है और केरल के जिन युवकों ने हिन्दी में डिगरियाँ हासिल कीं, वे बेकार हैं।

गांधीजी का विश्वास था कि जब तक प्रान्तों में प्रान्तीय भाषाएँ नहीं चलेंगी, केन्द्र में केन्द्रीय भाषा के चलाने में कठिनाई रहेगी। लेकिन, जभी प्रान्त अपनी भाषाओं का प्रयोग करने लगेंगे, सबको झख मारकर केन्द्र के साथ हिन्दी का व्यवहार करना पड़ेगा। जो सरकारी कर्मचारी हिन्दी सीखने में ढिलाई दिखा रहे हैं, उनके प्रति गांधीजी को सहानुभूति नहीं थी।

"उन मुट्ठी भर हिन्दुस्तानियों के लिए राष्ट्र की संस्कृति को नुकसान नहीं पहुँचाना चाहिए, जो इतने आलसी हैं कि जिस भाषा को, किसी वर्ग या पार्टी का दिल दुखाए बिना, सारे हिन्दुस्तान में आसानी से अपनाया जा सकता है, उसे भी नहीं सीख सकते।"

भाषा का प्रश्न केवल भावात्मक प्रश्न नहीं है। उसका सम्बन्ध भारत की स्वाधीनता, भारत की एकता और भारत के व्यक्तित्व के विकास से है। 15 अगस्त,

1947 ई. को जो स्वराज्य हमें मिला, वह केवल राजनैतिक स्वराज्य था। जब तक हम सांस्कृतिक रूप से भी स्वाधीन नहीं हो जाते, तब तक हमारे राजनैतिक स्वराज्य की कोई गारंटी नहीं है। इसीलिए गांधीजी ने स्वराज्य-प्राप्ति के एक मास बाद लिखा था :

> "मेरा कहना यह है कि जिस तरह हमारी आज़ादी को छीननेवाले अंगरेजों की सियासी हुकूमत को हमने सफलतापूर्वक इस देश से निकाल दिया, उसी तरह हमारी संस्कृति को दबानेवाली अंगरेजी भाषा को भी हमें यहाँ से निकाल देना चाहिए। हाँ, व्यापार और राजनीति की अन्तर्राष्ट्रीय भाषा के नाते अंगरेजी का अपना स्वाभाविक स्थान हमेशा कायम रहेगा।"

(हरिजन सेवक, 21-9-1947 ई.)

(राष्ट्रभाषा आन्दोलन और गांधीजी)

हिन्दी-प्रचार की ओर

गांधी-युग से पूर्व तक हिन्दी का प्रचार, साहित्यिक धरातल पर, प्रयाग का हिन्दी साहित्य सम्मेलन करता था, काशी की नागरी प्रचारिणी सभा करती थी। स्वामी दयानन्द हिन्दी को आर्य भाषा कहते थे और उसका प्रचार उन्होंने, राष्ट्रभाषा के रूप में, किया था। जहाँ तक हिन्दी के शिक्षा का माध्यम होने का प्रश्न है, इस दिशा में भी आदि प्रयोग आर्यसमाजियों ने आरम्भ किए थे तथा स्वामी श्रद्धानन्द (पं. मुंशीराम) जी महाराज ने गुरुकुल की स्थापना करके इस कार्य का श्रीगणेश कर दिया था। किन्तु, अहिन्दी-भाषी प्रान्तों में हिन्दी के विधिवत् प्रचार की दिशा में तब तक कोई कदम उठाया नहीं गया था। तब हिन्दी साहित्य सम्मेलन के इन्दौर अधिवेशन (मार्च, सन् 1918 ई.) के सभापति महात्मा गांधी चुने गए।

इन्दौरवाले सम्मेलन का भाषण तैयार करने के पूर्व गांधीजी ने रवीन्द्रनाथ, ऐनी बेसेंट, मालवीय जी, तिलक जी आदि देश के कुछ बड़े नेताओं से इस बारे में पत्र-व्यवहार द्वारा राय-मशविरा किया था कि :

1. क्या हिन्दी (भाषा या उर्दू) अन्तःप्रान्तीय व्यवहार तथा अन्य राष्ट्रीय कार्यवाहियों के लिए उपयुक्त एकमात्र राष्ट्रीय भाषा नहीं है?
2. क्या हिन्दी कांग्रेस के आगामी अधिवेशनों में मुख्यतः उपयोग में लाई जाने वाली भाषा न होनी चाहिए?
3. क्या हमारे विद्यालयों और महाविद्यालयों में ऊँची शिक्षा देशी भाषाओं के माध्यम से देना वांछनीय और सम्भव नहीं है? और क्या हमें प्रारम्भिक शिक्षा के बाद हिन्दी को अपने विद्यालयों में अनिवार्य द्वितीय भाषा नहीं बना देना चाहिए?

"मैं महसूस करता हूँ कि यदि हमें जनसाधारण तक पहुँचना है और यदि राष्ट्रीय सेवकों को सारे भारतवर्ष के जनसाधारण से सम्पर्क करना है, तो उपर्युक्त प्रश्न तुरन्त हल किए जाने चाहिए।"

(सं. गां. वा., खंड-14, पृ. 149-50)

सभी नेताओं ने गांधीजी को अनुकूल उत्तर भेजे। कविवर रवीन्द्रनाथ ठाकुर ने लिखा था "वास्तव में भारत में अन्तःप्रान्तीय व्यवहार के लिए उपयुक्त राष्ट्रीय भाषा हिन्दी ही है। किन्तु, मैं समझता हूँ कि दीर्घ काल तक इसे हम लागू नहीं कर सकेंगे।"

भाषा के सम्बन्ध में गांधीजी के अपने विचार पूर्ण रूप से परिमार्जित और प्रौढ़ हो चुके थे। फिर भी, इन्दौर जाने के पहले उन्होंने अपने समकालीन नेताओं से मत लेकर अपने विश्वास को और भी पुष्ट बना लिया। 29 मार्च, सन् 1918 ई. को इन्दौर में सभापति के मंच से गांधीजी ने जो भाषण दिया, उसके कुछ मुख्य अंश नीचे उद्धृत किए जाते हैं:

''यह भाषा का विषय बड़ा भारी और बड़ा ही महत्त्वपूर्ण है। यदि सब नेता सब काम छोड़कर केवल इसी विषय पर लगे रहें, तो बस है।

''शिक्षित वर्ग, जैसा कि मानवीय पंडित जी (मालवीय जी) ने अपने पत्र में दिखाया है, अंगरेजी के मोह में पड़ गया है और अपनी राष्ट्रीय मातृभाषा से उसे असन्तोष हो गया है।

''हमें ऐसा उद्योग करना चाहिए कि एक वर्ष में राजकीय सभाओं में, कांग्रेस में, प्रान्तीय भाषाओं में और अन्य समाज और सम्मेलनों में अंगरेजी का एक भी शब्द सुनाई नहीं पड़े। हम अंगरेजी का व्यवहार बिलकुल त्याग दें।...आप हिन्दी को भारत की राष्ट्रभाषा बनने का गौरव प्रदान करें।

''हिन्दी भाषा की व्याख्या का थोड़ा-सा ख़्याल करना आवश्यक है। मैं कई बार व्याख्या कर चुका हूँ कि हिन्दी भाषा वह भाषा है, जिसको उत्तर में हिन्दू व मुसलमान बोलते हैं और जो नागरी अथवा फारसी लिपि में लिखी जाती है। यह हिन्दी एकदम संस्कृतमयी नहीं है। न वह एकदम फारसी शब्दों से लदी हुई है। देहाती बोली में मैं जो माधुर्य देखता हूँ, वह न लखनऊ के मुसलमान भाइयों की बोली में, न प्रयाग के पंडितों की बोली में पाया जाता है। भाषा वही श्रेष्ठ है, जिसको जनसमूह सहज में समझ ले।

''हिन्दू-मुसलमानों के बीच जो भेद किया जाता है, वह कृत्रिम है। ऐसी ही कृत्रिमता हिन्दी व उर्दू भाषा के भेद में है। हिन्दुओं की बोली से फारसी शब्दों का सर्वथा त्याग और मुसलमानों की बोली में संस्कृत का सर्वथा त्याग अनावश्यक है। दोनों का स्वाभाविक संगम गंगा-जमुना के संगम-सा शोभित और अचल रहेगा। मुझे उम्मीद है कि हम हिन्दी-उर्दू के झगड़ों में पड़कर अपना बल क्षीण नहीं करेंगे। लिपि की कुछ तकलीफ़ जरूर है। मुसलमान भाई अरबी लिपि में ही लिखेंगे, हिन्दू बहुत करके नागरी में लिखेंगे। राष्ट्र में दोनों को स्थान मिलना चाहिए। अमलदारों को दोनों लिपियों का ज्ञान अवश्य होना चाहिए। इसमें कुछ कठिनाई नहीं है। अन्त में जिस लिपि में ज़्यादा सरलता होगी, उसकी विजय होगी।

> ''आज भी हिन्दी से स्पर्धा करनेवाली कोई दूसरी भाषा नहीं है। हिन्दी-उर्दू का झगड़ा छोड़ने से राष्ट्रभाषा का सवाल सरल हो जाता है। हिन्दुओं को फारसी के शब्द थोड़े-बहुत जानने पड़ेंगे। इस्लामी भाइयों को संस्कृत शब्दों का ज्ञान सम्पादन करना पड़ेगा। ऐसी लेन-देन से इस्लामी भाषा का बल बढ़

जाएगा और हिन्दू-मुसलमानों की एकता का एक बहुत बड़ा साधन हमारे हाथ में आ जाएगा। अंगरेजी भाषा का मोह दूर करने के लिए इतना अधिक परिश्रम करना पड़ेगा कि हमें लाजिम है कि हम हिन्दी-उर्दू का झगड़ा न उठावें।"

(सं. गां. वा., खंड-14, पृ. 279-80)

गांधीजी आरम्भ से ही सोचते आ रहे थे कि जो भाषा उत्तर के हिन्दुओं, मुसलमानों, सिक्खों, पारसियों और क्रिस्तानों की रुचि की भाषा होगी, उसी भाषा को सारे देश को ग्रहण करना चाहिए। इस बार उन्होंने हिन्दी साहित्य सम्मेलन के मंच से उस भाषा की सिफारिश की और सम्मेलन ने उसे पसन्द किया।

जहाँ तक अंगरेजी का सवाल है, गांधीजी ने अपने इन्दौरवाले भाषण में कहा था,

"कहना आवश्यक नहीं कि अंगरेजी भाषा से मैं द्वेष नहीं करता हूँ। अंगरेजी साहित्य-भंडार से मैंने भी बहुत रत्नों का उपयोग किया है। अंगरेजी भाषा के मार्फत हमें विज्ञान आदि का खूब ज्ञान लेना है। अंगरेजी का ज्ञान भारतवासियों के लिए बहुत आवश्यक है। लेकिन इस भाषा को उसका उचित स्थान देना एक बात है, उसकी जड़ पूजा करना दूसरी बात है।"

अंगरेजी का उचित स्थान इस देश में ज्ञान की भाषा का स्थान (लैंग्वेज ऑफ़ कॉम्प्रेहेंसन) ही हो सकता है, शिक्षा और शासन के कार्य तो इसी देश की भाषाओं में किए जाने चाहिए। और यह केवल इसलिए नहीं कि उससे हमारे स्वाभिमान की रक्षा होती है, बल्कि इसलिए कि शासन और न्याय के काम जब जनता की भाषा में चलते हैं, तब उनसे जनता की शिक्षा होती है।

"हमारी कानूनी सभाओं में भी राष्ट्रीय भाषा द्वारा कार्य चलना चाहिए। जब तक ऐसा नहीं होता, तब तक प्रजा को राजनैतिक कार्यों में ठीक तालीम नहीं मिलती है। हमारे हिन्दी अखबार इस कार्य को थोड़ा-सा करते हैं, लेकिन प्रजा को तालीम अनुवाद से नहीं मिल सकती है। हमारी अदालतों में जरूर राष्ट्रीय भाषा और प्रान्तीय भाषा का प्रचार होना चाहिए। न्यायाधीशों की मार्फत जो तालीम हमको सहज ही मिल सकती है, उस तालीम से आज प्रजा वंचित रह जाती है।"

"जब तक हम हिन्दी भाषा को राष्ट्रीय और अपनी-अपनी प्रान्तीय भाषाओं को उनका योग्य स्थान नहीं देते, तब तक स्वराज्य की सब बातें निरर्थक हैं।"

सन् 1918 ई. वाले इन्दौर सम्मेलन में दो बातें बड़े महत्त्व की रहीं। एक तो यह कि गांधीजी ने सम्मेलन के मंच से अपनी हिन्दी-विषयक कल्पना की व्याख्या प्रस्तुत की और सभा ने उसे पसन्द किया। और दूसरा वह प्रस्ताव[1] जिसके द्वारा दक्षिण भारत

---

1. इस प्रस्ताव का आशय यह था कि प्रति वर्ष छह दक्षिण भारतीय युवक हिन्दी सीखने को प्रयाग भेजे जाएँ और हिन्दी भाषा-भाषी छह युवकों को दक्षिणी भाषाएँ सीखने तथा साथ-साथ वहाँ हिन्दी का प्रचार करने के लिए दक्षिण भारत में भेजा जाय।

में हिन्दी-प्रचार की आवश्यकता पर ज़ोर दिया गया था। उस समय दक्षिण के चारों राज्य एक ही मद्रास प्रान्त के अंग थे और गांधीजी राष्ट्रभाषा की दृष्टि से मद्रास की कठिनाई को सबसे ऊपर मानते थे। "सबसे कठिन मामला द्राविड़ भाषाओं के लिए है। वहाँ तो कुछ प्रयत्न ही नहीं हुआ है। हिन्दी भाषा सीखने वाले शिक्षकों को तैयार करना चाहिए।"

दक्षिण भारत में हिन्दी के प्रचार के लिए इन्दौर सम्मेलन ने छह सदस्यों की एक समिति बनाई, जिसमें गांधीजी और टंडनजी भी थे। इसी सम्मेलन में दक्षिण भारत में हिन्दी प्रचार के लिए महाराज होलकर और सेठ सर हुकुमचन्द ने दस-दस हज़ार रुपयों के दान दिए। प्रचार के लिए सम्मेलन ने जो प्रस्ताव स्वीकृत किया, उसमें यह बात थी कि हिन्दी सीखने के लिए दक्षिण के छह नवयुवक उत्तर भारत बुलाए जाएँ।

इन्दौर सम्मेलन 29 मार्च को हुआ था। 31 मार्च को गांधीजी ने समाचार-पत्रों को एक छोटा-सा लेख भेजा, जिसमें उन्होंने हिन्दी प्रचार समिति की रचना का जिक्र किया और कहा कि "हम ऐसे छह तमिल और तेलुगू भाषी होनहार और सच्चरित्र तरुणों के नाम चाहते हैं, जो तमिल और तेलुगू-भाषी जनता में हिन्दी का प्रचार करना ही जीवन का ध्येय बनाने की दृष्टि से हिन्दी सीखना शुरू करें। प्रस्ताव के अनुसार इन्हें इलाहाबाद या बनारस में रखकर हिन्दी सिखाई जाएगी।...वैसे तो देश में एक बड़ा प्रबल आन्दोलन खड़ा होना चाहिए, जो हिन्दी को द्वितीय भाषा के रूप में पब्लिक स्कूलों में लागू कराने पर शिक्षा-अधिकारियों को विवश कर दे। परन्तु सम्मेलन ने महसूस किया कि मद्रास प्रान्त में हिन्दी का प्रचार तुरन्त ही आरम्भ किया जाना चाहिए। इसीलिए उर्युक्त प्रस्ताव रखा गया है।...समिति हिन्दी सिखाने के लिए इच्छुक लोगों को निःशुल्क हिन्दी पढ़ाने के लिए तमिल और आन्ध्र जिलों में हिन्दी अध्यापक भेजने की बात सोच रही है।"

(सं. गां. वा., खंड-14, पृ. 284)

गांधीजी गर्म लोहे को ठंडा होने देनेवाले आदमी नहीं थे। सम्मेलन के बाद उन्होंने दक्षिण के कुछ प्रमुख नेताओं से लिखा-पढ़ी की और अखवारों में लेख भी लिखे। "गांधीजी के उक्त विचारों को पढ़कर दक्षिण के कुछ उत्साही, देश-प्रेमी युवकों का ध्यान हिन्दी की ओर आकृष्ट हुआ। उन्होंने हिन्दी पढ़ने की इच्छा प्रकट करते हुए गांधीजी से प्रार्थना की कि हिन्दी पढ़ाने के लिए एक सुयोग्य अध्यापक को दक्षिण में भेजा जाय।" इस प्रार्थना पर गांधीजी चुप नहीं रह सकते थे, न वे इस बात का इन्तजार कर सकते थे कि दक्षिण जाने को तैयार युवक कब और कहाँ मिलेंगे। निदान, हिन्दी की सेवा के लिए उन्होंने अपने सबसे छोटे और मेधावी पुत्र स्वर्गीय देवदास गांधी को मद्रास भेज दिया। देवदास की उम्र उस समय केवल अठारह वर्ष की थी। यह मई, सन् 1918 ई. की बात है।

मद्रास में हिन्दी का पहला वर्ग मई, सन् 1918 ई. में ही खुला और उसका

उद्घाटन-समारोह होमरूल लीग के दफ़्तर ब्राडवे में मनाया गया। इस समारोह की अध्यक्षता डॉ. सी. पी. रामस्वामी ऐय्यर ने की थी और उसका उद्घाटन श्रीमती ऐनी बेसेंट ने किया था। अध्यक्ष और उद्घाटिका, दोनों ने दक्षिण में हिन्दी-प्रचार-योजना की भूरि-भूरि प्रशंसा की और लोगों का आह्वान किया कि वे इस योजना को हर तरह से सफल बनाएँ।

हिन्दी भारत की राष्ट्रभाषा हो, यह बात बोली तो बहुत दिनों से जा रही थी, किन्तु अब तक किसी भी नेता ने इस विचार को सक्रिय बनाने का प्रयास नहीं किया था। यह गांधीजी के व्यक्तित्व की महिमा थी कि वे जिस कार्य का शुभारम्भ करते थे, देश उसे अपना पुनीत कार्य मानकर अपना लेता था। गांधीजी के उत्साह का प्रभाव ऐनी बेसेंट पर इस ज़ोर से पड़ा कि अपने दैनिक पत्र 'न्यू इंडिया' में वे अंगरेजी अनुवाद के साथ हिन्दी लेख भी प्रकाशित करने लगीं। ''वे हिन्दी का राष्ट्रभाषा होना अत्यन्त आवश्यक और अँगरेजी का इस देश की राष्ट्रभाषा बन जाना देश के लिए खतरनाक समझती थीं। उनका कहना था कि जिस दिन अंगरेजी हिन्दुस्तान की राष्ट्रभाषा हो जाएगी, उस दिन समझ लेना चाहिए कि हमारी बरबादी शुरू हो गई। उनकी राय में एक देश के मुट्ठी भर लोगों का दूसरे देश के करोड़ों लोगों पर हुकूमत करना देश की भारी मुसीबत है। तिस पर भी उस देश की भाषा को मिटाकर विदेशी भाषा को वहाँ की जनता पर जबरदस्ती थोप देना अत्यन्त विनाशकारी कार्य है।''[1]

इन्दौर सम्मेलन के प्रस्ताव के अनुसार दक्षिण के छह युवकों को हिन्दी सीखने को प्रयाग जाना था। ठीक छह तो नहीं, किन्तु पाँच युवक और युवतियाँ गांधीजी से प्रेरित होकर हिन्दी सीखने को प्रयाग गए। ये पाँच व्यक्ति थे पंडित हरिहर शर्मा और उनकी सहधर्मिणी, श्री वन्देमातरम् सुब्रह्मण्यम् और उनकी सहधर्मिणी तथा पंडित शिवराम शर्मा। और जो शिक्षक इन्हें हिन्दी पढ़ाते थे, उनके नाम थे श्री हरिप्रसाद द्विवेदी (वियोगी हरि) और पंडित गणेशदीन त्रिपाठी।

गांधीजी का पुण्य-प्रताप इतना बड़ा था कि जब देवरास जी ने मद्रास में हिन्दी वर्ग आरम्भ किया, उसमें हिन्दी पढ़ने को मद्रास के कुछ बहुत अच्छे लोग आ गए, जिनमें से सर्वश्री सदाशिव ऐय्यर (हाईकोर्ट के न्यायाधीश), श्री वेंकटराम शास्त्री (सुप्रसिद्ध वकील), श्री के. भाष्यम् अय्यंगार, श्री एन. सुन्दर ऐय्यर, श्रीमती अंबु जम्माल, श्रीमती दुर्गाबाई, श्रीमती इन्दिरा रामदुरै, श्रीमती रुक्मिणी लक्ष्मीपति आदि के नाम विशेष रूप से उल्लेखनीय हैं। मद्रास में जो हिन्दी-कार्य आरम्भ हुआ, उसका समर्थन केवल ऐनी बेसेंट की 'न्यू इंडिया' ही नहीं, मद्रास का सुप्रसिद्ध दैनिक 'हिन्दू' और तमिल का विख्यात दैनिक 'आनन्द विकटन' भी करता था।

इन्दौर सम्मेलन के प्रस्तावानुसार तथा गांधीजी की प्रेरणा से उत्तर भारत के जो युवक धीरे-धीरे दक्षिण को गए, उनमें से पं. अवधनन्दन, पं. रामानन्द शर्मा,

1. दक्षिण में हिन्दी प्रचार आन्दोलन का समीक्षात्मक इतिहास। लेखक—श्री पी.के. केशवन नायर।

श्री क्षेमानन्द राहत, पं. प्रताप नारायण बाजपेयी, पं. हृषीकेष शर्मा, पं. रघुवरदयाल मिश्र, श्री जमुनाप्रसाद, पं. देवदूत विद्यार्थी, पं. रामगोपाल शर्मा के नाम विशेषण रूप से उल्लेखनीय हैं। सन् 1928 ई. में परिब्राजक स्वामी सत्यदेव भी हिन्दी-प्रचारक बनकर मद्रास पहुँच गए।

मद्रास में हिन्दी-प्रचार का कार्य ज्यों-ज्यों बढ़ता गया, त्यों-त्यों धन की आवश्यकता भी बढ़ती गई। इन्दौर में सेठ हुकुमचन्द और महाराज होलकर से बीस हजार की रकम गांधीजी को मिली थी और गांधीजी ने उसे सम्मेलन को दे दिया था, क्योंकि मद्रास का कार्य सम्मेलन का ही कार्य समझा जाता था। सन् 1920 ई. में अग्रवाल महासभा ने 50 हजार और श्री घनश्यामदास बिड़ला ने 10 हज़ार रुपए इस कार्य के लिए गांधीजी को दिए। आरम्भ में इसी धनराशि से दक्षिण में हिन्दी-प्रचार का कार्य चलता रहा।

सन् 1920 ई. तो भारतीय क्षितिज पर महात्मा गांधी रूपी सूर्य के उदय का वर्ष बन गया। उस समय से गांधीजी ने हिन्दी-प्रचार के कार्य को देश के तीन सबसे महत्त्वपूर्ण कार्यों में स्थान दे दिया। जब वे होमरूल लीग से सम्बद्ध हुए, अपने वक्तव्य में उन्होंने घोषणा की कि :

"मेरी राय में स्वराज्य शीघ्र प्राप्त करने का साधन स्वदेशी, हिन्दू-मुस्लिम-ऐक्य हिन्दुस्तानी को राष्ट्रभाषा मानना और प्रान्तों का भाषाओं के अनुसार नए सिरे से निर्माण करना है। इसलिए लीग को मैं इन कामों में लगाना चाहता हूँ।"

(कांग्रेस का इतिहास, पृ. 151)

सन् 1921 ई. में असहयोग आन्दोलन के चलते सारा देश राष्ट्रीयता के आवेश से हिलने लगा और प्रायः प्रत्येक प्रान्त में राष्ट्रीय विद्यापीठ, राष्ट्रीय कॉलेज और राष्ट्रीय स्कूल खुल गए, जिनमें प्रधानता अंगरेजी की नहीं, वरन् हिन्दी तथा प्रादेशिक भाषाओं की थी। शिक्षा के क्षेत्र में यह नया आन्दोलन था तथा उससे हिन्दी का पक्ष, आपसे आप, प्रबल हो गया।

तमिलनाडु का सर्वप्रथम हिन्दी-प्रचारक विद्यालय सन् 1822 ई. में ईरोड में खुला। उसका उद्घाटन पं. मोतीलाल नेहरू ने किया था और वह विद्यालय सुप्रसिद्ध द्रविड़ नेता श्री रामस्वामी नायिक्कर के मकान पर खोला गया था।

दक्षिण में हिन्दी का जो प्रचार-कार्य चल रहा था, उसका निरीक्षण करने को बाबू पुरुषोत्तम दास टंडन सन् 1925 ई. में दक्षिण भारत गए। उसी अवसर पर उनकी भेंट कामकोटि (कांजीवरम्) के शंकराचार्य जी से हुई। स्वामीजी ने हिन्दी-प्रचार के कार्य की सराहना की और आशीर्वाद-स्वरूप हिन्दी, कार्य करने के लिए एक सौ रुपए का दान दिया।

गांधीजी अपनी भाषा-नीति का प्रचार बहुत पहले से ही करते आ रहे थे, किन्तु इन्दौर सम्मेलन के बाद उन्होंने हिन्दी के कार्य को राष्ट्रीय व्रत बना दिया और हर

मौके पर लोगों को वे यह समझाने लगे कि हिन्दी को राष्ट्रभाषा बनाए बिना हमारी राष्ट्र-शक्ति कुंठित रहेगी।

हिन्दी शिक्षक की माँग करनेवाले तमिल भाइयों को उन्होंने 19-4-1918 को लिखा "हम हिन्दी भाषा को हिन्दुस्तान के एक सिरे से दूसरे तक परस्पर व्यवहार की आम भाषा बना दें, तो फिर राष्ट्र-सेवा करने की हमारी शक्ति कोई भी सीमा स्वीकार नहीं करेगी।"[1]

26 मार्च, सन् 1919 ई. को मदुराई में सत्याग्रह आन्दोलन पर भाषण करते हुए उन्होंने कहा, "आप में से जिन लोगों को पर्याप्त शिक्षा प्राप्त हुई है, वे यदि यह समझ लेते कि हिन्दी और केवल हिन्दी ही भारत की राष्ट्रभाषा बन सकती है, तो आप इस समय तक इसे किसी-न-किसी तरह सीख लेते। लेकिन हम अपनी गलतियों को अब भी सुधार सकते हैं।"[2]

28 मार्च, सन् 1919 ई. को तूतीकोरिन में बोलते हुए उन्होंने कहा, "जब आप भारत की राष्ट्रभाषा अर्थात् हिन्दी सीख लेंगे, तो आपके सामने हिन्दी में भाषण करने में मुझे बहुत खुशी होगी। यह आपके ऊपर है कि यदि चाहें तो मद्रास और अन्य स्थानों पर हिन्दी सीखने की जो सुविधा उपलब्ध है, उसका लाभ उठाएँ। जब तक आप हिन्दी नहीं सीखते, तब तक आप शेष भारत से अपने को बिलकुल अलग रखेंगे।"[3]

कांग्रेस जब गांधीजी के प्रभाव में आने लगी, वे यह कोशिश करने लगे कि कांग्रेस के मंच से अधिक-से-अधिक भाषण हिन्दी में हों।

सन् 1919 ई. में दिसम्बर में होनेवाली कांग्रेस में कुछ या ज़्यादा भाषण हिन्दी में हुए थे। गांधीजी को यह मलाल था कि इस कांग्रेस के अध्यक्ष का भाषण हिन्दी में क्यों नहीं हुआ। किन्तु श्रीमती ऐनी बेसेंट ने अपने पत्र में यह लिख डाला कि इस बार की कांग्रेस राष्ट्रीय धरातल से उतरकर प्रान्तीय धरातल पर चली गई थी, क्योंकि उसमें दिए गए भाषण अंगरेजी में नहीं थे। श्रीमती बेसेंट की इस टिप्पणी का जवाब देते हुए, गांधीजी ने 21 जनवरी, सन् 1920 ई. की 'यंग इंडिया' में लिखा :

> "मुझे उनके (श्रीमती बेसेंट के) इस विचार से कि हिन्दुस्तानी के व्यवहार से कांग्रेस प्रान्तीय हो जाती है, सार्वजनिक रूप से मतभेद प्रकट करने में दुख होता है।...कांग्रेस की लगभग समस्त कार्यवाही पिछले दो सालों के सिवा अब तक अंगरेजी में किए जाने के कारण राष्ट्र को सचमुच काफ़ी हानि पहुँची है। मैं यह तथ्य भी बताना चाहता हूँ कि मद्रास प्रेसीडेन्सी के अतिरिक्त अन्य सभी प्रान्तों के राष्ट्रीय कांग्रेस के प्रतिनिधियों और दर्शकों में से अधिकांश अंगरेजी

1. सं. गां. वा., खंड-14, पृ. 340।
2. सं. गां. वा., खंड-15, पृ. 161।
3. सं. गां. वा., खंड-15, पृ. 164।

की अपेक्षा हिन्दुस्तानी ही अधिक समझ सके हैं। इसलिए इसका एक बड़ा ही विचित्र-सा परिणाम यह हुआ है कि इन समस्त वर्षों में कांग्रेस-जैसी महती संस्था केवल देखने में राष्ट्रीय रही है, किन्तु वह अपने वास्तविक शैक्षणिक महत्त्व के कारण कभी राष्ट्रीय नहीं रही।...इसलिए प्रश्न यह है कि इस प्रेसीडेन्सी (मद्रास) के 3 करोड़ 80 लाख लोगों का कर्तव्य क्या है। क्या भारत उनके कारण अंगरेजी सीखे? या वे सत्ताईस करोड़ सत्तर लाख भारतीयों के लिए हिन्दुस्तानी सीखेंगे? स्वर्गीय न्यायमूर्ति कृष्णस्वामी, जिनकी सहज दृष्टि अचूक थी, यह मानते थे कि भारत के विभिन्न भागों के बीच विचारों के आदान-प्रदान का एकमात्र सम्भावित माध्यम हिन्दुस्तानी ही हो सकती है।"

(सं. गां. वा., खंड-16, पृ. 511-12)

गांधीजी को जब होमरूल लीगवालों ने अपना नेतृत्व करने को कहा, तब भी गांधीजी ने यह शर्त रखी थी कि मैं किसी संस्था में शरीक तभी हो सकता हूँ, जब उसके सदस्य मेरे साथ सहमत हों। इस सम्बन्ध में श्री वी. एस. श्रीनिवास शास्त्री को 18 मार्च, सन् 1920 ई. को उन्होंने जो पत्र लिखा था, उसमें एक प्रमुख शर्त यह रखी थी कि :

"हिन्दी और उर्दू के मिश्रण से निकली हुई हिन्दुस्तानी को पारस्परिक सम्पर्क के लिए राष्ट्रभाषा के रूप में निकट भविष्य में स्वीकार कर लिया जाय। अतएव, भावी सदस्य इम्पीरियल कौंसिल में इस तरह काम करने को वचनबद्ध होंगे, जिससे वहाँ हिन्दुस्तानी का प्रयोग प्रारम्भ हो सके और प्रान्तीय कौंसिलों में भी वे इस तरह काम करने को प्रतिज्ञाबद्ध होंगे जिससे वहाँ, जब तक हम राष्ट्रीय कामकाज के लिए अंगरेजी को पूरी तरह छोड़ देने की स्थिति में नहीं आ जाते, तब तक के लिए कम-से-कम वैकल्पिक माध्यम के रूप में प्रान्तीय भाषाओं का उपयोग प्रारम्भ हो सके। वे हमारे स्कूलों में हिन्दुस्तानी को देवनागरी लिपि या वैल्कपिक रूप में, उर्दू लिपि के साथ, अनिवार्य द्वितीय भाषा की तरह दाखिल कराने के लिए भी वचनबद्ध होंगे। अंगरेजी को साम्राज्यीय सम्पर्क, राजनयिक सम्बन्ध तथा अन्तर्राष्ट्रीय व्यापार की भाषा के रूप में मान्यता दी जाएगी।"

(सं. गां. वा., खंड-17, पृ. 100-8)

मद्रास में हिन्दी-प्रचार को बढ़ावा देने के लिए गांधीजी भाषणों और लेखों का प्रयोग करते ही रहते थे। 16 जून, सन् 1920 ई. की यंग इंडिया में उन्होंने लिखा था :

"मुझे पक्का विश्वास है कि किसी दिन हमारे द्रविड़ भाई-बहन, गम्भीर भाव से, हिन्दी का अध्ययन करने लगेंगे। आज अंगरेजी भाषा पर अधिकार प्राप्त करने के लिए वे जितनी मेहनत करते हैं, उसका आठवाँ हिस्सा भी हिन्दी सीखने में करें, तो बाक़ी हिन्दुस्तान, जो आज उनके लिए बन्द किताब की तरह

है, उससे वे परिचित होंगे और हमारे साथ उनका ऐसा तारतम्य स्थापित हो जाएगा, जैसा पहले कभी नहीं था।...कोई भी साधारण आदमी एक साल में हिन्दी सीख सकता है। मैं अपने अनुभव से यह कह सकता हूँ कि द्रविड़ बालक बहुत आसानी से हिन्दी सीख लेते हैं। यह बात शायद ही कोई जानता हो कि दक्षिण अफ्रीका में रहनेवाले सभी तमिल-तेलुगू भाषी लोग हिन्दी में खूब अच्छी तरह बातचीत कर सकते हैं।''

(सं. गां. वा., खंड-17, पृ. 534)

सन् 1920 ई. से राष्ट्रीय आन्दोलन ज्यों-ज्यों ज़ोर पकड़ता गया, हिन्दी का आन्दोलन भी उसी अनुपात में बढ़ता गया। सन् 1925 ई. में कानपुर कांग्रेस ने यह प्रस्ताव पास किया कि :

''यह कांग्रेस तय करती है कि कांग्रेस का, कांग्रेस की महासमिति का और कार्यकारिणी समिति का कामकाज, आमतौर पर, हिन्दुस्तानी में चलाया जाएगा। जो वक्ता हिन्दुस्तानी में नहीं बोल सकते, उनके लिए या जब-जब जरूरत हो तब, अंगरेजी का या किसी प्रान्तीय भाषा का इस्तेमाल किया जा सकेगा।''

(राष्ट्रभाषा हिन्दुस्तानी से)

गांधीजी ने अपने सतत चलनेवाले प्रचार से देश में वह हवा पैदा कर दी कि राष्ट्रीय सभा-सम्मेलनों में वक्ता जब अंगरेजी में भाषण शुरू करते, तब अहिन्दी-भाषी श्रोता भी 'हिन्दी-हिन्दी' का नारा लगाने लगते थे। इसी नई हवा का असर देश के बड़े लोगों पर भी पड़ने लगा। 6 अप्रैल, सन् 1920 ई. को भावनगर (सौराष्ट्र) में गुजराती साहित्य-परिषद् का छठाँ अधिवेशन हुआ, जिसके सभापति श्री रवीन्द्रनाथ ठाकुर थे। इस सम्मेलन में अपना अध्यक्षीय भाषण गुरुदेव ने हिन्दी में दिया था। भाषण के मुखबन्ध में उन्होंने कहा था कि :

''आपकी सेवा में खड़ा होकर विदेशीय भाषा कहूँ, यह हम चाहते नहीं। पर जिस प्रान्त में मेरा घर है, वहाँ सभा में कहने लायक हिन्दी का व्यवहार है नहीं। महात्मा गांधी महाराज की भी आज्ञा है हिन्दी में कहने के लिए। यदि हम समर्थ होता, तब इससे बड़ा आनन्द कुछ होता नहीं। असमर्थ होने पर भी आपकी सेवा में दो-चार बात हिन्दी में बोलूँगा।''[1]

सन् 1925 ई. में अखिल भारतीय हिन्दी साहित्य सम्मेलन का अधिवेशन भरतपुर में हुआ था। गुरुदेव श्री रवीन्द्रनाथ ठाकुर ने उस सम्मेलन में भी पधारने की कृपा की थी और हिन्दी में बोलकर हिन्दी का पक्ष-समर्थन किया था।

---

1. यह सम्पूर्ण भाषण उस समय प्रकाशित होनेवाली 'शान्तिनिकेतन पत्रिका' में बंगाक्षरों में छपा था। उसी पत्रिका से नकल करवाकर वह सम्पूर्ण भाषण इस पुस्तक के परिशिष्ट में दिया जा रहा है। इस अत्यन्त दुर्लभ लेख के लिए लेखक शान्तिनिकेतन के रवीन्द्र-सदन और पं. मोहनलाल बाजपेयी के प्रति आभार प्रकट करता है।

गांधीजी के प्रचार से तमिलनाडु में हिन्दी के प्रति ऐसा उत्साह प्रवाहित हुआ कि प्रान्त के सभी बड़े लोग हिन्दी का समर्थन करने लगे। दक्षिण भारत हिन्दी सभा के आजीवन अध्यक्ष स्वयं गांधीजी थे। राजाजी उसके उपाध्यक्ष थे। श्री रामस्वामी नायिक्कर हिन्दी-प्रचार के अत्यन्त उत्साही समर्थक थे। तमिल के विख्यात कवि श्री सुब्रह्मण्यम भारती भारत की राष्ट्रीय चेतना के जाज्वल्यमान प्रतीक थे और हिन्दी प्रचार के प्रति उनकी पूरी सहानुभूति थी। तमिल के दूसरे प्रकांड कवि श्री मुरुगनार, जो अब साधक के रूप में, रमणाश्रम (तिरुवन्नमलइ) में रहते हैं, राष्ट्रभाषा हिन्दी के घोर समर्थक थे। उन्होंने हिन्दी का समर्थन करने को तमिल में एक छोटी-सी कविता भी लिखी थी, जिसका कच्चा-पक्का अनुवाद नीचे दिया जाता है।

जिस दिन भारत के सभी लोग,
अपनी पसन्द से चुनी हुई सबकी बोली
हिन्दी को अपनी जानेंगे,
जानेंगे केवल नहीं, वरन् आसानी से
हिन्दी में करके काम-काज सुख मानेंगे,
बस उसी रोज दासत्व न रहने पाएगा,
बस उसी रोज़ सच्चा स्वराज्य आ जाएगा।[1]

इस प्रसंग में यह बात भी ध्यान में लाने के योग्य है कि तमिल के महाकवि श्री सुब्रह्मण्यम भारती राष्ट्रीय एकता और राष्ट्रभाषा के पूरे समर्थक थे। अपनी छात्रावस्था में वे सन् 1898 ई. से लेकर सन् 1902 ई. तक काशी में रहे थे और इलाहाबाद विश्वविद्यालय की प्रवेश परीक्षा में संस्कृत और हिन्दी का विशेष अध्ययन करके प्रथम श्रेणी में उत्तीर्ण हुए थे।

सन् 1931 ई. तक दक्षिण भारत में हिन्दी का प्रचार जिस सीमा तक पहुँच चुका था, उसकी समीक्षा करते हुए 21 जून, 1931 ई. के नवजीवन में गांधीजी ने निम्नलिखित आँकड़े प्रकाशित किए थे :

"हिन्दी सीखना शुरू करनेवाले	4, 00,000
हिन्दी का कामचलाऊ ज्ञान प्राप्त करनेवाले	2, 50,000

---

1. प्रोफ़ेसर स्वामीनाथन ने मुरुगनार जी की उस तमिल कविता का अंगरेजी अनुवाद इस प्रकार किया है :

HINDI

The day on which all Indians use
And use with ease and joy
Hindi, our proudly chosen common tongue,
That very day we shall have gained
Our true Swaraj.

हिन्दी की परीक्षाओं में सम्मिलित होनेवाले	11,000
परीक्षाओं में पास होनेवाले	10,000
वे केन्द्र जहाँ आज तक हिन्दी सिखाई गई है	400,
आजकल चालू केन्द्र	150
शिक्षा-प्राप्त शिक्षक	250

(राष्ट्रभाषा हिन्दुतानी से)

श्री राजगोपालाचारी, जो अब हिन्दी के कट्टर शत्रु बन गए हैं, उन दिनों हिन्दी के भारी समर्थक थे। जनवरी, सन् 1930 ई. के 'हिन्दी प्रचारक' नामक मासिक पत्र में उन्होंने 'छात्रों से अपील' नामक एक लेख अंगरेजी में लिखा था, जिसमें उन्होंने कहा था कि :

> "अगर हिन्दुस्तानी भाषा सीखने की आवश्यकता के बारे में अब भी आप को सन्देह हो, तो जो लोग पिछली कांग्रेस में गए थे, उनमें से किसी से भी बात करके देख लीजिए। जो प्रतिनिधि लाहौर गए थे और जिन्होंने कांग्रेस को देखा है, वे इस बात की गवाही भरेंगे कि हिन्दुस्तानी के ज्ञान के बिना राष्ट्रीय सम्मेलनों में उपयोगी भूमिका अदा करना किसी के लिए भी सम्भव नहीं है। इस कांग्रेस में सबसे अधिक असुविधा तमिलनाडु के प्रतिनिधियों को हुई, क्योंकि राष्ट्रभाषा की जानकारी उन्हें नहीं है। जो दोस्त लाहौर से लौटे हैं, उन्होंने आती और जाती बार भारतवर्ष का काफ़ी परिचय प्राप्त किया है। वे आपको बताएँगे कि भारत के किसी भी भाग में यात्रा, वाणिज्य या व्यापार करने के लिए हिन्दुस्तानी का ज्ञान कितना जरूरी है। प्रत्येक छात्र का यह कर्तव्य है कि वह अपने अवकाश के समय का उपयोग राष्ट्रभाषा सीखने के लिए करे। राष्ट्रभाषा की शिक्षा स्कूली पाठ्यक्रम का अनिवार्य अंग होनी चाहिए। मगर इसके लिए तब तक इन्तजार करना बेकार है, जब तक शिक्षा के अधिकारियों को अपने कर्तव्य का ज्ञान नहीं होता। शिक्षा के अधिकारी जब तक यह नहीं समझते कि भारत के सभी प्रान्तों में, लड़कों और लड़कियों के स्कूली पाठ्यक्रमों में भारत की समान भाषा का स्थान नहीं होना भारी गलती है, तब तक अपनी मदद हमें आप करनी चाहिए। यह भाषा बड़ी आसानी से सीखी जाती है। आप संस्कृत की लिपि सीखकर हिन्दुस्तानी तुरन्त आरम्भ कर सकते हैं।"[1]

हिन्दी-प्रचार का कार्य राष्ट्र के रचनात्मक कार्यक्रम का अत्यन्त प्रमुख अंग था। हिन्दी-प्रचारक होना अपने आप में गौरव की बात थी, क्योंकि जो हिन्दी-प्रचारक होता था, वह गांधीजी का सीधा अनुचर समझा जाता था। समाज में हिन्दी-प्रचारकों की बड़ी इज्जत थी और वे जो कुछ कहते थे, समाज पर उसका असर पड़ता था। किन्तु किसी-किसी इलाके के प्रचारक अति उत्साह में आ ग़ए, जिससे कुछ लोगों को यह

1. दक्षिण के हिन्दी प्रचार आन्दोलन का समीक्षात्मक इतिहास से।

शंका हुई कि जो व्यक्ति हिन्दी-प्रचारक हो जाता है, वह अपनी मातृभाषा की उन्नति की चिन्ता नहीं करता। इस स्थिति से कहीं-कहीं हिन्दी-प्रचार के काम में रुकावट आने लगी। यह ध्यान देने की बात है कि सन् 1930 ई. के लगभग हिन्दी-प्रचार की आलोचना तमिलनाडु में नहीं, बल्कि आन्ध्र और कन्नड़ प्रान्तों में थी। हिन्दी-प्रचार के ख़िलाफ़ आवाज पहले-पहल मैसूर में कर्णाटक साहित्य परिषद् की ओर से उठाई गई। फिर तेलुगू के विख्यात साहित्यकार श्री श्रीपाद सुब्रह्मण्यम् शास्त्री ने 'आन्ध्र पत्रिका' निकाली और हिन्दी का वे ज़ोर से विरोध करने लगे। इन सारे विरोधों के मूल में यह शंका था कि हिन्दी के प्रचार से प्रान्तीय भाषाओं का दमन हो जाएगा।

इसी समय दक्षिण भारत हिन्दी प्रचार सभा का संचालन-सूत्र श्री मोटूरी सत्यनारायण जी के हाथ में आया, उन्होंने रोग का निदान आसानी से कर लिया और हिन्दी प्रचारकों को वे तेलुगू और कन्नड़ साहित्य की ओर भी प्रेरित करने लगे। कई प्रचारकों ने तेलुगू में पुस्तकें लिखीं, कितने ही प्रचारक तेलुगू साहित्यिक संस्थाओं से सम्बद्ध हो गए। खुद सत्यनारायण जी ने तेलुगू विश्व-कोष की योजना तैयार की और तेलुगू का एक बड़ा अभाव वे दूर करने लगे। हिन्दी संस्था की ओर से श्री आंजनेय शर्मा ने प्रामाणिक तेलुगू पत्रिका 'रसवन्ती' का प्रकाशन आरम्भ किया। हिन्दी संस्थाओं में कन्नड़ और तेलुगू की शाखाएँ बनाई गईं, जो प्रान्तीय भाषाओं की सेवा करती थीं। लेकिन सबसे बड़ा काम सत्यनारायण जी ने यह किया कि हिन्दी पाठ्यक्रमों में प्रान्तीय भाषाओं को भी स्थान दे दिया। तभी से दक्षिण भारत हिन्दी प्रचार सभा की परीक्षाओं में हिन्दी के साथ-साथ मातृभाषा के प्रश्नपत्र अनिवार्य रहे हैं। सत्यनारायण जी ने तेलुगू भाषा के जरिए हिन्दी साहित्य पर भाषण भी दिलवाए। उनकी बुद्धिमत्ता का यह परिणाम निकला कि कन्नड़ और आन्ध्र प्रान्तों में हिन्दी का विरोध लगभग समाप्त हो गया और लोग यह मानने लगे कि हिन्दी प्रचारिणी संस्थाएँ मातृभाषाओं की उपेक्षा नहीं करती हैं।

तमिलनाडु में हिन्दी का विरोध तब शुरू हुआ, जब सन् 1937 ई. में राजाजी के प्रधानमन्त्रित्व में कांग्रेस का मन्त्रिमंडल बना और सरकार ने सभी स्कूलों में हिन्दी की पढ़ाई को अनिवार्य कर दिया। इस आन्दोलन का नाम हिन्दी-विरोधी अथवा 'एंटी हिन्दी' आन्दोलन था। सत्याग्रह करना, जेल जाना, बड़ी-बड़ी सभाएँ करके हिन्दी का विरोध करना, ये ही कुछ कार्यक्रम थे, जिन्हें आन्दोलनकारी बड़े ही जोश के साथ चला रहे थे। इस आन्दोलन में कोई बारह सौ आदमी जेल गए थे। उसका असर इतना खराब हुआ कि आज तक तमिलनाडु में हिन्दी-विरोध की चिनगारियाँ छिटकती ही रहती हैं।

आन्दोलनकारियों की शिकायत यह थी कि हिन्दी के प्रचार से तमिल भाषा का अस्तित्व खतरे में है। लेकिन श्री केशवन नायर ने लिखा है कि "इस हिन्दी-विरोधी मनोवृत्ति की जड़ में मातृभाषाओं की प्रेरणा काम कर रही थी या नहीं, इसका हमें पता

नहीं है। लेकिन निस्सन्देह कहा जा सकता है कि यह धारणा अत्यन्त भ्रमपूर्ण थी। क्योंकि कांग्रेस ने अधिकार-ग्रहण करने के बाद सबसे पहले यह घोषणा की थी कि सभी पाठशालाओं में शिक्षा का माध्यम मातृभाषा होगी। मद्रास प्रान्त के सब स्कूलों में, अंगरेजी को छोड़कर, बाक़ी सब विषय मातृभाषा के माध्यम से पढ़ाए जा रहे थे। डेढ़ सौ वर्षों की अंगरेजी गुलामी के चंगुल से प्रान्तीय भाषाओं को निकालकर उनके विकास की आयोजना बनाने का श्रेय कांग्रेसी सरकार के सिवा और किसे दिया जा सकता है? ऐसी कांग्रेस सरकार को तमिल भाषा का विरोधी कहकर हिन्दी के विरुद्ध आवाज उठाना किस विभ्रान्ति की प्रेरणा का फल है?"[1]

श्रीयुत नायर जी का अनुमान यह है कि हिन्दी-प्रचार से तमिल के दलन की भ्रान्ति केवल भ्रान्ति थी। हिन्दी-विरोध असल में कांग्रेसी शासन का विरोध था। सन् 1918 ई. से लेकर सन् 1936 ई. तक मद्रास में राज्य जस्टिस पार्टी का रहा था और उस समय भी हिन्दी किन्हीं स्कूलों में अनिवार्य और किन्हीं में ऐच्छिक रूप से पढ़ाई जाती थी। किन्तु, उस समय हिन्दी का विरोध किसी ने भी नहीं किया था, बल्कि जस्टिस पार्टी के लोग भी हिन्दी के काम में सहायता देते थे। किन्तु, सन् 1936 ई. के चुनाव में जस्टिस पार्टी के सभी नेता हार गए। उनका असन्तोष अभिव्यक्ति खोज रहा था। इस अभिव्यक्ति का मार्ग उन्हें हिन्दी-विरोधी आन्दोलन के रूप में मिला। "अतएव, यह बात स्पष्ट है कि हिन्दी का विरोध, वास्तव में, कांग्रेस-विरोध का दूसरा नाम था।"[2]

मद्रास के इस आन्दोलन के प्रसंग में श्रीमती सरोजिनी नायडू ने कहा था, "एंटी-हिन्दी आन्दोलन राजनैतिक आन्दोलन है, जो राजगोपालाचारी जी के सिर पर मारने के लिए हथियार का काम दे रहा है!...ये हिन्दुस्तानी का विरोध करनेवाले अपनी नाक कटा रहे हैं और भाई, तुम अपनी ज़बान लेकर अलग हो जाओगे, इससे किसका बिगड़ेगा? तरक्की की नदी नहीं बहा पाओगे।"[3]

इस स्थिति से विचलित होकर काका साहब जी कालेलकर ने लिखा था कि :

> "हिन्दी प्रान्तीय भाषाओं के विकास में अपना विकास देखती है। प्रान्तीय भाषाओं की प्रतिष्ठा बढ़ाकर वह अपना मिशन परिपूर्ण करना चाहती है। प्रान्तीय साहित्यों के संस्कारों के विनिमय से वह परस्पर परिपुष्टि चाहती है। साम्राज्य की भाषा के आक्रमण को हटाने के लिए सब भारतीय भाषाओं का विराट् संगठन करने की उसकी मंशा है। यह कार्य हिन्दी अकेली कभी नहीं कर सकती। जब तक प्रान्तीय भाषाएँ समर्थ और संगठित नहीं होंगी, तब तक हमारी जनता स्वराज्य के लिए समर्थ नहीं बनेगी।"

काका साहब ने और भी कहा :

---

1. दक्षिण के हिन्दी प्रचार आन्दोलन का समीक्षात्मक इतिहास।
2. वही।
3. वही।

"प्रान्तीय भाषा के अभिमानियों को मैं इतना ही कहूँगा कि राष्ट्रभाषा के प्रचारक हम लोग हिन्दी मातृभाषी नहीं हैं।...मैं अनुभव से कहता हूँ कि आपके प्रधान चक्रवर्ती राजगोपालाचारी तमिल भाषा के कट्टर अभिमानी हैं और हिन्दी भाषा के प्रचार से तमिल को नुकसान नहीं पहुँचे, इसके लिए बड़े जागरूक रहते हैं। गुजरात विद्यापीठ में दिया हुआ उनका व्याख्यान मैं भूल नहीं सकता। वहाँ उन्होंने कहा था, हम हिन्दी अवश्य सीखेंगे। किन्तु, आप लोगों को हमारी तमिल थोड़ी सीखनी होगी।"

राजाजी ने मद्रास के हिन्दी-विरोधियों को जेल भेजा। राजाजी पर जब आक्रमण होने लगे, तब उनकी ओर से सरोजिनी नायडू, काका साहब कालेलकर, पट्टाभि सीतारमैया को ही नहीं, खुद गांधीजी को भी बोलना पड़ा था। किन्तु, अब राजाजी की जो नीति हो गई है, उसे देखते हुए यह कहानी मात्र कहानी-सी ही लगती है।

मद्रास की दक्षिण भारत हिन्दी प्रचार सभा सन् 1926 ई. तक प्रयाग के हिन्दी साहित्य सम्मेलन से सम्बद्ध रही। सन् 1927 ई. में साहित्य सम्मेलन से सभा का सम्बन्ध-विच्छेद हो गया और वह स्वतन्त्र संस्था के रूप में पंजीकृत करा दी गई।

हिन्दी साहित्य सम्मेलन का चौबीसवाँ अधिवेशन भी सन् 1935 ई. में इन्दौर में ही हुआ और संयोग ऐसा कि इस बार भी सम्मेलन के सभापति महात्मा गांधी ही हुए। इस समय तक दक्षिण भारत में हिन्दी प्रचार की जो प्रगति हुई थी, उसके आँकड़े बताते हुए गांधीजी ने अपने अध्यक्षीय भाषण में कहा :

"दक्षिण में हिन्दी-प्रचार सबसे कठिन कार्य है। तथापि अठारह वर्ष से हम वहाँ व्यवस्थित रूप में जो कार्य करते आए हैं, उसके फलस्वरूप इन वर्षों में छह लाख दक्षिणवासियों ने हिन्दी में प्रवेश किया, 42,000 परीक्षाओं में बैठे, 3, 200 स्थानों में शिक्षा दी गई, 600 शिक्षक तैयार हुए और आज 450 स्थानों में कार्य हो रहा है। वहाँ हिन्दी की 70 किताबें तैयार हुईं और मद्रास में उनकी आठ लाख प्रतियाँ छपीं। सत्रह वर्ष पूर्व दक्षिण के एक भी हाईस्कूल में हिन्दी की पढ़ाई नहीं होती थी, पर आज सत्तर हाईस्कूलों में हिन्दी पढ़ाई जाती है।...और आज तक इस प्रयास में चार लाख रुपए खर्च हुए हैं, जिनमें से आधे से कुछ कम रुपए दक्षिण में ही मिले हैं।"

(राष्ट्रभाषा हिन्दुस्तानी)

इस बीच बंगाल, असम और उड़ीसा में भी हिन्दी-प्रचार का कुछ थोड़ा काम शुरू हो गया था। गांधीजी ने उन प्रान्तों की स्थिति का भी पर्यवेक्षण किया और कहा कि सम्मेलन को इन प्रान्तों में भी हिन्दी के प्रचार पर ध्यान देना चाहिए।

मद्रास में जहाँ-तहाँ जो शंका खड़ी हो गई थी कि हिन्दी के प्रचार से प्रान्तीय भाषाओं के विकास में बाधा पड़ेगी, उसका खंडन करते हुए गांधीजी ने कहा कि "कुछ लोग ऐसा समझते हैं कि हम प्रान्तीय भाषाओं को नष्ट करके हिन्दी को सारे

भारत की एकमात्र भाषा बनाना चाहते हैं। इस गलतफहमी से भ्रमित होकर वे हमारे प्रचार का विरोध करते हैं। मैं हमेशा से यह मानता रहा हूँ कि हम किसी भी हालत में प्रान्तीय भाषाओं को मिटाना नहीं चाहते। हमारा मतलब तो सिर्फ यह है कि विभिन्न प्रान्तों के पारस्परिक सम्बन्ध के लिए हम हिन्दी भाषा सीखें।''

बंगाल और दक्षिण भारत का नाम लेकर गांधीजी ने कहा कि, ''बंगाल और दक्षिण भारत को ही लीजिए, जहाँ अंगरेजी का प्रभाव सबसे अधिक है। यदि वहाँ जनता की मार्फत हम कुछ भी काम करना चाहते हैं, तो वह आज हिन्दी के द्वारा, भले ही न कर सकें, पर अंगरेजी द्वारा तो कर ही नहीं सकते।''

साहित्य सम्मेलन के चौबीसवें अधिवेशन का सबसे बड़ा महत्त्व यह था कि उसने गांधीजी की कल्पना की हिन्दी-हिन्दुस्तानी को प्रस्ताव द्वारा-स्वीकार कर लिया। सम्मेलन के मंच से गांधीजी अपना हिन्दी-हिन्दुस्तानी-विषयक मत सन् 1918 ई. में ही प्रकट कर चुके थे, किन्तु, उस समय सम्मेलन से इस विषय में कोई प्रस्ताव नहीं किया था। सन् 1935 ई. में गांधीजी ने अपने उसी मत को और भी स्पष्ट करके रखा।

> ''हिन्दी उस भाषा का नाम है, जिसे हिन्दू और मुसलमान, कुदरती तौर पर, बग़ैर प्रयत्न के बोलते हैं। हिन्दुस्तानी और उर्दू में कोई फ़र्क़ नहीं है। देवनागरी में लिखी जाने पर वह हिन्दी और अरबी में लिखी जाने पर वह उर्दू कही जाती है। जो लेखक या व्याख्यानदाता चुन-चुनकर संस्कृत या अरबी शब्दों का ही प्रयोग करता है, वह देश का अहित करता है। हमारी राष्ट्रभाषा में वे सब प्रकार के शब्द आने चाहिए, जो जनता में प्रचलित हो गए हैं।''

सम्मेलन ने गांधीजी की व्याख्या स्वीकार कर ली, इस बात से उन्हें खुशी हुई। हरिजन सेवक के 10 मई, 1935 वाले अंक में लिखते हुए गांधीजी ने कहा :

> ''पहला प्रस्ताव इस तथ्य पर ज़ोर देता है कि हिन्दी प्रान्तीय भाषाओं को नष्ट नहीं करना चाहती, किन्तु, उनकी पूर्तिरूप बनना चाहती है और अखिल भारतीयता के सेवा-क्षेत्र में हिन्दी बोलनेवाले कार्यकर्ताओं के ज्ञान तथा उपयोगिता को बढ़ाती है। वह भाषा भी हिन्दी है, जो लिखी तो उर्दू में जाती है, पर जिसे मुसलमान और हिन्दू, दोनों समझ लेते हैं। इस बात को स्वीकार करके सम्मेलन ने इस सन्देह को दूर कर दिया है कि उर्दू लिपि के प्रति सम्मेलन की कोई दुर्भावना है। तो भी सम्मेलन की प्रामाणिक लिपि तो देवनागरी ही रहेगी। वह तो मुसलमानों के इस अधिकार को स्वीकार करता है कि अब तक जिस उर्दू लिपि में वे हिन्दुस्तानी भाषा लिखते आ रहे हैं, उसमें अब भी लिख सकते हैं।''

गांधीजी यह महसूस करने लगे थे कि दक्षिण भारत हिन्दी प्रचार सभा के लिए यह काफ़ी है कि वह दक्षिण भारत में हिन्दी के प्रचार को बढ़ाए। जहाँ तक अन्य अहिन्दी भाषी प्रान्तों में हिन्दी के प्रचार का सवाल था, इस काम के लिए गांधीजी

साहित्य-सम्मेलन की एक अलग शाखा कायम करना चाहते थे। सम्मेलन के इन्दौरवाले चौबीसवें अधिवेशन में उन्होंने उस विशाल कार्यक्षेत्र की थोड़ी चर्चा की थी जो लगभग ख़ाली पड़ा था। दूसरे वर्ष यानी सन् 1936 ई. में सम्मेलन का पच्चीसवाँ अधिवेशन नागपुर में हुआ, जिसके सभापति श्री राजेन्द्र प्रसाद जी थे। इसी सम्मेलन में गांधीजी की प्रेरणा से यह प्रस्ताव स्वीकार किया गया कि हिन्दी-प्रचार का कार्य करने के लिए "हिन्दी प्रचार समिति का संगठन किया जाय और इसका कार्यालय वर्धा में रखा जाय।" इसी प्रस्ताव के अनुसार राष्ट्रभाषा प्रचार समिति, वर्धा का संगठन किया गया। यह समिति दक्षिण भारत हिन्दी प्रचार सभा की ही तरह दक्षिण भारत के चार प्रदेशों को छोड़कर भारत के लगभग सभी प्रदेशों में काम कर रही है। इसके सिवा, विदेश में भी अनेक स्थानों पर समिति के परीक्षा-केन्द्र हैं और वहाँ हिन्दी की पढ़ाई की व्यवस्था है।

(राष्ट्रभाषा आन्दोलन और गांधीजी)

हिन्दी-हिन्दुस्तानी विवाद

गांधीजी ने अफ्रीका में रहते हुए ही यह कल्पना तैयार कर ली थी कि उत्तर भारत के हिन्दू और मुसलमान जिस भाषा को, आमतौर पर, बोलते हैं और जो देवनागरी तथा फारसी, दोनों ही लिपियों में लिखी जाती है, उसी भाषा को भारत की राष्ट्रभाषा का स्थान मिलना चाहिए। अवश्य ही, यह कल्पना उन्होंने भारत की सांस्कृतिक एकता को ध्यान में रखकर की होगी। मानसिक ऊहापोह के क्रम में गांधीजी का तर्क यह रहा होगा कि यदि संस्कृतनिष्ठ हिन्दी राष्ट्रभाषा हुई, तो मुसलमान, क्रिस्तान और सिक्ख तथा पारसी उस भाषा को हिन्दुत्व की भाषा समझकर उससे घबराएँगे। इसी तरह यदि अरबी-फारसी से भरी उर्दू भाषा राष्ट्रभाषा बनाई गई, तो उसे हिन्दू स्वीकार नहीं करेंगे, क्योंकि हिन्दू केवल हिन्दी-भाषी प्रान्तों में ही नहीं बसते, वे अहिन्दी-भाषी प्रान्तों में भी बसते हैं।[1] अतएव वे इस निष्कर्ष पर आ गए कि जैसे भारत मिश्रित संस्कृतियों का देश है[2], उसी प्रकार, उसकी राष्ट्रभाषा भी हिन्दी और उर्दू का मिश्रित रूप होगा। आज़ादी की लड़ाई के दिनों में हिन्दू-मुस्लिम-एकता की समस्या ही प्रधान थी। अतएव भारत के सभी प्रान्तों में ऐसे लोग थे, जो यह चाहते थे कि हिन्दी-उर्दू की एकता से अगर हिन्दू-मुस्लिम-एकता की नींव पुष्ट होती है, तो उचित है कि भारत की राष्ट्रभाषा हिन्दुस्तानी बना दी जाय।

---

1. ''फिर दूसरी बात भी ध्यान में रखनी है। जहाँ तक दक्षिण भारत की भाषाओं का सम्बन्ध है, बहुत अधिक संस्कृत शब्दों से युक्त हिन्दी ही एक ऐसी भाषा है, जो दक्षिण के लोगों को अपील कर सकती है, क्योंकि कुछ संस्कृत शब्दों और संस्कृत ध्वनियों से तो वे पहले से ही परिचित होते हैं।''

(हरिजन सेवक, 10 अप्रैल, 1937 ई.)

''बंगाल और दक्षिण के श्रोताओं के सामने जो हिन्दुस्तानी बोली जाएगी, उसमें स्वभावतः संस्कृत से उत्पन्न शब्दों का प्राचुर्य होगा। वही भाषण जब पंजाब में किया जाएगा, तो उसमें अरबी-फारसी से पैदा हुए शब्दों की काफ़ी मिलावट होगी।''

(हरिजन सेवक, 29-10-1938 ई.)

2. ''हममें से बहुतेरे इस जतन में लगे हुए हैं कि उन सब सभ्यताओं को एक में मिला दिया जाय, जो इस समय आपस में टकरा रही हैं। अलग रहने की कोशिश करनेवाली कोई भी सभ्यता जिन्दा नहीं रह सकती। इस समय भारत में ऐसी कोई तहज़ीब बाक़ी नहीं बची है, →

इस भाषा की लिपि क्या होगी, इस बारे में भी गांधीजी का मत स्पष्ट था। वे देवनागरी और फारसी, दोनों ही लिपियों का प्रयोग विहित मानते थे तथा उन्हें यह आशा थी कि कालक्रम में जो लिपि अधिक सरल और सक्षम पाई जाएगी, वह दूसरी लिपि पर विजय प्राप्त कर लेगी। दूसरी ओर उनका यह भी ख़्याल था कि संस्कृत से निकली हुई भारत की सभी भाषाओं की लिपि देवनागरी होनी चाहिए। यहाँ तक कि वे द्रविड़ भाषाओं के लिए भी देवनागरी लिपि को उचित समझते थे। ''जब मैं दक्षिण अफ्रीका में था, तब भी मैं मानता था कि संस्कृत से निकली हुई सभी भाषाओं की लिपि देवनागरी होनी चाहिए। और मुझे विश्वास है कि देवनागरी के द्वारा द्रविड़ भाषाएँ भी आसानी से सीखी जा सकती हैं। मैंने तमिल-तेलुगू को और कुछ दिन तक कन्नड़ व मलयालम को भी उनकी अपनी लिपियों द्वारा सीखने का प्रयत्न किया है। मैं आपसे कहता हूँ कि मुझे साफ़ दिखाई पड़ रहा था कि अगर इन चारों भाषाओं की लिपि देवनागरी ही होती, तो मैं उन्हें थोड़े ही समय में सीख सकता था।''[1]

गांधीजी ने अपनी कल्पना की हिन्दुस्तानी को हिन्दी साहित्य सम्मेलन से स्वीकृत करवा लिया था। ''सन् 1918 में मैं हिन्दी साहित्य सम्मेलन का सभापति हुआ था। तभी मैंने हिन्दी-भाषी जगत को सुझाया था कि वह हिन्दी की अपनी व्याख्या को इतना प्रशस्त बना ले कि उसमें उर्दू का भी समावेश हो जाय। सन् 1935 ई. में जब मैं दुबारा सम्मेलन का सभापति बना, तो मैंने हिन्दी शब्द की यह व्याख्या कराई कि हिन्दी वह भाषा है, जिसे हिन्दू-मुसलमान दोनों बोलते हैं और जो देवनागरी या उर्दू लिपि में लिखी जाती है।''

(राष्ट्रभाषा हिन्दुस्तानी)

गांधीजी की प्रेरणा से यही हिन्दुस्तानी सन् 1925 ई. में अखिल भारतीय कांग्रेस की दफ़्तरी भाषा मान ली गई थी। और सन् 1938 ई. में कांग्रेस की कार्यकारिणी समिति ने इसी हिन्दुस्तानी के प्रयोग में दुबारा अपनी आस्था प्रकट की थी। ''कांग्रेस की प्रचलित प्रथा के अनुसार हिन्दुस्तानी वह भाषा है, जिसे उत्तर

→ जिसे बिलकुल 'पवित्र आर्य सभ्यता' कहा जा सके।... मेरा मतलब इतना ही बताने का है कि हमारे बहुत पुराने पुरखे, पूरी आज़ादी के साथ, एक दूसरे से मिलते थे और हम इस समय की सन्तान उसी मिलावट के फल हैं।''

(हरिजन सेवक, 16-5-1936)

''हिन्दू-मुस्लिम कलह भाषा में भी आ घुसा है। मुझे बचपन से ही हिन्दू-मुस्लिम-एकता की धुन रही है। भाषा में घुसे हुए कलह को मिटाने के लिए भी दोनों लिपियों और शैलियों का ज्ञान जरूरी है।''

(राष्ट्रभाषा हिन्दुस्तानी)

1. हरिजन बन्धु, 5 जुलाई, 1936 ई.।

भारत के लोग उपयोग में लाते हैं और जो देवनागरी या उर्दू, दोनों लिपियों में लिखी जाती है।"[1]

अगर हिन्दुओं और मुसलमानों के दिल साफ़ होते, तो गांधीजी का अभिप्राय पूरा हो गया होता यानी देश का बँटवारा नहीं होता और गांधीजी की कल्पना की हिन्दुस्तानी ही भारत की राष्ट्रभाषा हो जाती। लेकिन, हिन्दुओं और मुसलमानों के हृदय साफ नहीं थे। हस्व-मामूल भाषा के मामले में भी हिन्दुओं ने एक हद तक गांधीजी का साथ दिया, लेकिन उर्दूवालों ने सम्मेलन के द्वारा बढ़ाए गए हाथ को नहीं थामा। जैसे हिन्दीभाषियों का एक दल हिन्दुस्तानी को शंका की निगाह से देखता रहा, उसी प्रकार उर्दूवाले भी हिन्दुस्तानी को शंका की नजर से देखते रहे। उर्दूवालों ने गांधीजी पर यह लांछन लगाया कि वे हिन्दी साहित्य सम्मेलन के तो सभापति हुए, मगर अंजुमन तरक्किए-उर्दू की उन्होंने सदारत नहीं की है। सम्मेलन के लिए उन्होंने चन्दे उठाए हैं, मगर अंजुमन तरक्किए-उर्दू के लिए कुछ नहीं किया है। अवश्य ही, गांधीजी हिन्दुस्तानी की आड़ में हिन्दी का प्रचार कर रहे हैं और उर्दू की हस्ती को वे मिटाना चाहते हैं।

यह गांधीजी पर झूठा इलजाम था। उर्दूवालों ने गांधीजी का कभी इतना विश्वास ही नहीं किया कि वे उन्हें अपनी अंजुमन की सदारत करने का निमन्त्रण देते। जहाँ तक हिन्दी साहित्य सम्मेलन का सवाल है, गांधीजी ने उसका सभापतित्व अपनी शर्त पर स्वीकार किया था, सम्मेलन की शर्त पर नहीं। और सम्मेलन का उपयोग गांधीजी हिन्दुस्तानी के लिए करना चाहते थे यानी हिन्दी और उर्दू को आपस में नजदीक लाने के लिए करना चाहते थे। स्थिति इतनी साफ़ थी, फिर भी उर्दूवालों को विश्वास नहीं हुआ। उर्दू के नेता हिन्दी शब्द को ही बर्दाश्त करना नहीं चाहते थे।

> "हिन्दी की जगह पर हिन्दी-हिन्दुस्तानी नाम मेरी ही तजवीज से स्वीकार किया गया था। अब्दुल हक़ साहब ने वहाँ ज़ोरों से मेरी मुखालिफत की। मैं उनका सुझाव मंजूर न कर सका। जो शब्द हिन्दी साहित्य सम्मेलन का था और जिसकी इस प्रकार की व्याख्या करने के लिए मैंने सम्मेलनवालों को मना लिया था कि उसमें उर्दू भी शामिल कर दी जाय, उस हिन्दी शब्द को मैं छोड़ देता तो मैं खुद अपने प्रति और सम्मेलन के प्रति भी हिंसा करने का दोषी होता। यहाँ हमें यह याद रखना चाहिए कि यह हिन्दी शब्द हिन्दुओं का गढ़ा हुआ नहीं है। गह तो इस मुल्क में मुसलमानों के आने के बाद उस भाषा को बतलाने के लिए बनाया गया था, जिसे उत्तर हिन्दुस्तान के हिन्दू बोलते और लिखते थे।"

(हरिजन सेवक, 10-4-37)

1. हरिजन रोवक, 15 अक्टूबर, 1938 ई.।

मुसलमानों की आपत्ति इस बात को लेकर थी कि "अदबी हैसियत के अलावा हिन्दी की एक मजहबी और तहजीबी हैसियत भी है, जिसे मुसलमानों की पूरी जमात अपना नहीं सकती। इसके अलावा अब वह बहुत-से ऐसे अल्फ़ाज़ अपने अन्दर शामिल कर रही है, जो बिलकुल उसी के हैं और वे लोग जो सिर्फ़ उर्दू जानते हैं, उन्हें आमतौर पर समझ नहीं सकते।"

(राष्ट्रभाषा हिन्दुस्तानी)

गांधीजी ने इस आक्षेप का उत्तर यह कहकर दिया था कि "अगर अगले जमाने के मुसलमानों ने हिन्दी को सीखा और उसे अदबी जबान की हैसियत दी, तो मौजूदा जमाने के मुसलमान उससे किनारा क्यों करें? बेशक, उस जमाने की हिन्दी में आज की हिन्दी से कहीं ज़्यादा मजहबी और तहजीबी हैसियत थी। तो क्या किसी भाषा की मजहबी और तहजीबी हैसियत से ही उस भाषा से हमें दूर रहना चाहिए? क्या मैं अरबी और फारसी से इसलिए बचूँ कि उन जबानों की मजहबी और तहजीबी हैसियत है?...सीधे-सादे प्रचलित शब्दों की जगह संस्कृत शब्द रखने या तद्भव शब्दों को संस्कृत तत्सम शब्दों का रूप देने का कृत्रिम तरीका निस्सन्देह निन्दनीय है।"

(हरिजन सेवक, 23-5-36)

उर्दू के नेता इस उम्मीद में थे कि हिन्दुस्तानी उर्दू का ही दूसरा नाम है। लेकिन मुंशी प्रेमचन्द्र की जिस भाषा को गांधीजी आदर्श मानते थे, उर्दूवालों को उसमें भी खोट दिखाई देती थी। उर्दू की ओर से एक पत्र-लेखक ने गांधीजी को लिखा था कि "मुंशी प्रेमचन्द साहब आजकल हमारी अदबी दुनिया के शायद सबसे बड़े आदमी हैं। (लेकिन) 'हंस' पढ़ने से ऐसा ख़्याल होता है कि यह किसी ख़ास मजहबी समाज का रिसाला है।"

लेकिन गांधीजी से नाराजगी केवल उर्दूवालों को ही नहीं थी। उनसे कुछ हिन्दी वाले भी नाराज थे। "इस बारे में जहाँ कुछ मुसलमान दोस्त मुझसे नाखुश हैं, वहाँ हिन्दी मित्र भी कम असन्तुष्ट नहीं हैं।" "एक सज्जन ने तो सचमुच ही मुझे लिखा है कि अगरचे तर्क और इतिहास की दृष्टि से मेरी स्थिति सही है, फिर भी मुझे मुसलमान आलोचकों को सन्तुष्ट करने के लिए अपनी राय बदल लेनी चाहिए। यह आलोचक चाहते हैं, कि एक ही भाषा का परिचय देने के लिए या तो मैं 'हिन्दी-उर्दू' शब्द के प्रयोग का समर्थन करूँ या सिर्फ़ उर्दू का।"

पैगम्बरों का जो हाल होता है, वही हाल गांधीजी का हुआ। जब उन्होंने यह सलाह दी कि संस्कृत से उत्पन्न या प्रभावित भाषाओं की लिपि एक हो और वह देवनागरी हो, तो किसी अहिन्दी-भाषी आलोचक ने लिखा "एक ही भाषा बोलनेवाले हिन्दू और मुसलमान अपने लिए दो अलग लिपियाँ क्यों रखे हुए हैं?"

गांधीजी ने भारत आते ही हिन्दुस्तानी का आन्दोलन शुरू कर दिया था और

हिन्दुस्तानी की आलोचना उस समय भी चलती थी, जब कविवर अकबर इलाहाबादी (मृत्यु सन् 1924 ई.) जीवित थे। वे गांधीजी के विचारों के पक्के समर्थक थे और हिन्दी-उर्दू-विवाद को वे गांधीजी की ही दृष्टि से देखते थे। अपनी एक कविता में उन्होंने कहा था :

हम उर्दू को अरबी क्यों न करें?
वे उर्दू को भाषा क्यों न करें।
आपस में अदावत कुछ भी नहीं,
फिर भी इक अखाड़ा कायम है।
जब इससे फलक का दिल बहले,
हम लोग तमाशा क्यों न करें?

लोग गांधीजी से पूछते थे कि हिन्दी भाषा का भी साहित्य है और उर्दू का भी है। मगर हिन्दुस्तानी का साहित्य कहाँ है? ऐसे सवाल का जवाब देते हुए गांधीजी ने एक बार कहा था, जैसे गंगा और यमुना के बीच सरस्वती प्रच्छन्न भी है और प्रकट भी, उसी प्रकार हिन्दी और उर्दू के बीच हिन्दुस्तानी मौजूद है। लेकिन इसी सवाल के जवाब में उन्होंने दूसरी बार यह भी कहा था कि :

> "कभी-कभी लोग उर्दू को ही हिन्दुस्तानी भी कहते हैं। तो क्या कांग्रेस ने अपने विधान में उर्दू को ही हिन्दुस्तानी माना है? क्या उसमें हिन्दी का, जो सबसे ज़्यादा बोली जाती है, कोई स्थान नहीं है? यह तो अर्थ का अनर्थ करना होगा। स्पष्ट ही यहाँ इसका मतलब सिर्फ हिन्दी भी नहीं हो सकता। इसलिए इसका सही-सही मतलब तो, हिन्दी और उर्दू हो सकता है। इन दोनों के मेल से हमें एक ऐसी जबान तैयार करनी है, जो सबके काम आ सके। ऐसी कोई जबान जो लिखी भी जाती हो, आज प्रचलित नहीं है। लेकिन उत्तर भारत में आज भी करोड़ों अनपढ़ हिन्दुओं और मुसलमानों की यही एक बोली है। चूँकि वह लिखी नहीं जाती, इसलिए वह अपूर्ण है। और जो लिखी जाती है, उसकी दो अलग-अलग धाराएँ बन गई हैं, जो दिन-ब-दिन एक-दूसरी से अलग हट रही हैं।...आज हिन्दुस्तानी का अपना ऐसा कोई संगठन नहीं, जो इन एक-दूसरी से दूर भागती हुई दो धाराओं को नजदीक आने और मिलाने की कोशिश में लगा हो।"

(हरिजन सेवक, 1 फरवरी, 1942 ई.)

जैसे गांधीजी ने हिन्दुओं और मुसलमानों को एक करने के लिए आजीवन प्रयास किया, वैसे ही उन्होंने हिन्दी और उर्दू को भी एक करने को भगीरथ-प्रयत्न किए। किन्तु, उनके इन दो उद्देश्यों में से एक भी पूरा नहीं हो सका। गांधीजी ने कांग्रेस में हिन्दी-हिन्दुस्तानी चला तो दी थी, किन्तु, उसका प्रयोग केवल भाषणों में होता था। हिन्दी-हिन्दुस्तानी को स्वीकार तो हिन्दी साहित्य सम्मेलन ने भी कर लिया था, मगर,

व्यवहार में केवल देवनागरी लिपि का ही प्रचार था, यहाँ तक कि दक्षिण भारत हिन्दी प्रचार सभा भी, जिसके गांधीजी आजीवन अध्यक्ष थे, केवल नागरी का ही प्रचार करती थी।

तब सन् 1935 ई. की सुधार-विधि के अधीन सन् 1937 ई. में प्रान्तीय स्वराज्य का आरम्भ हुआ और देश के कई प्रान्तों में सरकार कांग्रेस ने बनाई। यह कांग्रेस के लिए परीक्षा का समय था। मुसलमान चुपचाप यह देख रहे थे कि हिन्दुस्तानी के नाम पर कौन-सी भाषा चलाई जाती है और सरकारें फारसी लिपि का प्रचार करती हैं या नहीं। इस समय गांधीजी भी इस चेष्टा में गम्भीरता से लग गए कि हिन्दी-हिन्दुस्तानी का मसला इसी समय हल हो जाना चाहिए। बम्बई सरकार के प्रधानमन्त्री श्री बी. जी. खेर थे। उन्होंने सत्तारूढ़ होते ही हिन्दुस्तानी शिक्षा-समिति का गठन कर दिया, जिसके अध्यक्ष काका साहेब कालेलकर थे। इस समिति ने सिफ़ारिश की कि :

1. हिन्दुस्तानी की लिपियाँ फारसी और देवनागरी, दोनों रहेंगी।
2. छात्रों को यह आज़ादी रहेगी कि दो में से अपनी पसन्द की कोई एक लिपि वे सीखें, किन्तु, शिक्षकों के लिए दोनों लिपियों का ज्ञान आवश्यक होगा।
3. अन्ततः हिन्दुस्तानी की पढ़ाई प्रत्येक स्कूल में अनिवार्य कर दी जाएगी और सर्वत्र दोनों लिपियाँ सिखाने का प्रबन्ध रहेगा।

सरकारी स्तर पर यह राय देकर काका साहब ने चाहा कि गैर-सरकारी तौर पर राष्ट्रभाषा प्रचार समिति, वर्धा के जरिए भी इसी नीति को अमल में लाया जाए। किन्तु, वर्धा-समिति और हिन्दी साहित्य सम्मेलन के भीतर प्रबल मत यह बन रहा था कि हिन्दी प्रचार के लिए दोनों लिपियों का ज्ञान आवश्यक नहीं होना चाहिए।

इसी समय दुर्भाग्य की बात यह हो गई कि बिहार के एक प्रकाशक ने कुछ रीडरें निकालीं, जिनमें 'बेगम सीता' और 'बादशाह दशरथ' जैसे शब्दों का प्रयोग किया गया था। इस समय बिहार के शिक्षामन्त्री डॉक्टर सैयद महमूद थे। लोगों में, बिना किसी जाँच-पड़ताल के, यह बात फैल गई कि हिन्दुस्तानी के प्रचार के बहाने कांग्रेसी सरकार हिन्दू-संस्कृति को विनिष्ट कर रही है।

सन् 1938 ई. में हिन्दी साहित्य सम्मेलन का वार्षिक अधिवेशन काशी में हुआ, जिसके मंच पर अन्य नेताओं के साथ देशरत्न राजेन्द्र प्रसाद जी भी विराजमान थे। वहाँ किसी ने बिहार सरकार की निन्दा का प्रस्ताव पेश कर दिया और बिहार में प्रकाशित रीडरों का हवाला देकर लोग कटु-से-कटु भाषण देने लगे। राजेन्द्र बाबू पर इन भाषणों का प्रभाव पड़ा। उन्होंने उठकर सभा से निवेदन किया कि निन्दा का प्रस्ताव आप पास मत करें। मैं रीडरों को नष्ट करवा दूँगा। राजेन्द्र बाबू के इस आश्वासन के बाद प्रस्ताव वापस ने लिया गया और बाद को वे रीडरें जला दी गईं। किन्तु, इस घटना ने देश में हिन्दी-हिन्दुस्तानी विवाद को और भी तीखा कर दिया।

दूसरे वर्ष यानी सन् 1939 ई. में हिन्दी साहित्य-सम्मेलन का अधिवेशन पंजाब के अबोहर नामक शहर में होनेवाला था। हिन्दुस्तानी के समर्थकों ने चाहा कि यह आजमाइश हो जाय कि हिन्दी-साहित्य-सम्मेलन के प्रतिनिधि हिन्दुस्तानी का साथ देते हैं या नहीं। इस ध्येय को सामने रखकर उन्होंने अबोहर सम्मेलन के सभापति-पद के लिए देशरत्न राजेन्द्रप्रसाद का नाम प्रस्तावित कर दिया। यह देखकर हिन्दुस्तानी के विरोधियों ने राजेन्द्र बाबू के मुकाबिले में डॉक्टर अमरनाथ झा को खड़ा कर दिया। परिणाम यह हुआ कि राजेन्द्र बाबू चुनाव हार गए और सम्मेलन के अबोहर अधिवेशन ने यह तय कर दिया कि सम्मेलन की दिलचस्पी केवल हिन्दी भाषा और देवनागरी लिपि के प्रचार में है।

इस सम्मेलन में काका साहेब कालेलकर भी पधारे हुए थे और सम्मेलन के मंच से बोलते हुए उन्होंने कहा था कि :

> "हम राष्ट्र-हित की दृष्टि से राष्ट्रभाषा की सेवा करना चाहते हैं और कर रहे हैं। परन्तु, 'हिन्दी' नाम से काम करने में हमारे सामने रुकावटें आती हैं। इसलिए 'हिन्दी' नाम से हम काम नहीं कर सकते। आप राष्ट्रभाषा का नाम 'हिन्दुस्तानी' रखें, तो हमें काम करने में सुविधा होगी।"[1]

काका साहब के जवाब में बोलनेवालों का भाव यह था कि :

> "जो लोग हिन्दुस्तानी नाम रख रहे हैं और उस नाम से काम करने में सुविधा समझते हैं, उनसे हमारा कोई झगड़ा नहीं है। हम न हिन्दुस्तानी का विरोध करते हैं, न उर्दू का। हम तो हिन्दी-नागरी का प्रचार करते हैं। आप दोनों लिपियों का प्रचार चाहते हैं, तो हम एक लिपि का प्रचार करके आपके आधे बोझ को कुछ हलका ही करते हैं।"[2]

इसके बाद से हिन्दी-हिन्दुस्तानी का संघर्ष और भी विकराल हो गया। जो लोग गांधीजी के अनुयायी समझे जाते थे, उनमें से भी बहुत-से लोग खुलेआम यह कहने लगे कि हिन्दी के स्थान पर हिन्दुस्तानी नहीं चलेगी। हिन्दुस्तानी के समर्थन में काका साहब कालेलकर, विनोबा जी, राजाजी, राजेन्द्र बाबू आदि नेता खुलकर गांधीजी के साथ थे। किन्तु, टंडनजी हिन्दुस्तानी के विरोध में डट गए और डॉ. सम्पूर्णानन्द, पं. बालकृष्ण शर्मा नवीन, श्री वियोगी हरि तथा श्री कन्हैयालाल माणिकलाल मुंशी और काका गाडगिल ने टंडनजी का साथ दिया।

सम्मेलन से निराश हो जाने के बाद गांधीजी ने चाहा कि सम्मेलन अपनी ही कल्पना की हिन्दी का प्रचार करना चाहता है तो करे, किन्तु, राष्ट्रभाषा-प्रचार-समिति, वर्धा को हिन्दुस्तानी का प्रचार करने की छूट दे दे। किन्तु, सम्मेलन ने गांधीजी की यह इच्छा भी पूरी नहीं होने दी। समिति सम्मेलन की शाखा की तरह काम कर रही

---

1. राष्ट्रभाषा का इतिहास, ले. किशोरीदास वाजपेयी।
2. वही।

थी। सम्मेलन इसके लिए तैयार न हुआ कि समिति दो लिपियों के प्रचार में लगे। निदान, गांधीजी की प्रेरणा से तथा काका साहब कालेलकर के नेतृत्व में वर्धा में ही 2 मई, सन् 1952 ई. को हिन्दुस्तानी प्रचार प्रचार सभा की स्थापना की गई। यह सभा हिन्दी-हिन्दुस्तानी-संघर्ष में हिन्दुस्तानी का प्रचार करने को बनी थी, किन्तु, सन् बयालीस की क्रान्ति में सभी नेता पकड़कर जेलों में डाल दिए गए और हिन्दुस्तानी प्रचार सभा का काम प्रायः ठप पड़ गया।

गांधीजी को इस नई संस्था से इतना प्रेम था कि 9 अगस्त, 1942 ई. के हरिजन सेवक में भी उनका यह नोट छपा था कि :

> "सभा का सन्देश यह है कि हिन्दुस्तान की राष्ट्रभाषा अंगरेजी नहीं, बल्कि हिन्दुस्तानी यानी हिन्दी-जोड़-उर्दू है। कांग्रेस के हिन्दुस्तानी-सम्बन्धी प्रस्ताव के कर्ता, हिन्दी साहित्य सम्मेलन के प्राण-रूप, श्री पुरुषोत्तमदास टंडन ही थे। उन्होंने मुझे यह बात बहुत साफतौर पर समझाई थी कि आज की हालत में हिन्दुस्तानी का मतलब हिन्दी + उर्दू ही होना चाहिए।...इस सभा के संस्थापक हिन्दी साहित्य सम्मेलन के सदस्य थे और हैं, लेकिन जब केवल हिन्दी के प्रचार से उनकी महत्त्वाकांक्षा तृप्त न हो पाई, उन्होंने सम्मेलन की स्वीकृति से हिन्दुस्तानी प्रचार सभा स्थापित की है।"

42 की क्रान्ति में नेतागण तो जेल चले गए, लेकिन श्री अमृतलाल नानावटी जेल से बाहर थे। अतएव गुजरात विद्यापीठ के द्वारा उन्होंने हिन्दुस्तानी का प्रचार आरम्भ कर दिया। इसी प्रयोग के आधार पर 1944 के बाद, कार्यकर्ताओं के रिहा होने पर, अन्य प्रान्तों में भी हिन्दुस्तानी के प्रचार का कार्यक्रम बनाया गया।

इस समय तक हिन्दी-हिन्दुस्तानी का विवाद केवल हिन्दी-भाषी प्रान्तों तक ही सीमित नहीं रहा, बल्कि उसकी छूत हिन्दी प्रचारकों को भी लग गई और दक्षिणी तथा पश्चिमी भारत में काम करनेवाले हिन्दी-प्रचारक भी दो दलों में बँट गए। यह वह समय था, जब पाकिस्तान बनाने का आन्दोलन अपने पूरे उरूज पर था। असल में, इन वर्षों में वह तूफान सज रहा था, जिसका विस्फोट सन् 1946-47 में होनेवाला था पाकिस्तान का आन्दोलन जितना ही तेज होता जाता था, अखंड भारतवासियों का हृदय उतना ही दग्ध होता जा रहा था। लोग मन-ही-मन यह सोचकर विस्मित हो रहे थे कि आख़िर गांधीजी किस आशा में हिन्दू-मुस्लिम-पैक्ट की भाषा पर इतना ज़ोर दे रहे हैं।

किन्तु, गांधीजी अपनी आस्था पर अडिग खड़े थे। वे सम्मेलनवालों को पहले भी कह चुके थे कि आप इस इन्तजार में समय न बर्बाद करें कि अंजुमन तरक्किए-उर्दू हिन्दुस्तानी को कब अपनाएगी। अगर हिन्दुस्तानी का प्रचार राष्ट्र के हित में है, तो उस काम को किसी का भी इन्तजार किए बिना आपको करना चाहिए। फिर 27 फरवरी, 1945 ई. को हिन्दुस्तानी कॉन्फ्रेंस में बोलते हुए उन्होंने कहा :

"हिन्दी और उर्दू के जो अलग-अलग फिरके पैदा हो गए हैं, उन्हें रोकने का काम मेरे-जैसे लोगों का है।...मुझसे कहा गया है कि मुस्लिम लड़के तो नागरी लिपि नहीं सीखते। मैं कहता हूँ, अगर ऐसा है, तो तुमने कुछ नहीं खोया, उन्होंने खोया। एक और लिपि सीख ली तो उससे नुकसान क्या हुआ?...अगर हिन्दी और उर्दू मिल जाएँ, तो गंगा-यमुना से बड़ी सरस्वती हुगली की तरह बन जाएगी।"

(राष्ट्रभाषा हिन्दुस्तानी)

गांधीजी जितने ही ज़ोर से हिन्दुस्तानी का समर्थन कर रहे थे, सम्मेलन के लोग उतने ही ज़ोर से उसका विरोध कर रहे थे। अन्त में वह स्थिति आई, जब महात्मा गांधी को सम्मेलन की सदस्यता से इस्तीफा देना पड़ा। गांधीजी ने अपना इस्तीफा 28 मई, सन् 1945 ई. को टंडनजी के पास भेजा। फिर दोनों महापुरुषों के बीच लम्बा पत्राचार[1] चला। और अन्त में गांधीजी का इस्तीफा स्वीकार कर लिया गया। गांधीजी के पत्र को टंडनजी ने सम्मेलन की स्थायी समिति में न रखकर उसके जयपुरवाले खुले अधिवेशन के समक्ष रख दिया। उस समय सम्मेलन जिस परेशानी और पशोपेश में पड़ा, उसका वर्णन करते हुए आचार्य किशोरीदास जी बाजपेयी ने लिखा है :

"लोगों के हृदय उद्वेलित थे। महात्मा जी सम्मेलन छोड़ जाएँगे तो क्या होगा? सम्मेलन का क्या रहेगा? त्याग-पत्र स्वीकार न हो, इसका एक ही उपाय था, नागरी के साथ-साथ फारसी लिपि का भी अनिवार्य प्रचार तथा हिन्दी की जगह हिन्दुस्तानी भाषा को ग्रहण करना। यह सब सम्मेलन के मूल उद्देश्य से बहुत दूर, बल्कि, विपरीत था। उद्देश्य छोड़ो या फिर महात्माजी के महान व्यक्तित्व के सहयोग से मिलनेवाली शक्ति छोड़ो। जयपुर में इस विषय पर बड़ा समुद्र-मन्थन हुआ। सन्ध्या से विचार प्रारम्भ हुआ और रात के दो बज गए। अन्ततः बड़े ही दुख के साथ, धड़कते हुए हृदय से, आँसुओं को रोककर सम्मेलन ने महात्माजी का त्याग-पत्र स्वीकार किया।।"[2]

सम्मेलन से गांधीजी के इस्तीफे की प्रतिक्रिया लगभग सारे देश में हुई, किन्तु, उसका गम्भीर रूप गुजरात, महाराष्ट्र और मद्रास में प्रकट हुआ। 25 जनवरी, सन् 1946 ई. को मद्रास में दक्षिण भारत हिन्दी प्रचार सभा की रजत-जयन्ती के मौके पर गांधीजी ने जो भाषण दिया, उसमें उन्होंने कहा, "हिन्दुस्तानी की सेवा करने को मैं 125 बरस तक जिन्दा रहना चाहता हूँ।...दूसरा काम भी करने के लिए मैं यहाँ आया हूँ। हमारी सभा का नाम हिन्दी प्रचार-सभा है। अब इसका नाम हिन्दी प्रचार सभा नहीं रहेगा। हिन्दी शब्द के बदले अब हमें हिन्दुस्तानी शब्द लेना है।" और उसी दिन से दक्षिण भारत हिन्दी प्रचार सभा ने अपने नाम को बदलकर 'हिन्दुस्तानी प्रचार

---

1. देखो परिशिष्ट, 2
2. राष्ट्रभाषा का इतिहास

सभा' कर दिया। गांधीजी ने हिन्दुस्तानी नाम की सिफारिश अपने 27-1-46 वाले भाषण में भी की थी। "आज आप लोग जो प्रतिज्ञा लेंगे, उसमें अब हमारी राष्ट्रभाषा का नाम हिन्दी न रहकर हिन्दुस्तानी रहेगा। हमारी राष्ट्रभाषा एक लिपि में नहीं, बल्कि दो लिपियों में लिखी आएगी। राष्ट्रभाषा-प्रचार-कार्य के लिए द्रव्य देनेवालों को भी यह बात पहले समझा देनी चाहिए। हमारा काम उन्हें पसन्द है या नहीं, यह देखकर मदद दें।"

सन् 1946 और 47 के वर्ष भारत में साम्प्रदायिक द्वेष और घृणा के भयानक विस्फोट के वर्ष थे। किन्तु, जहर ज्यों-ज्यों ज़्यादा होता जाता था, गांधीजी की अमृतमयी वाणी भी प्रखर होती जा रही थी।

"हिन्दी और उर्दू नदियाँ हैं और हिन्दुस्तानी सागर है।"

"दोनों बहनों को आपस में झगड़ा नहीं करना है। मुकाबला तो अंगरेजी से है।"

"सवाल तो यह है कि अंगरेजी का प्रभाव और मोह कैसे मिटे? उसे मिटाना स्वराज्य की लड़ाई का बड़ा हिस्सा है, नहीं तो स्वराज्य के मानी बदलने होंगे।"

"अंगरेजी जाननेवाले राष्ट्रभाषा जाननेवालों से दस गुना ज़्यादा कमाते हैं। ऐसे लोगों का दाम तो अंगरेजी सल्तनत के जाने से एकदम गिरना चाहिए।"

जब पाकिस्तान का निर्माण हो गया, गांधीजी ने हिन्दुस्तानी की टेर तब भी बन्द नहीं की।

"हिन्दुस्तान में सबकी बोली एक ही हो सकती है। मैं तो एक कदम आगे बढ़कर कहता हूँ कि अगर दोनों राज्य एक दूसरे के दुश्मन नहीं, दिल से दोस्त बनते हैं, तो दोनों तरफ सब नागरी और उर्दू लिपि में लिखेंगे।"

(हरिजन सेवक, 5-10-47)

"मैंने अखबारों में पढ़ा कि आगे से यू. पी. की सरकार की सरकारी भाषा हिन्दी और लिपि देवनागरी होगी। इससे मुझे दुख हुआ।...उचित बात यह है कि दोनों लिपियाँ रखी जाएँ और सारे सरकारी कामों में उनमें से किसी का भी प्रयोग करने की मंजूरी दी जाय।"

(हरिजन सेवक, 26-10-47)

स्वराज्य हो जाने पर श्रीमती रेहाना बहन तैयब जी ने गांधीजी को लिखा कि "15 अगस्त के बाद दो लिपियों के बारे में मेरे ख़्याल बिलकुल बदल गए और अब पक्के हो गए हैं।...हिन्दुस्तान पर उर्दू लिपि लादने में इतना ही नहीं कि कोई फ़ायदा नहीं है, बल्कि सख़्त नुकसान है।...उर्दू लिपि सामाजिक मेलजोल की जगह कभी नहीं ले सकती।...अगर वे हिन्दुस्तान में रहना चाहते हैं, तो हिन्दुस्तानियों की तरह रहें। बेशक उन्हें उर्दू सीखने की सहूलियतें दी जाएँ। मगर उन्हें खुश करने की खातिर हिन्दुस्तान की सारी जनता पर उर्दू लिपि क्यों लादी जाय?...उर्दू लिपि के आग्रह से

हमारा बोझ चौगुना हो जाता है।...हम हिन्दुस्तानियों का यही सूत्र रहे कि हमारी राष्ट्रभाषा हिन्दुस्तानी, हमारी राष्ट्रलिपि नागरी। बस।''

मगर गांधीजी ने इस पर टिप्पणी करते हुए लिखा—''अगर राष्ट्रभाषा हिन्दुस्तानी है, तो उसे दोनों लिपियों में लिखने की छूट होनी चाहिए। अगर हिन्दी को राष्ट्रभाषा बनना है, तो लिपि नागरी ही होगी, अगर उर्दू को बनना है, तो लिपि उर्दू ही होगी। अगर हिन्दी-उर्दू के संगम के जरिए हिन्दुस्तानी को राष्ट्रभाषा बनाना है, तो दोनों लिपियाँ जरूरी है।''

(राष्ट्रभाषा हिन्दुस्तानी)

(राष्ट्रभाषा आन्दोलन और गांधीजी)

स्वराज्य के बाद

गांधीजी ने जीवन भर देश को चेतावनी दी थी कि अंगरेजी को हटाना पहाड़ को हटाने के समान दुष्कर कार्य है, अतएव, लोग हिन्दी-हिन्दुस्तानी-विवाद में अपनी शक्ति का अपव्यय न करें, बल्कि एक होकर ऐसा उपाय करें, जिससे शिक्षा और शासन के माध्यम का स्थान अंगरेजी के कब्जे से छूटकर मातृभाषाओं और हिन्दी को मिल जाय। उन्होंने बार-बार इस बात पर भी ज़ोर दिया था कि हिन्दी को अपनाने का अर्थ अपनी भाषाओं का तिरस्कार नहीं है। गांधीजी की कल्पना यह थी कि प्रत्येक भारतवासी अपनी मातृभाषा में दक्ष होगा, जिन भारतीयों का काम अपने प्रान्तों तक सीमित नहीं है, वे मातृभाषा के साथ हिन्दी भी सीखेंगे और जिनका सरोकार अन्तर्राष्ट्रीय कामों से रहेगा, उन्हें अच्छी अंगरेजी भी सीखनी पड़ेगी। अपने जीवन भर गांधीजी ने भारतीय भाषाओं को जगाने की कोशिश की और जीवन भर वे लोगों को समझाते रहे कि हिन्दी को वे राष्ट्रभाषा के रूप में स्वीकार कर लें।

गांधीजी के जीवनकाल में यह स्पष्ट हो गया था कि देश ने हिन्दी को राष्ट्रभाषा मान लिया है। किन्तु, देश के नेतागण जब स्वतन्त्र भारत का संविधान तैयार करने को संविधान-परिषद् में एकत्र हुए, उन्हें भासित हुआ कि भाषा की समस्या बहुत आसान नहीं है। इसलिए, उन्होंने इस समस्या को पीछे ढकेल दिया तथा यह तय किया कि भाषा की समस्या पर विचार आख़िर में किया जाय।

संविधान-परिषद् में देश की भाषा-समस्या पर विचार 12 सितम्बर, 1949 ई. को आरम्भ हुआ और वह तीन दिनों तक चलता रहा। अन्त में 14 सितम्बर, 1949 ई. को संविधान-परिषद् ने यह निश्चित किया कि देवनागरी लिपि में लिखी जानेवाली हिन्दी संघ-सरकार की राजभाषा होगी तथा उसमें हिन्दी अंकों के साथ-साथ अन्तर्राष्ट्रीय अंकों का भी प्रयोग किया जाएगा। इस प्रकार हिन्दी भारत की राष्ट्रभाषा मान ली गई और गांधीजी का एक बड़ा स्वप्न, कम-से-कम काग़ज़ पर, पूरा हो गया। किन्तु, हिन्दी को लेकर तब से आज तक देश में जितनी भी कठिनाइयाँ उत्पन्न होती रही हैं, वे सारी-की-सारी कठिनाइयाँ संविधान-परिषद् में प्रतिबिम्बित हुई थीं।

12 सितम्बर को जब भाषा-समस्या पर विचार आरम्भ हुआ, परिषद् के अध्यक्ष डॉक्टर राजेन्द्रप्रसाद जी ने सदस्यों को चेताते हुए शुरू में ही कहा, "इस सभा का

निर्णय सारे देश को स्वीकार्य होना चाहिए। इसलिए सदस्यों को इस बात का ध्यान रखना चाहिए कि कोई ख़ास बात हासिल करने के लिए बहस करना काफ़ी नहीं है। बहुमत के बल पर अगर हमने कोई ऐसा प्रस्ताव पास भी करवा लिया, जो उत्तर या दक्षिण में बहुत-से लोगों को नापसन्द हो, तो संविधान को अमल में लाना भारी समस्या हो जाएगी।''

बहस के शुरू होने के पहले अध्यक्ष का ऐसी चेतावनी देना समस्या की गम्भीरता का द्योतक था। और जब संविधान-परिषद् ने हिन्दी को राजभाषा बनाने का प्रस्ताव पास कर दिया, सरकार वल्लभभाई पटेल ने बम्बई से पार्टी को पत्र लिखकर बधाई भेजी। यह फिर इस बात का संकेत था कि देश के बुजुर्ग नेता भी मन-ही-मन डरे हुए थे और जब सवाल का निपटारा सबकी रजामन्दी से हो गया, उन्हें सात्विक हर्ष हुआ। संविधान-परिषद् के कार्यवृत्त को पढ़ने से हमें ऐसी कितनी ही बातों की जानकारी मिलती है, जो एक साथ रोचक भी हैं और महत्त्वपूर्ण भी।

उदाहरण के लिए जिस हिन्दुस्तानी का समर्थन गांधीजी मरते दम तक करते थे उसके समर्थक संविधान-परिषद् में अल्पमत में आ गए। कांग्रेस पार्टी के भीतर हिन्दी-हिन्दुस्तानी को लेकर मत-विभाजन भी हुआ था, जिसमें हिन्दुस्तानी को तिहत्तर और हिन्दी को चौहत्तर मत मिले थे। गांधीजी के जीवन-काल में ऐसा दीखता था, मानो, सभी कांग्रेसी हिन्दुस्तानी के पक्ष में हैं। किन्तु, देश के विभाजन के बाद उनमें से बहुतों के भाव बदल गए। संविधान-परिषद् में बोलते हुए मौलाना आजाद ने बड़े ही दुख के साथ कहा था कि ''जब यह सवाल कांग्रेस पार्टी के सामने आया, मैंने हिन्दुस्तानी का सुझाव दिया। मगर मैं अपनी भावना को छिपाना नहीं चाहता। मैं मायूस हो गया। कुछ को छोड़कर सभी कांग्रेसियों ने अपने कदम पीछे हटा लिए हैं।. ..जब मैंने देखा, प्रारूप-समिति के सदस्यों के मत पहले से ही बने हुए हैं, और वे हिन्दुस्तानी पर विचार नहीं करेंगे, मैंने उस समिति से इस्तीफा दे दिया।''

गांधीजी के जीवनकाल भर मुसलमान हिन्दुस्तानी को अपनाने को तैयार नहीं हुए, मगर संविधान-परिषद् में वे एक स्वर से हिन्दुस्तानी के साथ थे। यदि 14 सितम्बर, 1949 ई. को गांधीजी जीवित रहे होते, तो हिन्दुस्तानी का पक्ष उतना कमज़ोर नहीं होता। फिर भी गांधीजी ने जीवन भर हिन्दुस्तानी की जो वकालत की थी, उसी का यह परिणाम हुआ कि संविधान की धारा 351 में हिन्दुस्तानी का भी उल्लेख कर दिया गया। इसी प्रावधान की ओर लक्ष्य करते हुए पं. जवाहरलाल नेहरू ने संविधान-परिषद् में कहा था कि ''इस प्रस्ताव में कोई बात है, जिस पर ज़्यादा ज़ोर पड़ना चाहिए था। फिर भी अगर वह चीज़ इस प्रस्ताव में नहीं रहती, तो मैं इसे स्वीकार नहीं कर सकता था।''

कुछ लोग इस बात से भी दुखी थे कि संविधान-परिषद् की 'हिन्दी लॉबी' ने उतना कठोर रुख क्यों अपनाया। श्री श्यामा प्रसाद मुखर्जी ने कहा था, ''यदि हिन्दी

के समर्थक जोश में नहीं आते और आक्रामक ढंग से हिन्दी को आगे बढ़ाने की कोशिश नहीं करते, तो भारत की जनता सहज भाव से और स्वेच्छा से हिन्दी को अपना लेती। किन्तु, दुर्भाग्यवश अब लोगों के भीतर भय समा गया है।''

अन्तर्राष्ट्रीय अंकों का विरोध राजर्षि श्री पुरुषोत्तम दास जी टंडन ने बड़े ज़ोर से किया था। उन्होंने जब यह कहा कि जनमत लिया जाय, तो महाराष्ट्र अन्तर्राष्ट्रीय अंकों को स्वीकार नहीं करेगा, तब किसी ओर से आवाज आई कि जनमत लेने से तो हिन्दी आएगी ही नहीं। इस पर टंडनजी ने जवाब दिया, ''यदि विभिन्न प्रान्त हिन्दी को कबूल नहीं करते हैं, तो मैं किसी भी हालत में उन पर हिन्दी लादने को तैयार नहीं हूँ। प्रान्त हिन्दी को ग्रहण करेंगे या नहीं, यह निश्चय तो उन्हीं को करना है। जो लोग आज जिम्मेवारी की जगहों पर यहाँ बैठे हुए हैं, उनसे मैं अपील करूँगा कि वे अपनी अन्तरात्मा की बारीक आवाज को सुनने की कोशिश करें और ऐसी कोई भी बात कबूल न करें, जो उनके प्रान्तों को अमान्य होगी।''

जिन दिनों संविधान-परिषद् की लॉबी में भाषा समस्या की चर्चा चल रही थी, उन्हीं दिनों दिल्ली में सर्वभाषा विद्वत्सम्मेलन हुआ था, जिसमें यह प्रस्ताव पास हुआ था कि हिन्दी-भाषी इलाकों के लोगों को भी एक अहिन्दी-भाषा अवश्य सीखनी चाहिए। इस प्रस्ताव का हवाला संविधान-परिषद् में स्वर्गीय श्यामाप्रसाद मुखर्जी ने दिया था और यह कहा था कि यह प्रस्ताव कहाँ तक काम में लाया जाता है, इसे हम ध्यान से देखेंगे।

केवल देवनागरी लिपि में लिखी जानेवाली हिन्दी का प्रस्ताव जिस रूप में पास हुआ, उससे गुजरात और महाराष्ट्र के कुछ खांटी गांधीवादियों पर यह प्रभाव पड़ा कि जीत हिन्दू प्रतिक्रियावादियों की हुई है और गांधीजी की विचारधारा हार गई है। अतएव, उन्होंने संविधान की धारा 351 को ज़ोर से पकड़ा और वे यह कहने लगे कि जो हिन्दी राष्ट्रभाषा मानी गई है, वह वही हिन्दी नहीं है, जिसका प्रचलन हिन्दी-भाषी प्रान्तों में है। इस विषय की विचिकित्सा करने के लिए बम्बई सरकार ने एक 'हिन्दी शिक्षण समिति' का गठन किया, जिसकी रिपोर्ट 1950-51 ई. में प्रकाशित हुई। इस समिति ने यह मत दिया कि धारा 351 द्वारा संकेतित हिन्दी वह नहीं है, जो उत्तर भारत में प्रचलित है। यह हिन्दी केन्द्र के द्वारा विकसित की जाएगी और वह या तो हिन्दुस्तानी होगी या उसके करीब की जबान।

देश की हिन्दुस्तानी प्रचार सभाएँ धारा 351 की सेवा करने को हिन्दी और उर्दू, दोनों ही लिपियों का प्रचार करती रहीं, किन्तु, यह प्रयोग सफल नहीं हुआ। दो लिपियों का विरोध देश में हमेशा से रहता आया था। जब देश का विभाजन हो गया, गांधीजी स्वर्गीय हो गए और संविधान लागू कर दिया गया, उर्दू लिपि का प्रचार दिनोंदिन अधिक कठिन समझा जाने लगा। देश की हालत बदलते ही बुजुर्गों के दिमाग़ किस तरह बदल गए, इसका एक प्रमाण महाराष्ट्र राष्ट्रभाषा सभा, पूना के महामन्त्री श्री गो.प. नेने के संस्मरण में मिलता है।

"यह विभाजन सम्बन्धी तीव्र प्रतिक्रिया का परिणाम था कि जो कांग्रेसजन हिन्दुस्तानी का समर्थन करते थे, वे कहने लगे कि अब हमारी राष्ट्रभाषा हिन्दी होगी और पाकिस्तान की उर्दू। एक दिन सन्ध्या के समय महाराष्ट्र के ज्येष्ठ एवं श्रेष्ठ कांग्रेसी नेता श्री अप्पा साहब पटवर्धन से पूना के कांग्रेस भवन में मुलाकात हुई। श्री अप्पा साहब उन इने-गिने कट्टर गांधीवादियों में से हैं, जो आचार-विचार में गांधीजी के भक्त अनुयायी कहे जाएँगे। वे दो लिपियोंवाली हिन्दुस्तानी के कट्टर समर्थक थे।...कांग्रेस भवन पर उस शाम को अप्पा साहब से भेंट हुई, तो उन्होंने छूटते ही मुझसे कहा कि यह उचित ही है कि हम लोग अब हिन्दी को ही राष्ट्रभाषा कहें, क्योंकि पाकिस्तान की राष्ट्रभाषा उर्दू होगी।"

वैयक्तिक परिवर्तन का यह एक दृष्टान्त है। इसी प्रकार देश के असंख्य लोगों के मत परिवर्तित हो गए। ऐसा दिखाई पड़ा, मानो, हिन्दुस्तानी की कल्पना पैक्ट की भाषा के रूप में की गई थी। लेकिन, जब पैक्ट की उम्मीद खत्म हो गई, हिन्दुस्तानी का मामला भी बिगड़ गया।

उर्दू, हिन्दुस्तानी और हिन्दी, इन तीनों भाषाओं में पारिभाषिक शब्दों के निर्माण का प्रयोग रोचक रहा है। सबसे पहले हैदराबाद के उस्मानिया विश्वविद्यालय में डॉक्टर अब्दुल हक़ के नेतृत्व में उर्दू-प्रेमियों ने पारिभाषिक शब्दों का निर्माण किया। वे सारे के सारे शब्द अरबी और फारसी की धातुओं से तथा उन्हीं के व्याकरण के अनुसार बनाए गए थे। किन्तु, वे शब्द उर्दू-प्रेमियों को भी बेतरह भारी मालूम हुए और उनका प्रचलन नहीं हो सका। तब गांधीजी की हिन्दुस्तानी के भक्त संस्कृत और अरबी-फारसी से बचकर हिन्दुस्तानी में शब्द-निर्माण करने लगे। किन्तु, हिन्दुस्तानी के पारिभाषिक शब्द इतने निकम्मे और हास्यास्पद निकले कि विद्वानों ने उस प्रयोग को बिलकुल बन्द कर दिया। इन दोनों प्रयोगों से शिक्षा लेकर स्वतन्त्र भारत के शिक्षामन्त्री स्वर्गीय मौलाना अबुल कलाम आजाद ने विभिन्न विद्वानों के विषयों की तीस-पैंतीस समितियाँ बना दीं और उनके जिम्मे शब्द-निर्माण का कार्य सौंपा। इन समितियों ने विज्ञान के उन शब्दों को ज्यों-का-त्यों हिन्दी में दाखिल कर लिया, जो अन्तर्राष्ट्रीय समझे जाते हैं। समितियों की नीति यह भी रही है कि अरबी और फारसी के प्रचलित शब्दों का बहिष्कार नहीं किया जाय तथा भारत की हिन्दीतर भाषाओं में जो शब्द उपयोगी दीखें, उन्हें हिन्दी में दाखिल कर लिया जाय। फिर भी सरकारी प्रयत्न से जो शब्द तैयार हुए हैं, वे उन लोगों के बीच लोकप्रियता नहीं प्राप्त कर रहे हैं, जिनका लगाव अरबी और फारसी से है।

गांधीजी ने कल्पना यह की थी कि हिन्दी के जिस रूप को उत्तर के हिन्दू, मुसलमान, सिक्ख, पारसी और क्रिस्तान स्वीकार कर लेंगे, उसे बाक़ी देश भी मान लेगा। किन्तु, शब्द-निर्माण के सिलसिले में जो अनुभव हुए हैं, उन्हें देखते हुए यह

कहा जा सकता है कि गांधीजी जीवित होते, तब भी अहिन्दी प्रान्तों में हिन्दुस्तानी चलाने का काम कठिन होता। अरबी और फारसी के शब्द सरल हों या कुछ कठिन, उन्हें हिन्दीवालों के द्वारा मनवाया जा सकता है। किन्तु, समितियों में कोई-न-कोई अहिन्दी-भाषी विद्वान् उनका विरोध अवश्य करता है और अकसर उसकी पसन्द किसी संस्कृत शब्द के लिए होती है। कठिनाई यह है कि हिन्दी का जो रूप मुसलमानों, सिक्खों, पारसियों और क्रिस्तानों को पसन्द आता है, ठीक वही रूप अहिन्दी-भाषी इलाकों को कठिन होता है और जो हिन्दी अहिन्दी-भाषी क्षेत्रों को सुगम मालूम होती है, उसे वे लोग पसन्द नहीं करते, जो अरबी और फारसी के क़रीब हैं।

संविधान में यह प्रावधान रखा गया था कि संविधान के लागू होने के दिन से 15 वर्ष आगे तक अंगरेजी चलती रहेगी और 15 वर्ष के बाद भी अगर संसद की यह राय हो कि विशिष्ट विषयों के लिए अंगरेजी का प्रयोग आवश्यक है, तो संसद कानून बनाकर उन विषयों के लिए अंगरेजी को जारी रख सकती है। किन्तु, इन 15 वर्षों के भीतर हिन्दी के प्रयोग पर कोई प्रतिबन्ध नहीं था। अतएव, 27 मई, सन् 1952 ई. को राष्ट्रपति ने एक आदेश निकाला, जिसमें कहा गया था कि 1. राज्यपालों, 2. सर्वोच्च न्यायालयों के न्यायाधीशों एवं 3. उच्च न्यायालयों के न्यायाधीशों की नियुक्तियों के अधिपत्रों में अंगरेजी भाषा के साथ-साथ हिन्दी भाषा तथा अन्तर्राष्ट्रीय अंकों के साथ-साथ देवनागरी अंकों का भी प्रयोग किया जा सकता है।

राष्ट्रपति का दूसरा आदेश 3 दिसम्बर, 1955 ई. को जारी हुआ, जिसमें कहा गया था कि :

1. जनता के साथ पत्र-व्यवहार,
2. प्रशासनिक रिपोर्टें, राजकीय पत्रिकाएँ, संसद् को दी जानेवाली रिपोर्टें,
3. सरकारी संकल्प और विधायी अधिनियम,
4. जिन राज्य सरकारों ने अपनी राज्यभाषा के रूप में हिन्दी को अपना लिया है उनसे पत्र-व्यवहार,
5. सन्धियाँ और करार,
6. अन्य देशों की सरकारों और उनके दूतों तथा अन्तर्राष्ट्रीय संगठनों से पत्र-व्यवहार, एवं
7. राजनयिक और कौंसलीय पदाधिकारियों और अन्तर्राष्ट्रीय संगठनों में भारतीय प्रतिनिधियों के नाम जारी किए जानेवाले औपचारिक दस्तावेज,

इन सातों प्रयोजनों के लिए अंगरेजी के साथ-साथ हिन्दी भाषा का भी प्रयोग किया जाएगा।

सन् 1955 ई. में ही राष्ट्रपति ने स्वर्गीय बालाजी खेर की अध्यक्षता में राजभाषा-आयोग की स्थापना की। इस आयोग की रिपोर्ट राष्ट्रपति की सेवा में सन् 1956 ई. में प्रस्तुत की गई। संविधान की आज्ञा के अनुसार यह रिपोर्ट एक संसदीय

समिति के समक्ष रखी गई जिसके अध्यक्ष स्वर्गीय पं. गोविन्द वल्लभ जी पन्त थे। समिति ने खेर-आयोग की रिपोर्ट पर विचार करके अपनी सिफ़ारिशें राष्ट्रपति की सेवा में 8 फरवरी, सन् 1959 ई. को पेश कीं तथा इन सिफारिशों पर विचार करके राष्ट्रपति ने अपना तीसरा आदेश 27 अप्रैल, सन् 1960 ई. को जारी किया। विधि-मन्त्रालय में राजभाषा (विधायी) आयोग तथा शिक्षा-मन्त्रालय में वैज्ञानिक व तकनीकी शब्दावली आयोग की स्थापनाएँ राष्ट्रपति के इसी तीसरे आदेश के अधीन की गई हैं। गृह-मन्त्रालय के द्वारा सरकारी कर्मचारियों को हिन्दी सिखाने की योजना सन् 1955 ई. से ही चलाई जा रही है और इस योजना का भी सुझाव राष्ट्रपति के ही यहाँ से आया था।

खेर-कमीशन के जिम्मे राष्ट्रपति ने एक काम यह भी सौंपा था कि कमीशन हिन्दी के प्रचार, विकास और प्रगामी प्रयोग की एक योजना तैयार कर दे, जिसके अनुसार भारत सरकार काम करेगी। किन्तु, सन् 1956 ई. तक हालत यह थी कि हिन्दी के बारे में उस वक्त तक कोई ठोस काम ही नहीं हुआ था, न तो भारत सरकार के दफ़्तरों में, न हिन्दी-भाषी राज्यों के सचिवालयों में। निदान, खेर-आयोग हिन्दी की कोई योजना तैयार न कर सका।

सन् 1963 ई. के आते-आते यह बात स्पष्ट होने लगी कि सन् 1965 ई. में शासन का माध्यम अंगरेजी से बदलकर हिन्दी नहीं किया जा सकेगा। इस बीच अहिन्दी प्रान्तों में उठनेवाली शंकाओं के समाधान के लिए केन्द्रीय सरकार के प्रधानमन्त्री स्वर्गीय पं. जवाहरलाल नेहरू ने संसद् में यह घोषणा कर दी कि जब तक अहिन्दी-भाषी भारतीय अंगरेजी को चलाना चाहेंगे, तब तक हिन्दी के साथ-साथ केन्द्र में अंगरेजी भी चलती रहेगी। सन् 1963 ई. में जो भाषा-अधिनियम बना, उसका आधार प्रधानमन्त्री का यही आश्वासन था। इस अधिनियम ने यह निर्णय कर दिया कि विशिष्ट कार्यों के लिए ही नहीं, बल्कि सभी कामों के लिए हिन्दी के साथ-साथ अंगरेजी का भी प्रयोग जारी रहेगा। संविधान की आज्ञा थी कि सन् 1965 ई. के बाद अंगरेजी विशिष्ट कार्यों के लिए ही प्रयुक्त की जा सकेगी। यह भारत सरकार की घोर पराजय का उदाहरण था कि 15 साल बीत जाने पर भी उसे ऐसा कोई क्षेत्र नहीं मिला, जहाँ केवल हिन्दी में काम किया जा सके और अंगरेजी पर रोक लगा दी जाय। अदालतों में तो इस बात की जाँच नहीं हुई है कि सन् 1963 ई. का भाषा-अधिनियम संविधान के आशय के विरुद्ध जाता है या नहीं, किन्तु, अनेक लोगों को यह शंका है कि अधिनियम संविधान के आशय के विरुद्ध है।

ज्यों-ज्यों सन् 1965 ई. समीप आने लगी, सरकार के भीतर थोड़ी सुगबुगाहट पैदा हुई कि हिन्दी के बारे में हमें कुछ करना है। ख़ासकर सन् 1964 ई. में हिन्दी पढ़नेवाले सरकारी कर्मचारियों की संख्या में काफ़ी वृद्धि हो गई। सारी निष्क्रियता के होते हुए भी सरकारी हलकों में यह भावना जग गई कि जनवरी सन् 1965 ई. से देश

की मुख्य राजभाषा हिन्दी ही होगी, अंगरेजी का स्थान सहभाषा होने के कारण गौण हो जाएगा। किन्तु, सन् 1965 ई. के जनवरी और फरवरी महीनों में मद्रास राज्य में हिन्दी विरोधी आन्दोलन बड़े ज़ोर से फूट पड़ा। इस आन्दोलन से भारत सरकार इस कदर भयभीत हो गई कि उसने हिन्दी के सभी कामों में ढील दे दी। न जाने कहाँ से यह बात निकल पड़ी कि मद्रास के लोग अंगरेजी के बारे में जवाहरलालजी द्वारा दिए गए आश्वासन को कानून में बदलना चाहते हैं और तत्कालीन प्रधानमन्त्री स्वर्गीय लालबहादुर शास्त्री ने, सचमुच ही, यह घोषणा कर दी कि जवाहरलालजी द्वारा दिए गए आश्वासन को सरकार कानून का रूप देगी।

मद्रास में होनेवाले उपद्रवी आन्दोलन के बाद भाषा के प्रश्न पर पुनश्चिन्तन आरम्भ हुआ और कांग्रेस की कार्य-समिति ने यह निर्णय कर दिया कि संघीय लोक सेवा आयोग की परीक्षाएँ केवल हिन्दी और अंगरेजी में ही नहीं, बल्कि संविधान में उल्लिखित सभी भारतीय भाषाओं में ली जाएँ। इस निर्णय को भारत सरकार ने मान लिया है और संघीय लोक सेवा आयोग इस प्रश्न पर विचार कर रहा है कि 14-15 भाषाओं में मॉडरेशन का काम, न्याय के साथ, कैसे किया जा सकता है।

अंगरेजी के बारे में भारत सरकार ने अहिन्दी-भाषियों को जो आश्वासन दिया था, उसे कानून का रूप देनेवाला विधेयक संसद् में दिसम्बर सन् 1967 ई. में पेश हुआ। सन् 1965 ई. में विस्फोट मद्रास राज्य में हुआ था। सन् 1967 ई. के भाषा अधिनियम संशोधन विधेयक ने हिन्दी प्रान्तों में ज्वाला भड़का दी। इस विधेयक का सबसे महत्त्वपूर्ण प्रावधान यह था कि जब तक प्रत्येक राज्य की विधानसभाएँ इस आशय का प्रस्ताव पास नहीं कर देतीं कि अंगरेजी पर अब रोक लगा दी जाय, तब तक केन्द्र के सभी कामों के लिए हिन्दी के साथ-साथ अंगरेजी का भी प्रयोग चलता रहेगा। इस धारा को लगभग सभी अहिन्दी-भाषी सदस्य उचित समझते थे और यही धारा थी, जिसके विरुद्ध हिन्दी-भाषी प्रान्तों ने विद्रोह कर दिया। हिन्दी प्रान्तों में हिन्दी को लेकर जो आक्रोश फैला है, उसके परिणाम शुभ और अशुभ दोनों होंगे। शुभ परिणाम यह होगा कि अब हिन्दी-भाषी राज्यों की जड़ता दूर होगी और वे हिन्दी में काम करने लगेंगे। सभी हिन्दी प्रान्त यदि हिन्दी में काम करने लगेंगे, तभी केन्द्रीय सचिवालय भी हिन्दी में काम करने को विवश किया जा सकेगा। किन्तु, अशुभ परिणाम यह होगा कि अहिन्दी-भाषी भारतीयों के बीच हिन्दी को लेकर पहले जो थोड़ी शंका थी, वह अब कुछ बढ़ जाएगी।

गांधीजी का सपना ठीक उसी रूप में पूरा नहीं होगा, जिस रूप में वे उसे पूरा करना चाहते थे। किन्तु, उनका स्वप्न पूरा होगा, इसके लक्षण बहुत ही स्पष्ट हैं। गांधीजी ने हिन्दी के बदले हिन्दुस्तानी भाषा चाही थी—लेकिन जो भाषा आज राष्ट्रभाषा के रूप में फैल रही है, वह हिन्दुस्तानी नहीं है। गांधीजी शासन के क्षेत्र में अंगरेजी को हटाना चाहते थे। किन्तु, उनकी कल्पना थी कि अंगरेजी के हटने से जो

जगह ख़ाली होगी, उसका अमितांश क्षेत्रीय भाषाओं को मिलेगा, हिन्दी केवल उन्हीं स्थानों पर रहेगी, जो राष्ट्रीय वृत्त के भीतर पड़ते हैं। गांधीजी की यह कल्पना चरितार्थ होगी, इसके आसार साफ़ दिखाई पड़ते हैं।

पब्लिक स्कूलों को छोड़कर देश के प्रायः सभी माध्यमिक स्कूल आज भारतीय भाषाओं में चल रहे हैं। इस स्थिति का दबाव विश्वविद्यालयों और कॉलेजों पर भी पड़ा है। आज लगभग 40 विश्वविद्यालयों में भारतीय भाषाएँ वैकल्पिक माध्यम के रूप में चल रही हैं। बाक़ी विश्वविद्यालय सरकार के निर्णय की प्रतीक्षा में हैं और सरकार लगभग इस निर्णय पर आ चुकी है कि नीचे से लेकर ऊपर तक शिक्षा का माध्यम अंगरेजी से बदलकर भारतीय भाषाएँ कर दी जाएँ। अभी चूँकि नौकरी की भाषा अंगरेजी है, इसलिए सभी लोग अपने बच्चों को अंगरेजी में ही शिक्षित करना चाहते हैं। जब नौकरियों का माध्यम भारतीय भाषाएँ हो जाएँगी, अंगरेजी सिमटकर अपने उचित स्थान पर जा बैठेगी। कठिनाई यह है कि हमारे उपकुलपति और दूसरे शिक्षाशास्त्री प्रायः प्रतिक्रियागामी विचारों के पोषक हैं। गांधीजी को इस स्थिति का अनुमान था। इसीलिए उन्होंने कहा था कि शिक्षा के माध्यम-परिवर्तन का प्रश्न ऐसा नहीं है, जिसका फैसला शिक्षाशास्त्रियों द्वारा करवाया जाय। इस प्रश्न का फैसला प्रत्येक स्वतन्त्र देश में पहले ही किया जा चुका है। और पाठ्य-ग्रन्थ तो शिक्षा के माध्यम-परिवर्तन के बाद तुरन्त आना शुरू कर देंगे।

(राष्ट्रभाषा आन्दोलन और गांधीजी)

भारत सरकार के शिक्षा मन्त्रालय ने क्या किया?

श्रीमान् उपाध्यक्षजी, बजट पर होनेवाली सामान्य बहस के सिलसिले में मुझे दो-एक जरूरी बातें कहनी हैं, यद्यपि, इन बातों का सम्बन्ध सरकार की हिन्दी-नीति से है। जहाँ तक हिन्दी के विरोध का सवाल है, आज मैं उस सवाल को छूना भी नहीं चाहता। उसका मौका शायद इसी सत्र में आगे आएगा, या वह दूसरे सत्र में आए। आज तो मैं सरकार और देश का ध्यान इस बात पर दिलाना चाहता हूँ कि हिन्दी के राजभाषा हो जाने से किसको क्या कठिनाइयाँ हो रही हैं, और उनका समाधान क्या है।

ऐसी एक कठिनाई मैंने अपने प्रान्त में देखी है, जहाँ एक खास गिरोह के अहिन्दी-भाषी लोग नौकरियों में कुछ कठिनाई का अनुभव कर रहे हैं। बात यह है कि ये अहिन्दी-भाषी उम्मीदवार सरकारी नौकरियों के लिए जो परीक्षाएँ होती हैं उनमें बहुत अच्छा नहीं कर रहे हैं। और विषयों में वे क्वालिफाइंग मार्क्स ले आते हैं, लेकिन हिन्दी जो अनिवार्य पत्र है, उसमें क्वालिफाइंग मार्क्स कुछ कम लोगों को मिलते हैं। बिहार में क्वालिफाइंग मार्क्स शायद 40 और पास-मार्क्स 30 हैं और मेरा खयाल है कि और हिन्दी राज्यों में भी स्थिति ऐसी ही होगी, और इस तरह की कठिनाई अहिन्दी-भाषियों को वहाँ भी होती होगी। इसलिए मेरा सुझाव है कि भारत सरकार का गृह-मन्त्रालय ऐसे सभी राज्यों की सरकारों से अनुरोध करे कि अगले दस वर्षों के लिए इन अहिन्दी-भाषी उम्मीदवारों को यह रियायत दे दी जाए कि परीक्षाओं में उनका पास-मार्क ही क्वालिफाइंग मार्क समझा जाएगा। बिहार में शिड्यूल्ड जातियों के उम्मीदवारों को इस तरह की रियायत पहले से ही हासिल है और मेरा खयाल है कि अहिन्दी-भाषी लोगों को भी यह रियायत दे दी जाए, तो उनकी सारी दिक्कतें दूर हो जाएँगी और वे किसी तरह के घाटे में नहीं रहेंगे।

हिन्दी प्रान्तों में जो अहिन्दी-भाषी लोग डोमीसाइल्ड हैं, अगर उन्हें भी कठिनाई हो रही हो, तो यह रियायत उन्हें भी दी जानी चाहिए। इससे एक तीसरी बात निकलती है कि बंगाल में हिन्दी-भाषियों का या तमिलनाडु में बंगालियों का क्या होगा? मगर यह एक ऐसा सवाल है जिस पर सुझाव इन्हीं राज्यों से आना चाहिए, अथवा, भारत सरकार भी इस पर अपनी कोई राय कायम कर सकती है।

जिस दूसरी कठिनाई की ओर मैं देश और सरकार का ध्यान दिलाना चाहता हूँ,

वह यह है कि देश में हिन्दी का विरोध तो हो रहा है, लेकिन हिन्दी के काम भी बहुत आगे बढ़ रहे हैं। लेकिन इन प्रयोगों से एक बात जाहिर हुई कि जिसे हम दफ्तरी हिन्दी राजभाषा कहते हैं, वह जरूरत से ज्यादा कठिन होती जा रही है। और यह शिकायत सिर्फ उन्हीं की नहीं है जिनकी मातृभाषा हिन्दी नहीं है, बल्कि, उनकी भी है, जो हिन्दी को अपनी मातृभाषा समझते हैं। मगर, इसकी जिम्मेदारी किस पर है? सारा देश इस भ्रम में पड़ गया है कि इस कठिन हिन्दी के पिता का नाम डॉ. रघुवीर है। लेकिन सारी जिम्मेदारी मैं डॉ. रघुवीर पर नहीं डालता हूँ। भारत सरकार के शिक्षा-मन्त्रालय ने क्या किया है? शिक्षा-मन्त्रालय और रघुवीर, ये कभी आपस में एक नहीं रहे हैं। उदाहरण के लिए, शिक्षा-मन्त्रालय ने वैज्ञानिक पारिभाषिक शब्दों के निर्माण के लिए जो कमेटियाँ बनाईं, मैंने डॉ. रघुवीर का नाम उनमें कभी नहीं देखा है। किन्तु, डॉ. रघुवीर का विरोध करते हुए शिक्षा-मन्त्रालय भी लगभग उतने ही कठिन शब्द बना रहा है जितने कठिन शब्द रघुवीर बनाते हैं, अथवा उनसे प्रेरणा लेकर देश के अन्य विद्वान् सारे देश में बना रहे हैं। उससे भी पहले जब विधान-निर्मात्री परिषद् ने देश की चौदह भाषाओं के विद्वानों की गोष्ठी बुलाई थी, तब उस गोष्ठी ने भी यही सिफारिश की कि राजभाषा हिन्दी का रूप संस्कृतनिष्ठ होना चाहिए, क्योंकि इस देश की सभी भाषाओं के बीच एकता संस्कृत को लेकर है, संस्कृतनिष्ठ हिन्दी सभी लोग समझ सकेंगे।

मैं समझता हूँ, यह निर्णय करीब-करीब ठीक है। सरकार को और हिन्दी का काम करनेवालों को, यह ध्यान रखना चाहिए कि विधान में जो 351वीं धारा है, उस धारा के अनुसार इस निर्णय को काम में लाया जाए। संस्कृतनिष्ठ हिन्दी भी दो प्रकार की हो सकती है, एक कठिन, दूसरी सरल। सरल संस्कृतनिष्ठ हिन्दी वह है जिसमें हम किताबें लिखते हैं, जिसमें देश के अखबार निकलते हैं; बल्कि, जिसमें हिन्दीवालों के ही लेख नहीं, काकासाहब के लेख, मगनभाई के लेख, मोरारजी भाई के भाषण और सत्यनारायणजी के भी लेख और भाषण होते हैं। इन भाषणों और लेखों में भी संस्कृतनिष्ठ हिन्दी के नमूने मिलते हैं।

तकलीफ की बात यह है कि लोग समझने लगे हैं कि संस्कृतनिष्ठ हिन्दी वही होगी, जो शत-प्रतिशत संस्कृत हो, अर्थात् जिसमें 'अगर' को काटकर 'यदि' बना दिया जाए और 'खतरे' को काटकर 'त्रास' कर दिया जाए। मेरा खयाल है, इतनी दूर तक जाने में बात बिगड़ती है। मेरा खयाल है कि विधान में 351वीं धारा बहुत सोच-समझकर रखी गई है। यह बड़ी ही अक्लमन्दी का निर्णय था। इस देश में दो तरह के लोग हैं। काश्मीर, पंजाब और हिन्दी प्रान्तों के बहुत-से उर्दूदाँ लोग संस्कृत की धारा से दूर हैं। उनको मामूली संस्कृतनिष्ठ हिन्दी भी कठिन मालूम होती है। तब बंगाल, आसाम, उड़ीसा, महाराष्ट्र, गुजरात और दक्षिण भारत की जनता है, जो संस्कृत की धारा के करीब है, उसे संस्कृतनिष्ठ हिन्दी ही आसान मालूम होती है। इसलिए दफ्तरों में हिन्दी चलाने के लिए दोनों तरह की जरूरतों को खयाल में रखना होगा।

जो लोग संस्कृत की धारा से दूर हैं, उनको हिन्दी के विकास की दृष्टि से इतना कष्ट जरूर स्वीकार करना चाहिए कि वे अधिक-से-अधिक संस्कृत के शब्द सीख लें। लेकिन जो लोग संस्कृत की धारा के समीप हैं उनको भी इसके लिए तैयार रहना चाहिए कि हिन्दी में जो विदेशी शब्द प्रचलित हैं, विदेशी मुहावरे चालू हैं और जिनसे हिन्दी की ताकत बढ़ती है, उनको वे सीख लें, क्योंकि इतना कर लेने से तो देश के दूसरे लोगों को आसानी होगी। हिन्दी में अरबी, फारसी, पुर्तगाली, फ्रांसीसी और अंग्रेजी--इन सभी भाषाओं के कई हजार शब्द अभी धड़ल्ले से चल रहे हैं, और मेरा खयाल है, अगर इन शब्दों को हम हिन्दी से हटा दें तो हिन्दी ऐसी लद्ध हो जाएगी कि घर से बाहर क्या, वह घर में ही नहीं चल सकेगी।

हिन्दी का रैशनल रूप क्या हो, यह स्थिति बहुत साफ है और दफ्तरों में काम करनेवाले हमारे इंटेलेक्चुअल अगर इस नक्शे को अपने सामने रखें, तो हिन्दी का रैशनल रूप बहुत आसानी से निखर सकता है।

लेकिन जो कुछ मैं देश में देख रहा हूँ, उससे मुझे घबराहट होती है। हालत यह है कि अंग्रेजी के पारिभाषिक शब्दों के अनुवाद के बहाने बहुत-से ऐसे अंग्रेजी शब्दों के भी कठिन अनुवाद प्रस्तुत किए जा रहे हैं, जो पारिभाषिक नहीं हैं, जो भाषा के अंग मात्र हैं, और जिनका अर्थ केवल पारिभाषिक है, उनसे बहुत-से अन्य अर्थ भी निकलते हैं। उस पर तुर्रा यह है कि दिल्ली का शिक्षा मन्त्रालय पाँच-पाँच हजार ऐसे शब्दों की सूची बनाकर मन्त्रिमंडल के सामने रख देता है और कहता है कि इस पर अपनी मंजूरी की मुहर लगा दो, जिससे ये शब्द देश भर में चल जाएँ, और सुना जाता है कि मन्त्रिमंडल शब्दों पर अपनी स्वीकृति की मुहर लगाता भी है। मैं यह नहीं पूछता हूँ कि मन्त्रिमंडल में भाषा के विशेषज्ञ हैं या नहीं। लेकिन मेरा सवाल है कि मन्त्रिमंडल को इस झमेले में घसीटने से क्या लाभ है? मन्त्रिमंडल को इन बातों में नहीं पड़ना चाहिए, क्योंकि भाषा पर मंजूरी की मुहरें सरकारें नहीं लगा सकती हैं। और बड़े-बड़े विद्वान् भी यह आग्रह नहीं कर सकते कि जो शब्द हमको पसन्द हैं, सारे देश को उन्हीं शब्दों को मानना होगा। कोष के शब्द निर्जीव होते हैं। उन शब्दों में जीवन का कम्पन अथवा जिन्दगी की थरथराहट तब आती है जब वे लेखकों और वक्ताओं की गर्मी के नीचे आते हैं और जब उनका वास्तविक रूप से प्रयोग किया जाता है, इसलिए, मैं मन्त्रिमंडल को सलाह दूँगा कि शब्द चाहे किसी भी मन्त्रालय में बनते हों, उन्हें मन्त्रिमंडल अन्तिम रूप से स्वीकार न करे। स्वीकृति इन शब्दों को सरकार से नहीं लेनी है। स्वीकृति लेखक देंगे, विद्यार्थी देंगे, वकील देंगे, अध्यापक देंगे, अखबारवाले देंगे, संसद् और विधानसभाओं के सदस्य देंगे और सरकारी दफ्तरों में काम करनेवाले हमारे कर्मचारी और अफसर देंगे। जब ये शब्द उन सभी लोगों द्वारा मंजूर हो जाएँ, तब उनका प्रचलन होगा।

इसलिए मैं कहता हूँ कि जो शब्द अभी बन रहे हैं, वे आखिरी सिक्के नहीं हैं,

उनको कच्ची धातु कहना चाहिए क्योंकि उनकी परीक्षा अभी बाकी है। जैसे कच्चे 'आइरन-ओर' से पक्का इस्पात निकलता है, वैसे ही इन शब्दों के ढेर में से पक्के शब्द निकलेंगे। 'आइरन-ओर' इस्पात नहीं है। जो सामग्रियाँ देश के विद्वान् दे रहे हैं, वे आइरन-ओर हैं। उसमें से इस्पात काफी आगे चलकर निकलेगा। ऐसा होगा कि विद्वानों के बनाए हुए बहुत-से शब्द चल जाएँगे, और वे चल भी गए हैं। ऐसा भी होगा कि बहुत-से शब्दों के बदले हमें दूसरे शब्द बनाने पड़ेंगे। और यह भी होगा कि बहुत-से अन्तर्राष्ट्रीय अथवा अंग्रेजी के शब्द इसलिए हिन्दी में जमे रह जाएँगे कि उनके जोड़ के प्रतिशब्द हम भारतीय भाषा में नहीं बना सकते।

इन सब बातों को ध्यान में रखकर हिन्दी को आगे बढ़ने देना चाहिए। मेरा निजी मत है कि हिन्दी को अगर आज अभी से शुरू कर दिया जाए तो भी देश का कुछ नुकसान होनेवाला नहीं है, क्योंकि, अंग्रेजी की सहायता हमारे साथ है। हिन्दी के प्रति बहुत उत्साह दिखाने में हम लोग इस बात को भूल रहे हैं कि अंग्रेजी से निकलने के लिए भी अंग्रेजी की मदद जरूरी है। इसी सभा में हम देखते हैं कि लोग हिन्दी के साथ अंग्रेजी फेंटकर बोलते हैं। मैं खुद भी चाहूँ तो केवल हिन्दी में बोल सकता हूँ। मगर अंग्रेजी के शब्द मैं भी फेंटता हूँ क्योंकि इन शब्दों के हिन्दी प्रतिशब्द अभी कम लोग समझते हैं और अंग्रेजी शब्द संसद् में ज्यादा लोगों को मालूम हैं। अभी हम एक ऐसे दौर से गुजर रहे हैं जब बीच-बीच में अंग्रेजी के शब्द फेंट-फेंटकर बोलना कोई पाप नहीं है। इसी तरह से अगर कोई अफसर अंग्रेजी के शब्द फेंटकर हिन्दी में लिखे तो वह भी कोई पाप नहीं है। मैं समझता हूँ कि यही एकमात्र मार्ग है, जिससे हिन्दी अभी तुरन्त चलाई जा सकती है।

प्रान्तों में मैंने देखा है कि वहाँ भी हिन्दी का सारा काम अनुवादकों के अधीन है। हमारे बहुत-से इंटेलेक्चुअल जो अफसरी के ओहदों पर हैं, वे इस इन्तजारी में बैठे हुए हैं कि अनुवाद-विभाग से सिक्के ढलकर आ जाएँ तब हम अपना काम हिन्दी में शुरू करेंगे। इसे मैं भयावह स्थिति मानता हूँ। सबल और समर्थ हिन्दी को निर्बल और बदनाम करने का इससे अच्छा तरीका और नहीं हो सकता है। मैं इस मूर्खतापूर्ण परिपाटी का घोर विरोध करता हूँ। मैं प्रान्तीय और केन्द्रीय सरकारों को यह सलाह देता हूँ कि हिन्दी का नेतृत्व अनुवादकों से छीनकर उनको दिया जाए जिनको सचमुच लिखना है, जिनको सचमुच सोचना और बोलना तथा काम करना है; और इस दृष्टि से अगर आज भी हिन्दी का काम शुरू कर दिया जाता है तो कहीं कोई काम रुकनेवाला नहीं है। लेकिन, कहीं सरकार ने यह नीति बरती हो कि पहले हम कोष बना लेंगे, फिर हर अफसर को लाचार करेंगे कि पहले तुम कोष रटो, तब हिन्दी में काम आरम्भ करो, मैं कहूँगा कि यह टॉर्चर होगा, यह अत्याचार होगा। ऐसा टॉर्चर कोई नहीं सहेगा और मैं ही नहीं, मैं समझता हूँ, सारा देश इसका विरोध करेगा।

हिन्दी को देश के स्वभाव में पचाने में बहुत समय लगेगा। ऐसा नहीं है कि किसी

को लाचार करके हम उस काम को आसान कर दें और इसमें घबराने की कोई बात भी नहीं है, क्योंकि हम एक ऐसे महादेश में एक भाषा को सर्वव्यापी बनाना चाहते हैं, जिसमें बहुत-सी भाषाएँ और बोलियाँ हैं, जिनमें से कितनी तो बहुत ही विकसित और समृद्ध हैं। इसलिए हिन्दी का सही मार्ग वही हो सकता है, जो लीस्ट रैजिस्टेंस का मार्ग है, जिसमें रुकावट सबसे कम हैं।

राजाजी हिन्दी के प्रति गुस्से में हैं, इससे चिन्ता होती है; लेकिन उससे बड़ी चिन्ता मुझे इस बात से होती है कि सरकारों ने यह समझ लिया है मानो हिन्दी नाम की कोई भाषा है नहीं। उन पर एक सर्वथा नई भाषा गढ़ने का काम आ पड़ा है। मेरा मत इसके ठीक विपरीत है। हिन्दी की अयोग्यता के बारे में देश में बहुत-सी बातें कही गई हैं। और मैं उन्हें चुपचाप सुनता रहा हूँ। लेकिन, तब भी मेरा खयाल है कि हिन्दी पूर्णरूप से समृद्ध भाषा है, बहुत ही विकसित भाषा है, उसकी अभिव्यक्ति उतनी ही प्रबल है जितनी संसार की किसी और भाषा की हो सकती है।

हिन्दी में रामचन्द्र शुक्ल और वासुदेवशरण के निबन्ध पढ़िए। हमारा मत है कि उनकी भाषा उतनी ही समर्थ है जितनी समर्थ रिचड्‌र्स और बरट्रंड रसल की अंग्रेजी मानी जा सकती है और बुजुर्गों की बात जाने दीजिए। मैंने स्वयं संस्कृति पर एक किताब लिखी है, जिसमें मैंने अरविन्द के विचारों की व्याख्या में कोई 20 पेज लिखे हैं और राधाकृष्णन् के विचारों की व्याख्या में कोई 30 पेज। मुझे ऐसा लगा कि इस काम में हिन्दी ने मेरा उतना ही साथ दिया है जितना अंग्रेजी ने मूलचिन्तकों का साथ दिया होगा।

नई हिन्दी गढ़ने का काम बिलकुल हास्यास्पद काम है। अनुवादकों और शब्द गढ़नेवाले पंडितों को अनुचित महत्त्व देकर सरकार हिन्दी का अकल्याण कर रही है।

राजाजी ने एक मजाक किया है, जो मुझे याद आता है :

"We have no bird in the hand, we are trying to stuff a new bird with new feathers."

(''हमारे पास भाषा-रूपी कोई पक्षी है नहीं। हम नए परों से सजाकर एक नया पक्षी ही बनाने का प्रयास कर रहे हैं।''

The fact is that we have already a fully grown-up, live and a healthy bird in our hands and it will be preposterous to try to create a new bird and stuff it with all kinds of horrible feathers.

''तथ्य यह है कि हमारे पास एक स्वस्थ, सजीव और सुविकसित पक्षी पहले से ही विद्यमान है, और यह सर्वथा अनर्थक बात होगी अगर हम नया पक्षी निर्मित करने का और उसे वीभत्स परों से सजाने का प्रयास करते हैं।'')

राजाजी का मजाक एक बड़ा प्यारा मजाक था। उसमें साहित्यिक विदग्धता थी, इसलिए वह मुझे पसन्द आया।

I find it a little in-appropriate but surely if the government take note of this witty remark by Raja ji they shall be doing better. (मुझे यह

किंचित् अनुपयुक्त तो अवश्य लगता है, पर अगर सरकार राजाजी के इस चातुर्यपूर्ण परिहास पर ध्यान दे तो वह अच्छा ही करेगी।)

आप घड़ी की तरफ देखते हैं, इसलिए मैं घबराता हूँ। दो मिनट में मुझे एक दूसरी बात कहनी है, वह बात उत्तर बिहार के सिलसिले में है। उत्तर बिहार में जहाँ गंगा का पुल बन रहा है, वहाँ पर सरकार ने थर्मल पावर स्टेशन हाउस बनाने की स्कीम रखी थी, लेकिन सुना है कि अब वह स्कीम बन्द कर दी गई है या ठप्प कर दी गई है, कारण यह है कि उसके लिए फॉरेन एक्सचेंज नहीं मिल रहा है। आज ही मैंने 'टाइम्स ऑफ इंडिया' में एक लम्बी सूची पढ़ी है, जो अर्थ-उपमन्त्री ने निकाली है। उसमें यह बताया गया है कि किन-किन योजनाओं को प्रायरिटी दी जाएगी। उसको देखकर मुझे हैरत हुई कि उत्तर बिहार के थर्मल पावर स्टेशन का नाम उसमें नहीं है। मैं जानना चाहता हूँ कि इस योजना के लिए फॉरेन एक्सचेंज रिलीज़ क्यों नहीं किया जाता है? मैं आपको थोड़े में इस स्कीम की आवश्यकता बताता हूँ। उत्तर बिहार का रकबा 21 हजार वर्गमील है और उसकी आबादी 1 करोड़ 82 लाख है। मैं समझता हूँ कि यह आबादी आसाम की आबादी से अधिक है। उड़ीसा से अधिक है, केरल से अधिक है, सीलोन से अधिक है। लेकिन इतने लोगों के लिए पूरे उत्तर बिहार में जो बिजली का कुल इंस्टालेशन है, वह सिर्फ 8,000 किलोवाट है, और उसमें भी 5,000 किलोवाट डीजल तेल से पैदा किया जाता है। आशा की गई थी कि यह थर्मल पावर स्टेशन बन जाएगा तब उसी से पहले के इंस्टालेशन को भी शक्ति दी जाएगी, लेकिन इसके ठप्प हो जाने से भारी विपत्ति खड़ी हो गई।

दक्षिण बिहार में भी उतने ही लोग हैं जितने लोग कि उत्तर बिहार में बसते हैं। लेकिन जब कि उत्तर बिहार में पूरा इंस्टालेशन केवल 8 हजार किलोवाट है, तब दक्षिण बिहार में 6 लाख किलोवाट है। यही नहीं, बोकारो में 75 हजार किलोवाट बिजली का अतिरिक्त प्रबन्ध होनेवाला है, और उसके लिए फॉरेन एक्सचेंज रिलीज़ किया जा चुका है। इसी प्रकार दुर्गापुर के लिए भी 2 लाख 30 हजार किलोवाट की मंजूरी दी जा चुकी है, और उसके लिए भी फॉरेन एक्सचेंज रिलीज़ किया जा चुका है। कोसी-योजना से हम 15 हजार किलोवाट की उम्मीद लगाए हुए थे, लेकिन वह चीज भी अब ठप्प कर दी गई है। इसीलिए मेरी प्रार्थना है कि उत्तर बिहार की इस आवश्यकता को देश की प्रायरिटी नम्बर-1 में रखना चाहिए। यदि फॉरेन एक्सचेंज की कठिनाई हो तो मैं यह भी कहता हूँ कि बिहार की दूसरी योजनाओं को स्क्रैप कर दीजिए, उनको रोक रखिए, लेकिन बरौनी के थर्मल पावर हाउस को जल्दी बनना चाहिए और उसके लिए फॉरेन एक्सचेंज तुरन्त रिलीज़ होना चाहिए।*

(शेष-निःशेष)

---

* राज्यसभा में 4 मार्च, 1958 ई. को दिया गया भाषण।

केवल चरखा और बैलगाड़ी से गाँव का उद्धार होनेवाला नहीं है

उपसभापति महादेय, श्रीमान्, बजट-प्रपोजल मेरी समझ में ठीक से नहीं आते हैं और आँकड़ों का भी विशेषज्ञ मैं नहीं हूँ, लेकिन इस मौके का फायदा मैं कोई ऐसी बात कहने को उठा रहा हूँ, जो बहुत जरूरी है और जिससे सरकार भागती रही है। मेरा आशय शिक्षा के कामों से है। उद्योग और वैज्ञानिक अनुसन्धान के मोर्चे पर देश की प्रगति जिस तेजी से हो रही है, उस तेजी से तो क्या, किसी प्रकार की भी तेजी से हम शिक्षा के मोर्चे पर नहीं बढ़ रहे हैं। जब से देश स्वाधीन हुआ है, सारे देश में एक राय बन गई कि भारत का शिक्षा मन्त्रालय मन्थर गति से चल रहा है, मेरा खयाल है आज वह घोंघे की चाल चल रहा है।

'स्नेल्स पेस'। निराशा का कारण क्या है? स्वाधीनता के बाद शिक्षा मन्त्रालय का सबसे जरूरी काम यह था कि देश भर में पढ़ाए जानेवाले पाठ्यग्रन्थों में संशोधन करवाए। क्योंकि यन्त्र तो हमने अंग्रेजों के पाले हुए लिये थे, उनमें नई भावना भरने के लिए हमारा यह परम कर्तव्य था कि हम पाठ्यग्रन्थों का संशोधन तुरन्त करवा दें, जिससे कि हमारे छात्र देश-भक्ति के भावों को अपना सकें, राष्ट्रीय एकता के महत्त्व को समझ सकें और जो कुछ भी भारत के प्राचीन ज्ञान में श्रेष्ठ है, उसे यूरोप के नवीन ज्ञान से एकाकार करके आगे चला सकें। लेकिन शिक्षा मन्त्रालय 12 वर्षों में यह काम नहीं कर सका और जब भी हम इसकी पूछताछ करते हैं, तब कहा जाता है कि अभी रिसर्च हो रहा है। साम्यवादी लोग केरल में 1957 में सत्तारूढ़ हुए और बिना रिसर्च किए ही 1958 में उन्होंने अपने पाठ्यग्रन्थों को बदल दिया, जिसके खिलाफ वहाँ के चन्द लोग चिल्लाते हैं। अगर एक प्रान्तीय सरकार के लिए यह सम्भव था कि पाठ्यक्रम का आमूल परिवर्तन एक साल में कर दे, तो बारह साल के अन्दर इस देश की सरकार भारत के शिक्षा मन्त्रालय के नेतृत्व में यह काम न कर सके, यह लज्जा का विषय है।

दूसरी बात यह है कि संविधान के पैंतालीसवें अनुच्छेद में हमने यह व्रत लिया था कि संविधान लागू होने के बाद दसवें वर्ष तक हम 6 वर्ष से लेकर 14 वर्ष के बच्चों की शिक्षा अनिवार्य और मुफ्त कर देंगे। अवधि में अब कुल एक साल बाकी

है, किन्तु आसार ऐसे नहीं दिखाई देते कि इस अवधि में भी यह काम होगा। अभी मेरे कानों में यह बात पड़ी है कि सरकार किसी ऐसी योजना पर विचार कर रही है, जिसके अधीन 6 से 11 वर्ष तक के बच्चों के लिए अनिवार्य और मुफ्त शिक्षा का प्रबन्ध किया जाएगा, तीसरी योजना के अधीन, वह भी तब जब 3 अरब रुपए इसके लिए निकाल दिए जाएँगे। शिक्षा पर हम लोग जिस दृष्टि से विचार करते हैं, उसे देखते हुए मुझे शंका है कि राधा को यह घी मिलेगा और राधा नाचेगी। न राधा को नौ मन घी मिलेगा और न राधा नाचेगी। न 3 अरब रुपया शिक्षा मन्त्रालय को मिलेंगे और न यह काम शिक्षा का होगा।

इससे भी एक बड़ी अहम बात है जिसकी ओर मैं सरकार का ध्यान आकृष्ट करना चाहता हूँ। संयोग से सरकार के एक बड़े ही ऊँचे सांस्कृतिक सदस्य अभी यहाँ मौजूद हैं, वे मेरी बातों पर ध्यान देंगे। बेसिक एजुकेशन (बुनियादी तालीम) को अब सरकार ने सबके लिए लागू कर दिया है। बुनियादी तालीम पर इतने दिनों तक विचार हुआ है और इतने बड़े-बड़े लोगों ने इस पर विचार किया है कि उसके बारे में जो शंका उठावे, उसकी अक्ल पर लोग शंका करेंगे। लेकिन मेरे भीतर कुछ शंकाएँ जगी हैं। ये शंकाएँ बुनियादी तालीम की पद्धति पर भले न हों, लेकिन सरकार, बुनियादी तालीम और प्लानिंग कमीशन, इन तीनों का जो सम्बन्ध है, उस सम्बन्ध के कारण मुझको वह शंका दिखलाई पड़ती है। बात क्या है? गांधीजी ने कोई जीवन-दर्शन नहीं लिखा। गांधीजी ने शिक्षा का भी दर्शन नहीं लिखा। वे दर्शन लिखनेवाले व्यक्ति थे नहीं। जैसी स्थिति होती थी, वैसी प्रतिक्रिया उनके भीतर से निकलती थी। उन्हीं प्रतिक्रियाओं से हम आज दर्शन तैयार करते हैं। उनकी कल्पना में बुनियादी तालीम की जो रूपरेखा आई थी, वह यह थी कि यह देश गरीब है, इसीलिए यदि स्कूलों से कुछ प्राप्ति भी हो तो शिक्षा का काम आसान हो जाए।

जाहिर है कि उन दिनों शिक्षा पर कम खर्च किया जाता था। लेकिन आज देश की आमदनी बढ़ी हुई है, और शिक्षा पर बहुत अधिक खर्च हो रहा है। फिर शिक्षा के विशेषज्ञों से कहा कि बच्चों से अगर यह कहा जाए कि तुम अपनी कमाई से स्कूल चलाओ, तो यह बच्चों के प्रति अन्याय होगा। इसीलिए अब हम इस पक्ष को नहीं मानते हैं। यह बहुत अच्छी बात हुई। हाँ, सिद्धान्त रह गया कि बच्चे काम करके सीखें, यानी 'learning by doing' जो शिक्षा का शैक्षणिक पक्ष था, यही अब ठहरा है, लेकिन ठहरा है किस रूप में? विनोबाजी ने पारसाल यह कहा कि बुनियादी तालीम का वानरीकरण हो गया है। एक श्लोक है—"विनायकं प्रकुर्वाणो रचयामास वानरम्'—बनाने गए गणेश और बना दिया वानर। बुनियादी तालीम इसीलिए आई थी कि वह सस्ती होगी, किन्तु अब साधारण स्कूल से उस पर कम-से-कम दूना खर्च आने लगा है। अब कठिनाई यह है कि तीन अरब रुपए सरकार को मिल भी जाएँ और सामान्य शिक्षावाले स्कूल अगर हम खोलें तो शायद 6 से 12 वर्ष तक की उम्रवाले

बच्चों को या 13 वर्ष तक की उम्रवाले बच्चों को शिक्षा दे सकते हैं और स्कूलों की संख्या बढ़ सकती है; परन्तु कहीं हम इसी फेर में पड़े रहें कि जो भी होगा वह बेसिक होगा, तो प्राइमरी शिक्षा को अनिवार्य बनाने और कम्पलसरी शिक्षा का जो आदर्श है, वह अवधि के भीतर पूरा होनेवाला नहीं है।

दूसरी बात यह है कि खर्चीली होने के अलावा बुनियादी तालीम के शिक्षक भी इस देश में तैयार नहीं हो रहे हैं। बहुत कठिनाई से शिक्षक मिलते हैं और यह काम भी बड़ा कठिन है। साधारण पढ़ाई-लिखाई का काम बहुत लोग चला सकते हैं, लेकिन लड़के को एक पदार्थ दिखलाकर उसी पदार्थ से विश्व-ब्रह्मांड की विद्या समझा देना, यह कुछ बड़े दक्ष शिक्षकों का काम है। वे शिक्षक इस देश में नहीं मिल रहे हैं। लेकिन बेसिक स्कूल सबको खोलना होगा।

एक और बात है! अपने प्रान्त में मैंने बेसिक स्कूलों में जाकर के समझने की कोशिश की कि यहाँ क्या चीज पैदा हो रही है। यह देखकर मुझे कुछ थोड़ा सन्तोष हुआ कि धीरे-धीरे सर्वोदय का वातावरण इन स्कूलों में पैदा हो रहा है। सर्वोदय के वातावरण से मेरा क्या तात्पर्य है? बेसिक स्कूल के छात्र और शिक्षक बड़े उद्योगों के प्रति घृणा सीखते हैं, कुटीर उद्योगों के प्रति उनमें प्रेम है। शहरों के प्रति उनमें विरक्ति है, गाँवों के प्रति उनमें भक्ति है। देश-भाषाओं के प्रति प्यार है, अंग्रेजी के प्रति उदासीनता है और चारित्रिक गुणों पर भी वे कुछ अधिक ध्यान देते हैं। सब मिलाकर मुझे ऐसा लगा कि जो वातावरण बन रहा है, वह बड़ा ही अच्छा है; लेकिन अच्छा होने पर प्लानिंग कमीशन से उसका क्या सम्बन्ध है? उन स्कूलों में जो वातावरण बन रहा है, वह तभी लाभदायक होगा अगर प्लानिंग कमीशन उस दिशा में जानेवाला हो। अपनी बात को मैं जरा और स्पष्ट करूँ। बेसिक स्कूलों में मैंने गांधी और विनोबा की छोटी-सी मौजूदगी पाई है, लेकिन प्लानिंग कमीशन में गांधी और विनोबा के लिए कोई जगह है या नहीं, मैं नहीं कह सकता। सारा देश कहता है कि नहीं है। प्लानिंग कमीशन का रुझान बड़े उद्योगों पर है, श्रीनिकेतन पर नहीं। प्लानिंग कमीशन का रुझान अंग्रेजी भाषा पर है, इस देश की भाषाओं पर नहीं और प्लानिंग कमीशन की कल्पना से जो समाज जन्म लेनेवाला है, वह विज्ञान का समाज होगा। पेट्रोल, भाषा और बिजली का समाज होगा, स्पूतनिक-युग का समाज होगा और उसके सारे साधन वैज्ञानिक होंगे।

अब इस स्थिति में मैं यह सोचता हूँ—कि सब मिलाकर—बेसिक एजूकेशन और प्लानिंग कमीशन दोनों सही नहीं हो सकते। अगर बेसिक एजूकेशन सही है तो प्लानिंग कमीशन को अपनी दिशा बदलनी चाहिए और अगर प्लानिंग कमीशन सही है तो बुनियादी तालीम उसके लिए गलत साधन है। यह तो वैसा ही काम हो रहा है कि गांधी और विनोबा की फौज खड़ी करके आप उसके हाथ में हथौड़ा दे दें और कहें कि जमशेदपुर का निर्माण करो। कमीशन के मन में कहीं-न-कहीं कन्फ्यूजन है,

कहीं-न-कहीं सोचनेवालों के दिमाग में सफाई नहीं है, नहीं तो इस तरह का काम नहीं होता। अगर सरकार यह कहे कि बुनियादी तालीम भी सही है और प्लानिंग कमीशन भी सही है, हम दोनों को सही मानकर चल रहे हैं, तब सरकार पर एक तीसरा दोष मैं लगाऊँगा। वह यह कि तब आप जो काम करने जा रहे हैं, उसमें गाँववालों को धोखा होनेवाला है, क्योंकि नगरों में आप अच्छे स्कूल रख रहे हैं, पब्लिक-स्कूल कायम कर रहे हैं, अंग्रेजी शिक्षा पर आपका सारा जोर है, नतीजा यह होगा कि अफसर, इंजीनियर, शासक, राजदूत—ये बड़े लोग देश के पब्लिक-स्कूलों से, नगरों के स्कूलों से आएँगे और गाँववाले जो तैयार होंगे, वे चखा-करघा बुनते रहेंगे, छोटी जगहों से आगे बढ़ने का उनको रास्ता नहीं मिलेगा। लेकिन मेरा खयाल है कि शायद सरकार इतनी निष्ठुर, इतनी बेरहम नहीं है, इतनी अन्धी भी नहीं है। कोई और कल्पना है, जो सरकार के मन्त्री अभी अपने ही पास दबाए हुए हैं, देश को जानने नहीं देते हैं। मेरा अनुमान है कि गांधीवाद 'अभिनव गांधीवाद' में परिवर्तित होने लगा है—Gandhism is marching towards neo-Gandhism और हमारी सरकार उसका माध्यम बने, तो निराशा थोड़ी दूर हो सकती है। वह इस प्रकार कि सभी इस बात में सहमत हैं कि गाँवों में जो घोर अशिक्षा है, घोर बेकारी है, देश भर में गरीबी है, इसको हटाने का उपाय लोहे और सीमेंट का कारखाना है। लेकिन लोहे और सीमेंट का कारखाना कहाँ तक? विनोबाजी जो चिल्ला रहे हैं, जयप्रकाश जो कर रहे हैं, सर्वोदय की विचारधारा जो देश में फैल रही है, वह उपेक्षित होने के लिए है या उसका भी असर इस देश पर पड़नेवाला है? मेरा खयाल है कि अगर विनोबा और जवाहरलाल, ये दोनों दो ध्रुवों पर रहनेवाले न हों, दोनों के बीच कहीं मिलन हो सकता है, तो उसका उपाय है कि आज से आठ-दस वर्ष के भीतर जब आपके पास काफी सीमेंट, काफी लोहा हो जाए, तब गाँवों के उद्योगीकरण पर आप ध्यान दीजिए। इसलिए मैंने कहा कि केवल चरखे और बैलगाड़ी से गाँव का उद्धार होनेवाला नहीं है, गाँव का भी उद्धार होगा सीमेंट और लोहे से ही, गाँव सुधरेंगे छोटे उद्योगों को वहाँ ले जाने से और अगर सरकार के मन में यह कल्पना है कि आठ-दस साल के बाद हम इन बड़े उद्योगों को गौण, लघु उद्योगों को प्रधान करनेवाले हैं तो मैं समझता हूँ कि (बेसिक एजूकेशन बुनियादी तालीम) उसके लिए अनुकूल साधन है। यद्यपि मैं फिर कहूँगा कि तब चरखे और हाथ की आरी को तो न छोड़िए, किन्तु बेसिक स्कूलों में अन्य वैज्ञानिक औजारों का भी प्रवेश कराइए, लड़कों के दिमाग को विज्ञान से परिचित कराइए। बल्कि मैं तो चाहूँगा कि केन्द्र से लेकर राज्यों तक सर्वत्र जो कुटीर उद्योग के विभाग हैं और बुनियादी तालीम के विभाग हैं, इनको एक मन्त्री के हाथ में दे देना चाहिए, जिससे बेसिक स्कूलवालों पर यह असर पड़े कि इस शिक्षा से विज्ञान का मेल कैसे हो सकता है।

मगर एक बात है, जिसको देखकर मैं निराश हो जाता हूँ। न जाने हम लोग किधर को जा रहे हैं! अकबर का एक शेर है—

नई-नई लग रही हैं आँचें, यह क़ौम बेकस पिघल रही है;
न मग़रिबी है, न मशरिकी है, अजीब साँचे में ढल रही है।

मैं घबराता हूँ यह देखकर कि अगर वह सर्वोदयवाली कल्पना ठीक है, अगर प्रधानमन्त्री का विनोबाजी से अहमदाबाद में जाकर आलिंगन करना ठीक है, अगर बेसिक एजूकेशन, बुनियादी तालीम की पद्धति ठीक है, तो फिर सरकार के नेताओं के मुँह से ऐसी बात क्यों निकलती है कि देश-भाषाओं का पक्ष लेना गलत किस्म की राष्ट्रीयता है, गलत किस्म की देशभक्ति है? अभी उस दिन जब यूनिवर्सिटी ग्रांट्स कमीशन पर विवाद हो रहा था, तब न जाने कैसे डॉ. श्रीमाली के मुँह से यह बात निकल गई–Let us not have a false sense of patriotism in this matter. (इस विषय में हम में देश भक्ति की गलत भावना नहीं होनी चाहिए।)

अर्थात्–अंग्रेजी के विरुद्ध जो लोग देश-भाषाओं की माँग करते हैं, उनकी देशभक्ति झूठी है। मेरा खयाल है कि जब देशभक्ति की आग लगी थी, तब मैं और श्रीमाली दोनों छाया में बैठे हुए थे। तो कम-से-कम मुझे और श्रीमालीजी को यह हक नहीं है कि राष्ट्रीयता की परिभाषा बना दें। राष्ट्रीयता और देश भक्ति की परिभाषा उन्हीं को बनाने दीजिए, जिन्होंने देशभक्ति की ज्वाला जलाई, जिन्होंने देश को स्वाधीन किया। दुर्भाग्य की बात है कि स्वराज्य लिया था गांधीजी और जवाहरलाल नेहरू ने, मगर विचारों के नेता हो पड़े वे लोग, जिनको देशभक्ति की आग में जलने का मौका भी न मिला।

श्रीमालीजी चले गए हैं लेकिन उनके जो मित्र यहाँ हों, उनके द्वारा मैं उनसे कहलाना चाहता हूँ कि देश-भाषाओं का पक्ष लेना झूठी किस्म की देशभक्ति नहीं है। इस देश में देशभक्ति की गंगा महात्मा गांधी के कमंडलु से बही है और उसी के कारण हम सब लोग पवित्र हुए हैं। गांधीजी ने 1921 में कहा था–

"The highest development of Indian mind must be possible without a knowledge of English. To get rid of the infatuation of English is one of the essentials of Swaraj." (अंग्रेजी के ज्ञान के बिना भी भारतीय मस्तिष्क का सर्वोच्च विकास अवश्य सम्भव होना चाहिए। अंग्रेजी से प्रेरणा लेने की गलत भावना से छुटकारा होना स्वराज्य के लिए एक अत्यावश्यक बात है।)

और अगर श्रीमालीजी यह कहते हों कि दिनकरजी, मैं भी इस सिद्धान्त को मानता हूँ, तो मेरा कहना सिर्फ यह है कि उतावलापन न करो, जल्दी मत करो! इस प्रसंग में भी गांधीजी का उपदेश है, जिसे उन्होंने 1947 में 'हरिजन' में लिखा था–

My idea is for banishing English as a cultural usurper as we successfully banished the political rule of the English usurper. Everyday lost in making this necessary change is so much cultural loss to the nation. (मेरा आशय यह है कि जिस प्रकार हमने सत्ता हड़पनेवाले अंग्रेजों के राजनैतिक शासन को सफलतापूर्वक उखाड़ फेंका, उसी प्रकार हमें सांस्कृतिक अधिग्रहण करनेवाली अंग्रेजी

को भी हटा देना चाहिए। यह आवश्यक परिवर्तन करने में जितनी अधिक देरी हो जाएगी, उतनी ही अधिक राष्ट्र की सांस्कृतिक हानि होती जाएगी।)

गांधीजी की इस बात के सामने भारत सरकार के मन्त्री अगर यह कहें कि देश-भाषाओं की माँग करनेवाले झूठे देशभक्त हैं, तो फरियाद मैं पंडितजी के सामने करता हूँ कि पंडिजी, देखिए, आपके नेतृत्व में आकर लोग ऐसी-ऐसी बातें पार्लियामेंट में कर रहे हैं, और, अगर पंडितजी भी यह कह दें कि दिनकर, तुम गलत हो, वे ठीक हैं, तो मैं अपना सिर पीट लूँगा।

बात इतनी ही नहीं है। यह केवल राष्ट्रीयता का जोश नहीं है, जो जनता को उसकी भाषा की ओर ले जा रहा है। जनता की भाषा की माँग के भीतर जनता के अधिकारों की माँग छिपी हुई है, उसके राजनीतिक अधिकारों की माँग छिपी हुई है, आर्थिक अधिकारों की माँग छिपी हुई है, सांस्कृतिक अधिकारों की माँग छिपी हुई है। समाजवाद के लिए हम लोग बड़े प्रयत्नशील हैं। जनता को उसकी भाषा दे दीजिए, चार आना समाजवाद अभी होता है। लेकिन जनता को उसकी भाषा देता कौन है? सारी सत्ता अंग्रेजी जाननेवालों के हाथ में है और वे उस सत्ता को उनके लिए बचाना चाहते हैं, जो लोग आज पब्लिक स्कूलों में अच्छी अंग्रेजी की ट्रेनिंग पा रहे हैं। देश के बाकी बच्चों के लिए कौन सोचे? वे तो भैंस के बच्चे हैं। उनके लिए राजनैतिक अधिकारों की जरूरत नहीं है। वोट माँगना जनता की भाषा में और नोट लिखना अंग्रेजी में—यह ऐसा विरोधाभास है, जो सरकार को खा जाएगा; इस देश में कोई भी ऐसी सरकार नहीं टिक सकेगी, जो जनता से उसकी भाषा को छीन ले। इसीलिए मैं कहता हूँ कि सिद्धान्त में देशभाषाओं को आप स्वीकार करते हैं, यह बहुत अच्छी बात है; मगर आप दिन-रात अंग्रेजी के लिए इतने चिन्तित क्यों रहते हैं? अभी उस दिन वाडिया साहब ने कहा कि "हिन्दी में जो कुछ छपता है, वह देश का फालतू खर्च है।" और अंग्रेजी में जो कुछ छपता है, वह बड़े पुण्य का काम है। वह बदरी-धाम है, उससे यह देश बैकुंठ जानेवाला है! धीरे-धीरे लोगों ने यह विरोधी हवा बहा दी है। और ये लोग वे हैं, जिनका जनता से परिचय नहीं, जो जनता का मुँह देखने कभी गाँव में नहीं जाते होंगे, जिनके दिल में यह कभी आया ही नहीं कि जनता को कैसे जगाया जाता है, जनता को कैसे कार्यारूढ़ किया जाता है, फिर भी जिधर देखिए ये लोग अंग्रेजी की घोड़ी कुदाए जा रहे हैं। मन की घोड़ी उड़ाओ, लेकिन किसी दिन जनता सींग में तलवार बाँध आ पहुँचेगी। यह पार्लियामेंट भी उसके लिए बड़ी चीज नहीं है। वह दूसरी पार्लियामेंट बना देगी। मैं कहता हूँ, क्या अंग्रेजी के लिए इतना चिन्तित होना जरूरी है? क्या श्रीमालीजी और वाडियाजी या दूसरे बड़े लोग अगर अंग्रेजी के पक्ष में लेक्चर न दें तो अंग्रेजी मर जाएगी? अंग्रेजी देश में अपने गुणों के कारण ठहरनेवाली है। हम जानते हैं, अंग्रेजी हमारे लिए विश्व-ज्ञान की कुंजी है। और हम, अंग्रेजी को अपने देश में रखना भी चाहते हैं। लेकिन उसे रखना है ज्ञान की भाषा के

रूप में, 'लैंग्वेज ऑफ कॉम्प्रिहेंशन' के रूप में। अंग्रेजी को बचाने के लिए हैदराबाद में इंस्टीट्यूट बनाया गया है। यह रुपए की बर्बादी है। अंग्रेजी अब नहीं पनप सकती। वह मनोवैज्ञानिक वातावरण बदल गया, जिसके अधीन भारतवर्ष के लोग अंग्रेजी में क्षमता प्राप्त करते थे। जब यहाँ के नौजवानों से यह कहा जाता था कि अंग्रेजी में तुम दक्ष न हुए तो तुम्हारा कोई भविष्य नहीं है, तब सभी लड़के अंग्रेजी पर अधिकार पाने की कोशिश करते थे। तब कुछ लोग राधाकृष्णन् भी बन सकते थे और जवाहरलाल नेहरू भी, लेकिन क्या आप आज भी देशवासियों से यह कहनेवाले हैं कि अंग्रेजी नहीं पढ़ोगे तो तुम्हारा भविष्य नहीं है? न आप यह बात कह सकते हैं, न अंग्रेजी के पक्ष में वातावरण ठहर सकता है; मगर तब भी हम अंग्रेजी तो सीखेंगे ही। लेकिन अब अंग्रेजी सिखाना है तो मौलाना आजाद साहब की तरह सिखाइए। मौलाना साहब अंग्रेजी की बड़ी-से-बड़ी किताबें पढ़ लेते थे, लेकिन अंग्रेजी बोलते नहीं थे। यह कुछ वाणी का ब्रह्मचर्य नहीं था, बल्कि उनके मुँह से अच्छा उच्चारण नहीं हो सकता था। इसलिए वे अंग्रेजी नहीं बोलते थे। सारे संसार में आज जो लोग अंग्रेजी सीखे हुए हैं उनमें कौन अंग्रेजी शुद्ध बोलता है? हर जगह क, म, घ करके काम चलाया जाता है। लेकिन सर्वत्र वह ज्ञान की भाषा है। लोग अंग्रेजी से ज्ञान लेकर उसको अपनी भाषा में फैलाते हैं, अपने देशवासियों में फैलाते हैं।

इसलिए सरकार से मेरी जोरदार सिफारिश है कि वह जरा-सा मोह-माया को छोड़ देश-भाषाओं को और खुलकर मैदान में आने दे, उनके मैदान में आ जाने पर अंग्रेजी के लिए जो रास्ता निकलेगा, वह ज्ञान की भाषा का रास्ता होगा और उसी रास्ते का हमें विकास करना चाहिए।

(शेष-निःशेष)

---

* राज्यसभा में 9 मार्च, 1959 ई. को दिया गया भाषण।

मैं नहीं मानता कि हिन्दी साम्प्रदायिकता की भाषा है

सबसे पहले मैं माननीय पं. गोविन्दवल्लभजी पन्त को बधाई देता हूँ, जो संसदीय समिति के चेयरमैन थे। संसदीय समिति ने बहुत बड़ी उपलब्धि नहीं की है, बहुत बड़ी चीज हासिल नहीं की है; लेकिन जब यह समिति काम कर रही थी, तब भाषा को लेकर देश में बहुत बड़ा वाद-विवाद मच गया था और उस गर्मी के भीतर यह पन्तजी की ही सूझ-बूझ और दूरदर्शिता का परिणाम था कि इस मसले पर देश एकमत हो सका। मैं इसको एकमत होना ही कहता हूँ। अगरचे श्री फ्रेंक एन्थोनी की छुरी का निशान हमारे कलेजे में बाकी है, मगर उन्होंने अपना वैमत्य वापस ले लिया है। इसलिए मैं समझता हूँ कि बाकी वैमत्य ऐसा नहीं है, जिससे आप यह कह सकें कि देश एकमत नहीं हुआ।

गंगा जब उतरती है तब कहीं तो शंकर जटा खोलकर उसका स्वागत करते हैं और कभी-कभी ऐरावत उसकी राह रोकने को आ जाते हैं। पन्तजी की बुद्धिमत्ता से सारी बाधाएँ दूर हो गईं। इसलिए मैं उनके प्रति बधाई प्रकट करता हूँ और मैं समझता हूँ कि सारा देश उनकी इस बुद्धिमत्ता से, उनके इस धीरज से प्रसन्न है।

जहाँ तक इस रिपोर्ट का सवाल है, मैं इसे मुख्यतः अहिन्दी-भाषी भारत की रिपोर्ट मानता हूँ क्योंकि यह रिपोर्ट हिन्दी को उस तरीके से लाना चाहती है, जो तरीका श्री मुदलियार, श्री थानु पिल्ले, श्री अतुल्य घोष, श्री डाँगे आदि अहिन्दी-भाषी नेताओं का है; उस तरीके से नहीं, जो तरीका पूज्य टंडनजी का है अथवा जो तरीका उड़ीसा के विद्वान् नेता और इस सदन के सम्माननीय सदस्य भंजदेवजी का था।

लेकिन फिर भी मैं इस रिपोर्ट का स्वागत करता हूँ क्योंकि मेरा विश्वास रहा है कि हिन्दी को राजभाषा बनाने का श्रेय हिन्दीवालों को नहीं, बल्कि उन महापुरुषों को है, जिनका जन्म या तो बंगाल में हुआ था या गुजरात में हुआ था या महाराष्ट्र में हुआ था या जो दक्षिण भारत में जनमे थे। आज भी सुविधा की राह यही है कि हिन्दी को हम उसी तरह से लाएँ जिस तरह से अहिन्दी-भाषी भारत के लोग उसको लाना चाहें। अहिन्दी-प्रान्तों में हिन्दी चलाने के मामले में मैं बराबर ही समझता रहा हूँ कि हमारी नीति वही होनी चाहिए, जो नीति अहिन्दी-भाषी भारतवासी अपने बहुमत से चलाना चाहें। और यह सिर्फ बोलने की बात नहीं है। राजभाषा-आयोग में हिन्दी-भाषी कई

सदस्य थे, लेकिन उन सभी लोगों ने इस नीति का नियमपूर्वक पालन किया था। आयोग के पूरे इतिहास में एक बार भी ऐसा मौका नहीं आया जब अहिन्दी-भाषियों के बहुमत-निर्णय से एक भी हिन्दी-भाषी सदस्य का मतभेद हुआ हो। यह बात दूसरी है कि वैमत्य लिखनेवालों ने गलत बातें भी रिपोर्ट में लिख दीं।

इस रिपोर्ट की दूसरी विशेषता यह है कि अंग्रेजी के प्रयोग पर यह कहीं भी कोई प्रतिबन्ध नहीं लगाती है और न यही कहती है कि अखिल भारतीय नौकरियों में जो प्रतियोगी परीक्षाएँ होती हैं, उन परीक्षाओं में से अंग्रेजी को तुरन्त निकालकर उसकी जगह पर हिन्दी का चलन कर दिया जाए। यह मसला जरा स्वभाव से ही उलझा हुआ है, इसलिए संसदीय समिति ने यह भी कहा है कि 1965 के बाद हिन्दी इस देश की प्रधान संघीय भाषा हो जाएगी और अंग्रेजी गौण होकर रहेगी।

मेरा खयाल है कि साधारणतः यह प्रबन्ध बहुत से अहिन्दी-भाषियों को पसन्द आया है और इसलिए मैं भी उसे पसन्द करता हूँ। लेकिन जिस तरह हमने अहिन्दी-भाषी जनता की कठिनाई को समझकर इस इन्तजाम को कबूल कर लिया है, उसी तरह उचित है कि अहिन्दी-भाषी जनता भी हिन्दीवालों की कठिनाई को समझे और उसका कोई हल निकालने में देश की मदद करे। हमारी कठिनाई क्या है? हमारी सबसे बड़ी कठिनाई यह है कि हिन्दी प्रान्तों के विश्वविद्यालयों ने बहुत दूर तक अपनी शिक्षा का माध्यम बदल दिया है। अब हमारे ग्रेजुएट प्रधानतः हिन्दी के माध्यम से तैयार हो रहे हैं। और जो बात हिन्दी प्रान्तों में हुई है, वही बात गुजरात में भी हो गई है। वहाँ भी ज्यादा ग्रेजुएट अब गुजराती के माध्यम से तैयार होते हैं। और अभी एक मित्र ने बताया कि मद्रास और अन्नामलाई-विश्वविद्यालयों ने भी तमिल का प्रयोग आरम्भ कर दिया है। इन सारी चीजों को सामने रखते हुए जो बात मुझे दिखलाई पड़ती है, वह यह है कि अब हम लोग हवाई किले में बैठकर विचार करना छोड़ दें। विचार अब ठोस जमीन पर उतरकर करें। जो घटना बाकी भारतवर्ष में घटित होनेवाली है, वह हिन्दी प्रान्तों में और गुजरात में और प्रदेशों के रूप में मद्रास राज्य में घटित हो चुकी है। शिक्षा का माध्यम बदल देने से एक स्थिति उत्पन्न हुई है, जो यह माँग करती है कि अब अखिल भारतीय नौकरियों की परीक्षाओं में देश-भाषाओं का प्रयोग तुरन्त होना चाहिए। हिन्दी प्रान्तों ने और गुजरात ने कोई गुनाह नहीं किया है कि हम उनके नवयुवकों को अनिश्चित काल तक बेकारी के शाप से शापित रखें। संविधान-परिषद् ने एक निर्णय किया, सारा देश चाहता था कि वह निर्णय काम में आए और हिन्दी प्रान्तों और गुजरात को आसानी थी, उन्होंने यह काम कर डाला। वाजिब तो यह है कि हम उनको इनाम दें, लेकिन हम इनाम न दे सकते हों तो कम-से-कम उनको सजा तो नहीं देनी चाहिए, उनके साथ इन्साफ तो जरूर किया जाना चाहिए।

एक बात मैं आपको कह दूँ। प्रत्येक भाषा-क्षेत्र में वहाँ की भाषा ऊपर आने को

बेचैन है। लेकिन सारे लोग सिर्फ यह देखने को ठिठके हुए हैं कि इन पाँच-छह प्रान्तों में जो नए ग्रेजुएट तैयार हो रहे हैं, उनके साथ भारत सरकार क्या सलूक करने जा रही है। अगर इन ग्रेजुएटों का रास्ता खुल गया तो विश्वास मानिए कि आनन-फानन सभी क्षेत्रों में वहाँ की भाषाएँ ऊपर आ पहुँचेगी। इसलिए सरकार से मेरा निवेदन है कि संसदीय समिति ने जो निर्णय उसके हाथ में छोड़ा है, उस निर्णय को वह शीघ्र कर डाले और इस तरह कर डाले कि हमारे नए ग्रेजुएटों की दुविधा एक साल या छह महीने में खत्म हो जाए और वे अखिल भारतीय नौकरियों में अपनी भाषाओं के जरिए शामिल होने की तैयारी कर सकें।

मुश्किल यह है कि हम तो अहिन्दी-भाषी प्रान्तों की कठिनाई समझते हैं। मगर हमारी कठिनाई का हाल अहिन्दी-भाषी जनता तक नहीं पहुँच पाता। बीच में फोर्थ स्टेट की एक टुकड़ी खड़ी है, जो कि हर बात को छान डालती है। लोग अंग्रेजी की तरफदारी से इतनी दूर जा रहे हैं कि भाषाओं के बीच प्रेम पैदा होने देना नहीं चाहते। सारे देश में हिन्दीवाले बदनाम समझे जाते हैं। मैं कहता हूँ कि हिन्दी-भाषी और अहिन्दी-भाषी भारतवासियों के बीच कुहासा फैलाने का काम हिन्दी के समर्थक नहीं, बल्कि अंग्रेजी के जोशीले अलम्बरदार कर रहे हैं, English Enthusiasts कर रहे हैं, जो यह कहते हुए भी नहीं शरमाते कि हिन्दी साम्राज्यवाद की भाषा है और भारत की असली राष्ट्रीयता की वाणी अंग्रेजी है। लेकिन यह गलत बात है।

हिन्दी, बंगला, गुजराती, तमिल, तेलुगु, मराठी, कन्नड़, मलयालम—हिन्दुस्तान में ऐसी कोई भाषा नहीं है, जिसे कोई सम्राट् बोलता हो, लेकिन सभी जानते हैं कि अंग्रेजी, सम्राज्ञी (महारानी) एलिजाबेथ की भाषा है।

अंग्रेजी के तरफदारों का सारा गुस्सा हिन्दी पर बरस रहा है। फिर भी यह सच है कि अंग्रेजी को धकियाने का काम केवल हिन्दी ही नहीं कर रही है, प्रत्येक भाषा-क्षेत्र में वहाँ की भाषा आज इसी काम में लगी हुई है। मगर फिर भी सारा गुस्सा हम पर उतारा जा रहा है। भोले-भाले देशभाषा-भाषी लोग इस रहस्य को भले न समझें, लेकिन अंग्रेजी के तरफदार इस बात को खूब समझते हैं कि हिन्दी आई तो भारत की सभी भाषाएँ आ पहुँचेंगी और हिन्दी रोक दी गई तो फिर कोई भी भाषा अंग्रेजी की जगह नहीं ले सकेगी। हिन्दी का आन्दोलन केवल हिन्दी का आन्दोलन नहीं है, वह अंग्रेजी के विरुद्ध भारत की सभी भाषाओं का आन्दोलन बन गया है। इस रहस्य को अंग्रेजी के तरफदार समझते हैं। मगर ईश्वर ने चाहा तो यह आन्दोलन किसी के रोके नहीं रुकनेवाला है। दस साल के भीतर-भीतर प्रत्येक भाषा-क्षेत्र में वहाँ की भाषा प्रधान हो जानेवाली है। और यही दस वर्ष हमारे हाथ में हैं जब हम हिन्दी का सारे देश में प्रचार कर सकते हैं। अंग्रेजी हट रही है और दस वर्ष बीतते-बीतते वह सत्ता के आसन से लुढ़ककर नीचे गिर जाएगी। अगर इस बीच में हमने संघ-भाषा का सारे देश में प्रचार न कर दिया तो हम लोग किसी तरह के वैकुअम (रिक्तता) का

सामना करनेवाले हैं। यह इतनी प्रत्यक्ष बात है कि कोई भी आदमी इसको देख सकता है। काल ने अपना काम आरम्भ कर दिया है। इस काम को अंग्रेजी के तरफदारों के आँसू नहीं रोक सकेंगे। इस काम को चौथी स्टेट की वह बड़ी और जबर्दस्त टुकड़ी भी नहीं रोक सकेगी, जो आज आँखें मूँदकर अंग्रेजी का समर्थन और देशभाषाओं का विरोध कर रही है।

सरकार का धर्म है कि वह काल की गति को पहचाने और युग-धर्म की पुकार का बढ़कर आदर करे। पूज्य टंडनजी ने अपने वैमत्य में एक सुझाव दिया है कि केन्द्र में हिन्दी मन्त्रालय बनाना चाहिए; मैं समझता हूँ कि हिन्दी मन्त्रालय काफी नहीं है। यह हो सकता है कि केन्द्र में हिन्दी का काम करनेवाली जो शाखा है, उसका विस्तार कर दिया जाए, लेकिन वह भी काफी नहीं है। देश की भाषाओं के बीच एक प्रकार की शंका उत्पन्न हो गई है और उसको रोकने के लिए हमको बड़े पैमाने पर कोई बड़ा काम करना होगा। मुझे इस बात की नितान्त आवश्यकता दिखती है कि हिन्दी समेत भारत की चौदह भाषाओं की एक नेशनल अकादमी बना दी जाए और उसका प्रधान कार्यालय हैदराबाद में रखा जाए। इस अकादमी के जरिए हम प्रत्येक भाषा-क्षेत्र में वहाँ की भाषा को आगे बढ़ाने में मदद कर सकते हैं। इस अकादमी के जरिए हम यह काम कर सकते हैं कि सभी भाषाओं में एक ही प्रकार के शब्द चलें। इस अकादमी के जरिए हम प्रत्येक भाषा क्षेत्र में द्विभाषी, त्रिभाषी विद्वान् तैयार कर सकते हैं और भाषाओं के भीतर भावात्मक एकता लाने के लिए सभी उपायों को काम में ला सकते हैं। यह कोई मेरा ही सुझाव नहीं है। सन् 1948 में राधाकृष्णन्- कमीशन ने भी इस प्रकार का कोई सुझाव दिया था। राजभाषा-आयोग ने भी यह सुझाव दिया है और मैं समझता हूँ कि इस सुझाव पर संसदीय समिति ने भी विचार किया है। यह काम बहुत शीघ्र किया जाना चाहिए।

यह साहित्य अकादमी के बस के बाहर की बात है। साहित्य अकादमी ने अपनी परम्परा साहित्य में पकड़ी है। मैं तो भारतवर्ष की सारी भाषाओं के लिए काम करने की बात कर रहा हूँ।

मेरा दूसरा सुझाव यह है कि संसदीय समिति ने यह सिफारिश की है कि कोटा-सिस्टम को बचाकर भारतीय भाषाएँ परीक्षा में लाई जा सकती हैं या नहीं, इस बात की जाँच करने के विशेषज्ञों की दो समितियाँ बनाई जाएँ। जिन लोगों ने भी राजभाषा-आयोग में काम किया है या जिनको संसदीय समिति में काम करने का मौका मिला है, वे जानते हैं कि सवाल कितना कठिन है। फिर भी मैं, एक्सपर्ट कमेटीज की नियुक्ति का विरोध नहीं करता हूँ। सरकार से मेरी प्रार्थना सिर्फ यह है कि अगर ये कमेटियाँ बननेवाली हैं तो इनको जल्दी बना दीजिए और कृपा करके इन कमेटियों में चुन-चुनकर उन्हीं लोगों को मत रखिए, जो देश-भाषाओं को शंका की दृष्टि से देखते हैं, जिनको अंग्रेजी से निकलते हुए सारे देश की मृत्यु दिखाई पड़ती है। और भी ऐसे लोग हैं, जो इस

काम को कर सकते हैं। इन कमेटियों के सामने यह जानकारी भी रख दी जानी चाहिए कि देश में कहाँ-कहाँ शिक्षा का माध्यम बदल गया है।

मुझे एक और बात कहनी है! मैंने समय माँग लिया था चेयरमैन साहब से। इसलिए मेरे साथ थोड़ी उदारता बरतिए। मैं फिर वर्ष-दो वर्ष तक हिन्दी पर नहीं बोलनेवाला हूँ।

अंग्रेजी के तरफदार कई तरह से हिन्दी पर प्रहार कर रहे हैं। बाकी भाषाओं से वे डरते हैं।

सुनिए, जो मैं कहता हूँ! एक तरफ तो हिन्दी को अहिन्दी भाषाओं से लड़वाने की कोशिश की गई। हम लोगों ने पैर पकड़कर स्थिति को बचाया। किन्तु अब कहा जाता है कि हिन्दी हिन्दुत्व की भाषा है। श्री फ्रेंक एन्थोनी ने नोट ऑफ डिसेंट वापस कर लिया, किन्तु मैं समझता हूँ जब अंग्रेज गए, ऐसी जहरीली बात इस देश में किसी ने भी नहीं कही—उन्होंने घृणा को पराकाष्ठा पर पहुँचा दिया। उन्होंने कहा : "हिन्दी हिन्दुत्व की भाषा है, हिन्दी साम्प्रदायिकता की भाषा है। मैं सदन के मंच से इस बात का जोरदार विरोध करता हूँ। मैं नहीं मानता कि हिन्दी साम्प्रदायिकता की भाषा है अथवा हिन्दू धर्म की भाषा है। हिन्दी को उन घरों में भी जाना जाता है जहाँ गाय की पूजा होती है, और हिन्दी उन घरों में भी जाएगी जहाँ गाय की पूजा नहीं होती है। हिन्दी की परम्परा दूसरी रही है। हिन्दी के बड़े कवियों में जायसी, रहीम और रसखान हुए हैं, जो मुसलमान थे। और अमीर खुसरो भी। ये हमारे सिरमौर कवि हैं। उसी प्रकार गुरु नानक और गुरु गोविन्दसिंह हिन्दी के सिरमौर कवि हैं। इनको साथ लिये बिना हिन्दी चल नहीं सकती। खैर, साम्प्रदायिकता, मेरे खयाल में श्री फ्रेंक एन्थोनी के दिमाग में जरूर है, क्योंकि उनको क्षोभ इस बात का है कि छोटा नागपुर के ईसाई आदिवासियों को रोमन के बदले नागरी लिपि में क्यों पढ़ाया जाता है।। रोमन लिपि पवित्र लिपि है और उसके छूटने से ईसाइयों का संस्कार छूट जाता है। असल में, उनके मन में यह बात थी; मगर खैर, फ्रेंक एन्थोनी सारे ईसाई समाज के नेता हैं। जब उनका अंग्रेजी-विषयक प्रस्ताव वापस हो गया तब बम्बई में ईसाइयों के धर्माचार्य कार्डिनल ग्रेशियस ने एक भाषण दिया, जो हिन्दी पत्रों में आया है। उन्होंने कहा कि खुशी की बात है श्री फ्रेंक एन्थोनी का प्रस्ताव वापस हो गया। अगर कहीं अंग्रेजी आठवीं सूची में पहुँच गई होती तो मेरा विश्वास करिए कि हम लोगों ने हिन्दी, मराठी और कोंकणी को छोड़ दिया होता और हम सौ साल पीछे चले गए होते। और अब एक बात रह जाती है, जिस पर मैं जोर देना चाहता हूँ। जब भारतीय भाषाओं को ऊपर उठाने का प्रश्न सामने हो तो सरकार को अपना निर्णय उन लोगों की सिफारिशों के आधार पर नहीं करना चाहिए, जिनका भारत की जनता से सीधा सम्बन्ध नहीं है। अंग्रेजी से भारतीय भाषाओं में परिवर्तन कोई आसान काम नहीं है। यह प्रश्न भारत की क्रान्ति का सबसे मुख्य अंग है। यह प्रश्न हमारी स्वतन्त्रता का स्वत्व है, जिसकी

हमको इतनी व्यग्रता है तथा जिसकी हम रक्षा करना चाहते हैं। क्रान्ति के उस उत्साह में संविधान-सभा को निर्णय करने में कोई कठिनाई न हुई, परन्तु तब से उस उत्साह पर पानी पड़ गया है और शिक्षा मन्त्रालय इस ह्रास को चुपचाप देखता रहा है।

सन् 1948-49 में डॉ. राधाकृष्णन् ने विश्वविद्यालय शिक्षा-आयोग का प्रतिवेदन पेश किया। उस प्रतिवेदन में अंग्रेजी के पक्ष में तर्क दिए गए, परन्तु एक क्रान्ति का सन्देश भी दिया गया : (अंग्रेजी में दिए गए भाषण का सारांश)–

"अंग्रेजी हमारे राष्ट्र के अभ्यास का इतना अधिक अंग बन चुकी है कि एक सर्वथा भिन्न प्रणाली में प्रवेश करने में असामान्य भय प्रतीत होने लगता है। हमको ऐसा प्रतीत होता है कि बेधड़क कूदना अनिवार्य है...चाहे अंग्रेजी के कुछ भी लाभ हों तथा नए परिवर्तन में तुरन्त कितने ही खतरे क्यों न हों, पर सुदूर भविष्य की दृष्टि से देखा जाए तो परिवर्तन में ही अधिक लाभ होगा।"

प्रतिवेदन में आगे कहा गया है–

"अंग्रेजी से परिवर्तन में विलम्ब न हो, इसके लिए आवश्यक है कि भारत सरकार और प्रान्तीय सरकारों को संघीय तथा प्रादेशिक भाषाओं के विकास के लिए तुरन्त उपाय सोचने चाहिए।"

शिक्षा मन्त्रालय ने आयोग की राय पर ध्यान नहीं दिया और उत्साह को ठंडा होने दिया ताकि बाद में यह कह सके कि "अब हम क्या कह सकते हैं? देश अब बदल गया है।"

सन् 1952-53 में डॉ. लक्ष्मण स्वामी मुदालियार की अध्यक्षता में माध्यमिक शिक्षा-आयोग का प्रतिवेदन पेश किया गया। प्रतिवेदन ने पहली बार हमको भारतीय भाषाओं के उत्साह के प्रति आगाह किया। उसमें कहा गया है–

"शिक्षा से सम्बन्धित मामलों में भावना को प्रमुख स्थान नहीं दिया जाना चाहिए।"

हम इस परामर्श से सहमत हैं कि भावना को जीवन के किसी क्षेत्र में प्रमुख स्थान नहीं दिया जाना चाहिए–कविता और उपन्यास में भी नहीं। परन्तु इस विचार के समर्थकों से भी मैं पूछना चाहता हूँ कि क्या भावना ही भारतीय जनसमुदाय को अपनी-अपनी भाषाओं की ओर धकेल रही है? अपनी-अपनी भाषाओं की माँग के साथ राजनैतिक, आर्थिक तथा सांस्कृतिक अधिकारों से सम्बन्ध रखनेवाली प्रबल माँगें हैं। भारत में हम क्रान्तिकारी परिस्थिति का सामना कर रहे हैं और मेरा विचार यह है कि इस परिस्थिति पर काबू पाने के लिए ऐसे लोगों से परामर्श लेना गलत है, जिन लोगों को क्रान्तिकारी परिवर्तनों में हमेशा अरुचि रही है।

डॉ. कुंजरू के प्रतिवेदन पर आकर हमारे राष्ट्रीय निर्णय का गतिरोध पूरा हो गया होगा। डॉ. कुंजरू अत्यन्त सम्मानित व्यक्ति हैं और हम ऐसी चीज नहीं कहना चाहते, जिसे वे पसन्द न करें।

हमें अंग्रेजी को कायम रखने तथा अवबोध की भाषा के रूप में उसकी शिक्षा देने में कोई आपत्ति नहीं है। वास्तव में यह तो अच्छा है कि देश के लोग अनेक भाषाएँ जानें और विभिन्न भाषाओं के स्रोतों से ज्ञान हमारी भाषाओं में आए। परन्तु इसके लिए अंग्रेजी भाषा के इतने बड़े अभिनन्दन की आवश्यकता नहीं थी, जो डॉ. कुंजरू ने अपने प्रतिवेदन में व्यक्त किया है। शिक्षा मन्त्रालय भारतीय भाषाओं के प्रति अपनी उदासीन नीति की इस प्रतिवेदन के द्वारा रक्षा करे, इसके अलावा, पता नहीं, इस प्रतिवदेन का उसके लिए क्या उपयोग होगा?

कहानी यहीं समाप्त नहीं होती।

मैं शिक्षा मन्त्रालय की ही आलोचना नहीं कर रहा हूँ। मैं सामान्य रूप से सरकार के सम्बन्ध में चर्चा कर रहा हूँ। शिक्षा मन्त्रालय ने संविधान में उपबन्धित भाषा-सम्बन्धी व्यवस्था के चारों ओर अस्पष्टता की चादर फैलाए रखने की चेष्टा की है। 1953 में उसने हिन्दी के प्रोफेसरों का एक सम्मेलन बुलाया और उनसे कहलवाया कि प्रशासकों और राजनयिक सेवा के लोगों को हिन्दी के द्वारा प्रशिक्षित किया जाना चाहिए। तीन दिन बाद अंग्रेजी के प्रोफेसरों के सम्मेलन में यह कहलवाया कि प्रशासकों तथा राजनयिक सेवा के लोगों को अंग्रेजी के द्वारा प्रशिक्षित किया जाना चाहिए। इसको हम भ्रम उत्पन्न करने की नीति कहते हैं। इस सम्बन्ध में एक बात और है। राजभाषा-आयोग ने जुलाई, 1956 में अपना प्रतिवेदन प्रस्तुत किया और उसी साल अक्टूबर में शिक्षा मन्त्रालय ने एक संस्कृत-आयोग का निर्माण ऐसे महानुभाव की अध्यक्षता में किया, जो राजभाषा-आयोग की सदस्यता में हिन्दी के कटु विरोधी के रूप में प्रसिद्ध हो चुके थे। संस्कृत-आयोग ने हिन्दी-आयोग की कई बातों की काट करने की पूरी कोशिश की। इतना ही नहीं, कभी-कभी मन्त्रिमंडल के सदस्य भी अनाप-शनाप कह देते हैं। खबर है कि अभी बम्बई में प्रतिरक्षा मन्त्री ने कहा है कि उन पर हिन्दी की प्रतिक्रिया अनुकूल नहीं है। अगर कोई उनका इससे विरोध था तो वह उसे अपने तक सीमित रख सकते थे, परन्तु संविधान के निर्णय के विरुद्ध, सरकार की नीति के विरुद्ध...

श्रीमन्, यहाँ सबको एक उच्च विधि का पालन करना चाहिए। वह विधि देश की एकता की विधि है तथा उस विधि का निर्देश है कि संविधान-सभा द्वारा निर्धारित स्पष्ट उद्देश्य की ओर हमारा अभियान हो।

(शेष-निःशेष)

राज्यसभा में सितम्बर, 1959 ई. को दिया गया भाषण।

हिन्दी के निर्माण में अन्य भाषाओं से भी शब्द लो

श्रीमान् सभापति जी, 'साहित्य सम्मेलन विधेयक' को अनुचित महत्त्व दे दिया गया। इस कानून को बनाकर सरकार न तो कोई विश्वविद्यालय कायम करने जा रही है, न कोई ऐसी नई संस्था कायम करने जा रही है जो पहले नहीं थी, न किसी संस्था को अपनी जिम्मेदारी देने जा रही है, और न किसी संस्था का आर्थिक बोझ उठाने जा रही है। तब भी सन्तानम् साहब ने और योगेश बाबू ने जो कुछ कहा है, उसका नियम बनाने के समय ध्यान रखा जाना चाहिए क्योंकि यह पहले से परम्परा रही है कि हिन्दी-साहित्य-सम्मेलन के प्रचार-क्षेत्र और अन्य संस्थाओं के प्रचार-क्षेत्र में कोई संघर्ष न रहे।

साहित्य-सम्मेलन के विधेयक के बहाने कुछ माननीय सदस्यों ने भाषा के रूप की बात चलाई। मेरा खयाल है, इस प्रश्न को बहुत उलझाकर काकासाहब ने रखा और काकासाहब का भाषण बहुत ही ओजस्वी था। मैं उसे उपयोगी समझता हूँ, गर्चे तुर्शी उसमें कुछ ज्यादा आ गई थी। मैं काकासाहब की भाषा-नीति को पूरी तरह मानता हूँ और सिर्फ यह मैं नहीं मानता कि हिन्दी दो प्रकार की है। मेरा खयाल है, सारे हिन्दुस्तान में एक ही हिन्दी लिखी जाती है। जो हिन्दी काकासाहब लिखते हैं, मगनभाई देसाई लिखते हैं, सत्यनारायणजी लिखते हैं या अनन्तगोपाल शेवड़े लिखते हैं, वह वही हिन्दी है, जो हम लोग लिखते हैं। एक कठिनाई देश के सामने अवश्य है, और उसकी झाँकी मलकानी साहब के भाषण में और उसके बाद सन्तानम् साहब के भाषण में मिली। मलकानी साहब का कहना यह था कि संस्कृत से हिन्दी को दूर रखो और सन्तानम् साहब ने कहा कि शब्द चुनने में सामान्य बुद्धि से काम लेना चाहिए।

हम लोग तो वही कर रहे हैं लेकिन शब्द कठिन भी हो सकते हैं। सन्तानम् साहब ने कहा कि हिन्दी सर्वदिशिक तभी बनेगी जब वह संस्कृत पर आधारित हो। इस कठिनाई का रूप यह है कि हिन्दी की जो शैली दक्षिण भारत में, उड़ीसा में, बंगाल में, आसाम में और महाराष्ट्र में लोकप्रिय होती है, वह शैली काश्मीर, पंजाब और सारे देश में उर्दू-भाषियों को कठिन मालूम होती है।

जो शैली उर्दूदाँ लोग चाहते हैं, उस शैली के विरुद्ध देश के इतने सारे लोग हैं। कमेटियों में काम करते समय मालूम होता है कि हिन्दीवालों को समझा देना आसान

है, लेकिन अन्य भाषा-भाषी उज्र कर बैठते हैं कि यह शब्द नहीं चलेगा, इसके बदले में कोई दूसरा शब्द भी रखो। यह नक्शा कैसे साफ होगा? मेरा खयाल है, इसका एक ही रास्ता है। उर्दूदाँ लोग अगर यह चाहेंगे कि संस्कृत के शब्द हम नहीं सीखेंगे तब हिन्दी राष्ट्र-भाषा नहीं होगी। उनको संस्कृत के बहुत से शब्द सीखने पड़ेंगे, बहुत से शब्द स्वीकार करने पड़ेंगे। लेकिन बाकी देश जो यह आग्रह करता है कि हिन्दी में सिर्फ संस्कृत ही रहे, वह भी गलत बात है; क्योंकि अरबी, फारसी, पुर्तगाली और अंग्रेजी के बहुत से शब्द हिन्दी में चल रहे हैं और अगर उन शब्दों को छोड़ दें तो हिन्दी में उनकी जगह पर दूसरे शब्द ही नहीं हैं, जो उनका काम कर सकें। ऐसे शब्दों के कुछ उदाहरण मैं आपको देता हूँ। बाज़ार, दुकान, पैजामा इनको निकाल दें तो इन्हें हम कहें क्या? रूमाल, शॉल, दुशाला, तकिया, अचार, कबूतर, ऐनक, चश्मा, साबुन, बन्दूक़, दलाल, मज़दूर, वकील, तबीयत, मिज़ाज़, जाहिल, जहाज़ चम्मच, कुर्सी—इन शब्दों को अगर निकाल दें तो इनकी जगह पर कौन शब्द हम संस्कृत से लाकर के चलाएँ? हाँ, मजदूर के बदले श्रमिक हो सकता है, लेकिन श्रमिक बैठा रहेगा और मजदूर चलेगा।

नकली शब्द नहीं चल सकते। मैं यह बात मानता हूँ कि सरकार ने जो शब्द-निर्माण की कमेटियाँ बनाई हैं, उनमें कुछ ऐसे शब्द बने हैं, जो हिन्दी को बदनाम करनेवाले हैं, और देश को भयानक लगते हैं। अपने अनुभव से मैं कुछ कहना चाहता हूँ। श्रीमालीजी की कृपा से आजकल एक कमेटी मेरे अधीन काम कर रही है। उसमें मैंने एक प्रश्न उठाया है, और श्रीमालीजी से यह प्रार्थना की है कि यह कमेटी ऐसी हो जिसमें दूसरी भाषाओं के भी लोग हों। इस देश में ऐसे मुसलमान हैं, जो अपनी भाषा के सिवा संस्कृत भी जानते हैं और हिन्दी भी जानते हैं। इसी प्रकार इस देश में हर क्षेत्र में ऐसे बहुत से लोग हैं, जो अपनी भाषा के सिवा संस्कृत या हिन्दी भी जानते हैं। ऐसे लोगों को निचले संगठन के स्तर पर भी लाना चाहिए, अफसरों के स्तर पर भी लाना चाहिए और मेम्बरों के स्तर पर भी लाना चाहिए। इसी प्रकार सब भाषाओं के कोष भी जमा किए जाने चाहिए, लेकिन यह काम सम्मेलन का नहीं है। यह सरकार का काम है।

काकासाहब के सुझाव से विधेयक में संविधान की धारा 351 का उल्लेख कर दिया गया है, लेकिन जहाँ तक सम्मेलन की भाषा-नीति का सवाल है, मैं समझता हूँ, उससे कोई खास नई बात नहीं पैदा होती है। संविधान की धारा 351 यह बतलाती है कि हिन्दी के निर्माण में अन्य भाषाओं से भी शब्द लो, अन्य भाषाओं से प्रभाव ग्रहण करो। सम्मेलन ने बार-बार यह प्रस्ताव किया है कि हम अरबी, फारसी, पुर्तगाली और अंग्रेजी भाषाओं के जो शब्द हिन्दी में चल गए हैं, उनका बहिष्कार नहीं करेंगे। लेकिन 351 धारा के उल्लेख से बात कुछ और साफ हो गई। मैं इसको बुरा नहीं मानता।

काकासाहब ने निश्छल भाषण दिया, लेकिन उनके भाषण में दो-तीन बातें ऐसी थीं, जो कहने लायक नहीं थीं। मसलन, यह कहना गलत है कि उत्तर प्रदेश अनेकता-प्रचारक प्रान्त है।

उन्हीं लोगों के जवाब के लिए मेरा निवेदन है कि जिस प्रान्त ने पं. मोतीलाल को पैदा किया, डॉ. भगवानदास को पैदा किया, हिन्दू-मुस्लिम एकता के लिए अपनी जान चढ़ा देनेवाले शहीद-शिरोमणि गणेशशंकर विद्यार्थी को पैदा किया, जवाहरलालजी को पैदा किया, रफ़ी अहमद किदवई को जन्म दिया, वह प्रान्त साम्प्रदायिकता का प्रचारक नहीं कहा जा सकता। असल में, काकासाहब, साम्प्रदायिकता देश में सर्वत्र है, और उसी परिमाण में वह उत्तर प्रदेश में भी है। मगर उत्तर प्रदेश फिर भी इस पाप से बचा रहा कि गोडसे वहाँ नहीं जनमा। गोडसे महाराष्ट्र में जनमा, लेकिन तब भी महाराष्ट्र को मैं साम्प्रदायिक नहीं कहूँगा। जब ऐसा जहर देश में है तो ऐसे लोग कहीं भी पैदा हो सकते हैं।

दूसरी बात टंडनजी के विषय में काकासाहब ने कही। वैसे काकासाहब ने बड़े आदर के साथ उनका उल्लेख किया, लेकिन उन्होंने यह भी कहा कि टंडनजी पर हिन्दू राष्ट्रीयता का प्रभाव है। काकासाहब हमारे बुजुर्ग हैं, टंडनजी हमारे बुजुर्ग हैं। इन लोगों ने साथ-साथ काम किया है और एक-दूसरे के मन को वे ज्यादा जानते होंगे। लेकिन टंडनजी के विचारों को कुछ थोड़ा-बहुत जानने का मुझे भी अवसर मिला था। वे तो हिन्दुओं और मुसलमानों के बीच रोटी-बेटी का सम्बन्ध तक चाहते हैं, ताकि दोनों जातियाँ मिलकर एक हों। गांधीजी से टंडनजी का एक बार मतभेद हो गया तो इसके माने यह नहीं है कि टंडनजी सम्प्रदायवादी या हिन्दू-राष्ट्रवादी हो गए। टंडनजी का हिन्दी में भगीरथ का स्थान है और भारतीय राष्ट्रीयता में भी वे लगभग भीष्म पितामह के समान हैं। उनका सारा जीवन त्याग, तपस्या, वीरता और बलिदान का जीवन रहा है। उनका चरित्र ऐसा है कि भविष्य की पीढ़ियाँ भी उनसे प्रेरणा ग्रहण करेंगी।

साम्प्रदायिकता हिन्दी प्रान्तों में ही नहीं, सारे देश में है और उसका असर भाषा पर भी पड़ता है। साम्प्रदायिकता के विरोध में, मैं काकासाहब के सोलह आने साथ हूँ। अभी तो मुझे कोई अखाड़ा दिखलाई नहीं पड़ता है, लेकिन अगर कोई अखाड़ा खुला और काकासाहब उसमें लड़ने को गए, तो मैं काकासाहब के साथ लड़ूँगा, चाहे वह उत्तर प्रदेशवालों के खिलाफ हो या बिहारवालों के खिलाफ। असल में साम्प्रदायिकता सारे देश में है, लेकिन सारे देश को आप पकड़ नहीं सकते हैं। पकड़ सकते हैं सिर्फ हिन्दी प्रान्तों को, क्योंकि हिन्दी और उर्दू का वहाँ झगड़ा हुआ था, और यह निशान लोगों के कलेजों में मौजूद है। जब हिन्दुस्तानी और हिन्दी का आन्दोलन चल रहा था, तब जिस सम्मेलन को हम राष्ट्रीय रूप देने जा रहे हैं, उस सम्मेलन में भी हिन्दुस्तानी के समर्थक थे और उस समय लोग हिन्दुस्तानी के समर्थकों को यह कहकर चिढ़ाते

थे कि ये लोग गांधीजी की खुशामद कर रहे हैं। जब गांधीजी चले गए तब हिन्दुस्तानी के समर्थकों और सामाजिक संस्कृति का पोषण करनेवाले लोगों को यह कहकर चिढ़ाया जाने लगा कि तुम मौलाना आज़ाद और जवाहरलालजी की खुशामद कर रहे हो, मौलाना तो चले गए और भगवान् न करें, लेकिन एक दिन तो पंडितजी का वियोग भी देश को सहना होगा और पंडितजी ही क्या, आप और हममें से भी कोई न रहेगा। लेकिन तब भी हिन्दुस्तान में हिन्दू ही नहीं रहेंगे, मुसलमान भी रहेंगे, सिख भी रहेंगे, क्रिश्चियन भी रहेंगे और पारसी भी रहेंगे। इसलिए इस देश की संस्कृति वह होनी चाहिए, जो कि सबको मंजूर हो, इस देश की भाषा वही होनी चाहिए, जो सबको पसन्द हो।

जो लोग एकता नहीं चाहते, वे प्रत्यक्ष ही उसके विरुद्ध हैं। वे तो गाय की पीठ पर हिन्दी को लेकर चल रहे हैं, लेकिन हम इस नीति को नहीं मान सकते। हिन्दी को वहीं तक जाकर नहीं रुकना है, जहाँ तक गाय की पूजा है। हिन्दी को उन घरों में पहुँचाना है जहाँ गाय की पूजा नहीं होती। हिन्दू हिन्दू रहें, मुसलमान मुसलमान रहें, इसमें कोई आपत्ति की बात नहीं है, लेकिन हिन्दी दोनों को सीखनी चाहिए।

सम्मेलन के बारे में मेरा निवेदन है कि सरकार उसे आज जो पद देने जा रही है, वह पद उसका पहले से ही है। 50 वर्ष के दरमियान इसने कैसे-केसे सभापति पाए? अमृतलाल चक्रवर्ती इसके सभापति हुए थे, माधवराव सप्रे इसके सभापति हुए, बाबूराव विष्णुराव पराड़कर इसके सभापति हुए, स्वयं गांधीजी दो बार सभापति हुए, राजेन्द्रबाबू एक बार सभापति हुए। सम्मेलन का रूप पहले अखिल भारतीय रहा है, और उसका कार्यक्षेत्र भी बहुत व्यापक रहा है। उसी से प्रेरणा लेकर देश की अन्य प्रचारक संस्थाएँ बनी हैं। लेकिन आगे उनके साथ सम्मेलन का संघर्ष नहीं होना चाहिए, यह अच्छी बात है।

अन्त में मुझे एक छोटी-सी बात कहनी है, विशेषतः इलाहाबाद के उन पहलवानों से, जो इस सभा में तो नहीं हैं, लेकिन सभा के बाहर या इलाहाबाद में चिन्ता कर रहे होंगे कि जब यह बिल कानून बन जाए तब इसके खिलाफ हम अपील करें। अपने देश में तो प्रजातन्त्र है, कानून की आजादी है, इसीलिए लड़ाई के रास्ते यहाँ खुले रहेंगे।

इख़्तिलाफ़ की वजह स्वार्थ है। सम्मेलन में जब तक परीक्षाओं से आमदनी ज्यादा होने लगी तो फिर यह हुआ कि इसमें हमारी टेक्स्ट बुक लग जाएगी तो हम को पैसा मिलेगा। जैसे अन्य संस्थाएँ बिगड़ती हैं, सम्मेलन भी वैसे ही बिगड़ा। यही खराबी पाकिस्तान की अंजुमन-तरक्की-ए-उर्दू में भी आई। हिन्दुस्तान और पाकिस्तान एक समान हैं। जो 'ऐन', वही 'ग़ैन'—सिर्फ़ नुक़्ते का फ़र्क है। वहाँ भी अंजुमन-ए-तरक्की-उर्दू का यही हाल हो गया और जब फील्ड-मार्शल अय्यूब खाँ आए तो उन्होंने एक आर्डिनेंस जारी किया और अंजुमन-ए-तरक्की-ए उर्दू को छीनकर उन्होंने मौलवी

अब्दुलहक के हाथ में दे दिया और कहा कि आप फिर से इसका संगठन कीजिए। जो बात वहाँ डिक्टेटरशिप के जरिए से हुई है, वही बात हम यहाँ पार्लियामेंट के जरिए से, सबके विचार से, सबकी राय से कर रहे हैं। तो इलाहाबाद के पहलवानों को चाहिए कि वे अब कुश्ती लड़ने की बात छोड़ दें। दुर्भाग्य में से सौभाग्य निकला है। यह कानून ठहर जाए तो सम्मेलन एक उचित रास्ते पर आ जाएगा। इसका कार्यक्षेत्र सरकार के कानून बनाने से बदलेगा नहीं। जो इसका सीमित कार्यक्षेत्र है, उसी में यह सम्मेलन कार्य करेगा, इसलिए सन्तानम् साहब की चिन्ता फिजूल है। धन्यवाद!

(शेष-निःशेष)

राज्यसभा में 19 मार्च, 1958 ई. को दिया गया भाषण।

आदमी बुरे हो सकते हैं लेकिन भाषाएँ बुरी नहीं होतीं

उपसभापति महोदय, मैं जिस विषय पर बोलना चाहता हूँ वह किसी हद तक नाजुक है। वैसे बात कुछ भी नहीं है। सूचना मन्त्री ने अभी हाल में यह घोषणा की है कि रेडियो की भाषा को वे सरल बनाएँगे। इस बात को लेकर सदन से बाहर काफी हलचल है, अखबारों में काफी कोलाहल मचा हुआ है। आसान भाषा का विरोध वही करेगा, जो दीवाना या बेवकूफ है। अचरज इसलिए होता है कि रेडियो की भाषा को हम लोग काफी आसान समझते हैं।

सरकारी हिन्दी कुछ कठिन हो रही है, यह शिकायत सारे देश में सुनी जाती है और उर्दू-भाषियों का यह कहना है कि सरकारी हिन्दी अरबी और फारसी शब्दों को छोड़कर बनाई जा रही है। इस आलोचना का सरकार की नीति पर प्रभाव पड़ा है और कोशिश यह हो रही है कि जहाँ तक हो, शब्द आसान बनें। कुछ थोड़ा-सा काम मेरी निगरानी में भी चलता है और मैं भी इस कोशिश में हूँ कि शब्द सरल हों। अब, इसमें सफलता कितनी मिलेगी, इसका पता नहीं है। लेकिन रेडियो के बारे में हम लोगों का खयाल है कि सरकार के और विभागों में जैसी हिन्दी चलती है, उससे बहुत अधिक आसान हिन्दी रेडियो में चल रही है। रात में 15 मिनट का जो समाचार सुनाया जाता है, उस बुलेटिन में औसतन 150 से लेकर 200 शब्द अरबी, फारसी और अंग्रेजी भंडार के होते हैं। इसके सिवाय कुछ शब्द ऐसे होते हैं, जो तद्भव शब्द हैं, जिनका चलन हिन्दी में सर्वत्र है और जिनका चलन उर्दू में भी है। अनुमानतः कठिनाई इसलिए उत्पन्न होती है कि कुछ पारिभाषिक शब्द ऐसे हैं, जो संस्कृत से बनाए गए हैं और वे रेडियो पर आते हैं, जैसे—अणु-परीक्षण, निःशस्त्रीकरण, राष्ट्र-संघ, सुरक्षा-परिषद् लोकसभा, राज्यसभा, संसद् का स्थगित होना इत्यादि। मेरा खयाल है कि अगर ऐसे शब्दों को उर्दू-भाषी स्वीकार नहीं करेंगे, तो हिन्दी के राष्ट्रभाषा होने की सम्भावना बहुत कमजोर है। हिन्दी में अरबी-फारसी के कितने शब्द हैं, इसकी गिनती नहीं की जा सकती है। हम लोगों की कोशिश है कि ये सारे शब्द हिन्दी में बने रहें। लेकिन बाकी देश को संस्कृत के जो शब्द पसन्द हों, उन शब्दों को उर्दू-भाषियों को भी स्वीकार कर लेना चाहिए। यही रास्ता है, जिससे राष्ट्रीय हिन्दी का विकास हो सकता है।

दूसरी बात यह कि जब सूचना मन्त्री 29 मई को लोकसभा में भाषण दे रहे थे, तब चार-पाँच माननीय सदस्यों ने उन्हें टोका, जिनमें से अधिकांश सदस्य अहिन्दी-प्रान्तों के थे। एक सदस्य महाराष्ट्र के, एक केरल के, एक असम के और दो सदस्य हिन्दी-भाषी प्रान्तों के थे। उन्होंने जो कुछ पूछा, उसका आशय यह था कि अगर संस्कृतनिष्ठ हिन्दी को आप रेडियो से निकाल रहे हैं तो वह हिन्दी सारे देश में कैसे चलेगी? प्रश्न बहुत ही उचित था, लेकिन सूचना मन्त्री ने जो जवाब दिया उससे दूसरी गड़बड़ी पैदा हुई। उन्होंने यह कहा कि दिल्ली से जो भाषा प्रसारित की जाती है, वह 'रीजनल हिन्दी' की भाषा है और 'रीजनल हिन्दी' वह है, जो उर्दू के करीब पड़ती है। मुझे याद आया, आठ-दस साल पहले बम्बई और गुजरात में इस विषय की छानबीन हुई थी और एक रिपोर्ट भी निकली थी। उस रिपोर्ट में भी यह साबित किया गया था कि हिन्दी दो प्रकार की है—एक रीजनल, एक नेशनल। लेकिन वहाँ की रिपोर्ट में यह कहा गया कि रीजनल हिन्दी वह है, जो संस्कृतनिष्ठ होती है। बम्बई के विद्वानों की स्थापना यह है कि रीजनल हिन्दी संस्कृतनिष्ठ होती है। सूचना मन्त्री का कहना यह है कि रीजनल हिन्दी उर्दू के करीब होती है। ये दोनों बातें परस्पर-विरोधी हैं। मेरा खयाल है कि दोनों बातों में से किसी का भी आधार सही नहीं है। हिन्दी असल में एक ही है, चाहे उसे मगनभाई देसाई अहमदाबाद में लिखते हों, चाहे सत्यनारायणजी मद्रास में लिखते हों या सुनीतिबाबू बंगाल में लिखते हों। मुख्य बात यह है कि जब हिन्दी राष्ट्रभाषा हो गई है, तब हिन्दी प्रान्तों में भी वही हिन्दी चलनी चाहिए, जो सारे देश में चलेगी। अब हिन्दी के अभिभावक, हिन्दी के गार्जियन हिन्दीवाले नहीं रहे, यह गार्जियनशिप सारे देश के हाथ में चली गई है। और सारा देश जिस रूप में हिन्दी को पसन्द करे, उसी रूप में उसको हिन्दीवालों को मान लेना चाहिए, उसी रूप में उसे उर्दूवालों को भी मान लेना चाहिए। यह हिन्दी के विकास का रास्ता है।

अपने भाषण में सूचना मन्त्रीजी ने यह भी कहा है कि हम हिन्दी और उर्दू को करीब लाएँगे। यह उद्‌देश्य बहुत अच्छा है। भाषा-विज्ञान की दृष्टि से हिन्दी और उर्दू एक ही भाषा हैं। लेकिन हम और आप चाहे जितना भी अपना सिर पीटें, ये दो भाषाएँ एक नहीं रहीं, वे दो अलग धाराएँ हो गई हैं। कोई भी उर्दू-भाषी हिन्दी को अपनी मादरी जबान नहीं मानता है और हिन्दी-भाषियों में भी विरला ही कोई ऐसा होगा, जो उर्दू को अपनी मातृभाषा मानने को तैयार हो। सबसे बड़ी बात यह हुई कि संविधान में इनके अलग होने की मोहर लगा दी और उर्दू को चौदह भाषाओं के बीच एक स्वतन्त्र स्थान दिया। मैं सन् 1952 से बराबर यह बात कहता आ रहा हूँ कि उर्दू की सेवा स्वतन्त्र भाषा के रूप में की जानी चाहिए। उर्दू के द्वारा अल्पसंख्यक लोग अपनी संस्कृति की रक्षा करना चाहते हैं। हम भी नहीं चाहते कि देश में कोई ऐसी सांस्कृतिक एकता पैदा हो जिसमें बहुसंख्यकों की संस्कृति तो रहे और अल्पसंख्यकों की संस्कृति गायब हो जाए—मोनोलिथिक एकता इस देश के लिए बहुत खराब होगी।

इसलिए उर्दू को संरक्षण का अधिकार है। उर्दू में यूनिवर्सिटियाँ खुलनी चाहिए, उर्दू के लिए कॉलेज और खुलने चाहिए। उर्दू को प्रकाशन-गृह खोलकर या पुरस्कारों द्वारा प्रोत्साहन दीजिए—ये सारी बातें अच्छी हैं, और इन अच्छी बातों का विरोध सिर्फ वह करेगा जो मुसलमानों के साथ छल करना चाहता है, जो उर्दू को धोखा देना चाहता है।

मगर इस देश में ऐसे लोग हैं, जो बराबर यह सोचते हैं कि उर्दू की तरक्की की सबसे आसान राह यह है कि उसको हिन्दी के साथ बाँध दिया जाए। मेरा निवेदन है कि सही रास्ता सबसे कठिन है। अंग्रेजों ने जब फारसी को हटाकर अंग्रेजी को राजभाषा बनाया, तब वे उर्दू में भी काम करने लगे, इस विश्वास के कारण कि हिन्दुस्तानी भाषा इस देश की भाषा है। बादशाह जो चाहे सो कर सकता है। खासकर उस वक्त तो पार्लियामेंट भी नहीं थी कि कोई अंग्रेजी को टोके। मगर ईसाई मिशनरियों को जब जनता में जाने की जरूरत पड़ी तब उन्होंने हिन्दुस्तानी भाषा में संस्कृत के शब्द फेंटना शुरू किया, क्योंकि उर्दू से जनता का परिचय कम था। उन्नीसवीं सदी में हिन्दी के दो लेखक पैदा हुए—एक राजा शिवप्रसाद सितारे-हिन्द और दूसरे भारतेन्दु हरिश्चन्द्र। सितारे-हिन्द की नीति थी कि हिन्दी और उर्दू को मिलाकर ले चलो, लेकिन वह नीति नहीं चली। सितारे-हिन्द हार गए। अब वे इतिहास के एक कोने में पड़ गए। भाषा वही चली, जिसे भारतेन्दु हरिश्चन्द्र ने चलाया।

लेकिन अब तो अंग्रेज नहीं हैं। गांधीजी ने तो हिन्दुस्तानी का आन्दोलन बहुत जोरों से चलाना चाहा, लेकिन उनका विरोध टंडनजी ने भी किया और मौलवी अब्दुल हक साहब ने भी। बल्कि एक बार एक तिथि निर्धारित हुई कि दोनों गांधीजी के पास जाएँगे और इस बारे में कोई आंखिरी फैसला करेंगे। टंडनजी गांधीजी के दबाव में पड़कर वर्धा गए, लेकिन अब्दुल हक साहब उस दिन नहीं आए। हिन्दुस्तानी का आन्दोलन तभी से कमजोर होने लगा और बातें गलत दिशा की ओर चली गईं। काका साहब भी हिन्दुस्तानी का थोड़ा-बहुत काम करते हैं। काका साहब से मैंने पूछा तो उन्होंने भी कहा कि मेरी कठिनाई यह है कि न उर्दूवाले इस काम में मदद करना चाहते हैं और न हिन्दीवाले इस काम में मदद करते हैं। यह 'गुनाह बेलज़्ज़त' जैसा काम है।

हिन्दुस्तानी के पीछे उद्‌देश्य बहुत अच्छा है, लेकिन जब-जब हिन्दुस्तानी का आन्दोलन इस देश में उठा है, एकता को नुकसान पहुँचा है। आज की जो आस्था है, उसमें भी इससे नुकसान पहुँचेगा। भाषा में तोड़-मरोड़ करने से सम्प्रदायों के बीच एकता होगी, यह गलत उम्मीद है। एकता पैदा करने के लिए हिन्दुस्तानियों को नए ढंग से इतिहास पढ़ाना होगा, नए ढंग की शिक्षा देनी होगी, उनके दिमाग को नया बनाना होगा और यह काम बहुत वर्षों में जाकर पूरा होगा। भाषाओं की तोड़-मरोड़ से जितना प्रेम बढ़ेगा, उससे अधिक द्वेष बढ़ जाएगा। एकता प्रेम की बेटी होती है और प्रेम हिन्दी और उर्दू नहीं बोलकर कोई और जुबान बोलता है।

'हफ़ीज़' अपनी बोली मोहब्बत की बोली;
न उर्दू, न हिन्दी, न हिन्दोस्तानी।

शेरशाह के समय मलिक मोहम्मद जायसी हुए थे, जो हिन्दी के बहुत बड़े कवि हुए। उन्होंने भी कहा है :

तुर्की, अरबी, हिन्दी, भाषा जेती आहि।
जामें मारग प्रेम का, सबै सराहे ताहि॥

वह प्रेम शिक्षा के जरिए पैदा किया जा सकता है, प्रशिक्षण के जरिए पैदा किया जा सकता है।

एक बात मैं और कहना चाहता हूँ। जिस समन्वय के लिए बेचैन हम हैं, वह समन्वय दो प्रकार से पैदा होता है—एक समन्वय चींटी पैदा करती है, जो अनाज के कणों को इकट्ठा कर देती है; लेकिन अनाज के कण अलग-अलग पहचाने जाते हैं। दूसरी राह मधुमक्खीवाली राह है, जिससे शहद बनाया जाता है। शहद देखकर यह पता नहीं चलता कि उसमें किस फूल का कितना रस पहुँचा है। हिन्दुस्तान में ईरान का तसव्वुफ चल गया, क्योंकि तसव्वुफ के चलानेवाले लोग सूफी सन्त थे, शायद और कवि थे, जोगी और सन्त थे। मगर चींटी की राह से सम्राट् अकबर ने एकता के लिए तो तौहीदे-इलाही का सिद्धान्त निकाला, वह सिद्धान्त नहीं चल सका। उसका परिणाम यह हुआ कि देश में शेख अहमद, सरहिन्दी पैदा हो गए, जिनके कुप्रचार ने सामासिक संस्कृति (कम्पोजिट कल्चर) को बहुत नुकसान पहुँचाया।

यह देखने की बात है कि संस्कृत की विवशता हम पर क्यों है? क्यों ऐसा है कि नए शब्द बनाने में हम संस्कृत की ही शरण जाते हैं? पहली बात यह है कि भारत की नई भाषाओं में यह शक्ति नहीं है कि वे नए शब्द बना सकें। संस्कृत में जो भी शब्द प्रचलित हैं, उन्हीं शब्दों को लेकर नई भाषाएँ काम कर सकती हैं। उसी प्रकार उर्दूवाले अगर अपनी संस्कृति के अनुसार शब्द बनाएँगे तो शरण उनको अरबी और फारसी की लेनी पड़ेगी। देश की बाकी भाषाओं के लोग अगर नए शब्द बनाना चाहेंगे तो शरण उनको संस्कृत की लेनी पड़ेगी। या तीसरी राह है कि अंग्रेजी के शब्द अपनी जगह पर बने रह जाएँ, किन्तु इसके लिए देश के लोग तैयार नहीं हैं।

बहुत जल्दी मेरा समय समाप्त हो गया। मैं आपको बताना चाहता था कि सिर्फ दिल्ली में ही नहीं, अन्य प्रान्तों में भी बिना आपस में राय-मशवरा किए ही शब्द एक ही प्रकार के बन रहे हैं। उदाहरण के लिए 'इन्सपेक्टर' शब्द को लीजिए। महाराष्ट्र ने इसके लिए 'निरीक्षक' शब्द निकाला, बंगाल ने 'परिदर्शक' शब्द निकाला, गुजरात ने निरीक्षक शब्द निकाला। 'सुपरवाइजर' के लिए महाराष्ट्र ने 'पर्यवेक्षक' शब्द निकाला, बंगाल इसे 'अवेक्षक' कहता है, गुजरात 'सुपरवाइजर' कहता है।

गुजरात दुरुस्त है, केवल थोड़ी-सी बात में स्टेटिस्टिशियन सांख्यिक शब्द के लिए महाराष्ट्र और उत्तर प्रदेश में 'सांख्यिक' शब्द है, इंजीनियरिंग के लिए महाराष्ट्र में

अभियन्ता, बंगाल में यान्त्रिक, उत्तर प्रदेश में अभियन्ता, गुजरात में इजनेर है। सुपरिंटेंडेंट के लिए बंगाल और महाराष्ट्र में अधीक्षक, उत्तर प्रदेश में अधीक्षक और गुजरात में भी अधीक्षक है। तो अभी ये सारे प्रयोग चल रहे हैं और मेरा खयाल है कि किसी-न-किसी प्रकार अन्त तक भाषा का एक ऐसा रूप पैदा हो जाएगा, जो देश के अनुकूल हो। लेकिन अगर कोई खास वर्ग बैठ जाए कि इस प्रकार के शब्द नहीं सीखेंगे तो हिन्दी राष्ट्रभाषा नहीं होगी।

अगर दो मिनट इजाजत दे दें तो मैं एक बात और कहना चाहता हूँ।

जब भाषा की कोई बात उठती है तब देश के कई नेता...(बीच में) ''मुझे एक परची मिली है, जिसमें लिखा है कि संस्कृतनिष्ठ हिन्दी बंगाल, उड़ीसा, आन्ध्र, तमिलनाडु, केरल और कर्नाटक में अधिक समझी जाती है।'' ये सारी बातें मालूम ही हैं सरकार को।

तो मेरा निवेदन यह है कि जब भी हिन्दी की बात उठती है तो देश के नेता अथवा नेता नहीं तो अच्छे बड़े लोग, हिन्दीवालों को अपशब्द कहे बिना आगे नहीं बढ़ते हैं। पता नहीं, इस परिपाटी का आरम्भ किसने किया, लेकिन मेरा खयाल है कि इस परिपाटी की प्रेरणा प्रधानमन्त्री से मिली है। पता नहीं, तेरह भाषाओं की क्या किस्मत है कि उनके खिलाफ प्रधानमन्त्री ने कभी कुछ नहीं कहा और हिन्दी के बारे में उन्होंने आज तक कोई अच्छी बात नहीं कही। आदमी बुरे हो सकते हैं, लेकिन भाषाएँ बुरी नहीं होती हैं। क्या हिन्दी को राष्ट्रभाषा आपने इसलिए बनाया है कि सोलह करोड़ हिन्दी-भाषियों को रोज अपशब्द सुनाएँ? आपको पता है कि इसका परिणाम क्या हो रहा है? देश का सौभाग्य है कि पंडितजी मौजूद हैं, पंडितजी के प्रभाव से सारी बातें अपनी जगह पर अभी ठीक हुई हैं, नहीं तो अपशब्दों की जो प्रतिक्रिया होती है, वह बहुत खराब है। वह एकता के खिलाफ जानेवाली प्रतिक्रिया है। इसलिए मैं आप सभी लोगों से और इस सभा के मंच के द्वारा सभी देशवासियों से और मुख्यतः प्रधानमन्त्रीजी से यह कहना चाहता हूँ कि हिन्दी की निन्दा इस प्रकार नहीं की जानी चाहिए। राष्ट्रभाषा होने से हिन्दी की मातृभाषावाली हैसियत खत्म नहीं हो गई है। (हँसी उड़ाई है, रिडिक्यूल किया है।)

हिन्दी की इस प्रकार की निन्दा से हिन्दी-भाषियों के कलेजे को चोट पहुँचती है।

मेरा खयाल है, सूचना मन्त्री महोदय प्रयोग करें और कामयाब हो जाएँ तो उनकी बड़ाई करने को मैं तैयार बैठा हूँ। लेकिन अगर उनका यह उद्देश्य न हो कि हम संस्कृत का पूरे-का-पूरा बायकाट करेंगे तो उनको खुद अपने तजुर्बे से पता चल जाएगा कि रेडियो की हिन्दी में सुधार की गुंजाइश बहुत कम है।

(शेष-निःशेष)

राज्यसभा में 20 जून, 1962 को दिया गया भाषण।

मैं देश की एकता के लिए सब प्रकार का अनादर सहन करने को तैयार हूँ

3 मैं प्रस्ताव करता हूँ कि :

"पृष्ठ 2 पर, पंक्ति 27 के पश्चात् निम्नलिखित
परन्तुक जोड़ा जाए", अर्थात्

"Provided that in order to achieve the purpose, set above, the Central Government will immediately evolve some appropriate machinery which will advise the Central Government on the progressive use of Hindi in the various branches of the Central Government and present periodic reports to the Houses of Parliament on the progress of Hindi so that by the year 1975 Hindi becomes as effective a medium of legislation and administration as English is at present."

(परन्तु उपर्युक्त प्रयोजन को सिद्ध करने के लिए केन्द्रीय सरकार तत्काल कुछ ऐसा उपयुक्त तन्त्र बनाएगी, जो केन्द्रीय सरकार को केन्द्रीय सरकार की विभिन्न शाखाओं में हिन्दी के उत्तरोत्तर प्रयोग पर सलाह देगा और संसद् की सभाओं को हिन्दी की प्रगति के सम्बन्ध में समय-समय पर प्रतिवेदन प्रस्तुत करेगा, ताकि 1975 के वर्ष तक हिन्दी विधि-निर्माण तथा प्रशासन का उतना ही प्रभावी माध्यम बन जाए, जितना इस समय अंग्रेज़ी है।)

मेरे संशोधन का उद्‌देश्य बहुत साफ है। मैं समझता हूँ, इस विधेयक से सरकार की कठिनाई कुछ बढ़ती है—वह इस तरह कि 1975 में जो समिति बनेगी, उसके सामने ठोस काम का लेखा-जोखा रखने के लिए सरकार को अभी से तैयारी शुरू कर देनी चाहिए। जिस प्रकार से काम अब तक चला है, उस तरह से आगे नहीं चलेगा।

मेरी कल्पना है कि संसद्-सदस्यों की एक कमेटी अभी ही बना दी जाए, जिसके अध्यक्ष स्वयं गृहमन्त्रीजी रहें। उस कमेटी का काम होना चाहिए कि वह समय-समय पर सरकार को सुझाव दे कि शासन के तन्त्र में हिन्दी की प्रगति अंग्रेजी के साथ-साथ कैसे की जा सकती है। और उन सुझावों के आधार पर सर्कुलर जारी किए जाएँ और मेम्बरों को यह अधिकार रहे कि वे चाहें तो केन्द्रीय सरकार के कार्यालयों का निरीक्षण करें और यह पता लगाएँ कि सर्कुलरों का पालन हो रहा है या नहीं।

राष्ट्रपति की अप्रैल 1960 वाली विज्ञप्ति में यह बात साफ कही गई थी कि 1965 से हिन्दी मुख्य भाषा होगी और अंग्रेजी गौण भाषा के रूप में चलती रहेगी। जहाँ तक मेरा खयाल है, वर्तमान विधेयक की धारा 3 का भी उद्देश्य यही है। लेकिन अगर सरकार ने जोर से काम नहीं किया तो स्थिति यह होगी कि अंग्रेजी का प्रयोग हिन्दी के साथ-साथ नहीं होगा, प्रत्युत हिन्दी का प्रयोग अंग्रेजी के साथ-साथ हुआ करेगा। क्योंकि सारी जगहें अंग्रेजी के कब्जे में हैं, हिन्दी अभी कहीं प्रवेश नहीं पा सकी है।

आज सुबह गृहमन्त्रीजी ने हमें यह आश्वासन दिया कि इस विधेयक के जरिए हम हिन्दी को निर्वासन नहीं दे रहे हैं। यह बात अगर मान ली जाए, तब भी स्थिति यह दिखाई देती है कि संविधान में हिन्दी बहुत ही ठोस जगह पर थी। इस विधेयक के जरिए हिन्दी को हम कच्चे धागे से टाँग रहे हैं। मेरे संशोधन का उद्देश्य इस बात की निगरानी करना है कि वह कच्चा धागा कहीं टूट नहीं जाए। मेरा संशोधन ऐसा है जिसका समर्थन सदन के प्रत्येक सदस्य को करना चाहिए और वह इसलिए कि अंग्रेजीवाले जो चीज चाहते थे, वह चीज उनको मिल गई। मैं करोड़ों जनता की ओर से हिन्दी के लिए सिर्फ अभयदान की याचना करता हूँ।

आज प्रातःकाल गृहमन्त्रीजी ने बड़ी कृपा के साथ मेरे भाषण का कई बार उल्लेख किया, जिसके लिए मैं उनका कृतज्ञ हूँ, लेकिन एक बात उन्होंने ऐसी कही जिसकी मैं थोड़ी सफाई देना चाहता हूँ, क्योंकि यह प्रसंग श्री अण्णादुरै साहब का है।

मुझे ऐसा लगा कि गृहमन्त्री ने मुझे श्री अण्णादुरै का विरोधी रूप बताया है। जहाँ तक देश की एकता का प्रश्न है, मुझे यह स्थान ग्रहण करने में कोई आपत्ति नहीं, क्योंकि श्री अण्णादुरै देश की एकता को खत्म करना चाहते हैं और मैं देश की एकता के लिए सब प्रकार का अनादर सहन करने को तैयार हूँ। हम हिन्दी-भाषी क्षेत्रों के लोग अंग्रेजी के महत्त्व को समझते हैं और मुझे पूरा विश्वास है कि यहाँ पर अंग्रेजी काफी समय तक चलती रहेगी। परन्तु मैं अनुभव करता हूँ कि अंग्रेजी उसी प्रकार ही सीखी जाए जैसे मौलाना आजाद ने सीखी थी। मौलाना आजाद अंग्रेजी में न लिखते थे, न बोलते थे। परन्तु वह अंग्रेजी बहुत अच्छी तरह समझ लेते थे। संसार में सभी जगह इसी प्रकार अंग्रेजी सीखी जाती है। मैंने कई देशों में देखा है कि वहाँ बहुत कम लोग अंग्रेजी बोलते हैं, परन्तु ऐसे लोगों की संख्या बहुत अधिक है, जो अंग्रेजी से ज्ञान अर्जित करते हैं। हिन्दी-भाषी लोग इस बात को स्वीकार नहीं कर पाएँगे कि अंग्रेजी को विधि द्वारा शाश्वत किया जाए। दूसरी सभा में गृहमन्त्री ने कहा कि हम अंग्रेजी को अनिश्चित काल के लिए जीवन-दान दे रहे हैं, अनन्त काल के लिए नहीं। परन्तु, जिस प्रकार सरकार इस बारे में कार्य करती रही है, उससे मुझे भय होता है कि वह 'कल-कल' की बात अनन्त काल तक बढ़ जाएगी। मेरा संशोधन ऐसी बात को दूर करने का प्रयत्न करता है।

एक बात और! यहाँ पर हुए भाषणों द्वारा ऐसा संकेत दिया गया कि हिन्दी के समर्थकों को देश की एकता की परवाह नहीं है। मैं सभा को आश्वासन देता हूँ कि देश की एकता के लिए हिन्दी-भाषी राज्यों में जितनी आकुलता है, उतनी और कहीं नहीं है। सरकारी भाषा-आयोग की चर्चा में एक बार गरमागरमी हो जाने पर स्वर्गीय पं. बालकृष्ण शर्मा 'नवीन' ने कहा था—यदि हिन्दी देश की एकता में रोड़ा बनती है तो मैं इसे गहरे सागर में डुबो दूँगा। श्री पुरुषोत्तमदास टंडन ने एक बार संविधान सभा में कहा था कि मैं नहीं चाहता कि हिन्दी को अनिच्छुक लोगों पर लादा जाए और यदि आप यह समझते हैं कि जिन लोगों का आप प्रतिनिधित्व करते हैं, वे इसे स्वीकार नहीं करेंगे, तो मैं माननीय सदस्यों से कहूँगा कि वे इस विधान के पक्ष में मत न दें।

हिन्दी-भाषी लोग देश की एकता को तोड़ना नहीं चाहते, क्योंकि हिन्दी को इससे कोई लाभ नहीं होगा। यदि देश में फूट पड़ जाए तो हिन्दी अपने क्षेत्र में ही सीमित होकर रह जाएगी। यह देश भर में तभी फैल सकती है जब देश एकसूत्र में बँधा हो!

(शेष-निःशेष)

राज्यसभा में 6 मई, 1963 ई. को दिया गया भाषण।

हिन्दी सारे देश की भाषा है

सभापति महोदया, यह विधेयक बिलकुल निर्दोष है और इसकी किसी भी धारा पर दो मत हों, ऐसी सम्भावना मुझे नहीं दिखाई देती है। अलबत्ता, यह मौका है राष्ट्रपिता महात्मा गांधी को अपनी श्रद्धांजलि अर्पित करने का, जिनकी प्रेरणा से यह सभा कायम हुई थी। यह मौका है स्वर्गीय देवदास गांधीजी के प्रति अपनी श्रद्धांजलि अर्पित करने का, जो हिन्दी के पहले प्रचारक होकर दक्षिण भेजे गए थे, और यह मौका सबसे अधिक मोत्यूरी सत्यनारायण की प्रशंसा का है, जिनके अथक परिश्रम से यह सभा इतनी सफलता प्राप्त कर सकी। और भी बहुत से लोग हैं, खासकर उत्तर भारत के, जिन्होंने अपनी सारी जिन्दगी इस काम में लगा दी और फर्रूखाबाद के स्वर्गीय पं. रघुवरदयाल मिश्र, जिनका देहान्त यही काम करते-करते मद्रास में हुआ, अथवा पं. अवधनन्दन, पं. रामानुज शर्मा जो बिहार के हैं, और जिन्होंने सारा जीवन हिन्दी के काम में लगाया।

लेकिन जो प्रस्ताव विवादग्रस्त नहीं है, उस पर भी बोलते हुए लोग विवाद खड़ा कर देते हैं। कल जब मैं यहाँ बैठा था तो मन्त्रीजी के बाद जो पहले सदस्य बोले, कुमारन साहब, उनके मुँह से एक बात निकल गई, जो अच्छी नहीं थी। उन्होंने यह शिकायत की कि हिन्दी की अपेक्षा देश की अन्य भाषाएँ बहुत अच्छी हैं, यह हिन्दी के मार्ग में एक कठिनाई है। मेरा खयाल है कि ऐसी बात बोलने से देश की एकता नहीं बढ़ती है, और ऐसी बातों का अगर सही जवाब दिया जाए, तो उससे भी एकता को चोट पहुँचती है। इसलिए मेरी प्रार्थना है कि भाषा के प्रश्न पर बोलते हुए हममें से कोई भी व्यक्ति एक भाषा को दूसरी भाषा से छोटा या बड़ा न कहे। अलबत्ता, उम्र के हिसाब से आप बोल सकते हैं कि तमिल सबसे बड़ी बहिन है भारतीय भाषाओं की।

दूसरी बात जो मैं आपको कहना चाहता हूँ, वह यह है कि हिन्दी की एक विलक्षण शक्ति की ओर सब लोगों का ध्यान नहीं जाता है। किसी समय इस देश में संस्कृत प्रचलित थी—कब प्रचलित थी, कब लोग बोलते थे, हम नहीं जानते। जितना इतिहास मिलता है उसमें तो यही देखा जाता है कि संस्कृत बोली भी जाती होगी, यह अनुमान से कह सकते हैं। जो इतिहास लिखा हुआ है, उससे तो यही मालूम होता है कि संस्कृत शिष्टजनों की भाषा थी; आम जनों की भाषा दूसरी थी—प्राकृत भाषा।

मैं कहता हूँ कि जैसे आजकल हिन्दी है। संस्कृत किसी की मातृभाषा नहीं थी, इसीलिए सारे देश की भाषा हुई। हिन्दी भी किसी की मातृभाषा नहीं है, इसीलिए वह सारे देश की भाषा है, और गांधीजी जब अंग्रेजी की जगह पर अपने देश की एक भाषा खोजने लगे, तो हिन्दी की तरफ उनका ध्यान इसलिए गया कि हिन्दी में उन्होंने जोड़ने की ताकत देखी। जोड़ने की ताकत से मेरा क्या मतलब है? किसी गुजराती को मिथिला भेज दीजिए, वह गुजराती में बोले तो उसकी बात कोई नहीं समझेगा; और टूटी-फूटी हिन्दी बोले तो सभी समझेंगे। एक मैथिली को गुजरात भेज दीजिए, वह मैथिली बोले तो कोई नहीं समझेगा; और टूटी-फूटी हिन्दी बोले तो सब समझ लेंगे। और भी प्रमाण हैं। हिन्दी की पश्चिमी सीमा है राजस्थान, और राजस्थान में जन्म हुआ मीराबाई का, और मीराबाई पर दावा गुजरातवाले भी करते हैं और हिन्दीवाले भी करते हैं। हिन्दी की पूर्वी सीमा है बिहार। बिहार में विद्यापति हुए। विद्यापति पर दावा बंगालवाले भी करते हैं, आसामवाले भी करते हैं, उड़ीसावाले भी करते हैं, और हिन्दीवाले भी करते हैं। इसलिए विलक्षणता यही है कि संस्कृत ने या प्राकृत ने उत्तर में एक ऐसी भाषा पैदा कर दी, जो बिना सीखे हुए भी थोड़ी-बहुत सब जगह चल जाती है। दक्षिण में तो ऐसी कोई भाषा पैदा नहीं हुई। पठानों के समय में हिन्दी हैदराबाद तक पहुँच गई, और उससे भी आगे दक्षिण तक पहुँच गई। मुगल साम्राज्य में भी हिन्दी का विकास हुआ। इसलिए हिन्दी सर्वत्र प्रचलित थी, और पूरे देश को जोड़ रही थी। यही जानकर गांधीजी ने हिन्दी का चुनाव किया, और हिन्दी के लिए काम किया। इस लक्ष्य को हम अपने साथ रखें, और अपने सामने रखें तो सब समस्याएँ हल हो जाती हैं। हमारी मुसीबत यह है कि जो समस्याएँ हमारे परपोते हल करेंगे, उनको भी हम हल करने जा रहे हैं, इसलिए कठिनाई और बढ़ जाती है।

अभी मैं हैदराबाद गया था। वहाँ दक्षिण भारत हिन्दी-प्रचार सभा की आन्ध्र शाखा की रजत-जयन्ती में राष्ट्रपति पधारे हुए थे, गृहमन्त्री पधारे हुए थे, हजार-डेढ़ हजार प्रचारक सारे दक्षिण भारत से जमा थे, और एक बहुत बड़ा दृश्य था कि हिन्दी का कितना बड़ा काम हो रहा है, इसी से हम सन्तोष कर लें। उस सभा में दो-तीन बातें गृहमन्त्रीजी ने कहीं, जिन पर सभी प्रचारकों ने बड़ी जोर से तालियाँ बजाईं, और बड़े उत्साह में आ गए। अब सरकार में से तो गमन-आगमन का यह समय बीत रहा है। मैं श्रीमालीजी से क्या कहूँ या लालबहादुरजी से क्या कहूँ, जिन्होंने वहाँ वचन दिए थे!

डॉ. गोपाल रेड्डी भी वहाँ थे, संजीव रेड्डीजी भी वहाँ थे—और उनके सामने यह बात हुई। अब वे बातें सुन लीजिए कि वे बातें क्या हुईं। गृहमन्त्रीजी के सामने प्रचारकों ने ये बातें रखी होंगी, इसलिए उन्होंने बड़ी ही बुद्धिमत्तापूर्वक कहा था—मुख्यमन्त्री वहाँ मौजूद थे, आन्ध्र के राज्यपाल भी मौजूद थे—कि "मेरे सुनने में यह आया है कि हिन्दी पंडितों को हिन्दी पढ़ाने के कम घंटे दिए जाते हैं, उन घंटों को आप बढ़ा

दीजिए। दूसरी शिकायत यह थी कि हिन्दी पंडितों के वेतन बहुत कम रखे जाते हैं, जिससे लोगों को प्रेरणा नहीं मिलती है। मुझे याद नहीं है कि मुख्यमन्त्री ने इस पर क्या कहा, लेकिन मुझसे लोगों ने कहा कि मुख्यमन्त्री ने दोनों बातें मान लीं, और उन्होंने कहा कि पढ़ाई के घंटे भी बढ़ाए जाएँगे और वेतन पर भी पुनः विचार होगा।

एक बात और है। हिन्दी सिखा देते हैं फिर वे लोग भूल जाते हैं और उसका उपयोग नहीं होता। अंग्रेजी क्यों चली? अंग्रेजी अंग्रेजों के लाठी चलाने से नहीं चली। अब हिन्दुस्तानियों को यह दिखलाई पड़ा कि अंग्रेजी में रोटी आसानी से मिलती है तो सब लोग अंग्रेजी सीखने लगे। अब हिन्दी को आप राष्ट्रभाषा बना रहे हैं, और हिन्दी सीखा हुआ अहिन्दी-भाषी उम्मीदवार इस आधार पर भी प्राथमिकता नहीं पा सकता कि उसने हिन्दी सीख ली है, तो हिन्दी सीखना, न सीखना सब बेकार है। मुख्य बात यह है कि जो लोग हिन्दी सीख लें उनका अगर कहीं नौकरी में मौका आए तो जिसको कहते हैं–

"Everything being equal" अगर और तरह से वह योग्य हो और हिन्दी वह जानता हो, तो जिसने हिन्दी नहीं सीखी है या वह हिन्दी-भाषी, उत्तर प्रदेश का है, बिहार का उम्मीदवार है, उस पर उसको तरजीह मिलनी चाहिए।

तीसरी बात! वहाँ प्रचारकों के बीच में दो-तीन दिन रहा और कई दिन प्रचारकों से मिला। सब लोग इस बात की आवश्यकता अनुभव करते हैं कि दक्षिण में हिन्दी का मासिक पत्र, हिन्दी का साप्ताहिक पत्र और हिन्दी का एक दैनिक पत्र निकलना चाहिए, लेकिन कौन अपना रुपया इसमें झोंकने जाएगा? सरकार का कर्तव्य है कि हिन्दी-प्रचार के नाम पर वह इन पत्रों को निकालने की व्यवस्था करे। मैं जानता हूँ कि मन्त्रीजी ने जो घोषणा की है, वे इस विधेयक के द्वारा अधिक डिसीजन नहीं ले रहे हैं, और न लेने की जरूरत है। मगर सरकार के और भी सूत्र हैं, जिन सूत्रों का रुपया हिन्दी के काम के लिए खर्च किया जाएगा।

एक बात सन्तानम् साहब की मुझे बहुत अच्छी लगी–कि, जो संसद् में सदस्य हैं अहिन्दी-भाषी प्रान्तों के, वे हिन्दी सीखना चाहें तो व्यवस्था यह होनी चाहिए कि उनको ज्यादा दिक्कत न उठानी पड़े, चाहे तो उनके घर जाकर हिन्दी प्रचारक हिन्दी सिखाएँ या दो-चार घरों पर मिलाकर एक क्लास चले। यह काम हिन्दी-संसद् किया करती थी, लेकिन उसका काम कुछ ढीला हो गया है, और मैं चाहूँगा कि मन्त्रियों में सबसे कम कामवाले मन्त्री सत्यनारायण बाबू, जो संसदीय मन्त्री हैं, उनके सुपुर्द यह काम कर दिया जाए कि अहिन्दी-भाषी सदस्य को हिन्दी सिखाने की योजना वह तैयार करें और जिसको जरूरत हो, उसको हिन्दी सिखला दें।

सन्तानम् साहब ने कुछ इस बात की शिकायत की कि यह विधेयक बड़ा कमजोर है और इसका वृत्त बहुत छोटा रखा गया है। उसमें तो सरकार का कोई दोष नहीं है। सरकार को तो इस विधेयक के लाने के पहले दक्षिण भारत हिन्दी-प्रचार सभा

से राय करनी थी, उनकी सम्मति लेनी थी और जो कम-से-कम चीज वह चाहते थे, वहाँवाले, वही चीज रखी गई। स्वतन्त्र संस्थाएँ यह नहीं चाहती हैं कि किसी लोभ में आकर वह अपनी गर्दन सरकार के हाथ में दें। यह दूसरी बात है कि सरकार अगर रुपया सभा को दे, तो सभा बहुत अच्छा काम कर सकती है। मैं सत्यनारायणजी के समय भी वहाँ जाता था। सत्यनारायणजी अब सभा में नहीं हैं तब भी जाता हूँ, पहले भी मेरा खयाल था और अभी भी मेरा खयाल है कि दक्षिण भारत हिन्दी-प्रचार सभा अत्यन्त जवाबदेह संस्था है, उसके पाठ्यग्रन्थ बहुत ही अच्छे हैं, परीक्षा लेने का ढंग बहुत ही अच्छा है, कहीं भी अनुशासनहीनता नहीं है और सबसे बड़ी बात है जिससे सारे देश को सबक लेना चाहिए कि उनके पाठ्यग्रन्थों में राष्ट्रीय एकता पर बहुत अधिक जोर है। इस चीज को बाकी संस्थाएँ भी अगर करें तो बहुत अच्छा है।

उपसभापति महोदया, और तो मुझे कुछ कहना नहीं है, एक बात और कह दूँ कि आगरे में जो संस्थान बना है, वह भी सत्यनारायणजी का बनवाया हुआ है, उसमें अहिन्दी प्रान्तों के छात्र रहते हैं, और उद्देश्य यह है कि विशेष रूप से वह हिन्दी सीख सकें, उच्चारण समझ सकें और उन उच्चारणों का अपने यहाँ प्रचार करें। आगरेवाले संस्थान पर सरकार का पूरा ध्यान रहना चाहिए, वैसे संस्थान और भी बनने चाहिए और सन्तानम् साहब ने जो कहा है, वह तो भाषा-आयोग के समय से बात सदा आ रही है कि दक्षिण में, अहिन्दी-भाषी प्रान्तों में कहीं-कहीं ऐसे स्कूल, ऐसे कॉलेज बनने चाहिए, जो सिर्फ हिन्दी के माध्यम से शिक्षा देते हों।

(शेष-निःशेष)

राज्यसभा में 29 अगस्त, 1963 ई. को दिया गया भाषण।

स्वराज्य लँगड़ा रहेगा

देवियो और सज्जनो! मेरे जिम्मे एक ऐसा काम है जिसमें श्रोता कभी भी वक्ता का साथ नहीं देते हैं। यानी मुझे धन्यवाद देना है। सबसे पहले अपनी कृतज्ञता महामान्य राष्ट्रपतिजी के प्रति व्यक्त करते हैं—इस समारोह को जिन्होंने गौरव प्रदान किया—उस दिन दिल्ली में भी और आज अपनी आवाज भेजकर यहाँ भी। उसके बाद धन्यवाद के सबसे बड़े अधिकारी वे लोग हैं, जो अन्य भाषाओं का प्रतिनिधित्व करने को यहाँ पधारे। प्रयाग तीर्थराज है, क्योंकि यहाँ दो-तीन नदियाँ परस्पर मिलती हैं। यह पौराणिक बात है। वास्तविक स्थिति इस देश की यह है कि जहाँ भी इस देश में दो-तीन भाषाएँ एक मंच पर मिल जाएँ, उस स्थान को तीर्थ समझना चाहिए। नए भारतवर्ष के सामने सबसे बड़ी समस्या थी हिन्दू-मुस्लिम एकता की। लेकिन उस समस्या का समाधान देश नहीं निकाल सका और बँटवारे के बाद भी दोनों देशों में यह समस्या मौजूद है। भाषा की समस्या शायद उससे अधिक भयानक है, क्योंकि भाषा की समस्या को भयानक वे बना रहे हैं जिनको हम देशभक्त कहकर प्रणाम करते हैं। ऐसी अवस्था में जो भी दो भाषाओं के प्रेमी एक राह पर चलें, वे तीर्थगामी हैं—जब दो भाषाओं के प्रेमी एक मंच पर जुटें वह स्थान तीर्थ है। इस दृष्टि से मैं सबसे अधिक कृतज्ञता उनके प्रति प्रकट करता हूँ, जो लोग अन्य भाषा-भाषी होते हुए भी यहाँ पधारे हैं।

भाषाओं के बारे में सेठ साहब (सेठ गोविन्ददास) ने कुछ बातें आपसे कहीं। मुश्किल है कि हम लोग दिल्ली में रहते हैं और हिन्दी का काम भी करते हैं, लेकिन मैं अपनी आत्मा से पूछता हूँ कि भविष्य क्या मुझे दिखाई पड़ता है? अपने मिनिस्टरों को भी क्या उज्ज्वल दिखलाई पड़ता है? हमको पता नहीं मिलता है कि कैसा दिखलाई पड़ता है।

बलिया में एक कवि हैं रामसिंहासन सहाय मुख्तार 'मधुर'। उन्होंने एक बार एक कविता मुझे लिखकर भेजी थी। उसमें दो पंक्तियाँ बड़ी ही मार्मिक थीं, और इसी से अभी तक वे मुझे याद हैं—

आज देश स्वाधीन हो गया, हम किसान मजदूर;
दिल्ली में ही पूछ रहे हैं—दिल्ली कितनी दूर!

सबसे विचित्र बात है कि देश में जिन लोगों की नीति चलती है, उन्होंने यह फैसला कर दिया कि पहले शब्द बनाओ, तब भाषा लाओ। अर्थात् तुम्हारी भाषाएँ असमर्थ हैं। नितान्त विचित्र बात है! यद्यपि अंग्रेजों की मुस्तैदी, उनकी तत्परता, उनकी ईमानदारी और उनकी निष्पक्षता हमारे मन्त्रियों में, हमारे अफसरों में नहीं हैं, लेकिन स्वराज्य पाते ही उनको निकालकर उनकी गद्दी पर बैठ गए, किन्तु भाषाओं को कह दिया कि अंग्रेजी के समान नहीं हैं, इसलिए अलग रहें। यहाँ केवल सवाल हिन्दी का नहीं है, और इसे आप मत भूल जाइए। हिन्दी का सवाल हिन्दी समेत भारत की सभी भाषाओं का सवाल है। सभी भाषाएँ आगे बढ़कर राज्य पर अधिकार करना चाहती हैं, और इधर सभी भाषाओं की राह में रोड़े अटकाए जा रहे हैं--वह भी बड़े लोगों के द्वारा, बुद्धिमान् लोगों के द्वारा, देशभक्त लोगों के द्वारा। जो विरोधी हुए हैं, अंग्रेजी के जो समर्थक हैं, वे सदा एक ही बात कहते हैं कि वे भाषावादी देश की सस्ती राष्ट्रीयता की धुन में पड़ गए हैं। उनसे मेरा सवाल है, मैं पूछता हूँ कि क्या भाषा की माँग सस्ती राष्ट्रीयता है? क्या भाषा की माँगों के भीतर जनता के आर्थिक अधिकारों की माँग छिपी हुई नहीं है? जनता को भाषा न मिली तो स्वराज्य लँगड़ा रहेगा; और जब स्वराज्य दोनों पाँवों पर चलेगा तो अंग्रेजी के जरिए नहीं, उस समय देश की भाषाएँ ही सामर्थ्य देंगी। यही सोचकर हमें भाषाओं के परस्पर सद्भाव को प्रेरित करना चाहिए। अब तो औपचारिक रूप से धन्यवाद मुझे देना है नगरपालिका को, जिसने द्विवेदीजी की कांस्यमूर्ति स्थापित करने के लिए भूमि प्रदान की। श्री कृष्णदासजी को, श्री कमलाशंकरजी को, जिन्होंने सरस्वती का चित्र तैयार किया। हम उत्तर प्रदेश सरकार के भी आभारी हैं, जिसने 3000 रु. देकर हमें उपकृत किया है। अन्त में सबसे बड़े धन्यवाद के पात्र एक व्यक्ति और रह जाते हैं, वे हैं पं. श्री नारायणजी चतुर्वेदी! यह सारी योजना कल्पना के रूप में उनके मन में उगी और उन्होंने ही आदि से अन्त तक इस अनुष्ठान को पूरा किया। हम लोग उनको बूढ़े समझने लगे थे, लेकिन लगता है, ठीक से बूढ़े अभी वे हुए नहीं हैं, और मेरा खयाल है कि वह ठीक से बूढ़े नहीं हों, यही अच्छा है! उनके उद्योग से यह आयोजन सफल हुआ। मैं समझता हूँ कि इस घटना का ऐतिहासिक महत्त्व होगा। अन्त में आप सब लोगों को धन्यवाद! और अब हम लोग प्रत्यावर्तित हों।

(शेष-निःशेष)

सरस्वती हीरक जयन्ती, इलाहाबाद में 13 जनवरी, 1962 ई. को दिया गया भाषण।

राष्ट्रभाषा के बिना राष्ट्र की कल्पना ही असम्भाव्य है

सभापतिजी, स्नातकवृन्द, देवियो और सज्जनो!

हैदराबाद की हिन्दी प्रचार-सभा देश की प्रौढ़ और प्रतिष्ठित संस्था है। गरचे उसकी रजत-जयन्ती हम आज मना रहे हैं, लेकिन कार्य करते इस संस्था को 25 नहीं, 31 साल हो चुके हैं। ऐसी हिन्दी-सेवा-परायण संस्था के रजत-जयन्ती दीक्षान्त-समारोह के अवसर पर मांगलिक वचन कहने का सुयोग देकर आपने मेरा जो सम्मान किया है, उसके लिए मैं हृदय से आपको धन्यवाद देता हूँ।

हिन्दी भारत की राष्ट्रभाषा हो, यह स्वप्न उतना ही पुराना है जितना पुराना यह विचार कि भारत को एक राष्ट्र होना चाहिए। राष्ट्रभाषा के बिना राष्ट्र की कल्पना ही असम्भाव्य है। इसलिए जिन नेताओं के दिमाग में यह बात आई थी कि सारा भारत देश एक राष्ट्र बनेगा, उन्हीं के मन में यह बात भी उठी थी कि इस राष्ट्र की राष्ट्रभाषा हिन्दी होगी। नए भारत का जन्म बंगाल में हुआ था और यह कल्पना भी सबसे पहले बंगाल में ही उदित हुई थी कि हिन्दी का प्रचार हमें अन्तःप्रान्तीय भाषा के रूप में करना चाहिए, जिससे एक समय वह सम्पूर्ण राष्ट्र की भाषा बन जाए। यह उन्नीसवीं सदी के अपरार्द्ध की बात है। किन्तु, तब से भारतीय राष्ट्रीयता के उन्नायक भारत के जिस किसी भी भाग में उत्पन्न हुए, उन्होंने पीढ़ी-दर-पीढ़ी, इस प्रस्ताव का एक स्वर से समर्थन करके उसे और भी सुदृढ़ कर दिया। और जब गांधीजी आए, उन्होंने वातावरण में गूँजते हुए इस प्रस्ताव को पकड़कर उसे राष्ट्रीय कार्यक्रम का महत्त्वपूर्ण अंग बना दिया। फिर तो हिन्दी की सेवा देश-सेवा का पर्याय बन गई और भारत के कोने-कोने से ऐसे असंख्य देशभक्त नौजवान निकल आए, जिन्होंने अपना सारा जीवन हिन्दी-प्रचार को अर्पित कर दिया। यह उन्हीं प्रचारकों के परिश्रम और पुण्य का परिणाम है कि आज भारत यह दावा कर सकता है कि अनेक भाषा-भाषी होते हुए भी उसने अपनी एक भाषा को राष्ट्रभाषा के रूप में अपना लिया है।

इतिहास की दृष्टि बराबर चाकचिक्य और टीम-टाम पर रहती है। वह हमारी राष्ट्रीयता के भव्य प्रासाद पर चमत्कृत अवश्य होगा, किन्तु जिनकी हड्डियों की नींव पर भारतीय एकता का यह महल खड़ा हो रहा है, उनके नाम वह नहीं लिख पाएगा। हिन्दी-प्रचार-सभा की रजत-जयन्ती के इस मांगलिक अवसर पर मैं उन शहीदों को

प्रणाम करता हूँ, जो हिन्दी का प्रचार करते-करते स्वर्गीय हो गए। मैं उन साधकों के सामने भी मस्तक झुकाता हूँ, जो नाना कष्टों और उपेक्षाओं को झेलकर आज भी प्रचार के काम को आगे बढ़ा रहे हैं और अजन्मा देश-सेवकों की राह में पलक-पाँवड़े बिछाता हूँ, जो हिन्दी-प्रचार के निमित्त भविष्य में आगे आनेवाले हैं–

आनेवालो, तुम्हें प्रणाम!
जय हो, नव होतागण, आओ,
संग नई आहुतियाँ लाओ,
जो कुछ बने, फेंकते जाओ,
आनेवालो, तुम्हें प्रणाम!
यज्ञ जानता नहीं विराम!

देवियो और सज्जनो! गंगा जब स्वर्ग से उतरकर पृथिवी पर आई थीं, तब उन्हें भी अनेक विघ्नों का सामना करना पड़ा था। गांधीजी हिन्दी के भागीरथ थे। उन्होंने हिन्दी की धारा को समतल पर ला तो दिया, किन्तु अब उस धारा को इन्द्र के मदोन्मत्त ऐरावत रोक रहे हैं। अंग्रेजी के पक्षपाती बलवान् लोग बड़ी-बड़ी चट्टानें गिराकर उसके प्रवाह को मन्द कर देना चाहते हैं और कहीं-कहीं जह्नु ऋषि भी इस ताक में बैठे हैं कि मौका मिलते ही वे इस भागीरथी को अंजलि से उठाकर पी जाएँ। गांधीजी ने जिस यज्ञ का आरम्भ किया था, वह अभी समाप्त नहीं हुआ है। यह सत्य है कि संविधान और कानून, दोनों का समर्थन हिन्दी को प्राप्त है और संविधान तथा कानून, दोनों ही दृष्टियों से आज हिन्दी भारत की प्रमुख तथा अंग्रेजी गौण राजभाषा है। कानून और संविधान की दृष्टि से राजमहल की स्वामिनी हिन्दी है, अंग्रेजी को केवल सखी-रूप में ठहरने की अनुमति प्रदान की गई है। किन्तु, व्यवहार में यह सहेली सखी-भाव को भूलकर आज भी अन्याय पर तुली हुई है। 26 जनवरी, 1965 ई. को हिन्दी राजसिंहासन पर आसीन हुई थी, किन्तु लगता है, वह सिंहासन पर बैठी नहीं, सिंहासन से वह बाँध दी गई है, जिससे वह अपने हाथ-पाँव न हिला सके और अंग्रेजी का जहाँ जो प्रभुत्व है, वह अक्षुण्ण रूप से चलता रहे।

सन् 1963 ई. के भाषा-अधिनियम का उद्देश्य हिन्दी के व्यवहार पर रोक लगाना नहीं, बल्कि, उन लोगों के लिए सुविधा का प्रावधान था, जो अभी हिन्दी नहीं जानते या बहुत कम जानते हैं। लेकिन, सुविधा का यह प्रावधान ही हिन्दी की बाधा बन गया और अब वे लोग भी हिन्दी में काम नहीं कर रहे हैं, जो हिन्दी जानते हैं; तथा संविधान और 1963 के अधिनियम के अनुसार जिन पर ऐसी कोई भी कानूनी बाध्यता नहीं है कि वे हिन्दी में काम न करें। संविधान के अनुसार केवल दो ही ऐसे काम हैं जो 26 जनवरी, 1965 ई. के बाद भी तब तक केवल अंग्रेजी में किए जाएँगे, तब तक संसद् नया कानून बनाकर उन कामों के लिए भी हिन्दी की व्यवस्था न कर दे। जब तक सुप्रीम कोर्ट के काम अंग्रेजी में होते रहेंगे और संसद्-सदस्य कोई

संशोधन या विधेयक हिन्दी में पेश नहीं कर सकेंगे। किन्तु, इन दो कामों के अलावा, सरकार का और कोई भी ऐसा काम नहीं है, जिसके लिए अंग्रेजी का प्रयोग अनिवार्य हो। फिर भी सरकार के लगभग सारे काम आज भी केवल अंग्रेजी में चल रहे हैं। कानून की दृष्टि से यह शायद कोई अपराध नहीं है, क्योंकि इन सारे स्खलनों पर 1963 के अधिनियम का छाता तना हुआ है। किन्तु नैतिक दृष्टि से यह संविधान के साथ प्रवंचना और संसद् के निर्णयों के प्रति खुली अवहेलना और उपेक्षा का दृष्टान्त है।

जब से गणतन्त्र का आरम्भ हुआ, सरकार हिन्दी के प्रचार-प्रसार, उन्नति और विकास के लिए थोड़ा-बहुत काम बराबर करती रही है। आज भी योजनाओं का अभाव नहीं है। शिक्षा मन्त्रालय के अधीन ऐसी दस-बारह योजनाएँ चल रही हैं, जिनका उद्‌देश्य हिन्दी का प्रचार और विकास है। विधि-मन्त्रालय भी कानून के ग्रन्थों के अनुवाद और कानूनी शब्दों के निर्माण में लगा हुआ है। गृह मन्त्रालय के अधीन सरकारी कर्मचारियों को हिन्दी सिखाने की योजना आज कई वर्षों से काम कर रही है। किन्तु इन सभी योजनाओं पर आज एक प्रकार का मनोवैज्ञानिक कुहासा छा गया है। जब तक 26 जनवरी, 1965 की अवधि दूर थी, सरकारी योजनाओं में तेजी और उत्साह का अभाव था। किन्तु, जैसे-जैसे वह अवधि समीप आने लगी, पुरानी योजनाओं में थोड़ी तेजी दिखाई पड़ने लगी और कई नई योजनाएँ भी चालू कर दी गईं। किन्तु, जब लोगों ने देख लिया कि 26 जनवरी, 1965 को हिन्दी आकर भी नहीं आई, तब उनके भीतर यह सन्देह उत्पन्न हो गया कि हिन्दी शायद अनिवार्य नहीं है। वह शायद अभी रोकी जा सकती है। भारतीय भाषाओं का आन्दोलन शायद आन्दोलन ही रहेगा और अंग्रेजी शायद इस देश में बराबर बनी रहेगी। आज हिन्दी के कामों में जितनी भी बाधाएँ दिखाई पड़ रही हैं, उन सबको इसी मनोवैज्ञानिक कुहासे से ताकत मिल रही है। सन् 1950 ई. से ही सरकार बराबर यह सोचकर चलती रही कि हिन्दी को वास्तविक व्यवहार में लाने के पूर्व हमें हिन्दी के प्रचार और विकास के कार्य को काफी आगे बढ़ा देना है। किन्तु सोचने की इस पद्धति का औचित्य 26 जनवरी, 1965 के पूर्व ही समाप्त हो गया। अब अगर हिन्दी का व्यवहार नहीं किया जाता है, तो सरकार की अनेक योजनाएँ केवल खानापूरी का काम करती रहेंगी और उनका कोई भी ठोस परिणाम नहीं निकलेगा।

उदाहरण के लिए, सरकार के जो लाखों कर्मचारी हिन्दी सीख रहे हैं, उन्हें यदि दफ्तरों में हिन्दी में काम करने का अवसर नहीं दिया गया, तो सीखी हुई हिन्दी वे भूल जाएँगे और सरकार जिस दिन दफ्तरों में हिन्दी के व्यवहार की पद्धति चालू करेगी, उस दिन नए सिरे से इन अफसरों को भी फिर से हिन्दी सिखानी पड़ेगी। इन अफसरों के हिन्दी-ज्ञान को जीवित रखने का एक ही उपाय है कि उन्हें हिन्दी में काम करने का मौका दिया जाए। सरकारी दफ्तरों में जब हिन्दी का व्यवहार आरम्भ हो जाएगा,

तब उसके प्रभाव अनेक दिशाओं में अनुकूल होकर पड़ेंगे। दफ्तरों में हिन्दी के प्रयोग के चालू होने का सबसे बड़ा परिणाम यह होगा कि देश के मन पर छाया हुआ सन्देह का कुहासा फट जाएगा और लोगों का यह विश्वास फिर से दृढ़ हो जाएगा कि हिन्दी किसी भी प्रकार रोकी नहीं जा सकती। वह धीमी, किन्तु निश्चित गति से आ रही है। दफ्तरों में हिन्दी-प्रयोग के प्रति उपेक्षा और संविधान और संसदीय निर्णयों की अवहेलना के भाव भी समाप्त हो जाएँगे और उसका सबसे कल्याणकारी प्रभाव यह होगा कि सरकार हिन्दी के विकास और प्रचार के लिए जितनी भी योजनाएँ चला रही है, वे सबकी सब वास्तविक हो उठेंगी, उनमें जान और तेजी आ जाएगी तथा कार्यकर्ताओं को यह महसूस नहीं होगा कि हिन्दी के नाम पर दफ्तरों की चक्की में वे केवल बालू पेर रहे हैं।

सरकारी दफ्तरों में भारतीय भाषाओं को स्थान न देकर हम बहुत बड़े अन्याय का पोषण कर रहे हैं। यह देश केवल उन्हीं लोगों का नहीं है, जिनके माँ-बाप उन्हें पब्लिक स्कूलों में पढ़ा सकते हैं अथवा यथेष्ट धन लगाकर उन्हें अच्छी अंग्रेजी की शिक्षा दिलवा सकते हैं। सबसे पहले तो इस देश पर उन असंख्य लोगों का अधिकार होना चाहिए, जो निर्धन हैं, जिनके बच्चे साधारण स्कूलों में पढ़ते हैं और जो अपने बच्चों को अच्छी अंग्रेजी सिखलाने के लिए काफी पैसों का प्रबन्ध नहीं कर सकते। लेकिन भारत में गंगा उलटी बह रही है। नारा तो हम जनता के राज्य का लगाते हैं, किन्तु इस राज्य की मिश्री और मक्खन का भोग मुट्ठी भर अंग्रेजी-परस्त लोग कर रहे हैं।

मुट्ठी भर पब्लिक स्कूलों को छोड़कर आज भारत के सभी माध्यमिक स्कूल भारतीय भाषाओं में चल रहे हैं। किन्तु, शासन की भाषा सर्वत्र अंग्रेजी है। नतीजा यह है कि नौकरियाँ ज्यादातर उन्हें मिलती हैं, जो पब्लिक स्कूलों से पढ़कर आते हैं और टेक्नीकल इंस्टीट्यूटों में भी प्रवेश ज्यादातर वे ही कर पाते हैं जिन्होंने पब्लिक स्कूलों में शिक्षा पाई है अथवा अतिरिक्त पैसे खर्च करके जिन्होंने अंग्रेजी का कुछ ज्यादा ज्ञान प्राप्त कर लिया है। यह जनसाधारण के प्रति उपेक्षा और अन्याय का दृष्टान्त है और इसका खात्मा कल के बदले आज और आज के बदले अभी तुरन्त हो जाना चाहिए। टेक्नीकल इंस्टीट्यूटों, कॉलेजों अथवा नौकरियों में प्रवेश पाने के लिए अंग्रेजी का ज्ञान अनिवार्य नहीं होना चाहिए। उम्मीदवारों की जाँच उन भाषाओं में ली जानी चाहिए जिन भाषाओं में उन्होंने माध्यमिक स्तर तक शिक्षा पाई है।

माध्यमिक स्कूलों में शिक्षा-माध्यम के परिवर्तन से विश्वविद्यालयों पर दबाव पड़ा कि वे भी भारतीय भाषाओं के जरिए पढ़ाई की व्यवस्था करें। अतएव सत्ताधारियों और शिक्षा के अंग्रेजी-परस्त विशेषज्ञों की चेतावनियों के बावजूद, विश्वविद्यालयों में भारतीय भाषाओं का प्रवेश होने लगा। आज सौभाग्य से स्थिति यह बन गई है कि देश के लगभग साठ विश्वविद्यालयों में से चालीस विश्वविद्यालयों में भारतीय भाषाएँ

शिक्षा के वैकल्पिक माध्यम के रूप में प्रविष्ट हो गई हैं, और अनेक क्षेत्रों में झुंड-के-झुंड स्नातक भारतीय भाषाओं में निकल रहे हैं।

शिक्षा-शास्त्र का सामान्य नियम है कि परिवर्तन पहले जीवन में आता है, शिक्षा-संस्थानों में उसका संगठन बाद को किया जाता है। जीवन पहले बदलता है, शिक्षा बाद को परिवर्तित होती है। लेकिन यहाँ भी भारत में गंगा उलटी ही बह रही है। भारतीय स्वतन्त्रता की सबसे बड़ी प्रेरणा यह थी कि हम शासन और वाणिज्य के सभी काम भारतीय भाषाओं में करना प्रारम्भ कर दें। लेकिन सरकारें जब दुविधा में ग्रस्त हो गईं, और शासन की भाषा में उन्होंने कोई भी परिवर्तन नहीं किया, तब स्वतन्त्रता की प्रेरणा से, अथवा यों कहें कि इतिहास के धक्के से, स्कूलों और कॉलेजों में शिक्षा का माध्यम आपसे आप परिवर्तित हो गया। लेकिन, इतनी बड़ी ऐतिहासिक क्रान्ति के बाद भी सरकारें अपनी जगहों पर ठिठुरी हुई ज्यों-की-त्यों खड़ी हैं। इतिहास हमें जिस ओर को धकेल रहा है, हमारा कल्याण उसी दिशा की ओर चलने में है। इतिहास ने शिक्षा के माध्यम में जो क्रान्ति ला दी है, हमारा कल्याण उसे स्वीकार करने में है। जब हमारे स्नातक भारतीय भाषाओं में तैयार होने लगे हैं, तब भारतीय सरकारों के भी सारे काम भारतीय भाषाओं में ही किए जाने चाहिए। यदि इतना कुछ हो जाने पर भी सरकारें अपने शासन के सारे कार्य अंग्रेजी में ही करते रहने का दुराग्रह करती हैं, तो सबक हम यही लेने को बाध्य होंगे कि भारत की सरकारें भारतीय भाषाओं का उत्थान नहीं चाहती हैं और शिक्षा के माध्यम के रूप में भारतीय भाषाओं ने कॉलेजों में जो प्रवेश पा लिया है, वह काम सरकारों की रुचि के खिलाफ है।

स्कूलों से लेकर कॉलेजों तक शिक्षा के माध्यम में जो परिवर्तन आया है, उसे मैं देश की क्रान्तिकारी घटना मानता हूँ। शिक्षा-माध्यम के परिवर्तन से देश में जो स्थिति उत्पन्न हुई है, उसका एक ही समाधान है कि प्रत्येक राज्य के शासन में वहाँ के क्षेत्रीय भाषा और केन्द्रीय शासन में सर्वत्र हिन्दी का व्यवहार अविलम्ब आरम्भ किया जाना चाहिए। इस कार्य में सरकारें जितना ही विलम्ब करेंगी, भारतीय भाषाओं द्वारा पढ़नेवाले युवकों की उतनी ही अधिक रोटियाँ छिनकर उनके हाथों में पहुँचती चली जाएँगी, जो पब्लिक स्कूलों में पढ़ते हैं अथवा जो अन्य किन्हीं कारणों से अंग्रेजी में काफी तेज-तर्रार हैं। भारत में अंग्रेजी चलाने का दोष लॉर्ड मैकाले ने नहीं, लॉर्ड विलियम बैंटिक ने किया था। जब बैंटिक ने यह ऐलान कर दिया कि नौकरी सिर्फ उन्हें दी जाएगी जो अंग्रेजी के जानकार होंगे, भारतवासी उस भाषा की ओर जोर से दौड़ पड़े। भारतीय भाषाओं में लोगों को जब तक रोटियाँ दिखाई नहीं पड़ेंगी, अंग्रेजी का साम्राज्य भारत में बना रहेगा और भारतीय भाषाओं द्वारा तैयार होनेवाले स्नातक द्वितीय-तृतीय श्रेणी के नागरिक बनकर पीछे छूटते जाएँगे।

हम लोग एक विचित्र स्थिति में फँसे हुए हैं। भारत की भाषाएँ उभरकर ऊपर आ रही हैं, मगर चिन्ता हमें अंग्रेजी की सता रही है। भारतीय भाषाओं को मुक्त

प्रोत्साहन कोई भी देने को तैयार नहीं है। वे केवल इतिहास के धक्के से बढ़कर आगे आ रही हैं और भारत का जितना भाग भारतीय भाषाओं का साथ देता है, अंग्रेजी-परस्त सत्ताधारी समझते हैं, देश का उतना हिस्सा उनके हाथ से निकल गया। विश्वविद्यालयों में शिक्षा के माध्यम में जो परिवर्तन हुआ है, उसके बारे में शिक्षा आयोग ने सम्यक् रूप से विचार नहीं किया, न उसने यही जानने की कोशिश की कि भारतीय भाषाओं की समस्याएँ क्या हैं और उनके समाधान के लिए क्या किया जाना चाहिए। लेकिन यह सिफारिश उसने काफी जोरदार ढंग से की है कि देश के अन्य विश्वविद्यालय चाहे भारतीय भाषाओं में ही चलें, लेकिन, कम-से-कम, छह चुनिन्दे विश्वविद्यालयों की भाषा केवल अंग्रेजी रहेगी। यानी देश के चाहे जितने भी विश्वविद्यालय हमारे हाथ से निकल जाएँ, कम-से-कम छह सर्वश्रेष्ठ विश्वविद्यालयों को हम अंग्रेजी से बाँधे रहेंगे, जिससे नौकरियों में चोटी की सारी जगहें उनके लिए सुरक्षित रखी जा सकें जो इस देश में अंग्रेजी के अलमबरदार हैं।

शिक्षा-आयोग ने काफी जोर से यह बात भी कही है कि मातृभाषा के बाद पहला स्थान संघ की राजभाषा का है। और अंग्रेजी का समर्थन उसने हर जगह यह कहकर किया है कि सखी-भाषा होने पर भी अंग्रेजी संघ की ही राजभाषा है, अतएव उसे वहाँ स्थान दिया जाना चाहिए जो स्थान संघ में हिन्दी का है। लेकिन, देश के सर्वश्रेष्ठ छह केन्द्रीय विश्वविद्यालयों के प्रसंग में आयोग ने इस प्रखर सत्य को बड़ी आसानी से भुला दिया है। सन् 1963 के अधिनियम के अनुसार भी संघ की राजभाषा एक नहीं, दो हैं और किसी भी केन्द्रीय संस्थान में जब एक भाषा लाई जाएगी, तब विकल्प के रूप में, दूसरी को भी वहाँ लाना ही पड़ेगा। यह बात समझ में नहीं आती है कि देश के जो सर्वश्रेष्ठ छह विश्वविद्यालय बनाए जाएँगे उनकी एकमात्र भाषा अंग्रेजी कैसे हो सकती है? अगर अंग्रेजी केन्द्र की सखी राजभाषा है, तो हिन्दी उसकी स्वामिनी है। हिन्दी इस देश में हमेशा रहनेवाली भाषा है, मगर अंग्रेजी आज नहीं तो कल, पुस्तकालयों को छोड़ और कहीं भी दिखाई नहीं देगी। केन्द्र की जिस किसी भी संस्था में स्वामिनी के लिए स्थान नहीं है, न्यायतः वहाँ सखी को भी स्थान नहीं दिया जा सकता। शिक्षा के ऊँचे कामों के लिए अगर केन्द्र छह विश्वविद्यालयों को अपने हाथ में लेना चाहता है, तो यह काम वह अवश्य करे। किन्तु संविधान और संसदीय निर्णयों की मर्यादा तभी अक्षुण्ण रहेगी, जब इन छह विश्वविद्यालयों का माध्यम हिन्दी और अंग्रेजी, दोनों ही भाषाएँ बनाई जाएँगी। हिन्दी को बहिष्कृत करके कोई भी विश्वविद्यालय केन्द्रीय नहीं बन सकता। यह संविधान की मर्यादा पर कुठाराघात होगा। यह संसदीय निर्णयों की अवहेलना होगी। भारतीय संघ की राजभाषा हिन्दी है। अंग्रेजी जब तक है, तब तक भी, वह केवल हिन्दी के साथ-साथ चल सकती है। केन्द्र में जहाँ भी हिन्दी नहीं आएगी, वहाँ अंग्रेजी को लाने की कल्पना ही निराधार है।

देवियो और सज्जनो! हिन्दी तोड़ने नहीं, जोड़नेवाली भाषा है। हिन्दी-भाषी प्रान्तों

में जनपदीय भाषाएँ अनेक हैं, किन्तु उनके एकाकार होकर हिन्दी ने सभी हिन्दी-भाषी प्रान्तों को एकसूत्र में बाँध रखा है। यही नहीं, हिन्दी का एक अदृश्य तार गुजरात से लेकर असम तक सारे उत्तर भारत को एक धागे से बाँधे हुए है। महात्मा गांधी ने हिन्दी की इसी प्रकृति से प्रभावित होकर उसे सारे देश के लिए चुना था।

हिन्दी का साहित्य केवल हिन्दुओं का लिखा हुआ नहीं है। कबीर और जायसी, रहीम और रसखान, आलम और शेख तथा मुबारक और रसलीन ये सारे के सारे कवि मुसलमान थे, किन्तु उनकी रचनाएँ हिन्दी की अनमोल निधियाँ समझी जाती हैं। हिन्दी के सन्त-साहित्य में सिक्ख गुरुओं की वाणियाँ अत्यन्त प्रमुख स्थान रखती हैं और पिछली शताब्दी में ईसाई मिशनरियों ने जब भारतीय भाषाओं की सेवा में हाथ लगाया, तब उन्होंने हिन्दी भाषा की भी इतनी उत्कृष्ट सेवा की कि हम उनके प्रति हमेशा कृतज्ञ रहेंगे।

हिन्दी संकीर्णता की नहीं, उदारता की भाषा है। भारत जितना सहिष्णु देश है, हिन्दी हमेशा उतनी ही सहिष्णु और उदार भाषा रही है। चन्दबरदायी, जो हिन्दी के आदि महाकवि हुए हैं, महाराज पृथ्वीराज के मित्र थे। पृथ्वीराज का वध एक मुस्लिम सुल्तान के हाथों हुआ था। किन्तु, उससे विचलित होकर चन्दबरदायी ने इस्लाम की निन्दा नहीं लिखी, उलटे उन्होंने बड़े ही फख्र के साथ यह लिखा है कि अपने महाकाव्य में मैं पुराण और कुरान, दोनों के सत्यों का बखान कर रहा हूँ...

उक्ति धर्मविशालस्य राजनीतिः नवं रसम्।
षट्‌ भाषा पुराणं च कुरानं कथितं मया॥

और यह उदारता केवल चन्दबरदायी की ही विशेषता नहीं थी। हिन्दी साहित्य के शिरोमणि और भारत के भक्त मार्तण्ड गोस्वामी तुलसीदासजी में साम्प्रदायिकता की बू भी नहीं थी। उन्होंने अरबी और फारसी के शब्दों को मुसलमानी शब्द नहीं समझा और बड़ी ही स्वाभाविकता के साथ अपने 'रामचरितमानस' में उनका खुलकर प्रयोग किया है।

जहाँ तक हिन्दू-मुस्लिम एकता का सम्बन्ध है, इस एकता के जितने अधिक साधक हिन्दी में हुए, उतने भारत की अन्य भाषाओं में हुए हैं या नहीं, यह बात निश्चयपूर्वक नहीं कही जा सकती। इस एकता-आन्दोलन का प्रवर्तन कबीरदासजी ने किया था और उनके बाद कोई तीन-चार सौ वर्षों तक सन्त-धारा के सभी हिन्दी कवि कबीर के स्वप्न को अपने-अपने छन्दों में दुहराते रहे—

हिन्दू कहत हैं राम हमारा, मुसलमान रहिमाना।
आपस में दोउ लड़े मरत हैं, भेद न कोऊ जाना॥

—कबीर

दादू ना हम हिन्दू होहिंगे, ना हम मुसलमान।
षट्‌ दर्शन में हम नहीं, हम राते रहिमान॥

दोनों भाई हाथ-पग, दोनों भाई कान।
दोनों भाई आँख हैं, हिन्दू-मुसलमान॥

—दादू

हिन्दू की हद छाँड़ि के, तजी तुरुक की राह।
सुन्दर सहजै चीन्हिया एकै राम-अल्लाह॥

—सुन्दरदास

हिन्दी की एक विशेषता यह भी है कि मध्यकाल में बिना किसी आन्दोलन और प्रचार के वह अपनी चौहद्दी से बाहर अनेक प्रान्तों में फैली थी और उसके कवि गुजरात और महाराष्ट्र में ही नहीं, एकाध बार केरल और आन्ध्र में भी उत्पन्न हुए थे, जिसका यत्किंचित् उल्लेख अभी हाल में विद्वानों ने किया है। कबीर से बहुत पूर्व नामदेवजी महाराज महाराष्ट्र में जनमे थे, लेकिन एकता-आन्दोलन का प्रचार उन्होंने भी हिन्दी में ही किया था—

हिन्दू पूजै देहरा, मुसलमान मसीत।
नामा सोई सेविया जहँ देहरा न मसीत॥

—नामदेव (12वीं सदी)

हिन्दी पर राजाओं का उपकार बहुत कम, सन्तों का उपकार बहुत अधिक रहा है। सन्तों की भाषा होने के कारण ही हिन्दी आरम्भ से ही कुछ-कुछ सार्वदेशिक रही थी। वर्तमान युग में भी राजनीति जब तक गौण और सन्तत्व की महिमा (त्याग, तपस्या, कुर्बानी और प्रेम) प्रधान रही, हिन्दी का विरोध इस देश में कोई नहीं करता था। विरोध की भावना राजनीति की प्रधानता के साथ बढ़ी है।

विवशता की बात यह है कि राजनीति की प्रधानता अब मिटाई नहीं जा सकती। लेकिन हमें बराबर यह स्मरण रखना है कि प्रकृति ने भारत को एक सुस्पष्ट राष्ट्र के रूप में निर्मित नहीं किया है। राष्ट्रीयता के जो भी आवश्यक उपकरण होते हैं, उन्हें जुटाकर प्रकृति ने यह कार्य यहाँ के निवासियों की इच्छा पर छोड़ रखा है कि वे एक राष्ट्र बनकर जीना चाहेंगे अथवा टूटकर बिखर जाएँगे। भारत गुलाम इसलिए हो गया था कि एकता की उसने उपेक्षा की थी। और जब उसने एकता की महिमा को समझा, वह पलक मारते स्वाधीन हो गया। अतएव यह बहुत आवश्यक है कि एकता के सवाल को हम क्षेत्रीय राजनीति की संकीर्णता से ऊपर रखें। राष्ट्रभाषा का चुनाव भारत ने किसी फैशन के लिए नहीं, अपनी एकता को मजबूत बनाने के लिए किया है। पिछले सौ वर्षों से भारत के सभी भागों के महापुरुष जिस बात को पीढ़ी-दर-पीढ़ी दुहराते आए हैं, वही बात आज भी सही है।

अगर अपने महापुरुषों के पिछले सौ वर्षों के स्वप्न की हम अवहेलना करते हैं, तो हम कहीं के भी नहीं रहेंगे। भारत की एकता और भारत की स्वतन्त्रता, ये एक ही तत्त्व के दो नाम हैं। अगर एकता को, आलस्य या असावधानता में आकर, हमने

खिड़की की राह से जाने दिया तो हमारी स्वाधीनता सदर दरवाजा खोलकर निकल जाएगी। अगर दुनिया की महफिल में भारत को एक सबल और पूर्ण रूप से स्वतन्त्र राष्ट्र की हैसियत से आसन जमाना है, तो अंग्रेजी का अवलम्ब उसे छोड़ना ही पड़ेगा।

हिन्दी हमारे आन्तरिक व्यक्तित्व की भाषा होगी और हिन्दी के ही द्वारा विश्व-मंच पर हम अपना राष्ट्रीय उद्घोष सुनाएँगे। देश की एकता को खतरा हिन्दी के आने से नहीं, उसके नहीं आने से होगा। हिन्दी में प्रकृति-प्रदत्त कुछ गुण हैं, जो भारत की एकता को मजबूत बना सकते हैं। मेरा दृढ़ विश्वास है कि धारा 351 के अधीन संविधान ने हिन्दी के कन्धों पर जो दायित्व डाला है तथा देश के नेताओं ने उससे जो आशाएँ लगाई हैं, हिन्दी उन सभी आशाओं को पूर्ण करेगी और धार्मिक भेदभाव से सर्वथा मुक्त रहकर वह सभी भारतवासियों के घरों में अपने लिए प्रेम का स्थान बनाने में सफल और समर्थ होगी।

(शेष-निःशेष)

दक्षिण भारतीय हिन्दी-प्रचार सभा, हैदराबाद के रजत-जयन्ती समारोह में 11 सितम्बर, सन् 1966 ई. को दिया गया दीक्षान्त भाषण।

भाषा राष्ट्र की आत्मा होती है

सभापतिजी, देवियो और सज्जनो!

मध्य प्रदेश हिन्दी साहित्य सम्मेलन के पाँचवें अधिवेशन का उद्‌घाटन करने को बुलाकर आपने मेरा जो सम्मान किया है, उसके लिए मैं आपका हृदय से धन्यवाद करता हूँ।

पिछले पच्चीस वर्षों से हिन्दी साहित्य सम्मेलन के मंचों से हम साहित्य की चर्चा कम, भाषा की चर्चा अधिक सुनते आए हैं। लेकिन अब समय आ गया है कि हम भाषा की चर्चा को गौण बनाकर साहित्य की चर्चा को फिर से प्रधानता देना शुरू कर दें। भाषा का आन्दोलन अभी बन्द नहीं हुआ है, यह ठीक है। लेकिन यह बात भी सही है कि यह आन्दोलन एक दौर को समाप्त करके दूसरे दौर में पहुँच गया है। मेरे खयाल से आन्दोलन का दौर अब समाप्ति पर है, आगे जो प्रश्न है, वह रचना और प्रयोग का है।

हिन्दी भाषा को राष्ट्रभाषा का पद मिलना चाहिए, यह नारा अब बिना मौसम का नारा है। हिन्दी को राष्ट्रभाषा बनना नहीं है, वह राष्ट्रभाषा है। आज वह भारत राष्ट्र की प्रमुख राजभाषा है, अंग्रेजी का स्थान उसके सामने गौण है। इसी प्रकार जो हिन्दी-प्रेमी अति उत्साह या क्रोध में आकर यह कह बैठते हैं कि 'अरे, मैं हिन्दी के लिए रक्त दूँगा' वे भी बिना मौसम की बात कर रहे हैं। हिन्दी अब रक्त लेकर क्या करेगी? अब तो उसे पैसों और पसीनों की जरूरत है। पैसे उनके चाहिए, जिनके लिए हिन्दी की किताबें और अखबार निकलते हैं। और पसीना उनका चाहिए, जो हिन्दी के लेखक, कवि और पत्रकार हैं तथा जिन पर यह जिम्मा है कि वे विश्वविद्यालय-स्तर की सारी पढ़ाई हिन्दी के माध्यम से करें और शीघ्र ही हिन्दी को विद्या की ऐसी भाषा बना दें कि उसके जरिए भारतवासियों के मस्तिष्क का चरम विकास हो सके। पसीना आज उनका भी चाहिए, जो हिन्दी जानते हैं और केन्द्रीय अथवा प्रान्तीय सरकारों के दफ्तरों में काम कर रहे हैं। अब उन्हें पूरी छूट है कि केन्द्रीय शासन के अधीन होने पर भी, यदि वे चाहें तो, हिन्दी में काम कर सकते हैं। यह स्वतन्त्रता मिल जाने पर भी यदि वे हिन्दी में काम करने से मुकरते हैं, तो स्पष्ट ही उनका हिन्दी-प्रेम कमजोर है और उनकी देश-भक्ति की भावना अधूरी है। तीखे नारों का समय बीत गया। अब

तो काम करने का वक्त आया है। हमें सभी कर्मचारियों को प्रेरित करना है कि वे सारे काम हिन्दी में करें। हमें लेखकों, विद्वानों तथा प्राध्यापकों से विनय करनी है कि वे स्कूलों और कॉलेजों की सारी पढ़ाई हिन्दी में करें और अपने विषय की पुस्तकें हिन्दी में ही लिखें। हमें हिन्दी के पाठकों से प्रार्थना करनी है कि वे हिन्दी की पुस्तकें और पत्र-पत्रिकाएँ अधिकाधिक संख्या में खरीदें, जिससे हिन्दी का यह कलंक दूर हो कि इस भाषा में पुस्तक और पत्र-पत्रिकाएँ बहुत कम बिकती हैं। गर्जन-तर्जन की भाषा का अब कोई उपयोग नहीं है। परिश्रम कीजिए, पसीना बहाइए, जिससे हिन्दी अभिनव-ज्ञान की भाषा बन सके और पैसे खर्च करके पुस्तकें और पत्र-पत्रिकाएँ खरीदिए, जिससे हिन्दी-साहित्य को बल मिले, उसका प्रचार और प्रसार हो और संसार यह समझ सके कि हिन्दी-भाषियों को अपनी भाषा से सचमुच ही बड़ा प्यार है।

देवियो और सज्जनो! बात तो आज मैं भाषा के बदले साहित्य की करना चाहता था, किन्तु इतनी बातें करते-करते मुझे अपना 'हिन्दी-सलाहकार' का पद याद आ गया। अतएव मैं चाहता हूँ कि इस अवसर का उपयोग मैं आपको यह बताने के लिए करूँ कि हिन्दी की आन्तरिक स्थिति क्या है।

हिन्दी के पक्ष में अथवा सभी भारतीय भाषाओं के पक्ष में सबसे बड़ी क्रान्ति यह हुई है कि भारतीय भाषाएँ विश्वविद्यालयों में शिक्षा का माध्यम बनने लगी हैं। यह क्रान्ति सरकारी नेताओं तथा भारत के शिक्षा-शास्त्रियों की लाई हुई नहीं है। यह तो मात्र इतिहास के धक्के से पहुँची है। नेताओं और शिक्षा-शास्त्रियों की चली होती, तो विश्वविद्यालयों में भारतीय भाषाओं का प्रवेश नहीं होता। किन्तु हुआ यह कि माध्यमिक स्कूलों में शिक्षा का माध्यम बदल गया। इससे विश्वविद्यालयों पर दबाव पड़ा कि वे भी शिक्षा के माध्यम में परिवर्तन करें। शिक्षा-शास्त्री तो यही कहते रहे हैं कि शिक्षा-परिवर्तन का काम धीरे-धीरे होना चाहिए, किन्तु इस चेतावनी के बावजूद 80 विश्वविद्यालयों में से 52 विश्वविद्यालयों में शिक्षा का वैकल्पिक माध्यम भारतीय भाषाएँ हो गई हैं। यह उस स्वप्न की विजय है, जिसे पिछले सौ वर्षों से भारत के मनीषी देखते आए थे। यह उन शिक्षा-शास्त्रियों की अवश्यम्भावी पराजय की पूर्व सूचना है, जो आज भी इस कोशिश में हैं कि भारतीय भाषाएँ उच्चतम शिक्षा का माध्यम न बनने पाएँ।

किस्से का रोचक पक्ष यह है कि गुजरात, बम्बई, कर्णाटक, नागपुर, उस्मानिया, पंजाब, सरदार पटेल, सौराष्ट्र और दक्षिण गुजरात विश्वविद्यालयों तथा गुजरात-विद्यापीठ ने अपने वैकल्पिक माध्यमों में हिन्दी को भी स्थान दिया है तथा बिहार के मगध तथा राँची विश्वविद्यालयों ने हिन्दी के अलावा बंगला, उर्दू, और उड़िया को भी वैकल्पिक माध्यम मान लिया है। इससे भी ज्यादा आँख खोलनेवाली बात यह है कि हिन्दी प्रान्तों में विश्वविद्यालयों से जो ग्रेजुएट निकल रहे हैं उनमें से 80 से 90 प्रतिशत ग्रेजुएट हिन्दी के माध्यम से आ रहे हैं। कई हिन्दी-भाषी प्रान्तों में माध्यमिक स्तर पर अंग्रेजी

की शिक्षा वैकल्पिक घोषित कर दी गई है। इन परिवर्तनों के बीच महाक्रान्ति के बीज छिपे हुए हैं। ग्रेजुएटों की फौज मैदान में आ पहुची है, जो दफ्तरों और अदालतों में अंग्रेजी के जरिए काम नहीं कर सकेगी। जहाँ तक मैं जानता हूँ, सरकार इस स्थिति से अनवगत नहीं है। किन्तु आज की स्थिति तो यही है कि सरकारी दफ्तरों की कुर्सियाँ इन 80 या 90 प्रतिशत ग्रेजुएटों के लिए नहीं हैं। वे उन दस प्रतिशत ग्रेजुएटों के लिए सुरक्षित हैं, जो अंग्रेजों के माध्यम से आ रहे हैं। क्या यह भयावह स्थिति, यह अन्याय की स्थिति कायम रखी जा सकती है? इस स्थिति को कायम रखना छात्रों की अनुशासनहीनता को बढ़ावा देना है, देश में किसी महाविस्फोट को आमन्त्रण देना है।

सरकार इस विस्फोट को रोकना चाहती है। इसीलिए उसने निश्चय किया है कि केन्द्रीय नौकरियों के लिए जो प्रतियोगी परीक्षाएँ ली जाती हैं, वे संविधान में उल्लिखित सभी भारतीय भाषाओं में ली जाएँगी। अखिल भारतीय स्तर की नौकरियों के लिए ली जानेवाली परीक्षाओं में इसी वर्ष से पत्रों के लिए भारतीय भाषाओं का प्रयोग आरम्भ हो जाएगा।

तमिलनाडु में शिकायत सुनी जाती है कि वहाँ छात्रवृत्तियों का लोभ देने पर भी छात्र तमिल के जरिए शिक्षित होना नहीं चाहते। स्पष्ट ही छात्रों के सामने नौकरी पाने का अधिक बड़ा लोभ है। यदि तमिलनाडु की सरकार अपना सारा काम तमिल में करेगी और तमिल द्वारा शिक्षित युवकों को नौकरी देगी, तो वहाँ छात्र, छात्रवृत्तियों का लालच न होने पर भी, तमिल ही पढ़ेंगे और छात्रवृत्ति मिलने पर भी अंग्रेजी नहीं पढ़ेंगे। अंग्रेजी को भारत के माथे पर थोपने का काम मैकाले ने नहीं, विलियम बैंटिक ने किया था। जब विलियम बैंटिक ने यह कह दिया कि थोड़ी-सी अंग्रेजी जाननेवाले को भी सरकार नौकरी देगी, तब वहाँ भी अंग्रेजी सीखने-सिखाने का जरिया निकल आया, जहाँ कोई स्कूल नहीं था। भारतीय भाषाओं में अभी तक रोटी दिखाई नहीं पड़ी है। इसीलिए हमारी भाषाओं के प्रति हममें उत्साह नहीं जगा है। जिस दिन अपनी भाषाओं में लोगों को रोटी दिखाई पड़ेगी, वे सब छोड़कर अपनी भाषाओं में आ जाएँगे।

चूँकि शिक्षा-परिवर्तन का काम सबसे बड़े पैमाने पर हिन्दी प्रान्तों में घटित हुआ है, इसलिए हिन्दी प्रान्तों की सरकारों को चाहिए कि वे अन्य प्रान्तों की ओर देखना छोड़कर तुरन्त-से-तुरन्त अपने सारे काम हिन्दी में करना शुरू कर दें और ऐसी व्यवस्था करें कि हिन्दी के द्वारा तैयार ग्रेजुएट नौकरियों में आसानी से प्रवेश पा सकें। शिक्षा का माध्यम जिस जोर से हिन्दी प्रान्तों में बदला है, उस जोर से वह और कहीं नहीं बदला है। अतएव, हिन्दी प्रान्तों की सरकारों पर बड़ी जिम्मेदारी आ पड़ी है। जिस तेजी से शिक्षा का माध्यम बदल रहा है, उसी तेजी के साथ हमें शासन का माध्यम भी बदल देना चाहिए। यदि इस काम में काफी तेजी नहीं लाई जा सकी तो हिन्दी प्रान्त मुसीबत में फँस जाएँगे।

शिक्षा का माध्यम जिस तेजी से बदला है, उस तेजी के साथ विश्वविद्यालय-स्तर के ग्रन्थ प्रकाश में नहीं आ रहे हैं। पहले विश्वविद्यालय-स्तर की पुस्तकें प्रकाशित करने का काम केन्द्रीय सरकार खुद करती थी, अब यह काम उसने प्रान्तीय सरकारों को सौंप दिया है। भाषाओं के विकास के लिए सरकार ने प्रत्येक राज्य को एक करोड़ रुपए देने का निश्चय किया है। अतः पाँच राज्यों की भाषा होने के कारण हिन्दी को अपने विकास के लिए पाँच करोड़ रुपए मिले हैं। हिन्दी के पाँचों राज्यों ने मानक पुस्तकें निकालने के लिए संगठन तो बना लिये हैं, लेकिन दुःख की बात है कि किसी भी राज्य ने अब तक कोई ग्रन्थ प्रकाशित नहीं किया है। हमारा धर्म है कि हम अपनी राज्य-सरकारों का ध्यान इस बात की ओर आकृष्ट करें कि ग्रन्थ-निर्माण में शिथिलता हुई तो हमारी शिक्षा की नीति असफल हो जाएगी। हिन्दी की कुंजी हिन्दी-भाषी राज्यों के हाथ में आ गई है। अच्छी मानक पुस्तक जितना शीघ्र बड़े परिमाण में प्रकाशित होंगी, विश्वविद्यालय में हिन्दी का सम्मान उसी परिमाण में बढ़ेगा।

जहाँ तक मुझे मालूम है, मानक ग्रन्थों के प्रकाशन में एक बड़ी बाधा यह भी है कि जिन ग्रन्थों का हम अनुवाद करना चाहते हैं, उनमें से अधिकांश ग्रन्थों का कॉपीराइट विदेशों में सुरक्षित है और चूँकि इंग्लैंड और अमेरिका के प्रकाशक भारत में किताबें बेचकर काफी धन कमाते हैं, वे आसानी से हमें अनुवाद की अनुमति नहीं देते। सरकार को इस विषय में जो अनुभव हुआ है, उसका सार यह है कि जब तक हम अन्तर्राष्ट्रीय कॉपीराइट कन्वेंशनों की सदस्यता छोड़कर आजाद नहीं हो जाते, हमारी भाषाओं का सम्यक् विकास नहीं होगा। अनुमतियाँ हम कितनी भाषाओं के लिये लेते फिरेंगे और अनुमतियाँ लेकर हम कितनी पुस्तकों का अनुवाद करेंगे और हर अनुमति के लिए फॉरेन-एक्सचेंज में पहले ही अदायगी के लिए हम धन कहाँ से लाएँगे? विद्या के क्षेत्र में भारत का उद्धार तभी होगा, जब यह देश अन्तर्राष्ट्रीय कॉपीराइट कन्वेंशनों से निकल जाए और संसार से कह दे कि बीस वर्षों तक हम संसार में फैले हुए ज्ञान को लूटकर अपनी भाषाओं को समृद्ध करेंगे और उसके बाद हम फिर कन्वेंशनों की सदस्यता को स्वीकार कर लेंगे।

विधि के क्षेत्र में भी हिन्दी-भाषी राज्यों में जो प्रगति हुई है, वह अन्य राज्यों में दिखाई नहीं देती। बिहार, उत्तर प्रदेश, राजस्थान, मध्य प्रदेश और हरियाणा—ये ही पाँच राज्य हैं जहाँ कानून हिन्दी में बनाए जाते हैं। अन्य राज्यों ने अपनी भाषाओं को राजभाषा जरूर घोषित कर दिया है, किन्तु कानून वे अभी अंग्रेजी में ही बना रहे हैं। हाईकोर्टों में डिग्री और निर्णय को छोड़कर और सभी कामों के लिए क्षेत्रीय भाषाओं का प्रयोग किया जाए, इस विषय में राज्यों से अभी हाल में पूछताछ की गई थी। किन्तु, केवल उत्तर प्रदेश ने ही यह जवाब दिया कि वह हिन्दी को हाईकोर्ट में लागू करना चाहता है। स्पष्ट ही, देश के वकील और अधिवक्ता तथा जज भी अंग्रेजी छोड़कर भारतीय भाषाओं में आने को तैयार नहीं हैं।

कई लॉ-कॉलेजों ने यह बताया है कि उनके छात्र अंग्रेजी में कानून नहीं समझ पा रहे हैं। उनकी पढ़ाई हिन्दी के जरिए हो सके, इसकी व्यवस्था की जानी चाहिए। विधि-मन्त्रालय में वे ग्रन्थ तैयार किए जा रहे हैं, जो बी.एल. अथवा एल.एल.बी. कक्षाओं के लिए उपयोगी होंगे। विधि-मन्त्रालय ने हिन्दी में दो लॉ-जर्नल भी निकालने शुरू कर दिए हैं, जिनमें से एक का नाम 'उच्च-न्यायालय पत्रिका' और दूसरे का नाम 'उच्चतम न्यायालय पत्रिका' है। किन्तु खेद की बात है कि हिन्दी प्रान्तों के वकील, अधिवक्ता, मुंसिफ और जज भी इन पत्रिकाओं को खरीदने का उत्साह नहीं दिखा रहे हैं।

सन् 1967 ई. में पास होनेवाले भाषा अधिनियम के अनुसार केन्द्रीय शासन के कार्यालयों में हिन्दी के प्रयोग में स्पष्ट वृद्धि हुई है। जो पत्र, विज्ञापन, रिपोर्ट या दस्तावेज दोनों भाषाओं में निकाले जाने चाहिए, वे लगभग दोनों भाषाओं में जारी होने लगे हैं। गृह मन्त्रालय ने यह भी फैसला किया है कि हिन्दी-भाषी राज्यों को भेजे जानेवाले पत्र यथासम्भव हिन्दी में ही हों। धीरे-धीरे अन्य मन्त्रालय भी इस नीति पर अमल करेंगे। सभी हिन्दी-भाषी राज्यों ने यह निश्चय किया है कि केन्द्र के साथ सारा पत्र-व्यवहार वे हिन्दी में करेंगे। खुशी की बात है कि पंजाब, गुजरात और महाराष्ट्र की राज्य-सरकारें भी केन्द्र के साथ सारा पत्र-व्यवहार हिन्दी में ही करने के पक्ष में हैं।

लेकिन हमारी सबसे बड़ी कठिनाई यह है कि हिन्दी में नोट लिखने की पूरी छूट मिल जाने पर भी ऐसे बहुत कम कर्मचारी हैं, जो हिन्दी में नोट लिखने को तैयार हैं। उनके बहाने अनेक प्रकार के हैं। कोई कहता है कि चूँकि नियमों और मैनुअलों का अनुवाद नहीं हुआ है, इसलिए हिन्दी में हम नोट नहीं लिख सकते। कोई कहता है, हिन्दी में काम करने के लिए हमें ज्यादा समय चाहिए। किसी का कहना यह है कि अंग्रेजी के मुहावरे और वाक्य-खंड हमें याद हैं, हिन्दी में अभी ऐसे मुहावरे और वाक्य-खंड उपलब्ध नहीं हैं। लेकिन एक बड़ी संख्या उन कर्मचारियों की है, जो सरकारी या नई हिन्दी को कठिन समझते हैं।

नई हिन्दी कठिन हो रही है, यह शिकायत अनेक लोग करते हैं, अनुभवों और प्रयोगों से यह बात भी सिद्ध हो चुकी है कि जो हिन्दी तैयार हो रही है, उसे छोड़कर और कोई रास्ता नहीं है। फिर भी हमारी दृष्टि यह होनी चाहिए कि जो शब्द तैयार हो रहे हैं, वे केवल प्रस्तावित शब्द हैं। अफसरों की मेज पर भारी-भरकम कोष रखकर यह आशा नहीं करनी चाहिए कि अफसर पहले इनको रटेंगे और पीछे वे हिन्दी में काम करेंगे। अफसरों से शब्द रटवाना अत्याचार का काम है और इस अत्याचार को कोई भी कर्मचारी बर्दाश्त नहीं करेगा। उचित मार्ग यह है कि वे अफसर और कर्मचारी जो हिन्दी जानते हैं, उसी का उपयोग करें और यदि पारिभाषिक शब्दों की जरूरत पड़ जाए और उन्हें हिन्दी के शब्द मालूम न हों, तो वे अंग्रेजी के पारिभाषिक शब्दों का भी प्रयोग कर सकते हैं। यह एक निश्चित दौर है, जिसमें से हमें गुजरना पड़ेगा।

विश्वविद्यालयों में जो अच्छे छात्र थे, वे ही आज अफसर बने हुए हैं। वे जो हिन्दी जानते हैं, वह गलत हिन्दी नहीं है। एक दृष्टिकोण यह भी है कि जब सभी हिन्दी-भाषी अफसर और कर्मचारी अपनी पसन्द की हिन्दी का प्रयोग करना आरम्भ कर देंगे, हिन्दी का एक सर्वसुगम रूप आपसे-आप प्रकट हो जाएगा और कठिन हिन्दी का हौआ दूर हो जाएगा। अतएव, अभी करने लायक एक काम यह है कि जो लोग सरकारी दफ्तरों में काम कर रहे हैं, वे धड़ल्ले से हिन्दी लिखना शुरू कर दें। पाकिस्तान ने अपनी भाषा उर्दू बना ली है। भारत के हिन्दी-भाषी लोग हिन्दी को शासन की भाषा क्यों नहीं बना सकते? भाषा के क्षेत्र में हिन्दी-भाषी लोग देश में सबसे आगे रहे हैं। यदि वे यह बतला देंगे कि सारा राज-काज हिन्दी में चल सकता है, तभी बाकी प्रदेशों का भय निकलेगा और वे भी अपनी भाषाओं में काम करना शुरू कर देंगे।

न्याय और कानून के क्षेत्र में अंग्रेजी को हटाकर भारतीय भाषाओं को चलाने का काम इतना विशाल है कि उसकी कल्पना भी भारी मालूम होती है। देश में अभी यह प्रवृत्ति दिखाई देती है कि सुप्रीम कोर्ट की भाषा हिन्दी होगी, किन्तु हाईकोर्ट क्षेत्रीय भाषाओं में काम करेंगे। अतएव यह आवश्यक होगा कि हाईकोर्टों के निर्णयों और दूसरे कागजों का हिन्दी-अनुवाद तैयार किया जाए। यही नहीं, केन्द्र के जितने कानून हैं, उनका अनुवाद भारत की सभी प्रमुख भाषाओं में तैयार करना होगा और विभिन्न राज्यों में जो कानून हैं, उनका अनुवाद हिन्दी में उपलब्ध कराना होगा। यह विशाल कार्य किसी एक एजेन्सी के द्वारा पूरा नहीं हो सकेगा। यह तभी पूरा होगा, जब केन्द्रीय सरकार के साथ सभी राज्य सरकारें तत्परता से सहयोग करें और देश भर के वकील और जज अदालतों में अपनी-अपनी भाषाओं का प्रयोग आरम्भ कर दें। सम्भव है, यह कल्पना किसी-किसी को दुःखदायी जान पड़े, किन्तु दुःखदायी और कष्टसाध्य होने पर भी यह सत्य है। शिक्षा के माध्यम-परिवर्तन का यह स्वाभाविक और अनिवार्य परिणाम है कि ग्रेजुएट अब अंग्रेजी में काम नहीं कर सकेंगे। अतएव देश को चाहिए कि वह न्याय और कानून के क्षेत्र में भी उन सारी सुविधाओं का प्रबन्ध करे, जिनके बिना नए वकील प्रभावशाली ढंग से काम नहीं कर सकेंगे।

विदेशों में हिन्दी-प्रचार का थोड़ा-बहुत काम कई वर्षों से होता आ रहा है। अब केन्द्रीय सरकार ने निर्णय यह किया है कि यह काम किसी अन्य एजेन्सी को न देकर शिक्षा मन्त्रालय खुद करे। इस योजना का एक अंग यह भी होना चाहिए कि भारत-सरकार हिन्दी को राष्ट्र-संघ की दफ्तरी भाषाओं में स्थान दिलाने का प्रयत्न करे। चीनी और अंग्रेजी के बाद हिन्दी तीसरी भाषा है, जिसे संसार के सर्वाधिक लोग बोलते हैं। मुझे आशा है कि हिन्दी-प्रेमी नेता और संसद् सदस्य इस प्रश्न को उचित स्थानों पर उठाएँगे, जिससे इस महान् लक्ष्य की पूर्ति के लिए सरकारी तन्त्रों और साधनों का उपयोग किया जा सके।

देवियो और सज्जनो! ये ही कुछ थोड़ी-सी बातें हैं, जिन्हें मैं आपके ध्यान में लाना चाहता था। **भाषा राष्ट्र की आत्मा होती है।** भाषा जनता के आन्तरिक व्यक्तित्व के विकास का यन्त्र है। जिस देश के पास अपनी भाषा नहीं है, उसका अपना व्यक्तित्व भी नहीं हो सकता। दुनिया में कुछ ऐसे देश हैं, जो विदेशी भाषा के जरिए अपना विकास कर रहे हैं। मगर ये वे देश हैं, जिनकी अपनी भाषाएँ अविकसित हैं। ये वे देश हैं जिनका इतिहास छोटा है और उनके पास बचाने की कोई चीज नहीं है। लेकिन भारत तो संसार का सबसे पुरातन देश है। अभी छह सौ वर्ष पूर्व तक यह देश संसार का ज्ञान-गुरु था। अर्थात् जो ज्ञान भारत में नहीं था, वह सारे संसार में अनुपलब्ध था और भारत का ज्ञान जहाँ भी पहुँचता था, वहाँ ज्ञान की जागृति फैल जाती थी।

भारत का वह कोष अभी रिक्त नहीं हुआ है। संसार आज भी भारत की ओर किसी आशा से देख रहा है। लेकिन संसार की यह आशा तभी पूरी होगी, जब भारत अपने व्यक्तित्व की रक्षा करता हुआ अपना विकास करे। यह विकास वह केवल अपनी भाषाओं के जरिए कर सकता है। विदेशी भाषा में तुतलानेवाला और अनुवादों में जीनेवाला भारत वह भारत नहीं होगा, जिसकी संसार के मनीषी आशा लगाकर बैठे हुए हैं। भारत की परम्परा भारत की अपनी भाषाओं में जीती है। उसे अनुवाद के द्वारा जीवित नहीं रखा जा सकता। जिस भाषा में भारत जीवित रह सकता है, उसी भाषा के द्वारा वह अपना और सारे संसार का कल्याण कर सकता है। यह हमारे अपने हित में है और सारे संसार के हित में है कि हम मौलिक भारत के रूप को उभारें और भारत का मौलिक रूप केवल उसकी अपनी भाषाओं के द्वारा ही उभारा जा सकता है।

(शेष-निःशेष)

मध्य प्रदेश हिन्दी साहित्य सम्मेलन, ग्वालियर के पाँचवें, अधिवेशन में 29 दिसम्बर, 1969 ई. में दिया गया उद्घाटन भाषण।

भारत की सभी भाषाओं की जय हो

गुजरात और बंगाल भारत के दो अन्यतम अग्रणी प्रान्त हैं और नवीन भारत के निर्माण का बहुत अधिक श्रेय, सच पूछिए तो, इन्हीं दो प्रान्तों को है। गुजरात और बंगाल ने मध्यकालीन इतिहास में भी अपने-अपने स्वभाव का बहुत अच्छा परिचय दिया था, किन्तु उन्नीसवीं सदी में भारत में सांस्कृतिक महाजागरण की जो लहर उठी उसके नेता तो विशेष रूप से इन्हीं दो प्रान्तों में उत्पन्न हुए। बंगाल ने हमें राममोहन राय, रामकृष्ण और रवीन्द्र दिए, तो गुजरात ने स्वामी दयानन्द और महात्मा गांधी को उत्पन्न किया। बंगाल भारत के वाम भाग में है, इसलिए वह राष्ट्र के हृदय का काम करता है। गुजरात उसके दक्षिणांग में पड़ता है, इसलिए उसके जिम्मे राष्ट्र के फेफड़े का काम है। बंगाल का दान उज्ज्वल, कोमल और सुकुमार था; गुजरात के दान में तेजस्विता और कर्मठता की मात्रा प्रधान रही। बंगाल ने एक स्वप्न देखा था, एक कल्पना पाई थी; गुजरात ने पसीना बहा-बहाकर उस सपने को मूर्त रूप दे दिया। हमारे राष्ट्र-देवता के बाएँ हाथ में कलम है जो कल्पना और अनुभूति को कविता का रूप देती है; किन्तु उसके दाहिने हाथ में कर्मठता का चक्र भी है जो ज्ञान और कर्म में समन्वय लाता है, जो प्रत्येक सुविचार को किसी कुकर्म में बदलकर देखना चाहता है। सौन्दर्य देश को चाहे जहाँ से भी मिल जाए, किन्तु उसे स्वास्थ्य देने की जवाबदेही गुजरात ने उठाई है। हमें पूरा विश्वास है कि गुजरात के नौजवान अपने इस अमूल्य उत्तराधिकार को गौरव के साथ आगे ले चलेंगे। यह कोई आकस्मिक बात नहीं है कि महात्मा गांधी की कला में सोद्देश्यता और मेघाणी के काव्य में लोक-कल्याण की भावना प्रधान रही। यह संयम के प्रहरी लोगों की भूमि है। यहाँ वे लोग जनमते आए हैं जो कला के जीवन से अधिक जीवन की कला के उपासक थे। हाँ, महाकवि नानालाल—जैसे कलाकार इस नियम के अपवाद समझे जा सकते हैं। किन्तु उपवादों का एक महत्त्व यह भी है कि उनसे साधारण नियम की पुष्टि होती है।

किन्तु इस चर्चा को आप मनोरंजन का ही विषय मानिए, क्योंकि देश की आत्मा का ऐसा भौगोलिक विभाजन चल नहीं सकता। असल में विविध होता हुआ भी अपना सारा भारतवर्ष एक है और देश में भाषाएँ चाहे जितनी भी हों, लेकिन उन सबके भीतर भारत की एक ही आत्मा अपने को अभिव्यक्त करती है। एक ही गंगोत्री का

जल है, जो अनेक नदियों में बह रहा है, एक ही सूर्य का बिम्ब है जो अनेक पात्रों में जगमगा रहा है और एक ही भाव है, जो अनेक छन्दों में फूट रहा है। वेद, उपनिषद्, रामायण और महाभारत—ये ही वे घाट हैं जहाँ पर हमारी सभी भाषाएँ पानी पीती हैं। भाषा मूक भी होती है। भाषा संकेत को भी कहते हैं। और भाषा के इन रूपों को सभी लोग एक समान समझ भी लेते हैं। अतएव मुख्य वस्तु भाषा नहीं, भाव है। भारतेन्दु हरिश्चन्द्र ने कहा है—"भाव अनूठो चाहिए, भाषा कोऊ होय।" सो भाव की एकता को लेकर ही यह सारा देश एक रहा है और विभिन्न भाषाओं के भीतर से हम भावों की इसी एकता की अनुभूति करते रहे हैं। भारत की भारती एक है। उसकी वीणा में जितने भी तार हैं उनसे एक ही गान मुखरित होता है। असल में ज्ञान की गाय हमारी एक ही है. ये सारी भाषाएँ उसके अलग-अलग थन हैं जिनसे मुँह लगाकर भारत की समस्त जनता एक ही क्षीर का पान कर रही है। भारत की संस्कृति एक है। विभिन्न भाषाएँ उसी संस्कृति से प्रेरणा लेकर अपने-अपने क्षेत्र में साहित्य रचती हैं और इन सभी साहित्यों से, अन्ततः, उसी संस्कृति की सेवा होती है, उसी संस्कृति का रूप निखरता है जो सभी भारतवासियों का सम्मिलित उत्तराधिकार है।

रोटी के बाद मनुष्य की सबसे बड़ी कीमती चीज उसकी संस्कृति होती है। एक जाति की अधीनता से दूसरी जाति सिर्फ इसीलिए निकलना नहीं चाहती कि पराधीनता में उसे रोटियाँ कम मिलती हैं, बल्कि मुख्यतः इसलिए कि पराधीनता में रहनेवाली जाति का धीरे-धीरे सांस्कृतिक पतन हो जाता है। जब गांधीजी ने वायसराय को यह लिखा था कि कांग्रेस अंग्रेजी राज के विरुद्ध आंदोलन छेड़ने को क्यों विवश है, तब इसके अनेक कारणों में से एक प्रमुख कारण उन्होंने यह भी बतलाया था कि विदेशी शासन की अधीनता में रहते-रहते इस देश का सांस्कृतिक विनाश हो गया है।

जातियों का सांस्कृतिक विनाश तब होता है जब वे अपनी परम्पराओं को भूलकर दूसरों की परम्पराओं का अनुकरण करने लगती हैं, जब वे अपने रस्म-रिवाजों को छोड़कर दूसरों के रस्म-रिवाज अपनाने लगती हैं, जब उन्हें अपने पूर्वजों पर ग्लानि और दूसरों के पूर्वजों पर श्रद्धा होने लगती है तथा जब वे मन-ही-मन अपने को हीन और दूसरों को श्रेष्ठ मानकर मानसिक दासता को स्वेच्छया स्वीकार कर लेती हैं। पारस्परिक आदान-प्रदान तो संस्कृतियों का स्वाभाविक धर्म है, किन्तु जहाँ प्रवाह एकतरफा हो, वहाँ यही कहा जाएगा कि एक जाति दूसरी जाति की सांस्कृतिक दासी हो रही है।

किन्तु सांस्कृतिक गुलामी का इन सबसे भयानक रूप वह होता है, जब कोई जाति अपनी भाषा को छोड़कर दूसरों की भाषा को अपना लेती है और उसी में तुतलाने को अपना परम गौरव मानने लगती है। यह गुलामी की पराकाष्ठा है, क्योंकि जो जाति अपनी भाषा में नहीं सोचती, अपनी भाषा में अपना साहित्य नहीं लिखती, अपनी भाषा में अपना दैनिक कार्य सम्पादित नहीं करती, वह अपनी परम्परा से छूट

जाती है, अपने व्यक्तित्व को खो बैठती है और उसके स्वाभिमान का प्रचंड विनाश हो जाता है। यह ध्यान देने की बात है कि भारत में कोई भी क्रांतिकारी कार्य करने के पूर्व गांधीजी ने यही भाषा की क्रांति की थी और काशी में यह कहकर विद्वानों की एक बड़ी सभा में उन्होंने खलबली मचा दी थी कि जब वे अंग्रेजी बोलनेवालों की वक्तृताएँ सुन रहे थे, तब उन्हें ऐसा भासित हो रहा था, मानो वे भारत में नहीं बल्कि इंग्लैंड में बैठे हों। और गांधीजी ने भाषा-विषयक इस क्रांति के झंडे को कहीं भी रंच-मात्र झुकने नहीं दिया और वे जब तक जीवित रहे, अंग्रेजी के खिलाफ देश-भाषाओं को भरपूर उत्तेजना देते रहे।

किन्तु भारत के स्वतन्त्र होते ही जैसे अन्य क्रांतियाँ शिथिल हो गईं, वैसे ही भाषा-विषयक इस महाक्रांति की आग भी ठंडी पड़ रही है और जहाँ लोग आज पचास वर्षों से यह सुनते आ रहे थे कि गुलामी के कलंक से छूटने के लिए यह आवश्यक है कि हम अंग्रेजी पर निर्भर रहना छोड़ दें, वहाँ अब उनके कानों में यह आवाज डाली जा रही है कि अंग्रेजी छूटी तो इस देश की एकता टूट जाएगी, कि अंग्रेजी छूटी तो हम सारे संसार से छूट जाएँगे और अंग्रेजी छूटी तो हमारा शैक्षिक एवं सांस्कृतिक स्तर अचानक पतन के गर्त्त में चला जाएगा। मानो राममोहन राय, बंकिमचन्द्र तथा दयानन्द से लेकर महात्मा गांधी तक देश के महानेताओं ने जो बात कही थी, वह मिथ्या थी, मानो अंग्रेजी का विरोध अंग्रेजों का विरोध करने की एक चाल रही हो; मानो देश-भाषाएँ एकता और आजादी की दुश्मन हों; मानो यह देश छः हजार वर्षों के ज्ञान का अधिकारी नहीं, बल्कि हजार-पाँच सौ साल का कोई बच्चा राष्ट्र हो : मानो दुनिया की सारी रोशनी केवल अंग्रेजी के तेल से ही फैली हो और, मानो सौ साल की संगति से अंग्रेजी इस देश के बच्चे-बच्चे की मातृभाषा बन गई हो जिसका त्याग अब असम्भव कृत्य हो।

दुःख की बात है कि अंग्रेजी को प्रभुता के पद पर अधिष्ठित रखने की कोशिश उनके द्वारा की जा रही है, जिनमें से अधिक लोगों ने अपनी मातृभाषा की सेवा तो वाजिबी ही वाजिबी की है, किन्तु अंग्रेजी में कमाल हासिल करने के कारण जिन्हें देश को समय-कुसमय परामर्श देने का अधिकार प्राप्त है। सम्भव है, इन विद्वानों को सचमुच ही यह भासित होता हो कि अगर अंग्रेजी में पढ़ाई बन्द हुई तो इस देश का सांस्कृतिक पतन हो जाएगा और भारतवासी उस बारीकी से विचारों को व्यक्त नहीं कर सकेंगे जिस बारीकी से वे अंग्रेजी में अपनी बात कहते हैं। मैं इन विद्वानों की सच्चाई पर सन्देह नहीं करता और न यही कहता हूँ कि अंग्रेजी की सारी बारीकियाँ इस देश की भाषाओं में अभी मौजूद हैं। किन्तु देश-भाषाओं का एक विनम्र सेवक होने के नाते मेरा यह दावा है कि केवल हिन्दी ही नहीं, इस देश में ऐसी सात-आठ भाषाएँ विद्यमान हैं जो गुण और शक्ति की दृष्टि से इतनी विकसित हो चुकी हैं कि उनमें से कोई भी राष्ट्र-भाषा का पद अभी, इसी दम सम्भाल सकती हैं और अंग्रेजी

की सारी बारीकियों तक पहुँचे बिना भी वे शासन, न्याय और साहित्य का सारा कार्य सुचारु रूप से सम्पादित कर सकती हैं। और कौन कहता है कि देश-भाषाओं में वे बारीकियाँ नहीं आ सकतीं जो अंग्रेजी की खासियत समझी जाती हैं? देश-भाषाओं में शक्ति की कमी नहीं है, दुर्भाग्य की असली बात तो यह है कि जो सपूत उनका दूध पीकर बड़े होते हैं, वे अंग्रेजी पर रीझकर मन से परदेशी हो जाते हैं और उनकी विचार-शक्ति से रगड़ खाने का मौका हमारी भाषाओं को मिलता ही नहीं। राजनीति और अर्थशास्त्र, समाज-विज्ञान और कानून, इनसे उलझने का मौका पाते ही देश-भाषाओं के भीतर भी वे ही भंगिमाएँ और संकेत उत्पन्न हो जाएँगे जिनके अभाव के कारण हमारे अपने विद्वान हमारी भाषाओं का अविश्वास करते हैं। किन्तु इसके लिए आवश्यक है कि अविलम्ब देश-भाषाओं को उन कामों पर जाने का अवसर दिया जाए जो काम अभी अंग्रेजी में हो रहे हैं। बारीकियाँ उत्पन्न करने का अवसर दिए बिना इन भाषाओं से बारीकियों की माँग करना उतना ही हास्यास्पद है जितना किसी युवक से यह कहना कि तुम पहले सूखे में तैरना सीख लो तब हम तुम्हें नदी में उतरने देंगे।

अंग्रेजी जितनी भी विकसित भाषा हो, किन्तु वह हमारी संस्कृति को उसी खूबी से अभिव्यक्त नहीं कर सकती, जिस खूबी से वह उन लोगों की संस्कृति को अभिव्यक्त करती है जो उसे अपनी मातृभाषा मानते हैं। एक यही दलील उन सभी दलीलों को काटने के लिए काफी है जो अनेक दिशाओं से अंग्रेजी के पक्ष में दी जा रही हैं। किन्तु बहस के लिए अगर हम यह मान भी लें कि अंग्रेजी के द्वारा इस देश में शिक्षा और ज्ञान का प्रसार किया जाए तो एक दूसरी कठिनाई सामने आती है जिसका समाधान नहीं है। असल में अंग्रेजी में दक्षता प्राप्त करने का समय इस देश से निकल गया। अंग्रेजी के पक्ष में जो एक मनोवैज्ञानिक अनुकूलता थी, वह इस देश से विदा हो चुकी है और उसकी अनुपस्थिति में अब अंग्रेजी उस जोर से चल नहीं सकती, जिस जोर से लोग उसे चलाना चाहते हैं। जब अंग्रेजों का प्रताप यहाँ मध्यान्ह सूर्य की तरह चमक रहा था, तभी इस देश में अंग्रेजी भी चमकी थी। जब से राष्ट्रीयता जगी और देशभाषा का प्रेम बढ़ने लगा, तभी से अंग्रेजी हमारे छात्रों के लिए भारी पड़ती गई है। आज जो भी ज्योतिष्मान् नक्षत्र भारत में अंग्रेजी के भीतर से चमक रहे हैं, उनमें से अधिकाँश वे ही हैं जिनका जन्म 19वीं सदी में हुआ था और जो उन दिनों स्कूलों और कॉलेजों में पढ़ रहे थे जब इस देश के प्रत्येक विद्यार्थी का यह सुदृढ़ विश्वास था कि अंग्रेजी को छोड़कर उसके सामने और गति नहीं है और अंग्रेजी में वह जितनी दक्षता प्राप्त करेगा, गोरे प्रभुओं के दरबार में उसे इज्जत की उतनी ही बड़ी जगह हासिल होगी। स्वतन्त्रता की जय हो कि यह भाव नवयुवकों के हृदय से बिलकुल निकलता जा रहा है और वे अपने व्यक्तित्व के विकास के लिए देशभाषा का माध्यम खोज रहे हैं। इस पर भी अगर कोई यह कहे कि नवयुवकों के हृदय में अंग्रेजी के लिए फिर वही इज्जत पैदा की जानी चाहिए जो अंग्रेजी राज के समय थी, तो स्पष्ट

ही यह परामर्श राष्ट्रीयता का विरोधी और देश के स्वाभिमान का घातक होगा। अंग्रेजी इस देश में रखी जा सकती है; क्योंकि एक सीमा तक वह हमारे लिए आवश्यक है। किन्तु अब वह इस देश में शिक्षा का माध्यम बनाकर रखी नहीं जा सकती। फिर भी जो लोग दुराग्रह पर डटे हुए हैं, वे पहले ढूँढ़कर यह देख लें कि देश के किस कोने में, काफी संख्या में, ऐसे शिक्षक मौजूद हैं जो अंग्रेजी के माध्यम से शिक्षा दे सकने के योग्य समझे जा सकें और कहाँ वे छात्र हैं जो दस-दस वर्षों तक अंग्रेजी रटने के बाद भी इतनी योग्यता प्राप्त कर लेंगे कि और नहीं, तो एक पत्र ही वे. शुद्ध अंग्रेजी में लिख सकें। अभिभावकों और माता-पिताओं के आर्त्त कोलाहल से ऊबकर यूनिवर्सिटियों ने अपनी परीक्षाओं के स्टैंडर्ड गिरा दिए। फिर भी तीस-पैंतीस प्रतिशत से अधिक छात्र उत्तीर्ण नहीं हो पाते। परीक्षाओं में हर साल देश की जवानी का कलेजा दला जाता है। हर साल अनुत्तीर्णता के शोक से लाखों नौजवानों का रक्त सूख जाता है, फिर भी लोग यह नहीं सोच पाते कि अंग्रेजी के कृत्रिम माध्यम को छोड़कर हम अब शीघ्र से शीघ्र, देशभाषाओं द्वारा शिक्षा देना आरम्भ कर दें। यह बड़े लोगों का जादू है जो छोटों का विनाश कर रहा है। यह बूढ़ों की बुढ़भस है जो नौजवानों का गला दबा रही है। यह पुष्ट-वेतन-भोगी पंडितों का व्यामोह है जिसके जाल में सारा देश छटपटा रहा है। समय आ गया है कि देश के नौजवान बुजुर्गों के ऐसे परामर्श को मानने से इनकार कर दें और उस बची-खुची गुलामी को भी तोड़ फेकें जो अंग्रेजी के भीतर से हमें दबा रही है।

और सरकारी क्षेत्रों में जब अंग्रेजी की पलाइस की जाती है, तब तो यह और भी स्पष्ट हो जाता है कि लोग जनता की सुविधा-असुविधा की तनिक भी परवाह नहीं करते। जिस देश ने बुनियादी तालीम को सिर-आँखों पर बिठा लिया हो, उस देश की सरकार को यह अधिकार कहाँ रह जाता है कि वह शिक्षा अथवा शासन का कोई भी काम अंग्रेजी में चलने दे? जब तक शासन के काम अंग्रेजी में चलते रहेंगे, तब तक शासक तैयार करने के लिए शिक्षा का माध्यम भी अंग्रेजी बनी रहेगी और बुनियादी पद्धति से पढ़ने वाले छात्र इस योग्य नहीं हो सकेंगे कि वे किसी दिन मन्त्री अथवा सेक्रेटरी के पद पर नियुक्त किए जा सकें। और तब तक जनता भी यह बोली कसती रहेगी कि बुनियादी तालीम भैंसों की तालीम है, जिनसे सरकार खेत जोतने का काम लेने वाली है; बाकी जो लोग शासन का काम सम्भालने वाले हैं उनकी शिक्षा के लिए अलग इंतजाम रहेगा। शिक्षा में क्रांति का नारा एक ऐसा नारा है जिसे उठाने से, शायद ही, कोई विद्वान बचा हो, किन्तु हमारे विद्वान केवल विद्वान ठहरे। उन्होंने जिन्दगी नहीं, किताबों का दूध पिया है और शिक्षा में क्रांति के नारे चाहे वे जितने भी लगाएँ, वास्तविक क्रांति का आलिंगन वे नहीं करेंगे। क्योंकि शिक्षा में क्रांति हुई तो उसका माध्यम देश-भाषाएँ हो जाएँगी और शासन के अधिकार विकेंद्रित होकर सर्वत्र फैल जाएँगे।

इस देश के कुछ बड़े-बड़े कारोबार महाजनी भाषा में चल रहे हैं। अभी कल तक देशी राजवाड़ों के सारे काम देश-भाषाओं में किए जा रहे थे। फिर क्या है कि देश-भाषाओं में काम करने से देश का शासन डूब जाएगा? असल में अंग्रेजी का पल्ला इसलिए नहीं पकड़ा जा रहा है कि उसके बिना इस देश का काम नहीं चल सकता, बल्कि इसलिए कि हमारे शासनाधिकारी काम करना कम, अच्छे नोट लिखना अधिक जानते हैं और उन्हें भय है कि अंग्रेजी छूटी तो उनके हाथ से वह अस्त्र भी जाता रहेगा, जिससे देश का काम चाहे हो या नहीं, किन्तु अधिकारियों की इज्जत की धाक खूब बैठती है। जिसके दिमाग में अक्ल है, जिसके दिल में सच्चाई है और जिसे काम करने की धुन है, वह लम्बे-लम्बे नोट लिखे बिना भी देश के काम को आगे बढ़ा सकता है। हाँ, जिसे कुछ किए बिना ही इज्जत की रोटी और आडम्बर की कुर्सी की चाह है उसके लिए रास्ता यही है कि वह देशवासियों पर रोब जमाता रहे कि हमारे चिन्तन की सूक्ष्मता इतनी सूक्ष्म है कि वह महारानी एलिजाबेथ की भाषा के सिवा और किसी भाषा में लिखी ही नहीं जा सकती।

शिक्षा का सार अच्छी भाषा नहीं, अच्छा ज्ञान है और ज्ञान तो बिना साक्षरता के भी दिया जाता है। अपने देश में विद्यालयों और पाठशालाओं से अधिक महत्त्व हमेशा सत्संगति को दिया जाता रहा है, क्योंकि सत्संगति वह स्कूल है जहाँ कागज छुए बिना भी आदमी ज्ञानी और विद्वान हो जाता है। अकबर निरक्षर था, मगर उसकी योग्यता उन लोगों से कहीं बड़ी थी जो अच्छी भाषा और ख़ूबसूरत नोट पर नाज करते हैं। शिवाजी, महाराणा प्रताप और शेरशाह कुछ बहुत बड़े विद्वान नहीं थे; किन्तु शासन के कामों में उनकी योग्यता पर कभी सन्देह नहीं किया गया। नानक, कबीर और दादूदयाल भी पंडित नहीं थे; किन्तु सत्संगति के प्रताप से सारा ज्ञान उनमें प्रकट हो गया। भारत में साक्षरता का बहुत अधिक प्रसार कभी नहीं था, फिर भी यहाँ की जनता अज्ञानी नहीं थी और न शिक्षितों और अशिक्षितों के बीच यहाँ वह दरार थी जो आज देखने में आती है। कारण स्पष्ट है कि जब तक इस देश में शिक्षा का माध्यम देशभाषा थी, तब तक थोड़े लोगों का जो ज्ञान पुस्तकों से प्राप्त होता था, वह संगति के द्वारा फैलकर बहुतों तक पहुँच जाता था। किन्तु जब से शिक्षा अंग्रेजी के माध्यम से होने लगी, ज्ञान के प्रसार का यह क्रम अवरुद्ध हो गया, क्योंकि अंग्रेजी पढ़े-लिखे लोग भाषा के उस प्रवाह से कटकर अलग हो गए जो इस देश के शिक्षितों और अशिक्षितों को एक रखे हुए था। पिछले डेढ़ सौ साल इस देश में शिक्षितों की प्रगति और अशिक्षितों की अधोगति के साल रहे हैं। इस काल में जनता जितनी भावशून्य हो गई, उतनी वह पहले कभी नहीं थी। कारण यह कि इस काल में हमारा शिक्षित वर्ग जनता के बीच अपने ज्ञान की सुगन्ध को नहीं बिखेर सका, क्योंकि सुगन्ध बिखेरने की राह ही उसके पास नहीं रही, क्योंकि जिस मार्ग से उसने अपना ज्ञान अर्जित किया था वह इस देश के लिए अप्राकृतिक और अपरिचित मार्ग था।

विदेशी भाषा के द्वारा जनता को शिक्षित करने का काम सभी देशों में अप्राकृतिक समझा जाता है और भारत में वह इसलिए प्राकृतिक नहीं हो जाएगा कि यहाँ के अंग्रेजी के विद्वान उसे प्राकृतिक बनाना चाहते हैं। प्राकृतिक तो वह तभी होगा जब कि अंग्रेजी इस देश की मातृभाषा बना दी जाए और बच्चे उसे माँ के दूध के साथ पीने लगें।

और जो कुछ मैं कह रहा हूँ वह केवल साहित्य या ह्यूमेनिटिज पर ही लागू नहीं है, प्रत्युत उसे मैं विज्ञान और शिल्प पर भी लागू मानता हूँ। अगर आपका उद्देश्य केवल कुछ ऐसे विशेषज्ञों को उत्पन्न करना है जो जन-जीवन से दूर रहकर प्रयोगशालाओं में काम किया करें, तो सम्भव है, अंग्रेजी से आपका काम चल जाएगा। किन्तु यदि आप विज्ञान को सर्वसाधारण की वस्तु बनाना चाहते हैं, यदि आप वैज्ञानिक दृष्टि को समाज के भीतर पचाना चाहते हैं; संक्षेप में यदि आप विज्ञान को जनता की अस्थि और मज्जा में ले जाना चाहते हैं, तो आपको शीघ्र से शीघ्र वह उपाय सोचना होगा जिससे विज्ञान और शिल्प की भी शिक्षा देश-भाषाओं में दी जा सके। अंग्रेजी के द्वारा पढ़ाया गया विज्ञान हमेशा विदेशी रहेगा, वह हमेशा थोड़े लोगों की चीज होगा। जनता का हृदयहार वह तभी हो सकेगा जबकि शिक्षा देश-भाषाओं में दी जाए और उसके पारिभाषिक शब्द भी यथासम्भव इसी देश के शब्द हों।

कभी-कभी हमें यह भय भी दिखलाया जाता है कि अगर हमने अंग्रेजी को छोड़ दिया तो फिर हम जवाहरलाल और राधाकृष्णन् को उत्पन्न नहीं कर सकेंगे। जवाहरलाल और राधाकृष्णन् जीनियस हैं और जीनियस किसी भी योजना के अधीन जन्म नहीं लेते। वे नियमों और स्वाभाविक प्रक्रियाओं के अपवाद होते हैं। वे अचानक उसी प्रकार निकल पड़ते हैं जैसे शरीर के किसी भाग पर ट्यूमर या माँसवृद्धि निकल पड़ती है और इसमें कोई सन्देह नहीं कि मानवता चाहती है कि उसके अंग पर ये ट्यूमर अधिकाधिक संख्या में बराबर निकलते रहें। मगर वाजे रहे कि राधाकृष्णन् और जवाहरलाल इस बात के प्रमाण नहीं हैं कि अंग्रेजी ने भारतीय प्रतिभा की उर्वरता में वृद्धि की है, बल्कि इस बात के कि भारत की उर्वरता इतनी प्रखर है कि वह अंग्रेजी में भी जवाहरलाल और राधाकृष्णन् को जन्म दे सकती है। किन्तु कहीं हमने अपनी भाषा के द्वारा ज्ञान की साधना की होती, तो इन सौ-डेढ़ सौ वर्षों में हमने राधाकृष्णन् और जवाहरलाल के एक नहीं, अनेक जोड़े उत्पन्न किए होते। फिर भी विदेशी भाषा में जवाहरलाल और राधाकृष्णन् हम चाहे उत्पन्न भी कर लें, किन्तु रवीन्द्र और इकबाल, भारती और वल्लाथोल, नानालाल और मेघाणी तथा प्रसाद और प्रेमचन्द अंग्रेजी में नहीं, भारतीय भाषाओं में ही जन्म ले सकते हैं। प्रत्येक देश की अपनी जीनियस होती है और इस जीनियस की सम्यक् अभिव्यक्ति उसी देश की भाषा में की जा सकती है। ज्ञान और तर्क के परे, भावना और सहजानुभूति की जो कोमल भूमि है, उसकी पगडंडी मातृभाषा में बनती है, अजनबी भाषाओं में नहीं। यही कारण है कि ज्ञान और तर्क की जमीन

पर काम करने वाले भारतीय विद्वानों को विदेश वालों ने यत्किंचित् स्वीकृति तो दे दी, किन्तु अंग्रेजी भाषा में लिखने वाले भारतीय कवि और कलाकार यूरोप के दरवाजे पर सुयश की भीख माँगते खड़े के खड़े रह गए और यूरोप ने उनका सत्कार नहीं किया। अंग्रेजी कविता का कोई भी प्रतिनिधि-संग्रह उठाकर देख लीजिए, उसमें रवीन्द्र और सरोजिनी, तोरूदत्त और माइकेल तथा भारती साराभाई और हरींद्रनाथ चट्टोपाध्याय की एक भी रचना देखने को नहीं मिलेगी। और यह ठीक भी है क्योंकि इन कवियों की काव्य-सामर्थ्य चाहे जितनी बड़ी हो, किन्तु अंग्रेजी भाषा के साथ इनकी आत्मा एकाकार नहीं हो सकी और इसी कारण इनके भावों की सूक्ष्म झलकियों को अंग्रेजी में ठीक से उतरने का मार्ग नहीं मिला। गुरुदेव से जब हम पहली बार मिले तब उन्होंने बातों के सिलसिले में यह कहकर हम सबको अचंभे में डाल दिया कि बंगाल को छोड़कर वे किसी भी अन्य भाषा के शब्दों के साथ लिपटे हुए वातावरण-विशेष को ग्रहण नहीं कर पाते और अपनी यह सीमा उन्होंने अंग्रेजी के विषय में भी स्वीकार की। अभी-अभी श्रीयुत चार्ल्स नेपियर ने, जो हिन्दी के बहुत अच्छे अंग्रेज लेखक हैं, 'नागरी प्रचारिणी पत्रिका' में एक लेख लिखा है जिसमें उन्होंने हिन्दीवालों को यह सलाह दी है कि आप दो भाषाओं पर स्वामित्व प्राप्त करने की लालसा छोड़कर केवल अपनी ही भाषा की गहराई में उतरने की चेष्टा कीजिए। तभी आपको अपनी भाषा की बारीकियों और विलक्षणताओं का पता चलेगा और तभी आप हिन्दी में शुद्ध भारतीय साहित्य की सृष्टि कर सकेंगे। उन्होंने कहा है, "अंग्रेजी नए युग का जनेऊ है, जिसके बिना आदमी का कोई आदर नहीं होता। जब तक भारतीय इस मोह से न छूटेंगे, जब तक वे अपनी सांस्कृतिक स्वतन्त्रता पर उतना गर्व न करेंगे जितना कि अपने राजनीतिक स्वराज्य पर, तब तक हिन्दी का पूर्ण विकास नहीं हो सकेगा।" आगे वे लिखते हैं कि "मेरी समझ में, यदि कई प्रतिभाशाली साहित्यिक भारतवासी, और सब कुछ छोड़कर हिन्दी में ही तन्मय हो जाएँ, ऐसे लोग जो हिन्दी पढ़कर नए विचार प्राप्त कर सकें और हिन्दी में लिखकर नए विचारों का प्रचार कर सकें, ऐसे लोग जो हिन्दी में ही बोलें, सोचें, पढ़ें, लिखें और स्वप्न देखें; तभी हिन्दी-साहित्य स्वतन्त्र, प्रभावपूर्ण और ओजस्वी हो सकेगा।"

स्पष्ट ही, चार्ल्स नेपियर महोदय ने हिन्दी के बारे में जो बात कही है वह सभी भारतीय भाषाओं पर एक समान लागू होती है। जो लोग अंग्रेजों को हटाकर निश्चिंत हो गए हैं और इस भ्रम में भूले हुए हैं कि अंग्रेजी भाषा के साथ गुलामी की कोई जंजीर बंधी हुई नहीं है, उन्हें नेपियर महोदय जैसे अंग्रेजों की सलाह से होश में आना चाहिए। जिस पराधीनता की जंजीर को हमने सन् 1947 ई. के अगस्त में काट गिराया, वह हमारी शारीरिक गुलामी की जंजीर थी। मानसिक गुलामी की कड़ियाँ तो अब भी अंग्रेजी के साथ बंधी हुई हैं और जब तक अंग्रेजी इस देश में प्रभुता के पद पर आसीन है, तब तक हम मानसिक और आध्यात्मिक स्वराज्य से वंचित रहेंगे।

यह सत्य है कि अंग्रेजी भाषा के प्रचार से ही इस देश की अपनी भाषाओं में नया

जीवन और नई गति आयी है। यह भी सत्य है कि अंग्रेजी के साहचर्य से ही भारतीय भाषाओं में नई दिखाएँ प्रकट हुईं, नूतन अभिव्यंजनाएँ उतरीं और नया आलोक विकीर्ण हुआ। किन्तु साथ-साथ यह भी मानना पड़ेगा कि भारतीय भाषाओं में जो नया साहित्य लिखा जा रहा है उसका देश की जनता के साथ वही सीधा सम्पर्क नहीं है जो अंग्रेजी के पहले वाले साहित्य का था। हमारा नया साहित्य, मुख्यतः अंग्रेजी पढ़े-लिखे लोगों का साहित्य है। बाकी जनता उसे उसी दृष्टि से देखती है जिस दृष्टि से वह बी.ए. पास नवयुवकों को देखती है। जब से देश में राष्ट्रीय और सामाजिक आंदोलन छिड़े, तब से साहित्य का एक अंश ऐसा भी अवश्य प्रस्तुत हुआ जो जनता तक पहुँच सका है। किन्तु प्रचार के इस धरातल से ऊपर जो संस्कृति का सुरभिपूर्ण निर्लिप्त शिखर है, उस पर बैठकर हम देश की जनता से बात नहीं कर सकते। ऐसा लगता है कि अंग्रेजी लिख-पढ़कर हम जो साहित्य तैयार कर रहे हैं, उसके मुख्य श्रोता भारत नहीं, यूरोप हो। और यह सीमा हम पर इसलिए आई है कि हम अपनी भाषाओं की विलक्षणताओं से अधिकाँश में अपरिचित रह गए। कविता की आलोचना, अन्ततः, उसकी भाषा की आलोचना होती है। अगर अनुकूल भाषा न मिले तो बड़े-से-बड़े कवि के भाव लिखित होकर भी अलिखित रह जाते हैं। कविता में साधारणीकरण के सिद्धान्त को हम सभी लोग मानते हैं; किन्तु भाषा का जो रूप जनता के अवचेतन मन में बसता है, उसे पूर्ण रूप से आत्मसात् किए बिना कोई भी कवि साधारणीकरण की प्रक्रिया में सफलता प्राप्त नहीं कर सकता। साधारणीकरण की सफलता के लिए यह आवश्यक है कि कवि के व्यक्तित्व में जनता का पूरा व्यक्तित्व समाहित रहे और कवि इस प्रकार खड़ा हो, मानो वह जनता की भाषा और भाव, दोनों का सोलह आना प्रतिनिधि बनकर आया हो। किन्तु यही वह बिन्दु है जहाँ भारत का आधुनिक कवि फीका पड़ जाता है। वह जनता के भावों का प्रतिनिधित्व तो कर लेता है, किन्तु उसकी भाषा का प्रतिनिधित्व वह नहीं कर पाता। असल में उसका व्यक्तित्व फटा हुआ है। उसका मन कहीं और, और तन कहीं और है। इतने दिनों के प्रयोग से जो शिक्षा निकलती है वह यह है कि भारतीय साहित्यिकों का वही दल भारतीय जनता के हृदय-द्वार तक पहुँचेगा जिसकी सारी शिक्षा मातृभाषा अथवा भारत की किसी भाषा में पूरी होगी। आज तो हम जो कुछ लिखते हैं वह एक ऐसे क्षितिज से उतरता दीखता है जिस क्षितिज से इस देश की जनता का कोई परिचय ही नहीं है। उसे वे ही लोग पहचानते हैं जिनकी अंग्रेजी से खासी जान-पहचान है। देश के लेखक और कवि जनता की भावनाओं को आलोड़ित नहीं कर सकें, वे उसकी चेतना के समुद्र में तरंगें उठाने में असमर्थ हों, यह एक ऐसा आध्यात्मिक विनाश है जो हमारी कला को पंगु बनाए जा रहा है। उस पर भी देश के चिन्तक और बड़े लोग देश-भाषाओं को अंग्रेजी से ऊपर उठने देने का विरोध करें, यह एक ऐसा दृश्य है जिसे ईश्वर ही देख सकता है।

संस्कृति की रचना और अभिव्यक्ति कला के माध्यम से होती है और भारतीय कला का यह स्वभाव है कि वह यूरोप की कलात्मक भंगिमाओं से सामंजस्य नहीं बिठा सकती। बहुत प्राचीन काल में, यूनानी कला का सम्मिक्षण भारतीय कला से हुआ था। परिणामस्वरूप, गांधार-कला का जन्म हुआ। किन्तु वह भारत में टिक नहीं सकी, क्योंकि वह अभारतीय थी, क्योंकि भारत की आत्मा अपने को इस मिश्रित कला के भीतर से व्यक्त नहीं कर सकती थी। इसी प्रकार, जब अंग्रेज आए तब बिहार में चित्रकारी का एक स्कूल पटना में चल पड़ा, किन्तु वह स्कूल भी खत्म हो गया, क्योंकि उसकी विशेषता वर्णसंकरता को लेकर थी और इस वर्णसंकरता को देखकर भारतीय कला को उबकाई आती है। इसके विपरीत, भारत के एक क्षेत्र की कला उसके दूसरे क्षेत्र की कला से घुल-मिलकर बड़े आनन्द से फूलती-फलती रही है। यही नहीं, प्रत्युत मुगलों के समय में ईरानी कला का भारतीय कला से जो गठबंधन हुआ, उसके परिणाम बहुत अच्छे रहे और मुगलकलम के द्वारा भारतीयता ने अपनी बहुत कुछ अभिव्यक्ति की। इससे एक बार फिर यह स्पष्ट हो जाता है कि एशिया की आत्मा का भारत की आत्मा से अच्छा मेल हो सकता है, किन्तु यूरोपीय कलाएँ हमारी कलाओं में पच नहीं सकतीं। अतः जैसे यूरोप की कलाएँ भारतीय कलाओं से एकाकार नहीं हो सकतीं, उसी प्रकार यूरोपीय साहित्य भारतीय साहित्य से घुल-मिलकर एक नहीं हो सकता। इतने पर भी जो लोग अंग्रेजी के वृक्ष पर भारतीयता की कलम लगाने को बेकरार हैं, उनके सम्बन्ध में यही कहा जा सकता है कि वे भारत की आत्मा को ठीक से नहीं पहचानते। यूरोपीय भाषाओं में जो तेज है, उनके साहित्य में जो ज्ञान है, यूरोपीय सभ्यता में जो उद्दमता और प्रबलता है, उसे हम अवश्य लेंगे। किन्तु अपनी भाषाओं का दलन करके नहीं, प्रत्युत अनुकरण, अनुवाद अथवा निचोड़ के रूप में उन्हें अपने ढाँचे में ढालकर।

अंग्रेजी को सत्तारूढ़ रखने के पक्ष में एक और तर्क दिया जाता है जो अन्य तर्कों से कहीं खतरनाक है। और वह यह है कि अगर अंग्रेजी अभी तुरन्त हटाई गई तो उसकी जगह पर हिन्दी नहीं, कोई क्षेत्रीय भाषा आसीन हो जाएगी। यह भय भी एक विचित्र प्रकार का भय है, क्योंकि अंग्रेजी को तो हम ठीक इसीलिए हटाना चाहते हैं कि उसकी जगह पर क्षेत्रीय भाषाएँ आसीन हो सकें। अंग्रेजी अपनी प्रभुता की सारी जगह केवल हिन्दी के लिए खाली नहीं करेगी और न हिन्दी उस पर क्षेत्रीय भाषाओं की सहमति के बिना आसीन ही हो सकती है। सच तो यह है कि विभिन्न भाषा क्षेत्रों में अंग्रेजी को प्रभुता के पद से हटाने का काम वहाँ की मातृभाषाएँ कर सकती हैं, राष्ट्रभाषा नहीं, क्योंकि जनता में जो उत्साह मातृभाषा के लिए जगाया जा सकता है, वह राष्ट्रभाषा के पक्ष में जगाया नहीं जा सकता। मैं यह नहीं मानता कि प्रान्तों के जो-जो कार्य अंग्रेजी में चल रहे हैं वे एक दिन हिन्दी में चलने लगेंगे। यह कल्पना गलत है और इसका विरोध उन सभी लोगों को करना चाहिए, जो प्रजातन्त्र के सच्चे

अनुरागी हैं। स्वतन्त्रता केवल हिन्दी को बढ़ाने के लिए नहीं आई है। उसे तो सभी भाषाओं की उन्नति और विकास करना है। हिन्दी को तो हम सार्वदेशिक सम्बन्धों की भाषा के रूप में स्वीकार कर रहे हैं। परन्तु प्रान्तों के अधिक कार्य तो ऐसे ही हैं जिनके लिए वहाँ की मातृभाषाएँ यथेष्ट होंगी। जब तक राष्ट्रभाषा की उपयोगिता की इस सीमा को हम नहीं समझ लेते, तब तक क्षेत्रीय भाषा-क्षेत्रों में राष्ट्रभाषा का प्रसार शंकाओं से त्रासित रहेगा, इसमें सन्देह नहीं।

असल में, राष्ट्रभाषा के आंदोलन को हमें सभी भाषाओं के आंदोलन के साथ-साथ आगे ले चलना है। राष्ट्रभाषा की किस्मत मातृभाषाओं की किस्मत के साथ बँधी हुई है, इस तथ्य को देश जितना शीघ समझ ले, हमारा भाषा-विषयक विवाद उतना ही शीघ्र शान्त हो जाएगा। आज भारतवर्ष में भाषा-विषयक जो जागृति दिखाई देती है, उसके मूल में स्वतन्त्रता और आत्माभिव्यक्ति की भावना काम कर रही है। और इस भावना से डरने के बदले हमें उसका आदर करना चाहिए। प्रत्येक भाषा के सिर पर एक चट्टान पड़ी हुई है और इस चट्टान को तोड़कर वह ऊपर आना चाहती है। और यह चट्टान राष्ट्रभाषा की नहीं, अंग्रेजी और अंग्रेजियत की चट्टान है।

राष्ट्रभाषा ने किसी भी क्षेत्रीय भाषा का कोई अहित नहीं किया है। वस्तुस्थिति यह है कि देश की सभी भाषाएँ अंग्रेजी के दबाव के कारण अकूला रही हैं और जब तक अंग्रेजी का यह दबाव नहीं हटता, तब तक देश की यह आकुलता भी मौजूद रहेगी। आज जो भाषा-विषयक युद्ध चल रहा है उसमें एक ओर तो हिन्दी-समेत भारत की सारी राष्ट्रीय भाषाएँ हैं और दूसरी ओर किले पर कब्जा किए हुए अंग्रेजी लड़ रही है। जब तक इस किले पर अंग्रेजी का अधिपत्य है, हिन्दी और हिन्दीतर भाषाओं को अपने विकास का मार्ग नहीं मिलेगा, और सम्भव है, अंग्रेजी कूटनीति से काम लेकर इन भाषाओं में मनमुटाव भी पैदा कर दे। इसलिए राष्ट्रीय एकता के हित में यह अत्यन्त आवश्यक है कि हम अंग्रेजी को प्रभुता के पद से शीघ्र-से-शीघ्र हटाकर उसकी जगह पर देशी भाषाओं को प्रतिष्ठित कर दें। यह पहला काम है जो अविलम्ब पूरा किया जाना चाहिए। इसके बाद के कार्य, अर्थात् अंग्रेजी के द्वारा रिक्त स्थानों की पूर्ति कहाँ पर राष्ट्रभाषा और कहाँ पर मातृभाषाएँ करेंगी, इस योजना का विचार देश की सुविधा पर छोड़ देना चाहिए। हमारे देश के आगे मंगलमय भाविष्य का विस्तार है और हम सभी भारतवासी हर हालत में एक रहना चाहते हैं। हमारा प्रत्येक प्रान्त एक सुन्दर पुष्प, एक आबदार मोती है किन्तु ये सभी पुष्प, ये सभी मोती एक ही हार में गुंथे हुए हैं और सारे देश का यह संकल्प है कि यह हार नागाधिराज हिमालय के कंठ से लगा रहेगा।

अन्त में, मैं उन सभी भाइयों और बहनों को प्रणाम करता हूँ जो हिन्दी को अपनी राष्ट्रभाषा समझकर उसे उत्साह और प्रेम से सीख रहे हैं। भाषा के क्षेत्र में भारत का जो राष्ट्रीय महल तैयार हो रहा है, संयोग की बात कि उस तैयारी का सारा

बोझ अहिन्दी प्रान्तों के लोगों पर जा पड़ा है। एक भाई कड़ी धूप में चलकर गारा और चूना ढो रहा है और दूसरा छाया में निश्चेष्ट बैठा है। छाया में आराम करने वाला निकम्मा भाई मैं हूँ और जो परिश्रमपूर्वक गारा और चूना ढो रहा है, वह कर्मठ भाई आप हैं। आपकी परेशानी और कठिनाई को देखकर हमारा मस्तक नत हो जाता है। किन्तु यह प्रसंग ही ऐसा है जिसे आपको संभालना है हम तो सिर्फ यही आश्वासन दे सकते हैं कि हिन्दी के राष्ट्रभाषा हो जाने से जो स्थिति उत्पन्न हुई है, उसका कोई भी अनुचित लाभ हम हिन्दी वाले नहीं उठायेंगे।[1]

(राष्ट्रभाषा और राष्ट्रीय एकता)

---

1. भावनगर में 23 मई, 1954 ई. को हुए गुजरात-सौराष्ट्र-कच्छ-प्रान्तीय राष्ट्रभाषा-प्रचार सम्मेलन में दिया गया अध्यक्षीय भाषण।

हमारी राष्ट्रीय एकता

गुजरात प्रान्तीय राष्ट्रभाषा-प्रचार-समिति द्वारा आयोजित शिक्षापीठ के इस पदवीदानोत्सव के अवसर पर माँगलिक वचन कहने को बुलाकर आपने मेरा जो सम्मान किया है, उसके लिए मैं आपका हृदय से कृतज्ञ हूँ। माँगलिक वचन उनके मुख से शोभा देते हैं, जिन्हें जीवन की सिद्धि प्राप्त हो चुकी है। किन्तु मैं अभी खुद साधना के दौर में हूँ और अपने जानते बड़ी ही बेचैनी के साथ उस चीज की तलाश कर रहा हूँ जिसे पाकर मनुष्य को और दौड़ना नहीं पड़ता, जो चीज केवल अपने-आपको ही नहीं दिखलाती, वरन मनुष्य को वह दृष्टि दे देती है जिससे वह सब कुछ देख सके। ''उघरहिं विमल विलोचन ही के; मिटहिं दोष-दुःख भवरजनी के।''

फिर भी, मैं जो आपके सामने आकर खड़ा हो गया हूँ, उसका भी एक कारण है और वह यह कि यद्यपि सिद्धों की वाणी अमृत के समान होती है जिससे हमें शीतलता और समाधान मिलते हैं, मगर साधना की बेचैनी में भी एक आग है जो सम्पर्क में आनेवालों के कलेजों में अपनी जलन उतार सकती है और दहकती शंकाओं में भी एक बल है जो सुननेवालों के भीतर वैसी ही शंका जगा सकता है। समाधान की योग्यता पर मेरा अधिकार नहीं; मेरे पास जो थोड़ी-सी पूँजी है वह शंकाओं और सवालों की है। निश्चेष्टतामग्री शान्ति में खलल डालकर लोगों में बेचैनी जगाने का काम मैंने जीवन भर किया है। और सच पूछिए तो आज भी भारत के एक छोर से चलकर उसके दूसरे छोर तक मैं इसीलिए आया हूँ कि अपनी उन शंकाओं का हाल आपसे कह सकूँ जो मेरे दिल में खटक रही हैं और जिनका इस देश की एकता से घनिष्ठ सम्बन्ध है। मैं चाहता हूँ कि मेरी यह शंका छूत की तरह आपमें जल उठे, उन असंख्य युवकों और युवतियों में जल उठे जिनके कन्धों पर इस महान देश के सभी प्रकार के भार पड़नेवाले हैं और जिन्हें भारत का भविष्य अत्यन्त निकट से पुकार रहा है।

शंका नैराश्य का लक्षण नहीं, आशा का ही स्रोत है। असल में जिन चीजों के बारे में हमें शंका नहीं होती, उनकी असलियत तक पहुँचना भी हमारे लिए दुश्वार होता है। शंका मनुष्य को जगाए रहती है; शंका कठिनाई के भीतर से चलकर सत्य तक पहुँचने की राह है। शंका को सही बिन्दु से देखकर उसका समाधान खोजने की

कोशिश करना मर्दानगी की सबसे बड़ी पहचान है। विश्वास की अंधता में सो जाने की अपेक्षा शंका के शूल पर चलते रहना धर्म की कहीं बड़ी पहचान है।

There lives more faith in honest doubts,
Believe me, than in half the Creeds (टेनिसन)

जिस शंका का हमें और आपको आज डटकर सामना करना है वह यह है कि अपने प्यारे देश को हमने आजाद तो कर लिया, मगर अभी हम उसे हर तरह से एक नहीं बना पाए हैं और इस चीज का शंका नाम मैं इसलिए देता हूँ कि देश में एक प्रकार का भ्रम छाया हुआ है कि हम एक हो चुके हैं और एकता के लिए हमें अब और कुछ करना बाकी नहीं है।

असल में हमारी एकता भूगोल और इतिहास की एकता है तथा उसका एक आधार हमारा शासन-विधान भी है। लेकिन इस स्थूलता से ऊपर जो संस्कृति का सूक्ष्म-स्तर है उस पर हमारी एकता अभी खूब सुदृढ़ और सुस्पष्ट नहीं है। हमने जो एकता हासिल की है वह सिर्फ तन की एकता है, मन की एकता के लिए हमें अभी बहुत प्रयास करना बाकी है। भाषा को लेकर खड़े होने वाले झगड़े और प्रान्तीय विशिष्टताओं को लेकर उठनेवाले विवाद यह साफ बतला रहे हैं कि भारत का मन अभी कई हिस्सों में फटा हुआ है और सच्ची राष्ट्रीय एकता को जन्म देने के लिए जिस कुर्बानी की जरूरत है वह कुर्बानी हम नहीं दे पा रहे हैं। दुर्गा के जन्म को सम्भव करने के लिए देवताओं में से प्रत्येक को अपने रक्त का एक अंश दान करना पड़ा था। भारतीय राष्ट्र की एकतारूपिणी दुर्गा भी तब तक आकार नहीं पा सकती जब तक कि भारत का प्रत्येक राज्य अपनी विशिष्टता का एक अंश उसके निमित्त उत्सर्ग नहीं कर दे। जब प्रत्येक सदस्य एक हद तक कुर्बानी करने को तैयार रहता है, तब परिवार की स्थिति ठीक होती है। इसी प्रकार उचित मात्रा में वैयक्तिकता का परिहार करने से राष्ट्रीयता का जन्म होता है। लेकिन हम भारत के विभिन्न प्रान्त वैयक्तिकता के मिथ्या मोह में फँसे हुए हैं। नतीजा यह है कि हमारी राष्ट्रीयता बल नहीं पा रही है, हम उस रूप से मिलकर खड़े होने में असमर्थ हो रहे हैं जिस रूप में खड़े हुए बिना हमारा उद्धार नहीं हो सकता।

एक तरह से देखिए तो हम जिस दुरवस्था में फँसे हुए हैं उसकी बहुत बड़ी जिम्मेवारी हमारे भूगोल पर है। जिस प्रकार विस्तृत समुद्र और ऊँचे पर्वतों ने बाहरी दुनिया से काटकर हमें एक देश बना दिया, उसी प्रकार हमारे देश की नदियों और पहाड़ों ने हमें भीतर से भी विभक्त कर रखा है। उत्तर का मैदान, दक्षिण का प्लेटो और उससे भी दक्षिण का प्रायद्वीप भारत के ये तीन खंड बहुत दिनों से अपनी अलग विशिष्टताएँ रखते आए हैं और भारत के राजनीतिक इतिहास के भी ये ही तीन क्षेत्र रहे हैं। पहाड़ों और नदियों के आकार के कारण ही हमारे देश में क्षेत्रीय संस्कृतियों को प्रेरणा मिली, क्षेत्रीय जोश को प्रोत्साहन और उत्साह मिला। और इस स्थिति का

प्रभाव हमारे इतिहास पर भी पड़ा। विंध्या के ऊपर को नीचे से मिलाने में कभी भी वह कामयाबी नहीं मिली जिसे हम टिकाऊ कह सकें। इसी प्रकार कृष्णा के इस पार को उस पार से एक करने में बराबर कठिनाई होती रही। मगर यह भी ध्यान देने की बात है कि इन तमाम भेदों को समेटकर सारे देश को एक करने का स्वप्न हमारे इतिहास की सबसे बड़ी शिक्षा है। पहाड़ों और समुद्र से घिरे हुए इस विशाल देश में जो एक मौलिक एकता का भाव है, उसने कभी भी विश्राम नहीं लिया और वह हमारे राजनीतिक इतिहास पर बराबर अपना रंग फेंकता रहा है। वाल्मीकि की कल्पना इस देश की एकता के निमित्त थी; महाराज युधिष्ठिर का राजसूय यज्ञ भारत को एक बनाने के लिए किया गया था; चन्द्रगुप्त और अशोक ने देश की इसी आंतरिक एकता के लिए प्रयत्न किए थे; भारत के अन्य दिग्विजयी सम्राटों के सामने भी यही उद्देश्य था कि किसी-न-किसी तरह सारा देश एक आंतरिक सत्ता के अधीन रखा जाए। पठानों और मुगलों ने भी इस एकता के लिए कम कोशिश नहीं की। मगर सफलता शायद केवल अंग्रेजों को मिली और उससे भी बड़ी सफलता का श्रेय कांग्रेस को है, जिसने स्वाधीनता-आंदोलन के सिलसिले में सारे भारत को विदेशी सल्तनत के खिलाफ भिड़ाकर उसे मन से भी बहुत कुछ एक कर दिया और जिसके बलिष्ठ नेता प्रातःस्मरणीय सरदार वल्लभभाई पटेल ने भारत के उन भागों को भी दिल्ली के अधीन कर दिया जो अंग्रेजों के जमाने में देश से अलग रहने का स्वाँग भरते थे।

भारत में एक राज्य स्थापित करने में मुख्य बाधा प्रकृति को लेकर थी और उससे भी बड़ी बाधा शायद दूरी की थी जिसे तय करना आसान नहीं था। लेकिन अब वह बात नहीं रही। विज्ञान के कारण सारी दुनिया छोटी हो गई है और उसी के प्रभाव से भारत की भीतरी दूरी भी बहुत कम हो गई है। आज अगर देश के एक कोने में अकाल पड़े तो दूसरे कोने से अनाज भेजकर हम उसे दूर कर सकते हैं; और देश के चाहे जिस कोने में भी विद्रोह हो, हम दिल्ली से फौज भेजकर उसे आसानी से दबा सकते हैं। अब भारतीय एकता की बाधा प्रकृति या भूगोल नहीं, बल्कि भाषा और प्रान्तीयता को मोह है। हमारी सबसे बड़ी बाधा हमारा सदियों का यह संस्कार है कि हम आर्य और तुम द्रविड़ हो; हम हिन्दू और तुम मुसलमान हो; हमारी भाषा हिन्दी और तुम्हारी भाषा बंगला है। और तब भी यह ठीक है कि जिन कठिनाइयों पर हम विजय पा चुके हैं, वे तन की कठिनाइयाँ थीं; और जिन उलझनों में आज फँसे हुए हैं, असल में वे मन की उलझनें हैं। इन उलझनों से बाहर निकलने का मार्ग भावना और विवेक के बीच समझौते का मार्ग है। भावना अपने-आपमें बड़ी ही पवित्र वस्तु है। लेकिन विवेक की उपेक्षा करने पर वह हमें गलत दिशा की ओर भी ले जाती है।

जब हम गुलाम थे, तब अपने इतिहास के उन स्थलों को पढ़कर हमें अपने पूर्वजों पर क्षोभ होता था जिन स्थलों पर यह लिखा हुआ है कि भारत की स्वाधीनता को प्राप्त करने अथवा उसकी सुरक्षा के लिए कोशिश करने का जब भी कोई मौका आया,

इस देश के लोग छोटी बातों में उलझकर रह गए। वे अपनी जाति, अपने दल और अपने राज्य के मोह-पाश से निकलकर सम्पूर्ण देश की सेवा नहीं कर सके। और जब-जब हम यह पढ़ते थे, हम मन-ही-मन इतिहास से यह शिक्षा लेते थे कि अब हम ऐसी ग़लती नहीं करेंगे और हमारा देश हमसे जो भी बलिदान माँगेगा उसे हम खुशी-खुशी दे देंगे। और यह सच है कि देश के लिए हमने काफी बलिदान किया है। हमने अपनी मात्रभूमि को केवल आँसू और प्रस्वेद ही नहीं, एक हद तक अपना रक्त भी अर्पित किया है। किन्तु राष्ट्रीयता की महादेवी केवल आँसू, प्रस्वेद और रक्त से ही प्रसन्न होनेवाली नहीं है। वह आत्मदान चाहती है। वह सम्पूर्ण समर्पण माँग रही है। पारस और लोहे के बीच कागज का एक टुकड़ा भी आ जाए तो लोहा सोना नहीं बन सकता। राष्ट्रीयता का वरण हमें पूरी निश्छलता के साथ करना होगा। जिस आदर्श की स्थापना के लिए हमने इतने कष्ट सहे, उसे भावों की राह से अपने हृदय पर प्रतिष्ठित करना होगा। राष्ट्रीयता का आह्वान करने के लिए हमने एक स्वर में पुकार की थी। आज जब उसकी सवारी पहुँच रही है, तब हम दो-चार या छह आवाजों में नहीं बोल सकते।

अपने समग्र इतिहास में हम अपने देश के भीतर एकछत्र शासन स्थापित करने का एक हठी प्रयास देखते हैं, जिसके सभी कारण राजनीतिक ही नहीं, बहुत कुछ भौगोलिक और सांस्कृतिक भी थे। विविधताएँ हमारे देश में जितनी हों; किन्तु हमारी एकता भी कम नहीं है। हमारी विभिन्नता का सबसे बड़ा प्रमाण हमारी भाषा की अनेकता मानी जाती है। किन्तु यह कितने आश्चर्य की बात है कि अत्यन्त प्राचीन काल से हम सभी भाषा-भाषी लोग एक ही उद्‌गम से रस लेते रहे हैं, एक ही सत्य को विभिन्न शब्दों में कहते रहे हैं और हमारी सभी भाषाओं में भारत का एक ही मान प्रवहभान रहा है। यह जो हमारी मौलिक जातीय एकता है, उसी का सहारा लेकर प्राचीन काल में यहाँ एकछत्र शासन स्थापित करने के प्रयत्न किए गए थे। यह जो हमारी मौलिक एकता है, उसी के कारण हम शेष विश्व से अलग और दूर से ही पहचाने जाने योग्य एक स्वतन्त्र इकाई के रूप में जीते रहे हैं। सीमा के बाहर की दुनिया से भारत को अलग रखकर उसे आंतरिक एकता के सूत्र में बाँधने की कल्पना उतनी ही पुरानी है, जितना पुराना यह देश है।

वाल्मीकि से लेकर सरदार पटेल तक आंतरिक एकता के लिए हमारे यहाँ जो उद्योग चलते रहे हैं, उनका संकेत ऊपर किया जा चुका है। इस सत्य का दूसरा पहलू यह है कि सीमा के बाहर के देशों को भारत में मिलाकर रखने का कार्य भी उतना ही अस्वाभाविक है जितना कि इसके अपने अंग को काटकर उसे अलग जीवित रखने का प्रयास। मौर्यों ने अफगानिस्तान (कंधार) को भारत में मिलाया था, मगर कंधार भारत में रखा नहीं जा सका। यूनानियों ने पंजाब को काटकर कंधार में मिला लिया था, मगर उनकी भी कोशिश बेकार हुई और पंजाब भारत में वापस आ गया। महमूद

गजनी ने काबुल में बैठकर भारत पर राज्य करना चाहा, लेकिन इस अस्वाभाविक कार्य में उसे सफलता नहीं मिली। पठान बादशाहों ने दिल्ली में बैठकर पश्चिमोत्तर सीमा के पार की जमीन पर हुकूमत करनी चाही, मगर वे भी नाकामयाब रहे। सिन्ध पर जब पहले-पहल मुसलमानों ने कब्जा किया तब वे भी चाहते थे कि सिन्ध ईरान का अंग रहे और वे ईरान से ही उस पर शासन चलाएँ, लेकिन यह भारत के भूगोल के प्रतिकूल बात थी, इसीलिए उनकी कोशिश भी बेकार हुई।

असली बात यह है कि जैसे अन्य अनेक देश सारी दुनिया से अलग अपने-आप में पूर्ण हैं, उसी प्रकार भारत भी बाकी दुनिया से भिन्न एक अलग देश है और उसके भीतर बसने वाले सभी लोग भारतीय हैं। इतिहास और भूगोल ने मिलकर हमारे लिए जो भाग्य निर्धारित कर दिया है उससे हम भाग नहीं सकते। दिल्ली में हम जिस राष्ट्रीयता की चेतनमूर्ति देखते हैं, वह आकाश से नहीं टपकी है, बल्कि उसका निर्माण भारत के इतिहास और भूगोल ने किया है तथा उसके चरण भारत के प्रत्येक प्रान्त में गड़े हुए हैं। अगर भारत का कोई प्रान्त कोई ऐसी बात करता है जिससे भारत की राष्ट्रीय एकता में खलल पड़ती हो तो मैं समझता हूँ, वह प्रान्त राष्ट्रीयता के इसी चरण को कमजोर कर रहा है और इस प्रकार वह उसी आदर्श पर कुठाराघात कर रहा है जिसके लिए खुद उसने भी कम दुःख-दर्द नहीं सहे हैं, कम कुर्बानियाँ नहीं की हैं।

ऐसा लगता है कि आजादी की लड़ाई के दिनों में हम जिस राह पर चल रहे थे उससे अब हमारा जी ऊबने लगा है और हम दाएँ या बाँ उतर जाना चाहते हैं। जिन मूल्यों ने हमें विजय दिलाई, उन मूल्यों का मान हमारी आँखों में घटने लगा है; हिन्दी के प्रति देश के कुछ हिस्सों में जो प्रतिकूल भावना जगी है, वह हमारी इसी चंचल प्रवृत्ति का प्रमाण है। हिन्दी को देश ने अपनी एकता की वृद्धि के लिए, विशेषतः, उत्तर और दक्षिण को परस्पर समीप लाने के लिए अपनाया था, मगर कितने दुःख की बात है कि वही हिन्दी उत्तर और दक्षिण के बीच भेद डालने का बहाना बनाई जा रही है। सत्यासत्य का विचार किए बिना दक्षिण की जनता से कहा जा रहा है कि हिन्दी उत्तर वालों की भाषा है और उसके भीतर से उत्तर वालों का साम्राज्य दक्षिण पर छाया जा रहा है। द्रविड़स्तान की माँग करने वाले लोग हिन्दी से क्रुद्ध हैं; भाषावार प्रान्तों की माँग करने वाले भाई और कुछ नहीं पाकर हिन्दी पर अपना गुस्सा उतारते हैं; और संसद में अब लोगों को यह कहने में कोई हिचकिचाहट नहीं होती कि अगर मन्त्री हिन्दी बोलेंगे तो हम सदन छोड़कर चले जाएँगे।

सोचने पर भी पता नहीं चलता कि इस उच्छेदकारी आचरण का क्या मूल है। क्यों ऐसा हुआ कि जो लोग अंग्रेजी को हटाकर उसकी जगह पर किसी देश भाषा को लाना चाहते थे, उनमें से भी कितने ही लोग आज हिन्दी-विरोध पर मौन हैं? यह एक ऐसा सवाल है, जिस पर केवल दक्षिण ही नहीं, उत्तर वालों का भी ध्यान गम्भीरता से जाना चाहिए।

जो बात मुझे दिखाई देती है, वह यह है कि हिन्दी को लेकर दक्षिण और उत्तर का सवाल ही उठाना व्यर्थ है, क्योंकि उत्तर के लोगों ने हिन्दी जिनकी मातृभाषा समझी जाती है, कभी भी यह दर्खास्त नहीं की कि उनकी भाषा समस्त राष्ट्र की भाषा बना दी जाए। जब से राष्ट्रीय आंदोलन का जन्म हुआ तभी से देश के नेता यह सोचने लगे कि अंग्रेजी के स्थान पर हमें किसी देशभाषा को जारी करना चाहिए और एक उपयुक्त देशभाषा की खोज करते-करते वे, स्वयमेव, हिन्दी पर जा पहुँचे, क्योंकि हिन्दी अधिक-से-अधिक लोगों के द्वारा बोली और समझी जा रही थी तथा उसकी कामचलाऊ योग्यता बड़ी ही आसानी से प्राप्त की जा सकती थी। अतएव राष्ट्रभाषा के पद के लिए हिन्दी को चुनने का दायित्व 19वीं सदी के उन नेताओं पर है, जिनमें से कोई भी हिन्दी-भाषी प्रान्त का नहीं था। राजा राममोहन राय और बंकिमचन्द्र बंगाली थे जिन्होंने हिन्दी को राष्ट्रभाषा बनाने का प्रस्ताव रखा। स्वामी दयानन्द सरस्वती गुजराती थे जिन्होंने हिन्दी में केवल पुस्तकें ही नहीं लिखीं, बल्कि हिन्दी को राष्ट्रभाषा बनाने के वास्तविक आंदोलन का आरम्भ किया। जस्टिस शारदाचरण मित्र बंगाली थे, जिन्होंने देवनागर-पत्र निकालकर यह आंदोलन चलाया कि देश की सभी भाषाएँ नागरी में ही लिखी जाएँ और श्री कृष्णस्वामी मद्रासी थे जिन्होंने इस आंदोलन का समर्थन किया। कांग्रेस केवल हिन्दी-भाषी लोगों की संस्था नहीं थी, जबकि उसने स्वेच्छा से हिन्दी को राष्ट्र के लिए उपयुक्त ठहराया था। और सबसे बढ़कर तो यह बात है कि गांधीजी जब हिन्दी को अपनी बाँहों पर उठाकर राष्ट्रभाषा-पद पर बिठा रहे थे तब उनके मन में हिन्दी-भाषी प्रान्तों के साथ पक्षपात की कोई बात नहीं थी।

देवियो और सज्जनो! राष्ट्र की भाषा के प्रश्न की अपेक्षा राष्ट्रीय एकता का सवाल कहीं ऊँचा और महान है। हिन्दी को हमने इसलिए चुना कि उससे राष्ट्र की एकता का विकास होने वाला है; इसलिए नहीं कि उसे बहाना बनाकर हम प्रान्तों के बीच की खाई को और भी चौड़ी कर दें। अगर लोगों को यह पिछली बात मंजूर हो तो फिर उन्हें इस बात पर भी विचार करना चाहिए कि अंग्रेजी की जगह पर अगर हम हिन्दी को रखना नहीं चाहते तो और कौन-सी देशभाषा है जो इस जगह पर चलाई जा सकती है? और मेरा विश्वास है कि जो भी आदमी इस सवाल पर गौर करेगा उसे अपनी अन्तरात्मा से वही जवाब मिलेगा जो 19वीं सदी के भारतीय नेताओं और सुधारकों को मिला था अथवा जो उत्तर हमें गांधीजी दे गए हैं।

फिर भी मैं मानता हूँ कि हिन्दी साम्राज्यवाद का नारा बिल्कुल अकारण नहीं उठा है। उसके भीतर भी एक छोटा-सा मनोवैज्ञानिक सत्य है, यद्यपि जिन शब्दों में उस सत्य की अभिव्यक्ति की जा रही है, वे जरूरत से ज्यादा कड़े हैं। बात यह है कि जिस राष्ट्रीय एकता को हम अपने देश में साकार देखना चाहते हैं, उसकी सेवा के सिलसिले में यह नहीं चल सकता कि कुछ प्रान्त तो कठिनाइयों का सामना करते जाएँ और कुछ

प्रान्तो के सामने कठिनाई झेलने का मौका ही नहीं आए। हमारे दूरदर्शी प्रधानमन्त्री पंडित जवाहरलाल जी नेहरू ने एक दिन कहीं संकेत दिया था कि हिन्दीवालों को चाहिए कि वे हिन्दी के राष्ट्रभाषा होने का अनुचित लाभ उठाने की कोशिश नहीं करें। असल में यही वह बात है जिस पर हिन्दीवालों का ध्यान जाना चाहिए। मैं यह नहीं मानता कि हिन्दीवालों के आंदोलन ने हिन्दी को राष्ट्रभाषा के पद पर आसीन किया है। इस पद पर आसीन तो वह इसलिए हुई कि उसके भीतर राष्ट्रभाषा बनने की योग्यता मौजूद थी और सारे देश ने ठोक-बजाकर उसे अपने व्यवहार के लिए चुन लिया। लेकिन हिन्दीवालों को अगर हिन्दी के राष्ट्रभाषा पद पर नाज हो, तो इसी नाज के साथ एक जिम्मेदारी भी आती है जिसका निर्वाह किए बिना वे विरोधियों की जुबान को बन्द नहीं कर सकेंगे। और वह जिम्मेदारी यह है कि अगर वे हिन्दी का मार्ग निष्कंटक करना चाहते हैं तो उन्हें भी हिन्दी के प्रति अपने प्रेम की कीमत चुकाने के लिए दक्षिण की कोई-न-कोई भाषा अवश्य सीखनी चाहिए, जिससे दक्षिण की जनता यह समझ सके कि उत्तर के लोग केवल गंगा और यमुना को ही दक्षिण की ओर भेजने को लालायित नहीं हैं, प्रत्युत् वे कृष्णा और कावेरी के जल को भी उत्तर की ओर ले जाने को उतने ही बेकरार हैं। हिन्दी के लिए गर्दन कटाने और हिन्दी के लिए जान देने की सारी घोषणाएँ निस्सार होंगी, अगर हम हिन्दी के मार्ग को निष्कंटक बनाने के लिए जान देने से कहीं आसान काम करने को तैयार नहीं हुए। मैं समझता हूँ कि राष्ट्रभाषा के द्वारा राष्ट्र की जो भी सेवा हो सकती है, उसे सुगम बनाने के लिए उत्तर भारत के विश्वविद्यालयों को अपने यहाँ दक्षिण की भाषाओं की पढ़ाई अविलम्ब आरम्भ कर देनी चाहिए।

इस प्रस्ताव का उद्देश्य केवल विरोधियों को उत्तर देना ही नहीं, बल्कि उससे भी कहीं महान कार्य सिद्ध करना है। असल में जिस उद्देश्य की सिद्धि के लिए हम हिन्दी को अन्य प्रान्तों में फैलाना चाहते हैं, उसी उद्देश्य की सिद्धि के लिए यह भी आवश्यक है कि अन्य प्रान्तों की भाषाओं का हिन्दी प्रान्तों में व्यापक प्रचार हो। यह कितनी ग्लानि की बात है कि भारत के विभिन्न भाषा-भाषी प्रान्त आपस में एक-दूसरे को, तब तक नहीं जान सकते, जब तक कि एक भाषा की चीज अंग्रेजी में अनूदित नहीं कर दी जाए और दूसरी भाषा का पाठक अंग्रेजी का अच्छा जानकार न हो। जब से संस्कृत का चलन रुका और अंग्रेजी यहाँ जम गई, तब से हमारे बौद्धिक पड़ोसी भी अंग्रेज ही हो गए हैं। यह कोई बुरी बात नहीं है, मगर इतिहास को लेकर यहाँ एक बात का फर्क पड़ता है। वास्तव में जिनका इतिहास एक है, सबसे पहले बौद्धिक पड़ोसी भी उन्हीं को होना चाहिए। लेकिन हम एक इतिहास के भागीदार होते हुए भी भाषाभेद के कारण एक-दूसरे के साहित्य को उसके मूल-रूप में नहीं पढ़ सकते। परिणाम यह है कि हम सिर्फ परदों के आर-पार बस रहे हैं, फिर भी यह नहीं जान पाते कि परदे के उस पार चिन्तन की कौन-सी धारा बह रही है। हिन्दी के व्यापक

प्रचार से इस दूरवस्था का भी बहुत कुछ अन्त हो जाएगा। लेकिन पूरा सुधार तभी सम्भव है जबकि हिन्दी प्रान्तों में अन्य भाषाओं के अच्छे ज्ञाता काफी तादाद में उत्पन्न हो जाएँ।

जहाँ तक हिन्दी के साथ दक्षिण पर उत्तर के सांस्कृतिक अभियान का सवाल है, मैं इस सवाल को भी गलत मानता हूँ, क्योंकि मेरा विश्वास है कि भारतवर्ष में आज कोई भी ऐसी संस्कृति नहीं है जिसका निर्माण केवल उत्तर वालों ने किया हो अथवा जिसके एकमात्र निर्माता दक्षिणपथ के लोग हों। अगर संस्कृति से हमारा तात्पर्य धर्म से हो, तब भी हिन्दू-धर्म या हिन्दू-संस्कृति ईसाइयत अथवा इस्लाम की तरह किसी एक पुरुा की रचना नहीं है, जिसे हम उत्तर या दक्षिण, पूरब या पच्छिम में सीमित कर दें। ईसाइयत और इस्लाम भी आज उस रूप में नहीं है जो रूप उन्हें उनके प्रवर्तकों ने दिया था। और हिन्दू-संस्कृति का मूल खोजना तो गंगा का उद्गम खोजने के समान दुस्तर कार्य है। जिसे हम हिन्दुत्व कहते हैं, वह न तो सिर्फ आर्यों की रचना है, न द्रविड़ों की और न यही दावा किया जा सकता है कि उसके भीतर उन नीग्रो और औष्ट्रिक जातियों की कोई देन नहीं है, जो जातियाँ आर्यों और द्रविड़ों से भी पूर्व इस देश में आकर बसी थीं। नीग्रो, औष्ट्रिक, द्रविड़, आर्य और मंगोल अत्यन्त प्राचीन काल में भारत में बाहर से आनेवाली जातियों का यही क्रम था। इन सभी जातियों के लोगों को लेकर भारतीय जनता की रचना हुई और इन सभी जातियों ने जो कुछ सीखा या जाना था, वही उस संस्कृति का मूलाधार हुआ जिसे हम हिन्दू-संस्कृति कहते थे। मुसलमानी आक्रमण से पहले इस देश में और भी कितनी ही जातियों के लोग आए, मगर उनका अब कोई अलग निशान बाकी नहीं है। वे सब-के-सब इस विशाल सांस्कृतिक समुद्र में विलीन हो चुके हैं।

जहाँ तक आर्यों और द्रविड़ों के अंशदानों की तुलना का प्रश्न है, मैं समझता हूँ कि डॉक्टर सुनीतिकुमार चटर्जी ने ठीक ही लिखा है कि हिन्दू-संस्कृति के कोई बारह आना उपादान सीधे द्रविड़ संस्कृति से आए हैं। कुछ दिन पहले तक लोगों का सामान्य विचार था कि हिन्दू-संस्कृति में जो भी श्रेष्ठ तत्व हैं वे आर्यों की देन हैं और जो भी कुत्सित और निहीन अंश हैं, वे अनार्यों के यहाँ से आए हैं। मगर आज इस बात को कोई नहीं मानता। असल में आर्य जब इस देश में आए, वे भावुक और घुमक्कड़ जीव थे, यद्यपि मेधा और साहसिकता का उसमें पूरा प्राचुर्य था। तब तक उन्हें किसी एक स्थान पर ज्यादा दिनों तक बसकर सभ्यता का विकास करने का अवसर नहीं मिला था। किन्तु द्रविड़ भारत के पुराने वासी होने के कारण इस देश में ऊँची सभ्यता का विकास कर चुके थे। अगर मोहनजोदड़ो की सभ्यता द्रविड़ों की सभ्यता मानी जाए, तो यह मानना पड़ेगा कि वे नगर-सभ्यता के स्वामी थे और इस सभ्यता के नगरों का ध्वंस करने में समर्थ होने के कारण ही आर्यों ने प्रशंसापूर्वक अपने देवता का नाम पुरंदर रखा।

शिव और शक्ति-भावना का हिन्दू-धर्म में बड़ा ही महत्त्व है। किन्तु आर्य जब इस देश में आये थे तब उनके पास यह भावना नहीं थी। आदि पिता और आदि माता की खोज में वे तब तक शायद द्यायुष-पिता और पृथ्वी-माता तक ही पहुँच सके थे। किन्तु आकाश-पिता और पृथ्वी-माता की कल्पना में कोई खास दार्शनिक गहराई नहीं थी। इसके विपरीत, आर्यों से पूर्व द्रविड़ लोगों में शिव और शक्ति-सम्बन्धी कल्पना जीवन की मूल शक्तियों के रूप में सुविकसित हो चुकी थी। आर्यों पर द्रविड़ों की यह बढ़ती कैसे हुई, इसका रहस्य बतलाते हुए सुनीति बाबू ने लिखा है कि द्रविड़ लोग रूमसागर (मेडिटेरेनियन) के पास से आए थे, और सम्भवतः शिव और शक्ति विषयक दार्शनिक भाव भी वे वहीं से साथ ले आए थे, उनका मूल निवास कहीं एजियन समुद्र के किनारे पड़ता था जहाँ सिंह पर चढ़ने वाली देवी-माता और सांढ़ पर चढ़ने वाले देव-पिता की कल्पना प्रचलित हो चुकी थी। इस प्रसंग में भी मोहनजोदड़ो की शिवमूर्ति और वृषभ-प्रतिमा की याद आना स्वाभाविक है और ये मूर्तियाँ यहाँ भी अर्थपूर्ण दीखती हैं। हिन्दू-संस्कृति में शिव और उमावाद का जो विकास हुआ, उसका अधिकाँश द्रविड़ सभ्यता से आया है, इस बात से इनकार करना प्रायः असम्भव दीखता है। इसी प्रकार, वैष्णवभावना, अनेकों अनुष्ठान, पूजा और आचार, तथा संस्कृति के सैकड़ों अन्य अंगों में द्रविड़-प्रभाव की खोज की जा सकती है।

सच पूछिए तो धार्मिक विश्वासों और देवी-देवताओं की कल्पनाओं का तो यह हाल है कि हम यह समझ ही नहीं सकते कि द्रविड़-धर्म कोई और, और आर्य-धर्म कोई और था। शायद आर्य-धर्म में हम आज जितना कुछ देखते हैं, वह सब-का-सब किसी-न-किसी रूप में यहाँ पहले से ही मौजूद था और आर्यों ने परिष्कारपूर्वक उसे अपना लिया; शायद आर्य और द्रविड़ मिलकर इस तरह एकाकार हो गए कि दोनों के धर्मों और विश्वासों में कोई भेद नहीं रह गया। एक सिद्धांत यह भी है कि आर्यों के वे ही देवता उनके साथ बाहर से इस देश में आए थे जिनका उल्लेख ऋग्वेद में मिलता है। जो देवता पुराणों में प्रसिद्ध होते हैं, वे अवश्य ही द्रविड़ और आर्य संस्कृतियों के योग से जन्मे हैं।

और इस सांस्कृतिक मिलन की सबसे बड़ी विशेषता यह रही कि आर्यों के नेतृत्व में इस देश में जब समन्वय की प्रक्रिया आरम्भ हुई तब किसी ने भी कोई हठधार्मिता नहीं दिखलाई, किसी भी संस्कृति ने इस समन्वय का विरोध नहीं किया। आर्यों और द्रविड़ों के आरम्भिक साहित्य से यह तो जाना जा सकता है कि दोनों जातियों के बीच संघर्ष हुआ था, मगर उसके भीतर यह प्रमाण नहीं मिलता कि सांस्कृतिक समन्यवय को लेकर उनके बीच कोई मतभेद था।

और यही बात भक्ति के विषय में भी कही जा सकती है। विद्वानों का अनुमान है कि प्रेम और भक्ति के भाव इस देश में आर्यों के पहले से ही विद्यमान थे। जब आर्य आए, उन्होंने इस भाव को भी सहजता से अपना लिया; किन्तु उनकी

प्रकृति-पूजा और कर्मकांड के नीचे वह बहुत दिनों तक दबा रहा। जब मुसलमान आए, उसके पहले ही प्रायः 6ठी से लेकर 9वीं सदियों तक दक्षिण भारत के आलवार और नाचनार सन्त कवि वैष्णव और शैव, दोनों ही शाखाओं में भक्ति का व्यापक प्रचार कर चुके थे। फिर जब मध्यकालीन भारत में सांस्कृतिक समन्यव की प्रक्रिया आरम्भ हुई, दक्षिण ने भक्ति की स्निग्ध ज्योति लेकर उत्तर का मार्ग-प्रदर्शन किया। और उत्तर भारत आज भी दक्षिण के इस ऋण को कृतज्ञतापूर्वक याद रखता है।

भक्ति द्राविड़ ऊपजी, लाए रामानन्द,
परगट कियो कबीर ने, सात द्वीप, नौ खंड।

केवल रामानन्द ही नहीं, निंबार्क, मध्व, रामानुज और वल्लभाचार्य-ये सब-के-सब दक्षिण में जन्मे थे और उत्तर में पूजित हुए। वास्तव में शंकर के समय से लेकर आज तक हिन्दुत्व का जो भी सेवक, रक्षक या त्रता उत्पन्न हुआ, वह दक्षिण भारत में उत्पन्न हुआ। ऐसा लगता है कि जब उत्तर में हिन्दू संस्कृति को बहुत ज्यादा तकलीफ होने लगी तब वह घबराकर दक्षिण की ओर खिसक गई। आज भी वह दक्षिण के समाज में जितनी जीवित और चैतन्य है, उतनी उत्तर में नहीं। दक्षिण वालों के पूर्वजों ने बहुत प्राचीन काल में उत्तर वालों के पूर्वजों को संस्कृति का दान दिया था। मध्यकाल में भी हिन्दूत्व की असली सेवा दक्षिण वालों ने ही की। दक्षिण ही आज भी हमारी संस्कृति का प्रधान गढ़ है। अपनी आध्यात्मिक माता श्री दक्षिणेश्वरी को मैं प्रणाम करता हूँ और जो भाई यह बहाना करके हमसे रूठना चाहते हैं कि हम उन पर अपनी संस्कृति का बोझ लादने वाले हैं, उनसे मैं निवेदन करना चाहता हूँ कि हमारे पास आप पर लादने लायक कोई चीज नहीं है; हमारी पूँजी भी तो वही है जिसका पालन-पोषण और रक्षण आप कर रहे हैं। हम तो सिर्फ उस मन्दिर में झाड़ू लगाने के अभिलाषी हैं जिसके भीतर हम दोनों का आराध्य बसता है।

ये ही कुछ बातें हैं, जिन्हें मैं आपके सामने और आपके मंच से सारे देश की सेवा में निवेदन करना चाहता था। भारतवर्ष एक है और सभी भारतवासी उसी की सन्तान हैं। यद्यपि वे नदियों और पहाड़ों के आर-पार दूर-दूर तक फैले हुए हैं, किन्तु उनकी मानसिकता का उत्स और उनके सपनों का उद्गम एक है। शरीर के रंग, भाषा के भेद और स्थानों की दूरी से क्या होता है? हममें से हर एक के हृदय में एक ही देवता का ध्यान है और हममें से हर एक के भाव एक ही दिशा की ओर प्रभावित हो रहे हैं। पहाड़ों और नदियों की क्या मजाल कि वे हमारे दिलों के बीच दीवार खड़ी करें! प्रकृति की स्थूलता के ऊपर जो शून्य अवकाश है, सपने उसी में से होकर दौड़ते हैं। बीच में विंध्य तो अनेक सहस्राब्दियों से पड़ा रहा, मगर तब भी हम एक-दूसरे का आलिंगन रोज-रोज करते रहे हैं। आइए, हम सभी लोग आज के दिन उस महामिलन की अमरता के लिए प्रार्थना करें जो केवल भारतीय ही नहीं, सभी मानवता का ध्येय है।

जो त्रिकाल-कूजित संगम है, वह जीवन-क्षण दो,
मन-मन मिलते जहाँ देवता! वह विशाल मन दो।
देख सकें सबमें अपने को, महामनुजता के सपने को,
हे प्राचीन! नवीन मनुज को वह सुविलोचन दो।[1]

(राष्ट्रभाषा और राष्ट्रीय एकता)

---

1. गुजरात प्रान्तीय राष्ट्रभाषा-प्रचार-समिति के दीक्षान्त-समारोह (अहमदाबाद) में दिया गया भाषण।

दिल या दिमाग?

अहमदाबाद से लेकर बम्बई और पूना तक तथा उधर सौराष्ट्र तक गुजराती तथा मराठी बोलनेवाली जनता में राष्ट्रभाषा के प्रति जो प्रेम जगा है, वह भारत के उज्ज्वल भविष्य की सूचना देता है और यह प्रेम केवल पूना तक ही सीमित नहीं है, बल्कि उससे भी आगे कन्याकुमारी तक उसकी लहर बढ़ती ही चली गई है। यही नहीं, प्रत्युत् आसाम, बंगाल और उड़ीसा-ये सभी भूभाग उस प्रेम से प्लावित हो रहे हैं। दक्षिण भारत हिन्दी-प्रचार-सभा और वर्धा की राष्ट्रभाषा-प्रचार-समिति, विशेषतः इन दो संस्थाओं ने राष्ट्रीय एकता की वृद्धि के लिए जो मूल्यवान प्रयास किए हैं, उनका विवरण भविष्य आदर के साथ लिखेगा और आनेवाली सन्ततियाँ उन अनेक लोगों के प्रति सम्मानपूर्वक मस्तक झुकाएँगी जो आज सब कुछ छोड़कर केवल राष्ट्रभाषा के प्रचार में लगे हुए हैं, जो एक ऐसे समय में अपनी निष्ठा अटल हैं जब हजारों तपस्वी और बलिदानी लोगों को माया ने अपनी ओर खींच लिया है। सच पूछिए तो कुछ अपवादों को छोड़कर बापू के सपनों के सच्चे वारिस आज वे ही लोग रह गए हैं, जो राष्ट्रभाषा के प्रचार में लगे हुए हैं अथवा जो गाँवों में बैठकर कोई-न-कोई रचनात्मक काम कर रहे हैं और ये ही वे लोग हैं जिनकी कोशिश से भारत के उज्ज्वल भविष्य का दरवाजा खुलनेवाला है। चाक-चिक्य और शान-शौकत बड़ी ही क्षणस्थायी वस्तु है। संसार का कोई भी बड़ा काम रोशनी की हलचल में नहीं किया जाता। बड़े काम तो वे ही कर पाते हैं जो रोशनी से जरा अलग गोधूलि में छिपकर बैठते हैं, जो शान-शौकत की दूनिया से दूर हैं और जो अपने कार्य के ध्यान में इस तन्मयता से लगे हुए हैं कि धन और मान की उन्हें याद ही नहीं आती। राष्ट्रभाषा-प्रचारकों का सारा समुदाय गोधूलि की इसी एकांतता में निवास करता है और इस समुदाय के कार्य उन कार्यों से कहीं मूल्यवान हैं जिनके पीछे विधान-सभाओं में इतनी भीड़ लगी हुई है। क्योंकि कानूनों के जरिए हमने देश की एकता की जो प्रतिमा तैयार की है वह अभी गूँगी है, वह अभी पंगु है, वह अभी बहुत-कुछ बेजान भी है। बोलने, चलने और हँसने-रोने की शक्ति उसे आपसे मिलेगी; आप जिस काम में लगे हुए हैं। उसकी कामयाबी से मिलेगी। दिल्ली के भरोसे सब कुछ छोड़ देने से काम नहीं चलेगा। दिल्ली तो खुद एक मशीन है और मशीनें मूर्तियाँ गढ़ना जानती हैं, उनके भीतर जान नहीं

डाल सकतीं। जान डालने का जिम्मा तो उन लोगों का है, जो गीत-कवित्त, नाटक और उपन्यास लिखकर या नृत्य और कला के द्वारा जनता के हृदय को आंदोलित करते हैं अथवा जो लोग देश की अनेक जिह्वाओं को एक वाणी में बोलना सिखा रहे हैं।

राष्ट्रभाषा की शिक्षा देश की एकता के लिए है; राष्ट्रभाषा की शिक्षा राष्ट्रीय गौरव के उत्थान के लिए है। बहुत दिन हुए, अकबर इलाहाबादी ने राष्ट्रीय शिक्षा का महत्त्व बतलाते हुए एक पंक्ति कही थी—"उर्दू में नज्मे-मिल्लत, बी.ए. में सिर्फ रोटी।" वह बात आज भी सत्य है। आज भी अंग्रेजी हम इसलिए नहीं पढ़ते कि वह हमारी कौमी जबान है या उसके भीतर हमारे राष्ट्र का हृदय धड़कता है, बल्कि इसलिए कि देश में शासन का जो ढाँचा काम कर रहा है, उसके भीतर प्रवेश पाने के लिए अंग्रेजी हमें मजबूरन सीखनी पड़ती है। जिनका उद्देश्य बड़ा नहीं है जो किसी भी तरह केवल अपना और अपने परिवार का सुख खोजते हैं, अंग्रेजी की ओर दौड़नेवालों में उन्हीं की संख्या विशाल है। इसके विपरीत, जिन्होंने अपने सामने कोई बड़ा लक्ष्य रखा है, जो अपने शरीर और परिवार से पहले अपने समाज और देश को सुखी देखना चाहते हैं, वे उस विद्या की ओर जा रहे हैं; जो अर्थकारी नहीं, परमार्थ सिखानेवाली है, जिससे शारीरिक सुखों की प्राप्ति तो वैसी नहीं होती किन्तु आत्मा का आनन्द खूब मिलता है।

बापू की प्रेरणा से जब राष्ट्रभाषा का प्रचार पहले-पहल आरम्भ हुआ था, तब से लेकर आज तक बहुत वर्ष बीत गए। इस बीच जिन्दगी ने बहुत बड़ी करवट ली और देश स्वाधीन हो गया। फिर भी प्रचारकों का काम सिमटा नहीं, वह और विस्तार पाता गया है। लोग यह आशा करते थे कि देश के स्वाधीन होने पर प्रचारकों का कुछ बोझ सरकार भी सम्भाल लेगी, लेकिन जैसे जनता के अन्य बहुतेरे काम उन हाथों की प्रतीक्षा में हैं जो उन्हें पूरा करेंगे, वैसे ही राष्ट्रभाषा की समस्याएँ भी उन सरकारों की रहा देख रही हैं, जिन्हें उनका वाजिब हल निकालना आता होगा।

फिर भी प्रचारकों को धन्यवाद है कि उन्होंने अपने काम को सरकार के भरोसे नहीं छोड़ा और वे तमाम कठिनाइयों को चीरते हुए आगे ही बढ़ते जा रहे हैं। गांधीजी की मशाल आज केवल रचनात्मक कार्य करने वालों के हाथ में शोभा दे रही है और इन कार्यकर्त्ताओं में राष्ट्रभाषा-प्रचारकों का स्थान बड़ा ही श्लाघ्य है, इसमें सन्देह नहीं।

कठिनाइयाँ बहुत हैं और हमारी उपेक्षा भी कम नहीं है। फिर भी हमें इस आशा में धैर्य के साथ आगे बढ़ते जाना है कि गांधीजी ने हमारे लिए जिस काम की विरासत छोड़ी है, असल में वह इस देश की कोटि-कोटि जनता का काम है और हमारे काम से जनता की तथा जनता की उन्नति से हमारे कार्य की प्रगति होनेवाली है। हमें यह सोचकर भी साहस रखना है कि राष्ट्रभाषा का सारा इतिहास ही संघर्षों का इतिहास रहा है। अंग्रेजों को सबसे अधिक दुश्मनी हिन्दी से थी क्योंकि 19वीं सदी से ही वे

हमारे पूज्य नेताओं के मुख से सुनते आए थे कि हम एक-न-एक दिन हिंदी के जरिये अंग्रेजी को अपदस्त कर देंगे। इस देश में अंग्रेजों का राज्य वैर-फूट पर कायम था, मगर वे जानते थे कि जिस दिन देश में हिन्दी का प्रचार बढ़ेगा, उसी दिन से वैर-फूट का भाव घटने लगेगा और देश के भीतर एकता की वह शक्ति उत्पन्न हो जाएगी जो स्वाधीनता प्राप्त किए बिना नहीं रहेगी। और अंग्रेज जिन कारणों से हिन्दी के विरोधी थे, भारत के राष्ट्रीय विचार वाले सभी लोग ठीक उन्हीं कारणों से हिंदी की ओर उन्मुख हो रहे थे। जनभाषा जनशक्ति का प्रतीक होती है, इसलिए अंग्रेज हिन्दी को जनभाषा के पद तक जाने देना नहीं चाहते थे। और ध्यान से देखने पर आपको पता चलेगा कि हिन्दी के लिए आज भी जिनमें उत्साह का अभाव है अथवा जो सिर्फ ऊपर मन से इसका समर्थन करते हैं, उनमें बहुमत ऐसे ही लोगों का है, जिनका स्वार्थ अंग्रेजी पर निर्भर करता है या जो लोग भेदनीति एवं प्रान्तीयता की राह से अपने वैयक्तिक पद को ऊँचा उठाना चाहते हैं। यह हिन्दी पर नई मुसीबत है और इसका सामना हमें काफी सावधानता से करना होगा। असली कठिनाई यह है कि जिन लोगों ने आजादी की लड़ाई जीती, आजादी का फल केवल उन्हीं के हाथ में नहीं रहा। वह कुछ ऐसे लोगों के कब्जे में भी चला गया है जो जनता की इच्छाओं से अपरिचित हैं, जिन्हें धूप और वर्षो में चलने का मौका नहीं मिला, जिन्होंने पंखों के नीचे शिक्षा पाई तथा जिनकी जीविका भी पंखों के ही नीचे चल रही है।

मगर याद रहे कि अंग्रेजी में देश की किस्मत का लेखा लिखने का अप्राकृतिक कार्य अधिक दिनों तक नहीं चल सकता। और जब तक लिखावट का यह गलत ढंग इस देश में चलता रहेगा, तब तक देश की जनता अपने सेवकों और शासकों की बातों को सीधे नहीं समझ सकेगी। जो लोग जनभाषा की राह को रोकना चाहते हैं, उन्हें चाहिए कि वे केवल राजधानियों को ही देखकर नहीं रह जाएँ, बल्कि दक्षिण से उत्तर तक के पूरे ग्रामीण भारत का भी निरीक्षण कर लें। हिन्दी इस देश की जनशक्ति का प्रतीक बनती जा रही है। और जनजागरण की बढ़ती के साथ जनभाषा की उन्नति निश्चित रूप से बंधी होती है। एक दिन ऐसा भी आने वाला है जब कि जनता अपनी किस्मत का मसविदा अपनी हो बोली में लिखना आरम्भ कर देगी। जिस देश में राष्ट्रभाषा के जो भी प्रचारक जिस अवस्था में, जहाँ भी, हिन्दी का कोई काम कर रहे हैं, वे इसी जनता की फौज के सिपाही हैं। इन प्रचारकों का आत्मत्याग एकता के उस बड़े महल की नींव है, जिसमें सारा भारतवर्ष सुख से निवास करनेवाला है। इन प्रचारकों का पसीना उस मकान में गारे का काम दे रहा है, जिसमें हमारी सारी सन्ततियाँ एक-दूसरे से गले मिलकर विहार करेंगी।

राष्ट्रभाषा का प्रेम मात्र भावना पर ही अवलंबित नहीं है। गांधीजी केवल भावना से हिलनेवाले जीव नहीं थे, और न केवल भावना-शमन के लिए उन्होंने हिन्दी-प्रचार को अपने कार्यक्रम में इतना ऊँचा स्थान दिया था। असली बात यह है कि जब तक

हुकूमत का फरमान लिखनेवाली कलम अंग्रेजी पर ही रीझे हुए भूरे साहबों के हाथ में रहेगी, तब तक जनता को भी अपना पूरा हक हासिल नहीं होगा। जनता और सरकार के बीच जो दीवारें खड़ी हैं उनमें से एक बड़ी दीवार अंग्रेजी का सहारा लिए हुए है। जब तक यह दीवार नहीं टूटती और देश के शासक जनता की बोली अर्थात राष्ट्रभाषा या प्रान्तीय भाषाओं में सोचना, लिखना और बात करना शुरू नहीं कर देते, तब तक हम प्रजासत्ता को वह सजीव रूप नहीं दे सकेंगे, जिसमें जनता की प्रत्येक इच्छा सरकार के हृदय में धड़कन देती है और सरकार की प्रत्येक कठिनाई जनता की शिराओं में ध्वनित होती है। देश की जनभाषा के विरुद्ध चलने वाला डयन्त्र असल में जनता के ही विरुद्ध षड्यन्त्र है। शासन-यन्त्र के चालकों ने जनभाषा के विरुद्ध उदासीनता की जो नीति अपनाई है, उसका मुख्य कारण यह नहीं है कि जनभाषा में राज-काज का काम शुरू कर देने से यह देश डूब जाएगा, बल्कि यह कि अंग्रेजी के हटाने से शासन के केन्द्रों में वे लोग कमजोर पड़ जाएँगे, जिनकी वर्तमान सुखपूर्ण स्थिति अंग्रेजी के ज्ञान पर निर्भर करती है।

दुर्भाग्यवश जहाँ-तहाँ से अब यह आवाज भी आने लगी है कि उत्तर भारत से जो हिन्दी आ रही है, वह प्रान्तीय है, अतएव शेष भारतवर्ष में उसकी जगह पर राष्ट्रीय हिन्दी का प्रचार किया जाना चाहिए। मैं स्वयं नहीं चाहता कि उत्तर भारत के लोग देश की राष्ट्रभाषा का अभिभावकत्व करें; राष्ट्रभाषा का अभिभावक तो अब सारा भारतवर्ष है और भारतवर्ष अगर किसी खास तरह की हिन्दी की जरूरत महसूस करता है और अगर वह हिन्दी सचमुच तैयार की जा सकती है, तो वह जरूर तैयार की जाए। हम उत्तरवासी लोग उसे अपनी राष्ट्रभाषा के रूप में सहर्ष स्वीकार कर लेंगे। मगर जो लोग प्रान्तीय तथा राष्ट्रीय हिन्दी का नया प्रश्न लेकर उठे हैं, उनकी सेवा में मैं बड़े ही अदब के साथ यह निवेदन करना चाहता हूँ कि आप जो बात कर रहे हैं उसका अभी अस्तित्व नहीं है। हिन्दी जहाँ-जहाँ गई है, वहाँ-वहाँ उसने अपने लिए कुछ लेखक भी उत्पन्न कर लिए हैं और उत्तर से लेकर दक्षिण तक ये लेखक आज जिस हिन्दी में अपने निबन्ध या ग्रन्थ लिख रहे हैं, भाषा और व्याकरण की दृष्टि से वह हिन्दी एक और अविभाज्य है। अभी वह स्थिति नहीं है कि हम रेखा खींचकर एक तरह की हिन्दी को दूसरी तरह की हिन्दी से अलग कर सकें।

किन्तु इसका यह अर्थ नहीं है कि हिन्दी अन्य भाषाओं से प्रभावित नहीं होगी। ज्यों-ज्यों वह अन्य प्रान्तीय भाषाओं की शक्तियों के सम्पर्क में आती जाएगी, उसकी आत्मा और शरीर पर इन शक्तियों का प्रभाव पड़ता जाएगा और वह तदनुसार कुछ-कुछ रूपांतरित भी होती जाएगी। किन्तु रूपांतरण की इस प्रक्रिया को हम हर कदम पर देख सकेंगे या नहीं, यह बताना आसान नहीं है।

हिन्दी बहुत दिनों तक केवल दिल्ली और आगरे के आस-पास महदूद थी। जब मुगल-साम्राज्य का पतन होने लगा और देश की बची-खुची सिद्धियाँ पूरब की ओर

भागने लगीं, तब उन्हीं के साथ गुजराती, मारवाड़ी और खत्री व्यापारियों तथा रोजी खोजनेवाले दूसरे लोगों की जीभ पर बैठकर वह पूर्वी भारत की ओर चल पड़ी। पीछे जब अंग्रेजों की सल्तनत कलकत्ते में आरम्भ हुई, तब दिल्ली की जगह कलकत्ता ही देश का केन्द्र हो गया और इस प्रकार जो भाषा पहले पश्चिम में सीमित थी, उसका प्रसार पूरब की ओर और जोर से बढ़ने लगा। इस फैलाव में हिन्दी ने ब्रजभाषा, अवधी, बैसवारी, बुंदेलखंडी, भोजपुरी और मैथिली के क्षेत्रों में प्रवेश किया और उन सबके साथ पच-खपकर उसने अपना एक ऐसा स्वरूप तैयार कर लिया कि उसे स्वीकार करते समय पूरब के वासियों को कभी यह बात सूझी भी नहीं कि वे किसी दूसरी भाषा को स्वीकार कर रहे हैं और मजे की बात तो यह है कि हिन्दी के इस रूपांतरण की प्रक्रिया इतनी स्वाभाविक और महीन रही कि कभी हमें यह भी पता नहीं चला कि भाषा के क्षेत्र में कोई नवीन घटना घटित हो रही है।

आज हालत इतनी नाजुक बना दी गई है कि अगर उत्तर भारत का कोई विवेचक हिन्दी के सम्बन्ध में कुछ कहना चाहे तो हम पहले से ही कुछ चौंक उठते हैं। किन्तु यह जोखिम उठाकर भी राष्ट्र की जानकारी के लिए इस बात को दुहराने की आवश्यकता है कि जनभाषा की धारा को जबर्दस्ती मोड़ने का प्रयास अच्छा नहीं है। हिन्दी काफी ठोक-बजाकर स्वीकार की गई है और देश के पंडितों ने यह भली भाँति परख लिया है कि इस भाषा में केवल फैलने की ही शक्ति नहीं, प्रत्युत वह अन्य भाषाओं से प्रभाव ग्रहण करके बड़े ही स्वाभाविक ढंग से रूपांतरित भी हो सकती है। मेरे विचार से उचित मार्ग यहीं होगा कि हम नागरी लिपि में लिखी जानेवाली सब प्रकार की हिन्दी को निबन्ध होकर देश में प्रसार पाने दें। हिन्दी जीवित और शक्तिशालिनी भाषा है। देश के विभिन्न भाषा-भाषियों के बीच घूमकर वह अपना राष्ट्रीय रूप स्वयं तैयार कर लेगी और इस सहज समागम से उसका जो रूप निखरेगा, वही हमारी राष्ट्रीय एकता का सच्चा दर्पण होगा। भाषा का विकास खेतों-खालिहानों, बाजारों और कवियों एवं वक्ताओं की वाणी में होता है। कानूनों और प्रस्तबाओं, यहाँ तक कि पुस्तकालयों में बैठकर रचे गए कोशों से भी भाषा की असली ताकत नहीं बढ़ती। जनता के बीच, भाषा को फेंक दीजिए। वहाँ एक अच्छा स्वरूप वह स्वयं पकड़ लेगी। और कोई भी दस या बीस आदमी किस बिरते पर यह दावा करते हैं कि भाषा का जो रूप वे निश्चित कर देंगे, उसे सारे देश की जनता खुशी-खुशी कबूल कर लेगी? समस्या इतनी आसान नहीं है; क्योंकि भाषा के जिस रूप को शेष भारतवर्ष आसानी से ग्रहण कर लेगा, उस रूप को अपनाने में कश्मीर और पंजाब तथा देश के काफी ऐसे लोगों को कठिनाई होगी जो फारसी ओर अरबी शब्दों से अधिक परिचय रखते हैं। इस स्थिति से जो निष्कार्ष निकलता है, उससे इस दलील की ताकत बढ़ती है कि राष्ट्रभाषा का स्वरूप, जहाँ तक सम्भव हो, आसान रखा जाए और जिस तरह हम जनता के विभिन्न अंगों को आपस में एक करना चाहते हैं, उसी प्रकार जनता

की भाषा में भी हम किसी भी शब्द को अस्पृश्य न समझें। और यह उपदेश केवल उन्हीं के लिए नहीं है जो चिकने, गोल-मटोल और सुकोमल देशज अथवा तद्भव शब्दों पर संस्कृत के भारी-भारी तत्सम शब्दों को तरजीह देते हैं, बल्कि उनके लिए भी जो यह भ्रम फैला रहे हैं कि संस्कृत के सभी शब्द भारी ही होते हैं अथवा यह कि गाँवों की जनता में उनका चलन ही नहीं है। यह फिर गाँव की जनता के ज्ञान पर अनुचित अविश्वास है। अगर उन्हें अपने भ्रभ के निवारण का और कोई उपाय नहीं मिलता, तो वे कम-से-कम यह देखने की तो कोशिश करें कि हिन्दी के जो उतने अखबार गाँवों में पहुँच रहे हैं, उन्हें पढ़ने और समझने के लिए गाँव वालों को कोशों की जरूरत पड़ती है या नहीं।

राष्ट्रभाषा के स्नातक-स्नातिकाओं! जिस प्रकार आपने अर्थकरी के स्थान पर परमार्थकरी विद्या अर्जित की है और जिस प्रकार आप आत्मसेवा से अधिक राष्ट्रसेवा का व्रत लेकर जीवन में प्रवेश करनेवाले हैं, उसी प्रकार आपके लिए एक और महान लक्ष्य है जिसकी ओर से मानवता का मुख फिरा जा रहा है और जिसकी उपेक्षा के कारण भी सारे संसार का भविष्य खतरे में जा पड़ा है। जब तक ज्ञान और भावना के दोनों पक्ष सन्तुलित और मजबूत थे, मानव-समाज आज की अपेक्षा कम सम्पन्न होने पर भी सुखी और सन्तुष्ट था। लड़ाइयाँ तब भी होती थीं, लेकिन उस समय कोई यह कल्पना नहीं कर सकता था कि बहके हुए मनुष्यों के पारस्परिक कलह से विश्व का सम्पूर्ण विनाश भी हो सकता है। किन्तु आज वह सम्भावना बड़ी ही प्रचंड हो उठी है और सारा संसार गत और अनागत युद्धों के आतंक से भरा हुआ है। भावना का अनादर करके मनुष्य पूरी शक्ति से ज्ञान की ओर चला था, लेकिन ज्ञान से अब जो ज्वाला उठी है उसमें वह आप ही जल रहा है। कसूर संसार के दो-चार आक्रमणकारियों का नहीं प्रत्युत् उस व्यापक दर्शन का है जिसने मनुष्य को इस बात की शिक्षा दी है कि जिन्दगी इसी दुनिया तक खत्म हो जाती है, इसलिए अगर तुम सबको दबाकर सुख से जीने की कला में पूर्णरूप से दक्ष हो तो तुम्हें और किसी का भय नहीं होना चाहिए।

इस शिक्षा का भयंकर परिणाम यह हुआ कि अब मनुष्य का सारा ध्यान शक्ति संचय सफलता और जीत पर चला गया है, आज वह जब अपने लक्ष्य की ओर चलता है, तब उसे यह देखने की जरूरत महसूस नहीं होती कि उसके जूतों के नाल किसकी छाती को मसल रहे हैं। जब तक मनुष्य के भीतर भावना का जोर था, वह अपने को सुखी और दूसरो को दुःखी देखकर लज्जित होता था और इसलिए न तो वह ऐसे आविष्कार में लगता था जिसका एकमात्र लक्ष्य मनुष्यों का अंधाधुंध विनाश हो और न वह साध्य के सामने साधन को ही गौण मानता था। सोचने की बात है कि जब कि पहले के वैज्ञानिक मनुष्य के आनन्द और सुविधा में वृद्धि लाने के लिए केवल ग्रामोफोन और टेलिग्राफ जैसी निर्दोष वस्तुओं का आविष्कार करते थे, तब आज के

धुरंधर वैज्ञानिक घातक शस्त्रों के आविष्कार में क्यों लगे हुए हैं? क्या कारण है कि आज विद्या भी विनाश की बांदी और यमराज की चेरी हो रही है? क्या कारण है कि आज के पंडितों में यह हिम्मत नहीं रही कि वे अनैतिकता के सामने मस्तक झुकाने से इनकार कर दें? क्या कारण है कि मनुष्य की बर्बादी को आसान बना देने वाले लोग भी मनुष्य ही समझे जा रहे हैं? इन सारे सवालों का एक ही जवाब है और वह यह कि मनुष्य की भावनावाली नाड़ी बहुत कमजोर पड़ गई है। उसके भीतर का सरोबर सूख गया है। उसके प्राणों में वह आर्द्रता नहीं रही जिससे हृदय में दया की दूब पनपा करती है। भावना की अतिशयता जिस प्रकार अंधविश्वास को उत्पन्न करती है, बुद्धि की अतिशयता ठीक उसी प्रकार मनुष्य को दानव बना देती है और आज हम जिस युग में जी रहे हैं, वह सचमुच ही बौद्धिक बर्बरता का युग है। जीवन के सारे मूल्य उलट-पुलट गए हैं और मनुष्य यह भूल गया है कि उसका धर्म केवल अपने-आपको ही जिलाना नहीं बल्कि समस्त मानव समाज को जीवित रखने में सहायक होना है। आज का मनुष्य या तो दल के लिए है अथवा राष्ट्र के लिए; सम्पूर्ण मानवता पर से उसकी दृष्टि हट गई है, क्योंकि मानवतावाद की उपासना से उनके संकीर्ण स्वार्थ को धक्का पहुँच सकता है।

एक तरह से मनुष्य अब विद्या के उन सभी अंगों से बचना चाह रहा है, जिनका लक्ष्य आदिभौतिक सुखों में वृद्धि लाना तो नहीं है, किन्तु जिनसे मानवात्मा प्रसार और विस्तार पाती है तथा जिनके प्रचार से मनुष्य-मनुष्य के बीच की दूरी सिमटकर छोटी होती है। आदमी के दिल के भीतरवाली दुनिया में यह पतझर का मौसम बीत रहा है और इस पतझर से उसका पाताल-मन इतना डरा हुआ है कि मनुष्य कभी भी अन्तर्मुख होना नहीं चाहता। आज अगर आदमी को किसी एक चीज से सर्वाधिक विरक्ति है तो वह चीज एकांत है। चूँकि मनुष्य का हृदय मूर्च्छित और मुमूर्ष हो रहा है, इसलिए वह एकांत से भागने लगा है और उसकी सारी वृत्तियाँ बहिर्मुखी हो रही हैं क्योंकि बाहर के चाक-चिक्य में फंसा रहकर वह अपने-आपको भूल सकता है।

साहित्य और कला मनुष्य का ध्यान भीरत की ओर ले जानेवाली विद्याएँ हैं, जहाँ हमारे प्राणों का देवता निवास करता है और जो एकांत में बुलाकार हमसे पूछना चाहता है कि आज दिनभर तूने क्या अर्जन किया है। मगर आदमी के पास इस एकांतवाले देवता के प्रश्न का कोई उत्तर मौजूद नहीं है। इसलिए आदमी साहित्य और कला से भी भाग रहा है अथवा उन पर अपनी इस पसन्द का बोझ लादना चाहता है कि तुम भी बहिर्मुखी रहो, कि तुम भी रंगों की उस आतिशबाजी का चित्र बनाकर अपना काम खत्म कर दो जो आतिशबाजी विज्ञान के आविष्कारों से छूट रही है।

विज्ञान के रथ पर चढ़ा हुआ संसार भटककर किस रास्ते जा पड़ा है, इसका कुछ अन्दाज इस बात से लगाया जा सकता है कि विज्ञान के प्रेमी जैसे धर्म को अन्धविश्वास समझते हैं, वैसे ही अब वे काव्य को अर्ध सभ्यों की वाणी कहने लगे

हैं। सारे रेगिस्तान में दया-माया और रूहानियत की जो थोड़ी-बहुत हरियाली बची है, उसका एक छोटा नखलिस्तान भी उनकी बर्दाश्त के बाहर है और वे सच्चे हृदय से दुःखी हो रहे हैं कि इस बौद्धिक युग में भी मनुष्य उषा और सितारों की ओर देखता हुआ अपने कीमती वक्त को क्यों बर्बाद कर रहा है।

गांधीजी ने जब यांत्रिक सभ्यता के विरुद्ध आवाज उठाई थी, तब वे मनुष्य को इसी बौद्धिक बर्बरता से बचाना चाहते थे। असल में उनकी लड़ाई उस यांत्रिक मनुष्य के विरुद्ध थी, जो सजीव मनुष्य को निगल जाने की चेष्टा में लगा हुआ है। आप महात्मा गांधी की आध्यात्मिक सन्तान हैं; अतएव आपका कर्तव्य है कि जहाँ भी यांत्रिक मनुष्य सजीव मनुष्य को दबा रहा हो, वहाँ आप वीरता के साथ सजीव मनुष्य का पक्ष लेकर खड़े हों। साहित्य और कला सजीव मनुष्य की सेना के असली सिपाही हैं। इस गये-बीते जमाने में भी कुछ साहित्यकार और भावप्रवण लोग ही हैं जो सत्य का पक्ष लेकर चिल्ला रहे हैं; जो उस बर्बादी से दुनिया को आगाह कर रहे हैं, जिसकी ओर विज्ञान उसे घसीटे लिए जा रहा है।

विज्ञान की सारी खूबियों को मानते हुए भी मेरा विनम्र निवेदन है कि जीवन का सारा नेतृत्व विज्ञान के हाथ में सौंप देने की योजना मानवता के कल्याण की योजना नहीं हो सकती। मनुष्य के केवल दिमाग ही नहीं, एक दिल नाम की भी चीज होती है। मनुष्य प्रत्येक वस्तु को केवल उपयोग के लिए ही ग्रहण नहीं करता, बहुत-सी चीजें वह इसलिए भी इकट्ठी करता है कि उनसे उसे वह आनन्द मिल सके जो अन्य जीवधारियों की पहुँच से परे है। कला और विज्ञान, मनुष्य के लिए ये दोनों ही वस्तुएँ एक समान अनिवार्य हैं, क्योंकि विज्ञान के अभाव में जैसे हम अन्धविश्वासी और असभ्य बन जाते हैं, वैसे ही कलाविहीन होने पर हम सिर्फ विज्ञान के पुर्जे रह जाते हैं। दिल और दिमाग में से हम किसी की भी उपेक्षा नहीं कर सकते, क्योंकि जिन्दगी केवल सोचने का ही काम नहीं करती, वह भावों का अनुभव भी करती है जो चिन्तन की अपेक्षा अधिक चेतन होते हैं। यह भी समझने की बात है कि दिमाग से निकली हुई चीज पहले बेजान होती है; जिन्दगी का अहसास उसमें तभी पैदा होता है, जब दिल उसे कबूल कर ले। दिमाग जो सपने देखता है, उसे मुट्ठी से पकड़ने का उत्साह मनुष्य में तब तक पैदा नहीं होता, जब तक उसका हृदय इस सपने पर रीझ न जाए। दिमाग मनुष्य के लिए सुख के साधन बटोर सकता है, मगर सन्तोष और शान्ति मनुष्य के हृदय से उत्पन्न होती है। तलवारों को ईजाद आदमी का दिमाग किया करता है, मगर वे तलवारें किस पर गिराई जाएँ और किस पर नहीं, इसका फैसला हमेशा दिल दिया करता है। लेकिन मनुष्यता के लिए यह घोर संकट की बात है कि आज आदमी के पास दिल नाम की चीज नहीं रह गई, उसकी सारी पूँजी उसका दिमाग हो गया है। और दिमाग से तलवार तो वह बहुत तीखी निकाल रहा है, लेकिन दिल की गैरहाजिरी में वह यह समझ ही नहीं पा रहा है कि यह तलवार कहाँ गिराई जानी

चाहिए। परिणामतः वह इस तलवार से अपना ही गला काट रहा है। अगर विज्ञान का अर्थ यही आत्मदाह है, तो हम विज्ञान से दूर ही अच्छे थे। अगर कविता और कला अर्धसभ्यों की वाणी है, तो हम असभ्य ही ठीक थे। क्योंकि विज्ञानविहीन विश्व के कलाप्रेमी मनुष्यों में फिर भी दया-माया, प्रेम और सौहार्द तथा मैत्री एवं करुणा का अभाव नहीं था, जबकि हृदयहीन वैज्ञानिक हमारी दुनिया का सबसे बड़ा अभिशाप हो गया है।

जैसे विज्ञान का संशोधन और परिष्कार विज्ञान के प्रयोगों द्वारा होता है, उसी प्रकार मनुष्य के स्वभाव का परिष्कार कलाओं के द्वारा किया जाता है। केवल ज्ञान की उन्नति और परिष्कार को अपना ध्येय बना लेने के कारण मनुष्य की मानसिक शक्तियाँ बढ़ तो बहुत गई हैं, लेकिन कलाओं की उपेक्षा कर देने से हमें उनकी केवल दाहकता ही नसीब हो रही है। कलाहीनता मनुष्य को जड़ बना देती है और सचमुच ही आज का मनुष्य चारों ओर से अपनी ही जड़ता का शिकार हो रहा है। ऐसी अवस्था में यह आवश्यक हो जाता है कि मानव समाज में अब भी जो मुट्ठी भर चेतन व्यक्ति मौजूद हैं, वे जड़ता के इस भयंकर अभियान का मुकाबला करें। सच पूछिए तो भारत में जड़ और चेतन के बीच का यह संग्राम गांधीजी के साथ ही आरम्भ हो गया है और आज वह संसार के अनेक देशों में वीरता के साथ लड़ा जा रहा है। यांत्रिक और सजीव मनुष्यों के बीच का यह संग्राम राजनीति नहीं बल्कि संस्कृति का संग्राम है तथा उसकी विजय और पराजय का प्रभाव भविष्य पर काफी दूर तक पड़नेवाला है। इसलिए आज तटस्थता नाम की कोई स्थिति नहीं रह गई है, क्योंकि जो मनुष्य इस भ्रम में है कि वह तटस्थ है, वह भी उन ताकतों को बढ़ावा दे रहा है जिन्हें वह गलत समझता है और जिनकी बढ़ती को वह अपने विरोध से किसी-न-किसी हद तक रोक सकता था।

सजीव और यांत्रिक मनुष्यों के बीच संसार में जो संघर्ष चल रहा है, मेरी एकांत कामना है कि उसमें आप सजीव मानवता की कतार में खड़े हों और संसार को उस विनाश से बचाने में अपना पूरा अंशदान देने की कोशिश करें जो काले बादल की तरह हमारे मस्तक पर मंडरा रहा है।[1]

(राष्ट्रभाषा और राष्ट्रीय एकता)

---

1. बम्बई प्रान्तीय राष्ट्रभाषा-सभा के छठे पदवी दान-समारोह के अवसर पर दिया गया भाषण।

वंदनीय बंगाल

पश्चिम बंग राष्ट्रभाषा-प्रचार-समिति के वार्षिकोत्सव के अवसर पर माँगलिक वचन कहने का सुयोग देकर आपने मेरा जो सम्मान किया है, उसके लिए मैं हृदय से कृतज्ञ हूँ। किन्तु इस सुयोग का लाभ मैं क्या कहकर उठाऊँ, यह समझ में नहीं आता। मैं जिस भूमि पर खड़ा हूँ, वह कोई सामान्य भूमि नहीं है। यह वह भूमि है, जहाँ बहनेवाली ज्ञान की गंगा आज भी उज्ज्वल और विशाल है। यह वह भूमि है, जहाँ अभिनव भारत ने जन्म लिया था। यह वह भूमि है, जहाँ से उत्पन्न होकर राष्ट्रीयता की महावल्लरी सारे देश पर छायी है। यह वह भूमि है, जहाँ भारत की कला ने नव-जन्म प्राप्त किया, वाल्मीकि और कालिदास की कविता एक बार फिर से नवीन हो गई और जहाँ शंका की तमिस्रा और कोलाहल में भी धर्म ने अपनी सनातनता का नूतन प्रमाण दिया है। नवीन भारत में हम जो कुछ देख रहे हैं, वह एक दिन इसी बंग-भूमि की कुक्षि से उत्पन्न हुआ था। बंगाल भारत का पूर्व द्वार है और कोई आश्चर्य नहीं कि हमारे नवयुग के सूर्य का उदय बंगीय क्षितिज से हुआ। भारत के रोम-रोम पर बंग बसुंधरा का ऋण है। केवल कला, साहित्य, ज्ञान और विज्ञान ही नहीं, भारतवर्ष को स्वतन्त्रता का स्वप्न भी बंगाल के हाथों ही प्राप्त हुआ था और बड़ी बात तो यह रही कि बंगाल स्वप्नदान करके ही निश्चत नहीं हुआ, प्रत्युत् उसे साकार बनाने के मार्ग पर देश ने जो अगणित बलिदान दिए उनमें भी कोमल-से-कोमल, उज्ज्वल-से-उज्ज्वल एवं महार्घ-से-महार्घ बलिदान बराबर बंगजननी के अंचल से आते रहे। बंगीय मस्तिष्क की कथा भारतीय मस्तिष्क की कथा है, बंगीय हृदय के उद्गार भारतीय हृदय के उद्गार हैं और बंगीय वेदिका पर चढ़े हुए बलिदानों का इतिहास ही अभिनव भारत की वीरता और बलिदान का इतिहास है। ऐसी सुजला-सुफला-शस्य-श्यामला, ज्ञान-ध्यान-विज्ञान-भूषिता, काव्य-कला-छविराशि-मंडिता, महिमामयी, पुनीत, पंडिता, शक्तिदायिनी, भक्तिदायिनी, राष्ट्रचरण-अनुरक्ति-दायिनी, भुविविख्याता, दुग्धस्नाता, यस्विनी जन-जन की माता बंग-भूमि को मैं श्रद्धा-समेत प्रणाम करता हूँ।

कहावत प्रसिद्ध है कि बंगाल के मस्तिष्क में जो बात आज आती है, शेष भारत के मस्तिष्क में वह कल आएगी। इस उक्ति में जो सच्चाई है, उसके प्रमाण बंगाल के मनीषियों ने अनेक क्षेत्रों में दिए थे; किन्तु एकता के क्षेत्र में उन्होंने जो दूरदर्शिता

दिखलाई, वह सबसे अधिक प्रखर थी। एकता की समस्या भारत की सबसे भारी समस्या रही है। नवीन भारत के सामने भी जो सबसे बड़ी समस्या थी, वह निर्धनता, दुर्बलता, अशिक्षा और भीरुता की नहीं, प्रत्युत् हिन्दू-मुस्लिम ऐक्य की समस्या थी किन्तु लज्जा के साथ हमें स्वीकार करना पड़ता है कि इस समस्या का सम्यक् समाधान निकालने में हम असफल हो गए और एक रहने का कोई उपाय नहीं देखकर अपने प्यारे देश को हमें बाँट लेना पड़ा। जिस गड्ढे में देश विभाजन के कारण गिरा है, उसकी आशंका बंगीय महापुरुषों को कदाचित् उन्नीसवीं सदी में ही हो चली थी; कदाचित् इसीलिए इन महापुरुषों ने देश को बार-बार सावधान किया कि तुम्हारी एकता तुम्हारी विविधताओं में छिपी हुई है। इस एकता की अनुभूति तुम विविधताओं को तोड़कर नहीं, उनके भीतर सामंजस्य बिठाकर कर सकते हो। यह अत्यन्त अर्थपूर्ण बात थी कि राजा राममोहन राय भारतीय भाषाओं में से केवल संस्कृत ही नहीं, प्रत्युत अरबी और फारसी के भी उद्‌भट विद्वान थे। यह कोई आकस्मिक घटना नहीं थी कि परमहंस रामकृष्ण ने हिन्दुत्व के साथ इस्लाम और ईसाइयत की भी साधना की थी और जब स्वामी विवेकानन्द ने यह उद्‌घोष किया कि हमें सभी धर्मों के प्रति केवल सहिंष्णुता ही नहीं सिखलानी है, वरन हृदय से उन्हें अपना ही धर्म समझना है, तब वे भी भारतवासियों को एक ऐसी चेतावनी दे रहे थे, जिसकी देश को अत्यन्त आवश्यकता थी। बात यहीं तक नहीं रुकी। भारत की भाग्यलक्ष्मी देश के पूर्वी वातायान पर बैठकर भारत को भविष्य की राह दिखला रही थी—यहाँ तक कि भारत के प्राचीन और नवीन संस्कारों ने अपनी सारी शक्ति लगाकर जिस महाकवि को उत्पन्न किया, उसके मुख से भी एकता का वही महामन्त्र फूटा, जिसका संकेत राममोहन राय, परमहंस रामकृष्ण और स्वामी विवेकानन्द ने दिया था।

हे मोर चित्त, पुण्य तीर्थे जागो रे धीरे
एइ भारतेर महामानवेर सागर-तीरे।
हेथाय आर्य, हेथा अनार्य, हेथाय द्रविड़-चीन,
शक-हूण-दल, पाठान-मोगल एक देहे होलो लीन।

भारतीय एकता की समस्या, केवल हिन्दू-मुस्लिम एकता की ही समस्या नहीं है; वह आर्य और द्रविड़ समस्या का भी रूप ले रही है और यदि हमने असावधानी दिखलाई, तो वह उन सभी जातियों की समस्या बन सकती है, जिनके मिश्रण से भारतीय महाजाति की रचना हुई है। भारतीय जनता न तो शुद्धतः आर्य है, न शुद्धतः द्रविड़, न शुद्धतः औष्ट्रीक है, न शुद्धतः मंगोल, प्रत्युत वह इनके और ऐसी ही अनेक उपकरणों के योग से बनी हुई है। कई हजार वर्षों तक एक रहने पर भी हममें भेद-प्रभेद मौजूद हैं और बुद्धिमानी इस बात में है कि हम इन भेदों और प्रभेदों का दलन नहीं करके उनके बीच सामंजस्य बनाए रखें। सामंजस्य का सूत्र मौजूद है। आवश्कता इस बात की है कि हम उसे ज्यादा न तानें, नहीं तो वह टूट जाएगा।

भारत की एकता अधिनायकवादी पद्धतियों अथवा जोर-जबर्दस्ती की राह से न तो बढ़ाई जा सकती है और न बचाई जा सकती है। उसके बचाए और बढ़ाए जाने के मार्ग तो वे ही हैं जिनकी ओर इंगित परमहंस रामकृष्ण ने किया है, स्वामी विवेकानन्द ने किया है, राष्ट्रगुरु रवीन्द्र और राष्ट्रपिता महात्मा गांधी ने किया है अथवा जिसकी ओर इंगित आज पं. जवाहरलाल नेहरू कर रहे हैं।

भारतवर्ष में धर्म अनेक हैं, भाषाएँ अनेक हैं, जातियाँ अगणित और क्षेत्रीय भेद अपरम्पार हैं। इसलिए उन देशों का अनुकरण हम नहीं कर सकते जहाँ के लोग एक ही नृवंश की सन्तान हैं, एक ही धर्म को मानते तथा एक ही भाषा का उपयोग करते हैं। सम्भव है, उन देशों में विविधताओं का दलन किया जा सके और सारी जनता एक भाषा अथवा एक संस्कृति के खूँटे से बाँधकर एक रखी जा सके, किन्तु अपने देश में तो विविधताओं को दुलराए बिना गुजारा नहीं है, सभी भाषाओं को एक समान आदर दिए बिना सहारा नहीं है और सभी धर्मों को एकवत् पूज्य माने बिना कोई उपाय नहीं है, सहिष्णुता, समझौता और सबके प्रति सबका आदरयुक्त भाव—ये ही वे उपाय हैं, जिनसे हमारी एकता टिक सकती है। भारते नास्ति, नास्त्येव, नास्त्येव गतिरन्यथा।

भारतीय एकता की राह प्रेम की राह है, मुहब्बत और समझौते की राह है, आदरपूर्वक एक-दूसरे को समझकर चलने की राह है और प्रत्येक क्षेत्र के व्यक्तित्व को अधिक-से-अधिक अक्षुण्ण रखते हुए राष्ट्र के महाव्यक्तित्व के पूजन और समाधान की राह है। रामकृष्ण, विवेकानन्द, रवीन्द्र और गांधी ने हमारे भाग्य की जो रेखा खींच दी है, उससे इधर या उधर जाकर हम देश की एकता को बचा नहीं सकेंगे। देश में महापुरुषों की संख्या अभी ही नग्ण्य हो रही है। कुछ ही वर्षों के बाद यह देश अपेक्षाकृत दुर्बल हाथों में पड़नेवाला है। इसलिए भारत के नवयुवकों से मेरी अपील है कि ये जरा सावधान हो जाएँ। 'वाद' वे चाहें जो भी चलाएँ, किन्तु देश की एकता को कायम रखने की शपथ उन्हें अभी से लेनी चाहिए और यह शपथ वे रामकृष्ण, विवेकानन्द, रवीन्द्र और गांधी की भाषा में ही ले सकते हैं।

हिन्दू-मुस्लिम-समस्या के बाद भारत के सामने जो दूसरी बड़ी समस्या खड़ी हुई है, वह देश की भाषा-विषयक समस्या है और देश की एकता से उसका अत्यन्त गहरा सम्बन्ध है। अजब संयोग की बात है कि जैसे उन्नीसवीं सदी के बंगोत्पन्न भारतीय नेताओं ने देश को धार्मिक एवं जातीय एकता के विषय में सावधान किया, उसी प्रकार यह आवाज भी पहले-पहल बंगाल से ही उठी कि भारतीय राष्ट्रीयता की अभिवृद्धि के लिए अंग्रेजी के स्थान पर किसी भारतीय भाषा को प्रतिष्ठत करना नितांत आवश्यक है और यह भाषा एकमात्र हिन्दी ही हो सकती है। उस समय हिन्दी प्रान्तों में यह अनुभूति नहीं जगी थी। भारतीय रिनासां या सांस्कृतिक जागरण का नेता बंगाल था, राष्ट्रीयता के अंकुर बंगाल में फूट रहे थे, अतएव यह बात भी सबसे

पहले बंगालियों की ही समझ में आई कि अंग्रेजी को अपदस्थ करना है तो यह कार्य केवल हिन्दी के द्वारा सम्पन्न किया जा सकता है। देश में हिन्दी का आंदोलन कैसे-कैसे बढ़ा, यह कथा काफी मनोरंजक है और उसकी मनोरंजकता इस कारण और भी बढ़ जाती है कि हिन्दी को राष्ट्रभाषा बनाने का प्रस्ताव उन महापुरुषों ने किया, जिनकी मातृभाषा हिन्दी नहीं होकर बंगला, गुजराती, मराठी या कोई और भाषा थी। गुजराती होते हुए भी महर्षि दयानन्द ने अपना 'सत्यार्थ प्रकाश' नामक युग-प्रवर्त्तक ग्रन्थ हिन्दी में लिखा और उससे भी पूर्व सन् 1829 ई. में राजा राममोहन राय की संरक्षकता में 'बंगाल हेराल्ड' नामक जो पत्र निकला था, उसमें संवाद अंग्रेजी, बंगला और फारसी के अतिरिक्त, नागरी में भी छपते थे। आज देश में कहीं-कहीं से यह सुझाव भी आ रहा है किं यदि अनेक लिपियों के स्थान में हम एक ही नागरी लिपि स्वीकार कर लें तब भी देश की भाषागत कठिनाइयाँ बहुत कुछ दूर हो सकती हैं। किन्तु यह प्रयोग भी सबसे पहले बंगाल के ही एक दूरदर्शी सपूत श्री शारदाचरण मित्र ने किया था जिनके अस्तंगत 'देवनागर' पत्र को हम लोगों ने फिर से जीवित किया है और उसे द्वैमासिक रूप में संसदीय हिन्दी-परिषद की ओर से दिल्ली से निकाल रहे हैं।

'शनिवारेर चिठि' के किसी पिछले अंक में श्री नगेंद्र कुमार गुहराय का एक निबन्ध प्रकाशित हुआ है, जिससे इस बात पर यथेष्ट प्रकाश पड़ता है कि हिन्दी को राष्ट्रभाषा बनाने की दिशा में बंगाल के महापुरुषों ने कितना अधिक काम किया था। सन् 1874 ई. में केशवचन्द्र सेन ने अपने 'सुलभ समाचार' नामक पत्र में 'भारतवसियों में एकता लाने के उपाय' नामक विषय पर एक निबन्ध प्रकाशित किया था जिसमें उन्होंने कहा था "यदि एक भाषा हुए बिना भारत की एकता सम्भव नहीं, तो क्या उपाय है? उपाय यही है कि सारे भारत में एक भाषा का व्यवहार हो। अभी भारत में चालू जितनी भाषाएँ हैं, उनमें से हिन्दी सर्वत्र प्रचलित है। इस हिन्दी को ही अगर भारत की एक भाषा बनाया जाए तो यह काम शीघ्र और अनायास सम्पन्न हो।"

हिन्दी के एक अन्यतम हितैषी श्री भूदेव मुखोपाध्याय थे। अपने 'सामाजिक प्रबंध' नामक बंगला ग्रन्थ में उन्होंने लिखा था कि "भारत के अधिकाँश लोग हिन्दी में बातचीत कर सकते हैं। अतएव भारतीय सभा-समितियों में अंग्रेजी का व्यवहार नहीं करके हिन्दी में ही बातचीत करना ठीक है।" भूदेव बाबू ने बिहार की सरकारी कचहरियों में हिन्दी को स्थान दिलाने के काम में बहुत बड़ा योगदान दिया था। उन्होंने हिन्दी की सेवा इतने निश्छल भाव से की थी कि हम बिहारी आज भी उनका स्मरण अत्यन्त श्रद्धा के साथ करते हैं। बिहार के माध्यमिक स्कूलों की परीक्षा में प्रतिवर्ष हिन्दी में सर्वप्रथम होनेवाले छात्र को एक पदक दिया जाता है जिसका नाम 'भूदेव हिन्दी पदक' है। बंगाल-बिहार के बीच सद्भाव का सूचक यह पदक एक साल मुझे भी प्राप्त हुआ था। अतएव भूदेव बाबू का नाम, मेरे मन में, उत्साह जगानेवाला नाम है।

श्री राजनारायण बसु हिन्दू सांस्कृतिक जागरण के एक दूसरे प्रबल नेता हुए हैं। उन्होंने भी सन् 1880 ई. के लगभग 'महाहिन्दू-समिति' का जो घोषणा-पत्र 'वृद्ध हिन्दूर आशा' नामक अपने ग्रन्थ में प्रकाशित किया था, उसमें उन्होंने लिखा था कि "भारतवर्ष के सभी स्थानों के सदस्यगण आपस में बोलचाल और पत्राचार में हिन्दी का व्यवहार करें, समिति के सदस्य सब प्रकार इसकी चेष्टा करेंगे। बंगाल या मद्रास आदि स्थानों के सदस्यों को जहाँ की भाषा हिन्दी नहीं है, हिन्दी सीख लेनी चाहिए।"

स्मरण रहे कि बंगाल के मनीषियों ने ये प्रस्ताव इसलिए नहीं किए थे कि उस समय बंगला भाषा समृद्ध नहीं थी। ये बातें उन्नीसवीं सदी के चतुर्थ चरण की हैं और उस समय भी बंगला साहित्य इतना समृद्ध हो चुका था कि उसका मन्दिर-कलश अन्य भाषाओं के मन्दिर-कलशों से ऊपर चमक रहा था। बंगीय महापुरुषों की दृष्टि हिन्दी पर उसके साहित्यिक गुणों के कारण नहीं पड़ी थी, प्रत्युत इस कारण कि हिन्दी समझनेवाले लोग देश में बहुत अधिक थे और इन नेताओं ने यह सोचा कि अंग्रेजी के स्थान पर हिन्दी को चलाने में देश को कम-से-कम कठिनाई होगी। कितने बड़े थे वे लोग जिनके हृदय में राष्ट्रीयता के इतने ऊँचे भाव थे, जो राष्ट्र-पुरुष के महाव्यक्तित्व की स्थापना करने के लिए अपने व्यक्तित्व को आप दबा लेते थे, जिन्होंने अपनी श्रेष्ठता का विस्मरण करके हिन्दी का वरण केवल इसलिए किया था कि इस भाषा को राष्ट्रभाषा बनाने का कार्य अपेक्षाकृत अल्प-श्रम-साध्य होगा।

जिन कारणों से स्वामी दयानन्द और बंगाल के सांस्कृतिक नेताओं ने अपना मत हिन्दी के पक्ष में दिया था, बहुत कुछ उन्हीं कारणों से प्रेरित होकर भारत की विधान-परिषद ने हिंदी को देश की राजभाषा का पद प्रदान किया है। यह निर्णय बड़े महत्त्व का निर्णय है, क्योंकि इससे सारे संसार ने यह समझा है कि भारतवासियों के हृदय में राष्ट्रीयता के सच्चे भाव काम कर रहे हैं और उनकी भाषागत विविधताओं से भारत की राष्ट्रीय एकता में कोई विघ्न नहीं पड़नेवाला है। किन्तु ज्यों-ज्यों हम आगे बढ़ते जाते हैं, त्यों-त्यों राष्ट्रभाषा-विषयक नाना कठिनाइयाँ हमारे सामने प्रकट होती जा रही है। अतएव हमारा धर्म है कि इन कठिनाइयों का निराकरण हम धैर्य, दूरदर्शिता, प्रेम और सौहार्द से करते चलें जिससे भाषाओं के बीच शंका और त्रास को स्थान न मिले और हमारी राष्ट्रीय एकता भी पूरी हो जाए।

राष्ट्रभाषा के सम्बन्ध में सबसे बड़ी कठिनाई यह है कि जबकि हिन्दी-भाषी-क्षेत्रों की जनता पर अभी केवल दो भाषाएँ (हिन्दी और अंग्रेजी) सीखने की विवशता है, तब अहिन्दी-भाषी क्षेत्रों की जनता प्रायः तीन भाषाएँ—मातृभाषा, राष्ट्रभाषा और अंग्रेजी—सीखने की बाध्यता का सामना कर रही है। यह विचित्र स्थिति है जिसका निराकरण भी असम्भव दीखता है। इन दो प्रकार की जनताओं को समान कठिनाई में डालकर दोनों को एक स्थिति में बनाए रखने के निमित्त कहीं-कहीं से यह सुझाव आ रहा है कि सभी प्रान्तों में सभी भाषाओं की शिक्षा की व्यवस्था की जाए और

प्रत्येक भारतवासी स्नातक के लिए यह अनिवार्य कर दिया जाए कि वह अपनी मातृभाषा के अतिरिक्त एक और भारतीय भाषा अवश्य सीखे। मेरा अनुमान है कि ऐसी व्यवस्था भारत में अनतिदूर भविष्य में होने ही वाली है और उससे देश की एकता में वृद्धि भी होगी। किन्तु दो कारणों से मैं ऐसे प्रस्ताव में संशोधन चाहूँगा। पहला कारण तो यह कि उत्तर की भाषाएँ परस्पर दूर नहीं हैं। यहाँ एक भाषा-क्षेत्र में दूसरी भाषा के जानकार यथेष्ट संख्या में विद्यमान हैं और इन भाषाओं के बीच विचारों का आदान-प्रदान भी मजे में चल रहा है। यदि एक अन्य भारतीय भाषा अनिवार्य करनी ही है तो प्राथमिकता दक्षिण भारत की भाषाओं को मिलनी चाहिए जिससे दक्षिणी भाषाओं के काफी जानकार उत्तर भारत के प्रत्येक भाषा-क्षेत्र में उत्पन्न हो जाएँ और भारत के इन दो अंचलों के बीच विचारों का आवागम इस सघनता से होने लगे कि जो विध्याचल महर्षि अगस्त्य के प्रत्यागमन की प्रतीक्षा में भूमिष्ठ होकर पड़ा हुआ है, उसे अपना मस्तक उठाने का अवसर ही न मिले। दूसरा कारण यह है कि एक भाषा-क्षेत्र में दूसरी भाषा का प्रचार इस भाव से किया जाना चाहिए कि इसके द्वारा हमें देश की मानसिक एकता में वृद्धि करनी है, न कि इसलिए कि सभी क्षेत्रों की जनता को एक प्रकार की कठिनाई में डालकर हमें संभावित द्वेष के विष को शमित करना है। जहाँ सुविधाएँ नहीं हैं, वहाँ कठिनाइयों को बाँट लेना भी राष्ट्रीयता का ही कार्य है। किन्तु यह राष्ट्रीयता उच्च कोटि की नहीं होगी, ऊँची राष्ट्रीयता का भाव तो वही हो सकता है जिससे प्रेरित होकर एक क्षेत्र की जनता दूसरे क्षेत्र की जनता की सुविधाओं का ध्यान रखती हो। तीन भाषाएँ सीखने की कठिनाई ही हमारी सबसे बड़ी कठिनाई है, प्रत्युत हमारी अन्य सारी कठिनाइयाँ इसी कठिनाई से शक्ति प्राप्त कर रही हैं। किन्तु यह एक ऐसा कार्य है जिसमें हम हिन्दी-भाषी लोग आपकी कोई भी सहायता नहीं कर सकते। हम केवल इतना ही कर सकते हैं कि आपके सम्मुख हम अपने मस्तक को किंचित नत रखें, क्योंकि भाषा के क्षेत्र में भारतीय एकता का जो महल तैयार हो रहा है, उसमें गारा-चूना ढोने से लेकर ईंट बैठाने तक का सारा कार्य आपके कंधों पर पड़ा है और हम छाया में खड़े विश्राम कर रहे हैं। हाँ, हम हिन्दीवाले यह आश्वासन आपको दे सकते हैं कि हिन्दी के राष्ट्रभाषा होने का कोई भी अनुचित लाभ हम नहीं उठाएँगे।

हमारी दूसरी कठिनाई यह है कि भारत की क्षेत्रीय भाषाएँ हिन्दी को इस दृष्टि से देखने लगी हैं, मानो हिन्दी के प्रचार से क्षेत्रीय भाषाओं के विकास में विघ्न पड़नेवाला हो। यह शंका कैसे उठी, यह समझ में नहीं आता। हिन्दी राजभाषा घोषित हुई है और उसका उपयोग भी केन्द्रिय शासन एवं अन्तःप्रान्तीय कार्यों तक ही सीमित रहेगा। यह समझना तो नितांत भूल है कि अंग्रेजी आज जितने स्थान को दबाकर बैठी हुई है, वह सारा-का-सारा स्थान एक दिन हिन्दी को प्राप्त होनेवाला है। केवल अन्तःप्रान्तीय कार्य हम हिन्दी में करना चाहते हैं। बाकी सारे कार्य तो ऐसे ही हैं,

जिन्हें प्रान्तीय भाषाओं में करना होगा। रह गई शिक्षा के माध्यम की बात। सो उस सम्बन्ध में भी स्थिति साफ हो चुकी है कि प्रान्तीय भाषाएँ शिक्षा का माध्यम बनाई जा सकती हैं, क्योंकि इसके बिना जनता में देश-भाषा-विषयक अनुराग जगाया नहीं जा सकता; हाँ, उच्च न्यायालयों में देश भर में एक भाषा का उपयोग किया जा सके, इसके लिए यह अनिवार्य दीखता है कि प्रत्येक भाषाक्षेत्र में राष्ट्रभाषा की शिक्षा का भी सुदृढ़ प्रबन्ध रहे जिससे कलकत्ते के वकील पटने में और मद्रास के एडवोकेट इलाहाबाद में भी काम कर सकें। किन्तु यह कार्य भी प्रान्तीय जनता की सुविधा और प्रान्तीय नेताओं की सहमति से ही सम्पन्न किया जा सकता है। स्थिति यह है कि हिन्दी के आंदोलन को भारत की सभी भाषाओं के आंदोलन से सम्बद्ध कर देना चाहिए, जिससे सभी क्षेत्रों में अंग्रेजी की अधोगति और भारतीय भाषाओं की प्रगति का कार्य एक साथ चल सके। हिन्दी अपनी किसी भी बहन से शत्रुता नहीं कर सकती। भारतीय भाषाओं की एकमात्र बाधा तो अंग्रेजी है जो सबका भाग दबाकर निर्द्वंद्व बैठी हुई है। हिन्दी समेत सभी भाषा-बहनों का यह धर्म है कि वे अंग्रेजी को राज-सिंहासन से हटाकर देश के शासन को देश की जनता के सुपुर्द करें। हाँ, अंग्रेजी तब भी एक विश्वभाषा के रूप में हमारे यहाँ आदर पाती रहेगी, क्योंकि डेढ़-सौ वर्षों की प्रगाढ़ संगति के कारण वही हमारा एकमात्र सेतु है जिस पर चढ़कर हम समुद्र के आर-पार जा सकते हैं।

राष्ट्रभाषा-विषयक हमारी तीसरी कठिनाई वास्तविक की अपेक्षा काल्पनिक अधिक है और इसका प्रचार भी सौभाग्यवश अभी देश के एक ही अंचल अर्थात् पश्चिमी भारत में हुआ है। इस कठिनाई को सामने लानेवाले विद्वानों का कहना है कि जो हिन्दी हिन्दी-प्रान्तों में प्रचलित है, वह राष्ट्रभाषा नहीं हो सकती। राष्ट्रभाषा का पद तो उस हिन्दी को मिलेगा जो भारत की चौदह भाषाओं के योग से बनेगी। चूँकि यह सुझाव कुछ सुधी व्यक्तियों ने रखा है, इसलिए हमने बड़ी ही सहानुभूति से इसके मर्म को समझना चाहा। किन्तु दुर्भाग्य की बात है कि अभी तक इसका भेद हम पर नहीं खुला। प्रत्येक भाषा की शाखा-प्रशाखाएँ अनन्त होती हैं। जनता जो बोलती है वह उसका औसत रूप होता है। जिस दिन हिन्दी राजभाषा चुनी गई, उस दिन ऐसा तो नहीं था कि हिन्दी का कोई अस्तित्व नहीं था और विधान-परिषद ने यह काम देश पर छोड़ दिया कि हिन्दी नाम से वह कोई नई भाषा तैयार कर ले। ऐसा सोचना तो सुलझी हुई स्थिति को फिर से उलझन में डालना है, धोई हुई गाय को फिर से पंक लगाना है। वस्तुस्थिति यह है कि विधान-परिषद के सामने हिन्दी का एक औसत रूप अवश्य विद्यमान था और परिषद ने उसे ही भारत की राजभाषा के लिए उपयुक्त ठहराया। हाँ, उसने यह प्रतिबंध अवश्य लगा दिया है कि राजभाषा का विकास इस प्रकार से किया जाए कि अन्य भाषाओं के साथ अधिक-से-अधिक एकता स्थापित करके वह भारत की सामासिक संस्कृति को ठीक-ठीक अभिव्यक्त कर सकें।

किन्तु यह कार्य हम किस प्रकार करनेवाले हैं? क्या इसके लिए सभी भाषाओं की पंचायत बुलाई जाएगी और उससे यह निर्णय लिया जाएगा कि हिन्दी में किस भाषा के कितने शब्द और मुहावरे लिए या न लिए जाएँ? यदि ऐसा हुआ तो हिन्दी कृत्रिम भाषा हो जाएगी और तब सामासिक संस्कृति तो क्या, वह साधारण भावों को भी ठीक से अभिव्यक्त नहीं कर सकेगी। यदि सामासिक संस्कृति से तात्पर्य हिन्दू और मुस्लिम संस्कृतियों के मिश्रित रूप से हो, तो भी उसकी अभिव्यक्ति के लिए भाषा में कृत्रिमता लाने की आवश्यकता नहीं दीखती। कृत्रिमता कुरूपता का ही दूसरा नाम है और जो चीज कुरूप है वह संस्कृतियों का वाहन नहीं बन सकती। मलिक मुहम्मद जायसी का 'पदमावत-ग्रन्थ' भारत की सामासिक संस्कृति का प्रोज्ज्वल प्रमाण है; किन्तु भाषा उसकी कृत्रिम नहीं है। शब्द उसमें प्रायः सब-के-सब तत्सम, तद्भव अथवा देशज ही हैं; किन्तु जायसी को उनके कारण सामासिक संस्कृति के आख्यान में कठिनाई नहीं हुई है। सामासिक संस्कृति के एक और महाकवि खानखाना अब्दुर्रहीम हुए हैं जिनके दोहों में तत्सम एवं तद्भव शब्दों की ही भरमार है; किन्तु जो कुछ उन्हें कहना था, उसे वे बड़े ही प्रभावोत्पादक ढंग से कह गए हैं। बंगला में रमाई पंडित के 'शून्यपुराण' से बढ़कर सामासिक संस्कृति का और ग्रन्थ कौन होगा? किन्तु 'शून्यपुराण' की भाषा तत्सम संवलित बंगला भाषा ही है। इजार, खुदा, मलना और नूर बीबी—ये शब्द तो उसमें प्रसंगवश ही आए हैं और सहजता के साथ भी। सच तो यह है कि सामासिक संस्कृति की अभिव्यक्ति में भाषा का तत्सम-संवलित रूप बाधक नहीं होता, इस सत्य की भी सर्वाधिक पुष्टि बंगला भाषा और बंगला-साहित्य ही करता है; क्योंकि बंगला के मुस्लिम कवियों ने भी अपने भावों की अभिव्यक्ति के लिए, बंगला भाषा के सहज-सुन्दर रूप का त्याग आवश्यक नहीं समझा। काजी नजरुल इस्लाम और कवि जसीम उद्दीन की कविताएँ इसका उज्ज्वल प्रमाण हैं।

परन्तु हिन्दी क्षेत्रों का दुर्भाग्य है कि वहाँ हिन्दी-उर्दू का विवाद अब तक भी शमित नहीं हो रहा है। और अब इसी विवाद को राष्ट्रीय हिन्दी एवं प्रान्तीय हिन्दी का विवाद बनाकर लोग, एक अन्य वातायन से, एकता के सरोवर में जहर फेंक रहे हैं। संविधान ने राष्ट्रभाषा के विकास की जो दिशा संकेतित की है, हिन्दी उस दिशा में चल रही है और विभिन्न क्षेत्रीय भाषाओं का जो स्वाभाविक प्रभाव उस पर पड़ना चाहिए, वह भी अनुकूल ढंग से पड़ता जा रहा है। बंगला की ढेर-की-ढेर पुस्तकों का अनुवाद हिन्दी में हुआ है और इन अनुवादों के साथ बहुत-से ऐसे मुहावरे और प्रयोग भी हिन्दी में आये हैं जो पहले अविद्यमान थे। कुछ बंगाली लेखक भी जोरदार हिन्दी लिख रहे हैं। उनकी शैली में ऐसी अनेक विलक्षणताएँ हैं जिनसे हिन्दी की शक्ति बढ़ती जा रही है। इसी प्रकार गुजराती, मराठी, तेलुगू, तमिल, कन्नड़ और मलयालम—इन भाषा-क्षेत्रों में भी हिन्दी के लेखक उत्पन्न हो चुके हैं और उनकी रचनाओं के भीतर से अनेक भाषाओं के पुट हिन्दी में उतरते जा रहे हैं। यदि हिन्दी को सभी क्षेत्रीय

भाषाओं से विलक्षणताएँ ग्रहण करके व्यापक राष्ट्रीय रूप लेना है, तो उसका सही मार्ग यही हो सकता है कि हिन्दी को सभी भाषाओं के लेखकों की लेखनी का प्रसाद मिले, सभी क्षेत्रों की प्रतिभाएँ हिन्दी में अपना बिम्ब फेंकें और सभी प्रान्तों की भावनात्मक भंगिमाएँ उसमें प्रवेश पाएँ। भाषा गढ़ी नहीं जाती। वह आप-से-आप जनमती और अपना विकास पाती है। हिन्दी का विकास उचित दिशा में हो रहा है। इस विकास में व्याघात डालना देश के आध्यात्मिक विकास में हस्तक्षेप करने के समान है। अतएव हम चाहते हैं कि लोग राष्ट्रीय एवं प्रान्तीय हिन्दी के माया-जाल को समेट लें। जिन्हें शिक्षा-दीक्षा और संस्कार के कारण अरबी और फारसी के शब्द अधिक सूझते हैं, उन्हें उन शब्दों के मनमाने प्रयोग का पूरा अधिकार है। इसी प्रकार, जो लोग संस्कृत के पक्षपाती हैं उन्हें भी खुलकर तत्सम शब्दों का प्रयोग करने की स्वतन्त्रता होनी चाहिए। किन्तु साथ ही भारतीय जनता का भी यह जन्मसिद्ध अधिकार है कि वह जिस शैली को पसन्द करे, उसे जी खोलकर अपना ले।

ये कुछ मोटी-मोटी बातें थीं जिन्हें मैंने देश के सूचनार्थ आपके सामने निवेदित कर दिया। किंतु हमारी सबसे बड़ी कठिनाई तो यह है कि वर्ष-पर-वर्ष निकलते जा रहे हैं, लेकिन हिन्दी में भारत की राजभाषा के गौरव के अनुरूप ज्ञानमय साहित्य का विकास नहीं हो रहा है। यह कार्य है भी बहुत ही कठिन और विशाल। भारतीय भाषाओं में अब तक कविता, कहानी, आलोचना और उपन्यास की ही परम्परा प्रधान थी और यह साहित्य हिन्दी में भी बहुत ही उच्च कोटि का बन गया है। किन्तु शिल्प और विज्ञान, अर्थशास्त्र और भूगोल, राजनीति और सेना-शास्त्र तथा उद्योग और व्यवसाय-विषयक साहित्य जैसे अन्य भारतीय भाषाओं में अल्प मात्रा में हैं, वैसे ही वे हिन्दी में भी नाम मात्र को ही हैं। कठिनाई यह भी है कि इन सभी विषयों पर श्रेष्ठ साहित्य तैयार करने का काम यदि केवल हिन्दीवालों पर छोड़ दिया जाएगा, तो वह ठीक समय पर पूरा होगा या नहीं, इससे सन्देह है। सारे देश ने मिलकर हिन्दी को अपनी राजभाषा घोषित किया है और यह उचित ही है कि राजभाषा के विविध अंगों को पुष्ट बनाने के काम में सारा देश राष्ट्र के साथ हो। भारत के सभी चोटी के विद्वान किसी एक भाषा-क्षेत्र में नहीं हैं, वे अनेक भाषा-क्षेत्रों में विखरे हुए हैं। आवश्यक यह है कि हम अपने ज्ञान-पुंज विद्वानों के लिए सुविधाओं का प्रबन्ध करें और उन्हें सभी साधनों से युक्त करके राष्ट्रोद्धार के इस पुनीत कार्य में लगा दें जिससे कि जो कार्य आज इतना भयावह दीखता है, वह सरलता से सम्पन्न हो जाए और विभिन्न भाषा-भाषी विद्वानों की सेवाओं से समलंकृत होकर राष्ट्रभाषा, सचमुच ही, अपने नाम को सार्थक बना सके।

सज्जनों! चूँकि मैं बिहार से आ रहा हूँ, इसलिए एक और बात कहे बिना मैं अपना स्थान ग्रहण नहीं करूँगा। कितने दुर्भाग्य की बात है कि बिहार और बंगाल आज परस्पर ऐसा व्यवहार कर रहे हैं, जैसा व्यवहार दो शत्रु-राज्य ही कर सकते हैं। कलकत्ते में

रहकर हिन्दी-प्रान्तों के लाखों लोग अपनी जीविका कमा रहे हैं। इसी प्रकार, हिन्दी-प्रान्तों में रहकर अपनी रोजी कमाने वाले बंगालियों की भी संख्या अपार है। बिहार में तो हमारे अनेकानेक वकील, बैरिस्टर, डॉक्टर, इंजीनियर, जज, मुंसिफ और मजिस्ट्रेट तथा अध्यापक और प्राध्यापक बंगाली हैं और उनके साथ उठते-बैठते, खाते-पीते हमें कभी भी यह भान नहीं होता कि वे कोई और, और हम कोई और हैं। फिर यह संघर्ष कहाँ से आ गया? क्या धरती के एक-दो छोटे चप्पे इतने महार्घ होते हैं कि उनके चलते दो प्रान्तों के अखबार उन्मत्त हो उठें और जनमत के नेता आँखें लाल-लाल करके बोलना आरम्भ कर दें? धरती के दो-एक चप्पे बंगाल में रहे या बिहार में, इससे होता जाता क्या है? आखिर हम दोनों को तो एक ही देश में रहना है।

मेरा अनुरोध है कि हम भाषा, साहित्य और संस्कृति के कार्यकर्त्ता इन आंदोलनों का प्रभाव अपने मन पर नहीं पड़ने दें। बंगाल और बिहार बहुत दिनों तक एक थे। किसी प्रकार की राष्ट्रीय आवश्यकता के आने पर वे फिर से एक हो सकतें हैं। धरती का विभाजन तो वन, पर्वत, नदी, समुद्र, सबके कारण सम्भव है। किन्तु इनके ऊपर प्रसरित होने वाला आकाश एक है। हम सांस्कृतिक कार्यकर्त्ता आकाश होकर उनसे भी एकाकार होते हैं जो निचले स्तर पर बंटे हुए हैं।

लेने दे जग को उसे, ताल पर जो कलहंस मचलता है,
तेरा मराल जल के दर्पण में नीचे-नीचे चलता है।
यह फूल कभी झर जाएगा, यह रंग कभी उड़ जाएँगे,
सौरभ है केवल सार उसे तू सबके लिए जुगाता चल।

अन्त में, मैं पश्चिम बंग-राष्ट्रभाषा-प्रचार-समिति के सभी कार्यकर्त्ताओं और सहयोगियों को धन्यवाद देता हूँ, जो बाधाओं की कुछ भी बिना प्रवाह किए बराबर आगे बढ़ते जा रहे हैं। राष्ट्रभाषा के प्रचार में देश की दो संस्थाएँ बहुत उत्तम कार्य कर रही हैं। एक है—मद्रास की हिन्दी-प्रचार-सभा और दूसरी है—वर्धा की राष्ट्रभाषा-प्रचार-समिति। गांधीजी हिन्दी-सभा को अपनी बड़ी बेटी और वर्धा-समिति को छोटी बेटी कहा करते थे और सचमुच ही, बापू की इन दोनों बेटियों ने देश की एकता के लिए अत्यन्त महान प्रयास किया है और आज भी करती जा रही हैं। इन दोनों संस्थाओं के सिवा भी कई और संस्थाएँ हैं जो हिन्दी का काम पूरी तन्मयता से कर रही हैं। इन संस्थाओं के संचालकों में महामहोपाध्याय श्री वामन पोतेदारजी, श्री नेनेजी और श्री मगन भाई देसाई के नाम भारत के सभी हिन्दी-हितैषी जानते हैं। मेरा विचार है कि ऐसी प्रत्येक संस्था और प्रत्येक व्यक्ति को सरकार और जनता का पूरा सहयोग मिलना चाहिए जो देवनागरी लिपि में हिन्दी का प्रचार कर रहा है। अतएव मैं हिन्दी-सभा, राष्ट्रभाषा-प्रचार-समिति एवं बम्बई और गुजरात की अन्य हिन्दी-प्रचारक संस्थाओं में कोई भेद नहीं मानता। ये सभी संस्थाएँ देश की एकता के लिए कार्य कर रही हैं और वे समान रूप से हमारी श्रद्धा की पात्री हैं।

जिन स्नातकों को आज उपाधि-पत्र बाँटे गए हैं, मैं उनको भी बधाई और धन्यवाद देता हूँ। बधाई इसलिए कि हिन्दी की परीक्षा में वे उत्तीर्ण हुए हैं और धन्यवाद इसलिए कि हिन्दी सीखने का कष्ट उन्होंने इसलिए स्वीकार किया कि यह कार्य आज देश की एकता के लिए परमावश्यक हो रहा है। गांधीजी ने देश में जिन रचनात्मक कार्यों की परम्परा चलाई थी वे आज भी चल रहे हैं और राष्ट्रभाषा-प्रचार का कार्य उनमें सबसे प्रमुख हो रहा है। जो भी अहिन्दी भाषी बंधु हिन्दी सीखने का कष्ट उठाते हैं, वे एकता के महल में एक नई ईंट जोड़ रहे हैं; वे उस खाई को पाटने में योगदान दे रहे हैं जो भारत की एक भाषा और दूसरी भाषा के बीच खुदी हुई है। राष्ट्रभाषा के स्नातको! आप भारत की एकता की सेना के सैनिक हैं, विभिन्न भाषा-क्षेत्रों को मिलानेवाली कड़ियाँ हैं, आप व जमीन तैयार कर रहे हैं जिस पर राष्ट्रीयता की लता प्रफुल्लित होकर लहराने वाली है। भगवान करें कि आपके जैसे देश-भक्तों की संख्या भारत में दिनों-दिन बढ़ती जाए, जिससे कि एक दिन भाषा के बारह कक्षों पर झूलनेवाले परदे हमारी दृष्टि का अवरोध नहीं कर सकें। एक कक्ष की दुलहिन दूसरे कक्ष में आसानी से आ-जा सके और सारा भारतीय भाषा-परिवार पूरे सद्भाव और प्रेम के साथ फूलता-फलता रहे।

(राष्ट्रभाषा और राष्ट्रीय एकता)

मिथ्या विवाद

आपस में अदावत कुछ भी नहीं, फिर भी इक अखाड़ा कायम है।

—अकबर

हिन्दी-प्रान्तों में यह जानकर लोगों के मन में हल्की-सी उदासी छा गई है कि देश में हिन्दी का विरोध हो रहा है। किन्तु ऐसा समझना ठीक नहीं है। देश की जनता में हिन्दी का विरोध नहीं है। असल में विरोध की जो आवाज हमें सुनाई पड़ती है, वह जनता की नहीं, राजनीति में लगे हुए व्यक्तियों की आवाज है और ये व्यक्ति भी हिन्दी का नहीं, बल्कि हिन्दीवालों का विरोध करना चाहते हैं। हिन्दी-भाषियों की संख्या बहुत विशाल है और चाहे जो भी उपाय किये जाएँ, लोकसभा के पाँच सौ सदस्यों में से दो-सवा दो सौ सदस्य बराबर हिन्दी-भाषी ही रहेंगे। हिन्दी को लेकर जहाँ-तहाँ जो बेचैनी दिखाई देती है, वह इस संख्याबल को कुंठित अथवा प्रभावहीन बनाकर रखने की चिन्ता से निकली है। फिर भी, इस भय को मैं निरा काल्पनिक मानता हूँ, क्योंकि हिन्दी-भाषियों के बीच, चाहे जिस कारण से भी एकता हो, किन्तु इस एकता का कारण यह तो नहीं ही है कि हम सब एक ही भाषा बोलते हैं। और इसे मैं देश के लिए शुभ लक्षण मानता हूँ, क्योंकि संसद के हिन्दी-भाषी सदस्य अगर सिर्फ इस बात को लेकर आपस में एक हो जाएँ कि उनकी भाषा एक है, तो इससे अन्य भाषा-भाषी सदस्यों में भय संचरित होगा और वे अपनी क्षेत्रीय एकता पर बहुत अधिक जोर देने लगेंगे, जिससे भारत की राष्ट्रीय एकता को क्षति पहुँचेगी। अतिशयता प्रत्येक गुण को खींचकर दुर्गुण की सीमा पर ले जाती है। एकता की अतिशयता भी बुरी चीज है, क्योंकि इससे पड़ोसियों की शंका बढ़ती है। देश को आश्वस्त होना चाहिए कि हिन्दी प्रान्तों में क्षेत्रीय एकता का अतिशय नहीं है। बहुसंख्यक होने के कारण हिन्दी-भाषियों के बीच यह स्वाभाविक चेतना भी मौजूद है कि देश की एकता की रक्षा हर तरह से की जानी चाहिए और एकता के हित में वे केवल त्याग करने को ही नहीं, कुछ व्यंग्य और अपमान सहने को भी तैयार हैं।

इसी प्रकार, हिन्दी-प्रान्तों को भी यह जानकर धैर्य रखना चाहिए कि विविधताओं से भरे हुए इस विशाल देश में आश्चर्य की बात यह नहीं है कि जब-तब लोग एकता

की कुसुमी जंजीर पर हल्की अधीरता प्रकट करते हैं, बल्कि यह कि वे सारे भारत के साथ एक रहना चाहते हैं और उससे भी अधिक यह कि वे हिन्दी को राष्ट्रभाषा के रूप में विकसित और प्रसारित करना चाहते हैं। पिछली बार जब राज्य-परिषद में हिन्दी पर बहस हुई तब उसमें भाग लेने वालों में से बहुत अधिक संख्या उनकी थी जो अहिन्दी-भाषी सदस्य हैं। इन सदस्यों में से कइयों ने उस दिन, खासतौर से, हिन्दी में ही भाषण दिए और एक-एक कर सबने इस बात पर जोर दिया कि हिन्दी राष्ट्रभाषा हो, राष्ट्र का यह निर्णय बहुत अच्छा है और हमें इस निर्णय को अवश्य कार्यान्वित करना चाहिए। हाँ, प्रत्येक सदस्य ने उस अधीरता की भी थोड़ी-बहुत अभिव्यक्ति अवश्य की जो हिन्दी के राष्ट्रभाषा हो जाने से उत्पन्न स्थिति के विरुद्ध प्रत्येक क्षेत्र में महसूस की जा रही है। हिन्दीवालों के विरुद्ध अहिन्दी-भाषियों की क्या शिकायत है, इसका ब्योरेवार विवरण तो किसी ने भी नहीं दिया। हाँ, भाषणों के बीच, कहीं-कहीं, ये गोलमटोल बातें जरूर सुनाई देती रहीं कि हिन्दीवाले हिन्दी को कठिन बना रहे हैं, कि हिन्दीवाले अंग्रेजी को हटाने के लिए बहुत आतुरता दिखा रहे हैं कि अंग्रेजी अभी इस देश में डेढ़ सौ साल तक और चलनी चाहिए। एक सज्जन ने यह भी कहा कि उर्दू को क्षेत्रीय पद दिलाने के लिए उर्दू के प्रेमियों को आंदोलन का सहारा लेना पड़े, इससे तो यही जान पड़ता है कि हिन्दीवाले अनुदार हैं। काका साहेब कालेलकर का कहना था कि 'हिन्दीवाले संस्कृत की जरूरत से ज्यादा दुहाई देते हैं। किन्तु वस्तुस्थिति यह है कि संस्कृत आज दक्षिण में सुरक्षित है। उत्तर में तो विदेशी आक्रमणों के कारण भाषा खिचड़ी हो गई है।'

राष्ट्रभाषा और राष्ट्रीय एकता की दृष्टि से उस दिन सबसे मधुर भाषण दक्षिण भारत हिन्दी-प्रचार-सभा के मन्त्री और दक्षिण में हिन्दी के प्राण, श्री सत्यनारायण जी का रहा। उन्होंने कहा कि 'हिन्दी भारत के हृदय की वाणी है और हृदय का कार्य यह है कि शरीर की प्रत्येक शिरा में वह रक्त का संचार करे।' इस अलंकार के द्वारा उन्होंने जो तथ्य देश के सामने रखना चाहा, वह कदाचित यह था कि राष्ट्रभाषा का आंदोलन यथेष्ट नहीं है, इस आंदोलन के साथ-साथ क्षेत्रीय भाषाओं के उत्थान का भी आंदोलन चलना चाहिए। किन्तु ऐसा दीखता है कि कुछ ऐसी भी बातें थीं जो राज्यपरिषद में कही जाने से रह गई थीं और जिन्हें श्री सत्यनारायण जी ने 'दक्षिण भारत' नामक अपने मासिक पत्र के जून, 1954 वाले अंक में प्रकाशित एक लेख के द्वारा देश के सामने रखा है। इस लेख में, उन्होंने इस बात पर दुःख प्रकट किया है कि आज तक 'विधान के द्वारा निश्चित संघभाषा हिन्दी के विकास तथा उपयोग के लिए कोई भी उल्लेखनीय कार्यक्रम नहीं बना।' फिर उन्होंने यह बात कही है कि हिन्दी, उर्दू और हिन्दुस्तानी को लेकर पुराना विवाद फिर से उठाया जा रहा है, यह ठीक नहीं है। 'यह सारा विवाद फिर से इसलिए उठ खड़ा हो रहा है कि हिन्दी के अदम्य उत्साही लोगों के दिमाग में अभी स्थिति की स्पष्टता नहीं है।' केन्द्रिय सरकार

के द्वारा हिन्दी चलाए जाने की जो माँग हिन्दी-प्रान्तों की ओर से की जा रही है, उसे भी सत्यनारायण जी उचित नहीं समझते और लिखते हैं कि 'हिन्दी को संघभाषा बनाने की इस योजना में न तो प्रादेशिक भाषाओं के उपयोग के लिए कोई स्थान है, न उनकी उन्नति के सम्बन्ध में कोई विचार है। अगर जोर है तो हिन्दी को केन्द्र में आगे बढ़ाने के सम्बन्ध में ही। तब तो यही समझा जाएगा कि इसका अधिकाँश कारण राष्ट्रीय भावना नहीं, बल्कि क्षेत्रीय भावना और क्षेत्रीय बल है और स्थानीय बल से ही ऐसा कार्य कराने का प्रयत्न किया जा रहा है। यह हिन्दी के प्रति दुर्दम्य उत्साह का एक प्रमाण-मात्र ही समझा जा सकता है।' और हिन्दी के प्रति हिन्दीवालों के इस दुर्दम्य उत्साह का क्या परिणाम होगा, इसकी कल्पना करते हुए वे लिखते हैं कि 'वास्तविक कार्य-योजना बने बिना इस उत्साह से लाभ होना तो दूर रहा, बल्कि नुकसान ही होगा। इसलिए सभी देशभाषाओं को अपने-अपने स्थान पर बढ़ाने का प्रयत्न किए बिना अगर हमारा सारा उत्साह हिन्दी को संघभाषा के स्थान पर बैठाने में ही लग गया, तो सम्भव है कि क्षेत्रीय भाषा हिन्दी तथा अन्य क्षेत्रीय भाषाओं के बीच एक बार फिर से संघर्ष पैदा हो जाए। इससे देश का बड़ा नुकसान होगा और राष्ट्रीयता की रक्षा के लिए हम अपनी केन्द्रीकृत शक्ति को भाषा के क्षेत्र में काम में लाएँगे, तो हमारी राष्ट्रीयता ही खतरे में पड़ जाएगी।' आगे सत्यनारायण जी ने हिन्दी-उर्दू-विवाद की भी चर्चा की है और कहा है कि 'जब कोई भी प्रादेशिक भाषा उर्दू शब्दों को चुनकर फेंक देने का आंदोलन नहीं कर रही है, तब सिर्फ हिन्दी में ही यह आंदोलन क्यों हो?' एक बात उन्होंने यह भी कही है कि 'परिस्थितियों के प्रभाव के कारण, हिन्दी से अपरिचित होकर सेवा में लगे हुए सरकारी मुलाजिमों को काफी सुविधाएँ देकर जब तक हिन्दी सिखाई न जाएगी और हिन्दी के स्वरूप तथा साहित्य के सम्बन्ध में उदारतापूर्ण मनोवृत्ति दिखाई न जाएगी, तब तक हिन्दी के प्रचार की गति में तेजी लाने में कठिनाई पैदा हो जाएगी।' सत्यनारायण जी का यह भी मत है कि संघभाषा हिन्दी के विकास और प्रचार का कार्य जो शिक्षामन्त्रालय को सौंपा गया है, वह उचित नहीं है। इस कार्य को पूरा करने के लिए वे 'भारतीय भाषा-आयोग' की नियुक्ति चाहते हैं।

यह स्पष्ट है कि हिन्दी-प्रचार का कार्य, मुख्यतः अहिन्दी प्रान्तों में चलनेवाला कार्य है और इस कार्य में प्रधानता उन्हीं लोगों के मतों को दी जानी चाहिए जो अहिन्दी प्रान्तों में हिन्दी का प्रचार कर रहे हैं और जिन्हें इस बात का स्पष्ट ज्ञान है कि हिन्दी की राह में कहाँ, क्या कठिनाइयाँ हैं। विशेषतः श्री सत्यनारायण जी जैसे लोग, जो आजीवन हिन्दी-प्रचार के द्वारा भारत की राष्ट्रीय एकता की सेवा करते रहे हैं, इस बात के अधिकारी हैं कि उनके विचारों को समझने की हम चेष्टा करें और जहाँ उनके विचारों में कोई दोष दीखे, हम उसकी ओर उनका ध्यान आकृष्ट करें। राष्ट्रभाषा के सम्बन्ध में जो नए प्रश्न उठ रहे हैं, उनकी परीक्षा भी इसी दृष्टिकोण से

की जानी चाहिए और इसी भाव से हिन्दी-विषयक इन नई समस्याओं का ब्योरा मैं देश के सामने उपस्थित करता हूँ।

हिन्दी राष्ट्रभाषा कैसे बनेगी और उसका उपयोग किन व्यापारों के लिए किया जाएगा, इस सम्बन्ध में श्री सत्यनारायण जी की दृष्टि बहुत साफ है उन्होंने लिखा है कि (संविधान का) 'उद्देश्य यह था कि इन 15 वर्षों में हिन्दी पहले अपने निजी राज्यों में शक्तिशाली बनेगी और अंग्रेजी का स्थान प्राप्त करेगी। साथ ही, दूसरी भाषाएँ भी अंग्रेजी को हटाकर अपने-अपने राज्य में अंग्रेजी का स्थान प्राप्त कर लेंगी। उसके बाद से, सहज रूप से, राजनीतिक, संसदीय तथा शासकीय प्रयोजनों के लिए वह केन्द्र में और अन्तर्राज्यों के कार्य-कलाप में व्यवहार का माध्यम बनेगी।' मेरा ख्याल है, सत्यनारायण जी की जो कल्पना है, वही कल्पना हम सबकी भी है। प्रत्युत कांग्रेस की कार्यकारिणी समिति ने जो निर्णय किया है, उसमें भी इस कल्पना का विरोध नहीं है। गुजरात विश्वविद्यालय ने गत वर्ष यह निश्चय किया था कि शिक्षा का माध्यम हिन्दी और गुजराती अथवा हिन्दी या गुजराती होगी। इस वर्ष उसने संशोधन करके यह निर्णय कर लिया कि शिक्षा का माध्यम गुजराती होगी। किन्तु हम इस निर्णय को संविधान के प्रतिकूल नहीं मानते। देश की जनता को पूरी स्वतन्त्रता है कि वह चाहे तो अपनी क्षेत्रीय भाषा को शिक्षा का माध्यम बना सकती है। राष्ट्रभाषा का किसी भी क्षेत्रीय भाषा से विरोध नहीं है। सच तो यह है कि राष्ट्रभाषा और क्षेत्रीय भाषाओं का समान शत्रु आज केवल अंग्रेजी बनी हुई है, जिसे हटाने के लिए सभी भारतीय भाषाओं को मिलकर यत्न करना चाहिए। दुःख की बात है कि आज यह प्रयत्न केवल हिन्दी भाषा की ओर से किया जा रहा है। अन्य भाषाओं के लोग प्रायः अभी भी इस शंका में पड़े हुए हैं कि अंग्रेजी को निकालना ठीक होगा या नहीं। अगर सभी भाषाएँ अंग्रेजी को हटाने का उद्यम आरम्भ कर दें तो अन्य अपरिमित लाभों के साथ, उससे एक लाभ यह भी होगा कि नए शब्दों की खोज और निर्माण का जो काम आज हिन्दी में चल रहा है (अथवा जिसे तमिल और तेलुगू के पक्ष में श्री सत्यनारायण जी करवा रहे हैं) वह काम अन्य भाषाओं में भी चलने लगे और अनेक क्षेत्रों के प्रयोगों में से समान शब्द चुन लेने का काम आसान हो जाए।

'हिन्दी के अदम्य उत्साही लोगों के दिमाग में स्थिति की स्पष्टता' नहीं हो, यह बात नहीं है। हम जानते हैं कि अंग्रेजी अपनी सारी जगह केवल हिन्दी के लिए खाली नहीं करेगी। बहुत सारी तो ऐसी ही जगहें हैं जहाँ प्रत्येक क्षेत्र की मातृभाषा बैठेगी।

'प्रान्तों के कार्य मातृभाषा में और सार्वदेशिक कार्य हिन्दी में'—यह नारा बहुत ही स्पष्ट है और इससे किसी भी भाषा को आशंकित नहीं होना चाहिए। हम यह भी जानते हैं कि केवल लखनऊ और नागपुर की पसन्द पर राष्ट्रभाषा का रूप नहीं गढ़ा जाएगा। राष्ट्रभाषा को राष्ट्रीय रूप देने के लिए प्रत्येक क्षेत्र की भाषा में नए शब्द खोजे या तैयार किए जाने चाहिए। पहले तो इन शब्दों की जरूरत इसलिए होगी कि

प्रत्येक क्षेत्रीय भाषा को अपने-अपने क्षेत्र में अंग्रेजी का स्थान लेना है और इसके लिए उस भाषा में नए शब्द आने ही चाहिए। डॉ. रघुवीर के बनाए हुए शब्दकोश देश के सामने हैं। अगर ये शब्द हमें पसन्द नहीं हों तो उनके बदले अन्य शब्दों का निर्माण किया जा सकता है। अगर डॉ. रघुवीर के समान कुछ और विद्वान प्रत्येक भाषा से निकल आवें और नए शब्दों का अपार कोश देश के सामने उपलब्ध कर दें तो इससे क्षेत्रीय भाषाओं के साथ राष्ट्रभाषा का भी उपकार होगा।

अगर सत्यनारायण जी ने यह समझा है कि हिन्दी वाले केवल संघ में हिन्दी को बिठाकर निश्चिंत हो जाना चाहते हैं, तो उन्होंने हमें गलत समझा है; हम तो चाहते हैं कि जो काम अपने भू-भाग में हिन्दी कर रही है, वही काम अपने-अपने क्षेत्रों में क्षेत्रीय भाषाओं को भी करना चाहिए। किन्तु यह काम ऐसा है जिसका आम्रभ प्रत्येक भाषा-क्षेत्र के भीतर से होना है। हाँ, हिन्दीवालों को सेवा की कोई आवश्यकता हो तो हम यह सेवा अर्पित करने को तैयार हैं। सच पूछिए तो हिन्दीवाले और अहिन्दीवाले का भेद ही गलत है। राष्ट्र की जनता और राष्ट्र की सभी भाषाओं को एकसाथ आगे बढ़ना है एवं इस कार्य में देश भर की जिम्मेदारी एक है।

राष्ट्रभाषा और क्षेत्रीय भाषाओं का परस्पर क्या सम्बन्ध होगा, इस विषय में चाहे जिसे भी भ्रम हो, टंडन जी को कोई भ्रम नहीं है। अभी-अभी भावनगर (सौराष्ट्र) में होनेवाले राष्ट्रभाषा प्रचार-सम्मेलन के अवसर पर श्री जेठालाल जोशी को उन्होंने जो पत्र लिखा है, उससे टंडन जी का विचार बिलकुल स्पष्ट हो जाता है। इस प्रसंग में उन्होंने जो कुछ लिखा है, वह अविकल रूप में नीचे उद्धृत्त किया जाता है :

2, टेलिग्राफ लेन
नई दिल्ली-1
20 मई, 1954

प्रिय जेठालाल जी,

नमस्कार।

भिन्न-भिन्न प्रदेशों में साधारणतः और स्वभावतः शिक्षा तथा व्यापार और न्यायालयों का माध्यम प्रदेशीय भाषाएँ रहेंगी। परन्तु राष्ट्रीय दृष्टि से मेरा यह भी विचार है कि उच्च्च शिक्षा का माध्यम और न्यायालयों का माध्यम देश भर में हिन्दी हो तो इससे राष्ट्र की दृढ़ता बढ़ेगी। तथापि यह विषय प्रदेशीय विद्वानों और राजनीतिज्ञों के विचार करने का है। उनका ही निर्णय मुख्य है और आदरणीय है। अनुभवों से, भविष्य में यदि भाषा-सम्बधी कोई कठिनता उपस्थित होगी तो राष्ट्र और प्रदेश दोनों के हित की दृष्टि से उसको सुलझाना होगा।

सस्नेह
—पुरुषोत्तमदास टंडन

क्या यह स्पष्टीकरण 'दिमाग में अभी स्थिति की स्पष्टता नहीं' होने का प्रमाण

है? अगर यह भाषा अस्पष्ट हो तो बात किस भाषा में कही जाए, जिससे लोगों को यह विश्वास हो सके कि हिन्दीवाले किसी भी भाषा का अधिकार अपहरण नहीं करनेवाले हैं? हम मानते हैं कि तब भी शोभा इसी में थी कि हिन्दी के लिए दिल्ली में हिन्दीवालों को बोलना नहीं पड़ता। किन्तु कठिनाई यह है कि 15 वर्ष की अवधि बीतती जा रही है और भाषा की समस्या ज्यों-की-त्यों पड़ी हुई है। तब भी देशवासी निश्चेष्ट हैं। अतएव लाचार होकर हिन्दी के पक्ष में हिन्दीवालों को मुँह खोलना पड़ता है। लेकिन इस स्थिति का एक बुरा पक्ष भी है क्योंकि हिन्दी के लिए जब हिन्दीवाले हल्ला करते हैं तब देश के बाकी लोगों पर यह प्रभाव पड़ता है कि हिन्दीवाले देश की प्रगति के लिए यह आंदोलन नहीं कर रहे हैं, बल्कि इसलिए कि हिन्दी उनकी मातृभाषा है और अपनी मातृभाषा को वे शीघ्र-से-शीघ्र सारे देश पर लाद देना चाहते हैं। अतएव यह प्रश्न भी विचारणीय है कि हिन्दी के पक्ष में हिन्दीवालों को बोलना चाहिए या नहीं।

यह ठीक है कि 'संविधान के अमल में आने के बाद' 'नाम हिन्दी का स्वीकार कर लिया गया' और 'स्वरूप का निर्वाचन धारा 351 में हो गया', किन्तु विवाद खत्म करने के लिए यह यथेष्ट नहीं है।

देखने की बात यह है कि संविधान के आदेशों का पालन किया जा रहा है या नहीं। शिक्षा-मन्त्रालय के अधिकारी उर्दू के प्रेमी और राष्ट्रभाषा के विषय में शैथिल्य की आलोचना करने वाले लोग हिन्दी-भाषी हैं। इतनी-सी बात पर यह समझ लेना ठीक नहीं है कि जो लोग राष्ट्रभाषा की प्रगति चाहते हैं वे उर्दू के शत्रु हैं। उर्दू की शत्रुता करके किसी को क्या लेना है? उर्दू अच्छी भाषा है। उसमें बहुत-सी अच्छी-अच्छी कविताएँ लिखी गई हैं और आज भी लिखी जा रही हैं। इन कविताओं को हिन्दी-भाषी जनता प्रेम से पढ़ती है। उर्दू पर एक इलजाम यह है कि उसमें भारतीयता बहुत कम, इरानीपन अत्यधिक है। किन्तु इस सत्य से कैसे इनकार किया जा सकता है कि उर्दू के साहित्य के साथ मुसलमानों की संस्कृति बंधी हुई है, उसके साथ उनके दृष्टिकोण, उनकी मनोदशा, उनकी विचार-पद्धति का गहरा सरोकार है? उर्दू को ठेस पहुँचाना उसके प्रेमियों को दुःख देना है। फिर कौन चाहेगा कि उर्दू का ह्रास हो और हिन्दू-मुस्लिम-ऐक्य के क्षीर में खटाई पड़े? हिन्दी की माँग करनेवाले लोग भी हिन्दू-मुस्लिम एकता के महत्त्व को जानते हैं। वे अपने मुसलमान भाइयों को सदमा पहुँचाना नहीं चाहते। हम तो देश को सिर्फ इसलिए जगाये हुए हैं कि कहीं उसका वह निर्णय अधूरा नहीं रह जाए, जिसे उसने बड़ी ही कठिनाई के बाद स्थिर किया है। उन्नीसवीं सदी से बंगाल, मद्रास, महाराष्ट्र और गुजरात के हमारे पुरखे यह नारा लगाते आ रहे थे कि देश की एकता को कायम रखने के लिए देश की ही एक भाषा को अन्तःप्रान्तीय भाषा बनाओ। सौभाग्य से विधान परिषद ने इसके लिए हिन्दी को चुन लिया। अब तो यह सारे देश का काम है कि वह थोड़ी मशक्कत उठाकर भी

हिन्दी को शीघ्र-से-शीघ्र चालू कर दे। और हिन्दी सीखने में सबसे अधिक सुविधा तो उर्दू के जानकार को ही है। क्या यह उचित होगा कि उनकी ओर से इस काम में ढिलाई दिखाई जाए?

उर्दू-हिन्दी-विवाद बहुत दिनों तक चला। अब इस अध्याय पर परदा गिर जाना चाहिए। काका साहेब कालेलकर, सत्यनारायण जी, मगन भाई जी और महामहोपाध्याय पोद्दार जी जो भाषा लिखते हैं, उसका विरोध करना फिजूल है। सच पूछिए तो राष्ट्रीय हिन्दी और प्रान्तीय हिन्दी में कोई भेद नहीं है। यह राजनीति का संघर्ष है, यह पुराने झगड़े को जिलाए रखने का नकली शोक है अभी तक तो पंडित सुन्दरलाल की भाषा ही ऐसी भाषा है जो किसी के गले के नीचे नहीं उतरेगी। बाकी कौन हिन्दी-प्रेमी है जिसकी भाषा हिन्दी के भीतर खपाई नहीं जा सकती? भारत की अन्य प्रान्तीय भाषाएँ जिस उमंग से जी रही हैं, उर्दू को भी उसी उमंग से जीना चाहिए। संविधान में सभी भाषाओं की रक्षा का विधान है! इसका पूरा फायदा उर्दू भी उठाए। यदि उसका अधिकार कहीं अपहृत हो रहा है तो शासन का काम है कि उसे अपहृत नहीं होने दे। भारत के चार करोड़ मुसलमान भारतीय जनता के अविच्छिन्न अंग हैं। उन्हें हम सुख से रखेंगे। प्रतिष्ठा और सन्तोष से रखेंगे। किन्तु उन्हें भी मिलजुलकर राष्ट्रभाषा के रथ को आगे बढ़ाने में देश की सहायता करनी चाहिए। हिन्दी राष्ट्रभाषा हो गई, इससे उर्दू की कोई हेटी नहीं हुई है।

(राष्ट्रभाषा और राष्ट्रीय एकता)

राष्ट्रीय और प्रान्तीय हिन्दी

बम्बई राज्य में राष्ट्रभाषा-प्रचार-समिति, वर्धा की दो-एक परीक्षाएँ अमान्य कर दी गई हैं और सौराष्ट्र में भी सरकार कुछ ऐसा ही निर्णय करनेवाली है। कारण यह है कि यहाँ के कुछ विद्वान (जो राष्ट्रभाषा के हिमायती हैं) भ्रमवश यह मान बैठे हैं कि जो हिन्दी हिन्दी-प्रान्तों में बोली जाती है, वह राष्ट्रीय हिन्दी नहीं है। राष्ट्रीय हिन्दी तो वह होगी जो संविधान की 351वीं धारा के अनुसार भारत की चौदह भाषाओं के योग से बनेगी। ये लोग प्रयाग के हिन्दी-साहित्य-सम्मेलन को प्रान्तीय हिन्दी का प्रचारक मानते हैं और चूँकि वर्धा-समिति हिन्दी-साहित्य-सम्मेलन का ही एक अंग है, इसलिए समिति को भी वे प्रान्तीय हिन्दी का ही प्रचारक समझते हैं। अतएव उनका मत है कि अहिन्दी क्षेत्रों में वर्धा-समिति की परीक्षाएँ नहीं चलनी चाहिए। यह कहना तो बिलकुल ही गलत है कि जिस दिन देश ने राष्ट्रभाषा का चुनाव किया, उस दिन राष्ट्रभाषा हिन्दी का कोई भी रूप उसके सामने विद्यमान नहीं था। प्रत्येक भाषा के अनेक रूप और अनेक शाखाएँ होती हैं जिन्हें नियन्त्रण में रखना असम्भव होता है। जनता जिस भाषा का प्रयोग करती है वह तो उस भाषा का औसत रूप है हिन्दी का भी एक औसत रूप देश के सामने मौजूद था जब संविधान ने उसे राष्ट्रभाषा के रूप में स्वीकृत किया और धारा 351 के अन्दर यह निर्देश दिया कि राष्ट्रभाषा का विकास देश की अन्य भाषाओं के मेल से किया जाना चाहिए। मेरे जानते हिन्दी प्रान्तों में ऐसा एक भी व्यक्ति नहीं मिलेगा जो संविधान की इस धारा को सन्देह की दृष्टि से देखता हो अथवा जो यह चाहता हो कि अन्य भाषाओं का प्रभाव हिन्दी पर नहीं पड़े। सच तो यह है कि हिन्दी जहाँ-जहाँ गई है, वहाँ-वहाँ उसने अपने लिए लेखक उत्पन्न कर लिए हैं और ये लेखक जब हिन्दी में लिखते हैं तब उनकी मातृभाषाओं की विशेषता का कुछ-न-कुछ पुट हिन्दी में आ ही जाता है। और हिन्दीवाले इस बात को अवांछनीय नहीं मानते। हम तो मानते हैं कि अन्य भाषाओं की विशेषताओं को आत्मसात करके हिन्दी जहाँ सचमुच राष्ट्रीय होती जा रही है, वहाँ उसकी अभिव्यंजना की शक्ति भी बढ़ती जाती है, यही तो धारा 351 का आशय था।

मेरे जानते यह आंदोलन दो कारणों से उठा है। पहला और सबसे प्रमुख कारण, शायद, यह है कि अहिन्दी प्रान्तों के लोग यह शंका करते हैं कि हिन्दी जब देश भर

में फैलेगी तब सम्भव है, हिन्दीवालों का प्रभाव भी सारे देश में फैल जाए। इसलिए आरम्भ से ही वे इस खतरे को रोकना चाहते हैं और इसी चिन्ता से आतुर होकर उन्होंने यह तर्क निकाला है कि जो हिन्दी राष्ट्रभाषा हुई है, वह वही हिन्दी नहीं है जिसे हिन्दी प्रान्तों के लोग लिखते या बोलते हैं। राष्ट्रीय हिन्दी वह होगी जिसका विकास संविधान की शर्तों के अनुसार किया जाएगा और दूसरा कारण है हिन्दी-हिन्दुस्तानी के झगड़ों से निकला हुआ प्रभाव। देश में हिन्दी-प्रचार का काम गांधी जी ने शुरू किया था, वे हिन्दुस्तानी के पक्षपाती थे। अतएव जो लोग गांधी मार्ग पर अडिग हैं, वे आज भी हिन्दी को हिन्दुस्तानी रूप में ही चलाना चाहते हैं। इनका विचार है कि हिन्दी-प्रान्तों में चलनेवाली हिन्दी संस्कृतनिष्ठ है। यह भाषा सारे देश की भाषा नहीं हो सकती। सारे देश की भाषा आसान होनी चाहिए। उसमें फारसी के साथ भारत की अन्य भाषाओं के शब्द भी काफी संख्या में चलने चाहिए।

विचार कर देखिए तो राष्ट्रीय हिन्दी वालों से किसी भी हिन्दी वाले का कोई मतभेद नहीं हो सकता। पहली बात तो यह है कि हिन्दी के राष्ट्रभाषा हो जाने से जो स्थिति उत्पन्न हुई है, उसका कोई भी अनुचित लाभ हिन्दीवाले नहीं उठायें, इस बात को हम सभी लोग मानते हैं। दूसरे, यह बात भी बुरी होगी, यदि कोई हिन्दीवाला यह चाहे कि चूँकि हिन्दी राष्ट्रभाषा हो गई है, इसलिए मैं हिन्दी का नेतृत्व करने को अहिन्दी प्रान्तों में जाऊँगा। यह गाय की पूँछ पकड़कर वैतरणी पार करने का प्रयास होगा। अहिन्दी प्रान्तवालों ने हिन्दी को राष्ट्रभाषा मानकर सारे देश को उपकार के बोझ से लाद दिया है। आज तीन भाषाएँ सीखने का भार उन्हीं पर है, हिन्दीवालों पर नहीं। भाषा के क्षेत्र में राष्ट्रीय एकता का जो महल तैयार हो रहा है, उसमें गारा, चूना और ईंट ढोने का सारा काम अहिन्दी-भाषी भाई कर रहे हैं। हिन्दीवाले तो चुपचाप बैठे हुए हैं। ऐसी अवस्था में उचित यही है कि हम हिन्दीवाले जरा अपने मस्तक को नीचे ही झुकाए रखें। हिन्दी का गार्जियन अब सारा देश है। बल्कि हमें उस काम में कहीं भी टाँग नहीं अड़ानी चाहिए जो अहिन्दी प्रान्तों में चल रहा है। हिन्दी को जो अपने घर ले जा रहे हैं वही उसके सच्चे नेता और मित्र हैं। हम उसके पीछे-पीछे क्यों दौड़ें?

जहाँ तक फारसी अथवा अन्य भाषाओं के उपयुक्त शब्दों के प्रचलन की बात है। मैं इसमें भी कोई आपत्ति नहीं देखता। आपत्ति करने वाले लोग हिन्दी की राह में केवल कठिनाई उत्पन्न करेंगे। अहिन्दी प्रान्तों की बात छोड़िए। क्या हिन्दी प्रान्तों में ही आज हजारों नवयुवक आसान हिन्दी लिखने के पक्षपाती नहीं हो रहे हैं? और क्या यह भाषा पसन्द नहीं की जा रही है!

कठिनाई इन बातों को लेकर नहीं है। मुख्य कठिनाई यह है कि राष्ट्रीय और प्रान्तीय हिन्दी के अलग-अलग नमूने कहीं दिखलाई नहीं पड़ रहे हैं। गुजरात, बम्बई, आंध्र, मद्रास और बंगाल में जो हिन्दी लिखी जा रही है, वह वही हिन्दी है जो उत्तर

भारत में लिखी जाती हैं जो हिन्दी वजूद में है, वही राष्ट्रभाषा के रूप में सर्वत्र फैल रही है। इस पर दूसरी भाषाओं के प्रभाव भी पड़ रहे हैं और सम्भव है, आगे चलकर ये प्रभाव और भी पुष्ट हों। सम्भव है, इन प्रभावों से हिन्दी की शैली में परिवर्तन भी आ रहा हो। किन्तु इस परिवर्तन को हर कदम पर देखने का प्रयास व्यर्थ है। भाषा के परिवर्तन सदियों के बाद सुस्पष्टता से देखने योग्य होते हैं। हिन्दी पहले भी बदली है और आगे भी बदलेगी। किन्तु यह परिवर्तन अदृश्यता के परदे में चलता है।

किन्तु तब भी बम्बई के कुछ विद्वान जिद किए बैठे हैं कि प्रमाण और उदाहरण न मिलें तो न मिलें, किन्तु राष्ट्रीय और प्रान्तीय हिन्दी का भेद अवश्य किया जाएगा। भावनगर में सुना कि बम्बई-सरकार को जब ये लोग यह नहीं बता सके कि राष्ट्रीय हिन्दी और प्रान्तीय हिन्दी में क्या भेद है, तब उन्होंने इस तर्क का आश्रय लिया कि हिन्दी-साहित्य-सम्मेलन वह संस्था है जिसे गांधीजी ने छोड़ दिया था और वर्धा-समिति-सम्मेलन की शाखा है। अतएव वर्धा और प्रयाग दोनों गांधी-विरोधी हुए। इसलिए इन्हें प्रश्रय नहीं दिया जाना चाहिए!

जहाँ तक मुझे मालूम है, गांधीजी ने सम्मेलन का त्याग दो लिपियों के प्रश्न पर किया था, किन्तु तब भी सम्मेलन पर उनकी प्रेम दृष्टि बराबर बनी रही। राष्ट्रभाषा-प्रचार-समिति, वर्धा को वे तब भी अपनी बड़ी बेटी कहा करते थे और हिन्दुस्तानी-प्रचार सभा को छोटी बेटी।

लेकिन ये बातें अब खत्म हो चुकी हैं। हिन्दुस्तानी भाषा और दो लिपियों का प्रचार यह इसलिए आवश्यक माना गया था कि इसके द्वारा हिन्दू-मुस्लिम समस्या के सुलझाए जाने की उम्मीद थी। किन्तु इस समस्या को सुलझाने में हम सोलह आने सफल रहे जिसका ज्वलंत प्रमाण दो-तीन खंडों में बंटा हुआ यह भारत देश है। लेकिन इसका अर्थ यह नहीं है कि अब हिन्दू-मुस्लिम एकता की आवश्यकता नहीं रही। आवश्यकता तो है और उसकी राह भी संविधान ने बता दी है; अर्थात् अन्य 14 भाषाओं की तरह उर्दू का भी आनुपातिक प्रभाव हिन्दी स्वीकार करेगी और उर्दू एक स्वतन्त्र भाषा के रूप में अलग फूले-फलेगी। गांधीजी ने चाहा था कि हिन्दी-उर्दू के बीच सुलह कराकर भाषा-विषयक झगड़े का निपटारा कर दें। लेकिन संविधान ने शर्त लगा दी है कि हिन्दी पर केवल उर्दू का ही नहीं, अन्य सभी भारतीय भाषाओं का भी स्वाभाविक प्रभाव पड़ना चाहिए। जो लोग आज भी यह जिद कर रहें कि राष्ट्रभाषा की समस्या केवल हिन्दी-उर्दू की समस्या है, वे तनिक उस आवाज को भी सुनें जो तेलुगू आदि भाषाओं के क्षेत्र से आ रही है कि 'केवल हिन्दी उर्दू ही क्यों? कुछ हमारा भी अधिकार है।'

मेरा वैयक्तिक मत यह है कि राष्ट्रभाषा का प्रचार अब भी अपनी आरंभिक अवस्था में है और हिन्दी प्रचारकों में से प्रायः सब-के-सब, यद्यपि एक ही प्रकार की भाषा लिखते हैं तथापि उनमें से कुछ लोग तो हिन्दी के समर्थक हैं और कुछ विभिन्न

कारणों से हिन्दुस्तानी के। काका साहब कालेलकर, श्री मोटूरी सत्यनारायण, श्री मगन भाई देसाई—ये सभी लोग हिन्दुस्तानी का समर्थन करते हैं, किन्तु इनमें से एक की भी भाषा ऐसी नहीं है जिससे हमारा विरोध हो। यदि उर्दू के जानकारों की सुविधा काका साहब की भाषा में है तो उन्हें इस शैली को जरूर अपना लेना चाहिए। अभी तो राष्ट्रभाषा आरंभिक अवस्था में है। उचित यह है कि अभी हम किसी प्रकार का भी रेजिमेंटेशन नहीं करें और हिन्दी अथवा हिन्दुस्तानी के नाम से राष्ट्रभाषा का जो भी औसत रूप नागरी लिपि में चलाया जा रहा हो, उसे अबाध गति से चलने दें। राष्ट्रभाषा-प्रचार-समिति, वर्धा उतनी ही बड़ी और महत्त्वपूर्ण संस्था है जितनी कि मद्रास की हिन्दी प्रचार सभा। सच पूछिए तो आजकल अहिन्दी प्रान्तों में हिन्दी का जो भी काम हुआ है, उसका श्रेय इन्हीं दो संस्थाओं को है। अतएव अगर कोई सरकार वर्धा समिति की परीक्षाओं को अमान्य करती है तो इससे हिन्दी के प्रचार में बहुत बड़ी बाधा पड़नेवाली है। फिर हमें यह भी देखना चाहिए कि काका साहेब कालेलकर, श्री सत्यनारायणजी, महामहोपाध्याय पोद्दारजी और श्री मगन भाई देसाई—ये सभी लोग राष्ट्रभाषा के समर्थक और अपनी-अपनी जगह पर उसके कर्णधार हैं। अगर सम्मेलन की निति से इनका कुछ मतभेद है तो इस मतभेद का प्रभाव हिन्दी के प्रचार पर नहीं पड़ना चाहिए। दोनों ही धाराओं को नागरी की घाटी में खुलकर बहने दीजिए। आप जबर्दस्ती भाषा लादने की कोशिश क्यों करते हैं? प्रजा-सत्ता में क्या जनता को इतना भी अधिकार न दीजिएगा कि वह पसन्द की भाषा चुन ले?

मेरे जानते वर्धा-समिति की परीक्षाएँ बम्बई, गुजरात और सौराष्ट्र में लोकप्रिय हैं। भावनगर में कुछ कार्यकर्त्ताओं ने मुझे बताया कि समिति की लोकप्रियता को नष्ट करने का और कोई उपाय नहीं देखकर ही हिन्दुस्तानीवादी भाइयों ने सरकारी शस्त्र का सहारा लिया है। प्रतियोगिता में जनता के बीच अन्य संस्थाओं को वर्धा-समिति के समानांतर दौड़ने में कठिनाई होती है, इसलिए ये संस्थाएँ सरकार से साँठ-गाँठ करके समिति की टाँग तोड़ देना या तुड़वा देना चाहती हैं, जिससे समिति पीछे रहे और वे आगे हो जाएँ। बात सुनकर मुझे अपने काव्य 'रश्मिरथी' का यह पद याद आया :

एक बाज का पंख कतर कर
करना अभय अपर को,
सुर को शोभे भले, नीति यह
नहीं शोभती नर को।

इस प्रसंग में मुझे कुछ विरोधाभास भी दिखाई पड़ा। सबसे बड़ा विरोधाभास तो यह है कि हरिजन का उर्दू-संस्करण अब नहीं निकलता है। कब से नहीं निकलता है, यह मुझे पता नहीं चला। किन्तु उसका बन्द होना ही यह बतलाता है कि पत्र के उर्दू-संस्करण के पाठक अब नहीं रहे। उचित है कि हरिजन के व्यवस्थापक लोग

हरिजन का उर्दू-संस्करण फिर से जारी कर दें। यह भी सुना कि अहमदाबाद में कोई उर्दू प्रशिक्षण-विद्यालय था जो अब बन्द है। यह सब क्यों हो रहा है? क्या इसलिए कि उर्दू और हिन्दुस्तानी के लिए जनता में बहुत बड़ा उत्साह है? और उत्साह नहीं है तो फिर गरीब हिन्दीवालों से विवाद क्यों ठानते हैं?

उर्दू का कल्याण हिन्दीवाले भी चाहते हैं और दूसरे लोग भी। स्वाभाविक रूप से उर्दू का जो प्रभाव हिन्दी पर पड़ सकता है, पड़ रहा है। हिन्दी और उर्दू लेखकों में बैर नहीं है, न हिन्दी-भाषी हिन्दुओं और उर्दू-भाषी मुसलमानों में दुश्मनी या तनाव ही है। सभी भाषाओं के समान उर्दू भी आनन्द से बढ़े! किन्तु, यह आग्रह गलत है कि जो हिन्दी फारसीमयी नहीं है, उसे चलने मत दो। ऐसी बात कहने के पूर्व अहिन्दी प्रान्तों की जनता की रुचि को तो देख लीजिए।

(राष्ट्रभाषा और राष्ट्रीय एकता)

राष्ट्रभाषा : हमारी सांस्कृतिक राष्ट्रीयता की देन

आज के प्रचलित अर्थ में राष्ट्र और राष्ट्रीयता—ये दोनों शब्द भारत के लिए नए हैं अर्थात इनका चलन हमारे यहाँ तब आरम्भ हुआ जब अंग्रेजी शासन के विरुद्ध भारत में प्रतिक्रिया जागने लगी। भारतीय और यूरोपीय संस्कृतियों के संघर्ष से पिछली शताब्दी में भारत में जो महान सांस्कृतिक जागरण हुआ, उसी के परिणामस्वरूप नवीन भारत का जन्म हुआ। यूरोप के सांस्कृतिक आक्रमणों से भारतीय की रक्षा करने के क्रम में भारत में पहले सांस्कृतिक राष्ट्रीयता जन्मी, पीछे वही राष्ट्रीयता राजनीतिक राष्ट्रीयता में परिणत हो गई। हिन्दी भारत की राष्ट्रभाषा बनाई जाए, इस प्रस्ताव को हम सामान्यतः भारत की राजनीतिक राष्ट्रीयता की देन मानते हैं, किन्तु वस्तुतः वह हमारी सांस्कृतिक राष्ट्रीयता की देन है। उन्नीसवीं शताब्दी के सांस्कृतिक महाजागरण के नेताओं का ध्येय केवल भारत को स्वतन्त्र कराना नहीं था, प्रत्युत वे एक ऐसे भारत का निर्माण करना चाहते थे जो विज्ञान और बुद्धिवाद की विशिष्टताओं को ग्रहण करता हुआ अपनी आध्यात्मिक परम्पराओं के मार्ग पर आरूढ़ रहे, जो यूरोप का अंधानुकरण नहीं करके संसार के सामने कोई ऐसा आदर्श रख सके जिससे धर्म में हिलती हुई आस्था को स्थिरता प्राप्त हो, जिससे विश्व में फैली हुई विभिन्न जातियों, भाषाओं और संस्कृतियों के बीच एकता बिठाई जा सके तथा विश्व-मानवता की असम्भव कल्पना सम्भव बनाई जा सके। बड़े आधार पर विश्व में जितनी विविधताएँ देखने में आती हैं, छोटे आधार पर बहुत कुछ वैसी ही विविधताएँ भारत में विद्यमान हैं। अतएव भारतीय एकता को सम्भव बनाकर हमारे सन्तों और सांस्कृतिक सुधारकों ने विश्व से यह कहना चाहा कि विविधताओं में एकता लाने का मार्ग वह है जिस पर भारतवासी चल रहे हैं।

किन्तु विविधता में एकता लाने का जो मार्ग भारतवासियों ने ग्रहण किया, वह कौन-सा मार्ग है? मेरे जानते वह मार्ग इस अनुभूति से निकलता है कि भारत में जितनी जातियाँ बसती हैं, वे एक ही महाजाति की अंग हैं जिसका नाम भारतीय जाति है; भारत में जितनी संस्कृतियाँ हैं, वे एक ही सामासिक संस्कृति की विभिन्न झाँकियाँ हैं जिसका नाम भारतीय संस्कृति है; भारत में जितने धर्म हैं, वे एक ही महाधर्म के विभिन्न अंग हैं जिसका नाम मानव धर्म है और जो धर्म आगामी विश्व-धर्म की पृष्ठभूमि बनकर आया है तथा भारत में जितनी भाषाएँ हैं, उन सबका सांस्कृतिक

ध्येय एक है; विभिन्न शब्दों में वे एक ही स्वप्न की व्याख्या कर रही हैं, एक ही भावना को रूप दे रही हैं तथा वे एक ही घाट पर पानी पीकर जी रही हैं जो वेदों और उपनिषदों का घाट है; जो वाल्मीकि, व्यास, महावीर और बुद्ध का घाट है।

किन्तु भाषा के क्षेत्र में इतना ही यथेष्ट नहीं था। जब भारत में राष्ट्रीयता का आधुनिक अर्थ प्रचलित नहीं हुआ था, तब भी सभी क्षेत्रीय भाषाओं के साथ भारत में एक राष्ट्रभाषा भी प्रचलित थी, क्योंकि जो भी विद्वान अपने भावों या विचारों को सारे देश के सामने रखना चाहता था, वह क्षेत्रीय भाषा अथवा अपनी मातृभाषा में नहीं लिखकर ग्रन्थों की रचना संस्कृत में किया करता था। भारत में भाषागत भेद पहले भी थे, किन्तु संस्कृत के राष्ट्रव्यापिनी होने के कारण इन भेदों से देश की वैचारिक एकता में बाधा नहीं पहुँचती थी। अतएव 19वीं शताब्दी के सुधारकों के सामने जब यह प्रश्न उठा कि जो नवीन भारत जन्म ले रहा है उसकी राष्ट्रभाषा क्या हो, तब अनायास ही वे इस निर्णय पर आ गये कि नवीन भारत की राष्ट्रभाषा केवल हिन्दी ही हो सकती है।

हिन्दी और संस्कृत में साम्य के जहाँ अनेक लक्षण विद्यमान हैं वहाँ यह लक्षण भी है कि जैसे संस्कृत किसी की भी मातृभाषा न होकर समग्र देश की भाषा रही, वैसे ही दिल्ली और उसके अत्यन्त समीपवर्ती स्थानों को छोड़ दें तो हिन्दी भी किसी प्रान्त-विशेष की मातृभाषा नहीं है, अतएव संस्कृत के समान ही वह सारे देश की भाषा बनने के योग्य है।

राममोहन राय, केशवचन्द्र, बंकिम बाबू, विवेकानन्द, स्वामी दयानन्द, सुब्रहमण्य ऐयर, कस्तूरी रंगायंगर, के.टी. तेलंग, राणाडे, गोखले, तिलक और अरविंद—सांस्कृतिक नवोत्थान के इन नेताओं में से कोई भी व्यक्ति जन्म से हिन्दी-भाषी नहीं था, किन्तु उन्होंने देशभाषाओं में से हिन्दी को ही इस योग्य समझा कि राष्ट्रभाषा के रूप में उसका प्रचार किया जाए। भारत की राष्ट्रभाषा हिन्दी और सभी भारतीय भाषाओं की समान लिपि देवनागरी हो—इस मत के व्याख्याताओं में भी जिन दो महापुरुषों के नाम हमें स्मरण हैं, उनमें से जस्टिस श्री कृष्णस्वामी ऐयर तमिलभाषी और जस्टिस शारदाचरण मित्र बंगाली थे। अंग्रेजी उस समय भी देश में प्रचलित थी, प्रत्युत भारत में अंग्रेजी के जैसे निष्णात विद्वान 19वीं शताब्दी में उत्पन्न हुए, वैसे उसके उपरांत नहीं हुए हैं। फिर भी हमारे सन्तों और सुधारकों ने अंग्रेजी को अन्तःप्रान्तीय सम्बन्धों के लिए स्वीकार नहीं किया क्योंकि अपनी भाषाएँ छोड़कर विदेशी भाषा में बोलने वाले देश का अपना व्यक्तित्व शेष नहीं रह सकता, वह अपनी परम्पराओं से टूट जाता है एवं संसार में उसका स्थान उतना ही हास्यास्पद हो जाता है जितना उस व्यक्ति का जो दूसरों के अनुकरण करने को ही जीवन का श्रेष्ठ सुकर्म समझता है।

प्रत्येक राष्ट्र का कोई-न-कोई सन्देश होता है जिसे वह राजनीतिक पराधीनता की स्थित में व्यक्त नहीं कर सकता, जिसे वह ऐसी किसी भाषा में भी नहीं कह सकता

जिसमें उस सन्देश की साधना न की गई, जिसमें शताब्दियों तक उसका चिन्तन और मनन नहीं हुआ हो। जाति की अपनी भाषा कौन है, यह जानने की सच्ची कसौटी यह होती है कि उसका दर्शन और काव्य किस भाषा में लिखा जा रहा है। भारत के अनेक कवियों ने अंग्रेजी भाषा में अपनी कविताएँ लिखने की चेष्टा की। किन्तु उनके सारे प्रयास व्यर्थ सिद्ध हुए। न तो अंग्रेजी ने उनकी कविताओं को कविता माना, न भारतवासियों ने उनमें अपनी राष्ट्रीय अनुभूति देखी। इसके विपरीत रवीन्द्रनाथ और इकबाल, मैथिलिशरण और सुब्रहमण्य भारती, नान्हा लाल और मेघाणी ने जो कुछ लिखा, वे देश के हृदय तक पहुँच गया है। दर्शन के क्षेत्र में भी जो कार्य गीता रहस्य ने किया, वह अंग्रेजी में विरचित किसी भी दार्शनिक ग्रन्थ से पूरा नहीं किया जा सकता था। जाति की अपनी भाषा वह हो सकती है जिसका सम्बन्ध उसकी इतिहासव्यापिनी चिन्ताधारा से रहा हो। अंग्रेजी की तुलना में इस देश की कोई भाषा यहाँ की राष्ट्रभाषा हो सकती थी, किन्तु प्रचार और प्रसार की सुगमता के लिए उन्नीसवीं शताब्दी के नेताओं ने हिन्दी को चुना, क्योंकि यही एक भाषा थी जिसके बोलने वाले सबसे अधिक थे और जिसे सीखने का परिश्रम कम-से-कम लोगों को करना पड़ता।

19वीं शताब्दी के चिन्तकों का यह समाधान बीसवीं शताब्दी तक आते-आते और भी आदरणीय हो गया एवं गांधीजी में आकर उसने अपनी पूरी मूर्तिमत्ता प्रकट कर दी। सांस्कृतिक नवोत्थान की अनेक कल्पनाओं को आकार देने का काम महात्मा गांधी ने किया है और उन्हीं से हिन्दी को राष्ट्रभाषा बनाने के आंदोलन को भी सक्रिय रूप मिला। संविधान सभा ने हिन्दी को जब भारत की राजभाषा घोषित किया, उसके पूर्व ही अहिन्दी-भाषी क्षेत्रों की जनता ने उसे राष्ट्रभाषा के रूप में स्वीकार कर लिया था।

संविधान के निर्णयानुसार 15 वर्षों के भीतर अर्थात् सन् 1965 ई. तक हिन्दी का राजभाषा विषयक रूप विकसित हो जाना चाहिए अर्थात् उस समय तक कानून की सभी पुस्तकों का हिन्दी में अनुवाद हो जाना चाहिए, सेवा-आयोग तथा सरकारी कार्यालयों में उसका चलन हो जाना चाहिए, साहित्य एवं विज्ञान की इतनी पुस्तकें उसमें प्रकाशित हो जानी चाहिए कि हिन्दी के माध्यम से विश्वविद्यालयों में ऊँची-से-ऊँची शिक्षा दी जा सके तथा न्यायालयों एवं महान्यायालय में हिन्दी के माध्यम से विवाद और विचार-विमर्श किया जा सके। साथ ही अहिन्दी प्रान्तों में तब तक हिन्दी का इतना प्रचार कर देना है कि उन प्रान्तों के साथ केन्द्रीय अथवा अन्य प्रान्तीय शासनों का पत्राचार हिन्दी में चल सके तथा जो व्यक्ति सर्वदेशीय धरातल से सारे देश के साथ हिन्दी में बोलना चाहे, उसे शिक्षा साधनों के सीमित होने के कारण कोई कठिनाई नहीं हो।

प्रायः लोग इस भ्रम में पड़ जाते हैं कि अंग्रेजी के हटने पर जो स्थान रिक्त होगा, वह सब-का-सब हिन्दी को मिल जाएगा। यह हिन्दी के पक्ष में अनुचित उत्साह है।

अंग्रेजी केवल हिन्दी का अधिकार दबाकर नहीं बैठी है। वह अधिक स्थान तो क्षेत्रीय भाषाओं के ही दबाए हुए है। अंग्रेजी के हटने पर भी प्रान्तीय शासन और जनता चाहे तो, शिक्षा के भी काम वहाँ की प्रान्तीय भाषाओं में ही चलेंगे। अतएव आवश्यक है कि प्रत्येक क्षेत्र की जनता में अपनी मातृभाषा के लिए अनुराग उत्पन्न किया जाए। इसी अनुराग को जगाकर हम अंग्रेजी को वर्तमान पद से हटा सकते हैं। जब तक जनता में मातृभाषा के लिए प्रेम नहीं जगता, तब तक प्रान्तीय भाषाओं के क्षेत्रों में राष्ट्रभाषा का मार्ग भी बाधित रहेगा। प्रसन्नता की बात है कि हिन्दी प्रान्तों में शासन के कार्य में हिन्दी का प्रयोग बढ़ने लगा है। इसका अनुकरण अन्य भाषा-भाषी क्षेत्रों में भी होना चाहिए जिससे वहाँ के भी शासन-सम्बन्धी कार्य क्षेत्रीय भाषाओं में किया जा सके। प्रान्तों में जब क्षेत्रीय भाषाओं का प्रयोग होना आरम्भ हो जाएगा, तभी वहाँ की जनता अंग्रेजी के स्थान पर अपनी राष्ट्रभाषा सीखने के महत्त्व को सरलता से समझेगी और तभी वह आशंका भी दूर हो जाएगी जिससे ग्रसित होने के कारण कहीं-कहीं लोग यह समझ रहे हैं कि राष्ट्रभाषा के प्रचार से क्षेत्रीय भाषाओं का दलन होने वाला है।

वर्तमान अवस्था यह है कि अंडमान और निकोबार द्वीप, आसाम, बम्बई, कुर्ग, दिल्ली, हैदराबाद, उड़ीसा, पंजाब, सौराष्ट्र, त्रावणकोर कोचीन, त्रिपुरा और आंध्र के माध्यमिक स्कूलों में हिन्दी का प्रवेश अनिवार्य रूप में हो गया है तथा अन्य राज्यों में हिन्दी की अनिवार्यता का प्रश्न अभी विचाराधीन है। भारत सरकार के शिक्षा-मन्त्रालय ने वैज्ञानिक परिभाषिक शब्दों के निर्माण की जो योजना बनाई है उसके अन्तर्गत कोई 19 समितियाँ और उपसमितियाँ काम कर रही हैं। इस मन्त्रालय ने कोई चौंतीस हजार शब्द बनाये या संगृहीत किए हैं जिनमें कुछ तो स्वीकृति पा चुके हैं और कुछ अभी विचाराधीन हैं। अहिन्दी प्रान्तों में हिन्दी प्रचार का वास्तविक कार्य आज भी वे ही संस्थाएँ कर रही हैं, जिनकी स्थापना पूज्वर गांधीजी ने की थी अथवा जो उनकी प्रेरणा से उत्पन्न हुई थी। संस्थाओं में वर्धा की राष्ट्रभाषा-प्रचार-समिति और हिन्दुस्तानी प्रचार-सभा, मद्रास की दक्षिण भारत हिन्दी-प्रचार सभा, पूने की महाराष्ट्र राष्ट्रभाषा-सभा, अहमदाबाद का गुजरात विद्यापीठ, मैसूर की मैसूर हिन्दी-प्रचार सभा तथा हैदराबाद की हैदराबाद हिन्दी-सभा महत्त्वपूर्ण संस्थाएँ हैं। विशेषतः राष्ट्रभाषा प्रचार-समिति वर्धा तथा दक्षिण भारत हिन्दी-प्रचार सभा, मद्रास का कार्यक्षेत्र यथेष्ट रूप से व्यापक और विशाल रहा है। राष्ट्रभाषा के विकास की दिशा में सबसे नया और महत्त्वपूर्ण कार्य भारत सरकार द्वारा नियुक्त भाषा-आयोग है। इस आयोग ने अपना कार्य आरम्भ कर दिया है तथा स्पष्ट ही इसके प्रयत्नों से राष्ट्रभाषा के मार्ग की कठिनाइयों को दूर करने में देश को अपरिमित सहायता प्राप्त होगी। अतएव प्रत्येक राष्ट्रभाषा-प्रेमी का कर्त्तव्य है कि वह भाषा-आयोग को अपना पूरा सहयोग अर्पित करे एवं देश में सद्भावनापूर्ण वातावरण बनाए रखने की चेष्टा करे जिससे आयोग अपने ध्येय की सिद्धि में सफल हो।

(राष्ट्रभाषा और राष्ट्रीय एकता)

अभिभाषण

भाषा का सवाल

पिछले पच्चीस-तीस वर्षों के भीतर अखिल भारतीय या प्रादेशिक सम्मेलनों के मंच से जितने भाषण हुए हैं, उनमें से कुछ थोड़े ही ऐसे रहे होंगे जिनमें हिन्दी-उर्दू-विवाद अथवा हिन्दी के राष्ट्रभाषा वाले प्रश्न पर कुछ नहीं कहा गया हो। मेरी इच्छा थी कि इन प्रश्नों पर सर्वथा मौन रहकर मैं एक नई परम्परा का सूत्रपात करूँ। किन्तु मेरा मौन कहीं उन बातों की स्वीकृति का लक्षण न मान लिया जाये जो चारों ओर कही जा रही हैं, इसलिए यह उचित जान पड़ता है कि इस सम्बन्ध में जो विचार मैं कई वर्षों से देश के सामने रखता आ रहा हूँ, उन्हें एक बार फिर इस सम्मेलन के मंच से दुहरा दूँ। और इससे सम्मेलन पर कोई खास जिम्मेदारी भी नहीं आती, क्योंकि जिस मंच से मैं बोल रहा हूँ, वह सम्मेलन का क्षेपक-मंच है और क्षेपक-मंच से कही हुई बातों को काम में लाने की अनिवार्यता सम्मेलन पर नहीं आती है।

राष्ट्रभाषा या राजभाषा के प्रश्न पर हिन्दी-भाषी जनता को मौन क्यों रहना चाहिए, इसके अनेक कारण हैं। सबसे बड़ा कारण यह है कि भाषा को लेकर देश में अनेक प्रकार के उच्छेदकारी भाव जाग्रत हो रहे हैं और चारों ओर से यह कहा जा रहा है कि चूँकि हिन्दी के राजभाषी होने से हिन्दी वालों की स्थिति सुविधापूर्ण होती है, इसलिए वे हिन्दी को बाकी देश पर अपने संख्यबल से जबर्दस्ती लादना चाहते हैं। हिन्दी राजभाषा हो जाने से जो स्थिति उत्पन्न हुई है, उसमें हिन्दी वालों पर तो केवल दो भाषाएँ अर्थात् हिन्दी और अंग्रेजी सीखने का बोझ है; किन्तु अहिन्दी-भाषी भाइयों और बहनों पर कम-से-कम तीन भाषाएँ सीखने की जिम्मेदारी आती है, क्योंकि मातृभाषा और अंग्रेजी सीखे बिना उनका काम नहीं चल सकता, ऊपर से उन्हें देश की राजभाषा में भी दक्षता प्राप्त करनी है। जो भी व्यक्ति इस स्थिति को बारीकी से समझेगा, उससे अहिन्दी-भाषी भारतवासियों की कठिनाई छिपी नहीं रहेगी, न उसके भीतर यह अधीरता ही उत्पन्न होगी कि लोग जल्दी-जल्दी राजभाषा को सीख क्यों नहीं लेते। नई भाषाएँ सीख लेना बहुत आसन काम नहीं है। उसके लिए घोर परिश्रम की आवश्यकता होती है और परिश्रम में तत्पर मनुष्य दो कारणों से होता है—एक तो

अपने भीतर के उत्साह से और दूसरे, किसी विवशता के कारण। जहाँ तक राष्ट्रीयता के लिए उत्साह का सम्बन्ध है, स्वतन्त्रता-प्राप्ति के बाद से वह दिनोंदिन छीजता आ रहा है। स्वाधीनता-संघर्ष के दिनों में हम जब अपने देश का इतिहास पढ़ते थे तब हमें बार-बार यह भासित होता था कि अमूक अवसर पर हमारे पूर्वजों ने गलती की। अमूक अवसर पर अगर वे एक हो गए होते तो देश गुलाम नहीं होता तथा अमूक अवसर पर अपने क्षेत्रीय जोश को दबाकर वे यदि राष्ट्रीय एकता की बात सोचते तो देश कब का स्वाधीन हो गया होता। इतिहास पढ़ते समय हम इन उदात्त भावों से भर जाते थे और मन-ही-मन यह प्रतिज्ञा करते थे कि अपने समय में यदि हमें कोई अवसर मिला तो हम उन छोटी बातों के शिकार नहीं होंगे जिनमें पड़कर हमारे पूर्वजों ने छोटी चीज को बचा रखने की कोशिश में बड़ी चीज को हाथ से निकल जाने दिया। स्वतन्त्रता-प्राप्ति के बाद अवसर तो हमें मिला है, और ऐसा अवसर मिला है जैसा कि पिछले चार हजार वर्षों के भीतर कभी नहीं मिला था। किन्तु हम इस अवसर का जैसा सदुपयोग कर रहें हैं, उससे तो यही सिद्ध होता है कि हम भी अपने पूर्वजों की ही सन्तान हैं। राष्ट्रीयता के लिए भारतवासियों का प्रेम कहाँ है, यह राज्य-पुनर्गठन-आयोग से प्रेरित घटनाएँ बतला चुकी हैं। राष्ट्रीयता के लिए भारतवासियों का प्रेम कहाँ है, यह बारह महीने में चौबीस बार होने वाले उपद्रव बतलाते ही रहते हैं।

अहिन्दी-भाषी लोग जल्दी-जल्दी हिन्दी नहीं सीख रहे हैं, इसे लेकर हम हिन्दी वाले, शायद, यह भी सोच बैठें कि उनकी अपेक्षा हम अधिक राष्ट्रीय हैं। किन्तु, यह दावा केवल इसलिए किया जा सकता है कि भाषा के मामले में हिन्दी वालों की स्थिति अधिक निरापद है। यदि किसी दिन यह निश्चय हो गया कि प्रत्येक हिन्दी-भाषी को तमिल, तेलुगू, कन्नड़ या मलयालम जैसी कोई-न-कोई अहिन्दी भाषा भी सीखनी होगी, असल में उस दिन यह देखा जाएगा कि हिन्दी-भाषियों में राष्ट्रीयता के लिए कितना उत्साह है और दक्षिण की कठिन भाषाओं में दक्षता प्राप्त करने को उनमें से कितने लोग आगे बढ़ते हैं।

वास्तव में स्थिति यह है कि भाषा के क्षेत्र में भारतीय एकता का जो महल तैयार हो रहा है, उसमें ईंट और पत्थर ढोने से लेकर गारा और चूना पहुँचाने तक का सारा कार्य अहिन्दी-भाषी लोग कर रहे हैं। बारह भाई तो धूप में परेशान हो रहे हैं और एक भाई पेड़ की छाया तले विश्राम कर रहा है। उचित है कि पेड़ की छाया-तले विश्राम करने वाला यह भाई अपने मस्तक को जरा नीचे ही रखे और धूप में खटने वाले भाइयों के काम में भरसक कोई दखल नहीं दे।

यह तो हुई राष्ट्रीयता की कहानी। यदि विवशता या प्रतिबन्ध की बात सोचें तो भारतीय गणतन्त्र प्रजासत्ता के आधार पर खड़ा हुआ है, उसमें अधिनायकवाद के लिए कोई गुन्जाइश नहीं है। प्रजातन्त्र का सामान्य लक्षण है कि उसमें बहुसंख्यक लोगों की बात चलती है, किन्तु उसकी शोभा इसमें है कि भाषा, धर्म या संस्कृति-जैसे बुनियादी

प्रश्नों पर बहुमत स्वेच्छया अल्पमत के अधीन हो जाए। विशेषतः भारतवर्ष में डिक्टेटरी-पद्धति चल नहीं सकती, चाहे वह डिक्टेटरी व्यक्ति की हो या बहुमत की। भारत कोई एक देश नहीं है। यह अनेक देशों का संघीभूत रूप है। हाँ, भूगोल और सामाजिक संस्कृति ने उसे एक जरूर बना रखा है। इसके विपरीत, सारा यूरोप एक देश है, केवल भाषाओं के कारण खंडित होकर वह अनेक देशों में बँट गया है। सारे यूरोप में कोई एक भाषा समान रूप से प्रचलित हो जाए, इसके लिए अनेक प्रयत्न किए गए, किन्तु सफलता किसी को भी नहीं मिली। सारे भारतवर्ष को एक भाषा-सूत्र में बाँधने का कार्य भी कुछ वैसा ही कठिन है। आशा केवल इस बात से है कि सम्पूर्ण भारतवर्ष की जनता एक राज्य के अधीन होकर परस्पर एक रहना चाहती है और संविधान ने देश की राजभाषा के पक्ष में जो निर्णय किया है, उसकी उपयोगिता सारा देश एक स्वर से स्वीकार करता है। कितनी प्रसन्नता की बात है कि हिन्दी सीखने में अहिन्दी-भाषियों को जो कठिनाई है, उससे विचलित होकर वे तरह-तरह की बातें तो बोलते हैं, किन्तु कोई यह नहीं कहता कि संविधान ने जो निर्णय किया है, उसे हम बदलना चाहते हैं। भारत की एकता का महल बहुत कुछ तो पहले से ही तैयार था। स्वतन्त्र होने के बाद हमने उसके कई अंगों को और भी पुष्ट कर दिया। यदि भाषा के क्षेत्र में हम सभी क्षेत्रों के बीच समुचित सामंजस्य बिठाने में कृतकार्य हो गए तो इस देश की एकता अजेय हो जाएगी। फिर हमें आंतरिक भय कहीं से भी नहीं रह जाएगा। यही नहीं, प्रत्युत भारत की एकता के परिपूर्ण हो जाने पर सम्पूर्ण विश्व की एकता की कल्पना भी उतनी असाध्य नहीं रहेगी जितनी कि वह आज दिखाई देती है। सम्पूर्ण विश्व को एक बनाने के मार्ग में नस्ल, भाषा, धर्म, संस्कृति आदि को लेकर जो बड़ी-बड़ी बाधाएँ हैं, वे ही बाधाएँ कुछ छोटे पैमाने पर भारत में भी मौजूद हैं। जिस दिन हम इन बाधाओं पर भारत में विजय प्राप्त कर लेंगे, उस दिन से विश्वैकता के क्षेत्र में भी ये बाधाएँ कमजोर पड़ने लगेंगी। भारत की एकता कानून पर कम, लोगों के सद्भाव पर अधिक अवलंबित है। कदम-कदम पर समझौते और सामंजस्य तथा बित्ते-बित्ते पर पैबन्द—इनके बिना इस देश की एकता नहीं टिक सकती! यूरोप अथवा एशिया के लघ्वाकार देशों की एकरूपता पर ललचाना व्यर्थ है। भाग्य ने भारत के लिए किसी छोटे-सीधे मार्ग का निर्माण नहीं किया है। हमारे सामने जो मार्ग है, वह तुरन्त दाएँ, तुरन्त बाएँ, तुरन्त ऊपर और तुरन्त नीचे जानेवाला मार्ग है और इस मार्ग पर आँख मूँद कर दौड़ना सम्भव नहीं है। राष्ट्र के प्रत्येक कार्य-क्षेत्र में हम धीरे-धीरे, बल्कि हाथी की तरह फूँक-फूँककर कदम उठा रहे हैं। राज्य पुनर्गठन के क्षेत्र में हमने सिर्फ एक बार जरा जल्दी करने की कोशिश की और वहीं हम गच्चा खा गए। राजभाषा को सार्वदेशिक बनाने का काम इससे कम कठिन नहीं है। आतुरता की बात इस क्षेत्र में चल नहीं सकती। हिन्दी को सार्वदेशिक बनाने के पूर्व असंख्य नर-नारियों को हिन्दी पढ़कर भली-भाँति तैयार हो लेना है। और इस कार्य में वे बहुत अनुचित

समय भी नहीं लेंगे। किन्तु उन्हें उतना समय तो लेने देना ही होगा जिसे वे अपनी सुविधा के लिए आवश्यक समझते हों।

अपनी मातृभाषा की सेवा करने का हममे से प्रत्येक को जन्मजात अधिकार है, किन्तु हिन्दी को जो राजभाषा या राष्ट्रभाषा वाला रूप है, उसका नेतृत्व करना यदि हम हिन्दी वाले छोड़ दें, तो इससे देश की एकता की अधिक सेवा होने वाली है। कारण यह है कि राष्ट्रभाषा केवल हिन्दीवालों के अधिकार की वस्तु नहीं रहकर सारे देश की जनता के अधिकार में चली गई है और हम हिन्दीवाले जब भी राष्ट्रभाषा के पीछे-पीछे दौड़ते हुए अहिन्दी-भाषियों के बीच पहुँचते हैं तब इससे उन्हें किसी खतरे की गन्ध आती है। तब उन्हें लगता है कि हिन्दी के पीछे-पीछे हिन्दीवालों का नेतृत्व चला आ रहा है, हिन्दी का बहाना बनाकर उत्तर भारत दक्षिण भारत पर छाया जा रहा है। मैं जानता हूँ कि हिन्दी भाषी प्रान्तों की जनता स्वप्न में भी यह नहीं सोचती कि हिन्दी के राजभाषा हो जाने से जो स्थिति उत्पन्न हुई है, उसका कोई भी अनुचित लाभ हिन्दीवालों को मिले। किन्तु पटने, प्रयाग या नागपुर में जब हम हिन्दी-हिन्दी चिल्लाते हैं, तब उसकी प्रतिध्वनि अहिन्दी प्रान्तों में भी जा पहुँचती है और लोग वहाँ सोचने लगते हैं कि, हो-न-हो, हिन्दीवाले कोई षड्यन्त्र कर रहे हैं, कि हिन्दीवाले हिन्दी के बल पर सारे देश में अपनी शक्ति बढ़ाना चाह रहे हैं। और इस निराधार आशंका से उनके मन में भय उत्पन्न होता है जिसकी अभिव्यक्ति अनेक कटूक्तियों में होने लगी है। 'हिन्दी का साम्राज्यवाद', 'हिन्दी में कुछ नहीं है', 'हमारी भाषा हिन्दी से श्रेष्ठ है' तथा 'अंग्रेजी अभी अनियमित काल तक चलाई जाए'—ये सभी नारे उसी मिथ्या भय की विभिन्न अभिव्यक्तियाँ हैं। मेरा ख्याल है कि यदि अहिन्दी-भाषी जनता को यह विश्वास हो जाए कि राजभाषा हिन्दीं के अभिभावक हिन्दी वाले नहीं, प्रत्युत् मुख्यतः वे लोग हैं जिनकी मातृभाषा हिन्दी नहीं है तो अवस्था काफी सुधर जाएगी और देश को उस जिम्मेदारी का अधिक खयाल होगा जिसे उसने स्वेच्छया अपने ऊपर लिया है।

जिस भाव से प्रेरित होकर मैंने यह परामर्श दिया है कि राष्ट्रभाषा के पक्ष में अनुचित उत्साह दिखाने का कार्य हिन्दीवाले छोड़ दें, वह भाव हिन्दी के अनेक नेताओं में भी विद्यमान है। किन्तु कठिनाई यह है कि देश के शिक्षा-मन्त्रालय में इस विषय में जो शौथिल्य रहा है, उसकी आलोचना अहिन्दी-भाषी क्षेत्रों में कम हो पाती है, जिसका कारण मानव-स्वभाव का कठिनाइयों को टालते जाने के भाव के सिवा और कुछ नहीं है। निदान, हिन्दीवालों को अपनी इच्छा के विरुद्ध जब-तब मुँह खोलने को विवश होना पड़ता है। नई भाषा सीखने का काम कठिन होता है। किन्तु कठिनाइयों का समाधान निकालते चलें और लोगों में प्रेरणा भरते रहें तो यह कार्य आसान भी हो सकता है। परन्तु शिक्षा-मन्त्रालय समाधान और सुलझाव खोजने की चेष्टा नहीं करता। राजभाषा को सार्वदेशिक बनाने के मार्ग में अनेक कठिनाइयाँ हैं; इसे इनकार नहीं किया जा सकता; किन्तु मैं अपने वैयक्तिक अनुभव से कह सकता हूँ कि इन

कठिनाइयों को सुलझाने के बदले शिक्षा-मन्त्रालय बराबर उन्हें अपनी अकर्मण्यता का बहाना बनाता रहा है। शिक्षा मन्त्रालय का जब तक यह रवैया रहेगा, राजभाषा को व्यापक बनाने की बात तो दूर रहे, उससे भारत की एकता को खतरे ही अधिक पहुँचते रहेंगे।

एक दिशा और है जिसमें हमें देश के भाषा सम्बन्धी आंदोलन को नया मोड़ देना है। आज देश की एकता का आधार अंग्रेजी भाषा है, यह सूर्य के समान स्वयं प्रकाशित सत्य है; किन्तु यह सत्य भी उतना ही उजागर है कि जब तक अंग्रेजी भारत की एकता की भाषा बनी हुई है, तब तक भारत तुतलाता ही रहेगा, वह अपनी आत्मा को पूर्ण रूप से अभिव्यक्त नहीं कर सकेगा। देश के कुछ अत्यन्त वरिष्ठ और श्रद्धेय व्यक्ति आजकल यह तर्क निकाल रहे हैं कि अंग्रेजी का त्याग केवल राष्ट्रीय स्वाभिमान के लिए किया जा रहा है और स्वाभिमान भी मनुष्य का मिथ्या अहंकार ही है; अतएव क्या हानि है यदि अंग्रेजी जहाँ है, वहाँ बनी रहे और असंख्य भारतवासी हिन्दी सीखने की जहमत से बच जाए? यह तर्क ऊपर से तो बड़ा ही निर्मल और निष्कलंक दीखता है; किन्तु उसके भीतर जो राष्ट्रघाती विष है, वह किसी भी धीर मनुष्य को आसानी से दिख जाएगा। सारा देश हिन्दी सीखे या न सीखे, किन्तु उसे अपनी मातृभाषा तो सीखनी ही चाहिए। अंग्रेजी का सर्वथा त्याग तो हम करना नहीं चाहते, किन्तु उसे देश की एकता की अभिव्यक्ति का माध्यम बनाए रखना इस देश की आत्मा को अवरुद्ध रखने के समान है। देश केवल इसलिए स्वाधीन नहीं हुआ है कि वह अपना शासन आप करे तथा अपना वाणिज्य-व्यापार आप चला सके। स्वाधीनता का एक महत्तम ध्येय जाति के संस्कारों की अभिव्यक्ति भी है। और एक जाति के संस्कार अन्य जाति की भाषा में भली भाँति अभिव्यक्त नहीं किए जा सकते। भारत कोई नया देश नहीं है। उसने चार हजार वर्ष से जो आत्म-मंथन किया है, जो मनन और चिन्तन किया है, वह संस्कृत, प्राकृत, पालि और तमिल भाषा में विद्यमान है तथा उसका सहज उत्तराधिकार देश की वर्तमान भाषाओं को प्राप्त हुआ है। केवल विचारों का ही नहीं, चिन्तन की शैली और परिपाटी का भी एक प्रवाह है जो वैदिक संस्कृत और प्राचीन तमिल से लेकर आज की भाषाओं के स्रोत तक अविच्छिन्न आया है। इस संस्कार का नवीनीकरण केवल देशभाषा के द्वारा हो सकता है, कोई भी विदेशी भाषा इस कार्य को पूरा नहीं कर सकती। यदि कोई कहे कि इस सम्पूर्ण ज्ञान को अंग्रेजी में उतारकर प्राचीन प्रवाह अविच्छिन्न रखा जा सकता है, तो मैं कहूँगा कि यह मूल को नष्ट करके केवल अनुवादों पर जीने के समान हीन कार्य होगा। और जिस दिन से हम अनुवादों का सूत्र पकड़कर अपने धर्म और संस्कृति के विषय में भी अंग्रेजी में सोचने लगेंगे, उस दिन से भारतीय परम्परा का ह्रास होने लगेगा और हम धीरे-धीरे उस दिशा की ओर चले जायेंगे जिस दिशा की ओर अंग्रेजी हमें ले जाना चाहेगी। यदि भारतीयता का यह त्याग पसन्द हो तो आप भारत की सभी

भाषाओं को मिटाकर अंग्रेजी को देश भर की मातृभाषा बना सकते हैं। किन्तु यह ध्यान रहे कि जिस दिन से आप अंग्रेजी को इस देश की मातृभाषा बनाते हैं उस दिन से एक नए भारत का जन्म होगा जिसका कालक्रम में उस भारत से कोई सम्बन्ध नहीं रह जाएगा जिसने वेद लिखे थे, जिसने रामायण, महाभारत, उपनिषदों और गीता अथवा धम्मपद, त्रिपिटक और कुरल की रचना की थी।

परन्तु यह कार्य क्या किया भी जा सकता है? डेढ़ सौ वर्ष तक अंग्रेजी को जबर्दस्ती लादे रहने पर भी आज छत्तीस करोड़ भारतवासियों में से केवल इक्कीस लाख व्यक्ति हैं, जो किसी कदर अंग्रेजी जानने का दावा कर सकते हैं। और आज की जो मानसिक स्थिति है, उसमें कितने व्यक्ति हैं जो योग्यता और उत्साह से अंग्रेजी सीख या सिखा रहे हैं? घड़ी की सुई अब पीछे नहीं जा सकती। देश की भयानक समस्या निरक्षरता का निवारण है। लोगों को अंग्रेजीदां बनाने की अपेक्षा यह कहीं आवश्यक है कि वे फौरन से पेशतर साक्षर बना दिए जाएँ। अंग्रेजी के पक्ष में झूठी दलीलें दे-देकर देश को भरमाए रखना जनता की इस अतुलनीय आवश्यकता की उपेक्षा करना है। होना तो यह चाहिए था कि दो-चार साल के लिए बहुत-से माध्यमिक स्कूलों और कॉलेजों को बन्द कर दिया जाता और सारे पैसे प्राथमिक शिक्षा और साक्षरता-आंदोलन में लगा दिए जाते जिससे सारी जनता साक्षर हो जाती। किन्तु यहाँ तो सौ या हजार को साक्षर बनाने की अपेक्षा एक को एम.ए. बनाना ही अभी पुण्य का कार्य समझा जा रहा है। शायद यह आरोप ठीक है कि जो स्वराज्य पार्सल से दिल्ली में उतरा, वह अभी जनता के पास नहीं पहुँचा है, नहीं तो देश के बड़े और बूढ़े विद्वान अंग्रेजी के पक्ष में नई-नई दलीलें ढूँढ़ने का बौद्धिक-विकास नहीं कर पाते।

क्या अंग्रेजी के पक्ष को सिद्ध करने के लिए भी तर्कों की आवश्यकता है? अंग्रेजी की उपयोगिता तो स्वयंसिद्ध है। वह अन्तर्राष्ट्रीय प्रेरणा और हमारे वातायन की भाषा बनकर यहाँ हमेशा रहने वाली है और अभी तो बहुत दिनों तक उसी की संगति से हमें विज्ञान को भारत की विद्या बनाना है।

हमारा मुख्य काम 'हिन्दी-हिन्दी' चिल्लाना नहीं, बल्कि यह नारा लगाना होना चाहिए कि अंग्रेजी के शिलासन के नीचे से भारत की सभी भाषाओं को मुक्त करो। हिन्दी-भाषियों के आत्मविकास के लिए हिन्दी जितनी आवश्यक है, अन्य भाषा-भाषियों के आत्मोदय के लिए उनकी अपनी मातृभाषाएँ उतनी ही अनिवार्य हैं। अंग्रेजी के अपदस्थ होने के बाद जो स्थान रिक्त होगा, वह सब-का-सब हिन्दी को मिलने वाला नहीं है। उसमें सभी भाषाओं के हिस्से हैं और अंग्रेजी आज जो कार्य कर रही है, अपने-अपने क्षेत्र में प्रत्येक भाषा को वही कार्य करना होगा। अतएव केवल हिन्दी-मन्त्रालय की माँग अपेक्षाकृत छोटी माँग है। सरकार से माँग सर्वभाषा-मन्त्रालय अथवा केवल भाषा-सन्त्रालय की की जानी चाहिए जो एक ओर जहाँ राजभाषा के विकास और प्रचार की व्यवस्था करे, वहाँ दूसरी ओर इस बात पर भी निगरानी रखे

कि भारत की प्रत्येक राष्ट्रभाषा का सम्यक विकास हो रहा है या नहीं, और वे प्रत्येक क्षेत्र में अंग्रेजी का स्थान लेने की ओर बढ़ रही हैं या नहीं। हिन्दी का आंदोलन भारत की सभी भाषाओं के आंदोलन का रूप ले, यह उचित बात है। इससे देश की एकता में वृद्धि होगी। मैं हिन्दी का कार्यकर्त्ता और तुम बंगला के, मैं तमिल का नेता और तुम गुजराती के—यह भाव ही समाप्त हो जाना चाहिए। देश की सभी भाषाएँ राष्ट्रभाषाएँ हैं और भाषाओं के उत्थान के लिए काम करने वाला प्रत्येक कार्यकर्त्ता एक दल का कार्यकर्त्ता है जो भारतीय भाषा का दल है, जो भारतीय संस्कृति में उन्नायकों का दल है।

एक बात और है कि भाषाओं के साथ हम धर्म और संस्कृति को न बाँधें तो इससे भी देश का अधिक कल्याण हो सकता है। उदाहरण के लिए, गोहत्या-निरोध आंदोलन का हिन्दी के साथ कोई नित्य सम्बन्ध नहीं है। पहले भी ऐसे मुसलमान और क्रिस्तान हुए हैं जो हिन्दी जानते अथवा उसमें साहित्य की रचना करते थे और आगे तो राजभाषा के रूप में हिन्दी उन सभी घरों में पहुँचने वाली है जहाँ, सम्भव है, खाने-पीने की परिपाटी हिन्दुओं की परिपाटी से भिन्न हो। किन्तु इस भेद के कारण क्या हिन्दी का प्रसार हम अवरुद्ध कर देंगे? हिन्दी शब्द के साथ एक खास ढंग की संस्कृति की कल्पना लेकर चलने से हिन्दी और देश—दोनों का अहित होने वाला है। भाषाएँ इस देश में कभी भी धर्म और संस्कृति की सीमाएँ मानकर नहीं चलीं। एक भाषा के बोलने वालों में यहाँ अनेक धर्मों के लोग हमेशा से रहे हैं। और स्वयं संस्कृति को धर्म का पर्याय मानना भी ठीक नहीं है। धर्म और संस्कृति—ये एक-दूसरे से जब-तब मिल जरूर जाते हैं; किन्तु भारत में वे एक-दूसरे के पर्याय नहीं हैं। भारत से बाहर निकलने पर कोई भी हिन्दू या कोई भी मुसलमान पहले भारतीय ही समझा जाता है क्योंकि उसके तौर-तरीके भारतीय संस्कृति के तौर-तरीके होते हैं जिनका विदेशों के तौर-तरीकों से कोई भी मेल नहीं होता। भारत की प्रत्येक भाषा में कुछ तो उसकी क्षेत्रीय विशेषता है और कुछ इसी सामासिक संस्कृति की छाप जो भारत की असली संस्कृति है। इस सामासिक संस्कृति को बढ़ाने की कोशिश से देश बलवान होगा। और कहीं हम सामाजिकता के ताने-बाने को अलग करने में फंस गए तो हमारी एकता कमजोर पड़ जाएगी। यह ठीक है कि देश का विभाजन संस्कृति अथवा धर्म का ही बहाना बनाकर हुआ, किन्तु इसका अर्थ यह नहीं है कि जो लोग इस देश में रह गए हैं उनका धर्म अथवा उनके धर्म का सांस्कृतिक पक्ष आरक्षित रहेगा। धर्मों को अपनी जगह पर छोड़कर हमें देश की सांस्कृतिक एकता को ऊपर लाना है और अपने उर्दू-प्रेमी भाइयों और बहनों के हृदय में यह विश्वास निश्छलता से जमा देना है कि जैसे अन्य तेरह भाषाओं का भविष्य समान रूप से उज्ज्वल है, वैसे ही भारत में उर्दू का भी उज्ज्वल भविष्य है और संविधान अन्य भाषाओं की रक्षा और विकास के लिए जो आश्वासन देता है, नियमतः वही आश्वासन उर्दू को भी प्राप्त है। हजरत जोश मलीहाबादी भारत

छोड़कर पाकिस्तान चले गए, इससे हिन्दी या उर्दू के भारतीय लेखकों और कवियों को कोई भी सबक नहीं लेना है। यह तो बहुत कुछ वैसी ही बात है जैसे लाभ के लालच में कोई लेखक पोलैंड छोड़कर फ्रांस या इंग्लैंड छोड़कर रूस चला जाए।

एक बात और है जिसके सम्बन्ध में, डरते-डरते भी, मैं कुछ निवेदन करना चाहता हूँ। इधर हाल से देश में कुछ विचित्र बातें सुनी जा रही हैं। कभी तो हिन्दी-भाषी विद्वान यह दिखलाने की कोशिश करते हैं कि हिन्दी भाषा सभी भाषाओं से श्रेष्ठ है तथा उसमें जितने शब्द हैं उतने अन्य भाषाओं में नहीं मिल सकते और कभी अन्य भाषा-भाषी विद्वान यह कह बैठते हैं कि हिन्दी में कुछ नहीं है तथा साहित्य की विविधता की दृष्टि से कई अन्य भाषाएँ हिन्दी से बहुत आगे हैं। यह अत्यन्त ओछी प्रवृत्ति है एवं किसी भी सुसंस्कृत भारतीय को ऐसी बातें अपने मुख से नहीं निकालनी चाहिए। स्पष्ट ही, जो हिन्दी-भाषी यह कहता है कि शब्दों के मामले में हिन्दी देश की अन्य भाषाओं से अधिक समृद्ध है, वह यह दावा नहीं कर सकता कि उसने देश की सभी भाषाओं को विधिवत् छान लिया है। यह ठीक है कि नूतन शब्द निर्माण की दिशा में हिन्दी में जितना कार्य हुआ है, उतना भारत की अन्य भाषाओं में अभी नहीं हो पाया है; किन्तु इससे आप यह नहीं कह सकते कि संस्कृत से लाभ उठाने के रास्ते केवल हिन्दी वालों को ही मालूम हैं। और मात्र शब्दों के बड़े-बड़े कोश तैयार कर लेने से ही भाषा बलवती नहीं हो जाती। कोशों के शब्द निस्ताप और निर्जीव होते हैं। गर्मी और जीवन की थरथराहट उनमें तब उत्पन्न होती है, जब वे कल्पना के नीचे आते हैं, जब सम्यक् प्रसंग में सम्यक् विधि से उनका सुप्रयोग किया जाता है। इसी प्रकार, जो विद्वान यह कह बैठते हैं कि हिन्दी में कुछ नहीं है, उनसे भी पूछा जाए तो वे भी, शायद, यह दावा नहीं कर सकेंगे कि हिन्दी भाषा और साहित्य को उन्होंने विधिवत् देख लिया है। भारत में आज जितनी भी भाषाएँ प्रचलित हैं, एक समय वे सब-की-सब गीत-कवित्त और प्रार्थना तथा स्तुति की भाषाएँ थीं और सबके भीतर अभिनवता अंग्रेजी के सम्पर्क से उत्पन्न हुई है। इसलिए उनके बीच तुलना करने का प्रयास ही अशुद्ध है। किन्तु जहाँ तक हिन्दी का सम्बन्ध है, उसके ऊपर यह लाँछन सर्वथा असंगत है कि उसमें विविधता नहीं है। द्वेष से बोलने वालों को तो हम कोई उत्तर देना नहीं चाहते; किन्तु जिन्हें हिन्दी के विषय में सात्त्विक भ्रम हो, उन्हें चाहिए कि कविता, उपन्यास और नाटक को अलग करके वे विद्या के अन्य क्षेत्रों में हिन्दी में जितने ग्रन्थ प्रकाशित हुए या हो रहे हैं, उनकी तुलना अन्य भाषाओं में प्रकाशित-ग्रन्थों से करके देख लें। उनका भ्रम आप-से-आप दूर हो जाएगा। चूँकि हिन्दी राजभाषा हो गई है इसलिए आप हिन्दी की निन्दा करें, यह हिन्दीवालों के धैर्य और शील का अनुचित लाभ उठाना है। जैसे हिन्दीवालों को किसी भी देशभाषा के विषय में कटूक्ति कहने से विरत रहना चाहिए, वैसे ही अन्य भाषा-भाषियों को भी उचित है कि वे इस बात को सदैव याद रखें कि हिन्दी के राजभाषा हो जाने से उसका

मातृभाषा वाला रूप लुप्त नहीं हो सकता तथा हिन्दी के विषय में अनादरपूर्ण आलोचना सुनने से हिन्दी वालों को भी उतना ही कष्ट होता है जितना अपनी मातृभाषा की निन्दा सुनने से अन्य भाषा-भाषियों को।

साहित्य का प्रश्न

अब एक अन्तिम बात है जिसे मैं बड़ी ही नम्रता के साथ अपने साहित्य-सेवी बन्धुओं की सेवा में रखना चाहता हूँ। आज अवसर तो यह था कि सम्मेलन के अब तक के जीवनकाल में हिन्दी साहित्य की जो बहुविध प्रगति हुई है, उसका कोई क्रमबद्ध विवरण उपस्थित किया जाता। किन्तु प्रायः चालीस वर्ष की साहित्यिक प्रगति की कथा आरम्भ करके मैं आपके धैर्य पर अनुचित भार डालना नहीं चाहता। कुछ यह बात भी है कि हिन्दी में वह कार्य आज अनेक स्थलों से हो रहा है, अनेक दिशाओं से हो रहा है और इतने कोलाहल के साथ हो रहा है कि उसके मारे अब सर्जना के स्वर भी मन्द पड़ने लगे हैं। अरविंद, रमन, विवेकानन्द और गांधी तथा रवीन्द्र, नानालाल, भारती और इकबाल तथा प्रसाद ने विलाप किया था कि मनुष्य का हृदय उसके मस्तिष्क के नीचे दब गया है, अतएव इस दबाव से उसे मुक्त करना चाहिए। और हममें से बहुत-से लोग उस बात को आज भी दुहरा रहे हैं। किन्तु फिर भी आलोचना पर आसक्त होकर हम साहित्य के नेत्र में प्रखरता तो भरते जा रहे हैं, किन्तु इस बात पर हमारा ध्यान बहुत कम है कि साहित्य का हृदय-भाग पहले से कहीं अधिक शुष्क होता जा रहा है। ऐसा लगता है, मानो हिन्दी में कलियाँ चटकाने वाले मलय-पवन ने बहना छोड़ दिया है। जो बहता है, वह बुद्धि का झंझावत है जिससे पतली टहनियाँ और रुग्ण डालियाँ तो टूट रही हैं, किन्तु पेड़ में नए पत्ते नहीं निकलते, फूलों में नए रंगों का उभार नहीं आता। आलोचना की जो उपयोगिता है उससे मैं इनकार नहीं करता। मैं तो सिर्फ यह याद दिलाना चाहता हूँ कि साहित्य की समृद्धि के वास्तविक प्रमाण बड़े-बड़े कवि, कथाकार और नाटककार होते हैं। आलोचना के आचार्य तो उस समृद्धि के ज्ञापक मात्र हैं। कहीं ऐसा न हो कि भाव छोड़कर हम केवल ज्ञान की ही तिजारत को सर्वश्रेष्ठ साहित्य मानकर बैठ जाएँ।

अथवा इस बात को मैं यों रखूँ कि इस समय मेरा ध्यान आलोचना से भिन्न दिशा की ओर है। मैं यह सोच रहा हूँ कि क्या कारण है कि हमारी पीढ़ी के निर्माण के समय जनता ने विशेषतः बिहार की जनता ने हमारी पीठ पर प्रोत्साहन का जो हाथ रखा वह आज के नवोदित, संघर्षशील, उमंगों से आकुल और कुछ कर गुजरने की धुन से मतवाले युवकों की पीठ पर नहीं है? क्या कारण है कि स्वतन्त्रता-संघर्ष के दिनों में जब कवि और जनता मिलते थे, जब दोनों का ध्यान एक ही ध्येय की ओर होता था, किन्तु आज उस एकता का कहीं पता नहीं चलता? उन दिनों कवि यह समझता

था कि मैं जनता के हृदय से एकाकार हूँ और जनता भी मानती थी कि कवि ठीक वही बात कह रहा है जो हमारे मन में है। कैसा था वह समय जब कविता सुनकर पूज्य राजेन्द्र बाबू की आँखों से झर-झर अश्रुपात होने लगता था और बिहार-केसरी मसनद पर सिर धुनकर रोने लगते थे एवं श्रोताओं के बीच से अच्छे-फरछे वयस्क लोग अपने-अपने सिर के बाल खींच कर खड़े हो जाते थे? आज वह समाँ कहीं भी दिखाई नहीं देता। मैं अपने ही जीवन में डूबकर यदि कल से आज की तुलना करूँ तो मुझे कहना चाहिए कि नेशनल फ्रंट के कवि को समाज के हाथों जो प्रेम और पुचकार मिलता था वह एम.पी. साहब को नसीब नहीं है, सम्मान और बाहरी आडंबर में चाहे जो भी वृद्धि हुई हो।

भारत के कवि और साहित्यकार आज विचित्र स्थिति में हैं। लोग कभी-कभी मुझसे पूछ बैठते हैं, तेरी आग ठंडी क्यों हो गई? लेकिन इसका जवाब क्या दिया जाए? देश स्वाधीन हो गया। अब तो हाकिम और महकूम, जालिम और मजलूम तथा शोषक और शाषित—जो कुछ हैं, हमीं हैं। अब आग किसके खिलाफ? क्या आग पैदा करके अपने-आपको जलाएँ? और जवानी के गुजर जाने के कारण यदि मेरी आग ठंडी हो गई हो तो नौजवानों को क्या हुआ है? उनके कंठों से ज्वाला के स्फुलिंग क्यों नहीं निकलते? यह सच है कि देश में यदि आत्महत्या की स्थिति आ गई हो तो कवि के लिए यह श्री श्रेयस्कर कार्य है कि वह अपनी ही भावना की आग में जलकर भस्म हो जाए। किन्तु अपने चारों ओर मुझे वह स्थिति दिखाई नहीं देती। आत्महत्या मनुष्य नैराश्य के कारण करता है, किन्तु साहित्य को जिसने ग्रसित किया है, वह निराशा नहीं, दुविधा और द्वंद्व है। स्वराज्य के बाद से जनता के भीतर जो असन्तोष रहा है, उसका ताप विद्रोह की वाणी बनने के लिए बार-बार साहित्य के भीतर पहुँचा है और बार-बार साहित्य ने उसे पीकर पचा लेने की कोशिश की है। क्योंकि साहित्यकार को यह ज्ञान नहीं है कि अब जो विद्रोह उठेगा उसका परिणाम क्या होगा? नए कवियों में न तो प्रतिभा की कमी है, न प्रज्वलन का अभाव। असल में कोई द्वंद्व है जो उन्हें खुलकर फूटने नहीं देता; कोई दुविधा है, जो उनके अन्तर्मन में बैठी हुई है।

और जो कुछ मैं कह रहा हूँ, वह सिर्फ उनकी ओर से नहीं जो साहित्य की रचना जान-बूझकर जीवन-निर्माण के लिए करते हैं। बल्कि, यह उनपर भी लागू है जो साहित्य का कोई निश्चित उद्देश्य नहीं मानते, जिनकी कविता उस सहजता से फूटती है जैसे पेड़ की डालियों से टहनी और पत्ते निकलते हैं, जैसे वसन्त को पाकर कलियाँ चटक उठती हैं। साहित्यकारों में दो प्रकार के लोग मिलते हैं। एक तो वे, जो यह मानते हैं कि साहित्य केवल सौन्दर्य है और सौन्दर्य की पहचान यह है कि उसे देखते ही मन आनन्द से भर जाता है। और दूसरे वे, जिनका यह विश्वास है कि साहित्य का लक्षण सौन्दर्य और आनन्द अवश्य है, किन्तु साहित्यकार केवल इतने से ही सन्तुष्ट नहीं हो जाता। सौन्दर्य और आनन्द के भीतर से वह समाज में सुरम्यता भी

बिखेरता है, मनुष्य को किसी ध्येय की ओर प्रेरित भी करता है। इन दोनों में से पहली परम्परा के विकृत रूप मुहब्बत के गंदे तराने और मनुष्य की आत्मा को सुलाने तथा उसके शरीर को जगानेवाले सस्ते उपन्यास हैं जिनकी बाजारों में बड़ी माँग है। और दूसरी परम्परा की विकृति उन लेखकों और कवियों में मिलेगी जो अपने उद्देश्य की सिद्धि के लिए चरखे या हथौड़े का नाम लेना जरूरी समझते हैं। किन्तु ये दोनों विकार-ही-विकार हैं अन्यथा ऊँचा साहित्य कला की इन दोनों परम्पराओं में लिखा गया है। इन्हीं दो परम्पराओं में एक के कवि कालिदास और दूसरी के कवि वाल्मीकि हुए हैं; एक के पुष्प विद्यापति, सूरदास और बिहारी तथा दूसरे की ज्योति कबीर और तुलसीदास हैं। कविता वाल्मीकि लिखते हों या कालिदास, कबीर लिखते हों या सूरदास; किन्तु इस अनुभूति से बल दोनों को प्राप्त होता है कि जिस लक्ष्य की हम सेवा कर रहे हैं वह समाज का प्यारा लक्ष्य है, जिस वासना पर चढ़कर हम बोल रहे हैं वह सबकी वासना है, और जो भाव हमारे भीतर उठता है, वह सभी के भीतर विद्यमान है। किन्तु जहाँ कवि के विश्वास और, तथा जनता के विश्वास और हों, अथवा जहाँ दोनों का यह हाल हो कि हम किस बिन्दु पर खड़े हों, इस बात का निर्णय वे नहीं कर पा रहे हों, वहाँ साहित्य में जोर नहीं रहता और साहित्यकार उद्दाम प्रेरणाओं के अभाव में भाव को छोड़कर सारा ध्यान शैली पर केन्द्रित करने लगता है, जीवन को प्रेरित और आंदोलित करने वाली भावनाओं में कमी होने से केवल शैलीकार और पच्चीकार बन जाता है।

यही वह बाधा है जिसका मैं जिक्र करना चाहता था। स्वतन्त्रता-प्राप्ति के पूर्व भारत के सामने जो ध्येय था, वह स्वतन्त्रता-प्राप्ति के साथ समाप्त हो गया। उसके बाद भारत को जिधर जाना है, वह रास्ता जनता और साहित्यकार को दिखाई नहीं पड़ रहा है और जिन्हें इस रास्ते का ज्ञान है उनका स्वर अनेक कारणों से अभी मन्द है। परिणाम यह हुआ है कि आदर्श के धरातल पर हम 'न ययौ न तस्थौ' की स्थिति में ग्रस्त हो गए हैं। जिस ओर को हमें चलना चाहिए उधर हमारे कदम नहीं उठते और जिस राह पर हम चल रहे हैं, वह हमें पसन्द नहीं है। संशय का महाजाल सारे देश से मन पर छाया हुआ है। द्विधा के मारे हमारा व्यक्तित्व विभक्त हो गया है। जनता जिन्हें गाली देती है उन्हें ही अपना वोट भी देती है और साहित्य के भीतर जो विद्रोह के स्वर पहुँचते हैं, उन्हें साहित्य दबाकर पीता जा रहा है। यह संशय की विषम स्थिति है और कहावत प्रसिद्ध है कि 'संशयात्मा विनश्यति'।

साहित्य का लक्ष्य

किन्तु देश को संशय के इस कुहासे से कौन निकालेगा? कौन है जो इस मिहिका को भेदकर नए आदर्श के दर्शन सारे देश को करा सके? जातियों के आदर्शों की रचना

सन्त और कलाकार करते हैं। राजनीति उन आदर्शों को मूर्तिमान करने का यन्त्र मात्र है, वह आदर्शों की रचना नहीं कर सकती। जहाँ भी आदर्श-रचना का कार्य राजनीति के हवाले किया जाता है, यह देश ऊँचा नहीं उठता। उसके लोग मात्र उपयोगी के उपासक बन जाते हैं और उपयोगिता की दृष्टि से वे अपने कदम बराबर बदलते रहते हैं। कर्म का महत्त्व तो है ही, किन्तु उसके साथ-साथ अथवा उससे पूर्व चिन्तन का बड़ा भारी महत्त्व है। जातियाँ जैसे दर्शन में विश्वास करती हैं, उनका साहित्य ही नहीं, बल्कि उनके सारे कर्त्तव्य वैसे ही हो जाते हैं। और जब दर्शन साफ तथा आदर्श सुस्पष्ट होते हैं तब जातियों की प्रगति बहुत तेज हो जाती है। इसके विपरीत जब जाति के सम्मुख कई प्रकार के दर्शन और लक्ष्य उतराते होते हैं और वह उनमें से किसी एक को कसकर नहीं पकड़ पाती, तब उसके पाँव डगमग होने लगते हैं और उसकी प्रगति बहुत ही मद्धिम हो जाती है, मानो आग केवल धुआँ दे रही हो। पहली स्थापना का उदाहरण स्वाधीनता के ठीक पूर्व का भारतवर्ष था और दूसरी स्थापना का उदाहरण वह देश है जिसमें हम आज जी रहे हैं। अतएव यह आवश्यक है कि हम उस लक्ष्य को पहचानें जिसकी ओर चलने को नवीन भारत का जन्म हुआ है, हम उस आदर्श को सुस्पष्ट करें जिसे इतिहास ने हमारे लिए पहले से ही निश्चित कर रखा है।

पहले से ही निश्चित आदर्श! हाँ, भारत को जिस आदर्श के लिए संघर्ष करना है, उसकी रचना आज के लेखकों और कवियों, सन्तों और नेताओं की इंतजारी में रुकी हुई नहीं है। वह आदर्श हमसे बहुत पहले निर्धारित हो चुका है; उसकी मूर्त्ति गांधी जी से भी पूर्व राममोहन और विवेकानन्द गढ़ चुके थे। गांधी जी ने उस मूर्त्ति में केवल प्राणप्रतिष्ठा की; अरविंद ने उसके भीतर अतिमानसी मानस का संचार किया; रवीन्द्र ने उसकी कविता लिखी और राधाकृष्णन् उसका सन्देश सारे विश्व में फैला रहे हैं।

किन्तु जिस आदर्श की सुरभि सारे विश्व में फैल रही है, उसका सबसे कम ज्ञान यदि किसी को है तो उस मृग को जिसके नाभिकुंड में इस सौरभ का उत्स बसता है। जिस सुधा-शिखा की ओर सारा संसार उत्सुकता से देख रहा है, उसका सबसे कम परिचय किसी को है तो उस दीपक को जिसका मस्तक फोड़कर यह शिखा बाहर आई है। यूरोप में भारत का प्रचार करने की अपेक्षा यह कहीं आवश्यक कार्य है कि हम भारतवासियों को भारत का मर्म समझावें। भारतवासी अपने-आपको नहीं पहचानते। कितने आश्चर्य की बात है कि जब पश्चिमी जगत के लोग यह सोचने लगे हों कि मानवता की जिस समस्या का समाधान यूरोप में नहीं मिला, उसका हल, शायद, भारत में मिल सकता है, तब भारतवासी यूरोप का अंधानुकरण करने को आतुर हो उठे। यूरोप बनने की कोशिश बहुत ठीक है, क्योंकि यूरोप सभ्यता के शिखर पर पहुँचा हुआ है। यूरोप में वैज्ञानिकता है, समृद्धि है, जीवन की उद्दामता और स्वास्थ्य का अप्रतिम तेज है। उसकी कविता भी उच्छल और विचार बड़े बलवान हैं। यूरोप का अनुकरण तो हमें करना ही चाहिए। किन्तु हम उस यूरोप का अनुकरण करेंगे जो सन्

1956 ई. का यूरोप है, उस यूरोप का नहीं जो उन्नीसवीं सदी का यूरोप था, बल्कि उस यूरोप का भी नहीं जो रूसी प्रयोग के आरम्भिक दिनों का यूरोप था। यह मैं इसलिए कहता हूँ कि आज के यूरोप को ग्रहण करने से हम उसका विज्ञान ही नहीं, बल्कि विज्ञान के विरुद्ध उठने वाली शंकाएँ भी लेंगे, आज के यूरोप को ग्रहण करने में हम उसकी आधिभौतिक समृद्धियाँ ही नहीं, प्रत्युत यह निराशा भी लेंगे कि भौतिक समृद्धियों से मनुष्य को पूरा सन्तोष नहीं मिलता, एक और तृषा है जो मनुष्य के समृद्ध हो जाने पर भी अतृप्त रह जाती है। भूखे मनुष्य के सामने रोटी के बदले दर्शन और कविता परोसना निर्दयता का कार्य है, किन्तु यह भी सत्य है कि रोटी खा लेने के बाद मनुष्य कला और विचार खोजता है, मिट्टी से छूटकर वायु में विचरण करना चाहता है। रूस में जब साम्यवादी प्रयोग आरम्भ हुए थे, तब समस्त विश्व के चिन्तकों को यह आशा हो चली थी कि मनुष्य की सारी समस्याओं का समाधान, शायद मिल गया। किन्तु प्रयोग ज्यों-ज्यों आगे बढ़े, चिन्तकों की आशा दिनों-दिन क्षीण होती गई और आज तो यह स्थिति आ गई है कि विश्व-चिन्तन साम्यवादी प्रयोगों की असफलता पर अपना मस्तक धुन रहा है। रोटी मिली, यह बहुत अच्छी बात हुई; किन्तु मन बंध गया, यह मानवता के लिए बुरा हुआ। शिक्षा तो रूसी प्रयोग से भी लेनी है, और रूस ने मानवता के रथ को जो अप्रतिम प्रगति दी है, उस प्रगति से भी हमें पूरा लाभ उठाना है। किन्तु इतना ही यथेष्ट नहीं है। अपने प्रयोगों में हमें उस निराशा का भी समाधान खोजना है जो रूस के प्रयोग के विरुद्ध उत्पन्न हुई है। हम समस्त विश्व के साथ वहाँ खड़ा होना चाहते हैं जहाँ वह आज है—वहाँ नहीं, जहाँ वह कल था।

और यूरोप से हम केवल लेना ही नहीं चाहते, बदले में उसे कुछ देना भी चाहते हैं। किन्तु यूरोप को हम क्या दे सकते हैं? मोटर, महल, जहाज और हथियार—ये हमारे पास नहीं हैं और हम चाहें भी तो ये चीजें यूरोप को देने की स्थिति में हम कभी नहीं आएँगे, न यूरोप को ये वस्तुएँ हमसे लेने की कभी आवश्यकता होगी। किन्तु फिर भी एक चीज है जो हमारे पास है और उसकी आवश्यकता यूरोप को महसूस भी हो रही है। वह चीज है व्यक्तियों और वस्तुओं को देखने की वह दृष्टि, जिसे आध्यात्मिक कहते हैं। यूरोप और अमेरिका में आध्यात्मिकता नहीं है, यह कहना गलत होगा। थुरो, एमर्सन, रस्किन, ईलियट, रोम्यां रोलां और टाल्स्टॉय एशिया में नहीं जन्मे थे; किन्तु जहाँ वे जन्मे वहाँ का जीवन उन्हें अपने भीतर पचा नहीं सका। पश्चिम के पास दर्शन है, पर जीवन-दर्शन नहीं है। वहाँ दर्शन के आचार्य होते हैं, दार्शनिक नहीं होते। यूरोप और अमेरिका में जितनी फिलासफी लिखी गई है, उतनी तो समग्र एशिया में भी तैयार नहीं हुई थी। फिर भी यह फिलासफी दिमाग में अटकी हुई है। वास्तविक जीवन में पश्चिम वालों को जब दर्शन की आवश्यकता होती है तब उनका कोई भी दर्शन उनके काम नहीं आता और केवल उपयोग को सामने रखकर

परिस्थितियाँ उन्हें जिधर को ढकेल देती हैं, उधर को वे चले जाते हैं। इसीलिए लगता है, जैसे थुरो, एमर्सन, ईलियट और टाल्स्टॉय पश्चिमी जगत में अपवाद–जैसे उत्पन्न हुए। वे अमेरिकी और यूरोपीय होते हुए भी सोलह आने भारतीय लगते हैं। क्यों भारतीय लगते हैं, इस वायवीय समता को पकड़कर उसे साहित्य और कला के द्वारा साकार और सप्राण करना होगा। पूर्व और पश्चिम का भेद, कदाचित निराधार है, एशिया और भारतवर्ष की जो विशेषता रही है वह यूरोप और अमेरिका में भी झलक मारती है तथा यूरोप और अमेरिका में जो आधिभौतिकवाद है, वह थोड़ा-बहुत एशिया में भी रहा है, यद्यपि यूरोप की देखा-देखी अब वह बहुत बढ़ रहा है। सच्चा भेद पूर्व और पश्चिम का नहीं, सूक्ष्म और स्थूल मनुष्य का है, आधिभौतिक और आध्यात्मिक मानव का है, चिन्तनशील (रिफ्लेक्टिव) और कार्यकारी (एक्जेक्युटिव) व्यक्तित्व का है। एशिया और यूरोप दोनों दुःखी हैं, दोनों विषण्ण हैं। यह ठीक है कि यूरोप का स्थूल मनुष्य समृद्धियों की गोद में बड़े ही उत्साह से जी रहा है, किन्तु वहाँ जो सूक्ष्म मनुष्य है वह उतने उत्साह में नहीं है। वह स्थूल मनुष्य के भीतर सूक्ष्मता जगाना चाहता है, किन्तु अत्यन्त अल्पमत में होने के कारण उसकी बात लोग ठीक से नहीं सुन पाते। उचित है कि सूक्ष्म मानवता के भारतीय और एशियाई उपासक अपनी आवाजों को तेज करें जिससे यूरोप और अमेरिका में उनके सहधर्मियों को बल पहुँचे तथा सूक्ष्म और स्थूल मनुष्य के बीच जो द्वंद्व चल रहा है उसमें सूक्ष्मता का पक्ष दबा नहीं रह जाए।

और एशिया का कष्ट उसके शरीर क़ा कष्ट है, यद्यपि शरीर से रोगी मनुष्य का मानसिक स्वास्थ्य भी नष्ट हो जाता है यह विनाश एशिया में भी हुआ है। उसका सबसे भयानक प्रमाण यह है कि अपनी दुर्बलता और दारिद्र्य से हम इतना घबरा गए हैं कि हमारे पास जो आध्यात्मिक सत्य है, जो बपौती पूँजी है, उसे भी हम बेकार समझने लगे हैं। एशिया और यूरोप–दोनों अपूर्ण हैं, दोनों बेहाल हैं। इसे किश्ती नहीं मिलती, उसे साहिल नहीं मिलता। मानवता के नए भाग्य का निर्माण अकेले न तो एशियावाले कर सकते हैं और न यूरोप और अमेरिका के लोग। यह कार्य तो तभी सम्पन्न किया जा सकता है जब पश्चिम और पूर्व–दोनों की विशिष्टताएँ एकाकार हों, जब दोनों के गुण एक साँचे में ढल जाएँ।

मैं जो कुछ कह रहा हूँ, वह वाद-विशेष के छोड़ने या ग्रहण करने की दलील नहीं है, न उसमें इस बात का संकेत है कि हम किस देश स़े दोस्ती करें और किसकी छूत से हमें बचना चाहिए। ये फिर अपेक्षाकृत छोटी बातें हैं। प्रश्न यहाँ वादों का नहीं, प्रत्युत मनुष्य के सामूहिक विकास का है। प्रश्न विज्ञान के त्याग का नहीं, प्रत्युत यह है कि विज्ञान ने हमारे हाथों में जो सिद्धियाँ रखी हैं वे यथेष्ट हैं या मनुष्य को अभी और बढ़ना है और यदि और आगे बढ़ना है तो किस दिशा की ओर? किन ध्येयों को प्राप्त करने के लिए? किन शक्तियों का विकास करने के लिए? विज्ञान अधिक-से-अधिक

तीन सौ वर्षों की चीज हैं किन्तु पिछले तीन हजार वर्षों में मनुष्य ने और भी बहुत-सा ज्ञान अर्जित किया है। चिन्तकों के सामने समस्या यह उठी है कि इन दोनों ज्ञानों का समन्वय कैसे किया जाए? कौन वह मार्ग है जिससे सूक्ष्म और स्थूल मनुष्य के व्यक्तित्व का परस्पर एक-दूसरे में विलयन किया जा सकता है? कौन यह साधन है जिससे बुद्धि और हृदय के बीच सामंजस्य बिठाया जा सकता है? कौन वह मन्त्र है जिससे यन्त्र और अध्यात्म एक-दूसरे के पूरक बनाए जा सकते हैं? विज्ञान यह अनुसंधान करता है कि मनुष्य का हृदय उसकी छाती में बाईं ओर स्थित है या दाहिनी ओर। अभिनव चिन्तक यह पता लगाना चाहते हैं कि असल में हृदय को होना कहाँ चाहिए; विज्ञान हमारे हाथों में केवल शक्ति देता है। किन्तु इस शक्ति का उपयोग हम किन उद्देश्यों के लिए करें, इसका समाधान वह नहीं दे सकता, क्योंकि यह उसके क्षेत्र के बाहर की बात है। यह समाधान हमें देना है, कवियों, लेखकों, चिन्तकों, कलाकारों और सन्तों को देना है।

यह कार्य बड़ा कठिन दीखता है, किन्तु यही वह कार्य है जिसमें विश्व के अनेक चिन्तक आज लगे हुए हैं। भारत के कवियों और लेखकों का कर्त्तव्य है कि वे इस कार्य में अपने हाथ बटाएँ। यह किसी एक देश या क्षेत्र की जनता की सेवा नहीं, प्रत्युत विश्व की समग्र मानवता के उद्धार का कार्य है। यह चिन्तन मनुष्य को वर्त्तमान स्थिति से ऊपर उठाने के लिए है। यह तपस्या मनुष्य के सामूहिक विकास के निमित्त है। और यह ठीक वही कार्य है जिसके लिए भारत सहस्राब्दियों से तैयार होता आया है। और जब विश्व के चिन्तकों के सामने यह समस्या प्रत्यक्ष हुई, भारत ठीक उसी समय अहिंसा द्वारा स्वाधीन हुआ, इसे भी विधि का ही विधान समझना चाहिए। यही कारण है कि समस्त विश्व के सूक्ष्म चिन्तक हमारी ओर आशा से देख रहे हैं। स्वतन्त्र भारत स्वतन्त्र राष्ट्रों की सभा में चन्दन के रथ पर चढ़कर आया है। जब स्वाधीनता के लिए सारे संसार में रक्तपात की क्रिया अनिवार्य समझी जाती थी, तब भारत अहिंसा से स्वाधीन हुआ। और जिन सामाजिक कार्यों के लिए संसार में बन्दूकों और मशीनगनों के प्रयोग की परम्परा मौजूद है, वे कार्य भी यहाँ समझौते और सद्भाव से होते जा रहे हैं। जब तक ये कार्य नहीं हुए थे, लोग उन्हें असम्भव मानते थे। किन्तु आज वे सम्भव माने जाने लगे हैं। चिन्तक यह मानकर नहीं चलता कि चूँकि अमुक काम पहले कभी नहीं हुआ, इसलिए वह आगे भी नहीं हो सकता है। इतिहास अपने को दुहराता है, यह तो आंशिक सत्य है। वास्तविक सत्य तो यह है कि इतिहास इसलिए इतिहास है कि उसमें मनुष्य की नित्य-नूतन विजयों का आख्यान लिखा जाता है। जो भी व्यक्ति या समाज कोई ऐतिहासिक कार्य करने को अवतरित होता है, उसके सामने भयानक कठिनाइयाँ आती हैं, उसका मिशन अत्यन्त असम्भव प्रतीत होता है। किन्तु असम्भव कल्पनाओं से जूझने में ही मनीषा के सारे चमत्कार खुलते हैं, असम्भव कल्पनाओं से संघर्ष करने वाला चिन्तक ही मनुष्य का सच्चा नेता होता है।

विज्ञान और बुद्धिवाद की विजय की कहानी पुरानी पड़ चुकी। संसार उन्हें भली भाँति अंगीकार कर चुका है। विज्ञान और बुद्धिवाद—ये विश्व की नवीनतम चिन्ताधारा के विषय नहीं हैं। विश्व की नवीनतम चिन्ताधारा तो वह है जो विज्ञान से निकली हुई निराशा का निराकरण खोज रही है, बुद्धि की सीमाओं से टकराकर कोई नई राह ढूँढ़ रही है जिससे उस सत्य का साक्षात्कार किया जा सके जो विज्ञान की छड़ी से छूआ नहीं जा सकता और बुद्धि जिसकी थाह पाने में असमर्थ है।

अन्तर्राष्ट्रीय विश्व का एक युग समाप्ति पर है और उसी के साथ बुद्धिवादी बौद्धिकता भी समाप्त हो रही है। बुद्धिवाद के आविर्भाव के पूर्व मनुष्य की सभी महान उपलब्धियाँ संबुद्धि (इंटुइशन) से आई थीं। किन्तु विज्ञान और बुद्धिवाद जब जोर से चमकने लगे तब संबुद्धि की ज्योति मन्द पड़ गई और मनुष्य ने उसे संदिग्ध ज्ञान का साधन मानकर छोड़ दिया। परन्तु शताब्दियों तक बुद्धिवाद का सेवन कर लेने के बाद वह फिर किसी ऐसी दिशा की ओर देखने लगा है जो लगभग संबुद्धि की दिशा है, जो लगभग रहस्यवाद का देश है। संसार उस बिन्दु पर पहुँच रहा है जहाँ जड़ से चेतन की उत्पत्ति होगी, जहाँ भौतिकता से अध्यात्म की किरणें फूटेंगी और जिस युग के नेता आँकड़े एकत्र करने वाले वैज्ञानिक नहीं, प्रत्युत गांधी या अरविंद अथवा गांधी और अरविंद होंगे।

अध्यात्म और रहस्यवाद फिर से वापस आ रहे हैं, इस संवाद से किसी को भी घबराने की आवश्यकता नहीं है। आध्यात्मिकता असत्य कल्पनाओं में आस्था रखने को नहीं कहती, न रहस्यवाद रंगीन कुहासे का नाम है। महात्मा बुद्ध निरीश्वरवादी थे एवं मरणोत्तर जीवन-विषयक सभी प्रश्नों को उन्होंने अव्याकृत कोटि में डाल रखा था; किन्तु आध्यात्मिक और, किसी हद तक, रहस्यवादी गौतम बुद्ध भी थे। अध्यात्म असत्य कल्पनाओं को नहीं कहते हैं। यह तो वस्तुओं की गहराई का नाम है, यह तो पदार्थों के उस अदृश्य पक्ष की संज्ञा है जिसे विज्ञान नापने में असमर्थ है। विद्या की कोई भी शाखा, यहाँ तक कि पत्थर और खनिज का अध्ययन करने वाला शास्त्र भी जब विश्लेषण करते-करते वस्तु की गहराई में पहुँच जाता है, तभी वह आध्यात्मिक हो उठता है। विज्ञान जैसे-जैसे आगे बढ़ता है, अभिनव चिन्तन का भी गहराई की दिशा में उत्तरोत्तर विकास होता जा रहा है और ऐसा लगता है कि हम सचमुच ही उस बिन्दु के पास पहुँचते जा रहे हैं जहाँ द्रव्य को समझने के लिए हमें आत्मा की आवश्यकता पड़ेगी, जहाँ यांत्रिक और आध्यात्मिक तत्त्वों के बीच हमें सामंजस्य लाना पड़ेगा। उन्नीसवीं सदी के बुद्धिवादी चिन्तक मानते थे कि घास की एक छोटी पत्ती क्या है, इसका समीचीन उत्तर यांत्रिक ढंग से दिया जा सकता है अर्थात यह बात गणित के नियमों से सिद्ध की जा सकती है कि वह मैकेनिकल फेनोमेनन अर्थात् आदि से अन्त तक यांत्रिक प्रक्रिया का परिणाम है। किन्तु आज के बुद्धिवादी कुछ अधिक सतर्क और विनयशील हो गए हैं। अब वे यह नहीं समझते कि यांत्रिक प्रक्रिया से घास की

पत्ती का सारा अस्तित्व विश्लिष्ट किया जा सकता है। कुछ और बातें हैं जिनका पता हमें अभी नहीं चला है।

और, यद्यपि रहस्यवाद का चोगा पहनकर बहुत-से नकली रहस्यवादी कवि और सन्त दुनिया को भरमा रहे हैं, पर इससे रहस्यवाद के वास्तविक अर्थ का मूल्य नहीं घटता, ठीक वैसे ही, जैसे इस बात से विज्ञान का महत्त्व नहीं घटता कि उससे पाई हुई शक्ति को लेकर मनुष्य मनुष्य का संहार कर रहा है। रहस्यवाद तो केवल सत्य के इस पक्ष पर जोर देता है कि बुद्धि सब कुछ को देख नहीं सकती। सत्य के कुछ ऐसे भी पहलू हैं जो संबुद्धि को दिखाई देते हैं और जो केवल संकेतों में कहे जाते हैं क्योंकि उन्हें अभिव्यक्त करने योग्य भाषा अभी तैयार नहीं हुई है। इस दृष्टि से देखने पर आइंस्टीन का सापेक्ष्यवाद गणित के माध्यम से रहस्यवाद तक जाने का मार्ग नहीं तो और क्या है? देश, काल और गति का आदितम रूप क्या है, और उनका अंतिम रूप क्या होगा? विज्ञान के भीतर से उठने वाले इन अमोघ आध्यात्मिक प्रश्नों ने भौतिकवाद की नींव हिलानी शुरू कर दी है। देश गति का ही विकार है और काल उसी का अविकृत रूप तथा देश और काल—दोनों एक-दूसरे में रूपांतरित हो सकते हैं, ये बातें जीवन को रहस्यवाद के पास नहीं तो और कहाँ ले जाती हैं?

विज्ञान और बुद्धिवाद के यान पर चढ़कर विश्व-विजय को निकला हुआ मनुष्य अग-जग को छानकर अन्त में अपने घर वापस आ रहा है। जिनकी आँखों में दूर तक देखने की ज्योति है, वे इस सूक्ष्म दृश्य को सुस्पष्टता से देख रहे हैं और उन्हीं के हृदयों में इस विलक्षण विजेता के स्वागत की तैयारी भी चल रही है। किन्तु यह विजेता और कुछ होने के पहले भारतीय होगा क्योंकि जिन सपनों को वह आकार देने वाला है, वे स्वप्न सबसे अधिक भारतवर्ष के हृदय में पलते आए हैं। इसलिए उचित है कि भारतवर्ष के कवि, चिन्तक और कलाकार उसके स्वागत में अपने सपने बिछा दें, उसके मार्ग को निष्कंटक बनाने के प्रयास में अपनी आयु समाप्त कर दें। वर्षों और मासों की गिनती तो उनके लिए है जो छोटे धरातल पर काम करते हैं। चिन्तकों और कवियों के वर्ष शताब्दियों अथवा अर्ध-शताब्दियों में गिने जाते हैं। और इसकी भी क्या चिन्ता कि स्थूल मनुष्य की ओर से पीटे जाने वाले भीषण पटह के विकराल शेर में हमारी पतली आवाज डूब जाती है? हमें इस विश्वास के साथ आगे बढ़ते जाना है कि यही पतली आवाज दुनिया की अमर आशा की आवाज है और यही पतली आवाज एक दिन सारे विश्व की आवाज बनेगी जबकि प्रत्येक स्थूल मनुष्य पटह फेंककर कोई मुरली उठा लेगा।[1]

(राष्ट्रभाषा और राष्ट्रीय एकता)

---

1. बिहार प्रादेशिक हिन्दी-साहित्य-सम्मेलन के रजत-जयन्ती समारोह में अध्यक्ष-पद से दिया गया भाषण।

राष्ट्रभाषा और राष्ट्रीय एकता

हिन्दी भारत की राष्ट्रभाषा किस गुण से बनी? केवल इसलिए कि उसके भीतर भाषा को भाषा से और प्रान्त को प्रान्त से जोड़ने की शक्ति है। उत्तर भारत में यह काम हिन्दी ने बड़ी ही सघनता से किया है। हिन्दी की पश्चिमी सीमा राजस्थान और पंजाब में और पूर्वी सीमा बिहार में पड़ती है और राजस्थान से लेकर बिहार तक के लोग अपने-अपने घरों में राजस्थानी, ब्रजभाषा, बुन्देलखंडी, अवधी, बैसवारी, भोजपुरी, मगही और मैथिली, अनेक बोलियाँ बोलते हैं। अवधी, ब्रजभाषा और मैथिली तो अपने को भाषा कहती हैं, क्योंकि उनके अपने कवि हैं, जिन पर सारा भारत नाज़ करता है—ब्रजभाषा के सूरदास, अवधी के तुलसीदास और मैथिली के विद्यापति। फिर भी पंजाब से लेकर बिहार तक की मातृभाषा हिन्दी मानी जाती है। यह एक विलक्षण बात है। इन अनेक क्षेत्रों के लोग अपने घरेलू बोलियों में बातचीत करते हैं, लोकगीत गाते हैं और कभी-कभी कविताएँ भी लिखते हैं, लेकिन सबकी सामाजिक भाषा हिन्दी ही है। हिन्दी में ही वे अखबार पढ़ते हैं, पुस्तकों से मानसिक आहार ग्रहण करते हैं और हिन्दी में ही उनके शिक्षा तथा राजकाज के काम चलते हैं।

यह अत्यन्त प्रिय और अनुकूल स्थिति कैसे उत्पन्न डुई? यह संस्कृत की कृपा का परिणाभ है। उत्तर की सभी भाषाएँ किसी समय एक ही माता संस्कृत के गर्भ में थीं। जब अपभ्रंश का समय समाप्ति पर आया, संस्कृत के गर्भ में निकली हुई अनेक भाषाएँ अपने-अपने क्षेत्रों में बढ़ने और फूलने-फलने लगीं। इसी क्रम में संस्कृत ने एक ऐसी भाषा को भी जन्म दे दिया जो किसी खास शिक्षा के बिना भी सभी क्षेत्रों में थोड़ी-बहुत समझी जाती है। यह भाषा हिन्दी है। पश्चिम में पंजाब से लेकर पूरब में बिहार तक जितने भी लोग बसते हैं हिन्दी या उर्दू या तो उनकी मातृभाषा है अथवा हिन्दी को वे आसानी से समझ लेते हैं, लेकिन हिन्दी का प्रसार यहीं तक नहीं है। उसका गुजराती, बँगला, असमिया और उड़िया भाषाओं में भी निकट का सम्बन्ध है। यदि मिथिला का कोई आदमी गुजरात जाए और मैथिली में बोले, तो उसकी बात कोई नहीं समझेगा, लेकिन हिन्दी में बोलने से उसका थोड़ा-बहुत काम चल सकता है। इसी प्रकार गुजरात का कोई आदमी यदि असम पहुँच जाए, तो गुजराती समझने में तो असमी भाइयों को दिक्कत होगी लेकिन टूटी-फूटी हिन्दी का आशय वे भी समझ लेंगे।

उत्तर में तो संस्कृत ने अनेक भाषाओं को जनम देने के साथ, एक ऐसी भाषा को भी जन्म दे दिया जो सभी भाषा-क्षेत्रों में थोड़ी-बहुत समझी जाती है, लेकिन दक्षिण में ऐसी कोई भाषा उत्पन्न नहीं हुई, जो बिना सीखे तमिल, तेलुगू, कन्नड़ और मलयालम क्षेत्रों में समझी जा सके। अगर दक्षिण में भी ऐसी कोई एक भाषा पैदा हुई होती, तो देश की भाषा-समस्या का समाधान आज की अपेक्षा कुछ कम कठिन हो जाता।

यह भी ध्यान देने की बात है कि उत्तर में हिन्दी अपनी सीमाओं से ठीक-ठीक बँधी हुई नहीं है। अपनी पश्चिमी सीमा पर हिन्दी पिघलकर पंजाबी और गुजराती बन गई है। इसी प्रकार अपनी पूर्वी सीमा पर वह बँगला में समा जाती है। हिन्दी की पश्चिमी सीमा पर, यानी राजस्थान में मीराबाई जनमी थीं, लेकिन उनकी बहुत-सी कविताएँ गुजराती में भी चलती हैं। हिन्दी की पूर्वी सीमा पर यानी बिहार में विद्यापति जनमे थे, लेकिन उनकी कविताएँ बँगला भाषा की भी सम्पत्ति मानी जाती हैं। इसी प्रकार सिख-धर्म के गुरुओं ने जो साहित्य लिखा, वह पंजाबी की भी सम्पत्ति है और हिन्दी भी उस पर अपना पूरा अधिकार मानती है।

जिसे हम खड़ी बोली हिन्दी कहते हैं, उससे उर्दू का पूरा मेल है यानी बोली जाने पर दोनों भाषाएँ एक ही रहती हैं। हाँ, जब वे दो लिपियों में लिख दी जाती हैं, तब वे दो समझी जाती हैं, लेकिन यह कसौटी कोई सही कसौटी नहीं है। असली बात यह है है कि हिन्दी और उर्दू एक ही भाषा हैं, क्योंकि उनका व्याकरण एक है, उनकी क्रियाएँ एक हैं और उनके मुहावरे भी एक हैं।

ब्रजभाषा, अवधी और भोजपुरी के समान पहले खड़ी बोली भी एक बोली ही थी, जो दिल्ली के आसपास बोली जाती थी, किन्तु इस बोली में कोई एक विलक्षण गुण था, जिसके कारण वह सारे उत्तर भारत में समझी जाती थी। तीर्थों में घूमनेवाले साधु इसी बोली का व्यवहार करते थे। पठानों और मोगलों के राज-कर्मचारी इसी भाषा में जनता से बात करते थे। साधुओं की कृपा से एक प्रकार की मिली-जुली खिचड़ी हिन्दी का ऐसा प्रचार हुआ कि उसके अनेक कवि गुजरात में जनमे, अनेक कवि महाराष्ट्र में पैदा हुए और अभी-अभी इस बात का पता चला है कि एक कवि आंध्र में भी हुए थे, जिन्होंने अपनी कविताएँ हिन्दी भाषा तथा तेलुगू लिपि में लिखी थीं।

जब मोगलों का साम्राज्य टूटने लगा, दिल्ली, पंजाब और राजस्थान के व्यापारी लोग तिजारत और रोज़ी की तलाश में, अपनी पुरानी जगहों से उखड़कर लखनऊ, कानपुर, इलाहाबाद, बनारस, पटना, कोलकाता और मुर्शिदाबाद की ओर जाने लगे। उनके साथ-साथ खड़ी बोली हिन्दी भी दिल्ली से निकलकर देश में दूर-दूर तक फैलने लगी। इसी क्रम में हिन्दी का मुम्बई की ओर भी प्रचार हुआ। तब से अपने देश का यह हाल रहा है कि जिस किसी नगर में अनेक भाषाभाषी हिन्दुस्तानी जमा होकर रहने लगते हैं, वहाँ सम्पर्क-भाषा के रूप में हिन्दी आपसे-आप चलने लगती है। अब तो

भारत में औद्योगिक नगरों की संख्या तेज़ी से बढ़ने लगी है। जहाँ-जहाँ उद्योग फैलते हैं, वहाँ-वहाँ अनेक भाषाएँ बोलने वाले लोग एकत्र होने लगते हैं और उनके आपसी व्यवहार की भाषा हिन्दी बन जाती है।

हिन्दी के इन्हीं लक्षणों को देखकर आज से सौ-सवा-सौ वर्ष पूर्व, भारत के राष्ट्रवादी नेताओं और विचारकों के मन में यह बात आई थी कि हम अपने अन्तःप्रान्तीय सम्पर्क के लिए हिन्दी को चुनें और उसका इस दृष्टि से विकास करें कि एक दिन वह सारे देश के प्रयोग की भाषा बन जाए और इन नेताओं और विचारकों में सबसे अग्रणी नाम उन नेताओं के थे, जिनकी मातृभाषा हिन्दी नहीं, बँगला थी। एक तरह से आधुनिक भारत का जन्म ही बंगाल में हुआ था। उस समय देश में आम कहावत चलती थी कि बंगाल भारत का अगुआ है। जो बात बंगाल आज सोचता है, वही बात सारा भारतवर्ष कल सोचेगा।

भाषाओं को लेकर झगड़ने की बात उस समय कोई सोच भी नहीं सकता था। आज भारत में ऐसे लोग हैं, जो यह कहने में संकोच नहीं करते कि हमारी भाषा श्रेष्ठ, किसी दूसरे की भाषा कम श्रेष्ठ है, लेकिन उन्नीसवीं सदी के महापुरुष इस धरातल तक नीचे नहीं उतरते थे। उन्हें अपनी मातृभाषा के दावे को आगे बढ़ाने की फिक्र नहीं थी। वे किसी ऐसी भाषा को आगे लाने की चिन्ता में थे, जो आसानी से भारत की राष्ट्रभाषा बनाई जा सके। उस समय का वातावरण इतना उदार था कि कलकत्ते से निकलनेवाले कई पत्रों में समाचार एक साथ चार-चार भाषाओं में छापे जाते थे—अंग्रेजी में, हिन्दी में, फारसी में और बँगला में। उन्नीसवीं शताब्दी के हिन्दी के उन्नायकों में सबसे बड़ा नाम स्वामी दयानन्द सरस्वती का है। वे जन्म से गुजराती थे और अपने मतों का प्रचार की भाषा वे संस्कृत को मानते थे, लेकिन बाबू केशवचन्द्र सेन के आग्रह से उन्होंने अपना ग्रंथ, सत्यार्थ-प्रकाश हिन्दी में लिखा और तब से वे अपने भाषण भी मुख्यतः हिन्दी में ही देने लगे।

हिन्दी भारत की एकता की भाषा है, इसका एक प्रमाण यह भी है कि भारत की एक भाषा से दूसरी भाषा में अनुवाद के जो कार्यक्रम चल रहे हैं, उनमें सबसे ज़्यादा काम हिन्दी के माध्यम से हो रहा है। यदि हम किसी तमिल ग्रंथ का अनुवाद सीधे बँगला या असमिया में करना चाहें, तो अनुवादक मुश्किल से मिलेंगे, लेकिन तमिल से हिन्दी में अनुवाद अपेक्षया आसानी से हो जाता है और जो किताब हिन्दी में आ जाती है, उसके अनुवाद अन्य सभी भाषाओं में आसानी से हो जाते हैं। कई बार तो ऐसा होता है कि उर्दू, पंजाबी और काश्मीरी आदि भाषाएँ अनुवाद का तब तक प्रारम्भ ही नहीं करतीं, जब तक मूल का अनुवाद हिन्दी में न हो जाए। रवीन्द्रनाथ ठाकुर संसार में इस कारण प्रसिद्ध हुए कि उनकी कृतियों का अनुवाद अंग्रेजी में हुआ था, किन्तु बँगला के उपन्यासकार श्री शरतचन्द्र की पुस्तकों का अनुवाद अंग्रेजी में उनके जीवन-काल में नहीं हो सका। तब भी शरद बाबू भारत-प्रसिद्ध होकर मरे,

क्योंकि उनकी सभी पुस्तकों का अनुवाद हिन्दी में हो गया था और हिन्दी-अनुवाद के जरिए उनकी किताबें अन्य भाषाओं में पहुँच गई थीं। जिस अहिन्दी-भाषी लेखक को हिन्दी की नाव मिल गई, वह सभी भाषाओं में थोड़ा-बहुत प्रवेश पा सकता है। साहित्य में अखिल भारतीय कीर्ति की नौका इस देश में आज भी अंग्रेजी नहीं, हिन्दी भाषा है।

जब गांधी जी आए, तब तक हिन्दी के पक्ष की विचारधारा काफी मजबूत हो चुकी थी। गांधी जी को ज़्यादा आगे-पीछे सोचना नहीं पड़ा। वे आते ही हिन्दी में बोलने लगे और असहयोग आन्दोलन छेड़ने के पहले ही, उन्होंने हिन्दी का आन्दोलन आरम्भ कर दिया। यह उन्हीं के पुण्य और परिश्रम का फल है कि अहिन्दी-भाषी प्रान्तों में आज ऐसे लाखों व्यक्ति हैं, जो हिन्दी की परीक्षाएँ पास कर चुके हैं और हजारों आदमी हिन्दी के प्रचार के काम में लगे हुए हैं। हिन्दी के प्रचार का काम देशभक्ति का काम है। हिन्दी को हम इसलिए ऊपर उठा रहे हैं कि उसके साथ सभी भाषाओं का उत्थान हो। हिन्दी एक प्रतीक है। असल में हमारा उद्‌देश्य सभी भाषाओं को ऊपर उठाना है, जिससे यह पूरा देश अपनी भाषाओं में सोच सके और सारी मनुष्य-जाति के लिए भारत की परम्परा में जो सन्देश निहित है, उसे अपनी भाषाओं में उछाल सके।

हिन्दी को गांधी जी का समर्थन इसलिए भी प्राप्त हुआ कि हिन्दी के जरिए वे देश के सभी सम्प्रदायों को आपस में नजदीक लाना चाहते थे, इसीलिए वे हिन्दी के हिन्दुस्तानी रूप को ज़्यादा पसन्द करते थे। हिन्दुस्तानी हिन्दी का वह रूप है, जिसमें अरबी और फारसी के शब्द कुछ ज़्यादा इस्तेमाल किए जाते हैं। गांधी जी मानते थे कि भारत केवल हिन्दुओं का देश नहीं है, न उसकी संस्कृति केवल आर्यों की संस्कृति है। भारत की संस्कृति सामासिक है और उसके विकास में आर्य और द्रविड़, हिन्दू और मुसलमान, सिख और क्रिस्तान तथा भारत की विभिन्न आदिवासी जातियों ने समय-समय पर यथाशक्ति अपना योगदान दिया है। भारत की संस्कृति मिली-जुली है और गांधी जी को आशा थी कि हिन्दी इस मिली-जुली संस्कृति की भाषा होगी।

किन्तु जिस भाषा का विकास सरकार के दफ्तरों में किया जा रहा है, उसे अल्पसंख्यक जनता अपने लिए कुछ कठिन समझती है। सरकारी हिन्दी उस हिन्दी से भिन्न राह पर चलने लगी है, जो हिन्दी प्रेमचन्द जी लिखते थे अथवा जिस हिन्दी के दर्शन हमें श्री अमृतलाल नागर, श्री मोहन राकेश, श्री कमलेश्वर और श्री राजेन्द्र यादव की रचनाओं में होते हैं। कठिनाई यह है कि हमारे सामने और कोई विकल्प नहीं है। भाषा, जहाँ तक सम्भव हो आसान होनी चाहिए, इस बात को सभी लोग मानते हैं, किन्तु जब पारिभाषिक शब्दों निर्माण की बात आती है, तब हालत कुछ और हो जाती है। एक समय उस्मानिया विश्वविद्यालय ने यह कोशिश की थी कि विज्ञान के सारे शब्दों का अनुवाद उर्दू में कर दिया जाए, किन्तु जो शब्द बने, वे उर्दू के नहीं,

फारसी और अरबी के शब्द थे और पढ़ने-पढ़ाने में उनका प्रयोग कठिन मानकर उन्हें छोड़ दिया गया। फिर मौलाना आजाद ने कोशिश की कि पारिभाषिक शब्दों के अनुवाद अरबी, फारसी और संस्कृत से बचकर हिन्दुस्तानी में करवाए जाएँ। लेकिन, इस कोशिश के जो नतीजे निकले, उन्हें देखकर सारा देश हँसने लगा। सचमुच ही, हिन्दुस्तानी के हामियों ने बड़े विचित्र शब्द बनाए थे। 'सेंट्रल कैबिनेट' का अनुवाद उन्होंने 'बिचबिन्दी खोली' किया था, 'ह्विप' के लिए उन्होंने 'टहलुआ' शब्द चुना था और 'ज्योतिष' एवं 'गांधी-साहित्य' के अनुवाद क्रमशः 'आकाशियत' और 'गांधीयात' किए थे।

जब ये दोनों प्रयोग असफल हो गए, देश के सामने इसके सिवा और कोई विकल्प नहीं रह गया कि वह संस्कृत की सहायता से नए शब्दों का निर्माण करे। संस्कृत की सहायता से जो नए शब्द बन रहे हैं, उनमें से अनेक को देखकर औरों की तो बात क्या, बहुत-से हिन्दी-विशारद भी त्राहि-त्राहि कह उठे हैं और त्राहि-त्राहि करने का भाव कभी-कभी मेरे भीतर भी जगा है, लेकिन जहाँ कोई विकल्प ही नहीं हो, वहाँ आदमी कर क्या सकता है? नए शब्दों के निर्माण की दिशा में हिन्दी उतनी ही बाँझ भाषा है जितनी बाँझ उर्दू, अंग्रेजी, जर्मन और फ्रेंच भाषाएँ हैं। यूरोपीय भाषाओं को जब नए शब्द बनाने होते हैं, वे ग्रीक और लैटिन के भंडारों की ओर दौड़ती हैं। इसी प्रकार भारतीय भाषाएँ नए शब्दों के निर्माण के लिए संस्कृत की शरण ली गई है, क्योंकि उनके सामने और कोई राह नहीं है।

हमारी भाषा-समस्या का एक पहलू यह है कि हिन्दी के जिस रूप को सिख, मुसलमान, पारसी और क्रिस्तान आसानी से कबूल करेंगे, उस रूप को हिन्दीवाले भले ही कबूल कर लें, किन्तु अहिंदी-भाषी प्रान्तों के लोग त्रिकाल में भी स्वीकार नहीं करेंगे। अहिन्दी-भाषी भारत की प्रवृत्ति में हिन्दी को संस्कृतनिष्ठ बनाने की ओर है, जो शैली सिख, मुसलमान, पारसी और क्रिस्तान भाइयों को कुछ भारी मालूम होती है। ऐसी अवस्था में सुगमता की राह यही हो सकती है कि हिन्दी में जो भी विदेशी शब्द खप गए हैं, उन्हें अहिन्दी-भाषी भाई भी स्वीकार करें और संस्कृत के आधार पर जो नए शब्द बन रहे हैं, उन्हें वे लोग भी सीखने का कष्ट उठाएँ, जो आज तक संस्कृत-धारा से दूर रहे हैं।

शब्दों का निर्माण हम चाहे इसी पीढ़ी में कर लें, किन्तु उनके प्रचलन का निर्णय अगली पीढ़ी के पूर्व नहीं हो पाएगा। जो शब्द हम बना रहे हैं, वे सबके सब चलेंगे या नहीं, इसका पता तब चलेगा, जब उनका प्रयोग विश्वविद्यालयों, कचहरियों, विधानसभाओं और बाजारों में होने लगेगा। कोशों में लिखे शब्द ठंडे और निर्जीव होते हैं। जिन्दगी की थरथराहट उनमें तब पैदा होती है, जब प्रयोग के समय वे कल्पना की गर्मी के नीचे आते हैं। प्रयोग के समय इनमें से कितने शब्द ठहरेंगे और कितने नहीं, इसका अभी अनुमान लगाना भी मुश्किल है। संभव है, नए शब्दों में से बहुत-से शब्द

ठहर जाएँ, संभव है, उनकी जगह पर कुछ नए शब्द आ जाएँ और यह भी संभव है कि अंग्रेजी शब्द, जिन्हें आज हम निकालना चाहते हैं, बाहर जाने से इनकार कर दें और वे भारतीय भाषाओं के अंग बन जाएँ। हमें इन सारी हालतों के लिए तैयार रहना चाहिए।

गांधी जी चाहते थे कि हिन्दी साम्प्रदायिक एकता की भाषा बने। उनकी आशा निराधार नहीं थी, क्योंकि हिन्दी ही वह भाषा है, जिसमें अरबी और फारसी के शब्द बहुतायत से पाए जाते हैं। चूँकि हिन्दुओं और मुसलमानों का सम्पर्क सबसे अधिक उत्तर भारत में हुआ, इसलिए उस सम्पर्क की सबसे अधिक छाप भी हिन्दी भाषा पर ही दिखाई देती है। जब मुसलमान भारतवर्ष में आए, पहले तो हिन्दुओं के साथ उनका संघर्ष हुआ, लेकिन जब भारत को अपना देश मानकर वे यहाँ बस गए, तब हिन्दुओं से उनका मूल-जोल बढ़ने लगा और हिन्दी में ऐसे कवि जन्म लेने लगे, जो हिन्दू-मुस्लिम एकता पर ज़ोर देते थे और चाहते थे कि हिन्दू और मुसलमान आपस में प्रेम और सद्भाव के साथ रहना सीखें। हिन्दी के सर्वस्व केवल तुलसीदास, सूरदास, देव और बिहारी ही नहीं हैं, कबीर, नानक, जायसी, दादू, रैदास, मलूकदास, रसखान और रहीम के बिना भी हिन्दी का भंडार रीता हो जाएगा।

हिन्दी असाम्प्रदायिक भाषा है, इसके कई प्रमाण हैं। हिन्दी में विदेशी शब्दों के बहिष्कार का रिवाज नहीं है। और तो और, हिन्दी के सबसे बड़े कवि तुलसीदास जी ने अरबी और फारसी के शब्दों का प्रयोग निःसंकोच भाव से किया है। आज हिन्दी संस्कृतनिष्ठ क्यों हो रही है, इसका कारण मैं ऊपर बता चुका हूँ, किन्तु यह नीति हिन्दी की अपनी नीति नहीं है। वह सारे भारतवर्ष की निर्धारित नीति है, वह चौदह भाषाओं के द्वारा निर्वाचित मार्ग है। उसकी जवाबदेही हम हिन्दीवालों पर थोपना अन्याय का काम है।

और केवल शब्दों के मामले में ही नहीं, भावों और विचारों के मामले में भी हिन्दी के कवि साम्प्रदायिक नहीं थे। जो कवि दरबारों में रहते थे, उन्होंने कविधर्म को छोड़कर कलाकारों का धर्म अपना लिया था। भूषण और लाल को छोड़कर उनमें और कोई कवि ऐसा नहीं था, जिसे अपने देश और समाज की भी चिन्ता रही हो। और जो कवि संत थे, उनकी दृष्टि कभी छोटी बातों पर जाती ही नहीं थी। वे हमेशा मनुष्य को ऊँचाई पर ले जाने की बात करते थे। वे मनुष्य के मन को सहिष्णु, दयालु और उदार बनाना चाहते थे।

इससे भी बड़ी बात यह है कि महाकवि चंदबरदाई राजा पृथ्वीराज चौहान के अंतरंग मित्र थे और उन्होंने पृथ्वीराज को मोहम्मद गोरी से हारते और अन्त में उन्हें मरते देखा था, किन्तु इतने पर भी चंदबरदाई को इस्लाम-धर्म से कोई द्वेष नहीं हुआ। उलटे, उन्होंने अपने रासो काव्य के मुखबन्ध में इस बात पर नाज़ किया है कि मैं अपने काव्य में पुराण और कुरान, दोनों के मंतव्यों का समावेश कर रहा हूँ।

उक्ति धर्मविशालस्य राजनीति नवं रसं,
षट् भाषा पुराणं च कुरानं कथितं मया।

किन्तु, साहित्य में हिन्दू-मुस्लिम-एकता का असली आरम्भ हम महात्मा कबीरदास में देखते हैं। सच पूछिए तो हिन्दू-मुस्लिम-एकता के तीन बड़े नेता इस देश में कबीर, सम्राट अकबर और महात्मा गांधी हुए हैं, किन्तु तीनों में से किसी के भी साथ लोगों ने अच्छा बर्ताव नहीं किया। कबीर के निन्दक हिन्दुओं में भी थे और मुसलमानों में भी। सम्राट अकबर की मुखालफत मुल्लाओं की ओर से हुई। और गांधी जी को एक हिन्दू ने मार डाला। फिर भी कबीर, अकबर और गांधी जी जो राह बता गए हैं, अक्ल की वही राह है और उसी राह पर चलकर हिन्दू और मुसलमान आपस में प्रेम से रह सकते हैं, इस देश की ताकत बढ़ा सकते हैं।

सभी धर्मों का जन्म आध्यात्मिक जिज्ञासा से होता है। आदमी क्या है? वह जन्म के पूर्व कहाँ थे? वह मरने के बाद कहाँ जाएगा? यह सृष्टि अचानक उछलकर हमारे सामने आ गई है अथवा उसके पीदे कोई योजना भी है? ईश्वर का सृष्टि से क्या सम्बन्ध है? ये ही वे सवाल हैं, जिन पर सोचते-सोचते आदमी धर्म की कल्पना करता है। यह धर्म का निगम-पक्ष है और निगम-पक्ष की ओर से देखें, तो एक धर्म के बीच कोई भेद नहीं है। धर्म धर्म के बीच विभेद तब उत्पन्न होता है, जब आदमी यह सोचने लगता है कि ईश्वर की आराधना करने का मार्ग कौन-सा है। हम पूरब मुँह होकर पूजा करें या पश्चिम की ओर बैठकर? हम मूर्ति की पूजा करें या निराकार का ध्यान करें? हम मन्दिर में मस्तक झुकाएँ या मस्जिद में नमाज पढ़ें? ये धर्म के आगम-पक्ष हैं और आगमों के कारण ही धर्मों के बीच भिन्नता और द्वेष का जन्म होता है। कबीरदास आगमों को व्यर्थ मानते थे और हिन्दू और मुसलमान, दोनों को निगम पर ले जाकर एक करना चाहते थे। आगम शाखाएँ हैं। निगम मूल है। कबीरदास और उनके अनुयायी चाहते थे कि लोग शाखाओं पर भटकना छोड़कर मूल पर आएँ और आपस में प्रेम से रहें।

मूल गहे ते सब सुख पावै।
डाल-पात में मूल गँवाबै।

—कबीर

अलह कहो, चाहे राम कहो।
डाल तजो, सब मूल गहो।

—दादू दयाल

जिन विचारकों ने भी धर्मों के बीच एकता की शिक्षा दी है, जो भी संत और सुधारक सभी धर्मों को एक करना चाहते हैं, वे लगभग एक ही बात बोलते हैं। शाखाओं को छोड़कर मूल पर जाओ। आगमों को छोड़कर निगम पर वास करो। राधाकृष्णन इसी निगम-धर्म को आत्मा का धर्म कहते हैं। रवीन्द्रनाथ ने जब यह कहा

था कि 'धर्म को पकड़े रहो, धर्मों को छोड़ दो,' तब उनका भी आशय यही था कि धर्म तभी तक धर्म है, जब तक वह निगम से बँधा है, जब तक वह एक वचन की संज्ञा है। जिस प्रकार ईश्वर एक है, आकाश एक है, जल एक है और पावक एक है, उसी प्रकार धर्म भी एक ही हो सकता है। और धर्म का यह एक और शाश्वत रूप सभी धर्मों के भीतर प्रच्छन्न है। इसीलिए सभी धर्म एक ही धर्म हैं, यदि उनके ऊपर जमी हुई आगमों और बाह्याचारों की पपड़ियाँ झाड़ दी जाएँ, किन्तु मनुष्य का अन्धविश्वास इतना अंधा है कि वह धर्म के विषय में कोई भी परिवर्तन स्वीकार करने को तैयार नहीं है। मनुष्य अपना खान-पान बदल सकता है, साहित्य, कला और संगीत में परिवर्तन स्वीकार कर सकता है, किन्तु धर्म वह उसी को मानता है, जो पुराने जमाने से चला आ रहा है। उसमें किसी भी प्रकार के संशोधन को स्वीकार करने को वह तैयार नहीं है। कबीर साहब ने मनुष्य की इस रूढ़िप्रियता के खिलाफ विद्रोह किया था।

जब तक गौतम बुद्ध नहीं जनमे थे, भारत में संस्कृति की एक ही धारा बहती थी। इस धारा का विश्वास वर्णाश्रम-धर्म में था, यज्ञों के द्वारा देवताओं को प्रसन्न करने में था और यह धारा शूद्र और नारी को वेदों के पास आने से मना करती थी। बुद्ध ने इस धारा के विरुद्ध महाक्रान्ति की और यह कहा कि आदमी की ऊँचाई और निचाई उसके जन्म नहीं, कर्म से सूचित होती है और धर्म की गूढ़ बातें जानने का अधिकार उन्हें भी है, जो नारी अथवा शूद्र हैं। तब से भारत के भीतर विचारों की दो धाराएँ बह रही हैं। एक धारा वर्णाश्रम-धर्म की है, जिसके ऋषि मनु और वशिष्ठ, दार्शनिक शंकराचार्य और कवि कंबन, पोतना, तुलसी और विद्यापति हैं। बीसवीं सदी में इस धारा के उन्नायक महामना पं. मदनमोहन मालवीय हुए हैं। यह भारतीय संस्कृति की मातृधारा कही जा सकती है और दूसरी धारा वह है, जो वर्णजम-धर्म में मौलिक सुधार चाहती है अथवा क्रान्तिपूर्वक उसे मटियामेट कर देना चाहती है। इस धारा के ऋषि स्वयं बुद्ध हैं और उसके दार्शनिक नागार्जुन और वसुबन्धु तथा कवि सरहपा, नहपा, तिरुवल्लुवर, वेमना, कबीर, दादू दयाल और रवीन्द्र हैं। यही धारा बृहत् मानवता की धारा है और उसके अद्यतन प्रतीक महात्मा गांधी हुए हैं। स्पष्ट ही, पहली धारा का ज़ोर निगम और आगम दोनों पक्षों पर है, किन्तु दूसरी धारा, अपना आगम बना लेने पर भी अधिक ज़ोर धर्म के निगम-पक्ष पर देती है।

जिस युग में धर्म जी रहे हैं, वह आगम से अधिक निगम की महिमा से व्याप्त है। इसीलिए नवयुग की धार्मिक प्रवृत्ति तुलसीदास जी के पक्ष में कम, कबीरदास जी के पक्ष में कुछ ज़्यादा पड़ती है। जब से विज्ञान के रथ पर आसीन नवयुग का आगमन हुआ है, धर्म के आगम-पक्ष दिनोंदिन क्षीण होते जा रहे हैं और आगमों से प्रच्छन्न होने के कारण स्वयं धर्म भी निन्दित हो रहा है, किन्तु धर्म की निन्दा से अध्यात्म निन्दित नहीं होता। वह आज भी जीवित है और आगे भी जीवित रहेगा, क्योंकि अध्यात्म

आगम नहीं, निगम की चीज है और धर्म के विरुद्ध चलनेवाली क्रान्तियाँ मुख्यतः आगमों का विनाश चाहती हैं। निगम तो यह तत्व है, जिसका नाश ही नहीं होता, जो थोड़ी देर के लिए दबकर फिर उठाकर ऊपर आ जाता है। धर्म को लेकर नवयुग के विचार जिस उग्रता से खौल रहे हैं, उसे देखते हुए यह अत्यन्त सम्भव दीखता है कि आगमों पर जीनेवाले धर्म उन्मूलित हो जाएँगे और मनुष्य के मन में धर्म का वही रूप शेष रहेगा, जिसका आधार निगम पर है अर्थात धर्म मरेंगे और अध्यात्म जीवित रहेगा।

जो लोग समस्त मध्यकालीन साहित्य पर मध्यकालीनता की स्याही पोतकर उसे बिलकुल अनुपयोगी और त्याज्य बताना चाहते हैं, वे भारत का अकल्याण कर रहे हैं। सभी मध्यकालीन कवि, अभी पूरे अर्थों में, मध्यकालीन नहीं हुए हैं। उनमें से अनेक कवियों के अनेक स्वप्न जीवित हैं और आज चार सौ वर्षों से हवा में मँडरा रहे हैं। उन्हें हमें धरती पर उतारकर साकार बनाना है। इन स्वप्नों में सबसे बड़ा स्वप्न साम्प्रदायिक एकता का स्वप्न है। और यह स्वप्न ऐसा है, जो मनुष्य को धर्मों से छुड़ाकर उसे अधिक धार्मिक बनाना चाहता है, आगमों से मुक्त करके उसे निगम के पास लाना चाहता है। हिन्दी के सन्त कवि धार्मिक विवादों से इतने दुखी थे कि आजिज आकर उन्होंने अल्लाह और राम की अलग-अलग राहों को छोड़कर एक तीसरी ही राह पकड़ ली थी। इस तीसरी राह पर आने की उमंग सबसे पहले कबीर साहब में प्रत्यक्ष हुई थी।

सुर, नर, मुनि और औलिया, ये सब बेलैं तीर,
अलह-राम की गति नहीं, तहँ घर किया कबीर।
हद्द छाड़ि बेहद गया, किया सुन्नि असनान,
मुनिजन महल न पावई, तहाँ किया विश्राम।
राम भजत हैं नाम को, नाम भजत कछु थर,
वाहू तै कछु और है, वाकौ भजै कबीर।
हद्द छाड़ि बेहद गया, रहा निरन्तर होय,
बेहद के मैदान में, रहा कबीरा सोय।

हद, यानी सीमा आगम का पर्याय है। बेहद, यानी निस्सीम निगम का प्रतीक है। कबीर साहब कहते हैं, मैं तो सीमा तोड़कर निकल आया। तुम भी आगमों को छोड़कर निस्सीम हो सकते हो।

जो बात कबीर साहब ने ऊँचाई की लपेट में कही, उनके अनेक अनुयायियों ने उसी बात को सीधी-सादी भाषा में शताब्दियों तक दुहराया है।

दादू ना हम हिन्दू होहिंगे, ना हम मूसलमान।
षट् दर्शन में हम नहीं, हम राते रहिमान।।

—दादू दयाल

हेत न करि हिन्दू धरम, तजि तुरकी रस रीति,
रज्जब जिन पैदा किया, ताही सूँ कर प्रीति।।

—रज्जब जी

सब कोई साहब बन्दते, हिन्दू-मूसलमान,
साहब जिसको बन्दता, जिसका ठौर इमान।

—मलूकदास

और हिन्दू-मुस्लिम-एकता के नारे हमने बहुत सुने हैं, मगर एकता का जो सबसे बड़ा नारा हो सकता है, वह सोलहवीं सदी में स्वामी दादू दयाल ने दिया था।

दोनों भाई हाथ-पग, दोनों भाई कान,
दोनों भाई आँख हैं, हिन्दू-मुसलमान।

नवयुग प्रवृत्तिवाद का युग है। यह युग संन्यासियों से भी अपेक्षा रखता है कि वे वैयक्तिक मुक्ति की खोज के लिए गुफाओं में नहीं बैठेंगे, बल्कि इसी संसार में रहकर प्राणियों की सेवा करेंगे। जिसके मन में आसक्ति है, उसके लिए जंगल भी वासनाओं का बाजार होगा। जो मन को काबू में रख सकता है, वह संसार में रहकर भी मोक्ष लाभ करेगा। यह विचार वैसे तो जनक के समय से चला आ रहा था, किन्तु निवृत्ति के धुँधलके में वह तिरोहित हो गया था। इस सत्य को फिर से जिलाने का काम मध्यकालीन संतों ने किया। रज्जब जी ने सोलहवीं सदी में कहा था :

एक जोग में भोग है, एक भोग में जोग,
एक बुड़हिं वैराग्य में, एक तरहिं सो गिरही लोग।

और जिस समाजवाद को लाने के लिए हम इतने बेकरार हैं, उसके भी बीज हमें संत कवियों की वाणी में दिखाई देते हैं। गुरु नानक का एक वचन मिलता है :

घालि खाइ, कुछ हत्थहु देइ
नानक राह पिछाइन सेइ।

अर्थात जो मेहनत करके खाता है और कुछ दूसरों के हाथ पर भी रखता है, नानक कहते हैं, रास्ता वही पहचानता है। कहते हैं गुरु नानक किसी भी ऐसे आदमी के हाथ का पानी नहीं पीते थे जिसके हाथों में मेहनत के निशान नहीं हों। जो खुद काम करके नहीं खाता है, वह चोर है। जो दूसरों की कमाई पर जीता है, वह समाजवादी नहीं हो सकता।

नारियों की निन्दा के लिए, सभी प्राचीन साहित्य के समान, प्राचीन हिन्दी साहित्य भी बदनाम है। यह बात अब सब लोग मानते हैं कि वैदिक युग में भारतीय नारियों की मर्यादा बहुत बड़ी थी। वे पतियों की अर्धांगिनी समझी जाती थीं और उनकी उपस्थिति के बिना कोई यज्ञ सम्पन्न नहीं किया जा सकता था। वेदों की अनेक ऋचाओं की रचना तत्कालीन नारी-ऋषियों ने की थी। वैदिक ऋषि जब तपस्या या आश्रम-वास करते थे, तब भी उनकी पत्नियाँ उनके साथ रहती थीं, किन्तु जब

बुद्ध आए, उन्होंने कहा, निर्वाण के लिए आवश्यक है कि साधक संसार छोड़कर भिक्षु हो जाएँ, किन्तु भिक्षु बनने का अधिकार, शुरू में उन्होंने केवल पुरुषों को दिया था। इससे नारियों के भीतर एक बेचैनी-सी छा गई। उन्होंने यह सवाल करना शुरू किया कि अगर मोक्ष का एकमात्र मार्ग संन्यास है, तो फिर नारियों को तथागत किस न्याय से इस अधिकार से वंचित रखना चाहते हैं। बुद्ध पर तो इस शंका का प्रभाव नहीं पड़ा, किन्तु उनके शिष्य आनन्द नारियों की प्रार्थना से द्रवित हो गए और उन्होंने शास्ता को यह अनुज्ञा देने को विवश कर दिया कि नारियाँ भी भिक्षुणी हो सकती हैं, किन्तु बुद्ध ने अपने इस निर्णय पर पीछे थोड़ा पश्चात्ताप भी किया। उन्होंने कहा, 'आनंद! मैंने जो धर्म चलाया था, वह पाँच सहस्र वर्ष तक चलनेवाला था, किन्तु अब वह केवल पाँच सौ वर्ष चलेगा क्योंकि नारियों को मैंने भिक्षुणी होने का अधिकार दे दिया है।'

किन्तु जैन धर्म में एक विचित्रता और हुई। वैसे जैन धर्म में भिक्षणी होने का रिवाज पहले से ही था, किन्तु जब वह धर्म श्वेताम्बर और दिगम्बर शाखाओं में बँट गया, तब स्वभावतः ही सवाल यह उठा कि नारियाँ भिक्षुणी हो सकती हैं या नहीं। निदान, जैन धर्म की दिगम्बर-शाखा ने शास्त्रों में यह संशोधन कर दिया कि नारियों को मोक्ष नहीं मिल सकता। उन्हें घर में ही रहकर दान-पुण्य करते रहना चाहिए। जब वे मोक्ष के समीप पहुँचेंगी, उनका जन्म पुरुष-योनि में होगा और तभी वे संन्यास भी ले सकेंगी।

धर्म ने नारी को जिस कुण्ठित दृष्टि से देखना आरम्भ किया था, उसे एक जबर्दस्त झकझोर नानक और कबीर ने दिया, क्योंकि ये संत विवाहित थे और गृहस्थी में रहकर ही वे वैयक्तिक मोक्ष की साधना करते थे। तब भी गृहस्थी से भागने की परम्परा हमें संतों में प्रायः बरकरार मिलती है, किन्तु नानक और कबीर ने वैराग्य की कठोर परम्परा को जो धक्का दिया, उसके कारण संतों की नारी-भावना कुछ थोड़ी उदार अवश्य हो गई। इसका प्रमाण हमें दरिया साहब के इस दोहे में मिलता है।

नारी जननी जगत् की, पाल-पोस दे तोष,
मूरख राम बिसारि के, ताहि लगावै दोष।

हिन्दी-साहित्य, मुख्यतः एकता और उदारता का साहित्य है। साहित्य अचानक आकाश से नहीं टपकता। जो जाति जैसा दर्द भोगती है, वह उसी प्रकार का साहित्य भी तैयार करती है। यह सत्य है कि जो क्षेत्र अब हिन्दी-भाषी कहे जाते हैं, उनके प्रांगण में कभी इतिहास की बड़ी-से-बड़ी घटनाएँ घटित हुई थीं, किन्तु समुद्र-मंथन से निकले हुए जहर को हमारे कवि भीतर-ही-भीतर पचा गए। उन्हें इस मंथन से जो भाव अमृत के समान निकलता दिखाई दिया, उसी का वर्णन उन्होंने अपने साहित्य में किया है। जो लोग हिन्दी को खाँटी हिन्दुत्व की भाषा समझकर उसे शंका से देखते हैं, वे यदि हिन्दी-साहित्य को समझने का प्रयास करें, तो उनकी शंका निर्मूल हो जाएगी।

हिन्दी-साहित्य केवल हिन्दुओं का निर्माण नहीं है। उसके अनेक कवि धर्म और जाति से मुसलमान थे। अमीर खुसरू और कबीरदास, जायसी और उस्मान, रहीम और रसखान, अनीस, अहमद और कमाल, ताज, नेवाज, आलम और शेख तथा मुबारक और रसलीन, ये सब-के-सब अत्यन्त उच्च कोटि के कवि हुए हैं। खासकर कबीर, जायसी, रहमी, रसखान और रसलीन ने हिन्दी की जो अपरिमित सेवा की है, वह हिन्दी-साहित्य में अत्यन्त गौरवपूर्ण स्थान रखती है। वैसे सम्राट अकबर ने जो दो-चार दोहे कहे थे, वे भी हिन्दी की ही सम्पत्ति है।

यह सब इसलिए नहीं हुआ था कि अंग्रेजी-समर्थन के दुरुद्देश्य को छिपाने के मकसद से हिन्दी का विरोध किया जाए, उसके साहित्य को साम्प्रदायिक कहकर बदनाम किया जाए और अल्पसंख्यकों को यह कहकर भड़काया जाए कि हिन्दी के भीतर से हिन्दुस्तान नहीं, हिन्दू-धर्म बढ़ता आ रहा है। सब कुछ व्यक्तियों के अधीन नहीं होता। बहुत-सी चीजें इतिहास को प्रयोगशाला में तैयार होती हैं और हमें उन्हें स्वीकार कर लेना पड़ता है। इतिहास जानता था कि एक समय भारत को एक राष्ट्रभाषा की जरूरत होनेवाली है। इसीलिए उसने हिन्दी को एक खास ढंग से तैयार किया, जो आश्चर्यजनक रूप से, राष्ट्रभाषा होने के योग्य है। अगर हम इतिहास के इस संकेत को नहीं समझेंगे, तो फिर हमारा झगड़ा अपने ही इतिहास से शुरू हो जाएगा।

मेरा दृढ़ विश्वास है कि गांधी जी ने हिन्दी से जो आशा लगाई थी, हिन्दी उसे पूर्ण करेगी। हिन्दी केवल हिन्दुत्व की भाषा नहीं होगी। वह उन सभी सम्प्रदायों की भावनाओं को अभिव्यक्ति देगी, जिन्हें लेकर हमारा राष्ट्र आगे बढ़ रहा है। भारतीय समाज की जिस सामासिकता को राष्ट्र ने हिन्दी के हवाले किया है, हिन्दी उसकी रक्षा और विकास को अपना धर्म समझती है। हिन्दी पूँजीवाद और अमीरी को भी प्रश्रय नहीं देनेवाली है, क्योंकि उसके सभी बड़े कवि या तो संत और फकीर थे अथवा रहीम, बीरबल और हरिश्चन्द्र के समान फक्कड़ मनुष्य, जो धन के संचय नहीं, उसके दान में विश्वास करते थे। हिन्दी अब्राह्मणों को भी दबाने का प्रयास नहीं करेगी, क्योंकि उसके सैकड़ों कवि खुद ही अब्राह्मण थे और उन्होंने हजार वर्षों से इस बात को बार-बार दुहराया है कि मनुष्य श्रेष्ठ या अधम अपने जन्म नहीं, कर्मों के कारण होता है और सबसे बढ़कर हिन्दी आगमों का पिष्ट-पोषण नहीं करेगी, क्योंकि संत कवियों के बाहुल्य के कारण हिन्दी की मुख्य प्रेरणा निगम की प्रेरणा है, उस सूक्ष्म धर्म की प्रेरणा है, जो सभी धर्मों में व्याप्त है, उस अध्यात्म की प्रेरणा है, जो वैज्ञानिक युग में भी कायम रहेगा।

अन्त में आज उपाधि प्राप्त करनेवाली आयुष्मती स्नातिकाओं को मैं आशीर्वाद देता हूँ कि जीवन में वे तेजस्विनी मानवी बनकर विचरण करें और जहाँ भी रहें, अपने मातृभाषा प्रेम को निर्भीकता से प्रकट करती रहें। सभी देशों में वहाँ के शील और

संस्कृति की रक्षा नारी-समाज करता है। भारत में भी भारतीय भाषाओं और भारतीय संस्कृति की रक्षा का नारी-समाज करता है। भारत में भी भारतीय भाषाओं और भारतीय संस्कृति की रक्षा का दायित्व हमारे नारी-समाज पर है।[1]

(साहित्यमुखी)

1. जुहारी देवी महिला डिग्री कॉलेज, कानपुर के प्रथम दीक्षांत-समारोह में दिया गया भाषण।

जननी जन्मभूमिश्च स्वर्गादपि गरीयसी

महाकवि इकबाल का एक गीत भारत में बहुत प्रचलित है :

सारे जहाँ से अच्छा हिन्दोस्तां हमारा।
हम बुलबुले हैं उसकी, यह गुलसितां हमारा॥

किन्तु इकबाल से बहुत पहले यह भाव बंगाल में जन्मा था, जहाँ के महाकवि बंकिमचन्द्र ने भारतमाता की कल्पना, सचमुच ही, माता अथवा महादेवी के रूप में की और देश को वन्दे मातरम् का जागरण-मन्त्र देते हुए उन्होंने बड़े ही ऊँचे धरातल से एक नई स्तुति का गान किया :

सुजलाँ सुफलां मलयज शीतलां शस्यश्यामलां मातरम्। वन्दे मातरम्।
त्रिंशकोटिकंठ-कलकल-निनादकराले!
द्वित्रिंशकोटि-भुजैर्धृतकरवाले!
के बोले माँ तुमि अबले!
बहुबलधारिणीम् नमामि तारिणीम्,
रिपुदलवारिणीम् मातरम्। वन्दे मातरम्॥

तब से बंकिम बाबू की कल्पना सारे देश में फैल गई और सभी कवि विभिन्न भाषाओं में एक ही नाम लिखने लगे, विभिन्न छन्दों में एक ही भवानी की आरती उतारने लगे।

हिन्दी के स्वर्गीय कवि श्री बदरीनारायण 'प्रेमचन्द' ने लिखा :

जय-जय भारत भूमि भवानी।
जा की सुयश पताका जग के दशहूं दिशि फहराना।
जय-जय भारत भूमि भवानी।

और राष्ट्रकवि श्री मैथिलीशरण गुप्त जी ने तान ली :

नीलाम्बर परिधान हरित पट पर सुन्दर है,
सूर्य, चन्द्र युग मुकुट, मेखला रत्नाकर है।
नदियाँ प्रेम-प्रवाह, फूल, तारे मंडन हैं,
वन्दी जन खगवृन्द, शेषफन सिंहासन हैं।
करते अभिषेक पयोद हैं, बलिहारी इस वेश की,

हे मातृभूमि! तू सत्य ही सगुण मूर्ति सर्वेश की।

और काश्मीर को देखकर स्वर्गीय पंडित श्रीधर पाठक को भी सन्देद हुआ कि हो न हो, यह स्वर्ग है।

यही स्वर्ग सुरलोक, यहीं सुरकानन सुन्दर,
यहि अमरन को ओक, यहीं कहुं बसत पुरन्दर।

किन्तु यह बात क्या है? ऐसा क्यों है कि लोग अपनी जन्मभूमि के प्रति इतना पक्षपात करते हैं? और तो और, तुलसीदास जी के रामचन्द्र भी अयोध्या को देखते ही कह उठे :

अति प्रिय मोहि यहाँ के वासी।
मम धामदा पुरी सुखरासी।

यह अयोध्या के प्रति, अपनी जन्मभूमि के प्रति, पक्षपात नहीं तो और क्या है?

कविगुरु रवीन्द्रनाथ ठाकुर की एक कविता है 'दुई बिघा जमीं'। इस कविता का नायक उपेन्द्र है। उपेन्द्र के पास केवल दो बिघे जमीने थी। गाँव के जमींदार ने वह जमीन नीलाम करवा ली। बेचारा उपेन्द्र निःस्व होकर गाँव से निकल गया और संन्यासी बनकर सारे भारत में भटकता फिरा। किन्तु वह चाहे जहाँ भी जाए, चाहे जितने भी सुहावने दृश्य देखे, वह दो बिघे जमीन उसे कभी भी नहीं भूलती :

भूधरे, सागरे, विजने, नगरे, जखन जेखाने भ्रमि।
तबू निशिदिन भूलिते पारि नि सेई बिघा दुई जमि॥

क्या उपेन्द्र की वेदना का केवल यह कारण था कि दो बिघे जमीन से उसकी रोजी चलती थी? शायद, एक कारण यह भी रहा होगा; किन्तु इससे बड़ा कारण यह था कि जमीन छूटने से वह ग्राम से निर्वासित हो गया था और परदेश में अपने मन को वह चाहे कितना भी सँभाले, पर अपने गाँव को याद उसके हृदय में टीस जगाए बिना नहीं रह सकती थी। बिछुड़े हुए ग्राम की मादक स्मृतियाँ, आम्र कानन से घिरे हुए छोटे-छोटे बंगीय ग्राम, जहाँ पेड़ों की छाया तले चरवाहे क्रीड़ा करते हैं, जहाँ नदियों में पानी निस्तब्ध और तलविहीन है, जहाँ मधुपूर्ण हृदयवाली वधुएँ जल के घड़े लिए अपने घरों को जा रही हैं, ये बातें कैसे भुलाई जा सकती हैं? उपेन्द्र ठीक ही तो कहता है कि इन सुधियों को मुख से कहते नहीं बनता, आँखों में आँसू भर आते हैं।

माँ! बोलिते प्राण करे आनचान,
चोखे आसे जल भरे।

फिर भी, बात रह जाती है कि ऐसा होता क्यों है? बुद्धि से तो यह बात मानी नहीं जा सकती कि भारत के समान दुनिया में और कोई देश नहीं है। लेकिन प्रेम भी क्या कोई बुद्धि से सोचकर करता है? बुद्धि से सोचने पर तो यही दिखाई देता है कि क्यारियों में फूल की जगह तरकारी लगानी चाहिए। मगर लोग केवल तरकारी ही नहीं लगाते, फूल भी उपजाते हैं। और आप चाहे जो भी समझें, किन्तु उत्तरी और दक्षिणी

ध्रुवों पर रहनेवाले लोग भी अपने देशों की प्रशंसा करते होंगे और प्रशंसा करते-करते यह भी कह बैठते होंगे कि और कौन देश है जहाँ रात और दिन छह-छह महीनों के होते हैं?

बुद्धि तो यही कहेगी कि संसार के श्रेष्ठ देश वे हैं जहाँ की जलवायु अच्छी है, जहाँ मनुष्य को जीवन-यापन की सारी सुविधाएँ प्राप्त हैं तथा जहाँ मनुष्य मनुष्य का उपकार करने में सुख मानता है। किन्तु हृदय इतना सोचने को नहीं ठहरता। वह तो उसी देश को श्रेष्ठ कहेगा जहाँ वह रम चुका है, जिसकी गोद में उसने अपने सारे संस्कार अर्जित किए हैं।

मनोविज्ञान का सिद्धान्त है कि मनुष्य की भावनाओं की नींव बचपन के पाँच वर्षों में ही पड़ जाती है। इन वर्षों में वह जहाँ रहता है, वहाँ के दृश्य, वहाँ की आदतें और वहाँ के रिवाज उसके भीतर घर बना लेते हैं और आगे चलकर वे आसानी से दूर नहीं किए जा सकते। यही देश-प्रेम का मूलाधार है। इसी पर परिवार और समाज की भित्ति ठहरी हुई है। इसी संस्कार की प्रबलता के कारण खेत की जिन पगडंडियों पर हमने बचपन गुजारा है वे पगडंडियाँ हमें पेरिस की गलियों से अधिक प्रिय लगती हैं, और जिस गाँव या नगर में हमने जन्म लिया है उसके सामने लन्दन और मास्को फीके हो जाते हैं। सारी दुनिया की सैर करके आदमी जब अपने देश लौटता है तब उसके मुख से अनायास यह बात निकल पड़ती है कि संसार में चाहे जितनी भी लुभावनी चीजें हों, लेकिन अपने घर के समान सुख तथा सन्तोष और कहीं नहीं है। इसीलिए कहा है—आधी रोटी घर भली, नहीं दूर की चार। तथा :

दिल्ली को छोड़ करके दकन को न जाएँगे।
गर याँ बहुत न खाएँगे, थोड़ा ही खाएँगे।

किन्तु जैसे हर चीज की एक सीमा होती है, वैसे ही देश-प्रेम की भी एक सीमा होनी चाहिए। उदाहरण के लिए, अपने देश से प्रेम करना बहुत अच्छा है, उसे संसार का सिरमौर कहना भी शायद ठीक है, किन्तु अपने देश को सर्वश्रेष्ठ मानकर अन्य देशों से घृणा करना बिलकुल बेजा बात है। राष्ट्रीयता के भीतर जो घृणा की आग है वही दुनिया को एक होने नहीं दे रही है।

जब कवि यह कहता है कि :

अपनी भाषा है भली, भलो आपुनो देस।
जो कुछ अपुनो है भलो, यही राष्ट्र सन्देस।

तब हमें यह बात अच्छी लगती है और लगनी भी चाहिए। लेकिन जब कोई कवि यह कहने लगे कि :

देशन में भारत भलो, हिन्दी भाषन माहिं
जातिन में हिन्दू भलो, और भली कुछ नाहिं।

तब हमें सावधान हो जाना चाहिए। मेरी माँ अच्छी है, यहाँ तक झगड़ा नहीं है।

लेकिन यदि कोई यह कह बैठे कि मेरी माँ अच्छी तथा बाकी लोगों की माताएँ खराब हैं, तो झगड़ा रोका नहीं जा सकता।

असल में, दुनिया जहाँ पहुँच गई है, वहाँ देश-प्रेम अपने आपमें यथेष्ट नहीं माना जाता। अब तो हम देश-प्रेम को बढ़ाकर विश्व-प्रेम की ओर लिए जा रहे हैं। और देशों का चाहे जो विचार हो, किन्तु भारत में गांधी और जवाहरलाल ने जो प्रयोग किया है, उसकी शिक्षा यह है कि भारत से प्रेम करो और खूब करो, लेकिन यह मत भूलो कि भारत संसार का अंशमात्र है। भारत-प्रेम के साथ-साथ हमें विश्व-प्रेम की भी आदत डालनी चाहिए; घर को प्यार करते-करते हमें बाहर को भी प्यार करना चाहिए।

देश-प्रेम और विश्व-प्रेम, ये दो परस्पर विरोधी बातें नहीं हैं। पृथ्वी अपनी कील पर भी घूमती है और वह सूर्य के भी चारों ओर घूमती जाती है। तो क्या पृथ्वी की इन दो चालों को हम परस्पर विरोधा कहेंगे? सच तो यह है कि पृथ्वी जिस दिन अपनी कील पर घूमना छोड़ देगी, उसी दिन वह सूर्य के चारों ओर भी घूम न सकेगी। और कहीं वह सूर्य का ही चक्कर देना छोड़ दे तो कौन कह सकता है कि अपनी कील पर भी वह घूमने लायक रह जाएगी?

अपने बच्चों को प्यार करो और दूसरों को भी प्यार करना सीखो, यही ऊँचा धर्म है। घर में स्वयं रहो और अतिथियों को भी आने दो, यही मानवीय उदारता है। घर की खिड़कियों को बन्द रखना ठीक नहीं है। बाहर की वायु न आए तो घर का स्वास्थ्य ठीक नहीं रह सकता। संसार को धीरे-धीरे विकसित करके हमें वहाँ ले जाना है जहाँ एक देश का आदमी दूसरे देश को भी अपना समझकर उसकी सेवा कर सके। यही वह स्वप्न है, यही वह कल्पना है जिसे भारत ने गांधी और रवीन्द्र के मुख से कहा और जिसे वह जवाहरलाल के मुख से आज भी दुहराता जा रहा है।

घरे-घरे मोर घर आछे आमि सेइ घर मरि खूँजिया,
देशे-देशे मोर देश आछे आमि सेइ देश नीबो जूझिया।

प्रत्येक घर में मेरा घर है, मैं उसी घर को खोज रहा हूँ। प्रत्येक देश में मेरा देश है, मैं उसी देश को प्राप्त करने के लिए संघर्ष कर रहा हूँ।

(वेणुवन)

राष्ट्रीयता और अन्तर्राष्ट्रीयता

सामान्य मनुष्य को हम जिस गज से मापते हैं, महापुरुषों की ऊँचाई और विस्तार उसी गज से मापे नहीं जा सकते। दूसरी बात यह है कि महापुरुषों का मस्तिष्क इतना विशाल होता है कि उसमें एक साथ दोनों ध्रुव निवास कर सकते हैं और बोलनेवाला जिन्दगी भर एक ही ध्रुव से नहीं बोलता; वह जब जहाँ रहता है, तब उसी ध्रुव से अपना सन्देश सुनाता है।

मगर सुननेवाले तो छोटे ठहरे। वे कहते हैं, यह विरोधाभास है। वे कहते हैं, कल हमने जितना मापा था, आज उससे लम्बाई कम या अधिक पड़ती है। मगर कौन समझाए उन्हें यह बात कि एक शब्द का अर्थ सभी शब्दों में निहित है और सभी शब्द किसी एक ही अर्थ की ओर इंगित करते हैं?

गांधीजी और रवीन्द्रनाथ को लेकर जब तब यह विवाद उठाया जाता है कि उनमें एक राष्ट्रीय और दूसरा अन्तर्राष्ट्रीय था; किन्तु ऐसा कहके गांधीजी को जहाँ हम सीमित करके छोड़ देते हैं, वहाँ रवीन्द्र के भी केन्द्र-बिन्दु का हम लोप कर देते हैं, जिससे संलग्न रहे बिना परिधि की रेखा पर घूमना असम्भव नहीं तो निरवलम्ब कृत्य तो अवश्य है।

सच पूछिए तो गांधीजी वही पुरुष थे जिनकी प्रतीक्षा रवीन्द्र के गीतों और नाटकों में की जा रही थी और जिसके स्वागत में कवि ने पहले से ही अपनी कल्पना को मिट्टी पर बिछा रखा था। और रवीन्द्र भारत की ठीक वही आत्मा थे, जिसके उद्गारों को मूर्त रूप देने के लिए गांधी का आविर्भाव हुआ था। सच पूछिए तो गांधी और रवीन्द्र एक-दूसरे के पूरक नहीं, बल्कि एक ही हीरे के दो पहलुओं के समान थे।

जब गांधीजी ने शरीर के अखाड़े में आत्मा का शस्त्र निकाला, तब सारी दुनिया एक बार अनुपम चमत्कार से भर गई और स्वयं गुरुदेव ने भी अपने चिरपोषित आदर्श को अपनी ही जन्मभूमि में आकार ग्रहण करते देखकर लन्दन से लिखा कि 'हम तो गांधीजी के इसलिए कृतज्ञ हैं कि वे भारतवर्ष को यह प्रमाणित करने का अवसर दे रहे हैं कि मानवात्मा की दिव्यता में उसका अब भी अटूट विश्वास है।'

इस एक उक्ति से इस बात का संकेत मिलता है कि राष्ट्रीयता का कौन-सा रूप रवीन्द्रनाथ को प्रिय था। अगर ऊँचा उठकर देखा जाए तो गांधीजी और रवीन्द्रनाथ

की राष्ट्रीयता तथा अन्तर्राष्ट्रीयता सम्बन्धी धारणाओं में बहुत बड़ा भेद नहीं मिलेगा। गांधीजी ने भी विश्व-वेदना से पीड़ित होकर एक बार कहा था कि हिन्दुस्तान की आजादी अगर पेरिस और लन्दन के भस्मावशेष पर पड़ी मिली भी, तो वह किस काम की होगी? गांधीजी रवीन्द्रनाथ की तरह ही विश्ववादी थे; किन्तु इतना होने पर भी अगर गांधीजी में हमें राष्ट्र की रेखाएँ विलीन होती नहीं दिखाई देती हैं, तो उसका सबसे प्रधान कारण यह है कि गांधीजी ने जीवन में राजनीति के माध्यम से प्रवेश किया था और यद्यपि इस माध्यम को फैलाकर वे समस्त विश्व तक ले गए, फिर भी उसके आरम्भिक चिह्न अन्त तक बने रहे। इसके विपरीत रवीन्द्रनाथ जीवन में कौतुक, विस्मय, श्रद्धा और धर्म के माध्यम से आए थे। ऐसा लगता है, मानो उन्होंने आस-पास नजर डालने के पहले दूर क्षितिज पर ही दृष्टिपात किया हो, जहाँ भूमि आकाश से मिली हुई मालूम होती है। निकट से देखने पर एक घर और दूसरे घर के बीच जो अन्तराल है, वही प्रमुख रहता है। किन्तु दूर से देखने पर सारा गाँव निरन्तराल पुंज के समान दीखता है। रवीन्द्रनाथ की प्रथम दृष्टि में ही विश्व की जो निरन्तरालता प्रमुख हो उठी थी, वह बराबर उनके साथ रही।

रवीन्द्रनाथ में राष्ट्रीयता और अन्तर्राष्ट्रीयता एकाकार दीखती है। अपनी मान्यता की राष्ट्रीयता की व्याख्या करते हुए उन्होंने 'रिलीजन ऑव मैन' में कहा कि भारतवर्ष को मैं कोई भौगोलिक खंड नहीं, बल्कि एक भावना मानता हूँ। यह भावना आध्यात्मिक मनुष्य की सत्ता में विश्वास की भावना है; यह भावना उस मनुष्य की खोज में इस प्रकार लग जाने की भावना है, जिससे सम्भव है, हमारी सारी भौतिक समृद्धियाँ ही समाप्त हो जाएँ। भारत सब कुछ खोकर भी आज तक उस भावना से लिपटा हुआ है, एक यही गौरव उसके भविष्य की आशा के लिए काफी है। उन्होंने कहा है कि विदेशों में भी जब किसी मनुष्य में उन्हें भारतीयता का यह लक्षण मिलता था, तब वे उसे आत्मीय जानकर उसका सत्कार करते थे। एक जाति के लोग, दूसरी जाति के लोगों से सर्वथा भिन्न हैं, इस चेतना से ही कवि घबरा जाते थे और भारतीय होने का अभिमान उन्हें इसलिए था कि वे मानते थे कि भारत की मूलात्मा इस भिन्नता के विरुद्ध है। उनका विश्वास था कि मनुष्य के अनन्त एवं निरवच्छिन्न व्यक्तित्व को पूजनेवाली इस भावना की जिस दिन भी विजय होगी, उस दिन असल में भारत ही विजयी होगा।

यही राष्ट्रीयता उनकी अन्तर्राष्ट्रीयता का भी प्रतीक थी। बहुत वर्ष पहले, 'प्रवासी' शीर्षक की अपनी एक कविता में उन्होंने लिखा था :

सब ठाई मोर घर आछे आमि सेई घर मरि खूँजिया,
देशे-देशे मोर देश आछे आमि सेई देश लेबो जूझिया।

मेरा घर सभी जगहों पर है, मैं उसी को खोज रहा हूँ। मेरा देश सभी देशों में है, जिसे प्राप्त करने के लिए मैं संघर्ष करूँगा।

स्पष्ट ही यह मनुष्य का शारीरिक गृह नहीं है, जो अक्सर दीवारों से घिरा रहा करता है। यह तो आत्मा का गृह और आत्मा का ही देश है। शरीर की दीवार एक आत्मा को दूसरी आत्मा के साथ मिलने से रोक नहीं सकती। मनुष्य-मनुष्य में शरीर को लेकर जो भेद है, वही वर्ग, वर्ण, जाति, श्रेणी और राष्ट्र के घेरे उत्पन्न करता है। एक बार अगर इस भेद का बाँध टूट जाए, तो विश्वमानवता का समुद्र एक साथ लहरा उठेगा। रवीन्द्रनाथ योद्धा नहीं थे, इसलिए भिन्नता के बाँधों पर उन्होंने खुलकर प्रहार नहीं किया। किन्तु अपने समस्त साहित्य के द्वारा उन्होंने मनुष्य की आत्मा को यह पुकार भेजी है कि इन बाँधों के ऊपर होकर बह जाओ और अपने उस रूप के साथ एकाकार हो जाओ जो बन्धन के परे न जाने कब से तुमसे मिलने को बेचैन हो रहा है।

अपनी कल्पना की राष्ट्रीयता और अन्तर्राष्ट्रीयता का पारस्परिक सम्बन्ध बताते हुए उन्होंने अपने एक दीक्षान्त भाषण में कहा था कि आज की अनन्त समस्याएँ अन्तर्राष्ट्रीयता की समस्याएँ हैं। किन्तु इनके उपयुक्त सच्चे अन्तर्राष्ट्रीय मस्तिष्क का अभी निर्माण ही नहीं हो पाया है। जिसे जनसाधारण अन्तर्राष्ट्रीयता और विश्ववाद कहता है, रवीन्द्रनाथ को उससे प्रेम नहीं था। वे नाम और आन्दोलन नहीं, बल्कि मनुष्य की आत्मा का निर्बन्ध प्रसार चाहते थे। विश्ववाद की उपमा उन्होंने वाष्प से दी है। पानी जब भाप बन जाता है, तब वह विशाल और पूँजीभूत तो मालूम होता है, किन्तु उस भाप को लेकर कोई क्या करेगा? और भाप तो किसी की पकड़ में भी नहीं आती। विश्ववाद का नारा भी ऐसा ही अस्पष्ट एवं धुँधला पदार्थ है। असल जरूरत तो यह है कि मनुष्य का हृदय उन्नत हो, उसकी सहानुभूति बढ़े और दूसरों की ओर देखनेवाली उसकी दृष्टि बदल जाए। गुरुदेव का कहना है, सच्चा विश्ववाद यह नहीं है कि हम अपने घरों की दीवारों को तोड़ दें, बल्कि यह है कि हम अपने पड़ोसियों और अतिथियों को वह प्रेमपूर्ण आतिथ्य अर्पित करने को तैयार रहें, जिस पर उनका जन्मसिद्ध अधिकार है।

धरती अपनी धुरी पर भी घूमती है और वह सूर्य के भी चारों ओर घूमती है। उसी प्रकार, प्रत्येक व्यक्ति की भी दो गलियाँ होनी चाहिए। एक तो अपनी निजी वैयक्तिकता की धुरी पर घूमने के लिए और दूसरी उस आदर्श के चारों ओर, जिसमें समस्त मानव-समाज समाहित है।

(रेती के फुल)

अन्तर्राष्ट्रीयता, हमारे प्रेम का विकास

आदमी अपने परिवार से प्रेम करता है। वह अपने टोले, मुहल्ले और गाँव को भी प्यार करता है। फिर वह अपने प्रदेश और देश से भी प्रेम करने लगता है। राष्ट्रीयता और देश-प्रेम, ये आपस में मिलते-जुलते शब्द हैं।

प्रेम का दायरा छोटा हो तो मनुष्य छोटा होता है। प्रेम और सहानुभूति का वृत्त बड़ा हो तो उससे आदमी के बड़प्पन की सूचना मिलती है। अच्छे आदमी की पहचान यह है कि वह पूरे गाँव के फ़ायदे के लिए अपने परिवार, टोले और मुहल्ले के फ़ायदे को छोड़ दे। इसी भाँति, यदि देश और प्रान्त के हितों में संघर्ष हो तो सच्चा देशभक्त अपने प्रान्त नहीं, सारे देश का पक्ष लेगा।

जो लोग सारे देश की भलाई के लिए प्रान्तों और जातियों के मोह को छोड़ देते हैं, वे, सचमुच, महान् हैं। किन्तु, बड़प्पन की सीढ़ी यहीं खत्म नहीं होती। इससे भी आगे एक और सोपान है जिसका नाम अन्तर्राष्ट्रीयता अथवा विश्वबन्धुत्व है। वह व्यक्ति धन्य है जो प्रान्तीयता से ऊपर उठ कर सारे देश का हो गया है, किन्तु, उससे भी अधिक धन्य वह है जो देश की सीमा से बाहर निकल कर सारे संसार से एकाकार है।

राष्ट्रीयता भारत के लिए, फिर भी, कुछ हाल की चीज है, किन्तु, अन्तर्राष्ट्रीयता के भाव तो अपने देश में हमेशा से विद्यमान थे। भारत में श्रेष्ठ मनुष्य का लक्षण ही यह माना जाता था कि वह सम्पूर्ण पृथ्वी को अपना कुटुम्ब समझे, मनुष्य-मनुष्य में कोई भेद-भाव नहीं रखे और देशों के भौगोलिक भेदों को भूल जाए।

बदरीधाम से रामेश्वरम् तक और जगन्नाथपुरी से द्वारका तक सारा भारत एक है, इस भाव को सुदृढ़ बनाने के लिए भारत के चारों धामों की स्थापना जगद्गुरु शंकराचार्य ने की थी। किन्तु, उनकी दृष्टि भारत तक ही सीमित नहीं रही। अपने देवीस्तोत्र के अन्तिम श्लोक में उन्होंने स्पष्ट कहा है कि मेरी माँ पार्वती और पिता महेश्वर शिव हैं; जितने भी शिव-भक्त हैं वे मेरे बन्धु हैं और तीनों लोक मेरे लिए स्वदेश हैं।

माता च पार्वती देवी, पिता देवो महेश्वरः,
बान्धवाः शिवभक्ताश्च स्वदेशो भुवनत्रयम्।

और सन्त तुकाराम ने भी कहा है,

हम विष्णुदास,
हमारा भुवनत्रय में वास।

सभ्यता ज्यों-ज्यों बढ़ी है, मनुष्य के लिए मनुष्य के प्रेम का दायरा भी त्यों-त्यों बढ़ता गया है। बहुत-से जंगली जानवर ऐसे होते हैं कि अपने झुंड से बाहर के सजातीय पशु को भी पास फटकने नहीं देते। एक समय मनुष्य भी अपने कुनबे से बाहर के मनुष्य को अपना शत्रु समझता था। आज भी जंगली जातियों के मनुष्य बाहर के लोगों के साथ ऐसा बर्ताव करते हैं। लेकिन, सभ्य समाज के लोग अब काफ़ी उदार हो गए हैं। नतीजा यह है कि वे अपने सभी देशवासियों के साथ एक तरह के भाईचारे का सम्बन्ध महसूस करते हैं। यह बहुत बड़ी प्रगति है। किन्तु, प्रेम की आगे की मंजिल अब भी कुछ दूर है। अपने देश में रहनेवाले लोगों के साथ आत्मीयता का बोध हो, यह बहुत अच्छी बात है। किन्तु, यही आत्मीयता हमें उन लोगों के साथ भी बरतनी चाहिए जो हमारे देश में नहीं बसते, हमारी भाषा नहीं बोलते, न हमारे धर्म में दीक्षित हैं।

सारी पृथ्वी एक है और उस पर बसने वाले काले-गोरे, सभी मनुष्य एक ही पिता की सन्तान हैं। फिर भी, भेद-भिन्नता इसलिए बढ़ी कि पृथ्वी का विभाजन कुछ तो समुद्रों, पर्वतों और नदियों ने कर डाला, मगर, ज्यादा क़सूर खुद आदमी का है जिसने धरती पर नकली रेखाएँ खींचकर भूमंडल को अनेक देशों में बाँट रखा है। लेकिन, परिवहन के वैज्ञानिक साधनों की ईज़ाद से नदी, पर्वत और समुद्र की बाधा अब कोई बाधा नहीं रही। समुद्री और हवाई जहाजों ने समुद्रों और पर्वतों की महिमा ही खत्म कर दी और रेडियो, टेलिविजन तथा दूरभाष यन्त्रों के प्रचार से तो सारी दुनिया ही सिमट कर एक शहर-जैसी हो गई है। घटना दुनिया के किसी भी कोने में घटती हो, लेकिन, उसका समाचार हम तत्क्षण सुन लेते हैं। इसी प्रकार, दूरभाष पर हम चाहे जिस किसी देश में गए हुए अपने मित्र या सम्बन्धी से आसानी से बातचीत कर सकते हैं।

जब यातायात के वैज्ञानिक साधन नहीं थे, उस समय दुनिया, सचमुच, बहुत बड़ी और विदेश, सचमुच, विदेश मालूम होता था। लेकिन, अब देश-विदेश में कोई ज्यादा फ़र्क नहीं है। दापेहर का भोजन बम्बई में और उसी दिन रात का भोजन लन्दन में अब मजे में किया जा सकता है। और दुनिया की दूरी में जो कमी आई उसका असर मनुष्यों के पारस्परिक सम्बन्धों पर भी पड़ा है। अब एक देश के मनुष्य दूसरे देशों के विचारों और घटनाओं से पहले की अपेक्षा अधिक प्रभावित होने लगे हैं और एक देश का साहित्य, बड़ी तेजी के साथ, अन्य देशों के साहित्य से असर लेने लगा है। अलग-अलग देश और अलग-अलग सरकारें तो अब भी हैं, लेकिन, सभी देशों का अब एक सम्मिलित राष्ट्रसंघ भी है जो सब देशों की समस्याओं पर विचार करता है। दुनिया में पहले-पहल एक विश्व-स्वास्थ्य-संघ बना है जो रोग-पीड़ित देशों की सेवा

सारी दुनिया की तरफ से करता है। साथ ही, अब एक विश्व-बैंक भी है जो सारे संसार की तरफ से गरीब देशों को कर्ज़ दे रहा है। दुनिया बड़ी तेजी के साथ एकता की ओर चलने लगी है और अब यह सम्भव दिखाई देने लगा है कि एक देश जैसे कई प्रान्तों का बोझ सँभाले रहता है, वैसे ही, एक ही संसार सभी देशों की देख-भाल कर सकेगा और जैसे विभिन्न प्रान्तों के लोग एक राष्ट्र के अधीन शान्ति से जीते हैं, वैसे ही, सभी देशों के लोग एक संसार में शान्ति से जी सकेंगे।

राष्ट्रीयता के विकास का कारण यह माना जाता है कि एक देश में बसनेवाले लोग, अक्सर, एक इतिहास, एक पूर्वज, एक धर्म और एक भाषा में बँधे होते हैं। जहाँ ये सभी कारण एकत्र नहीं होते, वहाँ राष्ट्रीयता के जन्म का कारण गुलामी अथवा ऐसी ही कोई समान विपत्ति होती है। यूरोप में नैपोलियन ने जिन-जिन देशों को गुलाम बनाया उन-उन देशों में नैपोलियन के खिलाफ एकता का जोश उमड़ पड़ा। यही एकता उन देशों में राष्ट्रीयता के जन्म का कारण हुई। भारतवर्ष में धर्म और भाषा एक नहीं है। किन्तु, यहाँ भी जब अंग्ररेजी राज्य बना, इस देश की सारी जनता उस शासन का विरोध करने के लिए एक हो उठी और यही एकता भारत में राष्ट्रीयता के विकास का कारण बन गई।

अक्सर देखा गया है कि राष्ट्रीयता का जन्म घृणा से होता है। नैपोलियन की हुकूमत के खिलाफ़ लोगों में एकता इसलिए आई कि वे सभी लोग उस हुकूमत से घृणा करते थे। भारत में भी राष्ट्रीयता इसलिए पनपी कि यहाँ के लोग विदेशी शासन से घृणा करने लगे थे। किन्तु, घृणा में भी रचनात्मक शक्ति होती है जैसे काम, क्रोध और लोभ भी रचनात्मक प्रवृत्तियों से युक्त होते हैं। इसीलिए, घृणा से जन्म लेने पर भी राष्ट्रीयता अनेक अर्थों में कल्याणमयी पाई गई है।

उपयोग की दृष्टि से राष्ट्रीयता बड़ा ही मूल्यवान भाव है, क्योंकि जब तक राष्ट्रीयता नहीं जगती तब तक देश के एक वर्ग के लोग दूसरे वर्ग के लोगों के लिए त्याग नहीं करते, न एक प्रान्त के लोग दूसरे प्राप्त के लोगों के सुख-दुःख में शरीक होते हैं। और सबसे बड़ी बात तो यह है कि गुलाम हो जाने पर जनता में यदि राष्ट्रीय भावना नहीं जगे तो वह गुलामी से छुटकारा ही नहीं पा सकती है। राष्ट्रीयता का गुण यह है कि वह एक देश में बसनेवाले सभी लोगों में एकता पैदा करती है। उसका दोष यह है कि वह अन्य देशों के विरुद्ध घृणा और भय जगा कर अपनी सत्ता क़ायम रखती है। संसार में आज जो शंका, भय और क्रोध का वातावरण है उसका कारण राष्ट्रों की शंकाएँ, राष्ट्रों का भय और राष्ट्रों का अहंकार है।

गुलाम जातियों के लिए राष्ट्रीयता अमृत का काम देती है, क्योंकि राष्ट्रीय उत्साह के बिना जातियाँ स्वाधीनता को नहीं पा सकतीं। किन्तु, सभी देशों के स्वाधीन हो जाने के बाद भी राष्ट्रीयता अगर बनी रही तो फिर विश्वबन्धुत्व और विश्वशान्ति का सपना केवल सपना ही रह जाएगा। गुलामी एक काँटा है, जिसके गड़ जाने पर हम

उसे राष्ट्रीयता-रूपी दूसरे काँटे से निकालते हैं। लेकिन, काँटा निकल जाने के बाद यह क्या उचित है कि हम एक काँटे को तो फेंक दें और दूसरे को जेब में लिए चलें?

यदि घृणा वाली बात को हटा दें तो फिर राष्ट्रीयता और अन्तर्राष्ट्रीयता में कोई ज्यादा फ़र्क नहीं रह जाता। पृथ्वी की दो गतियाँ होती हैं। वह अपनी धुरी पर भी घूमती है और साथ-साथ सूर्य के भी चारों ओर। पृथ्वी का अपनी धुरी पर घूमना राष्ट्रीयता का उदाहरण है और उसका सूर्य के चारों ओर घूमना अन्तर्राष्ट्रीयता का दृष्टान्त। ध्यान देने की बात यह है कि यदि पृथ्वी अपनी धुरी पर घूमना छोड़ दे तो उसका सूर्य के चारों ओर घूमना आप-से-आप रुक जाएगा। इसी प्रकार, यदि मनुष्य अपने देशवासियों को प्यार करना छोड़ दे तो इसका अर्थ यही लगाया जाएगा कि उसकी प्रेम-शक्ति का ह्रास हो गया है। और जिसकी प्रेम करने की शक्ति मारी गई वह संसार तो क्या, एक दिन अपने मित्रों से भी प्रेम करना छोड़ देगा। प्रेम करने की योग्यता में वृद्धि होने के कारण मनुष्य देश-प्रेमी और राष्ट्रीय होता है। इसी योग्यता में कुछ और वृद्धि होने से वह अन्तर्राष्ट्रीय एवं विश्ववादी बन पाता है। राष्ट्रीयता और अन्तर्राष्ट्रीयता, और कुछ नहीं, मनुष्य की उदारता की माप हैं। प्रेम और उदारता की एक मंजिल राष्ट्रीयता कहलाती है। अन्तर्राष्ट्रीयता उससे आगे की मंजिल का नाम है।

राष्ट्रीयता और अन्तर्राष्ट्रीयता का भेद एक अन्य रूपक द्वारा भी समझा जा सकता है। पानी जमने पर बर्फ और हवा बन जाने पर भाप कहलाता है। प्रेम भी जब जम कर पत्थर हो जाए तब वह राष्ट्रीयता के दूषित रूप का उदाहरण होता है। वही प्रेम जब भाप बन कर हवा में उड़ने लगे तब उसे छूँछी अन्तर्राष्ट्रीयता का दृष्टान्त समझना चाहिए। जो व्यक्ति अपने देश से प्रेम और अन्य देशों से घृणा करता है, उसका प्रेम वह प्रेम है जो जम कर बर्फ या पत्थर हो गया है। इसके विपरीत, जिस आदमी को दुनिया तो प्यारी, मगर, अपना देश प्यारा नहीं लगता, उसका प्रेम वह प्रेम है जो भाप बन कर हवा में मँडरा रहा है। भाप और बर्फ, ये दोनों अनुपयोगी और दोनों त्याज्य हैं। प्यास की आग तो बहते हुए पानी से ही शान्त होती है। राष्ट्रीयता की शोभा तब है, जब वह अन्य राष्ट्रों के विरुद्ध घृणा नहीं सिखाती है। और वह अन्तर्राष्ट्रीयता तो बिलकुल फ़ालतू और निराधार है, जिसकी जड़ अपने देश में नहीं।

(वट-पीपल)

रवीन्द्रनाथ की राष्ट्रीयता और अन्तर्राष्ट्रीयता

सामान्य मनुष्य को हम जिस गज से मापते हैं, महापुरुषों की ऊँचाई और विस्तार उसी गज से मापा नहीं जा सकता। दूसरी बात यह है कि महापुरुषों का मस्तिष्क इतना विशाल होता है कि उसमें एक साथ दोनों ध्रुव निवास कर सकते हैं और बोलनेवाला जिन्दगीभर एक ही ध्रुव से नहीं बोलता; वह जब, जहाँ रहता है, तब उसी ध्रुव से अपना सन्देश सुनाता है।

मगर सुननेवाले तो छोटे ठहरे। वे कहते हैं, यह विरोधाभास है। वे कहते हैं, कल हमने जितना मापा था, आज उससे लम्बाई कम या अधिक पड़ती है। मगर कौन समझाए उन्हें यह बात कि एक शब्द का अर्थ सभी शब्दों में निहित है और सभी शब्द किसी एक ही अर्थ की ओर इंगित करते हैं।

गांधीजी और रवीन्द्रनाथ को लेकर जब-तब यह विवाद उठाया जाता है कि उनमें से एक राष्ट्रीय और दूसरा अन्तर्राष्ट्रीय था। किन्तु ऐसा कहकर गांधीजी को जहाँ हम सीमित करके छोड़ देते हैं, वहाँ रवीन्द्र के भी केन्द्र-बिन्दु का हम लोप कर देते हैं, जिससे संलग्न रहे बिना परिधि की रेखा पर घूमना असम्भव नहीं तो एक निरवलम्ब कृत्य तो अवश्य है।

सच पूछिए तो गांधीजी वही पुरुष थे जिसकी प्रतीक्षा रवीन्द्र के गीतों और नाटकों में की जा रही थी और जिसके स्वागत में कवि ने पहले से ही अपनी कल्पना को मिट्टी पर बिछा रखा था। और रवीन्द्र भारत की ठीक वही आत्मा थे, जिसके उद्‌गारों को मूर्त रूप देने के लिए गांधी का आविर्भाव हुआ था। सच पूछिए तो गांधी और रवीन्द्र एक-दूसरे के पूरक नहीं, बल्कि एक ही हीरे के दो पहलुओं के समान थे।

जब गांधीजी ने शरीर के अखाड़े में आत्मा का शस्त्र निकाला तब सारी दुनिया एक बार अनुपम चमत्कार से भर गई और स्वयं गुरुदेव ने भी अपने चिरपोषित आदर्श को अपनी ही जन्मभूमि में आकार ग्रहण करते देखकर लन्दन से लिखा कि "हम तो गांधीजी के इसलिए कृतज्ञ हैं कि वे भारतवर्ष को यह प्रमाणित करने का अवसर दे रहे हैं कि मानवात्मा की दिव्यता में उसका अब भी अटूट विश्वास है।"

इस एक उक्ति से इस बात का संकेत मिलता है कि राष्ट्रीयता का कौन रूप रवीन्द्रनाथ को प्रिय था। या अगर ऊँचा उठकर देखा जाए तो गांधीजी और

रवीन्द्रनाथ की राष्ट्रीयता तथा अन्तर्राष्ट्रीयता सम्बन्धी धारणाओं में बहुत बड़ा भेद नहीं मिलेगा। गांधीजी ने भी विश्व-वेदना से पीड़ित होकर एक बार कहा था कि हिन्दुस्तान की आजादी अगर पेरिस और लन्दन के भस्मावशेष पर पड़ी मिली भी तो वह किस काम की होगी? गांधीजी रवीन्द्रनाथ की तरह ही विश्ववादी थे। किन्तु इतना होने पर भी अगर गांधीजी में हमें राष्ट्र की रेखाएँ विलीन होती नहीं दिखाई देती हैं, तो उसका सबसे प्रधान कारण यह है कि गांधीजी ने जीवन में राजनीति के माध्यम से प्रवेश किया था और यद्यपि इस माध्यम को फैलाकर वे समस्त विश्व तक ले गए, फिर भी उसके आरम्भिक चिह्न अन्त तक बने रहे। इसके विपरीत, रवीन्द्रनाथ जीवन में कौतुक, विस्मय, श्रद्धा और धर्म के माध्यम से आए थे। ऐसा लगता है, मानो उन्होंने आसपास नजर डालने के पहले दूर क्षितिज पर ही दृष्टिपात किया हो, जहाँ भूमि आकाश से मिली हुई मालूम होती है। निकट से देखने पर एक घर और दूसरे घर के बीच जो अन्तराल है, वही प्रमुख रहता है। किन्तु दूर से देखने पर सारा गाँव निरन्तराल पुंज के समान दीखता है। रवीन्द्रनाथ की प्रथम दृष्टि में ही विश्व की जो निरन्तरालता प्रमुख हो उठी थी, वह बराबर उनके साथ रही।

रवीन्द्रनाथ में राष्ट्रीयता और अन्तर्राष्ट्रीयता एकाकार दीखती है। अपनी मान्यता की राष्ट्रीयता की व्याख्या करते हुए उन्होंने 'रिलीजन ऑफ मैन' में कहा है कि भारतवर्ष को मैं कोई भौगोलिक खंड नहीं, बल्कि एक भावना मानता हूँ। यह भावना आध्यात्मिक मनुष्य की सत्ता में विश्वास की भावना है; यह भावना उस मनुष्य की खोज में इस प्रकार लग जाने की भावना है, जिससे सम्भव है, हमारी सारी भौतिक समृद्धियाँ ही समाप्त हो जाएँ। भारत सब कुछ खोकर भी आज तक उस भावना से लिपटा हुआ है, एक यही गौरव उसके भविष्य की आशा के लिए काफी है। उन्होंने कहा है कि विदेशों में भी जब किसी मनुष्य में उन्हें भारतीयता का यह लक्षण मिलता था, तब वे उसे आत्मीय जानकर उसका सत्कार करते थे। एक जाति के लोग, दूसरी जाति के लोगों से सर्वथा भिन्न हैं, इस चेतना से ही कवि घबरा जाते थे और भारतीय होने का अभिमान उन्हें इसलिए था कि वे मानते थे कि भारत की मूलात्मा इस भिन्नता के विरुद्ध है। उनका विश्वास था कि मनुष्य के अनन्त एवं निरवछिन्न व्यक्तित्व को पूजनेवाली इस भावना की जिस दिन भी विजय होगी, उस दिन, असल में, भारत ही विजयी होगा।

यही राष्ट्रीयता उनकी अन्तर्राष्ट्रीयता का भी प्रतीक थी। बहुत वर्ष पहले 'प्रवासी' शीर्षक अपनी एक कविता में उन्होंने लिखा था :

सब ठाइ मोर घर आछे आमि सेइ घर मरि खूँजिया,
देशे-देशे मोर देश आछे आमि सेइ देश लेबो जूझिया।

मेरा घर सभी जगहों पर है, मैं उसी को खोज रहा हूँ। मेरा देश सभी देशों में है, जिसे प्राप्त करने के लिए मैं संघर्ष करूँगा।

स्पष्ट ही, यह मनुष्य का शारीरिक गृह नहीं है, जो अकसर दीवारों से घिरा रहा करता है। यह तो आत्मा का गृह और आत्मा का ही देश है। शरीर की दीवार, एक आत्मा को दूसरी आत्मा के साथ, मिलने से रोक नहीं सकती। मनुष्य-मनुष्य में शरीर को लेकर जो भेद है, वही वर्ग, वर्ण, जाति, श्रेणी और राष्ट्र के घेरे उत्पन्न करता है। एक बार अगर इस भेद का बाँध टूट जाए, तो विश्वमानवता का समुद्र एक साथ लहरा उठेगा। रवीन्द्रनाथ योद्धा नहीं थे, इसलिए, भिन्नता के बाँधों पर उन्होंने खुलकर प्रहार नहीं किया। किन्तु, अपने समस्त साहित्य के द्वारा उन्होंने मनुष्य की आत्मा को यह पुकार भेजी है कि इन बाँधों के ऊपर होकर बह जाओ और अपने उस रूप के साथ एकाकार हो जाओ जो बन्धन के परे, न जाने कब से, तुमसे मिलने को बेचैन हो रहा है।

अपनी कल्पना की राष्ट्रीयता और अन्तर्राष्ट्रीयता का पारस्परिक सम्बन्ध बताते हुए, उन्होंने अपने एक दीक्षान्त भाषण में कहा था कि आज की अनन्त समस्याएँ, अन्तर्राष्ट्रीयता की समस्याएँ हैं। किन्तु इनके उपयुक्त सच्चे अन्तर्राष्ट्रीय मस्तिष्क का अभी निर्माण ही नहीं हो पाया है। जिसे जनसाधारण अन्तर्राष्ट्रीय और विश्ववाद कहता है, रवीन्द्रनाथ को उससे प्रेम नहीं था। वे नाम और आन्दोलन नहीं, बल्कि, मनुष्य की आत्मा का निर्बन्ध प्रसार चाहते थे। विश्ववाद की उपमा वाष्प से दी है। पानी जब भाप बन जाता है, तब वह विशाल और पुंजीभूत तो मालूम होता है, किन्तु उस भाप को लेकर कोई क्या करेगा? और भाप तो किसी की पकड़ में भी नहीं आती। विश्ववाद का नारा भी ऐसा ही अस्पष्ट एवं धुँधला पदार्थ है। असल में जरूरत तो यह है कि मनुष्य का हृदय उन्नत हो, उसकी सहानुभूति बढ़े और दूसरों की ओर देखनेवाली उसकी दृष्टि बदल जाए। गुरुदेव का कहना है, सच्चा विश्ववाद यह नहीं है कि हम अपने घरों की दीवारों को तोड़ दें, बल्कि, यह कि हम अपने पड़ोसियों और अतिथियों को वह प्रेमपूर्ण आतिथ्य अर्पित करने को तैयार रहें, जिस पर उनका जन्मसिद्ध अधिकार है।

धरती अपनी धुरी पर भी घूमती है और वह सूर्य के भी चारों ओर घूमती है। उसी प्रकार, प्रत्येक व्यक्ति की भी दो गतियाँ होनी चाहिएँ। एक तो अपनी निजी वैयक्तिकता की धुरी पर घूमने के लिए और दूसरी उस आदर्श के चारों ओर घूमने के लिए जिसमें समस्त मानव-समाज समाहित है।

(अर्धनारीश्वर)

क्या रवीन्द्रनाथ अभारतीय हैं?

एडवर्ड थॉमसन ने रवीन्द्रनाथ पर जो मोटी-सी किताब लिखी है, उसके अन्त में उन्होंने किसी बंगाली विद्वान का एक गुमनाम पत्र छापा है, जिसमें कहा गया है कि, रवीन्द्रनाथ का जन्म बंगाल में तो जरूर हुआ था, किन्तु एक ऐसे परिवार में, जिसका सांस्कृतिक वातावरण बिलकुल यूरोपीय था तथा जिसमें उपनिषदों को छोड़कर और किसी भी भारतीय गुण का कोई अस्तित्व नहीं था। रवीन्द्रनाथ का सोचने का ढंग भी एकदम अंग्रेजोंवाला था, यहाँ तक कि उनकी अंग्रेजी गीतांजलि को मैं उनकी बंगला गीतांजलि से अधिक पसन्द करता हूँ।...अगर हमारा देश किसी दिन पाश्चात्य सभ्यता में नख से शिख तक सराबोर हो जाए तो इसमें कोई सन्देह नहीं कि रवीन्द्रनाथ भारत में एक नए युग के अग्रदूत समझे जाएँगे। किन्तु, अगर ऐसा नहीं हुआ तो उनकी प्रसिद्धि धीरे-धीरे खत्म हो जाएगी और साहित्य के इतिहास में उनकी गिनती सिर्फ उस स्कूल के कवियों में रह जाएगी, जिन्होंने अपनी सारी प्रेरणा विदेशों से ली है। पच्छिम के लोग रवीन्द्रनाथ की जितनी भी बड़ाई करें, उस बड़ाई का प्रभाव हम लोगों पर पड़नेवाला नहीं है। उलटे, इससे तो यही सिद्ध होता है कि रवीन्द्रनाथ की शैली इतनी यूरोपीय है कि यूरोपवालों को वह तुरन्त अपील करती है।...रवीन्द्रनाथ को बंगाल ने यूरोप को नहीं दिया है, बल्कि, यूरोप ने ही उन्हें बंगालियों को प्रदान किया है। रवीन्द्रनाथ की प्रशंसा के बहाने यूरोप के विद्वान, दरअसल, अपनी ही प्रशंसा करते हैं।

साहित्य में केवल करुणा, क्षमा और प्रेम ही नहीं लिखे जाते, उसमें ईर्ष्या, द्वेष और छोटापा भी बड़ी ही सफलता के साथ अंकित किए जाते हैं। नोबल-पुरस्कार मिलने के बाद जब बंगाल के विद्वान रवीन्द्रनाथ का अभिनन्दन करने को गए तब रवि बाबू ने एक भाषण के सिलसिले में कहा था कि कवि का काम मनुष्य के हृदय में चलता है। किन्तु हृदय में कहीं धूप होती है और कहीं छाया। अतएव, कवि की कविता को पढ़कर कोई सुखी होती है और कोई दुखी। जो दुखी होता है, वह बदले में, उस काव्य पर प्रहार करता है। और मेरी कविताओं के सम्बन्ध में भी इस नियम का तनिक भी अपवाद नहीं हुआ है।

पता नहीं, थॉमसन के पास पत्र भेजनेवाला यह विद्वान रवीन्द्र के सम्बन्ध में किस भावना से पीड़ित था।

किन्तु क्या कारण है कि रवि बाबू के सम्बन्ध में ऐसी शंका उठाई गई? क्या इसलिए कि उन्होंने अपनी रचनाओं का अंग्रेजी में अनुवाद किया? अथवा इसलिए कि उन्हें नोबल-पुरस्कार प्राप्त हो गया? या इसलिए कि भारतवर्ष जब देशभक्ति के जोश में मनमाने ढंग पर बोल रहा था, तब भी रवीन्द्रनाथ अपने शील को नहीं छोड़ सके?

ये फिजूल सवाल मैंने इसलिए उठाए हैं, क्योंकि इन सारी बातों के बहुत नीचे, सत्य की जो असली आधारशिला है, उस पर रवीन्द्रनाथ के अभारतीय होने की कोई भी रेखा या निशान नहीं मिलते। उलटे, उस पर हम जो चित्रकारी पाते हैं, वह भारत की सनातन आत्मा का ही चित्र है। यह ठीक है कि रवीन्द्रनाथ का स्वर पहले के भारतीय कवियों के स्वरों से भिन्न है, किन्तु यह भेद जाति का नहीं, बल्कि गुण का भेद है; यह भेद देश का नहीं, बल्कि समय का भेद है। वैसे, रवीन्द्र-साहित्य के विषय भी भारत की नदी, भारत के फूल, भारत की मिट्टी और भारत के ही नर-नारी हैं, जो उनके पूर्ववर्ती सभी भारतीय कवियों के विषय थे। और यह भी ठीक है कि रवीन्द्रनाथ के भीतर अगर किसी पूर्ववर्ती कवि की आत्मा फिर से उतरी हुई मानी जा सकती है, तो वह कालिदास की ही आत्मा हो सकती है, शेक्सपियर या मिल्टन अथवा शेली या कीट्स की नहीं। मिल्टन के साहित्य का तो किंचित प्रभाव भी उन पर लक्षित नहीं होता। किन्तु हृदय जहाँ उनका कालिदास का था, वहाँ दृष्टि उनकी भोज के समय की नहीं थी। ऐसा लगता है कि भारत की नवीन अनुभूतियों ने जब अपने को कालिदास की सरसता के साथ अभिव्यक्त करना चाहा, तब कालिदास ही भारत में रवीन्द्र बनकर दुबारा पैदा हुए। रवीन्द्रनाथ का भाव पक्ष परम्परागत भारतीयता से पूर्ण था। उनके सामने वही दुनिया झिलमिला रही थी जो हमारे उपनिषत्कालीन ऋषियों की दुनिया थी। उनके हृदय के मूलभाव भी वही थे, जो हमारे देश के मध्यकालीन वैष्णव कवियों के रहे होंगे। उनकी दृष्टि वही नहीं थी, जो मध्यकालीन भारतीयों की थी। वे विज्ञान के जाग्रत युग के मनुष्य थे और अन्धविश्वास तथा निस्सार रूढ़ियों का उन पर कोई प्रभाव नहीं था। भोज के समय से गांधी-युग अथवा जगदीश-काल तक आते-आते हमारी अनुभूतियों में जो परिवर्तन हो गया था, उसी परिवर्तन ने अपनी अभिव्यक्ति के लिए रवीन्द्रनाथ को उत्पन्न किया। अगर रवीन्द्रनाथ अभारतीय हैं तो उनके समय का प्रत्येक चैतन्य भारतीय अभारतीय कहा जाएगा, क्योंकि रवीन्द्रनाथ ने ऐसी कोई बात नहीं कही जिसकी अनुभूति अस्पष्ट रूप से हमारे हृदयों में नहीं चल रही थी। उन्होंने विश्वात्मा की एकता पर जोर दिया जो भारत का सनातन सन्देश है। उन्होंने आध्यात्मिक मनुष्य की सत्ता में अपने विश्वास को प्रबलता से दुहराया जो भारत की आत्मा का चिरन्तन विश्वास है। मनुष्य-मनुष्य के ऊपर जो एक बड़ा मनुष्य है, रवीन्द्रनाथ की कविता की पंक्ति-पंक्ति में उसके चरणों की चाप सुनाई पड़ती है और उसके चरणों की यह चाप भारतीय

साहित्य में अनंतकाल से गूँजती आई है। भारत नाम में जो भी दिव्यता और आध्यात्मिकता सुरभि व्याप्त है, भारत अनन्तकाल से मनुष्य के जिन गुण-विशेषों का प्रतीक माना जाता रहा है, रवीन्द्रनाथ उसके सबसे बड़े व्याख्याता थे और यूरोप ने उनका आदर इसलिए नहीं किया कि वे यूरोपीय धर्म तथा दर्शन पर आसक्त थे, बल्कि इसलिए कि वे उन गुणों और विभूतियों को लेकर खड़े हुए थे जो यूरोप में नहीं थीं और जिनके अभाव से पीड़ित होकर बहुत दिनों से पश्चिम की आँख पूरब की ओर लगी रही है।

गांधी और रवीन्द्र, इन दो मूर्तियों के माध्यम से भारत ने पश्चिमी जगत को यह विश्वास दिलाया कि उसकी आत्मा अभी मरी नहीं, बल्कि पूर्ण रूप से जीवित और चैतन्य है। अनादिकाल से भारत उच्च तथा सूक्ष्म मानवता का सबसे जाज्वल्यमान प्रतिनिधि रहा है, जिसकी अन्य देशों में सिर्फ कल्पना की जाती रही है। गांधीजी के विषय में आइंस्टाइन ने कहा था कि कई पीढ़ियों के बाद लोग जब गांधीजी का चरित पढ़ेंगे तब उन्हें यह विश्वास ही नहीं होगा कि ऐसा कोई मनुष्य किसी समय सचमुच जिन्दा था। रवीन्द्रनाथ की कविताएँ जब ईट्स के सामने पहले-पहल आईं तब उसने अपने साहित्यिक मित्रों से चकित होकर कहा कि भारत में तो एक ऐसा कवि उत्पन्न हुआ है, जो हम सबों से कहीं श्रेष्ठ और महान है।

गुलामी के दिनों में भारत से बाहर भारत की काफी भर्त्सना की गई, क्योंकि हमारे मालिकों को संसार पर यह जाहिर करना था कि भारत अर्धसभ्य देश है और उसे सभ्य बनाने के लिए यह आवश्यक है कि ब्रिटेन कई सदियों तक उस पर राज्य करता रहे। हमारी सभ्यता और संस्कृति में जो कुछ भी स्थूल तथा कुरूप था, वह दुनिया की नजरों में प्रमुख बनाया जा रहा था, यहाँ तक कि हमारे अपने देशवासी और धर्मबन्धु भी इस प्रचार से घबराकर ईसाइयत स्वीकार करने लगे थे। इस दुरवस्था का सुधार करने के लिए देश में कितने ही सुधारक उत्पन्न हुए जो हिन्दू धर्म का वह रूप संसार के सामने लाना चाहते थे, जिसे वैज्ञानिक युग का विवेकशील मनुष्य श्रद्धा से ग्रहण कर सके। राजा राममोहन राय, स्वामी दयानन्द, परमहंस रामकृष्ण और स्वामी विवेकानन्द, सब-के-सब एक इसी उद्देश्य की प्राप्ति के लिए प्रयत्नशील थे और इनके उपदेशों के परिणामस्वरूप हिन्दू धर्म का जो परिमार्जन और परिष्कार हुआ, उसी के चलते हम आज भी बड़े ही गौरव के साथ अपने को हिन्दू घोषित कर सकते हैं। समय के साथ सभी चीजों पर मैल की परतें जमा करती हैं और प्रत्येक युग में सन्त और सुधारक आकर इन परतों को उखाड़कर उनके नीचे के कंचन को माँजते रहते हैं। हमारे उन्नीसवीं सदी के सन्तों और सुधारकों ने भी हिन्दुत्व को माँजकर नए ढंग से चमका दिया और इस प्रकार, नहा-धोकर जब वह ईसाइयत के मुकाबले में जा डटा तब इस संघर्ष से उसके भीतर एक तरह की जवानी भी आ गई और वह एक बार फिर ताजा और नवीन दीखने लगा। रवीन्द की वाणी

इसी परिमार्जित हिन्दुत्व की वाणी थी। एक पुराना पर्वत जैसे नवीन हो जाए और उसके कलेजे से कोई कलकल करनेवाला एक निर्झर फूट पड़े; एक पुराना पौधा जैसे ओस से भींगकर ताजा हो उठे और उसके मस्तक पर एक अनुपम फूल खिल पड़े; झाड़-पोंछकर स्वच्छ बनाई गई, किसी सूखी कछार में जैसे स्फटिक-सी उज्ज्वल कोई नई धारा आ जाए, इसी प्रकार सन्तों और सुधारकों के द्वारा पोषित और परिमार्जित हिन्दुत्व ने अपनी अभिव्यक्ति के लिए रवीन्द्रनाथ को उत्पन्न किया। उनके विचारों के नीचे उपनिषदों का प्रबल आधार था, उनकी कल्पना कालिदास की स्मृति के साथ गलबाँही देकर चल रही थी, उनकी रस-ग्राहिणी शिराएँ विश्व के श्रेष्ठतम साहित्यकारों की हौजों लगी हुई थीं और उनके भीतर यह अरमान था कि मैं भारत की आत्मा में युग-युग से गूँजनेवाली दिव्य और कोमल-से-कोमल़ भावनाओं को अभिनव वाणी में नए चमत्कार से गा सकूँ। रवि बाबू की आकृति-प्रकृति और वेशभूषा में जो बारीकी और कलामयता थी, वही बारीकी और कलामयता उनके हृदय के कण-कण में परिव्याप्त थी और जब उनका कंठ फूटा, निष्पक्ष रसिकों को लगा, मानो स्वर्ग का कोई देवता गाते-गाते भटककर पृथ्वी पर चला आया है।

इस दिव्यता और कोमलता के साथ जब वे पश्चिम की ओर गए, वहाँवाले उन्हें देखकर चमत्कृत हो उठे। पश्चिम के बड़े-बड़े साहित्यकारों ने उन्हें मन ही मन अपने से श्रेष्ठ मान लिया और वे जहाँ गए वहीं उनका आदर उस प्रकार से किया गया जैसा कि मनुष्य नहीं, मनुष्यता के नेता का आदर किया जाता है।

रवीन्द्र की कविता में जो दिव्यता, कोमलता और सांस्कृतिक पवित्रता व्याप्त थी, उससे चकित होकर कवि एजरा पाउंड ने बड़ी ही विनयशीलता के साथ कहा कि जब मैं टैगोर से विदा होता हूँ तब मुझे मन ही मन यह भान होने लगता है कि मैं उनकी तुलना में वह असभ्य मनुष्य हूँ जो अभी खाल ही पहने हुए है और जिसके हाथ में मात्र पत्थर की लाठी पड़ी हुई है। आयरलैंड के उस मेधावी चिन्तक स्वर्गीय जॉर्ज रसल ने लिखा है कि जिसने रवीन्द्र को नहीं देखा वह इस बात को समझ ही नहीं सकता कि पूर्वकालीन संसार में मनुष्यों की आत्मा पर कवि की आत्मा का वैसा अभेद्य साम्राज्य क्यों था। हमारे वर्तमान लौहयुग में अगर कविता की मर्यादा को कोई कायम रखे हुए है, तो वह रवीन्द्रनाथ हैं।

स्पष्ट ही, रवीन्द्रनाथ की इन प्रशस्तियों का कारण यह नहीं था कि वे यूरोपवालों को अपना मालूम होते थे, बल्कि यह कि यूरोपवाले उनकी रचना और व्यक्तित्व में उन चीजों की झलक पाते थे, जो उनके पास नहीं थीं और जिनकी उन्हें सख़्त तलाश थी।

रवीन्द्रनाथ ने यूरोप के विवेक-तत्व को प्रसन्नता से ग्रहण किया था और वे उतने रैशनल थे जितना कि कोई भी अर्वाचीन मनुष्य हो सकती है। किन्तु पश्चिमी जगत की उद्दाम हिंसा-वृत्ति और भोगवाद को उन्होंने कभी भी स्वीकार नहीं किया।

यहाँ तक कि यूरोप की कला-सम्बन्धी नवीन अनुभूतियाँ भी उन्हें अग्राह्य थीं। वे एक शुद्ध मानवीय कवि की भाँति कला में सत्य, शिव और सुन्दर के उपासक थे। किन्तु पश्चिम का नया आदमी यह जानना नहीं चाहता कि चीज अच्छी या खूबसूरत हुई है या नहीं। वह तो सदैव यही पूछना चाहता है कि उसकी अभिव्यक्ति में ताकत और जोर है या नहीं। पहले जिसे परदे को सरकाना भी अभद्र समझा जाता था, अब उस परदे को भली-भाँति उघार देना ही प्रभविष्णुता का द्योतक हो गया है। किन्तु रवीन्द्रनाथ ने कला की इस प्रवृत्ति को कभी भी प्रश्रय नहीं दिया।

रवीन्द्रनाथ यूरोप का अनुकरण करके महान नहीं हुए, बल्कि, समय ने ही उन्हें उत्पन्न किया और समय ने ही उन्हें महत्ता दी। भारत की सनातन आत्मा उस भाषा में अपनी अभिव्यक्ति खोज रही थी जिस भाषा में अर्वाचीन मनुष्य सोचने और समझने का आदी हो गया था। और इसी आवश्यकता से रवीन्द्र का प्रादुर्भाव हुआ।

रवीन्द्रनाथ हमारे राष्ट्रीय कवि हैं; क्योंकि उन्होंने भारतवर्ष की आत्मा के गौरव की जैसी व्याख्या की वैसी पहले और किसी ने भी नहीं की थी। उनका महत्त्व इसलिए और भी बढ़ जाता है, क्योंकि वे एक ऐसे समय में उत्पन्न हुए जब कि भारतवर्ष को एक ऐसे व्याख्याता की आवश्यकता आन पड़ी थी, जिसकी वाणी को केवल स्वदेश ही नहीं, विदेश भी समझे। अपनी समस्त विविधताओं के बीच भारत की जो सनातन आत्मा सर्वत्र व्याप रही है, अपने सारे उत्थान और पतन में भारतवर्ष जो मानवात्मा की निरवच्छिन्नता से चिपटा रहा है, अपनी भौतिक समृद्धियों के ह्रास के बीच भी भारत जो दिव्यता की ओर से विमुख नहीं हुआ है, इन सारी विलक्षणताओं को रवि बाबू लिखने आए थे। रवीन्द्रनाथ किसी भी समय उत्पन्न होने पर भारतवर्ष का मस्तक ऊँचा कर सकते थे। किन्तु जिस समय वे उत्पन्न हुए वही उनका ठीक समय था। ऐसा लगता है, मानो विरंचि की पोथी में भारतवर्ष के भाग्योद्धार का जो लेखा पहले से ही लिखा हुआ था, उसके क्रम में, इस विशाल एवं गौरवशाली देश की आत्मा बहुत दिनों से रवीन्द्रनाथ की प्रतीक्षा कर रही थी। प्रत्येक युग, थोड़ी-बहुत मात्रा में, अपने कवि और व्याख्याता की प्रतीक्षा किया करता है। किन्तु रवीन्द्रनाथ की प्रतीक्षा एकदम ऐतिहासिक महत्त्व की थी और जब वे आए तब उन्होंने अपना मिशन कुछ ऐसी विलक्षणता के साथ पूर्ण किया जैसा और कोई नहीं कर सकता था।

कभी-कभी मुझे ऐसा भी भान होता है कि जिस उदारता के कारण समस्त विश्व ने रवीन्द्रनाथ को अपने हृदय में स्थान दिया, उसी उदारता ने देश के भीतर उनके लिए आलोचक पैदा किए। अगर वे जरा कम उदार हुए होते, अगर वे मनुष्य की पूर्णता का एक अंश काटकर उसे देशभक्ति की वेदी पर उत्सर्ग कर पाते तो हमारी नजरों में वे तनिक भी अभारतीय नहीं दीखते। किन्तु यह संकीर्णता रवीन्द्रनाथ के लिए एक अजनबी चीज थी।

संस्कृति के सोपान पर उठते हुए वे जीवन के जिस शिखर पर जा पहुँचे थे, वहाँ

देशभक्ति के लिए जीवन की पूर्णता का बलिदान असम्भव था। रवीन्द्रनाथ भली-भाँति जानते थे कि जो देशभक्ति उन गुणों के बलिदान पर जीना चाहती है, जो देशभक्ति से भी बड़े हैं, वह भक्ति नहीं, तिरस्कार की पात्री है। और, यहीं वे उन सभी कवियों और सांस्कृतिक नेताओं से महान दीखते हैं, जो परिस्थितियों के तकाजों पर अपनी पूर्णता का एक अंश काटकर, समय के चरणों पर उपहार चढ़ाने में, बहुत अधिक नहीं, हिचकिचाते। जो देशभक्ति के नाम पर जीवन की पूर्णता को भूखों नहीं मारता, वह मनुष्य से महान है, जिसका एकमात्र गुण उसकी संकीर्ण देशभक्ति है।

(अर्धनारीश्वर)

भारत एक है

अक्सर कहा जाता है कि भारतवर्ष की एकता उसकी विविधताओं में छिपी हुई है और यह बात जरा भी गलत नहीं है; क्योंकि अपने देश की एकता जितनी प्रकट है, उसकी विविधताएँ भी उतनी ही प्रत्यक्ष हैं।

भारतवर्ष के नक्शे को ध्यान से देखने पर यह साफ दिखाई पड़ता है कि इस देश के तीन भाग प्राकृतिक दृष्टि से बिलकुल स्पष्ट हैं। सबसे पहले तो भारत का उत्तरी भाग है जो लगभग हिमालय के दक्षिण से लेकर विन्ध्याचल के उत्तर तक फैला हुआ है। उसके बाद विन्ध्य से लेकर कृष्णा नदी के उत्तर तक का वह भाग है जिसे हम 'दक्खिन प्लेटो' कहते हैं। इस प्लेटो के दक्षिण, कृष्णा नदी से लेकर कुमारी अन्तरीप तक का जो भाग है वह प्रायद्वीप जैसा है। अचरज की बात है कि प्रकृति ने भारत के जो ये तीन खंड किए हैं, वे ही खंड भारतवर्ष के इतिहास के भी तीन क्रीड़ास्थल रहे हैं। पुराने समय में उत्तर भारत में जो राज्य कायम किए गए, उनमें से अधिकांश विन्ध्य की उत्तरी सीमा तक ही फैलकर रह गए; विन्ध्य को लाँघकर उत्तर भारत को दक्षिण भारत से मिलाने की कोशिशें तो बहुत की गईं, मगर इस काम में कामयाबी किसी-किसी को ही मिली। कहते हैं, पहले-पहल अगस्त्य ऋषि ने विन्ध्याचल को पार करके दक्षिण के लोगों को अपना सन्देश सुनाया था। फिर भगवान श्री रामचन्द्र ने लंका पर चढ़ाई करने के सिलसिले में विन्ध्याचल को पार किया। महाभारत के जमाने में उत्तरी और दक्षिणी भारत के अंश एक राज्य के अधीन थे या नहीं, इसका कोई पक्का सबूत नहीं मिलता। लेकिन रामचन्द्र जी ने उत्तरी और दक्षिणी भारत के बीच जो एकता स्थापित की, वह महाभारत-काल में भी कायम थी और दोनों भागों के लोग आपस में मिलते-जुलते रहते थे। महाराज युधिष्ठिर के राजसूय यज्ञ में दक्षिण के राजे भी आए थे और कुरुक्षेत्र के मैदान में जो महायुद्ध हुआ था उसमें भी दक्षिण के वीरों ने हिस्सा लिया था, इसका प्रमाण महाभारत में ही मौजूद है। इसी तरह चन्द्रगुप्त, अशोक, विक्रमादित्य और उनके बाद मुगलों ने इस बात के लिए बड़ी कोशिश की कि किसी तरह सारा देश एक शासन के अधीन लाया जा सके और उन्हें इस कार्य में सफलता भी मिली। लेकिन भारत के इतिहास की एक शिक्षा यह भी है कि इस देश को एक रखने के काम में यहाँ के राजाओं को जो भी सफलता मिली, वह ज्यादा

टिकाऊ नहीं हो सकी। इस देश के प्राकृतिक ढांचे में ही कोई ऐसी बात थी, जो सारे देश को एक रहने देने के खिलाफ पड़ती थी। यही कारण था कि जब भी कोई बलवान और दूरदर्शी राजा इस काम में लगा, सफलता थोड़ी-बहुत उसे जरूर मिली। लेकिन स्वार्थी, अदूरदर्शी और कमजोर राजाओं के आते ही देश की एकता टूट गई। और जो कठिनाई विन्ध्य के उत्तर को विन्ध्य के दक्षिण से मिलाने में हुई, वही कठिनाई कृष्णा नदी से उत्तर के भाग को उसके दक्षिण के भाग से मिलाकर एक रखने में होती रही।

इस देश में वैर-फूट का यह भाव इतना प्रबल क्यों रहा, इसके भी कारण हैं। बड़ी-बड़ी नदियों और बड़े-बड़े पहाड़ों के गुण अनेक हैं, लेकिन उनमें एक अवगुण भी होता है कि वे जहाँ रहते हैं वहाँ देश के भीतर अलग-अलग क्षेत्र बना देते हैं और इन क्षेत्रों में रहनेवाले लोगों के भीतर एक तरह की प्रान्तीयता या क्षेत्रीय जोश पैदा हो जाता है। पहाड़ों और नदियों ने भारत को भीतर से काटकर उसके अनेक क्षेत्र बना दिए और संयोग की बात कि कई क्षेत्रों में ऐसी जनता का जमघट हो गया जो कई एक क्षेत्रीय भाषा बोलनेवाली थी। इसके सिवा, यह देश है भी बहुत विशाल। इसके उत्तरी छोर पर काश्मीर पड़ता है जिसकी जलवायु लगभग मध्य एशिया की जलवायु के समान है। इसके विपरीत भारत के दक्षिणी छोर पर कुमारी अन्तरीप है जहाँ के घरों की रचना और लोगों के रंग-रूप आदि में श्रीलंका या सीलोन का नमूना शुरू हो जाता है। चेरापूँजी भी इसी देश में है जहाँ साल में पाँच सौ इंच से अधिक वर्षा होती है और थार की मरुभूमि यहीं है जहाँ वर्षा होती ही नहीं अथवा नाममात्र को होती है।

धरती की रूप-रेखा और जलीवायु का प्रभाव उस पर बसनेवाले लोगों के शरीर और मस्तिष्क—दोनों पर पड़ता है। पहाड़ और रेगिस्तान की जिन्दगी जरा मुश्किल होती है। यही कारण है कि उनमें बसनेवाले लोग आजाद तबीयत के होते हैं, क्योंकि प्रकृति की कठिनाइयों को झेलते-झेलते उनका शरीर कड़ा और मन साहसी एवं निर्भीक हो जाता है। भारतीय इतिहास में राजपूतों और मराठों की वीरता जो इतनी प्रसिद्ध हुई, उसका एक कारण यह भी है कि बचपन से ही मराठों को पहाड़ी तथा राजपूतों को पहाड़ी और रेगिस्तानी, दोनों ही प्रकार के जीवन से संघर्ष करने का मौका हासिल था। इसके विपरीत नदियों के पठारों में रहनेवाले लोग किसान-तबीयत के हो जाते हैं; क्योंकि पठार की जमीन उपजाऊ होती है और वहाँ रहनेवालों को जीने के लिए ज्यादा मेहनत करने की जरूरत नहीं होती। यही कारण है कि बंगाल, बिहार और उत्तर प्रदेश के किसान वैसे तगड़े नहीं होते जैसे राजस्थान के राजपूत या उत्तर-पश्चिमी भारत के औसत सिख और पठान लोग होते हैं।

जलवायु एवं क्षेत्रीय सुविधा के अनुसार ही लोगों के पहनावे-ओढ़ावे और खान-पान में भी भेद हो जाता है जो भेद भारत में बहुत ही प्रत्यक्ष है। असल में इन भेदों को मिटाकर अगर हम कोई एक राष्ट्रीय ढंग चलाना चाहें तो उससे अनेक लोगों को

बहुत ज्यादा तकलीफ हो जाएगी। उदाहरण के लिए, अगर हम रोटी और उर्द की दाल अथवा रोटी और मांस को देश का राष्ट्रीय भोजन बना दें तो पंजाबी लोग तो मजे में रहेंगे; लेकिन बिहार और बंगाल के लोगों का हाल बुरा हो जाएगा। इसी तरह अगर हम यह कानून बना दें कि हर हिन्दुस्तानी को चप्पल पहनना ही होगा तो काश्मीर के लोग घबरा उठेंगे, क्योंकि पहाड़ पर चलनेवालों के पाँव में चप्पल ठीक-ठीक नहीं चल सकते। पहनावे-ओढ़ावे में भी जगह-जगह भिन्नता मिलती है और पोशाकें भी जलवायु एवं क्षेत्रीय सुविधा के अनुसार ही यहाँ तरह-तरह की फैली हुई हैं।

मगर विविधता का सबसे बड़ा लक्षण यह है कि हमारे देश में अनेक प्रकार की भाषाएँ फैली हुई हैं और इनके कारण हम आपस में भी अजनबी के समान हो जाते हैं। उत्तर भारत में तो गुजरात से लेकर बंगाल तक की जनता के बीच सम्पर्क खूब हुआ है, इसलिए वहाँ भाषा-भेद की कठिनाई उतनी नहीं अखरती। लेकिन अगर कोई उत्तर भारतवासी दक्षिण में चला जाए अथवा कोई दक्षिण भारतीय उत्तर में चला आए और वह अपनी मातृभाषा के सिवा अन्य कोई भाषा नहीं जानता हो तो वह सचमुच बड़ी मुश्किल में पड़ जाएगा। भाषा-भेद की यह समस्या हमारी राष्ट्रीय एकता की सबसे बड़ी बाधा है। राष्ट्रीय एकता में पहले यह बाधा थी कि पहाड़ों और नदियों को लाँघना आसान नहीं था। मगर अब विज्ञान के अनेक सुगम साधनों के उपलब्ध हो जाने से वह बाधा दूर हो गई है। आज अगर देश के एक कोने में अकाल पड़ता है तो दूसरे कोने से अनाज वहाँ तुरन्त पहुँचा दिया जाता है। इसी प्रकार पहले जब देश के एक कोने में विद्रोह होता था तब दूसरे कोने में पड़ा हुआ राजा जल्दी से फौज भेजकर उसे दबा नहीं सकता था और विद्रोह की सफलता से देश की एकता टूट जाती थी। लेकिन आज तो देश के चाहे जिस कोने में भी विद्रोह हो हम दिल्ली से फौज भेजकर उसे तुरन्त दबा सकते हैं। प्राकृतिक बाधाएँ अब खत्म हो गई हैं। यही कारण है कि आज हमारी एकता इतनी विशाल हो गई है कि जितनी विशाल वह रामायण, महाभारत, मौर्य और मुगल जमानों में कभी नहीं हुई थी। अब भी जो क्षेत्रीय जोश या प्रान्तीय मोह बाकी है, वह धीरे-धीरे कम हो जाएगा, क्योंकि इस जोश को पालनेवाली प्राकृतिक बाधाएँ अब शेष नहीं हैं। मगर भाषा-भेद की समस्या जरा कठिन है और उसका हल तभी निकलेगा, जब हिन्दीभाषी क्षेत्र में अहिन्दी भाषाओं का तथा अहिन्दीभाषी क्षेत्रों में हिन्दी भाषा का अच्छा प्रचार हो जाए। सौभाग्य की बात है कि इस दिशा में काम शुरू हो गए हैं और कुछ समय बीतते- बीतते हम इस बाधा पर भी विजय प्राप्त कर लेंगे।

यह तो हुई भारत की विविधता की कहानी। अब जरा यह देखने की कोशिश करनी चाहिए कि इस विविधता के भीतर हमारी एकता कहाँ छिपी हुई है। सबसे विचित्र बात तो यह है कि यद्यपि हम अनेक भाषाएँ बोलते हैं जिनमें 14 भाषाएँ तो ऐसी हैं जिन्हें भारत सरकार ने स्वीकृति दे रखी है। ये भाषाएँ हैं—हिन्दी, उर्दू, बंगला,

मराठी, गुजराती, तमिल, तेलुगू, मलयालम, कन्नड़, उड़िया, असामी, पंजाबी, काश्मीरी और संस्कृत। किन्तु भिन्न-भिन्न भाषाओं के भीतर बहनेवाली हमारी भावधारा एक है तथा हम प्रायः एक ही तरह के विचारों और कथा-वस्तुओं को लेकर अपनी-अपनी बोली में साहित्य-रचना करते हैं। रामायण और महाभारत को लेकर भारत की प्रायः सभी भाषाओं के बीच अद्भुत एकता मिलेगी; क्योंकि ये दोनों काव्य सबके उपजीव्य रहे हैं। इसके सिवा, संस्कृत और प्राकृत में भारत का जो साहित्य लिखा गया था, उसका प्रभाव भी सभी भाषाओं की जड़ में काम कर रहा है। विचारों की एकता जाति की सबसे बड़ी एकता होती है। अतएव भारतीय जनता की एकता के असली आधार भारतीय दर्शन और साहित्य हैं जो अनेक भाषाओं में लिखे जाने पर भी, अन्त में जाकर एक ही साबित होते हैं। यह भी ध्यान देने की बात है कि फारसी लिपि को छोड़ दें तो भारत की अन्य सभी लिपियों की वर्णमाला एक ही है, यद्यपि वह अलग-अलग लिपियों में लिखी जाती है। जैसे हम हिन्दी में क, ख, ग आदि अक्षर पढ़ते हैं, वैसे ही ये अक्षर भारत की अन्य लिपियों में भी पढ़े जाते हैं यद्यपि उनके लिखने का ढंग और है।

हमारी एकता का एक दूसरा प्रमाण यह है कि उत्तर या दक्षिण, चाहे जहाँ भी चले जाइए, आपको जगह-जगह पर एक ही संस्कृति के मन्दिर दिखाई देंगे, एक ही तरह के आदमियों से मुलाकात होगी जो चन्दन लगाते हैं, स्नान-पूजा करते हैं, तीर्थ-व्रत में विश्वास करते हैं अथवा जो नई रोशनी को अपना लेने के कारण इन बातों को कुछ शंका की दृष्टि से देखते हैं। उत्तर भारत के लोगों का जो स्वभाव है, जीवन को देखने की उनकी जो दृष्टि है, वही स्वभाव और वही दृष्टि दक्षिणवालों की भी है। भाषा की दीवार के टूटते ही उत्तर भारतीय और दक्षिण भारतीय के बीच कोई भी भेद नहीं रह जाता और वे आपस में एक-दूसरे के बहुत करीब आ जाते हैं। असल में भाषा की दीवार के आर-पार बैठे हुए भी वे एक ही हैं। वे एक धर्म के अनुयायी और संस्कृति की एक ही विरासत के भागीदार हैं; उन्होंने देश की आजादी के लिए एक होकर लड़ाई लड़ी और आज उनकी पार्लियामेंट और शासन-विधान भी एक हैं।

और जो बात हिन्दुओं के बारे में कही जा रही है, वही बहुत दूर तक मुसलमानों के बारे में भी कहीं जा सकती है। देश के सभी कोनों में बसनेवाले मुसलमानों के भीतर जहाँ एक धर्म को लेकर एक तरह की आपसी एकता है, वहाँ वे संस्कृति की दृष्टि से हिन्दुओं के भी बहुत करीब हैं, क्योंकि ज्यादा मुसलमान तो ऐसे ही हैं जिनके पूर्वज हिन्दू थे और जो इस्लाम धर्म में जाने के समय अपनी हिन्दू आदतें अपने साथ ले गए हैं। इसके सिवा, अनेक सदियों तक हिन्दू-मुसलमान साथ रहते आए हैं और इस लम्बी संगति के फलस्वरूप उनके बीच संस्कृति और तहजीब की बहुत-सी समान बातें पैदा हो गई हैं जो उन्हें दिनोदिन आपस में नजदीक लाती जा रही हैं।

धार्मिक विश्वास की एकता मनुष्यों की सांस्कृतिक एकता को जरूर पुष्ट करती

है। इस दृष्टि से एक तरह की एकता तो वह है जो हिन्दू-समाज में मिलेगी, जो मुस्लिम समाज में मिलेगी, जो पारसी या क्रिस्तानी समाज में मिलेगी। लेकिन धर्म के केन्द्र से बाहर जो संस्कृति की विशाल परिधि है, उसके भीतर बसनेवाले सभी भारतीयों के बीच एक तरह की सांस्कृतिक एकता भी है जो उन्हें दूसरे देशों के लोगों से अलग करती है। संसार के हर एक देश पर अगर हम अलग-अलग विचार करें तो हमें पता चलेगा कि प्रत्येक देश की एक निजी सांस्कृतिक विशेषता होती है, जो उस देश के प्रत्येक निवासी की चाल-ढाल, बातचीत, रहन-सहन, खान-पान, तौर-तरीके और आदतों से टपकती रहती है। चीन से आनेवाला आदमी विलायत से आनेवालों के बीच नहीं छिप सकता और यद्यपि अफ्रीका के लोग भी काले ही होते हैं, मगर वे भारतवासियों के बीच नहीं खप सकते। भारतवर्ष में भी यूरोपीय पोशाकें खूब चली हुई हैं, लेकिन यूरोपीय लिबास में सजे हुए सौ हिन्दुस्तानियों के बीच एक अंग्रेज को खड़ा कर दीजिए, वह आसानी से अलग पहचान लिया जाएगा। इसी तरह भारत के हिन्दू ही नहीं, बल्कि हिन्दुस्तानी, क्रिस्तान, पारसी और मुसलमान भी भारत से बाहर जाने पर आसानी से पहचान लिए जाते हैं कि वे हिन्दुतानी हैं और यह बात कुछ आज पैदा नहीं हुई है, बल्कि इतिहास के किसी भी काल में भारतवासी ही थे तथा अन्य देशों के लोगों के बीच वे खप नहीं सकते थे। यही वह सांस्कृतिक एकता या शक्ति है जो भारत को एक रखे हुए है। यही वह विशेषता है जो उन लोगों में पैदा होती है जो एक देश में रहते हैं, एक तरह की जिन्दगी बसर करते हैं और एक तरह के दर्शन और एक तरह की आदतों का विकास करके एक राष्ट्र के सदस्य हो जाते हैं।

ऊपर एक जगह हमने भूगोल को दोष दिया है कि उसने पहाड़ों और नदियों के द्वारा इस देश को भीतर से बाँट रखा है, जिससे इस देश में क्षेत्रीय जोश और प्रान्तीय भावनाओं के विकास के लिए मौका निकल आया है। मगर हम भूगोल का उपकार भी नहीं भूल सकते। भारत के भीतर यद्यपि प्रान्तीय भेदों को लिए हुए अनेक क्षेत्र मौजूद हैं, लेकिन इन तमाम भिन्नताओं को समेटकर भारत को एक पूर्ण देश बनाने का काम भी हमारे भूगोल ने ही किया है। पहाड़ों और समुद्रों से घिरे हुए इस विशाल देश में जो मौलिक एकता का भाव है, वह हमारे भूगोल की देन है। भीतर से कुछ-कुछ बँटा हुआ और बाहर से बिलकुल एक। भारत की यह विशेषता बहुत पुरानी है। यह ठीक है कि प्रान्तीयता के जोश में आकर कोई-कोई क्षेत्र राष्ट्र की एकता से अलग होकर अपना स्वतन्त्र अस्तित्व कायम करने के लिए जब-तब कोशिश करते रहे हैं, मगर यह भी ठीक है कि सारे देश को एकछत्र शासन (चक्रवर्ती-राज्य) के अन्दर लाने का सपना भी यहाँ बराबर मौजूद रहा है। देश की इस मौलिक एकता के भाव ने प्रान्तीयता के सामने कभी भी हार नहीं मानी। भारतीय इतिहास की सबसे बड़ी शिक्षा यह है कि इस देश में राष्ट्रीयता और प्रान्तीयता के बीच बराबर संघर्ष चलता रहा है। कभी तो ऐसा हुआ कि किसी बलवान राजा के अन्दर देश एक हो गया और कभी

ऐसा हुआ कि इस एकता में कहीं पर प्रान्तीयता ने छेद कर दिया और फिर उस छेद को भरने की कोशिश की जाने लगी।

प्राचीन भारत में चक्रवर्ती सम्राट कहलाने के लिए यहाँ के राजे अक्सर बड़ी-बड़ी लड़ाइयाँ लड़ा करते थे। मगर इन लड़ाइयों के भीतर सिर्फ यही भाव नहीं था कि राजे अपना प्रभुत्व फैलाना चाहते थे। कुछ यह बात भी थी कि इस देश की भौगोलिक परिस्थिति ही सारे देश को एक देखना चाहती थी और भौगोलिक परिस्थिति की इस प्रेरणा से देश के सभी बड़े राजे इस बात के लिए उद्योग खड़ा कर देते थे कि सारा देश उनके अन्दर एक हो जाए।

भूगोल ने भारत की जो चौहद्दी बाँध दी है, उसके साथ दस्तन्दाजी करने की कोशिश कभी भी कामयाब नहीं हुई। सीमा के बाहर की दुनिया से भारत को अलग रखकर उसे भीतरी एकता के सूत्र में बाँधने की प्रेरणा यहाँ के भूगोल की सबसे बड़ी शिक्षा रही है। और इसी प्रेरणा के कारण वे लोग बराबर असफल रहे जो देश के भीतर के किसी भाग को प्रान्तीयता के जोश में आकर स्वतन्त्र राज्य का रूप देना चाहते थे। भारत का कोई भी भाग समूचे भारत से अलग जाकर स्वतन्त्र होने की चेष्टा करे, यह अस्वाभाविक बात है। इस तरह यह भी अस्वाभाविक है कि हम दुनिया के किसी ऐसे हिस्से को भारत के साथ बाँध रखने की कोशिश करें जो भारत की चौहद्दी से बाहर पड़ता है और जिसे भारत का भूगोल अपने भीतर पचा नहीं सकता। दुनिया के हिस्से को काटकर उसे भारत के साथ मिला रखने का काम उतना ही अप्राकृतिक साबित हुआ है जितना कि हिन्दुस्तान के किसी अंग को काटकर उसे अलग जिन्दा रखने की कोशिश। मौर्यों ने एक समय कन्धार (अफगानिस्तान) को भारत में मिला लिया था। लेकिन कन्धार भारत में रखा नहीं जा सका। यूनानियों ने पंजाब को काटकर कन्धार में मिला लिया था; मगर उनकी भी कोशिश बेकार हुई और पंजाब भारत में वापस आ गया। महमूद गजनी ने काबुल में बैठकर भारत पर राज्य करना चाहा, लेकिन इस अस्वाभाविक कार्य में उसे सफलता नहीं मिली। पठान बादशाहों ने दिल्ली में बैठकर पश्चिमोत्तर सीमा के पार की जमीन पर हुकूमत करनी चाही मगर वे भी नाकामयाब रहे। सिन्ध पर जब मुसलमानों ने पहले-पहल कब्जा किया, तब वे भी चाहते थे कि सिन्ध ईरान का अंग रहे और वे ईरान से ही उस पर हुकूमत चलाएँ, लेकिन यह भारत के भूगोल के खिलाफ बात थी, इसलिए उनकी कोशिश भी बेकार हुई। असली बात यह है कि जैसे दुनिया के और भी कोई देश दुनिया से अलग और अपने-आपमें पूर्ण हैं, वैसे ही प्रकृति ने भारतवर्ष को भी एक स्वतन्त्र देश के रूप में सिरजा है, जो दुनिया से अलग और अपने-आपमें पूर्ण है तथा जिसके भीतर बसनेवाले सब लोग भारतीय हैं।

(रेती के फूल)

उत्तर-दक्षिण की एकता

राष्ट्रीय समन्वय का विचार हमारे लिए नया नहीं है। यदि हिन्दू-मुस्लिम एकता के आन्दोलन को लें, तो यह आन्दोलन महात्मा कबीरदास के समय से चलता आ रहा है। मुसलमानों के आगमन के पूर्व इस देश में हिन्दू-मुस्लिम समस्या नहीं थी, लेकिन विदेश से आनेवाली अनेक जातियों और धर्मों के जो लोग इस देश में आते रहे, उनके पचाने की समस्या जरूर रही होगी, अथवा वह भी समस्या बिलकुल ही नहीं थी। जो लोग बाहर से आकर इस देश के वासी बन जाते थे, उन्हें हिन्दू-समाज स्वाभाविक प्रक्रिया से अपने भीतर पचा लेता था, और भारत की एकता, आप-से-आप, बढ़ती जाती थी।

बड़ी अच्छी बात है कि जब-जब देश पर आक्रमण होता है, तब-तब यह देश जगकर एक आदमी की तरह खड़ा हो जाता है। लेकिन यह बुरी बात है कि देश में एकता बनाए रखने के लिए किसी अन्य देश से हमें बराबर लड़ना पड़े। यह खतरनाक बात भी है। दुनिया में ऐसे देश हैं, जो अपनी एकता बनाए रखने के लिए जबरदस्ती किसी दुश्मन को खड़ा कर लेते हैं और उसके खिलाफ लड़ते रहते हैं, जिससे उनकी अपनी एकता बनी रहे। लेकिन यह एकता का अधम मार्ग है। हमारी एकता का अस्तित्व लड़ाइयों पर निर्भर नहीं रहना चाहिए। हमें खुद समझ-बूझकर अपनी एकता की रक्षा और उसका विकास करना चाहिए।

हमारे यहाँ एकता की जैसी जागरूकता अब है, वैसी जागरूकता पहले नहीं थी। मध्यकालीन युगों में यदि यही होती तो, यह कैसे हो सकता था कि सन् 1192 ई. में पृथ्वीराज हारे और उसके 10-15 वर्षों के भीतर ही बंगाल पर मुसलमानों का अधिकार हो गया? उस समय हवाई जहाज नहीं थे, मोटर भी नहीं थी, रेल भी नहीं थी, न लोग सुरंग से होकर यात्रा करते थे। तो विदेशी फौजें जब देश के भीतर कूच कर रही थीं, तब जनता ने उन्हें क्यों नहीं रोका? स्पष्ट ही, जनता में एकता नहीं थी, न उसके भीतर राष्ट्रीयता का भाव था।

और यह भी सच है कि जब-जब इस देश का केन्द्र मजबूत रहा है और एकता बनी रही है, तब-तब इस देश पर आक्रमण नहीं हुआ है, और जब-जब बाहरी देशों में यह खबर पहुँचती है कि भारतवासी आपस में टूट रहे है, लड़ रहे है, तब-तब बाहर से आक्रमण होता है, और केन्द्र की शक्ति क्षीण होती है। नादिरशाह ने जब दिल्ली

पर आक्रमण किया था, उसके पहले ईरान के बाजारों में यह अफवाह आम हो गई थी कि दिल्ली के मुगल सड़ गए हैं, एक-दूसरे की जड़ खोद रहे हैं, उनमें एकता नहीं है, उनमें राष्ट्रीयता नहीं है। इसलिए नादिरशाह की चढ़ाई हुई, और जब चीन ने भारतवर्ष पर आक्रमण किया तब भी चीन इस भ्रम में था कि भाषा को लेकर, प्रान्त को लेकर, धर्म को लेकर हिन्दुस्तानी लोग आपस में झगड़ने लगे हैं उनकी आपसी एकता मजबूत नहीं है और चढ़ाई करके चीन अचानक रुक गया। वह रुका क्यों, इस पर कई अनुमान लगाए गए हैं। एक अनुमान यह भी है कि चीनी आक्रमण के विरुद्ध भारत में जो एकता और राष्ट्रीय जोश उभरा, उससे चीन घबरा गया। राष्ट्रीय एकता और राष्ट्रीय उत्साह स्वतन्त्रता की रक्षा के सबसे बड़े साधन हैं। इसलिए राष्ट्रीय एकता की चिन्ता करना सबसे जरूरी काम है।

मुश्किल यह है कि राजनीति के मंच से एकता की बात जितनी ही बोली जाती है, उतनी ही अनेकता भी फैलती है। एकता प्रचार नहीं, अनुभूति की चीज है। यह बारीक भाव है, जिसका अनुभव हृदय से किया जाना चाहिए।

प्रजाति का सिद्धान्त

राजनीति का सारा जोर हिन्दू-मुस्लिम एकता पर है, जो बहुत ही उचित बात है। लेकिन सारी समस्या हिन्दू-मुस्लिम समस्या ही नहीं है। तनाव इस बात को भी लेकर है कि ईसाई मिशनरी अनेक प्रलोभन दिखाकर गरीब हिन्दुओं को हिन्दू समाज से अलग कर रहे हैं। चिन्ता की बात यह भी है कि दक्षिण में एक आन्दोलन पैदा हो गया है, जो उत्तर का विरोध करता है, जो कहता है कि दक्षिण के ब्राह्मण आर्य-वशं के हैं और दक्षिण के ब्राह्मणेत्तर लोग द्रविड़ हैं। अतएव द्रविड़ों को चाहिए कि वे आर्यों को बर्दाश्त न करें।

यह क्या चीज है? इसके मूल में रेस-थ्योरी अथवा प्रजाति का सिद्धान्त है। लोग मानते हैं कि उत्तर में रहने वाले आर्य एक अलग जाति के हैं और दक्षिण में रहने वाले द्रविड़ एक दूसरी जाति के हैं। प्रमाण में वे यह कहते हैं कि उत्तर को सभी भाषाएँ संस्कृत से निकली हुई हैं और दक्षिण की भाषाओं का भंडार अलग है, जिसको द्रविड़ भंडार कहते हैं। इस देश के इतिहास को आप देख जाइए। किसी भी समय प्रजाति का सिद्धान्त, रेस की थ्योरी, इस देश में नहीं थी। 'द्रविड़' शब्द बहुत पुराना है, लेकिन पंचद्रविड़ में कर्नाटक, आंध्र, गुजरात, द्रविड़ और महाराष्ट्र की गिनती की जाती थी। पंचद्रविड़ प्रजाति का नाम नहीं था। यह भौगोलिक नाम था। जैसे गौड़ और मिथिला भौगोलिक नाम थे, वैसे ही द्रविड़ भी भौगोलिक नाम था। यह रेस की थ्योरी यूरोप की चलाई हुई है और 19वीं सदी में जब इस थ्योरी के अधीन बड़ी-बड़ी किताबें लिखी जाने लगीं और एशियाटिक सोसाइटी के जर्नल में लेख छापे जाने लगे, तब स्वामी

विवेकानन्द को बड़ा खेद हुआ था। अपने मद्रास के भाषण में उन्होंने कहा था कि यूरोप द्वारा चलाए गए प्रजाति के सिद्धान्त के चक्कर में पड़े, तो तुम लोग लड़कर मर जाओगे। उन्होंने कहा था कि रेस की थ्योरी में विश्वास मत करो। दो अलग भाषाएँ होने के कारण दो अलग प्रजातियाँ नहीं बनती हैं, और भाषा-विज्ञान के आधार पर तुमको यह समझाया जा रहा है कि आर्य अलग जाति के हैं तथा द्रविड़ अलग जाति के। यह भ्रम की बात है। नो मिस्टर फायलोलोजिस्ट, दिस इज नौट करेक्ट। क्योंकि एक ही जाति में अनेक भाषाएँ चल सकतीं है और एक भाषा बोलने वाले लोग अनेक जातियों के हो सकते हैं।

प्रजाति का सिद्धान्त बड़ा ही खतरनाक सिद्धान्त है। हिटलर का नारा प्रजातिवाद था। जिन्ना का नारा प्रजातिवाद था। जब यूरोप को प्रजातिवाद से उत्पन्न कालकूट से पाला पड़ा, तब सन् 1939 ई. में जूलियन हक्सले ने कहा था कि, "प्रजातिवाद का सिद्धान्त झूठा भी है और खतरनाक भी।" प्रजाति के अर्थ में आर्य शब्द का प्रयोग पहले-पहल सन् 1853 ई. में मैक्समूलर ने किया था और 1939 ई. में आकर हिटलर ने प्रमाणित कर दिया कि आर्यों को प्रजाति मानने के सिद्धान्त का नतीजा क्या हो सकता है। भारत को भी नहीं मानना चाहिए कि आर्य और द्रविड़ नाम दो प्रजातियों के नाम हैं। मैक्समूलर को जब अपनी गलती महसूस हुई, उन्होंने स्वयं घोषणा करके कहा था कि, "जब मैं एरियन शब्द कहता हूँ, तब मेरा अभिप्राय न रक्त से होता है, न अस्थि, बाल और खप्पर से। मेरा तात्पर्य उन लोगों से है, जो आर्य भाषा बोलते हैं।" बस, आर्य शब्द का इतना ही अर्थ भारत के लिए भी ठीक है।

स्वामी विवेकानन्द ने उन्नीसवीं सदी में जो चेतावनी दी थी, उस पर अमल न करने के कुपरिणाम हम आज देख रहे हैं। पहले यूरोपवालों ने कहा कि आर्य और द्रविड़ दो हैं। फिर भारतीय विद्वान भी उसी बात को दुहराने लगे। स्वामी विवेकानन्द के दर्द को किसी ने नहीं समझा। सबके सब यूरोप की नकल करने लग गए।

हम हुए, तुम हुए कि मीर हुए,
हम ही जुल्फ के असीर हुए।

आर्य कौन हैं, इसके बारे में भारी झगड़ा है। आधा देश कहता है कि आर्य बाहर से आए, उत्तर से आए, काकेश्स से आए, ईरान होकर आए, काश्मीर होकर आए और आधा देश कहता है कि आर्य यहीं के हैं, वे यहीं उत्पन्न हुए थे, और यहीं से वे बाहर गए।

द्रविड़ कौन हैं?

किन्तु द्रविड़ कौन हैं, यह सवाल बहुत ज्यादा पेचीदा है। स्लाव और ईरानी भाषाओं में संस्कृत के शब्द मिलते हैं। इससे अनुमान होता है कि आर्य काकेश्स और ईरान में रहे होंगे। आर्य मध्य एशिया में थे। जो लोग यह मानते हैं कि आर्य काश्मीर और

पंजाब के आदिवासी थे, उन्हें यह भी सोचना चाहिए कि काश्मीर खुद मध्य एशिया का अंग है। जिस जमाने की बात हम सोचते हैं, उस जमाने में भारत और ईरान के बीच अथवा भारत और मध्य एशिया के बीच कोई सीमा-रेखा नहीं थी। अतएव मध्य एशिया आर्यों की आदि भूमि रही हो, इसमें अचरच की कोई बात नहीं है।

लेकिन द्रविड़ कौन हैं, इस प्रश्न के समाधान में पिछले सौ वर्षों से जो कुछ लिखा गया है, उससे हमारी कल्पना ने एक विचित्र प्रकार का नक्शा तैयार कर लिया है। वह नक्शा यह है कि पहले इस देश भर में द्रविड़ लोग रहते थे। जब आर्य उत्तर की ओर से आए, तब उन्होंने द्रविड़ों को खदेड़ना शुरू किया और खदेड़कर उन्हें विंध्या के दक्षिण पहुँचा दिया। और आर्यों ने यह काम इस सफाई से किया कि उत्तर में एक भी द्रविड़ नहीं रह गया। इस अनुमान को मैं गलत मानता हूँ। उस समय लड़ाई बसने के लिए होती थी और बसने के क्रम में थोड़ी धक्का-मुक्की ही होती थी। यह मानने का आधार नहीं है कि आर्यों की द्रविड़ों से ऐसी लड़ाई हुई कि उन्होंने द्रविड़ों को सारे उत्तर भारत से निकाल दिया। अगर आर्य ऐसे ही बली और क्रूर थे, तो फिर उन्होंने द्रविड़ों को दक्षिण में ही क्यों छोड़ा? और आर्य अगर विदेशी थे, तो फिर उत्तर भारत से ही उन्हें इतना अधिक प्यार क्यों हो गया? मोहनजोदड़ो और हड़प्पा के अभिलेख पढ़े नहीं जा सके हैं। अतएव यह कहना मुश्किल है कि वह सभ्यता द्रविड़ों की थी अथवा आर्यों की अथवा उस सभ्यता के रचयिता सभी भारतीय थे।

इतिहासकारों के बीच एक अनुमान यह चलता है कि द्रविड़ मेडीटरेनियन समुद्र की राह से भारत आए और स्वभावतः दक्षिण भारत में बस गए। यदि यह अनुमान स्वीकृत किया जाए, तो आर्य-द्रविड़ संघर्ष की बात निराधार हो जाती है।

किन्तु रामचन्द्र दीक्षितर के समान कुछ भारतीय इतिहासकार हैं, जो इस अनुमान को स्वीकार नहीं करते। वे यह सोचते हैं कि दक्षिण की भूमि अधिक प्राचीन है। आदि मानव वहीं जनमा था। द्रविड़ इसी आदि मानव की सन्तान हैं। इस अनुमान से एक दूसरा अनुमान पैदा होता है। वह यह कि उत्तर की भूमि बाद में बनी और उस भूमि पर आर्यों का उद्‌भव हुआ। फिर आगे चलकर दोनों भूभागों के लोगों के बीच परिचय बढ़ा और वे एक हो गए।

मगर ये अनुमान हमें खींचकर काल की अतल गहराई में ले जाते हैं। क्या यह उचित है कि आर्य और द्रविड़ के बीच पार्थक्य दिखलाने को हम इतनी दूर की कौड़ी लाएँ और यह प्रयास क्या हास्यास्पद नहीं है?

सोचने की सही दिशा यही हो सकती है कि उत्तर और दक्षिण लोग अत्यन्त प्राचीन काल से इस देश में रहते आए हैं और नदियों, पहाड़ों और दूरियों के कारण उनके भीतर क्षेत्रीय विशेषताएँ उत्पन्न हो गईं। किन्तु मूल में उनकी संस्कृति एक है। उनका दार्शनिक दृष्टिकोण एक है तथा लोक और परलोक के बारे में सोचने की उनकी पद्वति एक ही रही है।

बहुत-से लोग सोचते हैं कि निवृत्ति और श्रवण-परम्परा भारत के प्राचीन धर्म में थी। जब आर्य आए, उन्होंने प्रवृत्ति और ऋषि-परम्परा का प्रचलन कर दिया। मुनि गृहत्यागी औरा ऋषि गृहस्थ होते थे। ऐसे विद्वान यह भी मानते हैं कि जिस परम्परा से जैन धर्म प्रकट हुआ है, वह परम्परा भी आर्यों से पूर्व की परम्परा थी। यह परम्परा कितनी पुरानी है, इसका अनुमान नहीं किया जा सकता। इस परम्परा के आदि आचार्य ऋषभदेव थे और ऋषभदेव का उल्लेख वेद में मिलता है।

आर्य-द्रविड़-मिश्रण

संस्कृत अखिल भारतीय भाषा कब बनी, इसका भी अनुमान लगाना कठिन हैं, क्योंकि दक्षिण की भाषाओं के जो प्राचीन-से-प्राचीन ग्रन्थ मिलते हैं, उन पर संस्कृत का पूरा प्रभाव है। विद्वानों का यह भी अनुमान है कि संस्कृत भाषा का जन्म उत्तर में हुआ था और तमिल सुदूर दक्षिण में बोली जाती थी; किन्तु अत्यन्त प्राचीन काल में ही दोनों भाषाओं के बीच आदान-प्रदान का काम पूरा हो चुका था। ऐसा नहीं हुआ कि केवल संस्कृत ने ही तमिल को प्रभावित किया है। संस्कृत भी तमिल के प्रभाव में आई। रेवरेंड फादर किट्टल ने अपने कन्नड़-अंग्रेजी कोश में ऐसे चार सौ शब्दों का उल्लेख किया है, जो मूलतः तमिल के शब्द थे, किन्तु संस्कृत में प्रविष्ट होकर उन्होंने संस्कृत के साथ ऐसी एकरूपता ग्रहण कर ली कि अब किसी को शंका भी नहीं होती कि कभी वे संस्कृत के शब्द नहीं थे। पक्ष, भाल, ओदन, अलं, मल्ल, मन्दिर, कक्ष, नीबी, चिंचा और कुंतल—ये शब्द तमिल से निकलकर संस्कृत में आए हैं। कितने आश्चर्य की बात है कि पूजा और पंडित भी मूलतः तमिल के शब्द थे और संस्कृत में वे तमिल से ही आन मिले हैं।

भारतीय संस्कृति के निर्माण और विकास में आर्यों और द्रविड़ों ने जो प्रभूत योगदान दिया है, उसका एक प्रमाण इस 'पूजा' शब्द में भी छिपा हुआ है। पूजा शब्द पर से पंडितों ने यह अनुमान लगाया गया था कि यह शब्द पूज् धातु से निकला होगा। पीछे अनेक विद्वानों ने कहा कि संस्कृत की मूल धातुओं में पूज् धातु कहीं भी नहीं मिलती। कालक्रम में एक विद्वान ने यह पता लगाया कि तमिल में एक धातु पूर है, जिससे पुष्प शब्द बनता है, दूसरी धातु जइ है, जिसका अर्थ करना होता है। अतएव नया अनुमान निकला कि पू और जइ, इन्हीं दो धातुओं के योग से यानी 'पूजइ' शब्द से 'पूजा' शब्द बना है और उसका आरम्भिक अर्थ पुष्प-कर्म रहा होगा। और, सचमुच ही, पूजा पुष्प-कर्म है। आर्यों का अपना अनुष्ठान यज्ञ था, जिसमें बलि भी दी जाती थी। पूजा तो पत्र, पुष्प, फल और तोय से ही की जाती है; किन्तु कितने आश्चर्य की बात है कि यज्ञ तो पंडितों की वेदी तक सीमित रह गया, किन्तु पूजा घर-घर में फैल गई।

भाषा को लेकर आज तमिलनाडु और शेष भारत के बीच मतभेद पैदा हो रहा है, किन्तु हमारे प्राचीन पुरखे हमसे अधिक दूरदर्शी और उदार थे। संस्कृत और तमिल भाषाओं का जन्म कैसे हुआ, इस विषय में तमिलनाडु में एक किंवदंती चलती है, जो काफी रोचक और ज्ञानवर्द्धक है। जब शंकर जी का विवाह होने लगा, उत्तर और दक्षिण के सभी ऋषि और मुनि हिमालय पर पहुँच गए। इससे पृथ्वी का सन्तुलन बिगड़ गया। अतएव जब शंकर जी का विवाह सम्पन्न हो गया, ऋषियों ने उनसे प्रार्थना की कि अब आप अगस्त्य से कहिए कि वे लोगों को लेकर दक्षिण दिशा की ओर लौटें, जिससे पृथ्वी का बिगड़ा हुआ सन्तुलन ठीक हो जाए। अगस्त्य जी ने कहा, महाराज, हम लोगों के पास आदान-प्रदान की भाषा नहीं है। हम बात किस भाषा में करेंगे? इस पर शंकर जी ने अपने डमरू के दोनों ओर थाप मारी। फिर क्या था? दाईं ओर से संस्कृत और बाईं ओर से तमिल भाषा निकल पड़ी।

इन दोनों भाषाओं को लेकर अगस्त्य जी दक्षिण की ओर चले। रास्ते में विंध्याचल पर्वत ने भूमिष्ठ होकर उन्हें प्रमाण किया। अगस्त्य जी ने उसे आशीर्वाद दिया, "इसी प्रकार भूमिष्ठ होकर तब तक पड़े रहो, जब तक मैं दक्षिण से नहीं लौटता।"

अगस्त्य जी दक्षिण से लौटे ही नहीं। निदान विंध्याचल अब भी भूमिष्ठ पड़ा हुआ है। नदी और पहाड़ पहले एकता की बाधा माने जाते थे; किन्तु अब रेल, मोटर, सड़क, पुल और हवाई-जहाज के कारण वे एकता की बाधा नहीं रहे। किन्तु अगस्त्य जी ने अपने समय के अनुसार विंध्याचल को अच्छा आशीर्वाद दिया था।

शंकर जी से अगस्त्य ने संस्कृत और तमिल, दोनों भाषाएँ सीखी थीं और उसी ज्ञान के आधार पर उन्होंने 'अगस्त्यम्' नाम का व्याकरण लिखा, जो तमिल भाषा का प्राचीनतम व्याकरण है। तमिल और संस्कृत का उद्‌गम कभी एक ही था, यह बताकर इस किंवदंती ने हमारा बड़ा उपकार किया है, बशर्ते कि इस परम्परा से हम यह शिक्षा लें कि हमारे पूर्वज हमें बता गए हैं कि भाषाओं को लेकर विवाद करना व्यर्थ है। सभी भाषाएँ कभी एक ही उद्‌गम से निकली थीं।

ऋषि अगस्त्य उत्तर और दक्षिण भारत के बीच प्रथम सेतु थे, इसका व्याख्यान उत्तर भारतीय परम्परा में भी है। अगस्त्य दक्षिण दिशा के स्वामी माने जाते हैं। अगस्त्य नाम नक्षत्र भी आकश के दक्षिणी भाग में उगता है। अगस्त्य ने समुद्र को पी लिया था, यह कथा पुराणों में अनेक बार आई है। सबका निकर्ष यह है कि द्रविड़ और आर्य यदि एक नहीं थे, तब भी उनके बीच समन्वय की प्रक्रिया वैदिक युग में ही पूरी हो चुकी थी।

आर्यों और द्रविड़ों के बीच सम्पूर्ण समन्वय का एक प्रमाण और है, जो यह बतलाता है कि या तो आर्य और द्रविड़ एक ही वंश के हैं अथवा उन दोनों के बीच

समन्वय का काम इतना पहले पूरा हो चुका था कि वहाँ तक इतिहास की उँगली नहीं पहुँच सकती।

सन् 1926 ई. में गांधी जी ने लिखा था कि, "जो संस्कृति दूसरी संस्कृति से परहेज करती है, वह जीवित नहीं रहेगी। शुद्ध आर्य संस्कृति नाम की कोई चीज भारतवर्ष में नहीं है। आर्य मूलतः भारत के निवासी थे अथवा इस देश में हमलावर के रूप में वे बाहर से आए, इस विषय से मेरी कोई दिलचस्पी नहीं है। मेरी दिलचस्पी तो केवल इस बात से है कि हमारे पूर्वज, बहुत प्राचीन काल में ही, परस्पर मिलकर एक हो गए थे। हम उसी एकता की सन्तान हैं।"

बहुत प्राचीन काल में पृथ्वी पर एक महाप्लावन आया था, जिसका उल्लेख भारतीय और सामी, दोनों ही परम्पराओं में है। सामी परम्परा के अनुसार इस महाप्लावन के नायक हजरत नूह थे; किन्तु भागवत में इस महाप्लावन का नेता राजा सत्यव्रत को माना गया है, जो द्रविड़ देश के थे। राजा सत्यव्रत ने एक मत्स्य को अपने कमंडलु में आश्रय दिया था, फिर उसे घड़े में रखा और जब वह और बढ़ गया, तब उसे समुद्र में छोड़ दिया। महाप्लावन के आने पर राजा सत्यव्रत ने अपनी नाव की डोरी इसी विशाल मत्स्य के सींग से बाँधी और इस प्रकार वे नई सृष्टि रचने में ब्रह्मा के साधन हुए। ब्रह्मा ने द्रविड़ देश के राजा इसी सत्यव्रत को मनु का पद प्रदान किया और वे वर्तमान महाकल्प के वैवस्वत मनु हुए।

वर्तमान कल्प के मनु द्रविड़ देश के राजा मनु हुए, इससे यह बात आसानी से समझी जा सकती है कि प्राचीन आर्यों की दृष्टि में द्रविड़ देश कितना पूजनीय समझा जाता था। इससे इस बात पर भी अच्छा प्रकाश पड़ता है कि द्रविड़ों को आर्यों से भिन्न मानना कितना भ्रामक और मूर्खतापूर्ण है।

जब से इतिहास मिलता है, वर्णाश्रम का प्रचार हम आर्यों और द्रविड़ों के बीच समान रूप से देखते हैं। ऐसा कभी नहीं था, जब द्रविड़ आर्य से जरा भी भिन्न रहे हों। आर्यों की कन्याओं का विवाह द्रविड़ कुमारों के साथ होता था और द्रविड़ों की भी कन्याएँ आर्यों को ब्याही जाती थीं। यही नहीं, आर्यों के यज्ञ में द्रविड़ पुरोहित भी होते थे।

द्रविड भाषाओं की सभी लिपियाँ ब्राह्मणी से निकली हैं। ब्राह्मणी का ज्ञान अशोक के समय दक्षिण भारत में भी खूब प्रचलित था, अन्यथा अशोक ने अपने अभिलेख दक्षिण में भी ब्राह्मणी में ही नहीं खुदवाए होते। दक्षिण में प्रचलित जैन परम्परा के अनुसार ब्राह्मणी ऋषभदेव की बड़ी पुत्री थी। ऋषभदेव ने ही अठारह प्रकार की लिपियों का आविष्कार किया, जिनमें से एक लिपि कन्नड़ हुई।

दक्षिण में संस्कृत

जहाँ तक संस्कृत का सम्बन्ध है, वह केवल उत्तर की ही नहीं, दक्षिण की भी भाषा रही है। श्रौत, गृह्य और धर्म-सूत्रों के रचयिता आपस्तम्ब दक्षिण में रहते थे। वैखानस-सम्प्रदाय का गृह्य सूत्र दक्षिण में रचा गया था। वेदों को पुनरुज्जीवित करने वाले महान पंडित सायणाचार्य दक्षिण में हुए थे। पुराणों में से सर्वाधिक लोकप्रिय भागवत पुराण की रचना दक्षिण में हुई। उत्तर का चिन्तन आज के समान पहले भी तुरन्त दक्षिण पहुँच जाता था और दक्षिण में उत्पन्न विचारों से उत्तर के विद्वान प्रेरित हो उठते थे। केरल के शंकराचार्य ने जब शारीरिक भाष्य लिखा, तब उस पर भामती टीका मिथिला में लिखी गई। विचित्र बात यह है कि वाचस्पति मिश्र की भामती टीका ने ही शारीरिक भाष्य का सर्वाधिक प्रचार किया अथवा इसमें विचित्रता की कोई बात नहीं है। सारा भारत एक है और उसके एक भाग का चिन्तन सारे देश का चिन्तन बन जाता है।

केवल धर्म और दर्शन के ही ग्रन्थ नहीं, साहित्य के भी कितने ही अद्‌भूत ग्रन्थ दक्षिण में रचे गए थे। गाथा-सप्तशती के रचयिता हाल शातवाहन दक्षिण के थे। जानकी-हरण काव्य के कर्त्ता कुमारदास लंका में रहते थे। प्रसिद्ध कवियत्री विज्जिका दक्षिण की निवासिनी थीं। भारवि दक्षिण के थे, जिन्होंने किरातार्जुनियम् लिखा। भवभूति बरार में जनमे थे और कहते हैं कि विद्याभ्यास उन्होंने कुमारिभट्ट के चरणों में किया था। बृहत्कथा के रचयिता गुणाढ्य दक्षिण के थे। अप्पय दीक्षित, भट्टोजी दीक्षित, मल्लिनाथ, मल्लिनाथ सुत और पंडितराज जगन्नाथ—ये सब-के-सब महातेजस्वी चिन्तक दक्षिण में जनमे थे। इस सूची को और अधिक लम्बा बनाना व्यर्थ है। सच तो यह है कि संस्कृत साहित्य पर जितना ऋण उत्तर वालों का है, उतना ही ऋण दाक्षिणात्यों को भी है।

हिन्दू नाम

उत्तर और दक्षिण की एकता हिन्दू नाम से भी बढ़ी है। यह नाम सिन्धु नदी से निकला है और उसके आविष्कर्ता यूनानी और ईरानी लोग थे। यह नाम मुख्यतः मुस्लिम आक्रमण के बाद से चालू हुआ और जो लोग पहले अपने को द्रविड़ या आर्य कहते थे, वे विदेशियों की नजर में हिन्दू समझे जाने लगे। हिन्दू नाम आर्य या द्रविड़ नाम से ज्यादा उदार नाम है, क्योंकि उस नाम के भीतर वे सभी लोग समा जाते हैं, जो अन्य देशों से आए थे और फिर इसी देश के धर्म और संस्कृति को स्वीकार करके यहीं रहने लगे। जब उत्तर पर विदेशियों का आक्रमण होने लगा, खाँटी हिन्दुत्व उत्तर से खिसककर दक्षिण चला गया।

बलिना कलिनाच्छन्ने, धर्मे कवलिते कलौ,
यवनैरबनी क्रांता, हिंदवो विंध्यमाविशन्।

जब बलवान कलिकाल ने सबको प्रच्छन्न कर दिया और धर्म उसका ग्रास बन गया तथा पृथ्वी यवनों से आक्रांत हो गई, तब हिन्दू खिसककर विंध्य की ओर चले गए।

यही कारण है कि खाँटी हिन्दुत्व का असली रूप यदि कहीं सुरक्षित है तो वह उत्तर नहीं, दक्षिण में है। शंकराचार्य के समय से हिन्दू धर्म के सभी आचार्य दक्षिण में ही जन्म लेते रहे। मध्यकाल का हमारा धार्मिक इतिहास शंकर, रामानुज, वल्लभाचार्य, मध्व और निंबार्क का इतिहास है और ये सभी आचार्य दक्षिण में जनमे थे। प्राचीन काल में धर्म की लहर उत्तर से उठकर दक्षिण पहुँची थी, किन्तु मध्यकाल में धर्म की तरंग दक्षिण से उठकर उत्तर में फैली। और आधुनिक काल में यदि उत्तर ने रामकृष्ण परमहंस को उत्पन्न किया, तो दक्षिण में महर्षि रमण का आविर्भाव हुआ। यह भी ध्यान खींचने वाली बात है कि जब श्री अरविन्द साधना करने को उद्यत हुए, दक्षिण की अध्यात्मपूत भूमि ने उन्हें अपनी गोद में खींच लिया।

शैव धर्म

हिन्दू-संस्कृति की रचना और विकास में दक्षिण और उत्तर ने जो विशिष्ट भूमिका अदा की है, उसका एक उदाहरण शैव धर्म का भी इतिहास है। शैव धर्म का जो रूप हम आज देखते हैं, उसका विकास कैसे हुआ? विद्वानों में यह मत प्रचलित हो गया है कि शैव धर्म शायद प्राग्वैदिक धर्म है, अथवा यह कि वह आर्य और द्रविड़, दोनों ही स्रोतों से उत्पन्न है। ऐसा मानने का मुख्य कारण यह है कि ऋग्वेद में 'बाण की तरह चमकते आनेवाले' जिस रुद्र का उल्लेख है, वे रुद्र मरुतों के स्वामी हैं और उनका ठीक-ठीक मेल हिन्दुओं की आज की शैव भावना से नहीं बैठता। आर्य बड़े ही भावुक और प्रकृति-पूजक लोग थे। उन्होंने प्रकृति के प्रिय और रमणीय रूपों पर से जैसे ऊषा देवी की कल्पना की थी, उसी प्रकार प्रकृति के भयानक रूपों पर से उन्होंने रुद्र की कल्पना उतारी। यजुर्वेद के शतरुद्रीय अध्याय में रुद्र के साथ शिव और गिरि का भी उल्लेख मिलता है और उसके बाद, श्वोताश्वतरोपनिषद् में रुद्र की कल्पना बहुत-कुछ ब्रह्म का स्थान ले लेती है। लेकिन ये शैव भावना की सीढियाँ हैं, जो आर्य और आर्येतर संस्कृतियों के मिलन के बाद बढ़ती गई हैं। विचारने की मुख्य बात यह है कि मोहंजादरों और हड़प्पा की खुदाई में योगस्थ शिव की मूर्तियाँ भी मिली हैं, जिनसे यह अनुमान होता है कि आर्यों के आगमन से पूर्व इस देश में शिव की पूजा प्रचलित थी। फिर यह बात भी है कि शिव-पुराण में यह स्पष्ट कथा आती है कि ऋषियों ने शिव पर क्रोध किया और उन्हें शाप दे डाला, जिससे उनके लिंग के नौ टुकड़े हो गए।

शिवपुराण के आधार पर ही हिन्दू शिव का प्रसाद खाना निषिद्ध मानते हैं। एक कथा यह भी है कि दक्षप्रजापति के यज्ञ में शिव को स्थान नहीं दिया गया था। इन सारी बातों से विद्वान यह अनुमान लगाते हैं कि आर्यों के यहाँ शिव-भावना की स्वीकृति जरा विलम्ब से हुई है और आरम्भ मे समाज के धार्मिक नेता इस बात के लिए तैयार नहीं थे कि लोग शिव को आर्य-देवता के रूप में ग्रहण करें। सम्भवतः जब आर्यों का द्रविड़ों के साथ विवाह-सम्बन्ध होने लगा, तब द्रविड़ स्त्रियों के साथ शिव की भावना आर्यों के घरों में पहुँची और यद्यपि आर्य पंडित और पुरोहित इस भावना के प्रसार को अनेक उपायों से रोकना चाहते थे, तथापि गृहों में नारियों की प्रधानता होने के कारण, आर्य-परिवारों में भी यह भावना प्रचलित हो गई।

शिव-सम्बन्धी कल्पना के विकास में औष्ट्रिक और नीग्रो संस्कृतियों की भी कुछ देन है। शिव का भाँग-धतूरा खाना और शमशान में वास करना तथा उनके साथ शव, सर्प, खप्पर एवं हाथी के चमड़े का सम्बन्ध—ये सारी बातें जंगली लोगों के संस्कारों से आई होंगी, जो सर्प-पूजक रहे होंगे। अथवा जिनके देवता जंगली गुणों से युक्त रहे होंगे। हमारे धर्म और संस्कार ने कालक्रम में जो रूप प्राप्त किया, वह भारत में बसने वाली अनेक जातियों के संस्कारों से पोषित और पुष्ट है।

भक्ति-आन्दोलन

उत्तर-दक्षिण-एकता का एक अन्य पुष्ट प्रमाण हमारा भक्ति-आन्दोलन भी है। वैसे भक्ति के बीज वेद में भी थे और गीता में तो उसके निखरे हुए रूप का स्पष्ट उल्लेख है; किन्तु आन्दोलन के रूप में, भक्ति-मत का आरम्भ पहले दक्षिण में हुआ और वहीं से वह उत्तर को पहुँचा। कबीर, नानक और चैतन्य से पहले दक्षिण में आलावर सन्त हुए। इन्हीं आलवारों के भक्तिविह्वल पदों को पढ़कर रामानुजाचार्य भीतर से आंदोलित हो उठे और उन्होंने आलवारों की भक्ति-भावना पर से भक्ति का दर्शन तैयार किया। आलवरों की ही विनम्र अनुभूतियों पर से प्रपत्तिवाद का दार्शनिक सिद्धान्त उत्पन्न हुआ है। ऐतिहासिक सम्बन्ध से आलवार सन्त पिता और रामानुजाचार्य उनके पुत्र ठहरते हैं; किन्तु पिता यहाँ लगभग अपढ़ और पुत्र विद्वान था; पिता कवि और पंडित था। पिता ने जो कुछ अनुभव किया, पुत्र ने उसे दर्शन का रूप दे दिया।

भक्ति-आन्दोलन दक्षिण में जनमा था, इसका प्रमाण भागवत पुराण में भी है। भागवत पुराण में भक्ति नारद से कहती है :

उत्पन्ना द्राविड़े चाऽहम्, कर्णाटे वृद्धिमागवता,
स्थिता किंचिन्महाराष्ट्रे, गुर्जरे जीर्णतां गता।

और भागवत पुराण जो कुछ कहता है, उसकी अनुगूँज एक दोहे में भी है, जो साधुओं के बीच आज भी प्रचलित है :

भक्ति द्राविड़ ऊपजी, लाए रामानन्द,
परगट कियो कबीर ने, सात द्वीप, नौ खंड।

हिन्दुओ की एकता जैसे वर्णाश्रम-धर्म, दार्शनिक दृष्टिकोण, धर्मशास्त्रों के आचरण आदि से पुष्ट हुई, वैसे ही वह कृष्ण-कथा और राम-कथा को लेकर भी बढ़ी है। रामकथा की विशेषता यह है कि उसके रंगमंच तीन हैं—अयोध्या, पंपापुर और लंका। इस प्रकार इस कथा में सारे देश का भूगोल समा गया है और वह कथा समस्त हिन्दू जाति का इतिहास बन गई है। रामचरित और कृष्णचरित को लेकर हमारी प्रत्येक भाषा में काव्यों की रचना हुई और ये सभी काव्य हमारे जातीय काव्य हैं।

धर्म का हमारे देश में जो रूप रहा है, उसके कारण देश की भौगोलिक एकता भी एक तथ्य बन गई है। आरम्भ से ही हमारी तीर्थ देश के किसी एक भाग में नहीं, सभी भागों में स्थापित होने लगे। विशेष करके रामचन्द्र से सम्बन्धित तीर्थ—अयोध्या, जनकपुर, पंचवटी, रामेश्वरम् आदि—सारे देश की एकता को संभाले हुए हैं।

उत्तर को आर्यों का देश और दक्षिण को द्रविड़ों का देश समझने का भाव कभी पनपा ही नहीं था। लोग आर्यों और द्रविड़ों के भेद से परिचित नहीं थे। आर्य और द्रविड़ एक ही जाति का नाम था और सारा देश एक समझा जाता था। समुद्र के उत्तर और हिमालय से दक्षिण वाला भाग यहाँ हमेशा से एक माना जाता रहा है। पुराणों में भारत की यह भौगोलिक एकता स्पष्ट रूप से वर्णित है :

उत्तरं यत्समुद्रस्य हिमाद्रेश्चैव दक्षिणम्,
वर्षं तद्भारतं नाम भारती यत्र सन्तति।

धर्म और संस्कृति के अधीन एकता प्राप्त करने वाले इस देश के धार्मिक व्यक्ति, चाहे वे उत्तर के हों अथवा दक्षिण के, आज भी स्नान के समय भारत के विभिन्न भागों में बहने वाली नदियों के नाम एक साथ लेते है :

गंगा च यमुना चैव गोदावरी सरस्वती
नर्मदा सिंधु कावेरी जलेऽस्मिन् सन्निधं कुरु।

यही नहीं, प्रत्युत देश की मोक्षदायिका नगरियों की सूची में भी उत्तर और दक्षिण—दोनों भूभागों की नगरियाँ सम्मिलित हैं, जिनका धार्मिक भाव से नामोच्चार, उत्तर और दक्षिण, दोनों भागों की जनता करती है :

अयोध्या मथुरा माया काशी कांची अवन्तिका,
पुरी द्वारावती ज्ञेया सप्तैते मोक्षदायिका।

आग्नेय और नीग्रो लोग

भारतीय संस्कृति अथवा हिन्दू संस्कृति न तो केवल आर्यों की रचना है, न केवल द्रविड़ों का निर्माण। वह आर्य द्रविड़—दोनों के योगदान से बनी है और उसके ऊपर कुछ प्रभाव उन लोगों का भी हैं, जिन्हें हम वन्यजन, गिरिजन और हरिजन कहते हैं।

वन्यजन और गिरिजन जिस मूल जाति के उत्तराधिकारी हैं, उस मूल जाति को इतिहास में आग्नेय या औष्ट्रिक कहने का रिवाज है। सुनीतिकुमार चटर्जी ने यह पता लगाया है कि पूर्ण चन्द्र के लिए 'राका' और नए चन्द्र के लिए 'कुहू' शब्द औष्ट्रिक भंडार से आए हैं। देवरानी और जेठानी की प्रथा भी उसी समाज की यादगार है। चावल बोने का पहला प्रयोग इस देश में औष्ट्रिक लोगों ने किया था। नाव बनाने का भी पहला प्रयोग उन्हीं का था। सिन्दूर का हिन्दू समाज में बड़ा ही महत्त्व है, किन्तु वैदिक संस्कृत में उसके लिए कोई नाम नहीं है। यों उसे नागसम्भव कहने का रिवाज है। विद्वानों ने अनुमान लगाया है कि सिंदूर की प्रथा भी औष्ट्रिक समाज से ही आई होगी।

देश की एकता पुराणों के कारण भी बढ़ी है। हमारे पुराणों में तरह-तरह की कहानियाँ हैं, जो कभी-कभी ऊटपटाँग भी मालूम होती हैं। ये कहानियाँ कहाँ से आ गईं? क्या वे केवल आर्यों और द्रविड़ों की रचना हैं? सच बात शायद यह है कि अनेक जातियों को लेकर एक विशाल हिन्दू जाति की रचना हुई थी। और बाद में भी बाहर से आने वाले विभिन्न जातियों के लोग इस विशाल जाति में शामिल होते गए। उनके साथ नए संस्कार आए, नई भावनाएँ आईं, नई कहानियाँ आईं और वे सबकी सब हिन्दू-संस्कृति और हिन्दू पुराणों में समा गईं। इसीलिए हिन्दुओं के पुराणों में उतनी बड़ी विविधता है। इसीलिए पुराणों की बहुत-सी कहानियाँ ऊटपटाँग मालूम होती हैं।

पुराणों के कर्त्ता वेदव्यास के भीतर आर्य और आर्येतर—दोनों वंशों का रक्त था। इसीलिए उनकी दृष्टि उदार थी। इसीलिए यद्यपि वेद बहुत लोगों की पहुँच से बाहर रखे गए थे, पुराणों पर हमेशा से शूद्रों का भी अधिकार रहा है।

जो भी व्यक्ति निष्पक्ष होकर गंभीरता से विचार करेगा, उसे विदित हो जाएगा कि भारत के सभी हिन्दू एक हैं। और चूँकि मुसलमानों ने भारत आने के बाद भारत को ही अपना देश मान लिया, इसलिए वे भी भारतीय हो गए। यही हाल ईसाइयों और यहूदियों का भी है। इन सभी धर्मों और जातियों के लोग भारतीय हैं और अब वे हिन्दू नहीं, बल्कि विशाल भारतीय जनता के अंग हैं।

भारत अत्यन्त प्राचीन देश है। राष्ट्रवाद का नारा बिलकुल नया नारा है। भारत की प्रवृत्ति राष्ट्रीय से अधिक अन्तर्राष्ट्रीय रही है। फिर भी जिन सामग्रियों से राष्ट्र का निर्माण होता है, वे सामग्रियाँ प्रकृति ने इस देश में भी मुहैया कर रखी हैं। भारत लगभग एक राष्ट्र बन चुका है। हमें चाहिए कि क्षेत्रीय विशिष्टताओं की रक्षा करते हुए, हम अपनी राष्ट्रीय एकता को अक्षुण्ण बनाए रखें। भारत छोटे पैमाने पर पूरा विश्व है। विश्व की एकता सिद्ध करने के मार्ग में जो कठिनाइयाँ हैं, वैसी कुछ कठिनाइयाँ भारतवर्ष में भी हैं। लेकिन भारत की एकता विश्व की एकता की भूमिका है, इसमें कोई सन्देह नहीं।

(भारतीय एकता)

नया भारत कैसा हो?

(एक पत्र का अंश)

आपका 23-2-56 का कृपा-पत्र मुझे कल मिला। आपने बड़ी कृपा की कि उस पत्र की एक प्रति मुझे भी भेज दी जो आपने पूज्य पंडितजी को लिखा है। धन्यवाद।

मेरी पुस्तक का विषय भारत की सामासिक संस्कृति का जन्म और विकास है। मेरी धारणा यह है कि भारत में जब आर्य और आर्येतर जातियों का मिलन हुआ, तब वही मिश्रित जनता भारत की बुनियादी जनता हुई और उसका मिश्रित संस्कार ही भारत का बुनियादी संस्कार हुआ। इस बुनियादी संस्कृति में पहली क्रान्ति महावीर और बुद्ध ने की। फिर, जब मुसलमान आए तब उस संस्कृति में नई सामासिकता उत्पन्न हुई और जब यूरोप भारत पहुँचा तब हमारी पूरी संस्कृति फिर से नवीन हो गई। संक्षेप में कहने से बात अधूरी रह जाती है। किन्तु, पुस्तक का विषय यही है। प्रथम खंड में मेरा उद्‌देश्य यह दिखलाना रहा है कि भारतीय संस्कृति में आर्येतर जातियों, विशेषतः, द्राविड़ जाति का योगदान बहुत बड़ा है। फिर यह कि बुद्ध और महावीर के आन्दोलनों से हमारी संस्कृति में विस्तार आया और इस्लाम ने भी उसे प्रभावित किया है।

पुस्तक के चौथे खंड में हिन्दुत्व और इस्लाम के नव जागरण का विवेचन है और वहीं इस बात का संकेत है कि पिछले सौ वर्षों मे हमारी संस्कृति बदल कर विश्व-संस्कृति की भूमिका बन गई है।

पंडितजी ने ''आत्मिक संकट' और 'विभक्त व्यक्तित्व' की जो बात कही है, वह मेरी पुस्तक से शिक्षा के तौर पर निकाली जा सकती है। वस्तुतः, मुझे यह बात इतनी गहराई से दिखाई नहीं पड़ी थी। मगर, है वह बिलकुल सच और हमें इस प्रश्न पर विचार करके देश को इस दिशा में सचेत करना चाहिए। यह काम मनीषियों और बुद्धि-जीवियों के द्वारा ही किया जा सकता है यदि वे इधर ध्यान दें। पंडितजी की सूक्ति का, पिछले पखवारे, देश में अच्छा प्रचार हुआ है। आशा करनी चाहिए कि विचारक उस पर ध्यान देंगे। इस दृष्टि से आपकी प्रतिक्रिया मुझे बहुत अच्छी लगी है।

आप नवीन और पुरातन के बीच अथवा भारत और यूरोप या विज्ञान और आध्यात्मिकता के बीच सामंजस्य चाहते हैं। राममोहन राय से लेकर राधाकृष्णन् तक, प्रायः, सभी विचारकों ने नवीन भारत का यही ध्येय माना है। मेरी पुस्तक में भी इस प्रसंग की सामग्री प्रचुर परिमाण में मिलेगी। किन्तु, यह सामंजस्य कैसे प्राप्त होगा? मैंने अपनी पुस्तक में कोई समाधान प्रस्तावित नहीं किया है। आगे शायद करूँ। किन्तु, पटने में अभी-अभी मेरा एक भाषण हुआ था, उसकी प्रति आपको भेज रहा हूँ। पृष्ठ 15 से आगे का अंश देख जाने की कृपा करें।

मुझे लगता है, भारत का नवीकरण, अधिकतर, यूरोप के अनुकरण से पूरा होगा। हमें यूरोप का तीन हिस्सा लेना है, यानी पूरा शरीर और आधा मन। पूरा शरीर इसलिए कि शारीरिक दृष्टि से यूरोप सर्वथा वन्दनीय है। मन इसलिए कि बुद्धिवाद तो यूरोप का हम लेंगे, किन्तु, मन का जो आधा ऊर्ध्वांश है उससे हम संबुद्धि या इनटुइशन का दिकास करेंगे। यह बँटवारा हास्यास्पद-सा लगता है, किन्तु, स्थूल भाषा में इतने से भी अपनी आवश्यकता कुछ साफ हो जाती है। हमें सुस्पष्टता से सोच लेना है कि भारत के वे कौन-से तत्व हैं जिन्हें हम बचाना चाहते हैं। 19वीं सदी में भारत के कुछ प्राचीन सत्यों ने दुबारे जन्म लिया जो विवेकानन्द, अरविन्द, गांधी और राधाकृष्णन में चमकते आए हैं। इन्हें बचा रखना बहुत जरूरी है। पंडितजी में जो तेज है, वह इन्हीं सत्यों के क्रिया-पक्ष का है।

स्कूलों को तपोवन बनाने की कल्पना जितनी अच्छी हो, किन्तु, उसे रूप देना कठिन है। हाँ, यदि आप बिजली, यंत्र, मशीन आदि को तपोवन की कल्पना का बाधक नहीं मानते हों, तो मेरी समझ में कुछ आ सकता है। स्कूलों में हम जो भारतीय तैयार करें वे मन से भारतीय और तन से यूरोपीय हों (यानी उनमें चुस्ती हो, दृढ़ता हो, स्वास्थ्य की उद्दामता हो, सफाई हो, तत्परता हो, अंधविश्वास नहीं हो, पोशाक लद्धड़ नहीं हो आदि) यह कल्पना मुझे अच्छी लगती है। आप लड़कों पर 200) रु. मासिक खर्च नहीं करना चाहते हैं। कितना खर्च मंजूर करेंगे? पचहत्तर से कम में तो मुझ गरीब का बेटा भी नहीं पढ़ सकता।

दरिद्रता को पूजनीय बना रखने का विचार भी भारत के नवीकरण की बाधा है। आप असहमत हों तो इसपर फिर से विचार करें। मैं ज्ञान नहीं बघार कर अहिंसापूर्वक अपना विचार रखता हूँ। बेसिक शिक्षा को हम यह कहकर ग्राह्य नहीं बना सकते कि यह त्यागियों की शिक्षा है। कोई भी बाप अपने बेटे को त्यागी बनाना नहीं चाहता। और भोगी बनना क्या पाप है? तेन त्यक्तेन भुंजीथाः का स्मरण कराते रहना काफी है। किन्तु, जोर तो हमें भोग पर ही देना है। भूखी जनता के आगे दर्शन परोसना खुद एक पाप है। प्रवृत्ति का ही उपदेश राममोहन ने दिया, केशवचन्द्र ने दिया, विवेकानन्द और तिलक ने भी दिया है। निवृत्ति तो यह देश छोड़ेगा नहीं, क्योंकि वह चीज़ इसके रक्त में है। अतएव, प्रवृत्ति का पाठ पढ़ाकर आप देश को आधिभौतिक उन्नति की

ओर मोड़ते चलें, यही युग-धर्म हैं। आगे की बातें आगे देखी जाएँगी। यूरोप घृण्य नहीं, स्पृहणीय है। उसके जो थोड़े-से दोष हैं वे विवेकानन्द को भी दिखलाई पड़े थे और पंडितजी को भी दिखाई दे रहे हैं। उनसे बचने का प्रयास ठीक है।

आपका बहुत समय व्यर्थ ले लिया। क्या फायदा है इन बातों से जो कागज पर घोड़ी की तरह दौड़कर रह जाती हैं? महत्व तो आज कर्म का है। हम योजनाएँ पूरी करते चलें, कल-कारखाने खोलकर उत्पादन बढ़ाते चलें तो कठिनाइयाँ खुद-ब-खुद कम होती जाएँगी। नहीं तो हम पर वही भय चढ़ बैठेगा जो उस बुढ़िया को हुआ था जो नाव भर रुई देखकर घबरा गई थी।

क्रिया को छोड़ चिन्तन में फँसेगा,
उलट कर काल तुझ को ही ग्रसेगा।

(वट-पीपल)

स्फुट

हम क्या होने जा रहे हैं?

श्रीमान् उपसभाध्यक्ष महोदय, कल इस सभा में श्रमजीवी पत्रकारों की समस्या पर एक भाषण हुआ। मैं सभा में नहीं था, लेकिन यह संवाद सुनकर मैंने वह पूरा भाषण आज पढ़ा है और मुझे दुःख के साथ कहना पड़ता है कि वह भाषण अखबारी उद्योगपतियों के वकील का भाषण है। जैसा केस, जैसा मुकदमा उद्योगपतियों का है, उससे कहीं साफ मुकदमा श्रमजीवी पत्रकारों का है, और श्री शिवराव ने श्रमजीवी पत्रकारों के मुकदमे को छिपा दिया। आज वे इस सभा में हैं नहीं—उनकी सेवा में मैं एक निवेदन करनेवाला था।

रह-रहकर दिल में यह बात उठती है कि अपना देश क्या साम्यवादी होनेवाला है या समाजवादी होनेवाला है? अब तक कोई भी ज्योतिष ऐसा पक्का नहीं निकला, जो हमको भरोसा दिला दे कि हम क्या होने जा रहे हैं। लेकिन एक बात सत्य है कि हम अमेरिका और रूस, इनमें से किसी की ओर नहीं जानेवाले हैं। हमारी राह अमेरिका और रूस के बीच होकर निकल रही है। इसलिए जो सरकार इस देश में कायम है, उसका धर्म है कि उस राह पर अचल होकर खड़ी रहे। जो दाहिने के लोग हैं, उनका भी धर्म है कि अपनी जगह से उठकर चलें तो जरा बीच की ओर आएँ; जो बाईं तरफ के लोग हैं, उनका भी धर्म है कि बीच की ओर चलें, क्योंकि यह मार्ग बहुत ही प्रशस्त मार्ग बननेवाला है और भारत के इतिहास के अनुकूल यही मार्ग होगा।

मेरा खयाल है कि श्रमजीवी पत्रकारों के सम्बन्ध में भारत सरकार ने जो नीति अपनाई है, वह नीति इसी मध्यम मार्ग की नीति है। किन्तु श्री शिवराव साहब ने इतनी भी उदारता नहीं दिखलाई कि उस मध्यम मार्ग की नीति को समझें। मुझे आश्चर्य हुआ यह देखकर। उनका भाषण तो अंग्रेजी में है, मैं हिन्दी में उद्धरण दे रहा हूँ। उन्होंने कहा, सारा फसाद इसीलिए बरपा हुआ है कि पत्रकारिता को हमने उद्योग मान लिया। पत्रों को उद्योग मानने के कारण सारा बखेड़ा बढ़ा, हमें वर्किंग जर्नलिस्ट्स (working journalists) का कानून बनाना पड़ा। कानून बनाने में धन्धों की स्वाधीनता में हस्तक्षेप हुआ। यह बहुत-कुछ ऐसी बात लगती है कि फ्रांस में राज्य-क्रान्ति इसलिए हुई कि धरती पर आदम का जन्म हुआ था; अथवा यह भी कह सकते हैं कि भारत में सारा फसाद इसलिए बरपा हुआ कि भारत को हमने एक राष्ट्र माना, अंग्रेजों से

युद्ध हुआ, अंग्रेज भागे, इतना सत्याग्रह हुआ, इतनी बरबादी हुई। फालतू बातें हैं–जब सच्ची दलील मुँह में नहीं आती, तब लोग ऐसी बातें करते हैं।

'जर्नलिज्म' (Journalism) इंडस्ट्री (industry) कैसे बना, यह मैं आगे बताऊँगा। फिर वही बात आ जाती है, जो शुरू से कही जा रही है–जो पत्रों का उद्योग चल रहा है, उस उद्योग में सरकार को हस्तक्षेप करना चाहिए या नहीं? हस्तक्षेप वहाँ होता है जहाँ एक वर्ग दबा हुआ होता है। अन्धे आदमी भी देख रहे हैं कि देश की अखबारी दुनिया में जो कमजोरी है, वह यह है कि जो कम वेतन पानेवाले पत्रकार हैं, उनकी इज्जत नहीं है और जीवन-निर्वाह करना उनके लिए कठिन हो रहा है। दूसरी ओर, एक-दूसरे पक्ष से देखिए। देश से जितने अखबार पहुँचते हैं, सर्कुलेट (circulate) होते हैं, उनमें शायद 50 प्रतिशत से अधिक सर्कुलेशन दस व्यक्तियों के हाथ में है। परिणाम क्या होता है? परिणाम इसका यह होता है कि दस आदमियों की रुचि सारे देश पर लादी जाती है, दस आदमियों को जो समाचार पसन्द होते हैं, वे समाचार अधिक फैलाए जाते हैं; दस आदमियों के जो विचार हैं, वे विचार देश में अधिक फैलाए जाते हैं। और ये दस व्यक्ति कौन हैं? ये दस व्यक्ति वे हैं, जो समाजवादी समाज के मित्र नहीं हैं, जिनको समाजवादी पद्धति पसन्द नहीं है। इसलिए इन दस व्यक्तियों के आधिपत्य के कारण देश के अधिकांश अखबार आज देश की प्रगति में बाधक हो रहे हैं। इसलिए यह स्पष्ट कार्य है सरकार का कि वह पत्रों के उद्योग में हाथ डाले, हस्तक्षेप करे और वहाँ जो अन्याय हो रहा है, उसको रोके, और देश में जो विभिन्न मत दबे हुए हैं, उन मतों को ऊपर आने दे। तभी प्रजा-सत्ता पूरी होगी।

अब मैं एक बात आपको बताऊँ! प्रोफेशन (profession) से इन्डस्ट्री की ओर शिफ्ट (shift) कैसे हुआ–ये पत्र-पत्रकारिता से बदलकर उद्योग कैसे हो गए? उद्योग वहाँ माना जाता है, जहाँ रुपए बहुत होते हैं, जहाँ मुनाफा बहुत होता है।

शिवराव साहब ने अपने भाषण में उन दिनों की याद दिलाई है जब समाचार-पत्रों के सम्पादक लोकमान्य तिलक थे, सुरेन्द्रनाथ बनर्जी थे। श्रीमती एनी बेसेंट अपने पत्र में स्वयं भी एक पत्रकार थीं। बात सारी ठीक है। इस तरह से सभी बड़े लोग, गांधीजी स्वयं पत्रकार थे; लेकिन यह मालूम है कि इन पत्रों के पास पूँजी भी थी? और यह कौन नहीं जानता कि ये पत्र कभी मकान में निकलते थे, कभी अरहर और ऊख के खेत में निकलते थे। और जब अरहर और ऊख के खेत में छिपकर छापे जाते थे तो उनकी और इज्जत बढ़ जाती थी। अगर वह बात रह जाए तो प्रश्न ही नहीं है–त्यागियों का जगत् है और कुछ नहीं है। लेकिन त्याग की शिक्षा उनके लिए नहीं दी जाती है, जिनके पास रुपए अधिक हैं; त्याग की शिक्षा उनको दी जाती है, जिनको पैसा कम मिलता है। कहा जाता है, "कम पैसा अगर पाओगे तो परलोक सुधरेगा, देश में यश मिलेगा। हमारे कुत्तों को एयरकंडीशन में चलने दो!" हमारे लिए यहाँ आराम की भी सुविधाएँ क्यों गिनाएँ? किसी को लग जाए कि मुझ पर कह रहा है;

लेकिन सारा देश जानता है कि पत्र-उद्योग में भी एक तरफ धन का अम्बार लगा हुआ है, दूसरी तरफ अखबारवाले मरे जा रहे हैं। मैं कहता हूँ कि अखबार में काम करनेवाले पत्रकारों को भूखों मारना भी वैसा ही गुनाह है, जैसा कि देश की फौज के आदमियों को भूखा मारा जाए। देश की फौज के आदमियों को खाना दो, जिससे वे समय पर देश की रक्षा कर सकें। इसलिए आवश्यक है कि पत्रकारों को जीने की सुविधा दो, ताकि वे वह माहौल तैयार कर सकें, जिसमें कि सब लोगजी सकें। इसलिए शिवराव साहब को सिर्फ मालिकों का ही हित नहीं देखना था, उनको यह भी देखना था कि इस चक्की के नीचे कितने लोग पिसे जा रहे हैं।

दूसरी बात उन्होंने जो कही, उसको भी सुनकर मुझे हँसी आती है। एक सुझाव उन्होंने दिया है कि न्यूज पेपर्स का दायित्व इन्फार्मेशन और ब्राडकास्टिंग मिनिस्ट्री से निकालकर गृहमन्त्रालय में दे दिया जाए। पता नहीं, किस भाव से उन्होंने यह कहा है। अंग्रेजों के समय अखबारों का नियन्त्रण गृह-मन्त्रालय से हुआ करता था। मैक्सवेल जब गृह-मन्त्री थे, सबसे पहले उन्होंने प्रेस एडवाइजरी कमेटी बनाई थी, और प्रेस एडवाइजरी कमेटी पत्रकारिता के इतिहास में कलंक-स्वरूप आई, क्योंकि प्रेस एडवाइजरी कमेटी बनने के बाद पत्रों की स्वाधीनता में दस्तन्दाजी पड़ी। जो सम्पादक बड़े देशभक्त थे, उन लोगों को विज्ञापन लेकर इस बात के लिए समझौता करना पड़ा कि हम युद्ध का अच्छा प्रचार करेंगे; जो कांग्रेस आन्दोलन कर रही है उसकी भी थोड़ी उपेक्षा करेंगे। यह समझौता था, जो अखबारवालों ने मैक्सवेल के साथ किया था। तब सरदार पटेल आए, स्वाधीन भारत की सरकार बनने पर। जो परम्परा पहले से थी कि गृहमन्त्रालय में यह चीज थी, उस मन्त्रालय के वे मन्त्री हुए और जब उनके हाथ में यह चीज आ गई तब उन्होंने इस दोष को तुरन्त देखा और प्रेस एडवाइजरी कमेटी तोड़ दी तथा यह कहा कि होम मिनिस्ट्री में, गृहमन्त्रालय में इस चीज को नहीं रखना चाहिए। गृहमन्त्रालय तो ला-एंड-ऑर्डर के कंट्रोल के लिए है, इससे अधिक स्वतन्त्र स्थान में अखबारवालों को भेजो। इसलिए एक अलग मिनिस्ट्री—इन्फार्मेशन और ब्राडकास्टिंग—को यह चीज दे दी गई।

अब शिवराव साहब कहते हैं, अभी जो मिनिस्टर हैं, वह हिटलर और मुसोलिनी हैं। केसकर कहीं हैं कि नहीं? उनका शरीर तो बिलकुल हलका-हलका है, हिटलर-मुसोलिनी नाम से भी वे दहल जाएँगे। लेकिन आप गाली देने के लिए हिटलर या मुसोलिनी चाहे जो कह दें, मगर हिटलर यदि डॉ. केसकर होते तो शिवराव साहब घर तक कैसे पहुँचते? वे बाहर ही न पकड़ लिये गए होते? अभी तो वे दूसरी जगह बैठे होते।

अब एक दूसरी जगह की बात सुनाता हूँ। ऐसे ही हमारे पटना में बहुत बड़े वकील हैं, देश भर में भी बहुत विख्यात हैं, उन्होंने एक बार सिविल लिबर्टीज कॉन्फ्रेंस में जाकर कह दिया कि इस देश में तो हिटलर और मुसोलिनी का राज है। उनसे मेरी भेंट हुई तो मैंने कहा—"वकील साहब, बताइए कि हिटलर और मुसोलिनी का राज

होता तो आप लखनऊ से पटना कैसे पहुँचते? आप तो वहाँ से तशरीफ दूसरी जगह ले गए होते। लेकिन मैं कहता हूँ, पन्तजी और केसकर में यह चुनाव क्यों है? पन्तजी के सामने आ जाएगा, तो आजादी ज्यादा पा जाएगी, केसकर के सामने आ जाएगा तो आजादी घट जाएगी? ये केसकर क्या दो मन और पन्तजी आध मन हैं? यह बात भी समझ में नहीं आती है। पन्तजी गृहमन्त्री हैं, पन्तजी देश के बहुत बड़े नेता हैं, उनके सामने जाने पर भी थोड़ा-सा अदब में रहना पड़ता है। तो मेरी समझ में यह बातें नहीं आईं। शिवरावजी समझते हैं कि चूँकि सरकार ने एक नीति अख्तियार की है कि वर्किंग जर्नलिस्ट्स की विपत्ति में कुछ कमी करेंगे, इसलिए ये समझते हैं कि यहाँ से गोटी उठाकर दूसरी जगह ले चलें।

एक बात और याद दिलाऊँ! अगर शिवरावजी को उम्मीद है कि पन्तजी मैक्सवेल-सा काम करेंगे तो वह उम्मीद ही गलत है। जब दिल्ली में प्रेस-कमीशन नहीं बना था, उस समय पन्तजी ने लखनऊ में प्रेस इंक्वायरी कमेटी बनाई थी और उस कमेटी ने जितनी सिफारिशें कीं, उनसे आधी सिफारिशें प्रेस कमीशन ने की हैं—वे अधिक रेडिकल (radical) थीं, इस प्रेस-कमीशन की सिफारिशों से तो क्या वह कम क्रान्तिकारी कमेटी रही? इसलिए मैं समझता हूँ कि ये सारी बातें करके मिनिस्टरों के प्रति अश्रद्धा उत्पन्न करना, यह बात बुजुर्ग मेम्बर को शोभा नहीं देती है।

एक और बात है! वे कहते हैं, अगर आर्थिक सहायता दी जाएगी, तो प्रेस की आजादी जाती रहेगी। शायद यह आर्थिक सहायता इस रूप में आती कि प्राइस पेज शिड्यूल में जो कानून की सारी शोभा रही हैं तो रुपया घटाने से कुछ सब्सिडी (subsidy) दी जाए, अच्छे पत्र छप सकेंगे, नहीं तो अच्छे पत्र कहते हैं कि हम अपने को बन्द कर देंगे। जरा सोचना चाहिए कि जिन दिनों यह जर्नलिज्म बदलकर इंडस्ट्री हुआ—युद्ध के दिनों में—जब ऑल इंडिया न्यूज पेपर एडीटर्स कॉन्फ्रेंस बनी और उसके साथ मैक्सवेल का समझौता हुआ, और एडवरटाइजमेंट्स और रुपया और सहायता, सारी चीजें हुईं, बल्कि ऐसी शर्तें हुईं कि अब नए पत्र नहीं निकालेंगे—उन दिनों नए पत्र नहीं निकले और उस समय, मुझे याद है श्री शिवराव नामक एक सज्जन दिल्ली में रहते थे, जो सम्पादक भी थे और उसके सभापति भी थे। तो ये सारी बातें चलीं। तब आजादी का अपहरण नहीं हुआ। स्वतन्त्रता का अपहरण नहीं हुआ—स्वतन्त्रता का अपहरण अब हो रहा है, जबकि हर आदमी को यह अख्तियार है कि जिस गवर्नमेंट को चाहे दो थप्पड़ लगा दे। और जब से लगा है यह कानून, तब से मैं क्या कहूँ, किसी अखबार ने पहले से कम गालियाँ दी हैं, सरकार को। यह तो फालतू बात है यह कहना कि हम एडवरटाइजमेंट्स देंगे तो वह खरीदा जाएगा, उसकी आजादी चली जाएगी। मैं इस बात में तनिक भी विश्वास नहीं करता।

एक बात उन्होंने और कही है। जितना क्रोध उन्होंने डॉ. केसकर पर निकाला है, उससे मालूम होता है कि डॉ. केसकर न होते तो प्रेस-कमीशन न बनता, तब वर्किंग

जर्नलिस्ट एक्ट नहीं बनता, तब मालिकों को कुछ तकलीफ नहीं होती। लेकिन सच बात तो यह है कि प्रेस-कमीशन बनने के पहले उसका पूर्वाभास राष्ट्रपतिजी ने पहली बार सम्मिलित सत्र में अपने वार्षिक अभिभाषण में दिया था, उसी अभिभाषण में इसका संकेत था। फिर प्रधानमन्त्री ने भाषण दिया, और मन्त्रिमंडल ही नहीं, सारी संसद् प्रेस-कमीशन की रिपोर्ट को स्वीकार कर चुकी है। ऐसी हालत में एक आदमी के आगे नारियल फोड़ करके सारा दोष उस पर डालना, इसको मैं कुछ उचित नहीं समझता हूँ।

एक और बात है! चूँकि इंफार्मेशन में जो काम होता है, कभी-कभी हमको कई कमेटियों में उसको देखने का मौका लगा है, इसलिए मैं इस सम्बन्ध में कुछ कहना चाहता हूँ। उन्होंने एक आरोप लगाया है मन्त्रालय पर, कि जर्नलिज्म में सरकार के अधीन पब्लिक सेक्टर की वृद्धि हो रही है, और प्राइवेट सेक्टर घट रहा है। मैं सोचकर रह जाता हूँ कि जो देश के बड़े अखबार हैं, उनकी टक्कर के अखबार सरकार के हैं या नहीं? कहना पड़ता है, नहीं हैं। पब्लिकेशन डिवीजन में जितने मैगजीन्स, पत्र आदि पहले से निकलते थे, उनमें एक की वृद्धि नहीं हुई है। हाँ, एक बात है। अलग-अलग मिनिस्ट्रीज अपने अलग-अलग पत्र निकाल रही हैं। तो वे क्यों निकाल रही हैं? मिनिस्ट्रीज को अपनी-अपनी आवश्यकता महसूस होती है, और इसलिए निकालते हैं या नहीं निकालते हैं; इसकी जिम्मेदारी वहीं के लोगों पर है, उस मिनिस्ट्री में काम करनेवालों पर है। वे आवश्यकता महसूस करते हैं तब फाइनेंस-मिनिस्ट्री उनकी स्कीम को मानती है। तब जाकर वे पत्र निकालते हैं। उनमें से कोई एक जाए, फाइनेंस की कमेटी बने, वह उसको देखे और रोक दे, इसे मैं नहीं कहता। लेकिन मैं एक मौलिक बात कहता हूँ कि ये पत्र आखिर निकलते हैं इसलिए कि दूसरे लोग नहीं निकाल सकते। अब जर्नल ऑफ ट्रेड एंड इंडस्ट्री भारत के प्रकाशक क्यों निकालें? इसी प्रकार 'कुरुक्षेत्र-योजना में कम्युनिटी प्रोजेक्ट के अन्तर्गत जो काम हो रहा है, उसको बाहर के अखबारवाले, बाहर के प्रकाशक और पत्र क्यों निकालें? लेकिन वे पत्र जरूरी हैं, और इतने से ही गैर-जरूरी नहीं हो पाते हैं कि "हमको तो पसन्द नहीं हैं।" सच्ची बात तो यह है कि ट्रेड एंड इंडस्ट्री का जो जर्नल है, वह मेरे घर में आता है, मैं तो उसे कभी नहीं पढ़ता, लेकिन मेरे इंडस्ट्रियलिस्ट मित्र मेरे घर से एक-एक प्रति प्रायः ले जाते हैं। वे कहते हैं, तुम न पढ़ो तो हमें भेज दिया करो, क्योंकि हम इसका एक-एक पन्ना चाट जाते हैं।" इसी प्रकार 'कुरुक्षेत्र' के भी पाठक मैंने देखे हैं। यद्यपि 'कुरुक्षेत्र' भी मैं नहीं पढ़ता हूँ, लेकिन हो सकता है, 'आजकल' जिनको पसन्द है और 'आजकल' मैं भी प्रेम से पढ़ता हूँ। उसको मैं ही नहीं, बहुत सारे लोग पढ़ते हैं। इसलिए इन सारी बातों से मुझे दुःख हुआ और मैंने समझा कि सभा के सामने इसके दूसरे पक्ष की बातें भी आ जानी चाहिए, क्योंकि वर्किंग जर्नलिस्ट्स का जब तक उद्धार नहीं होगा, आप एक गुत्थी में पड़े रहेंगे। इनको खा-पीकर काम करने

लायक बना दीजिए, जिससे देश के हर काम में आसानी पैदा हो जाएगी। अगर पाँच मिनट का समय और दे दें तो एक बार और कह दूँ!

कल सभा में कुँजरू साहब ने शिक्षा मन्त्रालय पर कई बातें कहीं, जो विचारणीय हैं। कुँजरू साहब तो निःस्वार्थ, देश के कल्याण की कामना करनेवाले निर्मल पुरुष हैं। उनकी बातों से विरोध किसको हो सकता है? लेकिन एक बात पर ज्यादा जोर देनेवालों में ज्यादा नाम उन्हीं का देख रहा हूँ, इसलिए उसका दूसरा पक्ष भी कह देना चाहता हूँ। सेकंडरी एजूकेशन के बारे में बोलते-बोलते उन्होंने कहा कि अंग्रेजी की शिक्षा बहुत कमजोर हो रही है। यू. पी. में उनको यह भी पता लगा कि मातृभाषा में भी लड़के कमजोर हो रहे हैं। अगर इसको इस रूप में देखिए कि शिक्षा की पद्धति कमजोर हो रही है, जिसके कई कारण हैं—शिक्षक कम हैं, लड़के अधिक हैं, योग्य शिक्षक नहीं हैं, योग्य शिक्षकों को पैसा नहीं दिया जाता है, महँगाई का समय है, सब लोग असन्तुष्ट हैं, दूसरी बात है—लेकिन बार-बार देश के कान में यह तुरही बजाई जाए कि "अंग्रेजी खराब हो रही है, मिट जाओगे, अंग्रेजी खराब हो रही है, मिट जाओगे!" तो मैं एक बात पूछना चाहता हूँ कि अंग्रेजी के खराब होने से क्यों मिट जाएँगे? मैं तो एशिया और यूरोप दोनों महाद्वीपों में घूमकर आया हूँ। क्या किसी देश के लोग ठीक से अंग्रेजी बोलते हैं? चीन में 'ही कौमित्स मिस्तेकस' (He commits mistakes) जैसी बात वैसे बोल देंगे। फ्रांस में भी ऐसा ही बोलते हैं। पोलैंड में इंटरनेशनल कॉन्फ्रेंस हुई थी और वहाँ भी ऐसा ही बोलते हैं। अंग्रेजी जो करेक्टली बोल सकते हैं, ऐसे लोग तो सारी दुनिया में कम हैं; लेकिन अंग्रेजी जो समझ लें, ऐसे लोग बहुत हैं। अपने यहाँ मौलाना आजाद अंग्रेजी की बड़ी-से-बड़ी किताबें पढ़ते थे, लेकिन अंग्रेजी में न तो लिख सकते थे, और न बोल सकते थे। इसलिए हम लोग इस निष्कर्ष पर आ गए हैं कि अंग्रेजी की एक आयु पूरी हो गई, उसको ब्रह्मा भी अब फिर नहीं लिख सकते, रोनेवाले अपने आँसू बरबाद कर रहे हैं। उसकी दूसरी आयु शुरू हो रही है, as a language of comprehension के रूप में। अंग्रेजी तो as a language comprehension के तौर पर बहुत लोगों को सीखनी है, और आज से अधिक लोगों को सीखनी है। अंग्रेजी से ज्ञान ग्रहण करके अपनी भाषा में उनको काम करना है। इसके सिवाय अगर यह रोते रहिए कि टेढ़ी अंग्रेजी हो, ऑक्सफोर्ड का प्रोनंसियेशन हो, तो यह फालतू बात है। दिल्ली आकर बड़ी निराशा होती है कि कहाँ पहुँच गए। गाँवों में आग लगी हुई है, मैले-कुचैले बच्चे घूम रहे हैं, अशिक्षा के अन्धकार में घूम रहे हैं, वहाँ स्कूल नहीं हैं, और यहाँ दिन-रात पब्लिक स्कूल की दुहाई दी जाती है। मैं कहता हूँ कि दुहाई देते रहिए, लेकिन अगर आप ठीक से न सुधरे, शहरों से अपने मन को हटाकर गाँवों की ओर नहीं गए, तो गाँवों के लोग आएँगे और हम लोगों को पार्लियामेंट से मारकर निकाल देंगे। यह होनेवाला है इस देश में। जिसको न दिखाई पड़ता हो, वह यह बोला करे।

एक बात और है! अच्छी अंग्रेजी के लिए इतना रोना इसलिए है कि सरकारी ऑफिसर बढ़िया नोट लिखेंगे। मैं पूछता हूँ कि अच्छा राज चलाने के लिए अच्छी भाषा लिखना आवश्यक क्यों है? शिवाजी बहुत अच्छी भाषा लिखते थे, शेरशाह बहुत अच्छी भाषा लिखता था, अकबर बहुत अच्छी भाषा लिखता था, और रफी साहब नोट नहीं लिखते थे, टेलीफोन पर बात करते थे। जिनको राज करना नहीं आता है, वही लम्बी-लम्बी चीजें लिखते हैं, और उसमें 'परहैप्स' (perhaps) की भरमार होती है।'' आज सरकारी ऑफिसर का एक धर्म है कि सुबह सूर्यनारायण से प्रार्थना करें—सेक्रेटेरियट में जाने के पहले—मैं 18 वर्ष नौकरी में था, इसलिए मेरा थोड़ा अनुभव है कि—हे भगवान्, आज ऐसा शुभ दिन करो कि कोई जवाबदेही मेरे ऊपर न आए और एक फाइल भी डिस्पोज न हो। इसलिए अंग्रेजी भाषा का उपयोग किया जाता है।'' मारवाड़ियों को देखिए, वे लाल बही पर लिखकर चार-चार करोड़ का लाभ करते हैं, और न उनके यहाँ सेक्रेटेरियट है और न कुछ है। दिमाग से राज होता है, चरित्र से राज होता है। जब तक इस चक्कर में हम पड़े हैं कि अच्छी भाषा लिखकर अच्छा राज चलाएँगे, तब तक मूँदड़ा-कांड होते रहेंगे।*

(शेष-निःशेष)

* राज्यसभा में 30 अप्रैल, 1958 ई. को दिया गया भाषण।

पत्रकार जरा अहंकारी वृत्ति का होता है

श्रीमन्, वेज बोर्ड (Wage Board) के सदस्यों में मतभेद हुआ, उस मतभेद के कारण वेज बोर्ड के चेयरमैन को अपनी अलग राय लिखनी पड़ी। उस राय के सिलसिले में उन्होंने यह बात लिखी कि हम न्यूनतम वेतन की जो तजवीज कर रहे हैं, उससे उद्योग पर कितना बड़ा बोझा पड़ेगा, इसका ठीक अन्दाजा हमको नहीं है। "The burden cannot be evaluated with any degree of precision" (इस भार को ठीक-ठीक नहीं आँका जा सकता है।) मेरा खयाल है, इसी वाक्य-खंड के भीतर से सुप्रीम कोर्ट की हिदायतें आई हैं। वैसे सुप्रीम कोर्ट ने वेज बोर्ड की सभी बातों को नहीं काटा। केवल दो बातों के लिए उसने आपत्ति की। पहली यह कि तजवीज करने के समय यह सोच लेना था कि उद्योग में इतनी क्षमता है कि नहीं कि वह यह वेतन दे सके। दूसरी यह कि प्राकृतिक न्याय की माँग पूरी की जानी चाहिए थी। इसके मानी यह है कि जो सुझाव वेज बोर्ड रख रहा था, उस सुझाव पर पत्रों के मालिकों की प्रतिक्रिया लेनी थी। पत्रों के मालिकों को जो उज्र था, उस उज्र पर विचार करना था। मेरा खयाल है, वर्तमान बिल इन्हीं दो खामियों को दूर करने के लिए लाया गया है और हम लोग इस बात को नहीं मानते कि सुप्रीम कोर्ट के प्रति पार्लियामेंट या सरकार कोई छल का व्यवहार करने जा रही है। कुँजरू साहब का दृढ़ मत है कि यह कमेटी अच्छी नहीं बनी है, लेकिन हम लोग इसे एक दूसरी नजर से देखते हैं। हम इस कमेटी को वह अहमियत नहीं देते, जो प्रेस-कमीशन की दो गई थी, अथवा जो बेज बोर्ड को दी गई थी। वेज बोर्ड का बहुत सारा काम हो गया। कुछ थोड़े-से काम को पूरा करने के लिए नई कमेटी बनाई जा रही है। इसलिए इसकी तुलना वेज बोर्ड या प्रेस-कमीशन से करने की जरूरत मैं नहीं महसूस करता हूँ।

इससे अधिक ध्यान देने की बात यह है जो कल सप्रू साहब ने कही थी। सप्रू साहब ने यह बतलाया कि सुप्रीम कोर्ट का जो निर्णय है, उस निर्णय में तथ्य और कानून दोनों मिले हुए हैं—Question of fact और Question of law—ये दोनों परस्पर मिश्रित हो गए हैं, इसलिए उन्होंने कहा कि इस कमेटी में किसी बड़े विधिज्ञ (कानून जाननेवाले) किसी बड़े वकील जैसे आदमी का रहना जरूरी था, जो उसके चेयरमैन होते। अभी जो चेयरमैन होंगे, उनकी योग्यता क्या है, यह बात सरकार जानती होगी।

लेकिन मेरा खयाल है कि सप्रू साहब की इस हिदायत को उस कमेटी के सामने रखना चाहिए। कहीं ऐसा न हो कि फिर उसी क्षमतावाली बात पर–कैपेसिटी टू पे (Capacity to pay)–की सारी शर्तें पूरी हुईं या नहीं–इस बात पर मुकदमा सुप्रीम कोर्ट जाए और यह चीज भी अल्ट्रा वायरस (ultra virus) हो जाए। इसका ध्यान रखना चाहिए।

कल सप्रू साहब ने यह सुझाव दिया था कि अगर डिप्टी मिनिस्टर इसके चेयरमैन बनाए जाते, तो और अच्छी बात होती। अपना-अपना मत है। उनका अपना खयाल यह है कि डिप्टी मिनिस्टर साहब में योग्यता बहुत अच्छी है। अगर सेक्रेटरी साहब भी वैसे ही योग्य हों तो बहुत अच्छी बात है। सरकार सोचकर ही ठीक कदम उठा रही होगी।

दूसरी बात यह है कि यहाँ भाषणों में भी देखा है और सदस्यों से जो बातें होती हैं, उनके दौरान में भी देखा है कि हममें से बहुत से लोग इस भाव से पीड़ित हो गए हैं कि पत्रकारों का गौरव गिर गया है। पत्रकार वैसे न रहे जैसे तिलकजी थे, सुरेन्द्रनाथ बनर्जी थे, महात्मा गांधी थे। लोग जब यह बात कहने लगते हैं, तब उम्मीद होती है कि वे यह कहेंगे कि तिलक और सुरेन्द्रनाथ बनर्जी के बच्चों की जरा हिफाजत करो। लेकिन नहीं, वे कहने लगते हैं कि तिलक और सुरेन्द्रनाथ बनर्जी तथा गांधीजी बहुत उत्तम कोटि के पत्रकार थे, मगर आज के पत्रकार छोटे हो गए हैं। अतएव सरकार को चाहिए कि उनकी ओर से कोई हस्तक्षेप न करे। यह एक विचित्र-सी बात है। और पत्रों के व्यवसाय को गिराया किसने? कम-से-कम वर्तमान सरकार का तो यह दोष नहीं है और मैं यह भी नहीं कह सकता कि यह दोष अंग्रेजी का था।

सक्सेना साहब, सुनिए! जब व्यक्ति स्वाधीन रहता है तब वह अकल्याण की बात नहीं सोचता है। पहले भी साइंटिस्ट हुए, लेकिन उन्होंने एटम बम की ईजाद नहीं की, क्योंकि अपने घर में बैठा हुआ वैज्ञानिक कभी भी मनुष्य का अकल्याण नहीं सोचता है। लेकिन जिस समय वैज्ञानिक इस फेर में पड़ गया कि हमको बड़ी प्रयोगशाला दो, तब हम काम करेंगे, तो प्रयोगशाला तो सरकार देगी या सेठ देंगे। इसलिए जब प्रतिभा नष्ट होती है, प्रतिभा बिगड़ती है, तब वह कुसंगति में पड़कर या धनियों के सम्पर्क में पड़कर बिगड़ती है। धनियों से अलग जो प्रतिभा रहती है, उस प्रतिभा के बिगड़ने का कोई संयोग नहीं है। इसलिए आप इसको इस तरह से समझिए कि आज भी इस देश में ऐसे पत्रकार हैं, जो अपने विचारों का प्रचार करने के लिए पत्र निकालते हैं। लेकिन उनका दम क्या है? क्या रोटरी मशीन से वे स्पर्धा करेंगे? स्पर्धा में उनका अखबार चलेगा? न उनके पास मशीन अच्छी है, न उनके पास कागज अच्छा है, न उनके पास टाइप अच्छा है। न वे अच्छा मशीनमैन रख सकते हैं। उनकी सारी सफलता उनके चरित्र और विचार पर निर्भर करती है। देश

में ऐसे भी पत्रकार हैं, लेकिन उनकी हैसियत छोटी हो गई है। इस देश में आज उन पत्रकारों पर नाराज मत होइए, समाज की पद्धति पर नाराज होइए। अगर आप चाहते हैं कि पत्रकार अपने चरित्र की ऊँचाई पर रहें, जो वे सोचें वही लिखें, तो उचित है कि हम और आप उनकी परवरिश का उपाय करें। हम और आप जनता के भेजे हुए यहाँ आए हैं। सरकार जनता की बनाई हुई है। जिस जनता ने संसद् का निर्माण किया, जिस जनता ने सरकार का निर्माण किया, उसी जनता को पत्रों पर भी नियन्त्रण करने दीजिए और मन से इस भ्रम को हटा दीजिए कि हम कोई अयोग्य काम रह रहे हैं।

छोटे पत्र और बड़े पत्रों का जो किस्सा है, आज वह ऐसा गुँथ गया है कि आप उनके लिए अलग नियम नहीं बना सकते। छोटे पत्र अकसर प्रोप्राइटर-एडिटर, प्रोप्राइटर-सम्पादक निकालते हैं और एक-आध अन्य पत्रकार भी उनके साथ होते हैं। अगर यह बन्धन हम डाल दें कि 90 रुपए तुम्हें भी देना पड़ेगा और अगर उनको 70 रु. में ही आदमी मिल रहा है तो उनको कठिनाई होगी। लेकिन इस कठिनाई से बचने के लिए हम दूसरे उन पत्रकारों की किस्मत को तो नहीं झोंक सकते, जो बड़े पत्रों में काम कर रहे हैं। 60-70 से कम में अभी भी आदमी नहीं मिल रहे हैं। अगर 90 रुपया दिया गया तो क्या अधिक दिया गया? छोटे पत्रों की कठिनाई बड़े पत्रों से प्रतियोगिता है। बड़े पत्रों के कम्पिटीशन में छोटे पत्र नहीं ठहर सकते। इसलिए वे मर रहे हैं।

अभी प्रकाशक सम्मेलन हुआ था, जिसका उद्घाटन आदरणीय कुँजरू साहब ने किया। उसमें सुना है कि तीन हजार निमन्त्रण भेजे गए थे और 98 प्रतिनिधि आए। 98 प्रतिनिधियों में छोटे पत्रों के भी प्रतिनिधि रहे होंगे। लेकिन छोटे पत्रों के प्रतिनिधियों की ही बात सामने नहीं आ सकी। क्या छोटे पत्रों के प्रतिनिधि वेज बोर्ड के खिलाफ बोलेंगे? हर्गिज नहीं। वे कहेंगे कि प्राइस पेज शेड्यूल करो। वे कहेंगे कि सरकार की विज्ञापन-नीति का संशोधन करो। वे कहेंगे कि जो न्यूज प्रिंट आता है, उसमें हमको उचित हिस्सा दो। लेकिन ये बातें बड़े पत्रों के प्रतिनिधि नहीं चाहते हैं। उन्होंने एक मूर्ति, एक ताजिया, खड़ा कर दिया है वेज बोर्ड का और समझते हैं कि सारे पत्रकार इसी के पीछे हैं। छोटे पत्रकारों की यह माँग नहीं है। छोटे पत्रकारों की जरूरत वह है जो देवगिरीकर साहब ने कही। मैं समझता हूँ कि पोस्ट ऑफिस की जो बाधा है, वह सच्ची बाधा है। कागज की जो बाधा है, वह सच्ची बाधा है, बाकी 90 रुपए न्यूनतम वेतन की बाधा सच्ची बाधा नहीं है। अभी भी वेज बोर्ड रेट से छोटे पत्रों में से बहुतों ने, इसको मान लिया है। लेकिन ये बड़े पत्रकार हैं, जो इसका विरोध कर रहे हैं।

एक बात और है! कहा जा रहा है कि पत्र-उद्योग की आमदनी कम है, इसलिए उस पर कोई बन्धन मत डालो। मैं समझता हूँ कि यह बात कुछ हद तक अतिरंजित

भी है। सच तो मैं उनके बारे में कहूँगा, जिनके बारे में देवगिरीकर साहब ने कहा है। छोटे पत्रों के मालिक जॉब वर्क (Job work) से पैसा निकालते हैं और पत्र निकालने में जो घाटा होता है, उसमें वे कमाई कर पैसा लगाते हैं। ऐसे भी बहुत से लोग हैं जो नौकरी कर रहे हैं, लेकिन उनकी भी तो विचार की आँधी उठती है और उसे फैलाने को वे एक छोटा-सा पत्र निकालते हैं और यह पत्र वे घर का पैसा लगाकर निकालते हैं। वे विचारों के प्रचार के लिए पत्र निकालते हैं। वे नैष्ठिक पत्रकार हैं, लेकिन यह बात सब पर लागू नहीं की जा सकती।

अभी सैमुअल साहब ने 'हितवाद' की बात कही। नागपुर से 'हितवाद' पत्र निकलता है, जिसका सम्बन्ध सर्वेंट ऑफ इंडिया सोसाइटी से है। वह पत्र न तो 'ए' कोटि में आएगा, न 'बी' कोटि में आएगा। उसको 'सी' कोटि में रख सकते हैं। पाँच कोटियाँ बनी हैं—ए, बी, सी, डी, ई। इन पाँच कोटियों में से 'हितवाद' ज्यादा-से-ज्यादा 'सी' कोटि में आएगा। लेकिन उस पत्र को चूँकि एक ईमानदार संस्था चला रही है, उसके पैसे गड़बड़ नहीं होते हैं। इसलिए 'हितवाद' के जो आँकड़े हैं, वे बाकी पत्रों पर लागू किए जाने चाहिए। 'हितवाद' की स्थिति यह है कि 'हितवाद' सर्वेंट्स ऑफ इंडिया सोसाइटी को सुपरविजन चार्ज के रूप में 18 हजार रुपया प्रति वर्ष देता है और वही रुपया सोसाइटी उस सदस्य को देती है, जो उसका सम्पादन करता है। ट्राइबल एरिया में शिक्षा के प्रचार के लिए 'हितवाद' के यहाँ से रुपए जाते हैं। 'हितवाद' दान देता है। इसके माने यह है कि 'हितवाद' का प्रबन्ध सुयोग्य लोगों के हाथ में है, ईमानदार लोगों के हाथ में है, मितव्ययी लोगों के हाथ में है। इसलिए 'सी' कोटि का पेपर होने पर भी उसके पास पैसे हैं। बाकी पत्र जो कहते हैं कि हमारे पास पैसे नहीं हैं, 'हितवाद' को देखकर समझना चाहिए कि वे गलत बोल रहे हैं। उनके पास पैसे हैं। पैसे देने में उनका कोई नुकसान नहीं होगा। फिर भी वे सबको बन्धन में डालकर रखना चाहते हैं।

एक बात और है! कल से आपने सुना होगा कि नए पैसे जब से बने हैं, तब से पत्रों की आमदनी में वृद्धि हुई है। उसका रूप क्या है? रूप यह है कि जो अखबार एक आने में बिकता था, उसका दाम सात नए पैसे हो गया; जो अखबार डेढ़ आने में बिकता था उसका दाम 10 नए पैसे हो गया; जो अखबार दो आने में बिकता था, उसका दाम तेरह नए पैसे हो गया और ढाई आनेवाले अखबार के 16 नए पैसे हो गए, बल्कि यहाँ 'साप्ताहिक हिन्दुस्तान' की पहले कीमत चार आने थी और अब 35 नए पैसे हो गई है।

मेरा खयाल है कि ज्यों-ज्यों समय बीतता है, अखबारों की संख्या बढ़ती जाती है, उनकी प्रतियों की संख्या बढ़ती जाती है, वे अधिक छपने लगे हैं। अधिक लोग उनको पढ़ते हैं। हिन्दी में पहले ऐसे पत्र ही नहीं थे, जिनकी खपत 60 हजार या 70 हजार हो। ऐसे पत्र दक्षिण में थे, लेकिन हिन्दी में नहीं थे। आज हिन्दी में ऐसे कई

पत्र हैं, जिनकी खपत 70 हजार हो गई है। लेकिन यह भी समझिए कि सिर्फ ग्राहकों से जो पैसे मिलते हैं, उसी से पत्र नहीं चलते हैं, बल्कि किसी-किसी पत्र की यह स्थिति हो जाती है कि वह यह सोचता है कि ज्यादा ग्राहक न बनें तो अच्छा है, नहीं तो कागज के दाम बढ़ गए हैं, छपाई की दर बढ़ गई है, हमको मुश्किल होगी। विज्ञापन पर पत्र चलते हैं और जैसा कहा गया कि बड़े पत्रों के विज्ञापन की कोई थाह नहीं है। कितना रुपया उनके पास आता है, इसका कोई अन्दाजा नहीं किया जा सकता। उनके पास सरकार के यहाँ से विज्ञापन जाते हैं और सरकार को भी एक अन्धविश्वास है, एक सुपरस्टिशन सरकार को व्यापे हुए है। वोट माँगेंगे हम लोग जनता की भाषा में, लेकिन विज्ञापन छपवाएँगे अंग्रेजी में, कानून बनाएँगे अंग्रेजी में। यह सब विरोधाभास है। मेरा यह कहना है कि देवगिरीकर साहब ने बड़ी सच्ची बात कही है कि देशी भाषाओं के पत्रों को विज्ञापन देने में सरकार मरने लगती है। उसके बड़े-बड़े अफसर समझते हैं कि भैंस की भाषा में विज्ञापन न दिए जाएँ। विज्ञापन तो महारानी एलिजाबेथ की भाषा में निकलने चाहिए। तभी यह देश ठीक से चलेगा, तभी अच्छे-अच्छे लोग मिलेंगे। मैं कहता हूँ कि एक दिन वह भैंस सींग में तलवार बाँधकर आएगी, तब हम लोगों को मालूम होगा कि स्थिति क्या है। अभी तो महारानी ऐलिजाबेथ का नाम लेकर हम चल रहे हैं। इसलिए बड़े पत्रों को विज्ञापन से आमदनी सरकार के यहाँ से भी है और बड़े-बड़े सेठों-व्यापारियों और विदेश के लोगों से भी है। छोटे पत्रों को यह आमदनी नहीं है। देशी भाषा के पत्रों को यह आमदनी नहीं है।

यह भी मैं कह दूँ कि बड़े पत्र जो सुबह हमारे घर में पहुँचते हैं, वे हमारे गाँवों में नहीं पहुँचते। हमारे गाँवों में तो वही छोटे पत्र जाते हैं और उन्हीं के भीतर जो विचार रहता है, उसी से जनता का मत बनता है। सरकार का धर्म है कि वह छोटे पत्रों का खयाल करे, क्योंकि ऐसे पत्र अधिक बढ़ेंगे तभी प्रजा-सत्ता इस देश में विकेन्द्रित होगी।

एक बात अन्त में और कह दूँ। समय समाप्त हो रहा है। इस भ्रम को हम लोग निकाल दें कि पत्रकारों के लिए ब्राह्मणवृत्ति और बाकी लोगों के लिए आराम ठीक है। जब पत्रकार की रोटी का प्रश्न उठता है तब हमको दर्शन सूझता है, बड़ी-बड़ी बातें सूझती हैं। लेकिन इन बातों को हम अपने ऊपर क्यों नहीं लागू करते? हम अपने दोस्तों पर क्यों नहीं लागू करते? आपने पत्रकारों को देखा होगा। जो सामान्य मजदूरों को सुख-सुविधा है, वह पत्रकारों को नहीं है। पत्रकार को उतना भी पैसा नहीं मिलता, जितना खान में काम करनेवाले मजदूर को मिलता है। मैं समझता हूँ कि जो बहुत ज्यादा काम करनेवाला कुली रेलवे-स्टेशन पर है, उसको जितना मिलता है, उतना भी पत्रकारों को नहीं मिलता है। इसके सिवाय पत्रकार जरा अहंकारी प्रवृत्ति का होता है। पाजामा फटा हुआ है तब भी वह होटल में बैठा हुआ एक प्याली चाय पीकर लोगों को गालियाँ दे सकता है। इस अहंकार की रक्षा के लिए उसको जरा ठाठ से रहना

पड़ता है। ब्राह्मण को, भूखे ब्राह्मण को जो क्रोध होता है, वही इस देश के पत्रकारों में समाया हुआ है। हर पत्र को देख लीजिए, चीफ एडिटर जरा संजीदा होता है। उसको रुपए ज्यादा मिलते हैं। इसलिए वह तो गम्भीर हो जाता है, लेकिन नीचे जो सब-एडिटर है और दूसरे वर्ग के लोग हैं, जिनको पैसा नहीं है, उनसे मिलिए। भारत की जनता में जो असन्तोष है, ये पत्रकार उस असन्तोष की साकार प्रतिमा बनकर घूम रहे हैं। इनको आप कम-से-कम जीने योग्य तो बना दीजिए! उनके सुखों की माँग ज्यादा नहीं है। यह कोई माँग में माँग है कि 90 रुपया उन्हें वेतन दो। प्रेस-कमीशन ने डेढ़ सौ रुपया तय किया था और वेज बोर्ड ने उसको तोड़कर अब 90 रुपया कर दिया है। उसके सिवाय कुछ लोकल एलाउंसेज वगैरह की बात भी है। पत्रकारों में शायद यह भी भाव था कि तुम अगर चाहते हो कि कुछ छोड़कर तय कर लें, तो वह भी हम मान लेंगे। लेकिन क्या कारण है कि जिनके पास पैसा है, उनमें इतनी अकृपा आ गई है, इतनी निर्दयता आ गई है कि इस छोटी-सी माँग का विरोध करने के लिए वे सुप्रीम कोर्ट तक लड़ रहे हैं।

जिसका भी दोष हो, लेकिन मैं मानता हूँ कि बहुत-सी बातों में हमारे पूँजीपतियों ने उदारता दिखलाई है, जनता के साथ सहयोग दिखलाया है। लेबर-कैपिटल की लड़ाई रोज होती है। सरकार की नीति इसमें गांधीवादी है और उसमें पूँजीपति पूरा सहयोग देते हैं।

हाँ, यह भी तो अंकुश की ही बात है। मालूम यह होता है कि थोड़ा-सा भी व्यूह खुला रहेगा, तो पूँजीपति विरोध करते ही जाएँगे।

कल तो सप्रू साहब ने सुरेन्द्रनाथ आदि का नाम लिया था। वह एक दूसरी धारा में बोल रहे थे। उसका उपयोग आज शिवराव साहब ने यह कहकर किया है कि कल सप्रू साहब ने जो बात कही, उससे हम पूरे सहमत हैं। सुरेन्द्रनाथ बनर्जी की सन्तान, गांधीजी और तिलक की सन्तान होकर भी पत्रकार रुपया माँगें? इनका तो धर्म है कि भूखे रहकर सेठों की सेवा करें।

आपको होना ही चाहिए। मगर यह सोच लीजिए कि भूख आदाब के साँचे में नहीं ढल सकती। 'बुभुक्षितः किम् न करोति पापम्!' आपको मालूम है कि अभी मद्रास में जो झगड़ा उठा, उसमें एक अखबार में नरसिंह नाम का एक पत्रकार हटा दिया गया। जितने पत्रकार दफ्तर में थे, सबने उसकी तरफ से अपील निकाली कि इसको रख लिया जाए। लेकिन फिर मैनेजमेंट का मोहन-मन्त्र चला और दूसरे दिन उन लोगों ने दूसरा बयान निकाल दिया कि हम लोगों का इससे कोई सम्बन्ध नहीं है। यह 'बुभुक्षितः किम् न करोति पापम्' है। आप क्या यह समझते हैं कि पत्रकारों ने अपने मन से अपील से दस्तखत हटा लिये। नहीं, यह काम उनसे गरीबी ने करवाया।

अब एक कविता सुना देता हूँ, सक्सेना साहब!

दहक रहे भीषण क्षुधाग्नि से जिसके प्राण अभागे,
निर्दय है, दर्शन परोसता है जो उसके आगे।
रोटी दो, मत उसे गीत दो जिसको भूख लगी है,
भूखों में दर्शन उभारना छल है, दगा, ठगी है।

(शेष-निःशेष)

* राज्यसभा में 2 सितम्बर, 1958 ई. को दिया गया भाषण।

मजे हैं चरवाहों के!
(अन्तिम भाषण)

बहिनो और भाइयो!

...मेरे मन में एक रिजर्वेशन है, पॉकेटबुक के बारे में—बहुत लोग पढ़ रहे हैं, यह अच्छी बात है, जैसी भी पुस्तक हो। महीप सिंह ने जिस ओर संकेत दिया—साहित्य का सस्तापन। लेकिन होता है यह। एक दूसरा पक्ष भी है। जब छपाई की सुविधा नहीं थी, जब यह अवस्था थी कि उतनी ही कॉपी तुम्हारी किताब की फैलेगी जितनी कॉपी तुम तैयार कर सकोगे, तब भारतवर्ष में सूत्र-शैली का जन्म हुआ। इस तरह का सूत्र बनाओ कि एक सूत्र की व्याख्या करनेवाला एक किताब लिखे। एक किताब का सारांश एक सूत्र है। तो जब यह अवस्था थी तब विद्या की बड़ी महिमा थी। पुस्तकों की बड़ी महिमा थी। लेकिन इन्फ्लेशन के समय जैसे रुपए का अनादर हो जाता है, उसी तरह जब शब्द इंफ्लेटेड होते हैं तो किताबों की इज्जत नहीं रहती।

मगर डेमोक्रेसी के जमाने में ऐसा बोलना बेहूदापन ही होगा। वाल्तेयर कहा करते थे कि वह डेमोक्रेसी को पसन्द नहीं करते। मोनार्की के पक्ष में थे, तो किसी ने उनसे पूछा, "साहब, इतने बड़े चिन्तक होकर के आपने क्रान्ति करा दी फ्रांस में—तो भी आप मोनार्की के समर्थक हैं?" उन्होंने कहा कि "यह बहुत साधारण बात है। मोनार्की में एक आदमी को पढ़ा दो तो काम चल जाएगा, लेकिन डेमोक्रेसी में हर आदमी को पढ़ाना पड़ता है।" तो अपने देश में जो डेमोक्रेसी लटर-पटर चल रही है, उसका कारण है कि जो देश के मालिक हैं, वे प्रचंड मूर्ख हैं।

स्थिति यह बन गई कि वोट का अधिकार मिल गया भैंस को, मजे हैं चरवाहों के! तो यह एक संशय है कि डेमोक्रेसी तो हटेगी नहीं, और हर आदमी को पढ़ाना पड़ेगा। अपने देश में दिक्कत यह है। शायद 29 प्रतिशत साक्षरता बढ़ी है। बहुत कम है। किसी भी भाषा में पुस्तकों की अच्छी बिक्री नहीं है। कारण यह है कि जिस भाषा को मद्रास मिल गया, उसका प्रचार आसान है। जिस भाषा को कलकत्ता मिल गया, उसका प्रचार आसान है। अगर कलकत्ते में प्रचारित हो गई किताब, आसानी हो गई। जिस भाषा को बम्बई मिला उसका भी काम आसान है। हिन्दी बेचारी को

इलाहाबाद मिला, बनारस मिला, पटना मिला, लखनऊ मिला और दिल्ली दखल करने की कोशिश कर रही है। हिन्दी का यहाँ दखल कभी न होगा। हिन्दी, देखिए, दिल्ली दखल तब होगी जब हिन्दी सारे देश में होगी। तब सब लोग हिन्दी की ओर प्रेम से देखेंगे, रुचि से पढ़ेंगे। तब शायद हिन्दी को भी एक जगह मिल जाए। अभी तो हालत यह है कि पटना में अगर चिल्लाएँ तो दिल्ली आवाज नहीं पहुँच सकती। हरियाणा में जो चिल्लाएगा, वह बिहार में सुनाई नहीं पड़ेगा। समय ही बदल गया है। तो इसलिए मैं इस पॉकेट-बुक के व्यवसाय को बहुत आशा से, बहुत विश्वास से देखता हूँ और चाहता हूँ। अभी जो स्थिति है, वह यह है कि पॉकेट बुकवालों को इसकी चिन्ता बहुत कम है कि कैसा साहित्य बेचें। यह चिन्ता है कि जो किताबें जल्दी बिकें, वही किताबें छापें और देश का सारा कागज इसी में लगा दें। मुकुट में कलगी लगाने के लिए कभी-कभी पॉकेट बुकवाले दस-बीस अच्छी किताबें भी छाप लेते हैं।

लेकिन 'पेंगुइन' और 'पेलिकन' ने तो दुनिया के क्लासिक छापे और वही हमारी यात्रा का ध्येय होना चाहिए कि जैसे पेंगुइन और पेलिकन में अच्छी-अच्छी किताबें आई हैं, इसी तरह भारतीय भाषाओं में भी अच्छी-अच्छी किताबें मामूली दाम पर मिल सकें।

पॉकेट बुक जहाँ तक आ गया है, वहाँ से आगे बढ़ने के लिए तीन-चार बरस चाहिए। अगला समय संकट का है। पहले लड़कों को पढ़ने के लिए एक्सरसाइज कॉपी चाहिए कि पहले पॉकेट बुक चाहिए?

हम लोगों ने डेमोक्रेसी शुरू कर दी। शिक्षा का प्रचार किया ईश्वर की कृपा से। पर शिक्षा का प्रचार हुआ ही नहीं—जितना प्रचार हुआ है, उससे ज्यादा आदमी जन्म ले रहे हैं। तो सरकार के कब्जे में चीज रही नहीं। इतने स्कूल खुले कि परसेंटेज बढ़ना चाहिए। परसेंटेज घट गया। आदमी जो ज्यादा पैदा हो गया।

और अब अनुभव हो रहा है कि स्टील प्लांट और एग्रीकल्चर के लिए जितना काम किया गया, उसी धरातल पर कागज का कारखाना 52-53 में खलना चाहिए था। तब आज देश की प्रगति में बाधा न होती। मैं जानता हूँ प्रगति में बाधा उपस्थित हो गई है कागज की।

कागज का क्षेत्र ऐसा है जिस पर लगता है कि सरकार का कोई नियन्त्रण नहीं, हो ही नहीं सकता।

मैं तो लेखक भी रहा, प्रकाशक भी रहा—कागज ले लेता था, पैसा उसका जाता रहता था। अब तो कहता है, जेब में पैसा है तो रखो और कागज भी यही है और रेट भी यही है। लेना है तो ले लो, वरना अपने घर जाओ।

तो ऐसी स्थिति में पॉकेट बुक के विकास में बाधा पड़ सकती है। जो स्टैंडर्ड आ गया है, वहीं तक चलें तो भी काफी है।

इसका कुछ करना चाहिए कि अच्छा साहित्य पॉकेट बुक में उपलब्ध किया जाए और वह दुकानदारी की चीज नहीं, जरा विचार में उत्तेजना भरनेवाली चीज भी हो। जब यह चीज होने लगेगी, तब पॉकेट बुक की महिमा बहुत बढ़ जाएगी।*

(शेष-निःशेष)

---

* स्टार पॉकेट बुक प्रकाशन, दिल्ली की दसवीं वर्षगाँठ के अवसर पर 19 अप्रैल, 1974 ई. को दिया गया जीवन का अन्तिम भाषण। ('दिनमान' से साभार।)

बिहार के मल्ल

वयं चैव महाराज जरासन्ध भयात्तदा।
मथुरां संपरित्यज्य गता द्वारवतीं पुरीम।।

—महाभारत; जरासन्ध-वध पर्व, अध्याय-14

दिल्ली (इन्द्रप्रस्थ) के राजा युधिष्ठिर द्वारका निवासी राजा श्रीकृष्ण के मन्त्र से राजसूय यज्ञ करके अपरिमित कीर्त्ति के भागी होना चाहते थे। सभी देशों के राजाओं ने अधीनता स्वीकार कर ली थी और अपने 'कर' भेज दिए थे; केवल मगध का राजा जरासन्ध ही ऐसा था जिससे 'कर' माँगने की हिम्मत भी नहीं की जा सकती थी। शायद यह भी सोचा जा रहा था कि राजा जरासन्ध को सूचित किए बिना ही यज्ञ सम्पन्न कर लिया जाए।

लेकिन श्रीकृष्ण मगधराज के पराक्रम को जानते थे, और भारतवर्ष-भर में उसकी जो धाक थी उसे देखते हुए जरासन्ध को भुला देना भी कठिन था।[1] फिर श्रीकृष्ण खुद भी उससे खार खाते थे और उसी के भय से मथुरापुरी छोड़ कर द्वारका में जा बसे थे। उनका दृढ़ मत था कि संग्राम करके तो उसे देव और असुर भी नहीं जीत सकते थे।[2]

जरासन्ध अपने समय का अद्वितीय मल्ल था और उसे पराजित करने के लिए इसी फनवाले किसी पहलवान की जरूरत थी। बहुत सोच-विचार के बाद यह निश्चय हुआ कि अपनी जान हथेली पर लेकर भीम ही जरासन्ध से युद्ध करें।

महाभारतकार ने जरासन्ध और भीम के मल्लयुद्ध का बड़ा ही रोचक वर्णन किया है। अखाड़े में उतरते ही जरासन्ध ने किरीट उतारकर अपने बालों को बाँध लिया। ख़म ठोंकने पर उसका शरीर कस्त (कश?) से फूल उठा और वह उद्वेलित समुद्र की भाँति उछलने लगा। भीम और जरासन्ध ने पहले एक-दूसरे के कन्धों पर भुजाएँ डालकर बार-बार मारना और फिर अंगों से अंगों को रगड़ना शुरू किया। इसके

1. न तु शक्यं जरासन्धे जीवमाने महाबले।
राजसूयस्त्वायाऽऽवाप्तुमेषा राजन्मतिर्मम।।
2. न शक्यौऽसौ रणे जेतुं सर्वैरपि सुरासुरैः।
प्राणयुद्धेन जेतव्यः स इत्युपल भामहे।
—महाभारत, जरासन्ध-वध पर्व (युधिष्ठिर के प्रति श्रीकृष्ण वचन)

अनन्तर चित्रहस्त आदि दाँव करके वे कक्षा-बन्धन करने लगे। उनके मस्तक जब परस्पर टकराते थे तब चिनगारियाँ उड़ने लगती थीं।

जरासन्ध के अखाड़े की प्रसिद्धि सारे संसार में थी और उससे भिड़ने में कृतान्त मल्ल भी भय खाते थे। पुराणेतिहास के अन्दर राजा जरासन्ध बिहार का अग्रणी मल्ल है और उसकी स्थापित परम्परा उस प्रदेश में अब तक अक्षुण्ण चली जा रही है।

मल्लयुद्ध में महाभारत के सुप्रसिद्ध दानवीर बाँके बहादुर अंगराज कर्ण का भी नाम कम प्रसिद्ध नहीं है। उसने प्राग्योतिषपुर (कामाख्या-आसाम) के राजा भगदत्त की कन्या भानुमती के स्वयंवर में मगधराज जरासन्ध को मल्लयुद्ध में ही पछाड़ा था।

मिथिला के राजा सुमति जनक का भी अखाड़ा उन दिनों बहुत प्रसिद्ध था। भगवान कृष्ण के बड़े भाई बलरामजी की पद्धति पर ही यह अखाड़ा बना था और तात्कालिक मिथिला-नरेश ने उन्हीं बलरामजी से मल्लयुद्ध और गदायुद्ध की शिक्षा पाई थी।

इतिहासभाव से हमें यह पता नहीं कि जरासन्ध के बाद से बिहार अथवा भारतवर्ष में कौन-कौन नामी पहलवान हुए, लेकिन गाँवों में मल्ल-विद्या-विषयक जो कथाएँ प्रचलित हैं उनसे साफ जाहिर होता है कि यहाँ मल्लों का क्रम टूटा नहीं, बराबर चलता ही रहा है।

जगदीशपुर के राजा कुँवरसिंह योद्धा के साथ-साथ बहुत बड़े मल्ल भी थे, और कहते हैं कि अखाड़े से लौटने पर दोपहर तक उनका दरबार धूप में ही चलता था और तब तक दरबार में ही चार-चार, छह-छह मल्ल उनके बदन में सरसों के तेल की मालिश करते रहते थे।

मगध और मिथिला दोनों ही मल्लों की खान रहे हैं, बल्कि यों कहना चाहिए कि इधर आकर बलरामीय परम्परा के स्थान पर जरासन्धीय परम्परा मिथिला में ही आन बसी है और अभी हाल तक यहाँ ऐसे-ऐसे पहलवान होते रहें जिनके बल के सामने भीमकाय गजराज भी मात थे।

शंकरदत्त झा मिथिला के ही निवासी थे जो दुम पकड़कर घुटनों की चोट से हाथी को बैठा देते थे। कहते हैं, एक बार नेपाल-नरेश ने इन्हें अपने पाले हुए शेर से भिड़ा दिया। इन्होंने शेर के मुँह में हाथ डालकर उसकी जीभ बाहर खींच ली। इस क्रिया में शेर ने इनके हाथ का कुछ मांस चबा डाला, लेकिन जीभ बाहर निकल जाने पर वह खुद भी मर गया। इसी वीरता के पुरस्कार में इनको कुछ गाँव दिए गए थे जो आज भी इनके वंशधरों के उपभोग में हैं।

मिथिलेश महाराज लक्ष्मीश्वर सिंह से परवरिश पाने वाले एक-दूसरे व्यक्ति शिवनन्दन झा भी अपने समय के विकट मल्ल थे। कहते हैं कि उनके शरीर में भी एक हाथी का बल था। उनके दो लड़कों—सत्यनारायण और जगदीश की गणना आज भी देश के अच्छे पहलवानों में की जाती है। उनके प्रथम पुत्र उदितनारायण का नाम

आज के पहलवान करुणापूर्वक लेते हैं और कहते हैं कि वह अगर जीवित रहता तो आज देश में उसका जोड़ नहीं मिलता और गामा की जगह शायद उसे ही मिली होती। बीस साल की उठती जवानी में ही, मिथिला में क्या, दरभंगा नरेश के बाहरी पहलवानों में भी, उससे हाथ मिलानेवाला कोई नहीं था। कहते हैं कि उसकी उमड़ती हुई वीरता से सहमे हुए किसी बाहरी पहलवान की कुत्सित क्रिया ने ही कापुरुषतापूर्वक उसकी जान ली।

जब महुआर (दरभंगा) में शिवनन्दन झा की जवानी ढल रही थी, उन्हीं दिनों चिहुँटा (मुजफ्फरपुर) के एक नौजवान जमींदार बाबू मथुरा प्रसाद सिंह पहलवानी के हुनर सीख रहे थे। मथुरा बाबू अभी जीवित हैं और आज भी दूर देहातों के लोग उनके दर्शन करने प्रायः आते ही रहते हैं। एकेडंगा (बाढ़, पटना) के पोखन सिंह और चिहुँटा के मथुरा प्रसाद सिंह समसामयिक रहे होंगे। मथुरा बाबू की पहलवानी कुल दस-बारह बरसों तक कायम रही। एक मार्मिक दुःखद प्रसंग के कारण उन्होंने मल्ल-विद्या की साधना छोड़ दी और पहलवानी से झल्लाकर चुप बैठ गए। बल के उभाड़ के समय उन्होंने प्रान्त से बाहर जा-जाकर बनारस, प्रयाग और लाहौर में दंगल मारे और गौरव के साथ घर लौटे। मुजफ्फरपुर के कलक्टर के तत्वावधान में उनकी कुश्ती प्रसिद्ध मल्ल 'सिद्दीक' से हुई, जिसे उन्होंने हाथ छूते ही पट्ट-छाप पर खींच लिया।

उन्हीं दिनों किसी बली प्रतिद्वन्द्वी की तलाश में वे दरभंगा पहुँचे और राज में पलनेवाले पहलवानों को कुश्ती के लिए ललकारा। उस समय वर्तमान तिरहुत-चैम्पियन सुखदेव झा के पिता बोतल झा अपनी पूरी जवानी पर थे, लेकिन उन्होंने मथुरा बाबू से लड़ने से इनकार कर दिया। अतः महाराज की ओर से मथुरा सिंह को यह लिखित प्रमाण-पत्र दिया गया कि यहाँ आपसे लड़ने लायक कोई पहलवान नहीं है।

सन् 1911 में मथुरा बाबू ने गामा से मुलाकात की और उससे कुश्ती चाही; लेकिन गामा ने कुश्ती नहीं की, और उनसे मित्रतापूर्वक मिलकर अलग हो गया। ठाक, पट्ट, पट्ट-छाप और बाजूबन्द मथुरा बाबू के प्रिय दाँव थे और प्रायः इन्हीं दावों के प्रयोग से वे अपने प्रतिद्वन्द्वी को पछाड़ा करते थे। प्रसिद्ध पंजाबी पहलवान झपसू को भी उन्होंने पट्ट-छाप पर ही मारा था।

मथुरा बाबू को मैंने देखा है। अब तो वे बहुत ही बूढ़े हो गए हैं, लेकिन आज भी उनके बदन में डेढ़-दो मन से कम हड्डियाँ न होंगी। पुरानी बातें बहुत सुनाते हैं; नए पहलवानों को देखकर हँस देते हैं। कहते हैं इनमें पुराने हुनर नहीं रहे। सुखदेव की बहुत तारीफ करते हैं और कहते हैं कि उसने अपनी पूरी हिफाजत नहीं की, नहीं तो आज उसके जोड़ का पहलवान शायद खोजने पर ही मिलता।

दाँव-पेच की कला के साथ-साथ मथुरा बाबू में बल भी अपार था। जमींदारी के झगड़े में एक बार बलहा (पूर्णियाँ) में बन्दूकवाले बाबुओं से उनका सामना हो गया। हाथी की पीठ पर से बन्दूक चला और मथुरा बाबू की टाँग में उसका निशाना लगा।

गोली खाकर वे क्रोध से गरज उठे और दाहिने हाथ से हाथी की पूँछ खींचकर बाएँ हाथ से एक ऐसी लाठी जमाई कि हाथी वहीं-का-वहीं बैठ गया और उन्होंने गजारूढ़ बाबू साहब के हाथ से बन्दूक छीन लिया। एक-दूसरे हाथी की सूँड़ में उन्होंने ऐसी चोट दी कि वह भाग खड़ा हुआ। अपने समय में वे बड़े ही सरल और संयमी पहलवान रहे।

प्रमुखता के विचार से मथुरा बाबू के बाद जिन पहलवान का नम्बर आता है उनका नाम पोखन सिंह है। वे एकडंगा (बाढ़, पटना) के निवासी राजपूत हैं। पहलवानी करते उन्हें 50 वर्ष हो गए, लेकिन 74 वर्ष की उम्र में आज भी उनका दावा है कि अगर 40 दिनों तक उन्हें पहलवानी खूराक मिल जाए तो वे गामा के साथ सफल कुश्ती कर सकते हैं। 1929 ई. में गामा को उन्होंने खुला चैलेंज भी दिया था, लेकिन उससे कुश्ती हुई नहीं। देश के कोने-कोने में घूमकर उन्होंने कुश्ती की है और प्रायः सर्वत्र ही गौरव प्राप्त किया है।

हिन्दू-संगठन के दिनों में वे महामना मालवीय जी और दानवीर बिड़लाजी के परम प्रिय पहलवान थे। इन लोगों की प्रेरणा से उन्होने कलकत्ता और बनारस में कई अखाड़े भी खोले थे। नव-जवानों को कुश्ती लड़ाना और डंडे-पट्टे सिखाना, बरसों उनका यही काम रहा। कहते हैं, कलकत्ता के हिन्दू—विशेषतः मारवाड़ी—युवकों में आज जो निर्भीकता देखने को मिलती है उसका बहुत-कुछ श्रेय उन्हीं को मिलना चाहिए। बिहार के किसी भी पहलवान ने, प्रान्त से बाहर जाकर, वह नाम नहीं पैदा किया जो उन्होंने किया। देश के सभी प्रमुख दंगलों में उन्हें निमन्त्रण दिया जाता था, और इस सिलसिले में वे कई बार पेशावर से ढाका तक की यात्राएँ कर चुके हैं।

इन्दौर के एक दंगल का हाल उन्होंने कहा है, जो बड़ा ही मनोरंजक है। वहाँ इन्दौर-नरेश की ओर से एक ऐसा दंगल आयोजित किया गया, जिसमें 1400 पहलवान इकट्ठे हुए थे, और जो लगातार 30 दिनों तक चलता रहा। प्रतिदिन सौ जोड़ों के हिसाब से उसमें तीन हजार पहलवानों ने कुश्ती की। अखाड़ा अबीर से भरा गया था और उसमें केसर घोलकर छिड़काव किया जाता था। इस दंगल में उनकी कुश्ती कई नामी पहलवानों के साथ हुई थी। उन्हें बहुत सुयश और इनाम मिला।

उन्होंने अपनी जिन्दगी में सैकड़ों नामी पहलवानों से कुश्ती की है। उनसे लड़नेवाले नामी पहलवानों में कुछ के नाम ये हैं—नब्बा (पंजाब), गुलमू (गुलाम का भाई), सुभान (स्यालकोट), करीम (गया), ताज खाँ,[1] तिनकौड़ी चौबे (मथुरा), हाशिम (लखनऊ), छोटा आगा (दिल्ली), गामू (बड़ोदा), रमजानी नट (पानीपत) और गूजन (बनारस)।

1. यह पहलवान ईरान का था और 'एशिया का चैम्पियन' होने की गरज से देश-देशान्तर में कुश्ती करने निकला था। बाढ़ (पटना) में मिस्टर टॉपलिस के सामने पोखन सिंह ने ताज खाँ को पाँच मिनट में फेंक दिया।

बड़ा सैयद कानपुरिया से पोखन सिंह की कुश्ती रामनगर (बनारस) में सम्राट पंचम जार्ज के सामने हुई थी, जिसमें बाजी पोखन सिंह की रही। वे बहुत ही गुणवन्त पहलवान हैं। उनका दावा है कि सारे भारतवर्ष में एक भी ऐसा दाँव नहीं है जिसे वे भली-भाँति न जानते हों।

छपरा के सूचित सिंह भी देश के नामी पहलवान हो गए हैं। जब गुलाम, कल्लू और रहीम—तीनों भाई दुनिया में नाम मार रहे थे, सूचित सिंह भी अपनी पूरी जवानी पर थे। गुलाम और कल्लू अपने समय के सर्वश्रेष्ठ पहलवान थे—इनसे हाथ मिलानेवालों की संख्या बहुत ही कम थी। आज का नामी पहलवान हमीदा इन्हीं भाइयों में से एक (रहीम) का लड़का है। गुलाम ने किंकर सिंह (लाहौर) को इन्दौर में पछाड़ा था।

सूचित सिंह ने गया (बिहार) में गुलाम से कुश्ती की; लेकिन पछड़ गए। फिर कलकत्ता में उनकी कुश्ती कल्लू पहलवान से हुई, जिसमें वे मिट्टी पर नीचे आ गए। कल्लू ने खफ्फा-दाँव लगाकर उनको चित करना चाहा, लेकिन कर न सका। मालूम होता है, इस दाँव से उनके किसी मर्म-स्थान पर अनुचित दबाव पड़ गया था; क्योंकि अखाड़े से लौटने पर दो दिनों के बाद ही वे मर गए।

शाहाबाद जिले के जीवित पहलवानों में कई पुराने और प्रसिद्ध पहलवानों के नाम उल्लेखनीय हैं। सूर्यपुरा-दरबार के अँगरापिटाठ—(पीरोथाना)—निवासी सहदेवचन्द दो-दो हजार की बाजी के दंगल जीत चुके हैं। सूर्यपुरा के स्वर्गीय राजा राजराजेश्वरी प्रसाद सिंह जी स्वयं पहलवान थे और पहलवानी के ऐसे मशहूर शौकीन थे कि अपने दरबार में अच्छे-अच्छे कुश्तवान बराबर रखते थे। उनके दरबार के नामी पहलवान लाट चौबे अब वृद्ध हो गए हैं। उसी प्रकार चौगाईं के प्रतिष्ठित जमीन्दार बाबू रघुनन्दन प्रसाद सिंह को भी स्वयं अखाड़े की धूल मलने का बड़ा शौक था और उनके दरबार में गउसपुर-निवासी श्री पाँड़ बहुत अच्छे पहलवान थे। सलेमपुर के बँगला दुबे तो शाहाबाद के पहलवानों में बड़े ही प्रतिष्ठित हैं। वे अब कलकत्ता में रहकर बुढ़ापे में भी अपने दर्शनीय शरीर की रोटी खा रहे हैं। ओयना-सोनबरसा का निवासी बिल्लर अहीर भी कलकत्ता में ही पहलवानी की कमाई खाता है। उसके दोनों गुरु—नवरंगा नेनीजोर के निवासी भूमिहार-ब्राह्मण बसुधर ठाकुर और ओयना-सोनबरसा के ही बलेश्वर मिश्र—इस समय बड़े अखाड़िया पहलवान माने जाते हैं।

समहुती-निवासी स्वर्गीय जमीन्दार बाबू बच्चा सिंह शाहाबाद के पहलवानों के प्रसिद्ध आश्रयदाता थे और स्वयं भी अच्छे मल्ल थे। उनका गुरु—कोरीराम—मकोढ़ी (रामगढ़ थाना) का निवासी मोतीलाल ग्वाला—वृद्धावस्था के निकट होने पर भी कुश्ती के करतब दिखाने में उस्ताद है। ईसरपुरा (नटवार-थाना) का चल्हकू ग्वाला और धनगाई (सूर्यपुरा) का भिखारी—ग्वाला, दोनों ही, अपनी जाति की स्वाभाविक शारीरिक शक्ति के प्रबल प्रतिनिधि हैं। जमुआँव (पीरो-थाना) के शिवसरन पाठक को भी ईश्वर ने मस्त भैंसे का-सा शरीर दिया है, जो अखाड़े में चट्टान की तरह दीख पड़ता है।

उपर्युक्त सलेमपुर के व्यास दुबे और डुमराँव के भूमिहार-ब्राह्मण छत्रपति राय भी शाहाबाद के पहलवानों में अपनी कला और शक्ति के लिए बहुत विख्यात हैं। कलकत्ता-निवासी शाहाबादी पहलवानों में बम्हवार (पीरो-थाना) का शीतल अहीर भी बड़ा नामी है जो वहाँ कई दंगल मार चुका है। इस जिले के उत्तर-खंड में, जो गंगा-तट के समीप है, कई अच्छे शक्तिशाली पहलवान हैं। गंगा-तट के गाँवों में अनेक घराने ऐसे हैं जिनमें परम्परागत रीति से पहलवानी की कला का अचल अनुराग पाया जाता है। हर घर में व्यायामशील युवक और प्रौढ़ पुरुष देखने में आते हैं—गंगातट पर अखाड़ों की भरमार है।

आजकल बिहार में सबसे अधिक प्रसिद्ध मल्ल छपरा जिले के बाबू वंशी सिंह हैं। वे भूमिहार-ब्राह्मण हैं। तगड़ा बदन के बहुत ग्रांडील जवान हैं। ताकत के लिहाज से उनकी गिनती देश के प्रथम श्रेणी के पहलवानों में की जाती है। लेकिन आरम्भ ही से अच्छे उस्तादों की संगति न होने के कारण दाँव-पेच में वे उतने दक्ष नहीं हैं। मशहूर पहलवान 'खयाली' से, जिसने 'अदालत' को पछाड़कर बड़ा नाम कमाया था, उनकी कुश्ती इलाहाबाद के दंगल में हुई थी; लेकिन कुश्ती साफ न हो सकी, दोनों मल्ल बराबर पर ही छुड़ा दिए गए।

वंशी सिंह प्रायः कलकत्ता में रहते हैं। वहीं के दंगलों से देश में उनके नाम की प्रसिद्धि हुई है। वहीं के एक विशाल दंगल में उन्होंने गामा को चैलेंज दिया, लेकिन उसने कुश्ती लड़ना कबूल नहीं किया। तब से वे उसके पीछे पड़े हुए थे, लेकिन वह यह कहकर कुश्ती टालता रहा कि वे पहले इमामबख्श से लड़ लें। आखिर बम्बई में वे इमाम से पछड़ गए।

हाँ, कलकत्ता के दंगलों में उन्होंने कई नामी मल्लों को पछाड़ा है। वहाँ उनकी आखिरी कुश्ती पूरन सिंह (पंजाबी) से हुई; लेकिन फैसला न हो सका। उनके नीचे जाते ही दोनों तरफ के जवानों में मार-पीट शुरू हो गई। कहते हैं, किसी तरफ के एक जवान का खून भी हो गया। जो हो, उनकी कुश्ती गोरखपुर के नामी पहलवान तप्पे से भी हुई थी, लेकिन समयाभाव के कारण तप्पे को वे चित न कर सके, कुश्ती बराबर पर छुड़ा दी गई।

मथुरा के भूतेश्वर अखाड़े के पहलवान हिन्दुस्तान में हमेशा ही नामी रहे हैं। इसी अखाड़े के 'छोटा रतन' ने अपनी जवानी में रीवाँ के दंगल में गामा को पटका था। इसी अखाड़े के चन्द्रसेन पहलवान ने गामा के प्रधान शिष्य 'जाली' (लाहौर) को तीन घंटे लड़कर पछाड़ा था। आजकल इस अखाड़े के धुर्रे चौबे और काला पहाड़ बड़े नामी मल्ल गिने जाते हैं। उपर्युक्त वंशी सिंह की कुश्ती काला पहाड़ और हमीदा से होनेवाली थी।

वंशी सिंह के बाद जिन्होंने मल्ल-विद्या में सबसे अधिक नाम पैदा किया है वे हैं सुखदेव झा।[1] दुख है कि इनकी पहलवानी अब उखड़ रही है। इसके लिए ये चिन्तित

1. 'बालक' (वर्ष 3, कार्त्तिक, संवत् 1985) में इनकी सचित्र जीवनी छप चुकी है।

भी नहीं दीखते। इनका रंग साफ, कद लम्बा और शरीर वजनदार है। लँगोट बाँधकर अखाड़े में उतरने पर इनकी शोभा देखते ही बनती है। दानवी शरीर में सुन्दरता कूट-कूटकर भरी हुई है। अखाड़े में खड़ा होते ही ये जनता के प्रिय पहलवान हो जाते हैं। इनका स्वभाव भी बड़ा ही मधुर है। ऐसा कोई भी दंगल मैंने नहीं देखा जिसमें जनता की शुभकामना इनके साथ न रही हो। मथुरा के उठते शेर चुन्नी चौबे के साथ कुश्ती में जब इन्हें दम आने लगा तब जनता ने घबराकर बड़े जोर का शोर मचाया और कुश्ती बराबर पर छुड़वाकर इन्हें अखाड़े से उतार लिया। गत बीस वर्षों से ये दंगलों में भाग लेते रहे हैं। प्रायः सर्वत्र ही इन्होंने अपनी प्रतिष्ठा को कायम रखा है।

इनके पिता बोतल झा भी बड़े नामी पहलवान थे। उनका कद और उनकी ऊँचाई मशहूर थी। सिमरिया-घाट (मुँगेर) के मेले में दूर से ही जिसकी गरदन सबसे ऊँची दीख पड़ती थी, लोग उसे बोतल झा समझ लेते थे, और यह पहचान ठीक भी थी। झपसू पहलवान ने बुढ़ापे में उनको पटक दिया था। सुखदेव झा ने इक्कीस वर्ष की उम्र में ही अपने बाप का बदला लिया—झपसू को पटक दिया। कुछ दिन हुए, चम्पारन जिले की बेतिया—राजधानी में सुखेदव की कुश्ती करनैल सिंह (कुरुक्षेत्र) से हुई थी, जिसमें सात मिनट के अन्दर ही करनैल सिंह चित हो गए।

सुखदेव तिरहुत के चैम्पियन गिने जाते हैं। ये मिथिला के अत्यन्त प्रिय पहलवान हैं। जिस प्रकार गामा सभी नए पहलवानों की ईर्ष्या का लक्ष्य हो रहा है उसी प्रकार इनसे लड़ने को भी बहुत-से उठते जवान उभड़ते ही रहते हैं। लेकिन ईश्वरेच्छा से अभी इनकी इज्जत बनी हुई है। बालकृष्ण नेपाली, गुलाम मुहम्मद (गया), बस्सू मुलतानी, सरवन सिंह (पटियाला), शाबू (कोल्हापुर), अलीदत्ता पंजाबी, उत्तम सिंह मुजफ्फरपुरी, गुलाम हैदर अमृतसरी, केरसिंह (पटियाला), रामकिसुन सिंह और जागा गोप (छपरा) के साथ कुश्ती लड़कर ये विजयी हो चुके हैं।

छपरा जिले के जागा गोप, लोहा सिंह, रामलखन सिंह और सभा सिंह बहुत अच्छे पहलवान हैं। जागा और लोहा के शरीर की बनावट देखते ही बनती है। फेकन चौधरी, शकूर, उस्मान, गफ्फार और अब्दुल्ला (सीतामढ़ी, मुजफ्फरपुर); अधिकलाल गोप और महावीर चौबे तथा रामभरोसे सिंह (मुँगेर); जगदीश और सत्यनारायण (दरभंगा)—इनकी गिनती बढ़िया पहलवानों में होती है। महावीर चौबे और गफ्फार उठते पहलवान हैं और उम्मीद की जाती है कि ये लोग अच्छा नाम पैदा करेंगे। वंशीसिंह की मंडली में भी कई पहलवान बहुत ताकतवर समझे जाते हैं।

लेकिन सब कुछ होते हुए भी अभी तक तिरहुत का भीम मंगल गोप (मुजफ्फरपुर) ही है। उसकी उम्र 40 के आसपास होगी। ऊँचाई लगभग छह फीट तथा शरीर भरा-पूरा और सुडौल है। जो लोग उसके बल को जानते हैं वे उससे भिड़ने में काँप जाते हैं। बेतिया के दंगल में पंजाब के नामी पहलवान 'बगा' को उसने सिर्फ एक मिनट में आसमान दिखा दिया। सीतामढ़ी के दंगल में—जिसमें जागा, अदालत और सुखेदव

भी थे—उसकी कुश्ती लोहा सिंह से हुई। अखाड़े में दोनों की जोड़ी देखने ही लायक थी। दोनों दो सुपुष्ट गजराजों की भाँति झूम रहे थे। उनके आपस में टकराने पर ऐसा लगता था मानो दो भैंसे टकरा रहे हो! लेकिन सात-आठ मिनट में ही लोहा सिंह गिर गया और हाँफने लगा। आखिर जागा की सिफारिश से कुश्ती बराबर जोड़ पर छुड़ा दी गई। अखाड़े से उतरने पर लोहा सिंह ने कहा—"मंगला तिरहुत का भीम है और इसे पछाड़नेवाला पहलवान इस अखाड़े में कोई नहीं है।"

भागलपुर जिले के भ्रमरपुर निवासी पुलकित मिश्र इस समय बिहपुर-थाना इलाके के बड़े नामी पहलवान हैं। बौंसी गोनूधाम और पूर्णिया (गुलाब बांग) के मेलों तथा गढ़-बनैली में इन्होंने कई दंगल मारे हैं। लाठी चलाने की कला में भी इन्होंने बड़ी प्रसिद्धि पाई है। ये मैथिल ब्राह्मण हैं, और बड़ा ही सुडौल शरीर पाया है।

गुजरे हुए पहलवानों में मगध के भत्तूमल ('मल' की पदवी 'मल्ल' से ही निकली है) और उसके लड़के वजीरमल का बड़ा नाम है। इन लोगों ने बाहर जाकर कुश्ती नहीं की; लेकिन ताकत में सचमुच भीम थे। वजीरमल की कुश्ती बहुत कम लोगों से हो पाई थी; क्योंकि अकसर अखाड़े में खड़े होने पर वजीर की आँखों की गहरी लाली और उसके अंगों का आशातीत उभाड़ देखकर प्रतिद्वन्द्वी पहलवान भाग जाते थे। और, यही हाल शाहाबाद जिले के करनपुरा-निवासी हाथीराय नट का था। लँगोट बाँधकर जब गरदन पर अखाड़े की धूल लगाता था तब अपने नाम को अक्षरशः सार्थक कर देता था—भयंकर दैत्य-सा रूप देखकर लड़नेवाले पहलवान कदरा जाते थे। उनवाँस (बक्सर-थाना) के राम-आदित अहीर का शरीर भी ध्वजा के समान ऊँचा था। पहलवानों के दल में वह मन्दिर-कलस की तरह दीख पड़ता था। उसका शारीरिक सौन्दर्य देखने ही योग्य था। शरीर के अनुपात से ईश्वर ने उसे बल भी पूरा दिया था।

बड़हिया (मुंगेर) के श्यामकिशोर सिंह, द्वारका सिंह और जित्तू सिंह भी अपने समय के नामी पहलवान थे और मल्लों के बीच इनका काफी आदर था। बहेलिया-बिघा (टिकारी, गया) के सीता जाट का 'काला जंग'—दाँव हिन्दुस्तान-भर में मशहूर था और उसने इसके प्रयोग से बड़े-बड़े मल्लों को पछाड़ा था। गया का जंगू पहलवान भी बड़ा नामी था और उसके 'पट, घिस्सा और सवारी' से प्रतिद्वन्द्वी पहलवान बहुत घबराया करते थे। टिकारी (गया) के राजा रंगबहादुर सिंह का एक दूसरा पहलवान करीम भी बहुत प्रसिद्ध था, और वह भी देश में घूम-घूमकर कुश्तियाँ लड़ा था। वैद्यनाथ-धाम (देवघर) के सरदार पंडा की कुश्ती गुलाम से हुई थी, जो जोड़ पर छूटी। ढाला झा और बौधा धोबी (दरभंगा) भी बहुत अच्छे पहलवान थे। ढाला झा तो अब भी जीवित हैं; लेकिन इधर दंगलों में आते इन्हें नहीं देखा है; ये लड़ने के फन में बहुत होशियार माने जाते हैं। दरभंगा के ही सूरज और मूँगा नट अपने समय में दाँव-पेच के लिए बहुत मशहूर थे। बड़हिया-(मुंगेर)—निवासी अम्बिका सिंह और द्वारका सिंह के बल का पता किसी को न लगा। भत्तूमल कहता था कि इन दोनों भाइयों से पार पाना कठिन है।

शाहाबाद जिले में जगदीशपुर-राजवंश के बाबू ज्वाला प्रसाद सिंह (दिलीपपुर-देवढ़ी) बड़े मस्त पहलवान थे। हाथी की पूँछ पकड़ लेते थे तो वह एक डग भी आगे नहीं बढ़ सकता था। ये तबला बजाने में भी पक्के उस्ताद थे। दिलीपपुर के ही भुआल गुसाईं और दिलन खलीफा भी अपने समय के बेजोड़ पहलवान थे, जिनकी पीठ कभी कहीं लगी ही नहीं। बेलहरी (नावानगर-थाना) के निवासी रामजी दुबे सूर्यपुरा के राजा साहब के दरबार में रहते थे। उनका शरीर इतना भारी था कि लोहे की मजबूत खाट पर ही सोते थे। यही हाल बड़का-सिंघनपुरा (डुमराँव थाना) के बिबेखी ओझा का था। इनका शरीर भी अकेला ही एक बैलगाड़ी का बोझ था। कहते हैं कि शरीर की सुगठित बनावट में उनवाँस का रामचरित्र अहीर और मझौआ का रामस्वरूप सिंह दोनों बेजोड़ थे। दोनों ने कितने ही दंगल मारे; कहीं भी इनकी पीठ में धूल न लगी। रामस्वरूप सिंह आरा में पुलिस का सिपाही था और रामचरित्र बक्सर थाना का चौकीदार। रामस्वरूप सिंह बावन जिलों के पुलिस-पहलवानों के दंगल में विजयी हुआ था। रामचरित्र की आवाज ठीक साँड़ के समान थी और वह लाठी चलाने में अपना सानी नहीं रखता था। गिरहबाज कबूतर की तरह उसके गठीले बदन में फुर्ती थी। उसी का सगा छोटा भाई राम आदित था, जिसका नाम पहले आ चुका है और जो खुत्थ की तरह अटल रहकर अपनी भुजाओं पर बड़े-बड़े लड़ाके भेड़ों की लगातार टक्करें झाड़ता था।

गया जिले में तिलोक सिंह टिकारी-राज का पहलवान था। कहते हैं उसका आकार भीमकाय दानव का-सा था। पोखन सिंह से सुना है कि वह दस सेर चावल नाश्ते में फाँक जाता था और उसके दोनों जून के भोजन—चावल, दाल और आटा—की तौल छह पसेरी (तीस सेर) होती थी। इतना खाकर भी वह टिकारी से पटना तक डाक लेकर रोज आता-जाता था।

बड़हिया (मुंगेर) के एक बहुत ही जबर्दस्त पहलवान बाबू रामकिशोर सिंह का नाम छूटा जा रहा है। वे प्रायः लाख में एक थे। बिहार में जब जोड़ न मिला, तब वे प्रतिद्वन्द्वी की तलाश में मथुरा पहुँचे; लेकिन वहाँ भी उनसे लड़ने को कोई तैयार न हुआ, और पूर्वोक्त उदित नारायण की तरह ही शायद उन्हें भी अपनी जान गँवानी पड़ी।

हमारे प्रदेश में, सभी क्षेत्रों में, गुण वा गुणियों के संरक्षकों (Patrons) का अभाव है। नहीं तो यहाँ एक की क्या चर्चा, अनेक गामा पैदा होकर बिला चुके हैं। रामकिशोर सिंह और उदित नारायण—जैसे अगड़धत पहलवान आकर चले गए, मगर ये लोग वे करतब न दिखला सके जिनके लिए इनका जनम हुआ था। ऐसे ही कितने गुणी 'बिन खिले मुरझा गए'।

भारतवर्ष में मथुरा एक ऐसी जगह है जहाँ मल्लों की संख्या सबसे अधिक है और सचमुच मथुरा को मल्लपुरी ही कहना चाहिए। अत्यन्त प्राचीन काल से ही उसकी यह

उपाधि उपयुक्त है। यहाँ दो मशहूर अखाड़े हैं–चौबे का अखाड़ा और भूतेश्वर का अखाड़ा–इन दोनों अखाड़ों से बड़े-बड़े पहलवान निकलते रहे हैं, जिन्होंने अपने देश का मस्तक ऊँचा किया है। मथुरा के बाद पंजाब का नम्बर आता है। आज गामा, हमीदा, इमाम बख्श आदि के कारण पंजाब ही मल्ल-विद्या में अग्रणी गिना जा रहा है। पहले भी पंजाब ने कल्लू, गुलाम, रहीम और किंकर–जैसे दर्जनों पहलवान पैदा किए थे। बिहार का नम्बर इन दोनों जगहों के बाद आता है; लेकिन सूबा-भर में कहीं भी संगठित अखाड़ों के न रहने के कारण पहलवानी का हुनर यहाँ पूरे उभार से खिल नहीं रहा है। वंशी सिंह को ही लीजिए। अगर यहाँ कोई संगठित अखाड़ा रहा होता, अथवा किसी सर्वमान्य उस्ताद की संगति उदीयमान मल्लों को प्राप्त रही होती, तो आज वंशी सिंह भारत का नाम बढ़ानेवाला पहलवान गिना जाता–किन्तु अलं किलापेन!

पहलवानों का प्रधान भोजन दूध, घी और बादाम है। कुछ पहलवान मांस को भी प्रधानता देते हैं। पंजाब के पहलवान अखनी (मांस का शोरबा या अर्क) खूब पीते हैं। हिन्दुओं और सिखों के यहाँ फलों की भी चलन है। लेकिन मथुरा के चौबे तो मोदक-प्रिय ठहरे। उनके यहाँ रबड़ी, मलाई, लड्डू और हलवे पर सबसे अधिक चोट है; दूध में घी डालकर भी पीते हैं; भंग और बादाम पीना भी प्रायः उनके लिए जरूरी होता है। विश्वविख्यात भारतीय मल्ल 'गामा' भी अखनी अधिक पीता है। दूध और घी का सम्मिलित पेय भी उसे बहुत पसन्द है। बँगाली मल्ल गोबर बाबू दस-पन्द्रह रुपयों के फलों का शर्बत पी जाते हैं।

किन्तु बिहार के पहलवान अखनी नहीं पीते; क्योंकि यहाँ उसकी चलन नहीं है। रोटी खाते हैं और कच्चा दूध पीते हैं। फलों की प्राप्ति भी उन्हें संयोग से ही होती है। सब मिलाकर दूध, घी और रोटी उनका प्रधान आहार है। मिथिला के पहलवान मांस-मछली भी खाते हैं। कहते हैं, बोतल झा भी बड़े खाऊ थे; प्रायः सात-सात सेर मांस आसानी से खा जाते थे; भोर में ढाई सेर जलेबियाँ खाकर दोपहर के भोजन के लिए भूखे रहते थे! उनके पुत्र सुखदेव झा भी एक सेर बादाम, आध सेर मिसरी, छह सेर दूध और एक सेर पिस्ता केवल जलपान करते थे। एक सेर आटा, दो सेर मांस, आध सेर घी और एक सेर मलाई इनका कलेवा था। प्रतिदिन दो बार जलपान और एक बार भोजन का नियम था। पर अब तो इनकी शारीरिक स्थिति सन्तोषप्रद नहीं है।

दूध और रोटी बहुत अच्छे खाद्य हैं; लेकिन अखनी का पेय पहलवानों के लिए आवश्यक समझा जाना चाहिए। दूध पीनेवालों मल्लों का बदन समुचित नियन्त्रण में नहीं रह पाता और प्रायः बे-सिलसिला फैलकर कुरुप हो जाता है। जो मल्ल मांस खाते हैं उन्हें तो अखनी पीने में कोई उज्र होना ही न चाहिए।

बिहार में पहले पट और बाँह-बल्ली के दाँव बहुत चालू थे। लेकिन पोखन सिंह, मथुरा बाबू, दरभंगा-राज के अखाड़े और टिकारी-राज में पलनेवाले पहलवानों के

जरिए अब प्रायः सभी दाँव यहाँ प्रचलित हो गए हैं। मैंने देखा है कि दिहात के अखाड़ों में भी कम-से-कम सौ दाँव चालू हैं।

पहलवानी एक विचित्र हुनर है। इसमें न तो शरीर की विशालता प्रधान है, न ताकत और न दाँव। सबके बीच उचित सामंजस्य की प्राप्ति जिसे हो जाती है वही अच्छा पहलवान निकलता है। छोटे कद के अदालत नट (गोरखपुर) को देखिए कि वह कैसा चतुर मल्ल है।

(असंकलित)

शीर्षकमुक्त चिन्तन

1

यूरोपवालों की तरह अब हमें भी यह मान लेना चाहिए कि यह वह युग है, जिसकी शैली प्रधान और कथ्य गौण है, जिसका माध्यम सर्वस्व और सन्देश कोई चीज नहीं है। कविता के पाठक हैं या नहीं, यह विषय क़भी-कभी मुझे संदिग्ध मालूम होता है, किन्तु कविता पर विचार करनेवाले लोगों की संख्या में वृद्धि अवश्य हुई है। अब कवि-गोष्ठियाँ कम, विचार-गोष्ठियाँ ज़्यादा होने लगी हैं। और विचार-गोष्ठियों का आयोजन अब ऐसे लोग भी करते हैं, जिनका साहित्य-विषय विचारों से कोई खास तअल्लुक नहीं है। पहले समाज में साहित्य-प्रेमी समझने जाने के लिए लोग कवि-सम्मेलनों का आयोजन करते थे। अब विचार-गोष्ठियों का आयोजन इज़्ज़त का बड़ा जरिया समझा जाता है। जातियाँ जब थकती हैं, तब उनका ध्यान रचना से हटकर आलोचना पर चला जाता है। मैं नहीं मानता कि भारत अभी उतना क्लांत देश है। मगर भारत जिन देशों को देखकर अपना फैशन सँवार रहा है, वे अवश्य थके हुए हैं। बेचारे देवता की क्लान्ति भक्त के मन पर छायी जा रही है। कहीं ऐसा तो नहीं है कि जब रचना हारती है, तब वह आलोचना का सहारा लेने लगती है। कई वर्ष पूर्व बच्चन ने मुझसे कहा था कि जो कविता समझ में आसानी से आ जाती है और आनन्द देती है, उसकी आलोचना ज़्यादा नहीं की जाती। यानी कविता जब लोकप्रियता की शक्ति खो देती है, तभी पंडित उसे लोकप्रिय बनाने का प्रयास करते हैं। मगर ऐसा सोचना भी ठीक नहीं है। अब साहित्य में प्रसन्नता—प्रसाद गुण—गुण नहीं, दोष है और हर कवि यही कहना चाहता है कि मुझे लोकप्रियता नहीं चाहिए। पहले कवि कवि होते थे, अब जमाना कवि-आलोचकों का आ गया है। मगर मुझे तो आज के कवि कवि कम, आलोचक अधिक दिखाई देते हैं।

2

सन्देश नहीं, शैली चाहिए; कथ्य नहीं, माध्यम चाहिए। बात कुछ और आगे बढ़ गई है। आज का असली नारा होना चाहिए, कविता नहीं, कवि चाहिए। रेडियोवाले

कवियों से वार्ता दिलवाते हैं कि मैं कैसे लिखता हूँ। संकलनों में कविता के पहले कवि का वक्तव्य छापा जाता है। जीवन-चरित और आत्म-चरित हिन्दी में लिखे नहीं जाते, वर्ना उनकी बिक्री कविता से कहीं ज़्यादा हो सकती है। मगर यह तो सत्य है कि आजकल काव्य-संकलनों की अपेक्षा आलोचना के ग्रंथ ज़्यादा बिकते हैं। पाठकों का अन्तर्मन कहता है, कविता की खोज में अब क्या धरा है, कवि की खोज करो। यानी कवि अपनी कविताओं में जहाँ तक पकड़ा जाता है, उतना काफी नहीं है। कवि से सवाल करना चाहिए, उसके मुख से आत्म-चरित सुनना चाहिए। यह प्रवृत्ति प्राचीनों की इस चेतावनी के विरुद्ध है कि 'जीवितकवेराशयो न वर्णनीयः' और इसके भी कि आत्मकथा लिखना अस्वर्ग्य कृत्य है। मगर स्वर्ग का अब लोभ किसे है? इस युग के राम कह गए हैं :

सन्देश स्वर्ग का नहीं भूमि पर लाया,
मैं भूतल को ही स्वर्ग बनाने आया।

3

एक अंग्रेज कवयित्री से रेडियो पर जब दुरूहता के बारे में पूछा गया, उन्होंने जवाब दिया, 'कविताओं से आप जहाँ तक अर्थ ग्रहण कर सकते हों, वहाँ तक अर्थ को मत छोड़िए। लेकिन तब भी दुरूहता यदि बच रहती हो, तो समझिए कि वह जायज है, आनन्ददायिनी है। मगर अर्थ आप जितना पकड़ सकते हों, उसे हरगिज़ मत छोड़िए।'

यानी आपके पल्ले जो पड़ जाए, उसे ही गनीमत समझिए।

4

परम्परा और आधुनिकता का द्वन्द्व आज फिर सताने लगा। सोचता हूँ, विरासत में हमें जो कुछ मिला है, वह जुगाने के लिए मिला है, रक्षा, पालन और विकास के लिए मिला है। यह चिन्तन का एक पक्ष है। मगर फिर शंका उठती है, क्या परम्परा का पालन नवीनता की उपेक्षा करके करना होगा? भारत की संस्कृति और परम्परा बहुत पुरानी है। हम एक ऐसे घर में जी रहे हैं, जो बड़ा तो है, मगर बहुत पुराना है। यह घर शताब्दियों, सहस्राब्दियों के असबाबों से खचाखच भरा हुआ है। कहीं ऐसी तो नहीं है कि नए असबाबों को हम उपेक्षित कोनों में डालते जा रहे हैं? संस्कृति, परम्परा और इतिहास जब लम्बे और समृद्ध होते हैं, वे दमघोंटू बन जाते हैं और वर्तमान को ठीक से साँस भी नहीं लेने देते। अश्वत्थ का मोटा और विशाल वृक्ष, जो छाया तो खूब देता है, मगर अपने नीचे की ज़मीन पर पौधों को उगने नहीं देता।

5

संस्कृति केवल गौरव ढोने की बहँगी है या उसका कोई ठोस उपकार भी है? विपत्ति और घबराहट में वह धीरज बँधा सकती है? जब समृद्धि हमसे सम्बन्ध तोड़ रही हो, तब संस्कृति क्या इस वियोग की क्षति-पूर्ति कर सकती है? भारत का इतिहास बतलाता है कि इसका उत्तर हाँ में दिया जाना चाहिए।

6

नई कविता किधर जा रही है? परम्परा के घर से वह निकल चुकी है, यह सही है, मगर वह कहाँ पहुँचकर विश्राम लेगी, इसका पता नहीं चलता। वह चली क्यों, इसका कुछ थोड़ा पता है, मगर वह जा कहाँ रही है, यह जानना बड़ा-ही मुश्किल काम है। दिखाई तो यही देता है कि वह कहीं भी नहीं पहुँचेगी। नई कविता के जिस लक्ष्य का अनुमान लगाया जा सकता है, वह मृग-मरीचिका भी हो सकती है।

7

समाज और जीनियस एक-दूसरे के कदम से कदम मिलाकर चलें, यह नामुमकिन बात है। बहुत संयत जीनियस में भी विद्रोह की वृत्ति होती है, लोकमत और राजा, दोनों के प्रति अवज्ञा का भाव होता है। दुःख-दर्द, निःसंगता और अकेलापन—ये जीनियस के भाग्य में होते हैं, क्योंकि काल के वह विरुद्ध सोचता है। जीनियस मानता है कि राजमत और लोकमत, दोनों त्रासक हो सकते हैं।

8

हरमन हेस का निबन्ध 'यूरोपियन निहिलिज्म'। यूरोप ने अनेक प्रकार के सत्य गढ़ लिए हैं, जो अपनी जगहों पर सही और दुरुस्त हैं। मगर इनमें से किसी भी सत्य में यूरोप तहे-दिल से विश्वास नहीं करता। पुराने मूल्य अविश्वसनीय हैं। नए मूल्य सिर्फ़ शंका जगाकर चले जाते हैं। ऐसी अवस्था में आदमी के पास कोई ऐसी मान्यता रह नहीं जाती, जिसका सहारा लेकर वह अपनी अविवेकी प्रवृत्तियों का नियंत्रण या सुसंचालन कर सके। हमारी सहज वृत्तियों का मूल हमारे अवचेतन के समुद्र में डूबा हुआ हैं। मूल्य और मान्यताएँ अब तक इन वृत्तियों को बँधे घाट में चलाती थीं। अब घाट के बाँध ही गायब हो गए हैं। यूरोप अभी अनेक उच्छृंखलताओं और अराजकताओं से होकर गुजरेगा। तब शायद वह भविष्य के किसी घाट पर पहुँच सके और उस नए मनुष्य को जन्म दे सके, जिसकी चर्चा तो है, मगर परिभाषा नहीं है। राबर्ट मूसिल ने भी हेस के इस विचार का समर्थन किया है कि अराजकता से गुजरे बिना आदर्श लोक तक पहुँचना असंभव है।

9

कला में अमूर्त्त शैलियों को प्रश्रय गाँवों नहीं, नगरों से मिलता है। अमूर्त्त शैली प्रसादविहीन होती है। विचित्र बात यह है कि वह सबसे ज़्यादा उन्हें पसंद आती है, जिनके जीवन में एकान्त का अभाव है, जो दिन भर लोगों से मिलते ही रहते हैं, मगर जो सबके साथ बरामदे में ही मिलते हैं, किसी को भी कोठरी के भीतर नहीं ले जाते। रूसी क्रान्ति से प्रेरित भावना को इतना श्रेय अवश्य दिया जाना चाहिए कि उसने अमूर्त्तता को केवल प्रयोग बनने से बचा लिया। लेकिन यह निश्चित दिखता है कि भविष्य के मानव का नाटक नगरों की ही पृष्ठभूमि पर खेला जाएगा।

10

नया युग तो हिन्दी में भी बीत रहा है, मगर हमारा पुरानापन अभी भी हमसे चिपटा हुआ है। हिन्दी में वे भी पुस्तकों को सन्देशविहीनता के लिए नकारते हैं, जो अपने को आधुनिक समझते हैं। साहित्य की परम्परागत धारणा उन पर भी छायी हुई है, जो आधुनिकता के प्रतीक हैं। कविता के सार से अभी कोई सन्तुष्ट नहीं है। हर कोई सन्देश खोजता है। मेरी काव्य पुस्तक 'उर्वशी' की आलोचना में जितनी बातें किताब के खिलाफ कही गईं, उनमें यह सन्देशविहीनता का इलज़ाम बार-बार लगाया गया और वही इलज़ाम सबसे फालतू था।

11

नई कविता के प्रति मेरा भाव सात्विक जिज्ञासा का है, किन्तु काफी भक्ति से पढ़ने पर भी नई कविता में मुझे वह चीज नहीं मिलती, जिसका मज़ा लेने को मैं कविता पढ़ने का आदी रहा हूँ। और इस सच्चाई के साथ बहुत-से नए कवि और आलोचक मानते हैं कि असली कविता का आरम्भ अब हुआ है। अब तक जो कुछ लिखा गया था, वह आवेश की तुकबन्दी थी। पुराने और नए के बीच जो सम्बन्ध बन गया है, वही बतलाता है कि हम इतिहास के संकट की घड़ी से गुजर रहे हैं। विद्रोह केवल मुक्त चेतना का नशा और अराजकता का आनन्द नहीं है। उसके साथ मर्दानगी की बातें भी होती हैं। नए कवि जिस निर्भयता, स्पष्टता और उत्साह से लिखते हैं, वह उनकी मर्दानगी का सबूत है। लक्ष्य का उन्हें शायद पता नहीं है, गंतव्य स्थान को वे नहीं जानते, लेकिन परम्परा के घर से वे कहीं-न-कहीं जाने को निकल पड़े हैं। अतीत या परम्परा की विरासत हमें स्थायित्व के लिए मिली है, इस बात को नए कवि नहीं स्वीकार करते। पश्चिम से आनेवाली अत्याधुनिक अनुभूतियों की जो लहर उन्हें छू रही है, वह बतलाती है कि अतीत कुछ नहीं है, भविष्य भी कुछ नहीं है, असली तत्व वर्तमान का तत्व है। अतीत से मिली हुई चीज भी तब तक ग्रहण करने योग्य नहीं

है, जब तक वह वर्तमान की कसौटी पर खरी न पाई जाए। कविता का नया अनुसंधान जरूरी है, काव्यशास्त्र का भी नया अनुसंधान होना चाहिए। नैतिकता, पुण्य और पाप की पुरानी परिभाषाएँ व्यर्थ हैं। हमें उनकी नई परिभाषाएँ बनानी चाहिए और अगर भाषा की असमर्थता के कारण नई परिभाषाएँ गढ़ी नहीं जा सकतीं, तो इन शब्दों को अपरिभाषित ही छोड़ देना चाहिए। ईश्वर और अध्यात्म भी हमें सांस्कृतिक विरासत के पुछल्ले के रूप में नहीं प्राप्त हो सकते। नए सिरे से उनका भी अनुसंधान आवश्यक है। काल का चरमोच्च बिन्दु वर्तमान है। सभी गुजरे युगों की नैतिकता, विश्वास, मान्यता, फैशन और दृष्टिकोण को वर्तमान की अदालत में अपना अस्तित्व सिद्ध करना होगा। जब पुराने मूल्यों में आदमी का विश्वास नहीं रह जाता, संस्कृति का महल ढहने लगता है। इससे एक प्रकार का रिक्तता उत्पन्न होती है, एक प्रकार का अकेलापन जन्म लेता है, जिससे आदमी घबराने लगता है। लेकिन इसी अकेलेपन के बीच उसे अपनी उस मूल प्रकृति का ज्ञान होता है, जो परिभाषाओं से परे और अविश्लिष्ट है। नवलेखन की मानस-भूमि अभी वह भूमि है, जिस पर अनेक प्रकार की प्रवृत्तियाँ मिलती और टकराती हैं। भविष्य की दिशा परिभाषित नहीं है, इसलिए कोलाहल को हम सर्वत्र स्वतन्त्र पाते हैं।

12

नई कविता ने किसी पद्धति या प्रणाली को जन्म दिया है या नहीं—उस तरह की प्रणाली को जैसी भक्ति काल या रीतिकाल या द्विवेदीकाल अथवा छायावाद काल में थी? जब तक एक प्रणाली में समानेवाले सभी तत्व अपनी वैयक्तिक विशिष्टताओं का त्याग करके, मोटे तौर पर किसी एक ध्येय या दिशा को स्वीकार नहीं करते, तब तक प्रणाली की रचना असंभव होती है। नई कविता में प्रणाली-जैसी मुझे एक ही दिखाई देती है—शैली का विशिष्टीकरण या विकास और नए-नए मॉडल बनाने की चिन्ता, किन्तु इससे तो कारवित्री प्रतिभा के कुछ अभाव की ही सूचना मिलती है।

13

सुना है, जर्मनी में कुछ ऐसी लोक-कथाएँ प्रचलित हैं, जिनमें बच्चे अपना भाग्य आजमाने को घर से बाहर निकल पड़ते हैं। उनमें से कोई वीर बहादुर बन जाता है, किसी भी शादी शाहजादी के साथ हो जाती है, कोई बहुत-सा धन इकट्ठा कर लेता है। मगर हर कहानी का छोटा लड़का केवल वनों में घूमता-फिरता है, फूलों से बात करता है, पक्षियों के गीत सुनता है, वनलक्ष्मी के साथ दोस्ती करता है। और जब सभी लड़के लौटकर घर आते हैं, तब बड़ाई का हकदार वह हो जाता है, जो फूलों, पक्षियों और वनलक्ष्मी के साथ भटकता रहा था। इन कहानियों का सबक यह मालूम होता है कि जो आदमी सांसारिकता में असफल है, अधिक-से-अधिक ऊँचाई तक वही पहुँच सकता है।

14

नीत्से ने प्रहार ठीक-ठीक मूल्यों पर नहीं किया है, बल्कि सभ्यता की रुग्णता और थकान पर, जिसके चलते वह नए मूल्यों की सृष्टि नहीं कर पा रही है। नीत्से ने जोश में आकर कहा, ईश्वर मर गया। मगर उसकी आत्मा खुदबुदाती रही कि ईश्वर की मृत्यु के मानी क्या हो सकते हैं? ईश्वर की मृत्यु के मानी हैं उन महान मूल्यों की मृत्यु, जो मनुष्य को ईश्वर को जोड़ते हैं। अतएव नीत्से केवल ईश्वर की मृत्यु की घोषणा करके मौन नहीं हुआ, उसने यह भी कहा कि ईश्वर की मृत्यु बहुत बड़ी घटना है। आदमी इस घटना की बराबरी तभी कर सकता है, जब वह खुद ईश्वर बन जाए। इस जर्मन दार्शनिक के बाद फ्रेंच के उपन्यासकार अल्बेर् कामू आए। उन्होंने कहा, नए आदमी का असली दर्द यह है कि ईश्वर को माने बिना आदमी संत हो सकता है या नहीं? भारत की परम्परा के पास इसका जवाब है। बुद्ध सन्त थे, मगर ईश्वर-सिद्धि का प्रचार नहीं करते थे। जैन-धर्म के अनुसार ईश्वरत्व मनुष्य के विकास की उच्चतम कल्पना का नाम है। और महर्षि रमण ने भी कई बार कहा था कि ईश्वर देखने या जानने की वस्तु नहीं है। जानना तो केवल यह है कि 'मैं कौन हूँ?' लगता है, सत्य का संधान नीत्से का उद्‌देश्य नहीं था। उसका काम लोगों का पर्दाफ़ाश करना था और वह इसलिए कि लोग जो कहते हैं, उसे आचरते नहीं हैं। जो मूल्य केवल वाणी की शोभा हैं, आचरणों के आधार नहीं, वे अगर व्यर्थ मान लिए गए, तो इसमें आश्चर्य क्या है?

15

संस्कृत में एक कहावत है—'शास्त्रेषु भ्रष्टाः कवयो भवन्ति'। अंग्रेजी में शैली के समकालीन लेखक पिकाक ने कहा था, कविता असभ्यता की वाणी है। वह उस युग के लिए ठीक थी, जब विज्ञान नहीं था। अब विज्ञान के युग में आदमी कविता की भाषा में तुतलाये, यह कोई गौरव की बात नहीं है। मेरा खयाल है, दोनों उक्तियाँ गलत हैं। दार्शनिक काव्य की बात मैं नहीं करता। कोरी प्रेम और प्रकृति की लिरिक कविताएँ भी कितना काम करती हैं? अवकाश के क्षणों में वे हमारा मनोरंजन करती हैं, हममें नई स्फूर्ति भरती हैं और ऐसी कितनी ही बातें सिखाती हैं, जिनकी शिक्षा हमें शास्त्र और विज्ञान से नहीं मिल सकती। और सौन्दर्यशास्त्र भी इसीलिए महिमामय शास्त्र है। वह इस बात को सिद्ध करता है कि कला का सत्य विज्ञान के सत्य से कहीं ऊँचा और महान होता है। कविता और कला को मानविकी में गिनने का रिवाज है, क्योंकि कविता और कला का आनन्द न ले सकनेवाला मनुष्य पूरा मनुष्य नहीं है।

16

कविता की स्वायत्तता का आन्दोलन विज्ञान के कारण भी बढ़ा है। ज्यों-ज्यों विज्ञान और टेक्नोलॉजी का प्रचार हुआ, आदमी उपयोग की ओर ज़्यादा झुकने लगा। मगर फूल, तारे, बच्चे, पर्वत, हरियाली आदि का जाहिरा उपयोग तो कुछ भी नहीं है। अतएव सौन्दर्यशास्त्र ने इस बात पर ज़ोर देना शुरू किया कि कला की कृति केवल अपनी भाषा बोलती है, उसकी परिभाषा या व्याख्या अन्य प्रकार की भाषाओं में नहीं दी जा सकती। अगर कला की कृति पर किसी इच्छा, आशा, ध्येय या उद्देश्य का आरोप किया जाएगा, तो कृति उसका अवरोध करेगी। मनुष्य की आदत है कि वह काल पर शासन करनेवाली शक्तियों के सामने घुटने टेक देता है, जैसे उसने विज्ञान के सामने घुटने टेक दिए हैं, किन्तु कला अपने साम्राज्य के नियमों को छोड़कर और किसी भी नियम को नहीं मानती। वह हमेशा 'हलादैकमयी' और 'अनन्यपरतंत्रा' होती है। नई कला किसी अमर भाव, विचार या अनुभूति में विश्वास नहीं करती। वह मनुष्य के समकालीन जीवन से कटकर जीना नहीं चाहती। वह क्षणजीवी वास्तविकता का सत या निचोड़ बनना चाहती है। कविता की क्रिया अब अन्य क्रियाओं से तुलनीय नहीं रही। वह केवल अपने सत्य को प्राप्त करना चाहती है। तब भी कवि दो प्रकार के होते हैं। एक वे, जो केवल माध्यम हैं। दूसरे वे, जो माध्यम भी हैं और क्रियाशील भी। अब जो माध्यम हैं, पहले वे शुद्ध कवित्व के उपासक होते थे और जो क्रियाशील हैं, वे सन्देशवाही हुआ करते थे।

17

नए कवि के ध्येय अथवा उसकी प्रेरणा का जन्म कहाँ होता है? उन मनुष्यों की सीमाओं और आवश्यकताओं में, जिन्हें अब किसी भी मूल्य में विश्वास नहीं है, जिन्हें शास्त्रीय ज्ञान से कोई सहायता नहीं मिलती, जो कविता को जीवंत सत्य का आखिरी उद्गम मानते हैं। इससे यह ध्वनि निकली चाहिए कि कविता कवि से अधिक आवश्यक तत्व है। कवि की व्यक्तिगत शैली का उतना महत्त्व नहीं है, जितना कविता की भाषा का। पिछले दो सौ वर्षों के क्रम में मानवता जिस वस्तु को उपयोगिता में खो चुकी है, उसे वह कविता के जरिए पा सकती है। इससे यह आशा व्यंजित होती है कि कविता का सत्य धर्म के सत्य से एकाकार हो सकता है।

18

कला और विज्ञान की तुलना से यह मालूम होता है कि विज्ञान सतत प्रगतिशील है, उसकी प्रगति की संभावनाएँ भी बहुत बड़ी हैं। बिजली, रोग, ग्रह-नक्षत्र और विश्व के ढाँचे के सम्बन्ध में आज मनुष्य को जितना ज्ञान है, उतना पहले कभी नहीं था।

और यह भी भासित होता है कि यह ज्ञान बढ़ता ही जाएगा, किन्तु कालिदास या शेक्सपियर की-सी कविताएँ अब लिखी जा सकती हैं या नहीं, यह प्रश्न ही मूर्खतापूर्ण दिखाई देता है। समय ज्यों-ज्यों व्यतीत होता है, विज्ञान अपनी पिछली ऊँचाई से और भी ऊँचा उठता जाता है, मगर समय ज्यों-ज्यों बीतता है, साहित्य की ऊँचाई छीजती जाती है। कालिदास की ऊँचाई रवीन्द्रनाथ नहीं पा सके और रवीन्द्रनाथ की ऊँचाई का कवि अब संसार भर में कहीं नहीं है।

19

विज्ञान मनुष्य के आधिभौतिक उत्थान के साधन जुटाता है। और आदमी जब उन साधनों का उपयोग करता है, तब इस उपयोग की, उसकी भावनाओं और आदतों पर, प्रतिक्रिया होती है। आदमी की दृष्टि में उसके जीवन के बहुत-से अर्थ बदल जाते हैं, बहुत-सी संभावनाएँ बदल जाती हैं, जीवन के बहुत-से मूल्य बदल जाते हैं। मनुष्य के जीवन में आनेवाले इन विकारों का मूल्यांकन साहित्य करता है और कभी-कभी दर्शन। इसलिए कला और दर्शन, दोनों ही प्रसंगानुसार विज्ञान की आलोचना करते हैं, किन्तु अब दिखाई यह देता है कि कवि और कलाकार की दुनिया तो पहले के ही समान आबाद है, मगर दार्शनिकों की दुनिया उजड़ रही है। लगता है, दर्शन दर्शन के रूप में ज़्यादा दिन जिंदा नहीं रहेगा। जीवित रहने के लिए उसे कोई और रूप धारण करना पड़ेगा क्योंकि मानव-मन की जो प्रवृत्ति दर्शन को जन्म देती है, वह प्रवृत्ति जीवित रहेगी और कहीं-न-कहीं अपनी अभिव्यक्ति खोजेगी।

दर्शन की यह दुर्दशा क्यों हुई? इसलिए कि पुराने जमाने का दार्शनिक कुछ वैज्ञानिक भी होता था, कुछ कवि भी और अक्सर वह संत भी हुआ करता था। लेकिन विज्ञान को यशस्वी देखकर दार्शनिक को भी विज्ञान के अनुकरण करने की चाह हुई। बस, विज्ञान के अनुकरण ने उसे मार डाला। अब दार्शनिक सामने केवल तीन विकल्प रह गए हैं :

1. या तो वह कवि और संत बने,
2. अथवा वैज्ञानिक बने,
3. या मनोवैज्ञानिक बन जाए।

दर्शन की इस दुर्दशा से सबसे बड़ा सबक कवि को लेना चाहिए। विज्ञान बनने की कोशिश में दर्शन की मौत हो गई। विज्ञान के अनुकरण के लोभ में पड़कर कहीं कविता भी समाप्त न हो जाए।

दर्शनिकों में धर्माचार्य, वैज्ञानिक और कवि—तीनों का समन्वय रहता आया था। लेकिन दर्शन का स्थान शंका-ग्रस्त हो जाने से ऐसा लगता है कि उसका कुछ काम कवि करेंगे और कुछ विज्ञान के विद्वान। फिर भी कलाकार और वैज्ञानिक मिलकर भी दर्शन की पूरी भूमिका अदा नहीं कर सकेंगे।

20

विज्ञान के क्षेत्र में जैसे कानून हैं, कला के क्षेत्र में वैसे कानून नहीं हैं। दो चित्रों के बीच तुलना की बात हो, तो वैज्ञानिक यह कहेगा कि उनमें से कौन लम्बा या बड़ा तथा कौन छोटा चित्र है और वह जो कुछ कहेगा, उसे सारा संसार आँख मूँदकर स्वीकार कर लेगा। लेकिन कला-मर्मज्ञ यदि एक चित्र को दूसरे से हीन या श्रेष्ठ बताएगा, तो उसकी बात सभी लोग नहीं मानेंगे। कला के क्षेत्र में बस एक ही कानून है, यानी अपनी रुचि को और परिमार्जित करो, अपनी बुद्धि को और भी तीक्ष्ण बनाओ।

विज्ञान का मानदंड सुदृढ़ और सुस्पष्ट है, क्योंकि उसका क्षेत्र आधिभौतिक है। प्रकाश की गति को लेकर मतभेद नहीं चलता, पृथ्वी से सूर्य की दूरी के बारे में दो मत नहीं हैं। जिस दिन इन चीजों की नाम हो गई, मतभेद उसी दिन खत्म हो गए। लेकिन दर्शन आरम्भ से ही हिलडोल की अवस्था में रहा है। कांट ने लिखा था कि दर्शन के क्षेत्र में मानक नाप और मानक तौल का कोई उपाय नहीं है, इसलिए यह बताना कठिन है कि किस दार्शनिक की बातें ठोस और किसकी बातें पोली हैं। यह लगभग हास्यास्पद लगता है कि और विज्ञान तो सन्देह की अवस्था से निकलकर निर्णय की स्थिति में आते जा रहे हैं, मगर दर्शन, जो अपने को तत्वज्ञान कहता है, आज भी वहीं चक्कर काट रहा है, जहाँ वह तीन हजार साल पहले चक्कर काटता था।

21

विज्ञान के साथ विरक्ति और कला के साथ अनुरक्ति होती है। विज्ञान उद्धत है, कला विनम्र है। वैज्ञानिक इसलिए काम करता है कि पूर्वज के सिद्धान्त उसे अशुद्ध मालूम होते हैं, अधूरे दीखते हैं। कलाकार इसलिए काम करता है, क्योंकि वह पूर्वजों का अनुकरण करना चाहता है, क्योंकि वह उन्हें अपना आराध्य समझता है।

22

नोट बुक में किसी चिन्तक का एक उद्धरण दर्ज है : 'कुछ लोगों के भीतर अतीत समाया रहता है और कुछ के भीतर भविष्य। जिसे हम वर्तमान का अनुष्य कहते हैं, वह यंत्र के सिवा और कुछ नहीं है। वर्तमान से बिलकुल अलग होना तो बुद्धिमानी का काम नहीं है, मगर वर्तमान से जो जितना ही दूर है, वह उतना ही अधिक स्वतन्त्र भी है। इसलिए सारा चुनाव अतीत और भविष्य के ही बीच हैं जैसे अतीत का इतिहास होता है, वैसे ही भविष्य का भी इतिहास है। सभी जीवंत कलाएँ भविष्य का इतिहास बतलाती हैं। सबसे बड़े कलाकार, सबसे श्रेष्ठ वैज्ञानिक और सबसे उत्तम राजनीतिज्ञ अतीत की ओर से नहीं, भविष्य की ओर से आते हैं।'

23

आँखें जब बिलकुल खुली हों और आस-पास की चीजों को देख रही हों, तब कल्पना अपना काम नहीं करती। नज़दीक की चीजों के लिए आँख और दूर की चीजों के लिए कल्पना चाहिए। खुली आँखें रास्ते के काँटों को देखती हैं। बन्द आँखों से दूर का भी सत्य देखा जा सकता है।

24

रुचि क्या चीज है?

भावना जब तक जीवित है, वह रस और राग का सुख भोगती है। मर जाने पर वही नियम और संस्कार बनकर भोग की दिशाओं का निर्धारण करती है। रुचि मरी हुई भावना का नाम है अथवा उस भावना का, जिसे स्मृति जिलाए हुए है। रुचि इन्द्रियों की बर्बरता पर लगे हुए अंकुश को भी कहते हैं।

25

साहित्य में जितने भी आन्दोलन उठते हैं, वे मूलतः या तो रोमांटिक होते हैं या क्लासिक। घड़ी का पेंडुलम कभी इस छोर पर आता है, कभी उस छोर पर जाता है। बीच में स्थिर खड़ा रहना उसके लिए असंभव है; सदियों से साहित्य में यही होता रहा है और आगे भी यही होता जाएगा। विंधाम लेविस ने लिखा है : 'इसीलिए एक पीढ़ी में सभी लोग काली पोशाक पहनते हैं, दूसरी में हरी, तीसरी में उजली और चौथी में वे फिर काली पर आ जाते हैं।'

26

लेविस ने ही लिखा है : 'बौद्धिक क्लान्ति इस युग का लक्षण है। लोगों की शक्तियाँ इतनी क्लान्त हैं कि वे उन्हीं कृतियों का स्वागत करते हैं, जो डंके की चोट से युग के दिवालियेपन का ऐलान करती हैं। जब अभिव्यक्ति की कोई कीमत नहीं रह जाती, लोग तभी उसके पीछे तालियाँ बजाते हैं। ऐसे युग में सबसे जीवंत दीखने वाले कलाकार भी मृत्यु के हाथों गढ़ी गई मोम की मूर्तियाँ होते हैं।'

27

नई चित्रकारी के बारे में राय देते हुए लेविस ने कहा है कि 'नए चित्रों में से अधिकांश तो उन हीन कलाकारों की कृतियाँ हैं, जिनमें सीधी राह से चित्र बनाने की सामर्थ्य नहीं थी। अतएव उन्होंने तकनीक का बहाना अपनी कमज़ोरियों को छिपा लिया।'

28

श्रेताओं ने कलाकार से कहा : 'आखिर आप लोग इतने बौद्धिक, इतने अप्रत्यक्ष क्यों होते हैं? द्रविड़ प्राणायाम किए बिना आपको कोई चीज दिखाई नहीं देती, न बुद्धि की काफी कुलाचें खाए बिना आपके मुख से कोई शब्द निकलता है। और तब भी यह सच है कि जिन्दगी हमेशा आपके पास खड़ी रहती है और आप उसे आसानी से देख सकते हैं।'

कलाकार ने उत्तर दिया, 'हाँ, जिन्दगी तो पास ही खड़ी रहती है, मगर अपने में डूबे बिना हम उसे पहचान कैसे सकते हैं?'

29

दुनिया के कामयाब लोग भीड़-भड़क्कों में रहना पसन्द करते हैं, जिससे अधिक-से-अधिक लोग उनकी चमक से प्रभावित हो सकें। लेकिन कलाकार एकान्त पसन्द करता है, नीरवता और शान्ति की खोज करता है, क्योंकि पवित्रता नीरवता और शान्ति में ही रहती है।

30

राष्ट्रकवि उसे कहना चाहिए, जो अपने देश की प्रत्येक संस्कृति को अपने में समा लेता है, जो देश के प्रत्येक वर्ग का अपने को प्रतिनिधि समझता है और सभी सम्प्रदायों के बीच जो देशगत ऐक्य है, उसे मुखर बनाता है। इसी प्रकार विश्वकवि उसे कहना चाहिए, जो दुनिया के हर देश के भीतर जो अन्तर्राष्ट्रीय तत्व है, उसे वाणी दे। विश्वकवि बनने की पहली शर्त यह है कि कवि राष्ट्रीय हो। जो राष्ट्र के विभिन्न अवयवों का प्रतिनिधित्व नहीं कर सकता, वह विश्व के विभिन्न देशों का प्रतिनिधित्व कैसे करेगा? और भारत में जो भी राष्ट्रकवि होगा, उसे विश्वकवि ही समझना चाहिए क्योंकि भारत, छोटे पैमाने पर सारा संसार ही है। जैसे प्रत्येक राष्ट्र अपनी अभिव्यक्ति के लिए लालायित रहता है, उसी प्रकार देश का भी प्रत्येक सम्प्रदाय अपनी अभिव्यक्ति खोजता है। राष्ट्रपुरुष और राष्ट्रकवि बनना समान रूप से कठिन कार्य है। दोनों के लिए असीम धैर्य और अपरिमित उदारता की आवश्यकता है।

31

महान जाति की कला हमेशा कुछ-कुछ अमूर्त्त होती है। कारण यह है कि जातियाँ महान तब बनती हैं, जब वे विभिन्न तत्वों के बीच समन्वय स्थापित करती हैं। समन्वय और सामंजस्य की कला अमूर्त्त ही होगी। यह ध्यान खींचनेवाली बात है कि जैसे-जैसे अंतर्राष्ट्रीयता की प्रगति होती है, वैसे-ही-वैसे कला की अमूर्त्तता भी बढ़ती

और फैलती जाती है। जीनियस के भीतर मानवता की हर किस्म छिपी होती है, इसीलिए वह हर तरह के आदमी को बर्दाश्त कर सकता है। जो गुण जीनियस में देखे जाते हैं, वैसे ही गुण जातियों को भी महान बना देते हैं।

32

समाजवाद गरीब को अमीर बनाना चाहता है, ईसा अमीर को गरीब बनाना चाहते थे। समाजवाद को अमीरों से द्वेष है, ईसा को उन पर तरस आता था। समाजवाद चाहता है कि अधिक-से-अधिक लोग काम करें और वे सब-के-सब सम्पन्न हों। ईसा चाहते थे कि काम कोई न करे और किसी के भी पास दौलत नहीं हो। ईश्वर और आत्मा सत्य हैं, बाकी सब झूठ है, यह ईसा का मत था। अपनी माता से ईसा ने कहा था : 'औरत, ऐसी कौन-सी चीज है जो मुझे तुमसे बाँध सकती है?' ईसा ने यह भी कहा था कि जिस आदमी को अपने माता-पिता, पत्नी और बच्चे, भाई और बहन, यहाँ तक कि अपने-आप से घृणा नहीं है, वह मेरा शिष्य नहीं हो सकता।

33

आत्म-विरोध अथवा अपनी बात का आप खंडन करने का अधिकार विचारक को होना चाहिए या नहीं? गांधी जी ने कई बार अपनी बात का आप खंडन किया था। हर बड़े आदमी को आत्मखंडन करना पड़ता है। महान विचारक के खेत में एक ही क्यारी नहीं होती, जिसमें एक ही तरह के पौधे उगते हों। वह बराबर अनेक सत्यों के लिए क्यारियाँ तैयार करता रहता है। जो भी सत्य जीवंत हैं, वे उसकी किसी-न-किसी क्यारी में जड़ पकड़ लेते हैं। बिना आत्मखंडन किए सत्य का सेवन चल नहीं सकता। आदमी को कभी-न-कभी ऐसी बात बोलनी ही पड़ती है, जिससे उसकी पहले की बात का खंडन हो जाता है।

एमर्सन ने कहा था : 'आत्मखंडन के दोष से बचने के लिए हर स्थिति में एक ही बात को दुहराते जाना छोटे मस्तिष्क का लक्षण है। स्वाभाविक तो यह है कि आज तुम्हारा जिस बात में विश्वास हो, उसे ज़ोर से कहो। और कल अगर ठीक उलटी बात तुम्हें सत्य मालूम होती हो, तो उस बात को भी उसी ज़ोर से कहो। इसकी चिन्ता मुतलक भी न करो कि तुम अपनी कल की बात का खंडन कर रहे हो।'

गेटे कहते थे : 'सत्य हीरे के नग के समान है। उसकी किरणों एक ही नहीं, अनेक दिशाओं में छिटकती हैं।'

और सबसे अच्छी बात कवि बादलेयर ने कही थी : 'हाल में हमने अनेक अधिकारों की चर्चा सुनी है। फिर भी एक प्रमुख अधिकार का उल्लेख छूट गया है। प्रमुख अधिकार, यानी अपना खंडन आप करने का अधिकार।'

आत्म-विरोध कोई पाप नहीं है। सीधी तरह सोचने पर तो हम उसे चिन्तन की एक शैली ही कहेंगे, जिसके जरिए हमारे सारे विचार आगे बढ़ते हैं और अभिव्यक्ति पाते हैं।

नाटककार इब्शेन ने एक सवाल पूछा था : 'क्या इस बात पर तुम्हारा ध्यान गया है कि हर विचार दूर तक सोचा जाने पर अपना विरोधी आप बन जाता है?'

कारलाइल अपनी बातों के विरुद्ध नई बातें बराबर बोलता था। कहते हैं, इसका कारण यह था कि कारलाइल सत्य का प्रेमी था और अनेक तरीकों से वह सत्य तक पहुँचना चाहता था। यदि विकल्प ये हों कि या तो अपनी बात का विरोध करो अथवा सत्य का, तो सत्य का प्रेमी अपना ही विरोध पसन्द करेगा।

34

जर्मनी में एक लेखक हुए हैं इगोन फ्रिडेल। उन्होंने आधुनिक संस्कृति का इतिहास तीन जिल्दों में लिखा है। उनका कहना है कि संसार के समस्त साहित्य का इतिहास साहित्यिक चोरियों का इतिहास है। गेटे ने एकरमैन से कहा था : 'किस लेखक के किस भाव का उद्‌गम कहाँ है, इसकी विचिकित्सा बेहूदगी की विचिकित्सा है। जो लोग मौलिकता के नाम पर प्रभावों की खोज करते हैं, उन्हें यह भी चाहिए कि वे तन्दुरुस्त आदमी की तन्दुरुस्ती का राज़ उन भेड़ों, बकरों और सुअरों में खोजें, जिन्हें वह खाकर पचा चुका है।'

लेखक में अपनी शक्ति होती है, यह ठीक है, लेकिन विकास उसका उन सहस्रों प्रभावों से होता है, जो उसे अनुकूल मालूम होते हैं। असली चीज यह है कि आदमी की आत्मा को जागरूक और सत्य का प्रेमी होना चाहिए, जिससे सत्य उसे जहाँ से मिले, वह पहचान ले और पचाकर उसे आत्मसात कर ले।

दुनिया बहुत पुरानी है। इसमें अच्छे चिन्तक भी इतने अधिक हुए हैं कि सर्वथा नई समझी जानेवाली बातों का अभाव हो गया है। मनुष्य-जाति का सारा बौद्धिक इतिहास चोरी का इतिहास है। अलेक्जेंडर ने फिलिप से चुराया, आगस्टीन ने सन्त पाल से, शिलर ने शेक्सपियर से और शापेनहार ने कांट से। जब भी साहित्य में अक्रियशीलता का दौर आता है, तब समझना यही चाहिए कि चोरी बहुत कम हो रही है। यह भी है कि जब भी कोई बड़ा कलाकार या महान विचारक अपने मिशन में विफल हो जाता है, तब उसका एक बड़ा कारण यह होता है कि उसे ऐसे लोग काफी संख्या में नहीं मिलते, जो उसे खुलकर लूट सकें। सुकरात का सौभाग्य था कि उसे प्लेटो-जैसा साहसी चोर मिला, जिसे चुराने में किसी किस्म की हिचकिचाहट नहीं थी। अगर प्लेटो ने खुलकर सुकरात से चोरी न की होती, तो आज सुकरात को इतने लोग जानते या नहीं, यह संदिग्ध है।

असली बात यह है कि हममें यह शक्ति होनी चाहिए कि हम भावों को नई भाषा में सजा सकें, उनका विकास अपनी इच्छित दिशा में दूर तक कर सकें और उन पर अपनी प्रतिभा का आलोक विकीर्ण कर सकें।

गेटे ने कहा है, व्यक्ति बनने की हम जितनी भी कोशिश करें, मगर आखिर में हम समष्टि है और चिन्तन भी समष्टि में ही चलता है। एक ही समय के अनेक लोग, या अनेक युगों के अनेक लोग, एक समान सोचते हैं और परस्पर एक-दूसरे को प्रभावित करते हैं। मैंने जो कुछ लिखा, वह सब-का-सब मेरी ही बुद्धि की उपज नहीं है। दूसरों ने जो बोया था, मैंने उसकी फसल काटी है।

कहते हैं, अपने जूलियस सीजर नामक नाटक में शेक्सपियर ने प्लूटार्क के शब्द-शब्द की नकल की है। महान कवि मौलिक भी होते हैं, मगर जहाँ मौलिक होने की लाचारी उन पर नहीं होती, वहाँ वे अमौलिक रहकर ही रचना करते हैं। और अमौलिकता का भी लाभ कवि ही उठा सकता है। अगर शेक्सपियर कवि न हुआ होता, तो प्लूटार्क की नकल वह क्यों करता? अकवि कवि का अनुकरण नहीं करते हैं।

सभी खिलाड़ी एक ही गेंद से खेलते हैं, मगर किक मारने में कमाल किसी-किसी को ही हासिल होता है।

जो लोग सर्वथा मौलिक बातें बोलने का दावा करते हैं, उनकी ओर ज़रा सन्देह से ही देखना चाहिए, क्योंकि सर्वथा नवीन बातें अक्सर सर्वथा झूठी बातें होती हैं। वास्तव में साहित्य में अब कोई भी नवीन बात नहीं है, नवीनता के दर्शन हमें बौद्धिक शक्तियों के प्रयोग में होते हैं।

35

फ्रिडेल के अनुसार माइकेल एंजेलो अद्‌भुत कोटि के मनुष्य थे। उनकी मनीषा एकोन्मुखी भी थी और सर्वोन्मुखी भी। प्रत्येक दिशा में वे बहुत दूर तक देख सकते थे। उनकी दुनिया बिलकुल उन्हीं की खास दुनिया थी, जिसका राज न तो कोई शिष्य समझ सकता था, न कोई समकालीन। मर्त्य मानव पर आनेवाला एक भी ऐसा शोक नहीं था, जिसकी अनुभूति माइकेल एंजेलो को नहीं हुई हो। भगवान ने उन्हें यह शक्ति दी थी कि हर चीज के भीतर से वे अमृत नहीं, ज़हर चूस सकें। वे अपने समकालीनों, अपने शिष्यों और साथियों से बहुत दूर थे। उनका कहना था कि चित्रकारों को यह मानकर चित्र बनाना चाहिए कि सूरज कुहरे के भीतर से चमक रहा है। वे मानते थे कि बदली के दिनों में जितनी रोशनी होती है, वही चेहरों को देखने के लिए काफी है। उनकी इस शक्ति में हम प्रभाववादी शैली का बीज देख सकते हैं।

36

फ्रिडेल की यह उक्ति भी काफी अर्थपूर्ण है कि आदमी एक बार तो आदम के रूप

में स्वर्ग से बाहर निकाला गया और दूसरी बार तब, जब यूरोप में धार्मिक सुधार (रिफार्मेशन) का आन्दोलन उठा। इसी प्रकार आदमी आकाश से एक बार तो आदम के रूप में गिरा और दूसरी बार तब, जब सांस्कृतिक पुनर्जागरण (रेनेसांस) का आन्दोलन शुरू हुआ। स्वर्ग में आदम काम नहीं करते थे। ईसा कर्मठता के विरुद्ध थे, लेकिन रिफार्मेशन के चलते कर्मठता की रूढ़ि पैदा हो गई। और रेनेसांस ने उस मनुष्य को जन्म दिया, जो मौज़ करता है और अपनी ही पूजा करके पूजा के काम को खत्म कर देता है। रेनेसांस के भीतर सब कुछ था, केवल आत्मा नहीं थी।

37

पैस्काल ने कहा था कि आदमी गलतियों के ढेर को कहते हैं, गलतियों के ढेर के सिवा आदमी और हो भी क्या सकता है? ईश्वरीय कृपा के बिना उसकी सारी शक्तियाँ बेकार हैं। हर ताकत, हर चीज आदमी को धोखा देती है। बुद्धि और इन्द्रियाँ—ये सत्य के दो सबसे बड़े सहारे हैं। मगर होता क्या है? इन्द्रियाँ बुद्धि को धोखा देती हैं और बुद्धि इन्द्रियों को।

38

बारूद की ईजाद से वीरता जाती रही। वीरता में जो आभिजात्य था, जो वैयक्तिक तेज़ था, वह बारूद के आने से समाप्त हो गया। 'मैन पावर' का सिद्धान्त बारूद की ईजाद के बाद से चालू हुआ है। 'कांस्क्रिप्शन' की प्रथा भी बारूद के आविष्कार की देन है। जो काम सबके लिए संभव नहीं है, उसके लिए सबकी भर्ती भी नहीं की जा सकती। तलवार की जगह बन्दूक के आने से लड़ने का काम वीरता पर निर्भर नहीं रहा। यह भी कह सकते हैं कि बन्दूक ने वीरता के आधार को इतना चौड़ा कर दिया कि उसके भीतर कोई भी आदमी आ सकता है। पहले जमाने के वीर अपने-आप में एक युद्ध होते थे। अब तो सिपाही महज एक नामहीन जन्तु है।

39

'फौस्ट' शब्द का अर्थ भाग्यशाली होता है। फौस्ट की कहानी उन प्रवृत्तियों का प्रतीक है, जिन्होंने नए युग का प्रवर्तन किया है। नए युग की मान्यता है कि सरोकार हमारा केवल सौभाग्य से होना चाहिए और सौभाग्य का अर्थ है शक्ति, ताकत, इन्द्रिय-तर्पण और ज्ञान। फौस्ट की ट्रेजेडी आधुनिक मनुष्य की ट्रेजेडी है, बुद्धिवाद की ट्रेजेडी है, संदेहवाद की ट्रेजेडी है, वस्तुवाद की ट्रेजेडी है। आधुनिक मनुष्य के भीतर जो मनीषी है, शुद्ध मनीषी है, वही नए मनुष्य का राक्षसी अंश है।

40

डोस्टावास्की कर्म के विपक्ष में सोचते थे। कर्म का एक लक्षण तो लगभग अभिशाप के समान है। कर्म का अभिशाप यह है कि उससे चिन्तन और निदिध्यासन में बाधा पड़ती है, मनुष्य का ध्यान उचट जाता है, आदमी दो टुकड़ों में विभक्त हो जाता है और अपने आत्मस्थ रूप से दूर हट जाता है। इसीलिए सभी सन्त कर्म से दूर एकान्त में बसते थे, किन्तु इस निष्कर्मता के भीतर उनकी आन्तरिक क्रिया अत्यंत वेगवती होती थी।

41

पीठ पर अतीत और पेट में भविष्य, मेरा नाम काल है।

42

बहुत-से लोगों का विचार है कि निष्प्राणता की कला का प्राण है। जो रचना ऊपर से थोड़ी नीरस न दिखाई पड़े, वह उत्तम हो ही नहीं सकती। चित्रों में भूरे या मटियाले रंग की जो महिमा है, वह और रंगों की नहीं।

43

जितनी भी बड़ी चीजें होती हैं, अनुपयोगी होती हैं और कोई भी उपयोगी वस्तु महान नहीं होती। संसार के इतिहास के गर्भ में जिस कोलाहल का नाद है, वह किसका है? क्या घोड़ों की टापों का? नहीं, यह सारा कोलाहल लोकेतर स्वप्नों का कोलाहल है, कल्पना की मृग-मरीचिकाओं का शोर है।

44

जो दिमाग हमेशा सोचता रहता है, वह निश्चय ही मित्रों से रहित और बन्धुओं से हीन होगा।

45

दार्शनिक और कलाकार की अपेक्षा कर्मठ व्यक्ति बातचीत में अधिक रोचक होता है। सबसे बढ़िया मजाक करता है, जो दुनियादारी में होशियार है और उससे भी ज़्यादा बढ़िया मजाक वह करता है, जिसमें औरतों को समझने की शक्ति हो। मगर औरतों के साथ कामयाब होने से यह नहीं समझना चाहिए कि आदमी उच्च कोटि का मेधावी पुरुष है। ज़्यादातर उदाहरण उलटे ही मिलते हैं।

46

पूरा मर्द कौन है? वह, जिसका शरीर दैत्य का और मन देवता का होता है। वह, जो युद्ध में सेना का नेतृत्व करने के बाद, अवकाश के क्षणों में, दुखांत नाटक की भी रचना कर सकता है।

47

जितना ज्ञान सर्वसाधारण में फैल चुका है, साहित्य उतने ही ज्ञान का उपयोग करता है। जो ज्ञान अभी विशेषज्ञों की मिल्कियत बना हुआ है, कवि के लिए वह निरुपयोगी है। चेतना का वह अंश, जो सामान्य बन चुका है; संस्कृति का वह रूप, जो सर्वसाधारण को उपलब्ध है; प्रतीकों के वे अर्थ, जो सबको मालूम हैं तथा वर्णन और व्याख्या की ऐसी शैली, जो जनसाधारण की शैली है—इन्हीं का उपयोग करके अच्छा साहित्य लिखा जाता है। कवि के लिए यह तनिक भी आवश्यक नहीं है कि वह हर आदमी के लिए लिखे। मगर हर हालत में उसे आदमी के लिए लिखना चाहिए, केवल विशेषज्ञों के लिए नहीं।

48

सर जेम्स जीन्स ने खूब सोच-विचारकर एक सूक्ति कही है : 'सृष्टि किसी यंत्र की अपेक्षा किसी महान भाव के अधिक समीप दिखाई देती है।'

49

आदमी जब सूत्र नहीं लिखता, तब सन्दर्भ लिखता है; जब सन्दर्भ से भी उसे सन्तोष नहीं होता, तब वह तर्क की शरण जाता है और जब तर्क भी नाकाफ़ी होते हैं, तब वह ग्रंथ लिखता है। लेखक जितने ही अधिक शब्दों का प्रयोग करता है, गलतफहमी की संभावना उतनी ही बढ़ती जाती है।

50

लेखक के प्रिय लेखक का प्रभाव उसके चिन्तन पर पड़ता है, शैली, अदा और भंगिमा पर पड़ता है। आरम्भ में आदमी अपनी शैली की खोज दूसरों की शैली देखकर करता है। दूसरों के दर्पण में अपने-आपको पहचानने के बाद लेखक की अपनी शैली आप-से-आप उत्पन्न हो जाती है। जिस लेखक को अपने प्रिय लेखक का पता नहीं है, उसकी शक्ति अभी भ्रूणहीन गर्भ के समान है। प्रत्येक व्यक्ति का प्रिय लेखक कहीं-न-कहीं उत्पन्न हो चुका है। जिसने खोजा नहीं, उसी को वह अभी नहीं मिला है।

51

भाषा की खानें दो हैं—एक पुस्तकों में, दूसरी जनता की जबान पर।

52

पंडित वह जो अन्य पंडितों के मत उद्धृत कर अपने मत की पुष्टि करता है। जो जितना अधिक प्रमाण जुटा सके, वह उतना ही बड़ा विद्वान है।

लेकिन चिन्तक वह, जो प्रमाण अपनी ही प्रतिभा का देता है, जो नख से शिख तक आत्मचिन्तन के रस से सराबोर है।

53

जब भी किसी भी निन्दा लिखने को जी चाहे, अपने-आपसे सवाल करो, इस आदमी के गुणों के बारे में मेरी जानकारी क्या है। अगर आत्मा जवाब दे कि तुम्हें कोई जानकारी नहीं है, तो कलम रख दो और उसे तब उठाओ, जब तुम उसके उज्ज्वल पक्ष को समझ चुके हो।

54

कविता की पंक्ति अच्छी हो, तब यह पूछना व्यर्थ है कि वह नई है या पुरानी, परम्परा में है या उससे छिन्न।

55

जिसने भावों को अपने भीतर पचने नहीं दिया, भीगने नहीं दिया, तुरन्त उगल दिया, वह वह लेखक है, जिसे संग्रहणीय का रोग है।

जिसने राजभय या लोकभय से अपनी आत्मा की आवाज को रोक दिया, धन या कीर्ति के लिए अपनी उक्ति की भंगिमा बदल दी, उसकी कल्पना कृत्रिम गर्भपात से पीड़ित है।

लेकिन जब लेखक के मन में तूफान उठा हो, विद्युत का स्पर्श हुआ हो, जब अभिव्यक्ति का दर्द उसे सता रहा हो और लिखे बिना उसे कल न पड़ती हो, तब समझना चाहिए कि किसी बड़े साहित्य का जन्म-लग्न समीप है।

56

लेखक के बौद्धिक विकास में सबसे बड़ी घटना क्या है? उस लेखक का पता लगाना, जो उसे सबसे अधिक प्रिय है।

57

जिसे पढ़ने की आदत नहीं है, वह अपनी निकट की दुनिया का कैदी है। देश और काल की विस्तृति उसके लिए है ही नहीं

58

विद्या के काम में जो आगे गए हैं, पढ़ना उन्हें कभी भी कष्टकर नहीं था। किताबों से उन्हें प्रेम था और पढ़ते वे इसलिए थे कि पढ़े बिना रह नहीं सकते थे।

59

मनोविनोद की भावना शिथिल हो गई, तो कला वणिक-वृत्ति के पास पहुँच जाती है। अमरता के लोभ को दूर फेंककर जब बहुत-से लोग कला के काम में केवल आनन्द-भाव से लगते हैं, तभी अच्छे परिमाण में कला की अच्छी कृतियाँ उत्पन्न होती हैं। जो कला आनन्द की गुदगुदी से पैदा होती है, वह मोह भी होती है और चिरायु भी।

60

मनुष्य पूर्णता के लिए जन्मा था, मासूम, बेवकूफ और खुश होने को पैदा हुआ था। प्रमाण? प्रमाण यह कि धरती पर आने के पूर्व स्वर्ग में वह नंग-धड़ंग ही घूमा करता था।

61

विद्वानों और लेखकों के जगत् में सरलता सबसे बड़ी समस्या है। जिसने ठीक से पचाया नहीं है, जो ठीक से पका नहीं है, वह सरल नहीं होता है।

62

कवि लेविस की एक उक्ति : 'सभी आस्थाओं से टूटकर या तटस्थ होकर न तो कोई लिख सकता है, न जी सकता है। प्रभाव उन्हीं आस्थाओं का नहीं पड़ता, जिनमें हम विश्वास करते हैं, बल्कि उनका भी, जिनका हम विरोध करते हैं।'

63

गेटे के फौस्ट के भीतर दो आत्माएँ समाई हुई हैं और फौस्ट दोनों आत्माओं का दर्द बोलता है। एक आत्मा उस मनुष्य की है, जो वासना की भूख से, काम की ज्वाला

से उद्विग्न है और दूसरी आत्मा उस मनुष्य की है, जो शुद्ध अध्यात्मक के स्तर पर जीने को बेचैन है। मेरे 'उर्वशी' काव्य के नायक में भी दो स्तरों पर जीने की भूख है, गरचे गेटे के फौस्ट का मैंने तनिक भी अनुकरण नहीं किया है।

64

मूर्ख, बेवकूफ और नीच लोगों ने गेटे पर जो अत्याचार किए थे, उन अत्याचारों की निशानियाँ गेटे के साहित्य में मौजूद हैं। साहित्यिकों की कुटिलता से क्षुब्ध होकर गेटे ने एक पद कहा था : 'मैं वह बोझ हूँ, जिसका वजन तुम सभी लोग महसूस करते हो। मगर तुममें से कुछ ऐसे लोग भी हैं, जो मुझसे घृणा करते हैं।' अन्यत्र गेटे ने और भी कहा है : 'मेरे सामने वे नम्र रहते हैं, मगर मन-ही-मन वे मुझसे भयानक घृणा करते हैं।'

65

अलबर्ट आइंस्टाइन ने एक जगह लिखा है : 'यह बात मैं नहीं जानता कि दुनिया में हम क्यों आते हैं। मगर दुनिया में आ जाने के बाद किसी ध्येय की खोज आदमी को करनी चाहिए। लेकिन आश्चर्य की बात है कि जो ध्येय सबसे बड़ा है, उसी की ओर हमारा ध्यान नहीं जाता। सबसे बड़ा ध्येय यह है कि आदमी का जन्म आदमियों की सेवा करने को होता है। जो व्यक्ति और अपने साथियों के जीवन को अर्थहीन या व्यर्थ समझता है, उससे बढ़कर अभागा आदमी कोई और नहीं है। ऐसे आदमी को जीने का अधिकार नहीं होना चाहिए।'

66

कलाकार अपने-आपको अपनी कृतियों में प्रक्षेपित करता है। वह कृतियों के द्वारा अपने आन्तरिक व्यक्तित्व की रक्षा भी करता है।

67

कला जब सर्वथा नवीन दीखती है, तभी वह सर्वथा सार्थक भी होती है। सच्ची कला की प्रत्येक नई कृति नए आविष्कार के समान होती है।

68

प्रत्येक अनुभूति अनुभावक की चेतना को विस्तीर्ण बनाती है, यह महिमा कला की है। और सौंदर्य क्या है? वह, जो दिलासा देता है, शान्ति-सन्तोष देता है, जो शीतल है, रोचक है, मनोरंजक और ऊपर उठानेवाला है।

69

वैज्ञानिकों की हर पीढ़ी को इस बात पर विचार करना चाहिए कि दर्शन पर विज्ञान का क्या प्रभाव पड़ा है। विज्ञान उन प्रश्नों के उत्तर नहीं देता, जो दर्शन में पूछे जाते हैं, किन्तु जिन उत्तरों को विज्ञान स्वीकार करता है, उन पर दार्शनिकों का ध्यान जाना चाहिए।

70

पिछले 50-60 वर्षों में धर्म और विज्ञान के बीच मतभेद बढ़े हैं। धर्म और विज्ञान के द्वन्द्व पर आज की पीढ़ी जो राय कायम करेगी, उसी पर सभ्यता का भविष्य निर्भर होगा। धर्म और विज्ञान में से किसी का भी त्याग अयोग्य है।

धर्म और विज्ञान के बीच विरोध शायद आरम्भ से ही रहा है और विज्ञान के आलोक में धर्म का रूप कुछ बदलता भी आया है। बहुत पुराने जमाने में ईसाईयों का विश्वास था कि दुनिया उन्हीं के समय में खत्म होनेवाली है। मगर दुनिया जब खत्म नहीं हुई, धर्म का वह अन्धविश्वास समाप्त हो गया।

पृथ्वी घूमती है, सत्रहवीं सदी में धर्म इस सिद्धान्त की निन्दा करता था। धर्म विकासवाद के सिद्धान्त को भी अच्छी नजर से नहीं देखता।

धर्म और विज्ञान, दोनों बदलते हैं—विज्ञान ज़्यादा, धर्म बहुत कम। गैलीलियो और न्यूटन के सिद्धान्तों को लोग अब दूसरे रूपों में मानते हैं। दस साल पहले के भी वैज्ञानिक विचार अब परिवर्तित रूप में माने जाते हैं।

गैलीलियो ने कहा था, सूर्य स्थिर है, पृथ्वी चलती है। धर्म ने कहा, पृथ्वी स्थिर है, सूर्य चलता है। न्यूटन ने कहा, पृथ्वी और सूर्य, दोनों चलते हैं। आइंस्टाइन के सापेक्ष्यवाद के बाद अब हम यह मानते हैं कि तीनों बातें गलत और तीनों बातें सही हैं।

विज्ञान भौतिक नियमों की खोज करता है। धर्म नीति और सौन्दर्य के मूल्यों का ध्यान धरता है। एक का कानून गुरुत्वाकर्षण है, दूसरे का कानून निदिध्यासन और ध्यान है...ध्यान सौन्दर्य का, ध्यान पवित्रता का। एक के पास जो चीज है, दूसरे के पास वह नहीं है।

71

कवि कविता लिखने के लिए वाणी की वंदना छोड़ चुका है। काव्य में से मंगलाचरण का रिवाज उठ गया। रोगी भी अब रोग से मुक्ति पाने को प्रार्थना नहीं करता। इसी प्रकार एक दिन ऐसा आएगा, जब आदमी नहीं मानेगा कि नैतिकता के नियम ईश्वर के बनाए हुए हैं।

72

सौन्दर्यशास्त्र की रचना में जनता ही करती है। नाटकों की सफलता मंच पर परखी जाती है और किताब की कामयाबी इस बात में है कि उ..ने कितने रसज्ञ पाठकों को मुग्ध किया है।

73

यह संसार ऐसा नहीं है कि आत्मा केवल आत्मा को प्यार करे और सौन्दर्य केवल सौन्दर्य को। आत्मा भी कभी-कभी सौन्दर्य को पाना चाहती है और सौन्दर्य भी कभी आत्मा की ओर उड़ना चाहता है।

74

आधुनिकता से युद्ध, समय की रूह से लड़ना हास्यास्पद काम है। इस मामले में औरतें ठीक हैं। वे प्रचलित फैशन का विरोध नहीं करतीं।

75

वाल्ट ह्विटमैन ने अपने काव्य-संग्रह 'लीव्स ऑव ग्रास' का प्रथम संस्करण अपने ही हाथों से कम्पोज करके छापा था। ह्विटमैन की कविताएँ कविताएँ नहीं, विस्फोट हैं। उनका सौन्दर्य कारीगरी में नहीं, उनकी बेछीली हुई ताकत में है।

76

कविता और दर्शन जीवन से अलग होकर मर रहे हैं। प्राचीन विश्व में (भारत में भी और बाहर भी) विचार और जीवन गलबाँही देकर चलते थे। मूर्तिकार का जीवन मूर्तिमय, कवि का काव्यमय और दार्शनिक का दर्शनमय होता था। इस प्रकार कलाएँ कलाकारों के जीवन में क्रियात्मक रूप से मौजूद रहती थीं। दर्शन और काव्य जीवन की भूमि पर साथ चलते थे, इसलिए एक-दूसरे से अपरिचित नहीं थे। दर्शन काव्य को भोजन देता था, काव्य दर्शन को अभिव्यक्ति। अब सौन्दर्य काम नहीं करता और कार्य को सुन्दर बनने की फुरसत या कामना नहीं और यदि बुद्धि तो दोनों से अलग राह बनाकर चलती है।

77

जब तक आसक्ति है, तब तक आजादी नहीं है। हम जिस परिमाण में किसी व्यक्ति, धन, धर्म, नीति, सिद्धान्त या विश्वास से बँधे हैं, उस परिमाण में हम पराधीन हैं।

गृहस्थ की पराधीनता बाल-बच्चों को लेकर चलती है, साधु की ईर्ष्या और मोह के कारण। लेकिन साहित्यिक तब स्वाधीन होता है, जब वह हर नीति, सिद्धान्त और मूल्य को शंका से देखने का साहस कर सके।

78

जो लोग यह समझते हैं कि भारतीय परम्परा यथेष्ट है, वे भ्रम में हैं। हमारी परम्परा की भी नींव हिल गई है। यह भाव भारत में भी जग रहा है कि संस्कृति और इतिहास का बोझ कराल है। उसके नीचे वर्तमान को साँस लेने में कठिनाई महसूस होती है। समाज और साहित्य के बीच राजीनामे की राह भारत में भी लुप्त हो रही है। 'आउट साइडर' हमारे बीच भी पैदा होने लगे हैं।

साहित्य भारत में भी उस दिशा की ओर चल पड़ा है, जो अज्ञात है, जिसकी मंज़िल के बारे में अभी कोई कल्पना नहीं की जा सकती। यह नहीं कहा जा सकता कि यह साहित्य किसी भी समय आदमी की औसत आदतों के पास लौट आएगा तथा धर्म और नीति के साथ अपना मेल बैठाकर जिएगा। यह भी नहीं कहा जा सकता कि इस निरुद्देश्य यात्रा का अन्त किसी ऐसी जगह पहुँचकर होगा, जहाँ उसकी सार्थकता सिद्ध हो जाएगी।

79

क्रोसे के गुरु वाइकों ने कहा है कि कविता अकस्मात आनन्द के उच्छ्वास से नहीं फूटती, वह नैसर्गिक आवश्यकता से जन्म लेती है। कविता फालतू वासना नहीं है, न वह ऐसी चीज है, जो जीवन से अलग की जा सकती हो। कविता की प्रक्रिया रोक दी जाए, तो विचार की प्रक्रिया को भी रोकना पड़ेगा। सार्वभौम विचारों के निरूपण से पहले मनुष्य बिंबात्मक विचारों को जन्म देता है। साफ दिमाग से सोचने के पहले वह अस्पष्ट ढंग से सोचता है, दिमाग की खलबली के साथ सोचता है। अपनी बात स्पष्ट रूप से कहने के पूर्व वह गाता है, पद्य में बात करता है। पारिभाषिक शब्दों के प्रयोग के पूर्व वह रूपकों का प्रयोग करता है। और नैसर्गिक शब्दों का प्रयोग कवि के लिए जितना स्वाभाविक है, उतना ही स्वाभाविक रूपकों का भी प्रयोग है।

80

कविता और अध्यात्म के बीच क्या सम्बन्ध है? बहुत-से सिद्ध व्यक्ति कवि थे। भक्तों और सूफियों ने अपनी साधना के लिए कविता का उपयोग किया है। इस युग के महान योगेश्वर श्री अरविन्द ने लिखा तो बहुत है, मगर अपनी सारी साधना का निचोड़ उन्होंने अपने सावित्री काव्य में लिखा है।

तिरुवन्नमलइ के सिद्ध अद्वैतवादी पुरुष महर्षि रमण भी कवि थे। उन्होंने कविताएँ बहुत थोड़ी लिखी हैं, मगर वे थोड़ी कविताएँ अमर हैं, क्योंकि साधकों को उनसे प्रकाश मिलता है। कुछ लोग तमिल के सबसे बड़े कवि मुरुगनारजी को मानते हैं। मुरुगनारजी सन् 1922 के आस-पास महर्षि की शरण गए और तब से वे तिरुवन्नमलइ में ही रहते हैं।

महर्षि ने एक बार कविता के बारे में बोलते हुए कहा था कि कविता भी आखिर क्या चीज है? मानसिक शक्तियों का मंथन करके कीर्ति प्राप्त करना यही कवि-कर्म है, किन्तु मेरे मार्ग में तो इन शक्तियों को भी सोना पड़ेगा।

महर्षि की सारी शिक्षा का निचोड़ यह था कि आदमी का सबसे बड़ा काम है यह है कि वह इस बात का पता लगाए कि 'मैं कौन हूँ?' जब भी मन में कोई विचार उठे, तभी अपने-आपसे सवाल करो, यह विचार कहाँ से आया है, किसके लिए आया है। यह सवाल करते ही विचार लुप्त हो जाएगा। यदि फिर दूसरा विचार उठे, तो उसे भी इसी प्रश्न की लाठी से मार डालो। अभ्यास करते-करते वह अवस्था आ जाएगी, जब विचार नहीं उठेंगे और मन निस्तरंग हो जाएगा। मन की निस्तरंगता ही आत्मज्ञान है।

कविता मन की निस्तरंगता का पर्याय न बने, तो अवश्य ही कवि-कर्म भी आत्मज्ञान में बाधक समझा जाना चाहिए। मैंने एक दिन मुरुगनारजी से पूछा कि महर्षि कविता भी करते थे और काव्य-रचना को आत्मज्ञान की बाधा भी मानते थे, इसका रहस्य क्या था।

मुरुगनारजी ने कहा : 'साधना के मार्ग पर आने के पहले मैं देशभक्ति की कविताएँ लिखता था, समाज-कल्याण की कविताएँ रचता था। उस समय मेरा कविकर्म आयासयुक्त था। मुझे जान-बूझकर आवेश में आना पड़ता था, मन को किसी मदोन्माद की स्थिति में ले जाना पड़ता था, तब कविता सूझती थी, किन्तु साधना के क्रम में मुझे मनःशान्ति प्राप्ति हो गई, तब से मेरा कवि-कर्म आयासमुक्त हो गया है। अब कविता को लाने के लिए मुझे मदोन्माद की स्थिति में जाने की आवश्यकता नहीं होती, वह आपसे-आप उतर आती है। मेरा खयाल है, महर्षि ऐसी कविता के विरुद्ध नहीं थे। उन्होंने स्वयं जो कविताएँ लिखी थीं, वे लाई नहीं गई थीं, स्वयमेव अवतीर्ण हुई थीं।'

81

प्राचीन जगत् की कल्पना तीन आयामों वाले जगत् की कल्पना थी। संसार की नई कल्पना चार आयामों वाली यानी चतुर्विम है। जब तक हम चेतन मन के धरातल पर हैं, हम तीन विमाओं से घिरे हुए हैं। चौथी विमा की अनुभूति तब होती है, जब हमारा मन चेतन से नीचे उतरकर अवचेतन अथवा अचेतन सिन्धु में डूबने लगता है।

चतुर्विम जगत् ही सुररियलिस्ट का असली जगत् है। सुररियलिज्म साहित्य पर मनोविज्ञान के गम्भीर प्रभाव का दृष्टांत है।

82

सही माने में वे लोग बदकिस्मत हैं, जिन्हें कामयाबी हासिल हो गई। भाग्यशाली वे हैं, जो असफलता के दौर में हैं, क्योंकि सांसारिक दृष्टि से असफल मनुष्य ही अपने भीतर झाँकने की प्रेरणा पाता है।

83

साम्यवादी विचारधारा की शिक्षा है कि लेखक अपने समय की समस्याओं को केवल समझे ही नहीं, उन्हें जीने का प्रयास करे, जिससे उसकी कृतियों में ये समस्याएँ बिम्बित हो सकें। घुमा-फिराकर यह सोद्देश्यता सिखाने का ढंग है।

84

आज के सत्य की जाँच आनेवाला कल करेगा। अतएव वर्तमान को अतीत की ओर से देखना अयोग्य है। उसे भविष्य की ओर से देखा जाना चाहिए।

85

कलाकार का जीवन संघर्ष का उदाहरण हो, गरीबी और असफलता का उदाहरण हो, आसान सफलता से इनकार का उदाहरण हो, निरन्तर असन्तोष की स्थिति का द्योतक हो, उस स्थायी क्रान्ति का उदाहरण हो, जिसे वह अपने और समाज के विरुद्ध अनवरत चलाता रहता है।

86

संगीत की मूर्ति खूबसूरत मौन की मूर्ति है, जिसकी आँखों में अर्थ भरा है। चित्र भी एक प्रकार का जमा हुआ अचल संगीत ही है। मोना लिसा की मुसकान का कोई अर्थ नहीं लगता मगर अर्थ उसमें है।

87

मूल्य व्यक्तियों के बनाए नहीं बनते। उनका निर्माण सारा समाज करता है। सबकी राह प्रत्येक तक जाने की राह है और प्रत्येक की राह सब तक पहुँचने की राह।

88

मनुष्य माल की तरह तैयार किया जा सकता है या नहीं? क्या उसे यह स्वतंत्रता है कि वह स्थापित समाज से परे जाकर अपना निर्माण करे? कलाकार जब प्रचलित मूल्यों का अतिक्रमण करता है, तब उससे भी मानवीय चेतना आन्दोलित होती है, कुछ सीमा-विस्तार पाती है। यह स्थिति वांछनीय नहीं है कि कला और जनता का मिलन हमेशा साधारणता के ही स्तर पर हो। समाज और कला के बीच सनातन संघर्ष चलना चाहिए, क्योंकि कला का सबसे उज्ज्वल रूप स्थायी क्रान्ति का रूप है। इस दृष्टि से यह प्रश्न विचारणीय हो जाता है कि कवियों को कवि-सम्मेलनों में कितनी बार जाना चाहिए अथवा जाना चाहिए भी या नहीं।

89

स्थिर समाज के खिलाफ विद्रोह का काम केवल बकने से पूरा हो सकता है क्या? इसके लिए तन और मन से अर्पित लोगों का दल चाहिए, जो जनता के भीतर असन्तोष जगाए, उस असन्तोष का पालन करे, उसे अभिव्यक्ति दे और जनता को नेतृत्व प्रदान करे। ये काम जनता खुद नहीं कर सकती। अपनी पहल पर जनता विद्रोह नहीं करती है।

90

लेखक राजनीति में पड़े या न पड़े, यह प्रश्न विचारणीय है, किन्तु प्रत्येक राजनीतिक दल किसी-न-किसी लेखक को अपना मानता है। लेखक के राजनीति में पड़ने में खतरा क्या दिखाई देता है? यह कि दल के आग्रह में पड़कर वह सम्पूर्ण सत्य बोलने से शायद चूक जाए। साहित्यिक जिस प्रकार सर्वतंत्र-स्वतंत्र होकर बोलना चाहता है, वह स्वतंत्रता किसी भी राजनीतिक दल को हमेशा अनुकूल नहीं बैठती। और राजनीति का सर्वथा त्याग किया जाए तो साहित्य के हाथ से एक कारगर यंत्र छूट जाता है। रास्ता एक ही है कि साहित्यिक राजनीति में जाने पर भी, दल से मतभेद होने पर, अपनी ही बात कहे। तन सौंपे, मन दे नहीं, सती कहावै सोय।

91

शायद इलियट ने कहीं यह विचार व्यक्त किया है कि साहित्यिकों को राजनीति और आर्थिक व्यवस्था की उपेक्षा नहीं करनी चाहिए, न उनके फेरे में पड़कर साहित्य का त्याग करना चाहिए। राजनीति और अर्थशास्त्र पर सभी कवि अधिकार के साथ चिन्तन नहीं कर सकते, लेकिन कवियों को आँख खोलकर राजनीतिज्ञों और अर्थशास्त्र-विशारदों की हरकतों को देखते रहना चाहिए। जब उनके निर्णयों से

संस्कृति को खतरा पहुँचता हो, कवियों को बोलना चाहिए, चेतावनी देनी चाहिए। यह इसलिए भी आवश्यक है क्योंकि राजनीतिज्ञ अक्सर यह नहीं जानते कि उनके निर्णयों के सांस्कृतिक परिणाम क्या होंगे।

92

संकट के समय कवि से यह कहना कि वह जनता को उपदेश दे, यह कहने के समान है कि कवि अपनी असली जवाबदेही को भूल जाए, जो हमेशा अनुभूति की सच्चाई के प्रति होती है।

93

सभ्यता का शाप यह है कि कर्मवाले पढ़ते नहीं, यह नहीं कि ज्ञानवाले लिखने से दूर हैं।

94

अगर हम केवल सौन्दर्य का अध्ययन करते रहें, तो हमारी पीढ़ी के सामने जो विपत्तियाँ खड़ी हैं, उनका अध्ययन कौन करेगा? ये विपत्तियाँ क्या कमकरों के लिए हैं? इंजीनियर को इंजीनियरी का काम, डॉक्टर को रोगी और शिक्षकों को छात्र बराबर मिलेंगे। खतरे तो उन पर हैं, जो बौद्धिक शक्ति को अपना सारा असबाब समझते हैं। विद्वान अतीत में बसता है, लेखक वर्तमान में। खतरे विद्वानों पर नहीं, लेखकों पर आते हैं।

95

इलियट के 'होलो मैन' और 'वेस्ट लैंड' में जो कुछ है, वह भारत में नहीं है। बहुत-सी बातें जो नए कवि बोल रहे हैं, वे भारत में नहीं हैं। हाँ, वे भारत को चेतावनियाँ हो सकती हैं। भारत में अभी भी यह आशा है कि मनुष्य अपनी आत्मा को यंत्र का ग्रास बनने से बचा सके। इलियट ने भारत का आह्वान यूरोप के संतुलन को ठीक करने के लिए किया था।

96

आधुनिक विचारों के अनुसार मोक्ष के लिए सुकर्म करना सच्चा सुकर्म नहीं है। मनुष्य को बिना किसी लोभ के पुण्यात्मा बनना चाहिए। यदि ईश्वर के भय से हम सदाचारी बनते हैं और मुक्ति के लोभ से हम पुण्य करते हैं, तो इस सदाचार और पुण्य में कहीं-न-कहीं कोई अभाव है। यह अनुभूति मध्यकाल के सन्तों में भी थी। भगती देकर मुक्ति खरीदी, सो तो काम मजूरों का।

97

आधुनिकता का लक्षण यह है कि सत्य की खोज में वह एकमात्र प्रमाण बुद्धि का मानती है और अन्धविश्वास अथवा कच्चे विश्वास के साथ वह कभी भी समझौता नहीं करती। श्रद्धा का प्रभुत्व और उसका हस्तक्षेप, आधुनिकता को दोनों अग्राह्य हैं।

98

मनुष्य की संस्कृति क्या है? वह आत्म-संशोधन की, आत्मोद्धार की, अपने-आपको मुक्त करने की प्रक्रिया है। मुक्ति चाहिए अज्ञान से, असमर्थता से, अयोग्यता से, अन्धविश्वास और अधंकार से। धर्म मनुष्य के विकास का आदि सोपान था। लगता है, विज्ञान उसके विकास का अन्तिम सोपान है। अतएव धर्म और विज्ञान (अथवा अध्यात्म और विज्ञान जैसा विनोबा जी कहते हैं)—दोनों ही मनुष्य के लिए आवश्यक है। विज्ञान मनुष्य की बुद्धि से उत्पन्न हुआ है। धर्म भी मनुष्य की बुद्धि से ही जन्मा था। बुद्धि के बिना धर्म मनुष्य को सूझता कैसे? जानवरों में धर्म क्यों नहीं है? अतएव आधुनिक विचारों को ग्रहण करके भी मनुष्य धार्मिक रहे, यह संभव है। यदि कोई कहे कि जो कुछ जानने योग्य है, उसे केवल योग से जानो, तो वह तामसिक उपदेश होगा—तामसिक जिसमें तिमिर का प्राधान्य है।

99

अब प्रेम की कविता निर्द्वन्द्व भोग की कविता नहीं है। कोई आध्यात्मिक वेदना प्रेमियों के बीच बिलगाव डालती है, किन्तु शरीर की कामना दोनों को मिलाए रखती है। यह तनाव नई कविता को बेचैन रखता हैं यही तनाव ऐसी अनेक स्थितियों को जन्म दे रहा है, जिनकी अनुभूति पहले किसी को भी नहीं होती थी। इस स्थिति को लाने में मनोविज्ञान और जीवविज्ञान की खोजों का पूरा हाथ है।

100

यूरोप की नई कविता ने यह आक्षेप किया है कि वैज्ञानिकों का बनाया हुआ विश्व अपूर्ण है, अस्थायी है, असंबद्ध है, क्रमबद्धता से हीन है। क्षय और अचिरता का जिक्र कवि पहले भी करते थे, मगर आज की तरह तटस्थ होकर नहीं। कवि अब सीधे हाँ या ना कहने से भागता है यानी वह 'नानकामिटल' हो गया है। वह सूत्रधार अधिक, अभिनेता कम है; मंचप्रबंधक अधिक, समर्थक बहुत कम है।

101

शब्द अपनी जमीन से जब उखड़ जाते हैं, परम्परा से बाँधने वाले तार जब उनके टूट जाते हैं, तब शब्दों से अर्थ विदा ले लेते हैं और कविता उस महल के समान खड़ी रहती है जिसमें खम्भे नहीं हों।

102

कविता के आज दो अतिवाद हैं। पाश्चात्य जगत् में कविता ज्ञान से ही नहीं भाग रही है, वह अर्थ का भी त्याग कर रही है। साम्यवादी देशों के कवि ज्ञानदान और प्रचार की अवज्ञा नहीं करते, अर्थ वहाँ पूजनीय गुण है, यद्यपि शैली का शौक वहाँ भी काफी है। साम्यवाद एक आदर्श है, जो सभ्यता को विघटन से बचाना चाहता है, एक नई दुनिया की रचना के शौक में वह कविता का उपयोग प्रचार की दृष्टि से करना चाहता है। पश्चिमी देशों के कवि इस भाव से बोल रहे हैं, मानो दुनिया की उन्हें कोई फिक्र नहीं हो। वे दुनिया की कोई जिम्मेदारी भी लेना नहीं चाहते। वे केवल अभिव्यक्ति के विशेषज्ञ हैं, उनका और कोई ध्येय नहीं है। मुझे लगता है, वह विनाश के कगार पर की कविता है।

103

सत्य के प्रवक्ता के रूप में कवि का सम्मान वही होना चाहिए, जो अन्य प्रवक्ताओं का होता है। 'वह तो बेचारा', ऐसा कहकर कवि को टालने का अर्थ यह है कि चूँकि कवि प्रचारक नहीं है, राजनीतिज्ञ नहीं है, इसलिए वह सत्य तक जाने में असमर्थ है। इस न्याय से कभी यह भी कहा जा सकता है कि उसकी कविता इतनी सुन्दर है कि सत्य वह हो ही नहीं सकती। इससे ध्वनि यह निकलेगी कि

1. कविता सत्य के जितना समीप जाएगी, उतनी ही वह अकलात्मक और कुरूप होगी।
2. अथवा यह कि चूँकि सभी सत्य कुरूप होते हैं, अतएव जो सुन्दर है, वह सत्य नहीं हो सकता।

104

कवि कहाँ तक विश्वसनीय है? क्या वह खुद अपनी बातों में विश्वास करता है? ऐसे कवि हुए हैं, जो अपनी बातों में विश्वास करते थे। उदाहरणार्थ कबीरदास और तुलसीदास, किन्तु साधारणतः विश्वास का प्रश्न नहीं उठता, क्योंकि रचना के समय आस्था को लेकर कवि माथापच्ची नहीं करता है। उसकी सारी चिन्ता अभिव्यक्ति को लेकर चलती है। अपने भावों को ठीक से पहचानना और उन्हें अनुरूप शब्दों में

अभिव्यक्त करना, रचना के समय ये दो बातें सबसे प्रमुख होती हैं। लेकिन लिखने के क्रम में कवि को आस्था का वह रूप दिखाई दे सकता है, जिसमें वह विश्वास करता है।

105

गेटे ने कहा था, कविता विचार का विरोधी है। इलियट ने कहा, कविता विचार का भावनात्मक स्वरूप है, किन्तु गेटे और इलियट—दोनों ही काव्य-रचना के समय सोचते थे और सोचना भाव नहीं, विचार की प्रक्रिया है। कवि किसी अन्य विचारक के विचार पर सोचे, इसमें कोई अधर्म नहीं है। सोचता वह इसलिए है कि विचार को वह नाटक में बदलना चाहता है। इलियट ने यह भी कहा है कि विचारक की दिलचस्पी विचार की सत्यता में होती है और कवि की उसकी अभिव्यक्ति में अर्थात विचारक हमें विचारों में विश्वास करने को आमंत्रित करता है, किन्तु कवि केवल प्रसन्न होने को, आन्दोलित और उद्वेलित होने को।

106

शेक्सपियर के जीवन-दर्शन पर बहुत-सी किताबें निकली हैं, किन्तु किसी भी दार्शनिक को यह पता नहीं है कि शेक्सपियर मनुष्य को क्या शिक्षा देता है, क्या करने और क्या नहीं करने को कहता है। कविता दर्शन नहीं होती। कविता में दार्शनिक भाव केवल अनुभूति बनकर आते हैं, सिखाना उनका ध्येय नहीं होता। शेक्सपियर ने विचारों का उपयोग नाटकीय उद्‌देश्य की सिद्धि के लिए किया है। विचारों के नाटकीय स्वरूप को उभारना कविता का स्वभाव है। शेक्सपियर का चिन्तन संबुद्धयात्मक है, भावनात्मक है, वह तर्क-सम्मत नहीं है, न किसी अन्य कवि का विचार केवल तर्क पर आधारित हो सकता है।

107

जैसे नाक, कान के विशेष डॉक्टर, वैसे ही भावना के विशेषज्ञ कवि। फर्क यह है कि नाक-कान का डॉक्टर पेट या टाँगों का विशेषज्ञ नहीं होता, किन्तु कवि के लिए आवश्यक है कि वह अपनी भावना के साथ-साथ सबकी भावना को समझे। केवल भावना ही नहीं, युग के समस्त ज्ञान के साथ सम्पर्क रखे। छिलके और सब्जी मत खाओ, केवल दाना खाओ, ऐसा ही आग्रह शुद्ध कवित्व का है। मगर कुछ थोड़ा भूसा और छिलका पेट में न जाए, तो आदमी की तन्दुरुस्ती बिगड़ सकती है। मेरा खयाल है, शुद्धता के आन्दोलन ने कविता के स्वास्थ्य को भी बिगाड़ दिया है। वह समय कभी नहीं आएगा, जब केवल विटामिन की गोली भोजन का स्थान ले सकेगी।

कविता की जगह को शुद्ध कविता कभी भरेगी या नहीं, इसमें भी सन्देह है। एजरा पौंड ने कहा है कि आज के विशेषज्ञ कल की जनता हैं। लेकिन लक्षण ये दिखाई देते हैं कि विशेषज्ञ अगल रहेंगे और जनता भी हमेशा अलग रहेगी।

108

जिस आन्दोलन को हम आधुनिकता कहते हैं, उससे मिलते-जुलते भावों की लहर भारत में तीन बार उठी है। पहले तो बुद्ध के आविर्भाव के साथ, फिर नानक, कबीर और वेमना के युग में और तब भारत में यूरोप के आगमन के बाद। उन्नीसवीं सदी भारत के महाजागरण का काल है। उस समय भारत के मनीषी आधुनिकता की ओर बड़े वेग से बढ़े थे, किन्तु दो बातों के कारण आधुनिकता सन्देह की वस्तु बन गई। एक तो इसलिए कि आधुनिकता के प्रतीक अंग्रेज थे जिनसे जनता घृणा करती थी। दूसरे, जो लोग अंग्रेजी पढ़कर आधुनिक बने, उनमें उदारता और बुद्धिवाद कम था, उच्छृंखलता ज़्यादा थी। अतएव नवजागरण के नेताओं का भाव यह बना कि भारत को आधुनिकता का भी वरण करना है और उसे अपनी परम्परा के सर्वोत्तम गुणों की भी रक्षा करनी है।

यानी विचारकों ने यह समझा कि आधुनिकता ऐसी चीज नहीं है, जिसका वरण करने को हम उन सभी मूल्यों को त्याग दें, जो सहस्राब्दियों से हमारे साथ रहे हैं। भारत में जो कुछ भी है, उसे धो-पोंछकर फेंक देना और स्वच्छ स्लेट पर बिलकुल नवीन अक्षर लिखना भारत का मत इसके खिलाफ बना। उन्नीसवीं सदी में जो रास्ता बना, हम उसी पर आज भी चल रहे हैं।

आधुनिकता और आधुनिकीकरण में भेद है। आधुनिकता बुद्धिवादी मनोवृत्ति को कहते हैं। आधुनिकीकरण का अर्थ उद्योग, समृद्धि, सैन्यबल, साक्षरता और अवकाशहीनता है। जितने भी अविकसित देश हैं, जो आधुनिकता नहीं, आधुनिकीकरण की ओर लोभ से देख रहे हैं। यूरोप में आधुनिकता पहले आई थी, आधुनिकीकरण बाद को प्रकट हुआ। पहले बुद्धिवादी दृष्टिकोण की प्रधानता हुई, विज्ञान उसके बाद बढ़ा। यानी यूरोप का मन पहले बदला, शरीर बाद को। भारत और एशिया के देश चाहते हैं कि शरीर तो उनका यूरोप-जैसा हो, लेकिन मन अपना ही रहे।

यह कहाँ तक संभव या उचित होगा, यह प्रश्न विचारणीय है। संभव वह इसलिए है कि टेक्नोलॉजी के जरिए अब अन्धविश्वासी भी कल-कारखाने बढ़ा सकता है। और ठीक-ठीक असंभव तो नहीं, पर असंगत वह इसलिए है कि अन्धविश्वासी मन के साथ विज्ञान का मेल नहीं बैठता।

सोचने की बात यह है कि आधुनिकता के प्रति हममें झिझक कहाँ पर है। मेरा खयाल है, उसे उन मूल्यों के इर्द-गिर्द होना चाहिए, जो धर्म से संबद्ध रहे हैं, लेकिन इस गुत्थी का विश्लेषण भी आसान नहीं है। इस देश में ऐसे लोग हैं, जो गो-माता को

धर्म का प्रतीक समझते हैं और ग्रहण-स्नान को पुण्य-कृत्य मानते हैं, लेकिन ऐसे अन्धविश्वासी लोगों के बीच भी धर्म के सही मूल्य आदर पाते रहे हैं। बुद्ध नास्तिक थे, मगर उन्हें यही जनता अवतार मानती है। ईश्वरचन्द्र विद्यासागर नास्तिक थे, मगर जनता उन्हें धार्मिक समझती थी। स्वामी विवेकानन्द विधर्मियों के बीच रहे थे, किन्तु वे धर्म के उद्धारक समझे जाते हैं।

धर्म के प्रसंग में आधुनिकता की दो प्रवृत्तियाँ स्पष्ट दिखाई देती हैं। एक यह कि विज्ञान जहाँ तक देख सकता है, वास्तविकता उतनी ही है। अतएव परलोक या अदृश्य वास्तविकता है ही नहीं और ईश्वर की कल्पना फिजूल है। आधुनिकता की इसी प्रवृत्ति ने सभ्यता को राक्षसी बना दिया है, क्योंकि इस विचारधारा का स्वाभाविक निष्कर्ष यह है कि पुलिस से छिपकर जो कुछ भी किया जाए, वह पुण्य है।

धर्म के प्रसंग में आधुनिकता की दूसरी प्रवृत्ति यह है कि शास्त्र के वचन प्रमाण नहीं हैं। धर्म सांस्कृतिक परम्परा के पुछल्ले के रूप में प्राप्त नहीं किया जा सकता। मनुष्य बालिग हो चुका है। वह भावुक किशोर नहीं है। उसे अब श्रद्धा का भी अनुसन्धान चिन्तन और समझदारी से करना चाहिए। चिन्तन और समझदारी से अनुसन्धानित धर्म ही आधुनिक कर्म हैं

जो लोग यह समझकर निश्चिंत बैठे हुए हैं कि भारत की सांस्कृतिक परम्परा यथेष्ट है, वे भ्रम में हैं। नवयुग के आगमन के साथ भारत में भी परिवर्तन हुए हैं तथा धर्म और आध्यात्मिकता के रूप बदल रहे हैं। हमें भी अपनी आध्यात्मिकता का नया अनुसंधान विचार और समझदारी से करना है। तभी उस आध्यात्मिकता पर हमारी श्रद्धा ठहर सकेगी और इस दिशा में भी भारत उदासीन नहीं रहा है। भक्ति, ज्ञान, कर्म और योग—ये भारतीय साधना के चार मार्ग हैं और नवयुग के आगमन के साथ इन चारों के रूप परिवर्तित हो गए हैं। भक्ति का नया रूप परमहंस रामकृष्ण में, ज्ञान का महर्षि रमण में, कर्म का महात्मा गांधी में, और योग का महर्षि अरविन्द में प्रकट हुआ है।

(साहित्यमुखी)

स्फुट चिन्तन

समृद्धि की वृद्धि से कई दोष उत्पन्न हुए। नर-नारी का सम्बन्ध अधिक तेजी से गलत रास्ते की ओर जाने लगा। लोग खूब मौज से रहने लगे। वे यह बात भूल ही गए कि संसार में गरीब और ऐसे असहाय लोग भी हैं, जिन्हें खाना नहीं मिलता। औद्योगीकरण का एक नतीजा यह भी हुआ कि आदमी हृदयहीन हो गया। औद्योगीकरण और समृद्धि के सभी नतीजों को लोग आधुनिकता के अंग मानते हैं। अब सोचना यह है कि कीर्तन करने वाले और गेरुआ पहनने वाले तथा चुटिया रखनेवाले अमेरिकी और यूरोपीय लोग आधुनिक हैं या नहीं। मैं दिन-रात यह प्रार्थना करता हूँ कि हे भगवान, भारत में और भारत से बाहर सर्वत्र औद्योगीकरण की गति शिथिल हो जाए, जिससे सभ्यता का विनाश जरा देर से हो। यह प्रार्थना आधुनिक मानी जाएगी या मध्यकालीन? अभी उस दिन अमरनाथ के घर पर पार्टी थी। टोकियो के कई विद्वान आए हुए थे। प्रोफेसर डोय ने मुझसे कहा, 'आप जापान की बड़ाई करते हैं, लेकिन टोकियो की सड़क पर चलिए तो आँख से पानी गिरने लगेगा। शहर में इतनी मोटरें हो गई हैं कि वायु सर्वत्र दूषित हो गई है। सभ्यता नष्ट होने लगी, तो जापान पहले ही नष्ट हो जाएगा।'

(आधुनिक बोध)

काम-चिन्तन की कणिकाएँ

1

बहुत-सी नारियाँ इस भ्रम में रहती हैं कि वे प्यार कर रही हैं। वास्तव में वे प्रेम किए जाने के कारण आनन्द से भरी होती हैं। चूँकि वे इनकार नहीं कर सकतीं, इसलिए यह समझ लेती हैं कि हम प्रेम कर रही हैं। असल में यह रिझाने का शौक है, हलका व्यभिचार है। प्रेम का पहला चमत्कार व्यभिचार को खत्म करने में है, पार्टनर के भीतर सच्चा प्रेम जगाने में है।

2

ऐसी औरतें हैं, जिन्होंने प्रेम किया ही नहीं है। लेकिन ऐसी औरतें कम हैं, जिन्होंने प्रेम केवल एक ही बार किया हो।

जब प्रेम मरता है, तब बची हुई चीज ग्लानि होती है, पश्चात्ताप होता है।

प्रेम आग है, जलने के लिए उसे हवा चाहिए। आशा और भय के समाप्त होते ही प्रेम समाप्त हो जाता है।

सुखमय विवाहित जीवन सम्भव है। स्वादमय विवाहित जीवन सम्भव नहीं है।

प्रेम का नाम नहीं सुनते, तो बहुत-से लोग हैं, जो प्रेम में नहीं पड़ते। कवियों और उपन्यास-लेखकों ने प्रेम का प्रचार किया है।

3

औरतें अपनी वासना को काबू में ला सकती हैं, मगर अपनी रिझाने की प्रवृत्ति को वे रोक नहीं सकतीं।

प्रेम में पागल हो जाना किसी हद तक ठीक है, बेवकूफ बनना बिलकुल ठीक नहीं है।

4

ऐसी सती नारियाँ कम हैं, जो अपने जीवन को बेस्वाद नहीं मानती हों। ये नारियाँ उस

खजाने के समान हैं, जो सुरक्षित इसलिए हैं क्योंकि वह गड़ा हुआ है यानी इसलिए कि उसका पता किसी को चला ही नहीं है। ज्यों-ज्यों नर-नारी के मिलन के अवसरों में वृद्धि हुई है, त्यों-त्यों सती नारियों की संख्या में ह्रास हुआ है। पुरानी नैतिकता तभी बचाई जा सकती है, जब नर और नारी के मिलन के अवसर कम कर दिए जाएँ। नारी अग्नि है, पुरुष घृत-कुंभ है। दोनों के अलग रहने में ही पुरानी नैतिकता का कल्याण है।

5

आदि काँड में नारी प्रेमी से प्रेम करती है। उसके बाद वह प्रेमी से नहीं, प्रेम से प्रेम करने लगती है।

प्रेम और सतर्कता, ये साथ नहीं चल सकते। जैसे-जैसे प्रेम में वृद्धि होती है, सतर्कता खत्म होने लगती है।

6

जो समाज अपनी औरतों को परदों में बन्द रखता है और जो समाज उन्हें घूमने-फिरने की आजादी देता है, उन दोनों की कविताएँ अलग-अलग ढंग की होंगी।

सुन्दरता के बारे में तर्क जितना ही अधिक किया जाएगा, उसकी अनुभूति उतनी ही कम होगी।

7

सुखी प्रेम का इतिहास नहीं होता। प्रेम का इतिहास रोमांस का इतिहास है और रोमांस तब जन्म लेता है, जब प्रेम में बाधा पड़ती है, रुकावट आती है, विशेषतः तब, जब प्रेम दुःखांत होता है। जिस प्रेम में आतुरता है, तेजी है, छटपटाहट और बेचैनी है, वह विपत्ति लाकर रहेगा।

कहते हैं, यूरोप और अमेरिका में व्यभिचार सबसे बड़ी प्रवृत्ति है। व्यभिचार न हो, तो कविता और उपन्यास में क्या रह जाता है? सारा साहित्य उस प्रेम के इर्द-गिर्द चक्कर काटता है, जो नियमों का पालन करना नहीं जानता। मनुष्य जाति की आधी से अधिक विपत्तियों का नाम व्यभिचार है।

विवर्जित के प्रति आकर्षण है, इसलिए विवाह टूटते हैं। लेकिन विवर्जित के प्रति आकर्षण में दुःख है, यह जानते हुए भी आदमी सन्त्रास को स्वेच्छया क्यों अपनाता है?

8

प्रेमी अपराध करके न तो सुधार की कोशिश करते हैं, न पश्चात्ताप। कारण? उनका

अन्तर्मन कहता है कि उन्होंने पाप नहीं किया है, पाप और पुण्य की सीमा को लाँघकर वह आनन्द लूटा है, जो आनन्द पाप और पुण्य की सीमा के इधर है ही नहीं। अवैध प्रेम में प्रेम की पात्री नायिका नहीं होती, बल्कि यह अनुभूति होती है कि हम प्रेम कर रहे हैं। नारी नर को और नर नारी को इसलिए नहीं चाहता कि वे नर और नारी हैं, बल्कि इसलिए कि दोनों के मिलते ही एक ज्वाला उठती है, जो केवल नर या केवल नारी में नहीं उठ सकती।

रुकावट के बिना प्रेम में जोर नहीं आता, रोमांस की आग नहीं धधकती। जहाँ असली रुकावट नहीं है, वहाँ उसकी कल्पना कर ली जाती है। प्रेमियों के प्रति दया हमारे भीतर यह सोचकर आनी चाहिए कि अन्त में विपद उनका इन्तजार कर रही है।

वासना शरीर का चाहे जितना भी उपयोग करे, किन्तु शरीर के कानून को तोड़कर वह जीवित नहीं रह सकती। यूनानी और रोमन लोग इसीलिए प्रेम को बीमारी समझते थे।

9

वासना को शब्द और भाषा साहित्य से मिली है। अगर साहित्य ने प्रेम पर इतनी बातें नहीं कही होतीं, तो कम लोग इस जंजाल में फँसते। गेटे के वर्दर के प्रकाशन के बाद यूरोप में आत्महत्या की लहर आ गई थी। रूसो के प्रभाव में आकर लोग दूध ज्यादा पीने लगे थे। रेने के प्रकाश में आने के बाद कई पीढ़ियाँ गमगीन रही थीं। सुना है कि एक बार कलकत्ते में एक फिल्म का इतना भयानक प्रभाव पड़ा कि कई लड़कियों ने झील में कूदकर आत्महत्या कर ली थी। उस फिल्म का नाम 'देवदास' था।

10

मैं तो भाग्य की ठोकरें खाकर अध्यात्म की ओर मुड़ा हूँ, मगर यह देवी शायद सुख से ऊबकर अध्यात्म की ओर जा रही है। लेकिन वह अभी काम और अध्यात्म के बीच झटके खा रही है; कोई ऐसा मार्ग खोज रही है, जो अध्यात्म का मार्ग हो, लेकिन काम का विवर्जन उससे नहीं होता हो। अध्यात्म की सुनी-सुनाई बातें वह जोर से दुहराती रही और खोद-खोदकर यह पूछती रही कि विवाह-बाह्य प्रेम हो जाए, तो पाप उसे क्यों माना जाना चाहिए। मालूम होता है, उसे जब कोई युवक अच्छा लगता है, तब इतने से ही यह द्वन्द्व उसे सताने लगता है।

वह पूछने लगी, एक नारी दो नरों को प्यार कर सकती है या नहीं? एक नर दो नारियों को प्यार कर सकता है या नहीं? मन तो आप-से-आप खिंच जाता है उसे समेटें तो कैसे? और यह समेटना ही क्या पुण्य है? लड़की का हाथ मैं अपने हाथ में ले सकती हूँ। लड़के का हाथ अपने हाथ में लेने से मन क्यों घबराता है? बीहड़ प्रश्न!

मैंने कहा, यूरोप में चूमना भी दोष नहीं माना जाता। भारत में मात्र हेरने से शंका उत्पन्न हो जाती है। द्वन्द्व व्यक्ति की तरंग और समाज के नैतिक बन्धन का है। अध्यात्म के बारे में मैं ठीक-ठाक नहीं बता सकता, लेकिन धर्म तो खुल्लमखुल्ला समाज के नैतिक विधान के पक्ष में है। मगर अब मनोविज्ञान का राज चलने लगा है। मनोविज्ञान की शिक्षा है कि जान-बूझकर फैलने की कोशिश मत करो, जान-बूझकर सिकुड़ने की भी कोशिश मत करो। लेकिन याद रखो कि बार-बार की परीक्षाओं के बाद भी विवाह की प्रथा सही पाई गई है और विवाह के अपने कानून हैं। जिस बात से पति या पत्नी को शंका हो, चिन्ता हो, शिकायत हो, वह बात चल नहीं सकती।

मुश्किल यह है कि अब मिलने-जुलने के इतने साधन निकल आए हैं कि पुरानी नैतिकता के लिए संकट खड़ा हो गया है। और जो नैतिकता इस नई दुनिया से मेल खाती है, वह नैतिकता है ही नहीं। उपन्यासों में सेक्स की समस्या का चित्रण जिस रूप में किया जा रहा है, उससे तो यही शिक्षा निकलती है कि पति और पत्नी को परस्पर सहनशील होना चाहिए। जिस नाव में औरत बैठी है, उसी नाव में मर्द भी है।

देवी ने पूछा, "इस विषय में श्री अरविन्द की राय क्या है?"

मैंने कहा, "उनका निश्चित मत था कि उनका योग नर-नारी समागम के साथ चल नहीं सकता।" श्री अरविन्द-आश्रम में सेक्स की मनाही है। लेकिन 'इवनिंग टाक' में कहीं उन्होंने अपने शिष्यों से कहा था कि नर-नारी सम्बन्ध का विषय अत्यन्त निगूढ़ है। उसे तुम अभी नहीं, आगे चलकर समझोगे। श्री अरविन्द से किसी ने पर-स्त्री-गमन के विषय में भी पूछा था। उन्होंने कहा, "यह तो अपनी स्त्री के साथ समागम से भी खराब है।"

इसके विपरीत, महर्षि रमण ने एक भक्त के बार-बार के प्रश्न से आजित होकर कहा था, "अगर तुम इस विषय में निरन्तर सोचते रहना नहीं छोड़ सकते, तो अच्छा है कि कर ही डालो और इस बार-बार के सोचने से मुक्त हो जाओ।"

मैंने कहा, "मन का सेक्स बहुत ही खराब चीज है, तन का सेक्स उतना बुरा नहीं माना जा सकता।"

देवी ने इस सूक्ति को नोट कर लिया। मैंने अपने जीवन का एक अनुभव उसे सुनाया और कहा कि उस महिला को मैं हमेशा पवित्र मानता आया हूँ।

मैंने उसके मन पर यह बात बिठाने की कोशिश की कि अध्यात्म का मार्ग ठीक-ठीक वही मार्ग नहीं हो सकता, जिस पर विषयी लोग चलते हैं। दूसरों के स्खलन के प्रति उदार रहो, मगर खुद स्खलन से बचो, यही सन्तों का दृष्टिकोण है।

11

बारहवीं सदी में फ्रांस में आदर का विषय था और प्रेमी इज्जत से देखे जाते थे। इसी कारण साहित्य में एक परम्परा बन गई, जिसका वर्तमान रूप यह है कि नैतिकता की

दृष्टि से वासना उत्तम वस्तु है। वासना के लिए यह तनिक भी आवश्यक नहीं है कि वह सामाजिक रस्म-रिवाज या आचरण का ध्यान रखे। जो भी व्यक्ति उद्दामता के साथ प्रेम करता है, वह औसत आदमियों के झुंड में से उठकर उन उन्नत लोगों के बीच पहुँच जाता है, जिनकी संख्या थोड़ी है और जो पाप और पुण्य के पचड़े से निकल गए हैं। यही परम्परा अब सिनेमा में घुसकर ध्वंस फैला रही है। वासना, पुण्य और पाप से अलग स्वतन्त्र अनुभूति का विषय बन गई है और सिनेमा से शिक्षा यह निकल रही है कि प्रेम आचारों से मुक्त होता है। लेकिन यह मुक्ति नहीं है। आदमी मुक्त तभी होता है, जब इन्द्रियाँ उसके वश में आ जाती हैं।

सिनेमा और साहित्य का सस्ता सुयश यह बतलाता है कि मानवता प्रेम के मारे बीमार है।

12

रोमांटिक मर्द किस नारी की ओर जाना चाहता है? उस नारी की ओर, जो सभी नारियों में छिपी विचित्रता का सार है; जो आकर भी नहीं आती है, जो आलिंगन में बँधने पर भी स्पर्श से दूर है, जो आकाँक्षा जगाकर उसे तृप्त करने से भागती है, जो शैय्या में होकर भी पूर्णरूप से वहाँ नहीं होती, ''जो सपने के सदृश बाँह में उड़ी-उड़ी आती है; और लहर-सी लौट तिमिर में डूब-डूब जाती है।''

''प्रियतम को रख सके निमज्जित जो अतृप्ति के रस में;
पुरुष बड़े सुख से रहता है उस प्रमदा के वश में।''

13

नर और नारी अपने माशूक को अवैध मार्ग पर ले जाना चाहते हैं, जिससे उन्हें प्रेम के लिए प्रेम का सुख मिल सके। आनन्दातिरेक भी अब एक तरह की सनसनाहट का नाम हो गया है। उसकी कोई मंजिल नहीं है, कोई दिशा नहीं है।

लोग तुलना के भ्रम में पड़े हुए हैं। मेरी बीवी वैसी नहीं हैं, जैसी दूसरों की बीवी। अरे यार, औरत को कमर तक ढँक दो, फिर सभी औरतें बराबर हैं। और भावना चाहो, तो वह कुरूप नारी में भी मिलती है। रूप के न होने पर भी प्रेम व्यर्थ नहीं होता। प्रेम व्यर्थ होवे रूप बिना?

अगर हर कोई अपने पति या अपनी पत्नी से अतृप्त हो, तो समाज का रूप क्या होगा?

वे जानते नहीं कि जो कुछ उनके पास है, उसका आनन्द कैसे लिया जाए। आनन्द के कल्पित रूप की खोज में वे फूल-फूल पर मँडराते फिरते हैं। किन्तु आनन्द पाने की असली कुंजी उनके पास नहीं है।

जो सबसे जरूरी चीज है यानी वफादारी, उसी को वे कहीं खो आए हैं। वफादारी के मानी ये हैं कि हम अपने पार्टनर को उसकी तमाम अच्छाइयों और बुराइयों के साथ स्वीकार करते हैं, प्रेम को बीच में लाए बिना हम उसे मनुष्य के रूप में ग्रहण करते हैं।

रूस के निहिलिस्ट चिन्तक रोमांटिक थे। उन्होंने विवाह की प्रथा को उड़ा दिया था। किन्तु इससे जो बुराइयाँ फैलीं, उनके खिलाफ लेनिन चिल्लाने लगे और महज सामाजिक उपयोगिता की दृष्टि से विवाह की प्रथा फिर से वापस लाई गई।

14

विवाह को आसान मत बनाओ। अमेरिका और यूरोप में प्रेम हुआ नहीं कि लड़का-लड़की विवाह कर लेते हैं। यह काफी नहीं है। विवाह की सम्भावनाओं के कारण विवाह होना चाहिए। विवाह सोलह आने प्रेम नहीं है। उसमें कर्त्तव्य का भी पुट होता है।

समाज के स्थायित्व से अधिक महत्त्व व्यक्ति के सुख को देना ठीक नहीं है। विवाह के व्रत को जो महत्त्व है, मनोवैज्ञानिक विलास अथवा रेचन के सिद्धान्त का उससे अधिक महत्त्व नहीं हो सकता।

15

बुद्धि से विवाह की अनिवार्यता सिद्ध नहीं होती। बुद्धि से ब्रह्मचर्य भी अशक्य व्रत है। उसके लिए अमानुषिक शक्ति चाहिए।

विवाह के प्रस्ताव में यह नहीं कहना चाहिए कि तुम मेरी कल्पना की साकार प्रतिमा हो, तुम मेरी कामनाओं की मूर्ति हो, तुम मेरी लैला हो, जिसका मैं मजनू बनना चाहता हूँ। यह कहने से क्या होता है? कल को मर्द का मन अगर भर गया, तो पत्नी से उसे कौन सूत्र बाँधकर रखेगा?

विवाह का उचित प्रस्ताव यह होना चाहिए कि तुम जैसी हो, उसी रूप में मैं तुम्हें स्वीकार करता हूँ और वैसे ही स्वीकार करके मैं तुम्हारे साथ रहूँगा। मैं तुम्हें अपनी जीवन-संगिनी बनाता हूँ। मेरे प्रेम का यही एकमात्र प्रमाण है।

आज के नर-नारी की मुद्रा ऐसी हो गई है कि व्रत को वे आनन्द का शत्रु समझते हैं। व्रत को वे प्राकृतिक नियम नहीं मानते। इसलिए उनकी मान्यता है कि व्रतपूर्ण विवाह अमानुषिक प्रयास के बिना नहीं निभ सकता। जिस आनन्द की वे खोज करते हैं और जीवन का वे जो धर्म समझते हैं, व्रत उसका ठीक प्रतिलोम है। और व्रत को यदि उन्हें पालना ही पड़ा, तो वे समझेंगे कि यह नियम जीवन को अधूरा रखकर ही पाला गया है।

16

छली नायकों के बहाने क्या-क्या हैं?

"इससे क्या होता है? यह तो आती-जाती बात है। इससे क्या तुम्हारे प्रति मेरा प्रेम कम होता है?" अथवा यह कि "मैं असमर्थ हूँ। यह मेरी वाइटल जरूरत है। नीतियों की परवाह मैं कैसे करूँ?"

यार, ये ही दलीलें यदि नायिका देने लगें, तो तुम पर क्या गुजरेगी?

17

अगर औरतें मर्द के बराबर हो गईं, तो उनका डीमोशन हो जाएगा। वे मर्दों की खोज का विषय नहीं रह जाएँगी, न पुरुषों की पूजा की पात्री।

मगर यह बात जरूर है कि प्रेम समानों के बीच होता है और वह समानता को प्रेरित करता है।

नारी के प्रति हमारा सच्चा प्रेम-निवेदन यह होना चाहिए कि हम उसे समान मानें, मनुष्य मानें और यह सोचना भूल जाएँ कि नारी चाँदनी है, नारी स्वप्न है, नारी गुलाब और जूही है, वह आधी देवी और आधी कामिनी है। सेक्स और स्वप्न को मिलाकर नारी की रोमांटिक कल्पना रोमांटिक लोगों ने की थी। किन्तु नारी का असली रूप वह है, जिसे या तो मार्क्स ने देखा था या गांधी ने।

गांधी नर और नारी को व्रती बनाना चाहते थे। पुरुष जब व्रती होता है, तब नारी उसकी दृष्टि में काम का साधन या प्रतिबिम्ब नहीं रह जाती, वह व्यक्ति बन जाती है। यह वह दृष्टि है, जो कामियों को ज्ञात नहीं। नारी को मोहक और आमन्त्रणपूर्ण मानना अपनी ही कामयुक्त कल्पना का प्रक्षेप है।

यदि काम तेजी से जिधर-तिधर को भागता फिरे, तो प्रेम की गति मद्धिम रहेगी। प्रेम जब व्रत लेता है और भागीदार के भीतर व्रत की भावना को जन्म देता है, तभी यह कहा जाएगा कि प्रेम ने अपने को पूर्णरूप से व्यक्त कर दिया।

जो विवाह में विश्वास करता है, वह प्रथम दृष्टि वाले प्रेम में आस्था नहीं रखता और इस बात में तो बिलकुल ही नहीं कि वासना अदम्य होती है। वासना को अदम्य मानने की जो प्रथा चली है, व्यभिचार को बढ़ावा उसी प्रथा से मिल रहा है।

स्वस्थ और शक्तिशाली शरीर वाले लोग प्रथम दृष्टि में प्रेम का शिकार नहीं होते।

विवाह को भावुकता तथा बर्बर प्रेम का श्मशान मानना चाहिए। यदि बर्बर प्रेम ही प्राकृतिक प्रेम समझा जाए, तो उसकी तगड़ी अभिव्यक्ति बलात्कार में होती है और बलात्कार का अर्थ यह है कि नारी को हम व्यक्ति न मानकर केवल सेक्स की पुतली मानते हैं। बहु-पत्नीत्व और बलात्कार—ये दोनों नारी के व्यक्तित्व का दमन करते हैं।

सुसंस्कृत और सच्चा प्रेमी कभी भी कोई ऐसा कृत्य नहीं करेगा, जो हिंसा है, जिससे भागीदार के व्यक्तित्व का ह्रास होता है।

18

मनोविज्ञान में बहुत-सी फालतू बातों पर भी विचार करते हैं। कहते हैं कि मर्द औरत से इसलिए जलता है कि वह अपने पेट से बच्चा पैदा नहीं कर सकता। और औरत मर्द से इसलिए जलती है कि उसके पास लिंग नहीं है, योनि है।

फैमिनिस्ट आन्दोलन वाली औरतें कहती हैं कि औरत-मर्द का भेद प्रकृति ने नहीं किया, वह मर्दों की रची हुई सभ्यता से प्रचलित हुआ है। औरतें इस सभ्यता को ढाह रही हैं। पोशाक अमेरिका में ऐसी चली है, जिसे यूनिसेक्स्वल कहना चाहिए और धंधे भी औरतें ऐसे करने लगी है, जो पुरुषों के हैं। इसका परिणाम यह हुआ कि पुरुष औरतों से विरक्त हो रहे हैं और नारियाँ समझती हैं कि कोई सन्तोष पुरानी सभ्यता में था, जो उन्हें स्वतन्त्रता प्राप्त करने के बाद से नहीं मिल रहा है। मर्दों के बारे में कहा जाता है कि वे समलैंगिक हो रहे हैं, विवाह-बाह्य काम का भोग कर रहे हैं। विवाहिता के साथ वे नपुंसक हो गए हैं। और ये ही दोष औरतों में भी उत्पन्न हुए होंगे।

अगर नर-नारी का भेद सभ्यता का किया हुआ है, तो इस सभ्यता को औरतें बर्दाश्त क्यों करती है? असली कारण यह है कि जीव-विज्ञान की दृष्टि से औरतों को प्रकृति ने जिस तरह की बना दिया, वे वैसी ही रहेंगी। वे पुरुष को प्यार करने को बनी हैं, पुरुष के द्वारा प्यार किए जाने को बनी है। यह स्वभाव नहीं बदलेगा। सामाजिक आचार बदल सकते हैं, मगर वायलाजिकल प्रवृत्ति नहीं बदलेगी। औरतें कहती हैं कि फ्रायड ने औरतों को सहानुभूति से नहीं देखा। इसलिए कि फ्रायड ने कहा था, 'एनाटामी इज डिस्टिनी।' शरीर-रचना में जो भेद है, उसी ने औरत को मर्द के अधीन बना दिया।

अत्याचार तो औरतों पर हुए हैं। नवीं सदी में जर्मनी में एक कानून था। अगर कोई व्यक्ति कम उम्र की लड़की की हत्या कर देता, तो उसे 200 रुपये का जुर्माना होता था। अगर यही हत्या पूर्ण युवा स्त्री की की जाती, तो जुर्माना 600 रुपये होता था। कारण? कारण यह कि युवा स्त्री सद्यः उपयोग की वस्तु थी।

अमेरिका में कहा जाता है कि प्रभुत्व कायम रखने की कोशिश में औरतें पतियों को पागल बना देती हैं, माताएँ बेटी को आत्महत्या करने को विवश करती हैं। एक लेखिका ने लिखा है, "इसके मानी ये हुए कि अमेरिकी औरतें बारी-बारी से पति और पुत्र को खाती है।"

19

डोस्टावास्की के ब्रदर्स कारामाजोव में पिता कहता है कि औरत बदसूरत होती ही नहीं है। जब मैं सबरजिस्ट्रार था, मेरा एक दोस्त कैयूम था। वह डिपुटी मैजिस्ट्रेट था। वह भी कहा करता था, खूबसूरत और बदसूरत का भेद बुढ़ापा करता है। जवानी औरत-औरत में भेद नहीं करती।

सभ्यता जब आदिम अवस्था में थी, मर्द के सबसे प्रथम पालतू जीव का नाम नारी था।

यूरोप में मध्यकाल में आकर नारी के प्रति भाव बदला। दरबारों में और बड़े घरानों में नारियाँ देवी समझी जाने लगीं, प्रेम की देवी, ईश्वर की विभा का प्रतीक। नाइट लोग युद्ध में जाते समय अपनी प्रेमिकाओं का रूमाल साथ ले जाते थे। चुम्बन तो किसी-किसी को ही नसीब होता था। मगर यह व्यवहार नाइट अपनी पत्नी से नहीं करते थे, उस नारी से करते थे, जो उन पर मोहित होती थी या जिस पर वे खुद मोहित होते थे। परन्तु राजपूताने में यह प्रथा नहीं थी। वहाँ प्रेम का चिह्न सामन्त अपनी ही पत्नी से माँगते थे। राणा चूड़ावत ने अपनी महारानी का मुंडमाल ही पहन लिया था।

20

अगर औद्योगिक सभ्यता नहीं आई होती, तो औरतों को घर के कामों से छुटकारा नहीं मिलता, न वे नारी-स्वाधीनता-आन्दोलन के लिए समय निकाल पातीं। छाती से दूध पिलाने की प्रथा इसलिए खत्म हो रही है कि औद्योगिक सभ्यता ने शिशुओं के लिए अलग से दूध तैयार कर दिया है।

पश्चिम से जो रिपोर्ट आती है, उससे मालूम होता है कि वहाँ विवाह-पूर्व अनुभूतियाँ अधिकाँश को होती है और विवाहितों के भीतर भी व्याभिचार बहुत प्रचलित है। बात कहाँ तक ठीक है, कहना मुश्किल है। पहले की सभ्यता में क्या था, यह जानना भी कठिन है। पहले तो समाज में KINSEY होते नहीं थे।

(विवाह की मुसीबतें)

परिशिष्ट

निवेदन

इस पुस्तक का नाम 'हमारे सामने की हिन्दी-कविता' रखने का विचार था, लेकिन अतिव्याप्ति के दोष से बचने के लिए इस नाम का मोह छोड़ देना पड़ा; क्योंकि इस छोटी-सी पुस्तक में हमारे सामने की सम्पूर्ण हिन्दी-कविता का सांगोपांग विवेचन नहीं किया गया है। इसमें तो केवल उन्हीं निबन्धों का संग्रह है जो छायावाद की कुहेलिका से निकलकर प्रसन्न आलोक के देश की ओर बढ़नेवाली हिन्दी कविता को लक्ष्य करके लिखे गए हैं। मेरे जानते वर्तमान कविता की यही धारा प्रमुख है और इसी का आश्रय लेकर हिन्दी-कविता अपना विकास कर रही है। मगर, इसके सिवा भी, इसके आस-पास ही खड़े या बहते हुए छोटे-बड़े अनेक प्रवाह हैं जो साहित्य में अपना महत्त्व रखते हैं। अगर उन सभी धाराओं की चर्चा यहाँ की गई होती तो यह नाम इस पुस्तक के लिए, सचमुच ही सार्थक हुआ होता, किन्तु बहुत सोच-विचार और सलाह-मशविरे के बाद यही उचित जान पड़ा कि पुस्तकगत द्रव्यों के सीमित विस्तार के अनुरूप ही इसका नाम 'मिट्टी की ओर' रखा जाए।

तब भी इस इलजाम के लिए गुंजाइश रह जाती है कि मिट्टी की ओर आनेवाली कविता की चर्चा कुछ और की गई होती तो अच्छा हाता। सो, इस इलजाम से 'हरि अनन्त हरि-कथा अनन्ता' कहकर छुट्टी ले लेने के साथ ही, मैं यह भी निवेदन कर देना चाहता हूँ कि वर्तमान कविता की क्रमबद्ध आलोचना लिखना मेरा उद्देश्य नहीं था। इस पुस्तक के कुछ निबन्ध तो मैंने भाषणादि की विवशता के कारण लिखे और कुछ इसलिए कि कविता के जिस रूप पर मैं आसक्त रहा हूँ, उसके सम्बन्ध की निजी धारणाओं को मैं सुस्पष्टता के साथ जान सकूँ। हिन्दी कविता की कमजोरियों और सामर्थ्यों के कारणों की खोज करता हुआ, अपने ही लाभार्थ, मैं उन प्रवृत्तियों से परिचित होना चाहता था जो हमारे समस्त काव्य-साहित्य को प्रभावित कर रही हैं।

पुस्तक की एक और त्रुटि मेरे सामने है। इसमें पन्त, प्रसाद, निराला और महादेवी की कविताओं पर अलग-अलग स्वतन्त्र निबन्ध दिए जा सकते तो, कदाचित्, इसका रूप कुछ अधिक पूर्ण हो जाता, किन्तु पहले तथा दो-एक अन्य निबन्धों में भी इनकी कविताओं के सम्बन्ध में काफी संकेत आ गए हैं। फिर भी अगर पाठकों को यह त्रुटि, सचमुच ही, त्रुटि जान पड़ी तो अगले संस्करण में इसका परिष्कार कर दिया जाएगा।

पहले निबन्ध को छोड़कर इस पुस्तक के सभी निबन्ध या तो पत्र-पत्रिकाओं में प्रकाशित हैं अथवा सभा-सम्मेलनों में पढ़े जा चुके हैं। पहला निबन्ध पुस्तक-प्रणयन के समय अन्य सभी निबन्धों की भूमिका के रूप में लिखा गया था, अतएव वह अन्य सभी निबन्धों की कुंजी के समान है। यह मैं इसलिए लिख रहा हूँ कि इस संग्रह के कोई-कोई निबन्ध दस-बारह वर्ष पुराने हैं और स्वभावतः ही, उनमें कहीं-कहीं विचारों का वैषम्य मिल सकता है। आशा है, पहले निबन्ध से मिलाकर पढ़ने पर इस वैषम्य का सहज ही, परिहार हो जाएगा।

इतना कुछ कह लेने के बाद भी मैं कुछ डरा-डरा-सा हूँ, क्योंकि इस बात की पूरी आशंका है कि यह पुस्तक आलोचना की कोटि में गिन ली जाएगी और आलोचक बनकर प्रकट होने की न तो मुझे योग्यता है और न हिम्मत। इसमें जो कुछ लिखी गई है और जो कुछ लिखी जाने से रह गई हैं, दोनों ही प्रकार की बातों को लेकर, सम्भव है, कोई-कोई लोग अप्रसन्न हो जाएँ। उनसे मेरा विनम्र निवेदन है कि अपने जानते मैंने कहीं भी संकीर्णता से काम नहीं लिया है। समकालीन कवियों के बीच में छोटे-बड़े का भेद नहीं मानता। तुलसी का पता, कौन छोटा और कौन बड़ा? मेरे लिए तो सभी वन्दनीय और नमस्य हैं। इति।

पटना —दिनकर

अनन्तचतुर्दशी, 1946

(मिट्टी की ओर)

आमुख

नहीं चाहने पर भी, लेख में थोड़े-बहुत लिखता ही रहता हूँ, यद्यपि कविताओं की तरह सभी लेखों पर मेरी ममता नहीं रहती। तब भी जो लेख मुझे या उन लोगों को पसन्द आ जाते हैं, जिनके साथ मैं साहित्य पर विचार-विनिमय करता हूँ, उन्हें मंजूषा में सजा देने की इच्छा जरूरत जग पड़ती है। वर्तमान संग्रह भी मेरी इसी प्रवृत्ति का फल है। इस संग्रह में ऐसे भी निबन्ध हैं जो मन-बहलाव में लिखे जाने के कारण कविता की चौहद्दी के पास पड़ते हैं और कुछ ऐसे भी हैं जिनमें बौद्धिक चिन्तन या विश्लेषण प्रधान है। इसीलिए मैंने इस संग्रह का नाम 'अर्धनारीश्वर' रखा है, यद्यपि इसमें अनुपाततः नरत्व अधिक और नारीत्व कम है। किन्तु यही अनुपात मेरी कविता में भी रहा है, अतएव आशा करनी चाहिए कि जिन्हें मेरी कविताएँ पसन्द हैं, उन्हें ये निबन्ध भी कुछ आनन्द दे सकेंगे।

मुजफ्फरपुर —दिनकर

वसन्त पंचमी, सन् 1952 ई.

(अर्धनारीश्वर)

विश्वे या किछु महान सृष्टि-चिर-कल्याण-कर,
अर्धेक तार करियाछे नारी, अर्धेक तार नर।

—नजरूल

(अर्धनारीश्वर)

हम रेती के फूल

हम रेती के फूल, कहो, कैसे जीते हैं?
जड़ में है जो धूल,
आग है, चिनगारी है।
सूख रहा है मूल,
ताप रवि का भारी है।
सिकताओं का देश,
चमकता जो, मृगजल है।
नहीं मृत्ति का लेश, कहो, कैसे जीते हैं?

(रेती के फूल)

दो शब्द

'रेती के फूल' में मेरे हाल के कुछ निबन्ध संगृहीत हैं। दो-एक ऐसे भी हैं जो पहले के संग्रहों में निकल चुके थे। किन्तु इन सभी निबन्धों का धरातल और स्वभाव, प्रायः एक-सा है, इसलिए उन्हें एक संग्रह में निकाल देना अच्छा जान पड़ा।

इन निबन्धों में कलाकरिता चाहे जैसी भी हो, किन्तु कुछ विचार हैं जिन्हें मैं अपने पाठकों, विशेषतः नवयुवक पाठकों के सामने रखना चाहता हूँ। आशा है, मेरी शंकाएँ और मेरे विचार पाठकों के हृदय मस्तिष्क के सामने पहुँच सकेंगे। इति।

1954 ई. —दिनकर

(रेती के फूल)

दो शब्द

'काव्य की भूमिका' मेरे ग्यारह निबन्धों का संग्रह है। आरम्भ के चार निबन्धों में, ऐतिहासिक क्रम से, रीतिकाल से लेकर प्रयोगवाद तक की प्रमुख प्रवृत्तियों का विवेचन किया गया है। पाँचवें निबन्ध का भी विषय, बहुत कुछ, यही है और छठे निबन्ध (भविष्य की कविता) में यह समझाने की कोशिश की गई है कि वैज्ञानिक युग में कविता अपने किन गुणों पर जोर देकर अपना अस्तित्व कायम रख सकती है।

इन छह निबन्धों को देखते हुए मैंने वर्तमान पुस्तक का नाम 'आधुनिक काव्य की भूमिका' रखना चाहा था। किन्तु, बाद के पाँच निबन्ध हिन्दी कविता के काल-विशेष से सम्बन्ध नहीं रखते। वे काव्य-मात्र की भूमिका उपस्थित करते हैं। अतएव, 'काव्य की भूमिका', यह छोटा नाम ही बाद को ठीक जँचा।

इस संग्रह में देने के लिए मैंने कई आधुनिक कवियों के कुछ अध्ययन भी प्रस्तुत किए थे, किन्तु, आकार-वृद्धि के भय से वे इस संग्रह में नहीं जा सके। उनमें से तीन निबन्ध 'पन्त, प्रसाद और मैथिलीशरण' शीर्षक से एक अलग संग्रह में, इस पुस्तक के साथ ही, निकल रहे हैं।

कविता और काव्य-समीक्षा से सम्बन्धित दो-तीन विचार ऐसे हैं जो मेरे अनेक निबन्धों में झलक मार जाते हैं। पुनरावृत्ति का यह दोष सुधी पाठकों को खटकेगा। इसके लिए मैं उनसे क्षमा चाहता हूँ।

आशा है, उच्च साहित्य के विद्यार्थी इन निबन्धों को एकाध बार जरूर पढ़ेंगे। इति।

जून, 1958

–रामधारी सिंह दिनकर

(काव्य की भूमिका)

दो शब्द

प्रस्तुत पुस्तक में हिन्दी के तीन सुप्रसिद्ध आधुनिक कवियों पर स्वतन्त्र रूप से अलग-अलग लिखित मेरे तीन निबन्ध संगृहीत हैं।

मैथिलीशरण जी की कविताओं का अध्ययन इस दृष्टि से किया गया है कि उन्नीसवीं सदी में आरम्भ होने वाले हिन्दू-जागरण अथवा भारतीय पुनरुत्थान की अभिव्यक्ति उनमें कैसे और किस गहराई तक हुई है।

पन्त-साहित्य में पल्लव, वीणा, गुंजन और ग्रन्थि को जो प्रसिद्धि मिली, वह पन्त जी की बाद की पुस्तकों को नसीब न हुई। अतएव मैंने पल्लव, वीणा, गुंजन और ग्रन्थि को छोड़ दिया है। इस निबन्ध में मेरा मुख्य ध्येय इस बात का अनुसंधान रहा है कि गुंजन के बाद से लेकर अब तक पन्त जी क्या कार्य करते रहे हैं। पन्त जी का गुंजनोत्तर साहित्य भी काफी सुन्दर, सुगम्भीर और विशाल है। केवल एक निबन्ध में उनकी सभी प्रवृत्तियों को समेटने का काम स्वभाव से ही कठिन था। तब भी, मेरा ख्याल है इस निबन्ध ने गुंजनोत्तर पन्त-साहित्य की एक छोटी-सी पीठिका तैयार कर दी है।

प्रसाद जी पर जो निबन्ध है उसमें केवल कामायनी का अध्ययन प्रस्तुत किया गया है। कामायनी काव्य मुझे पसन्द भी है और नापसन्द भी और अपने दोनों ही प्रकार के मतों का मैंने सप्रमाण उल्लेख किया है। निबन्ध की पांडुलिपि देखकर मेरे एक मित्र ने कहा कि कामायनी में भाषा अथवा शैली के जो दोष तुम्हें दिखाई देते हैं वे तो अनेक कवियों में मिलेंगे और खुद तुम्हारी रचनाएँ भी उनसे मुक्त नहीं हैं। बात ठीक है। लेकिन दोष तो दोष ही रहेंगे चाहे वे मेरी कविताओं में हों अथवा मेरे गुरुओं की रचनाओं में। कामायनी देश के अनेक विश्वविद्यालयों में विधिवत् पढ़ाई जाती है और इसमें कोई सन्देह नहीं कि इस सुगम्भीर ग्रन्थ के अध्ययन के क्रम में छात्रों और विद्वानों को विचारों के ऊँचे धरातल पर विचरण करने का अवसर प्राप्त होता है। मेरा प्रयास भी इस काव्य के अध्ययन-क्षितिज को विस्तृत बनाना रहा है।

पहले ये निबन्ध 'काव्य की भूमिका' नामक मेरे नये ग्रन्थ में जानेवाले थे, किन्तु कई कारणों से दोनों पुस्तकों को दो कर देना पड़ा। आशा है, आधुनिक

हिन्दी-कविता के ऊँचे छात्र और विद्वान् इन दोनों पुस्तकों को उलट-पलटकर देख जाएँगे।

कलकत्ता

–रामधारी सिंह दिनकर

5 जुलाई, 1958 ई.

(पन्त, प्रसाद और मैथिलीशरण)

दो शब्द

इस संग्रह में मेरे कुछ हाल के भाषण और दो-एक लेख संगृहीत हैं। प्रायः सबका विषय भाषा और संस्कृति है। आशा है, देश के सामने जो प्रश्न हैं उन्हें सुस्पष्ट करने में ये लेख, एक हद तक, सहायक होंगे।

एक ही विषय पर कई बार लिखने और बोलने के कारण कई स्थानों पर पुनरावृत्ति के दोष आ गए हैं जिनके लिए पाठक मुझे क्षमा करेंगे।

पटना

10 अप्रैल, 1956 ई.

–दिनकर

(राष्ट्रभाषा और राष्ट्रीय एकता)

नाना भाषाओं में लिखेंगे एक नाम।
नाना छन्दों में एक गीत हम गायेंगे।

–मलयालम कवि श्री शंकर कुरुप

(राष्ट्रभाषा और राष्ट्रीय एकता)

समर्पण

क्रान्तिवीर, साहित्यिक,
सुधी और सुहृद,
श्री मन्मथनाथ जी गुप्त के
योग्य

पटना
1961 ई.

—दिनकर

(वट-पीपल)

भूमिका

यह पुस्तक फुटकर साहित्यिक निबन्धों का संग्रह नहीं है। इसके सभी निबन्ध एक ही ग्रन्थ के विभिन्न अध्याय हैं और वे विभिन्न दिशाओं से एक ही विषय पर प्रकाश डालते हैं।

कविता की चर्चा केवल कविता की चर्चा नहीं रहती, वह समस्त जीवन की चर्चा बन जाती है। ईश्वर, कविता और क्रान्ति, ये जीवन के समुच्चय में प्रवेश किए बिना समझे नहीं जा सकते।

नई कविता का आन्दोलन यूरोप में लगभग सौ वर्षों से चल रहा है। आश्चर्य की बात यह है कि वह अब भी पुराना नहीं पड़ा है। उसके भीतर से बराबर नए आयाम प्रकट होते जा रहे हैं, बराबर नई चिनगारियाँ छिटकती जा रही हैं। रोमांटिक युग एक कविता किसी निश्चित चौखटे में जड़ी देखी जा सकती थी; किन्तु उसके बाद से वह दिनों-दिन हर प्रकार के चौखटे से घृणा करती आई है। आज अन्तर्राष्ट्रीय काव्य जहाँ खड़ा है, वहाँ केवल आसमान ही आसमान है, कहीं कोई क्षितिज दिखाई नहीं देता। इसीलिए पुराने आलोचकों को नई कविता को छूने में अप्रियता और कुछ संकोच का भी अनुभव होता है।

वर्तमान पुस्तक इसी महान् आन्दोलन के समझने का विनम्र प्रयास है।

नई कविता का प्रवर्तन पिछली शताब्दी में फ्रांस में हुआ था। अंग्रेजी में, क्रमबद्ध रूप में, यह आन्दोलन प्रथम विश्वयुद्ध के आस-पास आरम्भ हुआ और भारतवर्ष में यह द्वितीय विश्वयुद्ध के आस-पास पहुँचा है।

इस विलम्ब का मुख्य कारण यह रहा कि यूरोप की बौद्धिक विरासत तक पहुँचने का हमारा माध्यम अंग्रेजी भाषा थी और खुद अंग्रेजी भाषा में यह आन्दोलन काफी देर से पहुँचा। अंग्रेजी में बोदलेयर, रेंबू और मलार्मे के अनुवाद प्रथम विश्वयुद्ध के काफी बाद प्रकाशित होने लगे। जब तक अंग्रेजी के कवियों की दृष्टि नवीन् नहीं हुई, भारत के लेखकों और कवियों को यह पता नहीं चला कि यूरोप में काव्य के क्षेत्र में बड़ी भारी क्रान्ति हो गई है। हम लोगों की पीढ़ी तो रोमांटिक युग के साहित्य पर पली थी और कॉलेजों में हम पर आखिरी छींटे विक्टोरिया-युगीन काव्य के पड़े थे। यूरोपीय क्रान्ति के सन्देश हमें सीधे यूरोप से नहीं मिले। इस क्रान्ति की शिक्षा भी हमें अंग्रेजी के कवियों, विशेषतः इलियट और एजरा पौंड के द्वारा प्राप्त हुई।

यूरोप की साहित्यिक क्रान्ति इलियट में आकर समाप्त नहीं होती है। इलियट पीछे छूट गए हैं और क्रान्ति आज भी आगे जा रही है। यह बात और है कि जिनका निर्माण रोमांटिक कविताओं के वातावरण में हुआ था, वे लोग रिल्के और इलियट के पास तो प्रेम से बैठते हैं, मगर उनके बाद वाली धारा को वे सहजता से स्वीकार नहीं कर सकते।

फिर भी, नया काव्य हमारी शान्ति भंग करने में समर्थ है, वह हमारी आत्मा के सरोवर में हिलकोर उठा सकता है। आत्मा के निस्पन्द सरोवर में जब हलकी-सी भी हिलकोर उठती है, आदमी बड़े ही सूक्ष्म आनन्द का अनुभव करता है। ऐसा आनन्द मैंने देश और विदेश के कितने ही नए कवियों से पाया है और मन-ही-मन मैं उन सबका कृतज्ञ रहा हूँ।

नई कविता हमेशा शुद्ध कविता नहीं होती, न सभी श्रेष्ठ काव्य शुद्ध काव्य के उदाहरण होते हैं। फिर भी, मुझे यही दिखाई पड़ा कि शुद्धता को लक्ष्य मानकर चलने से काव्य का नया आन्दोलन समझ में कुछ ज्यादा आता है। इसीलिए मैंने जहाँ-तहाँ से सामग्रियाँ बटोरकर शुद्धतावादी आन्दोलन का इतिहास खड़ा किया है और कविता की अनेक समस्याओं पर उसी दृष्टिकोण से विचार किया है। कविता लिखने की बनिस्बत कविता के बारे में लिखना कहीं मुश्किल काम है। उस पर भी कविता के नए आन्दोलन की व्याप्तियाँ इतनी पिच्छल; दूरगामी और दुरूह हैं कि उन्हें एक पुस्तक के भीतर समेटने का काम असम्भव पाया गया है। अतएव, यह पुस्तक भी विद्वानों को अधूरी प्रतीत हो, तो यह कोई अचरज की बात नहीं होगी।

कविता अगर यह व्रत ले ले कि वह केवल शुद्ध होकर जिएगी, तो उस व्रत का प्रभाव कविता के अर्थ पर भी पड़ेगा, कवि की सामाजिक स्थिति पर भी पड़ेगा, साहित्य के प्रयोजन पर भी पड़ेगा। ऐसे जो भी प्रश्न मुझे सूझ सके, उनका विवेचन, अपने जानते, मैंने स्पष्टता से किया है। अप्रीतिकर बात यह है कि दो-चार तर्कों का उपयोग कई प्रसंगों में मुझे बार-बार करना पड़ा है। आशा है, पाठकों को यह बात उतनी नहीं अखरेगी, जितनी मुझे आशंका है।

हिन्दी के जो लेखक, कवि और पाठक अंग्रेजी अथवा किसी अन्य विदेशी भाषा के द्वारा पाश्चात्य साहित्य के सीधे सम्पर्क में नहीं हैं, इस पुस्तक का उद्‌देश्य विशेषतः उन्हीं के साथ वार्तालाप करना है।

—रामधारी सिंह 'दिनकर'

2, साउथ एवेन्यू लेन,
नई दिल्ली
8 सितम्बर, 1966 ई.

(शुद्ध कविता की खोज)

दो शब्द

साहित्य अथवा साहित्य से सम्बन्धित विषयों पर इधर मैंने जो निबन्ध लिखे हैं या भाषण दिए हैं, उनका संग्रह साहित्यमुखी नाम से निकल रहा है।

आधुनिकता के सम्बन्ध में इस संग्रह में तीन निबन्ध हैं। आधुनिकता पर एक छोटी-सी टिप्पणी भी है, जो शीर्षकमुक्त चिन्तन के अन्त में आती है।

मुझे आशा है कि विचारों के प्रेमी युवक और विद्वान इस पुस्तक को पढ़ने की कृपा करेंगे।

5, सफदर जंग लेन, **–रामधारी सिंह 'दिनकर'**
नई दिल्ली
15 फरवरी, 1968 ई.

(साहित्यमुखी)

भूमिका

देश में भाषा को लेकर जो भूडोल हुआ है, उससे भारत की एकता और हिन्दी के हित, दोनों को धक्के लगे हैं। हिन्दी-प्रेम का सबक देश ने गांधीजी से सीखा था और जब तक हिन्दी की हिमायत अहिन्दी-भाषी नेता और विद्वान् करते रहे, हिन्दी का मार्ग दिनोंदिन प्रशस्त होता गया। मगर जब हिन्दी के मामले में नेतृत्व का भार हिन्दी वाले उठाने लगे, बातें तभी से बिगड़ने लगीं।

अब रास्ता एक ही दिखाई देता है कि हिन्दी वालों को जो भी दबाव डालना है, अपनी प्रान्तीय सरकारों पर डालें। हिन्दी की कुंजी सिमटकर हिन्दी-भाषी राज्यों के हाथ में आ गई है। अगर सभी हिन्दी-भाषी राज्य हिन्दी में काम करने लगें, तो संघ-सरकार भी हिन्दी के प्रागामी प्रयोग में इजाफा कर सकेगी। जहाँ तक हिन्दी के विषय में अहिन्दी-भाषी लोगों की कठिनाइयों का सवाल है, इन कठिनाइयों का हल अहिन्दी-भाषी लोगों को ही निकालने देना चाहिए।

देश की भाषा-समस्या का समाधान गांधी-मार्ग से ही सम्भव है। इसीलिए यह पुस्तक प्रकाशित की जा रही है कि हम गांधीजी के उपदेशों को याद रखें और अपनी समस्या का समाधान उन्हीं उपदेशों की रोशनी में ढूँढे।

अन्त में सम्पूर्ण गांधी वाङमय, नवजीवन ट्रस्ट, शान्तिनिकेतन के प्राध्यापक श्री मोहनलाल वाजपेयी और शान्तिनिकेतन के संग्रहालय के निदेशक के प्रति हार्दिक कृतज्ञता प्रकट करता हूँ, जिनके सहयोग से पुस्तक उपादेय बनाई जा सकी है।

नई दिल्ली
26-2-68

—रामधारी सिंह 'दिनकर'

(राष्ट्रभाषा आन्दोलन और गांधीजी)

भूमिका

स्वतन्त्रता तो हमने प्राप्त कर ली, लेकिन राष्ट्रीय एकता का प्रश्न ज्वलन्त रूप में हमारे सामने खड़ा है। हमारे सारे इतिहास की शिक्षा है कि हम स्वतन्त्र तभी तक रहते हैं, जब तक हम एक रहते हैं। जब भी एकता खिड़की से होकर निकल भागती है। हमारी स्वतन्त्रता सदर दरवाजा खोलकर चल देती है।

राष्ट्र के नेता आज राष्ट्रीय एकता के लिए चिन्ताकुल होकर काम कर रहे हैं। किन्तु एकता का सारा काम केवल राजनीति के मंच से किया जाए, यह यथेष्ट नहीं है। हमें कॉलेजों, स्कूलों और पुस्तकालयों में ऐसा साहित्य भी पहुँचाना चाहिए, जिसमें एकता के प्रश्न पर गहराई से विचार किया गया हो।

इतिहास की अप्रिय घटनाओं को झुठलाया नहीं जा सकता, न हम उन्हें बिलकुल नजरअन्दाज कर सकते हैं। हाँ, उन्हें हम इस प्रकार रख सकते हैं कि वे विद्वेष को प्रेरणा न देकर पाठकों के भीतर रचनात्मक प्रवृत्ति को जगाएँ, उनके भीतर यह एहसास पैदा करें कि अतीत की घटनाएँ तत्कालीन कारणों से उत्पन्न हुई थीं और उन्हें भूल जाने में ही देश का कल्याण है।

भारतीय एकता पर एक पैंफ्लेट लिखने का विचार मेरा बहुत दिनों से था। वह काम मैं अब पूरा कर सका हूँ। इस पुस्तिका में जो दो निबन्ध संगृहीत हैं, वे उन चार भाषणों पर से तैयार हुए हैं, जिनमें से दो मैंने रायपुर में और दो पिलानी में दिए थे। इस पुस्तक में इतिहास के प्रमाण कम, साहित्य के प्रमाण अधिक दिए गए हें। मगर साहित्य के प्रमाण भी अन्ततोगत्वा इतिहास के ही प्रमाण होते हैं, क्योंकि इतिहास का सार साहित्य में, आप-से-आप, पहुँच जाता है।

हिन्दू-मुस्लिम एकता राष्ट्रीय एकता का बहुत बड़ा अंश है, किन्तु वह पूरा सवाल नहीं है। जरूरत अब इस बात की भी है कि हम उत्तर-दक्षिण की एकता को भी मजबूत बनाएँ। हिन्दू-हिन्दू की एकता, हिन्दू-मुसलमान की एकता, फिर सभी धर्मों और सम्प्रदायों की एकता—ये सारे पहलू एक ही समस्या के हैं।

जो लोग वैविध्य को अनेकता मानते हैं और वैविध्य को मिटाकर एकता लाना चाहते हैं, वे कभी भी सफल नहीं होंगे। विविधता भारत का स्वभाव है। उसकी रक्षा करते हुए जो एकता हम ला सकेंगे, वही टिकाऊ होगी और वही काम्य भी है।

विविधता जब प्रबल होती है,
युद्ध के देवता रोते हैं।
दुनिया को एक करने की सनक से,
युद्ध उत्पन्न होते हैं।

लिखने को तो प्रचार-पुस्तिका मैंने लिख दी; किन्तु मेरा श्रम तभी सार्थक होगा, जब यह किताब असंख्य स्कूलों, कॉलेजों और पुस्तकालयों में पहुँच सके।

–रामधारी सिंह 'दिनकर'

5, सफदर जंग लेन,
नई दिल्ली
15 फरवरी, 1968 ई.

(भारतीय एकता)

भूमिका

आधुनिकता का रूप क्या हो, यह मेरे चिनतन का बहुत ही प्यारा विषय बन गया है। इस विषय पर सोचने ाला अकेला मैं ही नहीं हूँ। भारत में अभी कई युवक और प्रौढ़ विचारक हैं जो इस समस्या पर विचार कर रहे हैं। इन विचारकों में से कई लोग ऐसे भी हैं, जो मानते हैं कि आधुनिकता और परम्परा के बीच जहाँ वैर मालूम पड़े, वहाँ परम्परा को बिलकुल छोड़ देना चाहिए और आँख मूँदकर हमें आधुनिकता का वरण कर लेना चाहिए। लेकिन बहुसंख्यक विचारक इस मत के हैं कि हमें वह बात हमेशा याद रखनी है, जो राममोहन राय ने कही थी, स्वामी दयानन्द, स्वामी विवेकानन्द, श्री अरविन्द और महात्मा गांधी ने कही थी। वह बात यह है कि भारत को आधुनिक भी बनना है और उसे अपनी परम्परा के श्रेष्ठ अंश को भी बचाकर रखना है। कहते हैं कि बड़े चिन्तक बराबर माइनॉरिटी में रहते हैं। मैं निःसंकोच भाव से स्वीकार करता हूँ कि इस मामले में मेरी सहानुभूति मेजौरिटी के साथ है।

इस संग्रह में आधुनिकता के विषय पर मेरे बारह निबन्ध संकलित हैं। इस विषय पर लिखना मुझे चाहे बारह बार या बीस बार ही पड़ा हो, किन्तु भाषण मैंने एक सौ से कम नहीं दिए होंगे। अतएव यह स्वाभाविक था कि आधुनिकता के कुछ महत्त्वपूर्ण पक्ष मेरे लेखों और भाषणों में बार-बार आ जाएँ। पुनरावृत्ति के इस दोष के लिए पाठक मुझे क्षमा करेंगे, हालाँकि सामान्य पाठकों का इस पुनरावृत्ति से कुछ उपहार ही होगा; अर्थात् आधुनिकता के जो महत्त्वपूर्ण पक्ष हैं, उनसे उनका भरपूर परिचय हो जाएगा।

निबन्ध साहित्य की बड़ी ही प्रबल विधा है। किन्तु हिन्दी में निबन्धों के पाठक बहुत कम हैं और उन निबन्धों के तो बिलकुल ही कम, जिनका सम्बन्ध परीक्षाओं से नहीं पड़ता है। अतएव हिन्दी के युवक, प्रौढ़ और बूढ़े, सभी प्रकार के पाठकों से मेरी अपील है कि वे आधुनिकता की समस्या के महत्त्व को समझें और मेरे ही नहीं, सभी विचारकों के लिखे एतद्विषयक निबन्धों को अवश्य पढ़ें। जिस रूप में हम आधुनिकता का वरण करेंगे, उसी से यह निश्चित होगा कि भारत मौलिक राष्ट्र बनकर खड़ा होगा अथवा वह परिचय की डुप्लिकेट कॉपी बन जाएगा।

नई दिल्ली, रक्षा-बन्धन

अगस्त, 1973 ई.

–रामधारी सिंह 'दिनकर'

(आधुनिक बोध)

विज्ञप्ति

यह यानी सन् 1972-73 श्री अरविन्द की सौवीं जयन्ती का साल बीत रहा है। इस वर्ष मुझे श्री अरविन्द पर कई भाषण भी देने पड़े और कई निबन्ध भी तैयार करने पड़े। श्री अरविन्द के दर्शन पर इस पुस्तक में जो तीन निबन्ध हैं, वे खासकर रविशंकर विश्वविद्यालय, रायपुर, के रीडरशिप-भाषण के लिए लिखे गए थे।

श्री अरविन्द की साधना अथाह थी, उनका व्यक्तित्व गहन और विशाल था और उनका साहित्य दुर्गम समुद्र के समान है। मुझे अब तक ऐसा आदमी नहीं मिला, जो यह दावा कर सके कि श्री अरविन्द को उसने पूरी तरह समझ लिया है। मगर उन्हें समझने की कोशिश करनेवाले लोग असंख्य हैं और वे सारे संसार में फैले हुए हैं।

यह पुस्तक मैं खासकर हिन्दी के उन पाठकों के हाथ में देना चाहता हूँ, जिन्हें श्री अरविन्द के प्रति श्रद्धा तो है, किन्तु श्री अरविन्द के जीवन-दर्शन और कृतित्व के विषय में उतनी जानकारी नहीं है। यह पुस्तक श्री अरविन्द से उन्हें परिचित करा देगी।

जब मैं श्री अरविन्द के दर्शन-पक्ष पर लिख चुका, मुझे ऐसा लगा कि इस पुस्तक में श्री अरविन्द की कुछ कविताओं का अनुवाद भी जाना चाहिए, जिनसे श्री अरविन्द के दर्शन की पुष्टि होती है। इसी दृष्टि से पुस्तक के अन्त में श्री अरविन्द की चौदह कविताओं के अनुवाद सम्मिलित कर दिए गए हैं। इन अनुवादों का लक्ष्य पाठकों को श्री अरविन्द की कविताओं का आनन्द चखाना नहीं है, गरचे सुधी पाठकों को कविता के गद्यानुवाद से भी आनन्द मिल सकता है। मेरा असली उद्देश्य यह है कि पाठक श्री अरविन्द के दर्शन की प्रतिध्वनि उनकी कविताओं में भी सुन सकें। कविता का पद्यानुवाद बड़ा कठिन कार्य है। अनुवाद अगर सुन्दर हुआ, तो मूल से वह थोड़ा अलग जरूर हो जाता है। जिन कविताओं के ये अनुवाद हैं, वे छन्दोबद्ध रचनाएँ हैं। कई कविताओं के छन्दोबद्ध अनुवाद मैंने भी किए, लेकिन मुझे भासित हुआ कि इनमें श्री अरविन्द अपने शुद्ध रूप में उपस्थित नहीं हो सके। तब रवीन्द्रनाथ की यह वसीयत याद आई कि मेरी कविताओं के पद्यानुवाद की अनुमति नहीं देना। इसीलिए मैंने गद्यानुवाद की शरण ली। इससे आनन्द में कमी भले आई हो, किन्तु श्री अरविन्द की सोचने की पद्धति बहुत कुछ बरकरार रह गई है।

सन् 1939 ई. के अक्टूबर महीने में श्री अरविन्द ने हिटलर पर एक कविता लिखी थी, जिसमें उन्होंने यह भविष्यवाणी की थी कि 'इस दैत्य को या तो इससे भी बड़ा कोई और दैत्य पछाड़ेगा या उस पर ईश्वर की गाज गिरेगी।' यह श्री अरविन्द की अन्तर्दृष्टि थी। उनकी भविष्यवाणी पूरी हो गई। जिन्हें इस कविता के प्रति जिज्ञासा हो, वे श्री अरविन्द की पुस्तक 'मोर पोयम्स' में 'द ड्वार्फ नेपोलियन' कविता देख लें।

श्री अरविन्द समझते थे कि आदमी को केवल विज्ञान से सन्तुष्ट नहीं रहना चाहिए, उसे उस शक्ति का भी संधान करना चाहिए, जो विज्ञान से बड़ी है, जिसकी एक चिंगारी से विज्ञान का विकास हुआ है। इस भाव से प्रेरित होकर श्री अरविन्द ने जो दो स्फुट कविताएँ लिखी थीं, उनके भी अनुवाद इस पुस्तक में दे दिए गए हैं। 'आत्मा की स्वीकृति के लिए मैटर का त्याग जरूरी नहीं है', यह श्री अरविन्द का निश्चित मत था। 'इलेक्ट्रोन के प्रज्वलित रथ पर शिव सवार हैं।' यह भी श्री अरविन्द के दर्शन का मूल सूत्र है।

पटना-16

–रामधारीसिंह दिनकर

(चेतना की शिखा)

भूमिका

श्री अरविन्द का शरीरपात सन् 1950 ई. के दिसम्बर मास में हुआ, जब मैं लगभग बयालीस वर्ष का हो चुका था, लेकिन मेरा भाग्य-दोष ऐसा रहा कि मैं श्री अरविन्द के दर्शन नहीं कर सका। अब जब भी आश्रम जाता हूँ, श्री माँ के दर्शन करता हूँ और श्री अरविन्द की समाधि पर ध्यान। ध्यान चाहे जैसा भी जमे, मन के भीतर एक कचोट जरूर सालती है कि हाय, मैं आपको उस समय नहीं देख सका, जब आप शरीर के साथ थे।

अब तो यही एकमात्र उपाय है कि मन से यानी अध्ययन और चिन्तन से श्री अरविन्द को समझने का प्रयास करूँ। और जिन्होंने श्री अरविन्द को नहीं देखा, उनके लिए भी बस यही एक उपाय है, यद्यपि अध्ययन और चिन्तन अर्थात् मन सत्य को समझने का सही मार्ग नहीं है। चिन्तन में प्रामाणिकता श्रद्धा से आती है।

श्री अरविन्द के व्यक्तित्व के पहलू अनेक हैं और सभी पहलू एक से बढ़कर एक उजागर हैं। राजनीति में वे केवल पाँच वर्ष तक रहे थे। किन्तु उतने ही दिनों में उन्होंने सारे देश को जगाकर उसे स्वतन्त्रता-संघर्ष के लिए तैयार कर दिया। असहयोग की पद्धति उन्हीं की ईजाद थी। भारत का ध्येय पूर्ण स्वतन्त्रता की प्राप्ति है, यह उद्घोष भी सबसे पहले उन्हीं ने किया था।

दार्शनिक तो यूरोप में बहुत उच्च कोटि के हुए हैं, किन्तु उनके दर्शन मेधा की उपज हैं, तर्क शक्ति के परिणाम हैं। उन्होंने जो कुछ लिखा, सोचकर लिखा। दार्शनिक के रूप में श्री अरविन्द की विशेषता यह है कि वे केवल प्रज्ञावान पंडित ही नहीं, बहुत बड़े योगी भी थे। अतएव उन्होंने जो कुछ लिखा, देखकर लिखा, अनुभव करके लिखा। श्री अरविन्द के दर्शन का सार उनकी अनुभूति है। विचार उस अनुभूति को केवल परिधान प्रदान करता है। श्री अरविन्द ने भारत की इस परम्परा को फिर से प्रमाणित कर दिया कि सच्चा दर्शन वह है, जो सोचकर नहीं, देखकर लिखा जाता है।

और श्री अरविन्द की कविता के विषय में क्या कहा जाए? श्री अरविन्द ने ऐसी कविताएँ भी लिखी हैं, जिनके जोड़ की या जिनसे अच्छी कविताएँ संसार में मौजूद हैं। किन्तु यही बात क्या सावित्री के प्रसंग में कही जा सकती है? सावित्री काव्य मेधा का काव्य नहीं है, कोई भी विलक्षण काव्य केवल मेधा के बल से नहीं लिखा जाता

है। जिस लोक की छोटी-सी प्रकाश-कणिका महाकवियों के मन को उद्भासित करके उनसे अलौकिक काव्य का निर्माण करवाती है, सावित्री की रचना उस लोक के सूर्य के साथ बैठकर की गई है या क्या पता, श्री अरविन्द उस सूर्य के साथ एकाकार हो गए हों। श्री नीरदवरण ने मुझे बतलाया है कि सावित्री को श्री अरविन्द ने बारह बार लिखा था; और यह इसलिए नहीं कि कवि को पहले के प्रयुक्त शब्द, बिम्ब या मुहावरे पसन्द नहीं थे, बल्कि इसलिए कि योग के बल से श्री अरविन्द चेतना के आकाश में ज्यों-ज्यों ऊपर उठते गए, सावित्री का संशोधन अनिवार्य होता गया। सत्य तक जाने का सही मार्ग दर्शन नहीं, काव्य का मार्ग है। विशेषतः यौगिक अनुभूतियों का वर्णन तर्क नहीं कर सकता, कविता कर सकती है। जो बुद्धि का देश नहीं है, जहाँ तर्क के सोपान नहीं हैं, वहाँ छलाँग केवल कविता ले सकती है। इसीलिए मेरी मान्यता है कि श्री अरविन्द की अनुभूतियों और आध्यात्मिक उपलब्धियों का सम्पूर्ण प्रतिनिधित्व सावित्री करती है, लाइफ डिवाइन नहीं। यदि संसार का अध्यात्मीकरण होना है (और मेरी आशा है कि वह होकर रहेगा), तो मानवता के इतिहास में सावित्री का वही स्थान होगा, जो स्थान आज गीता का है, वेदों और उपनिषदों का है। अंग्रेज सावित्री को नहीं पढ़ता, इसका कारण यह है कि योग की कविता उसकी समझ में नहीं आती है। किन्तु जैसा श्री अरविन्द कह गए हैं, योग मनुष्य मात्र को प्राप्त होगा। जब मनुष्य-जाति योग को पा लेगी, सावित्री काव्य मानव-मात्र के लिए अत्यन्त मूल्यवान हो उठेगा।

योगी, कवि और वैज्ञानिक, एक ही व्यक्ति में इन तीनों का समन्वय इतिहास में और कभी हुआ था या नहीं, यह प्रश्न विचारणीय है। अगर ऐसा कोई व्यक्ति पहले कभी हुआ था, तो वह भारत में ही हुआ होगा। किन्तु श्री अरविन्द के व्यक्तित्व में योगी, कवि और दार्शनिक, तीनों का समन्वय था और वे सबके सब एक ही लक्ष्य की ओर गतिशील थे। इसीलिए श्री अरविन्द का ध्यान करते समय ऐसा भासित होता है, मानो हम मानवता के महासूर्य को देख रहे हों। वैसे तो मात्र कवि और दार्शनिक के रूप में भी श्री अरविन्द अत्यन्त वरेण्य हैं, किन्तु उनकी सबसे बड़ी महिमा यह थी कि वे योगी थे। उनके दर्शन और काव्य की जो वास्तविक शक्ति है, उनके भीतर जो प्रामाणिकता है, वह श्री अरविन्द की योगसाधना से आई है। योग के बल से ही उन्होंने सत्य को देखा और योग के बल से ही उन्हें यह शक्ति मिली कि उस सत्य को वे भाषा में अभिव्यक्त कर सकें। सावित्री की असंख्य पंक्तियों में जो दूर तथा बहुदिशिगामिनी अभिव्यंजना और शक्ति है, उसका कोई और समाधान नहीं दिया जा सकता।

कोई आश्चर्य नहीं कि पंडित सुमित्रानन्दन पन्त ने मार्क्स को ऊँट और श्री अरविन्द को पहाड़ माना है। विज्ञान के उत्थान ने मनुष्य को जो भौतिक सिद्धि प्रदान की, उसके सबसे बड़े व्याख्याता मार्क्स हैं। किन्तु वे उतने ही एकांगी हैं, जितना

एकांगी विज्ञान है। मार्क्स ने आत्मा के अस्तित्व को स्वीकार नहीं किया क्योंकि आत्मा विज्ञान की प्रयोगशाला में प्रमाणित नहीं की जा सकती। वे केवल मैटर को लेकर बैठ गए। यही उनकी एकांगिता थी।

श्री अरविन्द ने आत्मा के साथ मैटर को भी स्वीकार किया और मनुष्य को यह बताया कि तुम यद्यपि प्रकृति के अब तक के निर्माणों में सबसे श्रेष्ठ हो, किन्तु विकास के क्रम में तुमने अभी आधी दूरी भी तय नहीं की है। मन तुम्हारा सबसे बड़ा यन्त्र है, किन्तु इससे भी सूक्ष्मतर और सूक्ष्मतम यन्त्रों की सम्भावनाएँ तुम्हारे भीतर छिपी हुई हैं। तुम्हें चाहिए कि तुम मन के धरातल से ऊपर उठने का प्रयास करो और उन शक्तियों को प्राप्त करो, जो मन की सीमा के परे तुम्हारा इन्तजार कर रही हैं।

डारविन ने मनुष्य से उसका देवत्व छीन लिया था। फ्रायड ने बताया कि आदमी करता तो वही काम है, जिसे वह करना चाहता है, किन्तु वह करना क्या चाहेगा, इस पर उसका अधिकार नहीं है। इस प्रकार मनुष्य अपने देवत्व और स्वाधीनता, दोनों के विषय में सन्दिग्ध हो गया था। श्री अरविन्द मनुष्य को यह आशा दिला गए हैं कि मनुष्य देवता भी बन सकता है और स्वाधीन भी हो सकता है।

यद्यपि विज्ञानमय कोश के नाम से उपनिषदों के ऋषि चेतना की उस स्थिति को भी जानते थे, जो मन से आगे पड़ती है; किन्तु मन और विज्ञान के बीच कौन-कौन से पड़ाव हैं, इसका आख्यान श्री अरविन्द से पूर्व किसी ने नहीं किया था।

श्री अरविन्द का दूसरा बड़ा अवदान यह है कि उन्होंने वैयक्तिक मोक्ष को परम ध्येय नहीं माना। उनका परम ध्येय अतिमानसी चेतना को उतारकर सम्पूर्ण मानव जाति का अध्यात्मीकरण है, मनुष्य को उठाकर अतिमानसी चेतना के धरातल पर ले जाना है।

और चेतना के आकाश में मनुष्य ऊपर कैसे उठे, कैसे उसे अतिमानसी अवस्था की प्राप्ति हो, इसके लिए श्री अरविन्द ने पूर्ण योग का मार्ग निर्धारित किया।

मेरी वर्तमान पुस्तक की सबसे बड़ी त्रुटि यह है कि इसमें श्री अरविन्द के पूर्ण योग पर कोई निबन्ध नहीं है। लोभ तो हुआ था कि औरों की देखादेखी मैं भी एक निबन्ध लिख डालूँ और उसे इस पुस्तक में डाल दूँ; किन्तु आत्मा ने ऐसा करने की आज्ञा नहीं दी। मैंने देखा कि वर्षों की साधना के बाद भी मुझमें यह सामर्थ्य नहीं है कि श्री अरविन्द के पूर्ण योग का आख्यान मैं प्रामाणिकता और सफाई के साथ कर सकूँ। विद्या के विषय में दूसरों के उद्धरण से प्रामाणिकता आ जाती है, किन्तु साधना के पक्ष में यह प्रामाणिकता अपनी आत्मा के भीतर से आनी चाहिए।

साधना की सभी पद्धतियाँ एक ही दिशा में संकेत करती हैं अर्थात् वह मार्ग पकड़ो, जिससे मन निर्विचार हो जाए। महर्षि रमण का तो कहना था कि मन की निर्विचार स्थिति, यही चरम ध्येय है। साधकों से वे कहते थे कि पुस्तक में जैसे हर दो अक्षरों के बीच कागज का एक सादा अंश रहता है, उसी प्रकार मन में उठनेवाले

हर दो विचारों के बीच एक अवकाश है, जहाँ विचार नहीं है। इसी अवकाश या अन्तराल को बढ़ाते-बढ़ाते आदमी सम्पूर्ण निर्विचार की स्थिति में पहुँच जाता है। वे यह भी कहते थे कि सभी विचार मन के बाहर से आते हैं, इसलिए जब भी कोई विचार उठे, अपने-आपसे प्रश्न करो, कि यह विचार कहाँ से आया है, किसके पास आया है! बस, इतने से ही वह विचार लौट जाएगा, जैसे टोक सुनते ही चोर लौट जाता है।

महर्षि कहते थे कि चाहे जिस मार्ग से भी चलो, एक स्थान पर पहुँचकर तुम्हें इस प्रश्न का सामना करना पड़ेगा कि 'मैं कौन हूँ?' इसलिए सुगम यह है कि तुम इसी प्रश्न से अपनी साधना आरम्भ करो। 'मैं कौन हूँ', इस प्रश्न पर सोचते-सोचते तुम्हारा मन शान्त हो जाएगा और तुम्हें अपने स्वरूप का ज्ञान हो जाएगा।

कोई-कोई साधक महर्षि से शिकायत करता है 'मैं कौन हूँ' यह पूछते-पूछते बीस वर्ष बीत गए, लेकिन मन तो शान्त होने का नाम ही नहीं लेता है।

तब महर्षि कहते कि मन को समेटकर यदि तुम शान्ति में नहीं ले जा सकते, तो उसे तुम सर्वतोभावेन मुझे समर्पित कर दो। मैं मन को मार गिराऊँगा, उसे शान्त कर दूँगा।

लेकिन प्रत्येक साधक जानता है कि मन को समेटकर उसे शान्त कर देना जितना कठिन है, मन को सर्वतोभावेन गुरु या भगवान के चरणों में डाल देना भी उतना ही मुश्किल काम है। इन दोनों में से कोई भी काम आसान नहीं है। होय घुनाच्छर न्याय जो, पुनि प्रत्यूह अनेक।

श्री अरविन्द का पूर्ण योग भी इन्हीं दो उपदेशों से आरम्भ होता है। मन को शान्त करो और सर्वतोभावेन भगवान के प्रति समर्पित हो जाओ। मन के शान्त होने पर ही तुममें यह योग्यता आएगी कि तुम भगवान के प्रति समर्पित हो सको और जब तुम्हारा कमल भगवान की ओर अपना हृदय खोलेगा, तभी उसमें भागवत करुणा का स्रवण होगा।

कई साधकों का यह भाव है कि अपनी ओर से हमें कुछ भी करना नहीं है। समग्र मानवता की ओर से योग स्वयं श्री अरविन्द कर गए हैं या उसकी साधना श्री माँ कर रही हैं। हमारा काम यह है कि हम भगवान को समर्पित हो जाएँ और अपने कमल को उनकी ओर खोल दें। बाकी काम भागवत करुणा करेगी।

क्या इसी को कुछ नहीं करना कहते हैं? भगवान की ओर अपने कमल को उन्मुक्त किए रहना, यह क्या मामूली बात है, यह क्या योग का सार नहीं है?

'सान्ध्य वार्ता' में कहीं पढ़ा था कि हठयोगियों को श्री अरविन्द अपना शिष्य नहीं बनाते थे। इसलिए नहीं कि हठयोग कोई हीन मार्ग है, बल्कि इसलिए कि वह मार्ग श्री अरविन्द का मार्ग नहीं था।

जब मैं श्री अरविन्द आश्रम जाने लगा था, श्री ऋषभचरण जैन जीवित थे। एक

दिन मैंने उनसे पूछा, "श्री अरविन्द योग कैसे करते थे?" श्री ऋषभचरण जी ने कहा, "मैं कुछ नहीं बता सकता। श्री अरविन्द मकान की जिस ऊपर वाली कोठरी में रहते थे, मैं ठीक उसी कोठरी के नीचे वाले कमरे में था। ऊपर से निरन्तर धप्-धप् की आवाज आती रहती थी, जिससे मैं समझता था कि श्री अरविन्द टहल रहे हैं। यही श्री अरविन्द का योग था।

श्री सत्प्रेम ने भी लिखा है कि वर्षों तक श्री अरविन्द छह बजे शाम से लेकर छह बजे भोर तक लिखते रहते थे और तब आठ घंटे योग के लिए टहलते थे।

श्री अरविन्द का जीवन सतह पर रहा ही नहीं, अतएव उनके आन्तरिक जीवन और साधना के विषय में कोई भी बात अधिकारपूर्वक नहीं कही जा सकती। उनकी कमरे के साथ लगा हुआ एक बरामदा था। सन् 1926 से लेकर सन् 1938 ई. तक वे कोठरी और बरामदा, दोनों में आते-जाते रहते थे। किन्तु सन् 1938 से लेकर सन् 1950 ई. तक वे बरामदे में आए ही नहीं, कोठरी में ही रह गए। यह रहस्य मुझे श्री चम्पकलाल जी से ज्ञात हुआ, जो श्री अरविन्द के द्वारपाल थे। श्री चम्पकलाल जी ने मुझे बताया, "मैं रात में इस जगह सोता था, जिससे गुरु को दूसरी बार आवाज देने का कष्ट न करना पड़े।"

अर्थात् श्री अरविन्द टहलते हुए भी चेतना के आकाश में होते थे, मंजिल-पर-मंजिल पार करते होते थे, जो अभेद्य है, उसे भेदते होते थे, जो अचिन्त्य है, उसे देखते होते थे। श्री अरविन्द का योग चेतनापूर्वक आत्मानुसंधान का योग था। उनका योग खूँटी को कसकर चेतना के तारों को ऊपर ले जाने का योग था।

यह वह योग है, जो नाक दबाने से पूरा नहीं होता, कान और आँख बन्द कर लेने से नहीं बढ़ता, न आसन और धोती-नेती से पूर्ण होता है। वह सम्पूर्ण चेतना का योग है। साधक को इस योग में सम्पूर्ण अस्तित्व को लगाना पड़ता है।

मन को वहाँ शान्त करो, जहाँ उसका शान्त होना बहुत कठिन है, यानी दफ्तर में, कारखाने में, मेले और बाजार में, तथा सबसे बढ़कर परिवार में।

हठयोग, राजयोग और प्राणायाम से भिन्न, श्री अरविन्द का योग शान्तियोग है।

पात्र को स्वच्छ करके उसे रिक्त छोड़ दो। तभी उसमें भागवत करुणा का मधु स्रवित होगा।

योग क्रिया नहीं, अस्तित्व-बोध है।

चेतना के बिखरे सूत्रों को एकत्र करके योग किया जाता है। अगर वे फिर बिखर गए, तो दिक्कत पेश आती है।

जैसे सारस पक्षी गरदन तानता है, वैसे ही गरदन तानकर चेतना मन की सीमा का अतिक्रमण करती है।

आरम्भ से ही चेतना बराबर ऊपर उठना चाह रही थी। उसके इसी ऊर्ध्वगामी प्रयास से, एक बिन्दु पर निरन्तर पड़नेवाले दबाव से मस्तिष्क की उत्पत्ति हुई। जो

जानना चाहता है, वह मस्तिष्क नहीं है; मस्तिष्क के पीछे छिपी कोई और शक्ति है, जो मस्तिष्क का उपयोग करती है। इसीलिए मन के निचले स्तर को संकेतित करने के लिए श्री अरविन्द ने ब्रेन-माइंड नामक एक नया शब्द निकाला था।

चेतना ही पन्थ है, चेतना ही कुंजी है, चेतना ही गन्तव्य है।

चेतना को केवल पाँव ही नहीं हैं, आँखें भी हैं, बाँहें भी हैं और पंख भी हैं।

जब तक सब कुछ समझ में नहीं आता, तब तक कुछ भी समझना मुश्किल है।

सोचने की शक्ति बड़ी है, लेकिन न सोचने की शक्ति उससे भी बड़ी है।

ऐसा कोई काम नहीं, जिसे मन तो करता है लेकिन विचार-मुक्त मन नहीं कर सकता।

मन ज्ञान का साधन है, वह ज्ञान का संगठन करता है।

शान्ति ही वह कुंजी है, जिससे अपने ऊपर स्वामित्व प्राप्त होता है।

प्राणिक (वाइटल) को बार-बार साफ करो, मगर वह बार-बार गन्दा होगा। मन के शान्त होने पर प्राणिक उथल-पुथल स्वयं शान्त हो जाती है।

जीवन, निद्रा और मृत्यु—ये चेतना के मार्ग पर स्टेशन-मात्र हैं। सारी सृष्टि चित् का विलास है।

मृत्यु जीवन की अस्वीकृति नहीं, उसकी प्रक्रिया है।

विकास का क्रम अवरुद्ध नहीं हुआ है। वह अभी भी चल रहा है। योग वह प्रक्रिया है, जो विकास की प्रक्रिया को तेज करती है। इसीलिए योग मनुष्य मात्र को प्राप्त होगा।

और अन्त में, नए मनुष्य की पहचान यह है कि वह एक दिन अचानक जग पड़ता है और सोचने लगता है कि उसे कोई ऐसी वस्तु चाहिए, जो न विज्ञान के पास है, न धर्म के पास है, न कंचन, कामिनी और कीर्ति में है।

—रामधारी सिंह दिनकर

पटना-16

26 जनवरी, 1973

(चेतना की शिखा)

भूमिका

'विवाह की मुसीबतें' नामक वर्तमान संग्रह में मेरे नौ निबन्ध संकलित हैं। इनमें से तीन निबन्ध पहले भी निकल चुके थे। छह निबन्ध पहले-पहल पुस्तकाकार में प्रकाशित हो रहे हैं।

कविता, धर्म, विज्ञान और राजनीति पर चिन्तन करने में मुझे जो आनन्द आता है, वही आनन्द मुझे काम की समस्या पर भी सोचने में मिलता है। काम का यौन नैतिकता से सम्बन्ध है, काम का गृहस्थी से सम्बन्ध है, काम से प्रेरणा पाकर मनुष्य ऊँचा उठता है और काम के कारण ही बहुत-से लोगों को आत्महत्या करनी पड़ती है, घर छोड़कर वैराग्य लेना पड़ता है। इसलिए काम पर चिन्तन करना केवल चिन्तन का रस लेने के लिए आवश्यक नहीं है। वह अधिक आवश्यक इसलिए हो गया है कि बदली हुई परिस्थितियों में काम का उचित सम्बन्ध क्या हो, इसका हमें अनुसन्धान करना है। काम और नैतिकता पर इस ग्रन्थ में जो चार निबन्ध हैं, आशा है, पाठक उन्हें इसी दृष्टि से पढ़ेंगे।

बाकी कई निबन्ध शिक्षा, धर्म, विज्ञान और राजनीति से सम्बन्धित हैं। आशा है, ये निबन्ध भी जिज्ञासु पाठकों को ज्ञानवर्धक होने के साथ-साथ कुछ रोचक भी लगेंगे।

नई दिल्ली

–रामधारी सिंह दिनकर

रक्षा-बन्धन

अगस्त, 1973 ई.

(विवाह की मुसीबतें)

वसीयतनामा

मैं रामधारी सिंह दिनकर, पिता का नाम स्वर्गीय बाबू रविसिंह, ग्राम सिमरिया, थाना तेघड़ा, जिला बेगूसराय यह वसीयतनामा लिखता हूँ कि

1. अगर ज्ञानपीठ पुरस्कार पाने के पूर्व मेरा देहान्त हो जाय तो वह पुरस्कार मेरे पुत्र श्री केदारनाथ सिंह को न दिया जाकर मेरे स्वर्गीय पुत्र श्री रामसेवक सिंह के बेटे और मेरे पौत्र श्री अरविन्द कुमार सिंह को दिया जाय। श्री अरविन्द कुमार की स्वाभाविक गार्जियन उनकी माता होंगी और पुरस्कार की संपूर्ण राशि पर उनका वही अधिकार होगा जो अधिकार जीवित रहने पर मेरा होता।

2. बैंकों में मेरे जो Fixed Deposits हैं उन पर भी संपूर्ण और एकमात्र अधिकार श्री अरविन्द कुमार सिंह का होगा और इस मामले में भी उनकी स्वाभाविक गार्जियन उनकी माता होंगी।

3. बैंकों में, खजानों में, मेरे बक्सों में या मेरे मित्रों के पास मेरे जो भी रुपये होंगे उन सब पर एकमात्र अधिकार मेरे पौत्र श्री अरविन्द कुमार सिंह का होगा।

4. इन सभी रुपयों का उपयोग श्री अरविन्द कुमार की शिक्षा-दीक्षा के लिए, मेरी तीन अनाथ पोतियों — पूनम, रीता और पद्मा — के पालन-पोषण, शिक्षा-दीक्षा और विवाह के लिए किया जायगा। इन रुपयों में से डेढ़ हजार रुपये मेरी माताजी के श्राद्ध के लिए अलग कर दिये जायेंगे।

5. पटने में मेरे बनवाये हुए दो घर हैं, एक मछुआ टोली में और दूसरा राजेन्द्र नगर

शिव प्रसाद शर्मा। रामधारी सिंह दिनकर [illegible]

2

में 'बटवारे के बाद' से मथुरा टोले वाला घर मेरे बड़े लड़के को मिला था, अतएव उस घर पर मेरे बड़े पोते श्री अरविन्द कुमार का मालिकाना है। राजेन्द्र नगर वाला मकान मैं रजिस्ट्री के द्वारा अपने छोटे लड़के केदारनाथ सिंह को दे चुका हूँ।

६. मेरी लिखी हुई निम्नलिखित पुस्तकों का सारा कापीराइट मेरे बड़े पोते श्री अरविन्द कुमार को प्राप्त होगा। उसकी माता को अधिकार होगा कि उन किताबों को वह जहाँ से भी चाहे वहाँ से प्रकाशित करवाये। उदयाचल यह बहाना बना कर बाधा नहीं डालेगा कि किताबों का स्टाक अभी उसके पास बाकी है। और जो स्टाक उदयाचल के पास है उस पर वह श्री अरविन्द कुमार की माता को पन्द्रह प्रतिशत रायल्टी का देनदार होगा। जिन पुस्तकों का कापीराइट श्री अरविन्दकुमार को प्राप्त होगा उनकी सूची नीचे दी हुई है।

1. प्रणभंग
2. कुरुक्षेत्र
3. धूप और धुआँ
4. नीम के पत्ते
5. कविश्री (साहित्यसदन चिरगाँव, झाँसी)
6. सीपी और शंख
7. लोकप्रिय कवि दिनकर (राजपाल एण्ड सन्स)
8. मृत्ति-तिलक
9. दिनकर की सूक्तियाँ
10. आत्मा की आँखें
11. हारे को हरिनाम
12. दिनकर के गीत

8

13. कोयला और कवित्व
14. रश्मि-लोक
15. अर्धनारीश्वर
16. रेती के फूल
17. हमारी सांस्कृतिक एकता
18. राष्ट्रभाषा और राष्ट्रीय एकता
19. भारत की सांस्कृतिक कहानी
20. वेणुवन
21. लोकदेव नेहरू
22. शुद्ध कविता की खोज
23. साहित्यमुखी
24. संस्मरण और श्रद्धांजलियाँ
25. हे राम
26. मेरी यात्राएँ
27. भारतीय एकता
28. दिनकर की डायरी
29. चेतना की शिखा
30. विवाह की मुसीबतें
31. आधुनिक बोध
32. वह काव्य-संग्रह जो ज्ञानपीठ छाप रहा है
33. वह काव्य-संग्रह जो राजपाल एण्ड संज़ प्रकाशन छाप रहा है।

ये तैंतीस पुस्तकें मिलने पर भी अरविन्द कुमार का हिस्सा कमज़ोर है। अपनी अधिक महत्वपूर्ण पुस्तकें मैं उदयाचल को assign कर चुका हूँ और अब तक assignment बदलने के लिए आवेदन नहीं दे सका हूँ। अतएव अपने पुत्र श्री केदारनाथ सिंह से मैं आग्रह करता हूँ कि उर्वशी और रश्मिरथी में से एक पुस्तक वह अरविन्द को दे दें।

रामधारी सिंह दिनकर
5-10-72

८ मेरी सारी पाण्डुलिपियों, पुस्तकों, पत्र-पत्रिकाओं, तमगों और मेरे लेखन की हिफ़ाज़त करने का हिसाब दें तो, उसका जिम्मा मैं तीन मित्रों पर डालता हूँ जिनके नाम नीचे दर्ज हैं।

(१) श्री गंगाशरण सिंह एम पी

(२) श्री शिवसागर मिश्र (दामाद)

(३) डा वचनदेव कुमार (पटना कालेज)

९ मनुष्य की आवश्यकता होती है, उसे अधिकार नहीं होता। जब हम तीन भाइयों में बटवारा हुआ था, मेरे बड़े भाई बाबू बसन्त सिंह की आवश्यकता अधिक, उनकी आमदनी कम थी। अतएव अपने हिस्से की जमीन मैं ने उनके पास छोड़ दी थी। जब वे गुजर जायेंगे, मेरे हिस्से की जमीन केदार और अरविन्द आधी-आधी बाँट लेंगे।

१०. आज से पहले मैं ने जो भी वसीयतनामा लिखा था, वह अब कानून की दृष्टि से व्यर्थ हो गया। यह वर्तमान वसीयतनामा ही सही समझा जायेगा।

११. यह सारा वसीयतनामा मेरे अपने हस्तलेख में है और इसमें कहीं भी कोई काटकूट नहीं है।

रामधारी सिंह दिनकर
४ अक्तूबर, १९७३

[illegible] ४-१०-१९७३

शिव प्रसाद राय
4.x.1973

(शेष-निःशेष)